COLEÇÃO RECONQUISTA DO BRASIL (2ª Série)

165. **QUANDO MUDAM AS CAPITAIS** - J. A. Meira Penna
166. **CORRESPONDÊNCIA ENTRE MARIA GRAHAM E A IMPERATRIZ DONA LEOPOLDINA** - Américo Jacobina Lacombe
167. **HEITOR VILLA-LOBOS** - Vasco Mariz
168. **DICIONÁRIO BRASILEIRO DE PLANTAS MEDICINAIS** - J. A. Meira Penna
169. **A AMAZÔNIA QUE EU VI** - Gastão Cruls
170. **HILÉIA AMAZÔNICA** - Gastão Cruls
171. **AS MINAS GERAIS** - Miran de Barros Latif
172. **O BARÃO DE LAVRADIO E A HIGIENE NO RIO DE JANEIRO IMPERIAL** - Lourival Ribeiro
173. **NARRATIVAS POPULARES** - Oswaldo Elias Xidieh
174. **O PSD MINEIRO** - Plínio de Abreu Ramos
175. **O ANEL E A PEDRA** - Pe. Hélio Abranches Viotti
176. **AS IDÉIAS FILOSÓFICAS E POLÍTICAS DE TANCREDO NEVES** - J. M. de Carvalho
177/78. **FORMAÇÃO DA LITERATURA BRASILEIRA** – 2vols. - Antônio Candido
179. **HISTÓRIA DO CAFÉ NO BRASIL E NO MUNDO** - José Teixeira de Oliveira
180. **CAMINHOS DA MORAL MODERNA; A EXPERIÊNCIA LUSO-BRASILEIRA** - J. M. Carvalho
181. **DICIONÁRIO HISTÓRICO-GEOGRÁFICO DE MINAS GERAIS** - W. de Almeida Barbosa
182. **A REVOLUÇÃO DE 1817 E A HISTÓRIA DO BRASIL** - Um estudo de história diplomática - Gonçalo de Barros Carvalho e Mello Mourão
183. **HELENA ANTIPOFF** - Sua Vida/Sua Obra -Daniel I. Antipoff
184. **HISTÓRIA DA INCONFIDÊNCIA DE MINAS GERAIS** - Augusto de Lima Júnior
185/86. **A GRANDE FARMACOPÉIA BRASILEIRA**- 2 vols. - Pedro Luiz Napoleão Chernoviz
187. **O AMOR INFELIZ DE MARÍLIA E DIRCEU** - Augusto de Lima Júnior
188. **HISTÓRIA ANTIGA DE MINAS GERAIS** - Diogo de Vasconcelos
189. **HISTÓRIA MÉDIA DE MINAS GERAIS** - Diogo de Vasconcelos
190/191. **HISTÓRIA DE MINAS** - Waldemar de Almeida Barbosa
193. **ANTOLOGIA DO FOLCLORE BRASILEIRO** - Luis da Camara Cascudo
192. **INTRODUÇÃO À HISTORIA SOCIAL ECONÔMICA PRE-CAPITALISTA NO BRASIL** - Oliveira Vianna
194. **OS SERMÕES** - Padre Antônio Vieira
195. **ALIMENTAÇÃO INSTINTO E CULTURA** - A. Silva Melo
196. **CINCO LIVROS DO POVO** - Luis da Camara Cascudo
197. **JANGADA E REDE DE DORMIR** - Luis da Camara Cascudo
198. **A CONQUISTA DO DESERTO OCIDENTAL** - Craveiro Costa
199. **GEOGRAFIA DO BRASIL HOLANDÊS** - Luis da Camara Cascudo
200. **OS SERTÕES, Campanha de Canudos** - Euclides da Cunha
201/210. **HISTÓRIA DA COMPANHIA DE JESUS NO BRASIL** - Serafim Leite. S. I. - 10 Vols
211. **CARTAS DO BRASIL E MAIS ESCRITOS** - P. Manuel da Nobrega
212. **OBRAS DE CASIMIRO DE ABREU** - (Apuração e revisão do texto, escorço biográfico, notas e índices)
213. **UTOPIAS E REALIDADES DA REPÚBLICA** (Da Proclamação de Deodoro à Ditadura de Floriano) Hildon Rocha
214. **O RIO DE JANEIRO NO TEMPO DOS VICE-REIS** - Luiz Edmundo
215. **TIPOS E ASPECTOS DO BRASIL** - Diversos Autores
216. **O VALE DO AMAZONAS** - A.C. Tavares Bastos
217. **EXPEDIÇÃO ÀS REGIÕES CENTRAIS DA AMÉRICA DO SUL** - Francis Castenau
218. **MULHERES E COSTUMES DO BRASIL** - Charles Expilley
219. **POESIAS COMPLETAS** - Padre José de Anchieta
220. **DESCOBRIMENTO E A COLONIZAÇÃO PORTUGUESA NO BRASIL** - Miguel Augusto Gonçalves de Souza
221. **TRATADO DESCRITIVO DO BRASIL EM 1587** - Gabriel Soares de Sousa
222. **HISTÓRIA DO BRASIL** - João Ribeiro
223. **A PROVÍNCIA** - A.C. Tavares Bastos
224. **À MARGEM DA HISTÓRIA DA REPÚBLICA** - Org. por Vicente Licinio Cardoso
225. **O MENINO DA MATA** - Crônica de Uma Comunidade Mineira - Vivaldi Moreira
226. **MÚSICA DE FEITIÇARIA NO BRASIL** (Folclore) - Mário de Andrade
227. **DANÇAS DRAMÁTICAS DO BRASIL** (Folclore) - Mário de Andrade
228. **OS COCOS** (Folclore) - Mário de Andrade
229. **AS MELODIAS DO BOI E OUTRAS PEÇAS** (Folclore) - Mário de Andrade
230. **ANTÔNIO FRANCISCO LISBOA - O ALEIJADINHO** - Rodrigo José Ferreira Bretas
231. **ALEIJADINHO (PASSOS E PROFETAS)** - Myriam Andrade Ribeiro de Oliveira
232. **ROTEIRO DE MINAS** - Bueno Rivera
233. **CICLO DO CARRO DE BOIS NO BRASIL** - Bernardino José de Souza
234. **DICIONÁRIO DA TERRA E DA GENTE DO BRASIL** - Bernardino José de Souza

DICIONÁRIO DA TERRA
E
DA GENTE DO BRASIL

COLEÇÃO RECONQUISTA DO BRASIL (2ª Série)
Dirigida por Antonio Paim, Roque Spencer Maciel de
Barros e Ruy Afonso da Costa Nunes. Diretor até o
volume 92 Mário Guimarães Ferri (1918 - 1985)

VOL. 234

Capa
Cláudio Martins

EDITORA ITATIAIA
BELO HORIZONTE
Rua São Geraldo, 67 — Floresta — Cep. 30150-070 — Tel.: (31) 3212-4600
Fax: (31) 3224-5151
RIO DE JANEIRO
Rua Benjamin Constant, 118 — Glória — Cep.: 20215-150 — Tel.: (21) 2252-8327
e-mail: editoraitatiaia@uol.com.br

BERNARDINO JOSÉ DE SOUZA

DICIONÁRIO DA TERRA
E
DA GENTE DO BRASIL

*"Onomástica geral da
Geografia Brasileira"*

EDITORA ITATIAIA
BELO HORIZONTE

2004

Direitos de Propriedade Literária adquiridos pela
EDITORA ITATIAIA
Belo Horizonte

Impresso no Brasil
Printed in Brazil

Dedico respeitosa e afetuosamente este livro a duas grandes saudades

meu pai e meu sogro,

e a duas vidas caríssimas

minha mãe e minha mulher.

PREFÁCIO

Depois de consagrado por três edições anteriores, algumas cem vezes aumentado ao primitivo número de averbações, podendo dar-se ao luxo de um novo nome, como os heróis que os títulos nobiliárquicos transfiguram, este livro, ontem "Nomenclatura Geográfica Peculiar ao Brasil", há pouco "Onomástica Geral da Geografia Brasileira", agora, como deve ser pelo seu grande conteúdo de ciência e informação — "Dicionário da Terra e da Gente do Brasil", bem dispensa uma apresentação. O livro cresceu e se aperfeiçoou, como da larva modesta vem a borboleta maravilhosa de hoje: também de 63 chega a 1 916 verbetes, e quanto acerto, reparo, perfeição, aqui e ali, não lhe deu a sabedoria e a experiência do autor! Portanto, é livro mestre que se impõe sem apresentações. O autor, que esta desejou, e, portanto, a exigiu da amizade, tem consciência disso. Não lhe cabe, pois, aquela pecha de Santo Ambrósio, a certa espécie de modéstia que, maliciosamente, chamou "de anzol" porque, se não era vaidosa, seria hábil, pescava louvores, como os ingleses dizem agora, numa expressão corrente: "fishing compliments". Nada disso. Ao contrário. Esta apresentação condecora o apresentador, é uma indulgência do apresentado. Não há senão inclinar-se e obedecer.

*   *   *

Não corre, por isso, o livro o risco dos prólogos, "achaque antecipado", que lhes achava o bom Frei Heitor Pinto, porque muita força terá aquilo, de um outro grande autor, o delicioso Bernardim Ribeiro, quando diz que "o livro há de ser o que vai escrito nele".

Neste, de geografia, vai uma grande história. A aparência modesta, a quem o abre e lê umas páginas, obrigado pelo interêsse e amavios, dissuade logo que não é apenas, como diz, um rol de nomes. De geografia sim, com efeito, mas no seu mais amplo sentido, desde a expressão física até a aplicação humana. Compendia amavelmente, com a brevidade informativa do bom-gosto, erudito, exato, sóbrio, toda uma livraria, senão uma literatura. Com efeito, nessas notas discretas que dele fazem raro livro, dicionário precioso que se lê, página a página, com prazer de conhecimento e desenfado de variedade, passam todos os nomes,

VIII   PREFÁCIO

grandes e pequenos, tôdas as obras, de ciência e de arte, todas as lições de mestres, informações de viajantes, historiadores, geógrafos, antropologistas, sociólogos, políticos, poetas, que têm falado ou escrito do Brasil. E' uma revista de "brasilidade", um compêndio de estudos brasileiros.

* * *

Escreve-o o autor numa língua culta, estudada, pura, elegante. E' isso talvez que me sugere aqui lembranças clássicas. Há um livro substancial, do santo Manoel Bernardes, de título convidativo: pão partido em pequeninos. Pois é isso, também aqui. Pequeninos os artigos, que se lêem depressa e, ainda o gosto não se satisfez, já foi tudo, e já acabou. Tanto, que se passa a outro, e mais outro. Mas, pão, substância de trabalho, pesquisa, erudição, comentário, com que se têm, em pouco espaço, muitas noções, as melhores, as mais sisudas e acabadas. E, de página a página, se vem de um cronista colonial que romanceia a história, a um romancista atual, historiador de costumes, que todos anotam, coisa da terra e da gente; e se vai do litoral ao sertão, da praia à chapada, do debrum costeiro às matas, pantanais e coxilhas fronteiriças... por esses Brasis a fora, e adentro no tempo e no espaço... "Brasis" que não são apenas os antigos brasileiros, os aborígines, como lhes chamavam os Padres da Catequese, mas serão também os brasileiros de hoje e será a mesma terra tão grande que o plural lhe será cabido, se não é ela descabida a qualquer termo.

E as trezentas páginas se ajuntam, lidas, agradáveis, distraindo e informando, corrigindo e ensinando, até volver-se a última, sem pressa nem fadiga. E', então, que sobrevém o melhor. Traço a traço, linha de contorno delimitante, esfumado de sombra para perspectiva, ressalto ou depressão, membros que se desprendem e alongam, feições que avultam e tomam expressão, tudo isto, palavras, frases, notas, verbetes, sinonímias regionais, abonações de autores, discussões filológicas, reparos geográficos, observações de costumes, vocábulos que riscam desenhos, páginas que evocam figura... tudo isto somado, fechado o livro, nos aparece com uma grande imagem, um retrato mesmo do Brasil...

Foi o que quis o autor? Foi o que fez, além do que quis. E se não o viu, na sua modéstia, pensando ter apenas feito um sábio dicionário de brasileirismos geográficos, dou-me por feliz em lho mostrar, e aos que nos lerem. Não é pouco, nem vulgar, um retrato, parecido, do Brasil. E que belo retrato!

AFRÂNIO PEIXOTO

ADVERTÊNCIA PRELIMINAR

"Nomenclatura Geográfica Peculiar ao Brasil" em 1910 e 1917; "Onomástica Geral da Geografia Brasileira" em 1927; hoje, "Dicionário da Terra e da Gente do Brasil": três nomes diferentes para o mesmo trabalho. Não se nos censure a variação conseqüente da busca de um título mais compreensivo dos assuntos versados: o primeiro tornou-se demasiado restrito; o segundo afigurou-se a muita gente precioso, quiçá impróprio. Afrânio Peixoto, que continua paraninfo, sugeriu-nos o crisma com que sai a lume esta nova Edição das nossas pesquisas vocabulares nas províncias da Geografia em seu mais amplo significado.

* * *

Aqui se põe por obra o compromisso assumido na "Advertência" que precedeu à 3.ª edição, isto é, o de que continuaríamos, com perseverança, a pesquisa, encorpando a coletânea de termos peculiares à geografia brasileira. Demonstra-o o balancear das edições: a 1.ª Edição (1910) compendiava 63 denominações; a 2.ª (1917) registrou 173, em meio das quais se alinharam algumas de natureza antrópica, não ocorrentes na primeira; a 3.ª catalogou 1 230 vocábulos ou expressões, uns de uso corrente na larga amplitude nacional, outros de trato e ouvido limitados a certas regiões, e, às vezes, até restritos a uma só das circunstâncias territoriais da nossa Pátria. Esta 5.ª Edição abrange a definição ou explicação de 1 916 termos.

Explica-se a progressão ascendente.

À contínua e persistente colheita, em leituras de livros brasileiros, das dições especiais da nossa terminologia geográfica, junte-se o alto número de vocábulos que nos foram lembrados e explicados por quantos estudiosos do Brasil generosamente apreçaram a obra que realizamos.

Estímulo a mais para a jornada que empreendemos foram os gabos que mereceu a "Onomástica" de mestres consagrados nas letras nacionais: *livro que nenhuma biblioteca brasileira deve dispensar* (João Ribeiro); *excelente livro que desperta profundo interesse* (Pandiá Calógeras); *trabalho utilíssimo para os estudiosos da vida nacional* (Oliveira Viana); *belo livro repassado*

DICIONÁRIO DA TERRA E DA GENTE

de fortíssimo brasileirismo (Afonso de E. Taunay) ; *livro notável* (Rodolfo Garcia) ; *uma revista de brasilidade, um retrato, parecido, do Brasil* (Afrânio Peixoto).

Em verdade, já o dissemos, o campo destas investigações é muito mais vasto do que à primeira análise se pode supor e a sua relevância se afere pelo quádruplo interesse didático, lingüístico, social e patriótico. Em muitos vocábulos e expressões surpreende-se, não raro, a síntese dos sentimentos e da intuição, a própria alma dos vários grupos de população que se dispersam na imensidade da nossa grande Pátria; neles se retratam freqüentemente as vicissitudes da história e da vida, a mentalidade de uma época e de um povo, a própria natureza em suas múltiplas feições singulares e características.

Todos os que se desvelam por tais estudos sabem, de sobejo, que a Geografia tem a latitude de um sistema de ciências, como diria o professor castelhano Emilio del Villar, o que fez antes o profundo Karl Ritter denominá-la "Erdwissenschaft" — ciência da Terra, e, ao depois, crismá-la "Geosofia" o sábio professor de Göttingen — Herman Wagner.

O leitor verificará facilmente, num lanço de olhos pelo rol dos termos registrados, ao fim do volume, a extensão que demos à lavragem que aspira a ser apenas instrumento de estudo das coisas brasileiras e que contamos chegue a produzir sápidos frutos para os seus amantes e investigadores.

Na leitura do texto, ver-se-á que foi magna preocupação nossa aboná-los com trechos de autores brasileiros que os empregaram. Para tanto, não nos poupamos labores nos raros ócios que nos sobravam e davam escasso tempo e lazer para tão momentosa tarefa, em verdade encantadora para o nosso espírito profundamente brasileiro, essencialmente nacionalista. À margem do estudo costumeiro dos livros sobre a Geografia e a História do Brasil e de seus Estados, lemos grande parte da sua literatura regional, em cujos volumes, de espaço a espaço, encontramos abundante messe de giros próprios do linguajar patrício no que tange às coisas e aos fatos geográficos, desde os estreitamentos físicos até os demográficos, econômicos, políticos e históricos. Nisso atendemos aos conselhos do saudoso e festejado mestre prof. João Ribeiro.

Se alguns estão desacompanhados de passos que lhes aforem a legitimidade, a razão é o serem, ora bastantemente conhecidos, ora sabidos por informações particulares, que asseguramos dignas de inteiro crédito, ainda não registrados, entretanto, em obras científicas ou literárias.

Muito se fez no que tange à área geográfica onde corre o uso de cada termo: para tanto foram inestimáveis os informes

ADVERTÊNCIA PRELIMINAR

que recebemos nestes dez anos escoados. Entretanto, há de haver falhas que poderão ser, de futuro, eliminadas, porque havemos de continuar a procura.

* * *

Não descabe aqui a repetição de alguns trechos da nota explicativa que fizemos preceder à 2.ª edição deste trabalho.

"A fisionomia de um país, não raro, traduz-se por certos nomes que a terminologia local, vencendo e desterrando a terminologia geral, umas vezes a supre, subsidiando-a, outras a relega ao desprezo para a substituir avantajada.

Tão evidente isto se nos revela, que todo país possui um vocabulário geográfico, que se lhe acomoda e une como atributo essencial e individualizador. É-lhe próprio, exclusivo. Delineia-se rasgadamente patriótico, de fruição quase exclusivista, dir-se-ia até egoísta. A constante estacada ante o enliço das denominações locais e termos essencialmente brasileiros no batismo de acidentes ou coisas geográficas, fez brotar em nosso espírito a idéia de trazê-las a lume numa coordenação facilitadora e sintética. O quadro, por mais que se lhe estirasse o formato, não está acabado: faltam-lhe vários toques, que oportunamente se lhe aditarão. Não é labor de enlevar olhos e deslumbrar inteligências, por bem versado e de todo o ponto discreteado. Não lhe acode a mercê de um estilo limado; esquiva-lhe o favor, o aviso do saber, predicado alheio de quem desenhou o que se segue. Ao revés, ajustam-se-lhe na defensa e escusa o esforço e a sinceridade do desejo de um antigo professor que timbra em colocar uma pequena pedra no edifício da Geografia Nacional. De original apenas o pensamento de coligir os termos esparsos nos diversos trabalhos sobre o Brasil, além de alguns, por dizê-lo inéditos, dando-lhes a verdadeira e usual acepção. E por isto, julgamos, não se lhe poderá retirar o preço, por pequeno que seja, sobretudo à claridade de alguma justiça e generosidade para com o mais desvalido cultor da Geografia Patria."

* * *

Segue-se agora o registro e assento dos trabalhos que, mais à mão, nos serviram de mananciais para a messe dos termos registrados: assim também, com os nossos mais vivos agradecimentos, dos nomes daqueles que, de qualquer sorte, nos auxiliaram no elaborar e concatenar esta modesta contribuição.

DICIONÁRIO DA TERRA E DA GENTE

AFONSO DE E. TAUNAY — *Léxico de Lacunas* (1914), *Vocabulário de Omissões* (1924), *Coletânea de Falhas* (1927).

AFRÂNIO PEIXOTO — *Brasileirismos.* (Coletânea publicada na Revista de Filologia Portuguêsa, nos 6, 7 e 8).

ALFREDO MOREIRA PINTO — *Apontamentos para o Dicionário Geográfico do Brasil* (1899).

AMADEU AMARAL — *O Dialeto Caipira* (1920).

ANTÔNIO ALVES PEREIRA CORUJA — *Coleção de Vocábulos e Frases usados na Província de São Pedro do Rio Grande do Sul.* (Publicados na Rev. do Instituto Histórico e Geográfico Brasileiro — Tomo XV (1852).

ANTÔNIO JOAQUIM DE MACEDO SOARES — *Dicionário Brasileiro de Língua Portuguêsa.* (Publicado nos Anais da Biblioteca Nacional). Vol. XIII (1888).

ANTENOR NASCENTES — *O Linguajar Carioca* (1922).

BATISTA CAETANO — *Vocabulário das palavras guaranis.*

BATISTA DE CASTRO — *Vocabulário Tupi-Guarani* (1936).

BARÃO DE ANGRA — *Dicionário Marítimo Brasileiro* (1877).

BARBOSA RODRIGUES — *Vocabulário indígena comparado.*

BEAUREPAIRE-ROHAN — (Visconde de) — *Dicionário de Vocábulos Brasileiros* (1889).

BRÁS DA COSTA RUBIM — *Vocábulos Indígenas e outros introduzidos no uso vulgar.*

CARLOS TESCHAUER — *Nôvo Dicionário Nacional* (1928).

E. STRADELLI — *Vocabulários da Língua Geral Português-Nheengatu e Nheengatu-Português* (1929).

FERNANDO SÃO PAULO — *Linguagem Médica Popular do Brasil* (1936).

JAQUES RAIMUNDO — *O Elemento Afro-Negro na Língua Portuguêsa* (1933) e *Vocabulários indígenas da Venezuela* (1934).

J. ROMAGUERA CORRÊA — *Vocabulário Sul-rio-grandense* (1898).

JOÃO BORGES FORTES — *O Tupi na Corografia do Rio Grande do Sul* (1936).

JOSÉ VERÍSSIMO — *As populações indígenas da Amazônia* (Na Rev. do Inst. Hist. e Geog. Brasileiro).

LUÍS CARLOS DE MORAIS — *Vocabulário Sul-rio-grandense* (1935).

NÉLSON DE SENA — *Toponímia Geográfica Brasileira* (Na Revista de Língua Portuguêsa).

OSVALDO ORICO — *Vocabulário de Crendices Amazônicas* (1937).

PAULINO NOGUEIRA — *Vocabulário indígena em uso na Província do Ceará* (Na Rev. do Inst. do Ceará — 1887).

PLÍNIO AIROSA — *Dicionário Português-Brasiliano e Brasiliano-Português* (Reimpressão — 1936). *O Caderno da Língua ou Vocabulário Português-Tupi de Frei João de Arronches.*

RAIMUNDO MAGALHÃES — *Vocabulário Popular* (1911).

RAIMUNDO MORAIS — *O meu Dicionário de Cousas da Amazônia* (1931).

RODOLFO GARCIA — *Dicionário de Brasileirismos* (Peculiaridades pernambucanas — 1915), *Nomes Geográficos Brasileiros* (Na Revista da Língua Portuguêsa).

ROQUE CALAGE — *Vocabulário Gaúcho* (2.ª ed. 1928).

SOUSA DOCA — *Vocábulos Indígenas na Geografia Rio-grandense* (1925).

TEODORO SAMPAIO — *O Tupi na Geografia Nacional* (3.ª ed. 1928).

VICENTE CHERMONT DE MIRANDA — *Glossário Paraense* (1905).

Para o estudo comparativo dos vocábulos registrados recorremos às luzes de sabidos e sábios vocabularistas da América do Sul e da Península Ibérica, dentre os quais assinalamos os nomes de Daniel Granada, Lisandro Segovia, Zorobabel Rodrigues, Ricardo Palma, Gustavo Lemos, Lisandro Alvarado, Lafone Quevedo, Vicente Rossi, Gabriel Vergara Martin e tantos outros.

Muito respigamos nos vocabulários anexos às obras literárias de Cornélio Pires, Valdomiro Silveira, Leonardo Mota, Catulo Cearense, Gastão Cruls, Vieira Pires, Darci Azambuja e outros. Foram-nos ainda de inestimável preço as achegas que encontramos nas coleções das Revistas dos Institutos Históricos e Geográficos do Brasil e dos Estados, nos Anais da Biblioteca Nacional, nos Arquivos do Museu Nacional, na Revista da Academia Brasileira de Letras, na Revista de Filologia Portuguesa, na Revista de Língua Portuguesa, admirável repositório de fatos da língua, e em muitas outras publicações periódicas.

Ao prof. Dr. Ernesto Carneiro Ribeiro Filho, desenganado continuador de maior tradição filológica nacional, devemos muitos avisos e conselhos a respeito de vários fatos lingüísticos aqui esboçados.

Quando foi pela publicação da 3.ª Edição desta Coletânea registramos, ao fim da "Advertência", os nomes dos ilustres confrades que nos deram larga cópia de informes: Barão de Studart, Marechal Gabriel Botafogo, Gustavo Barroso, P.e Geraldo José Pauwells S. J., Vicente Licínio Cardoso, Afonso Costa, Arnaldo Viana, Arnaldo Pimenta da Cunha, Epaminondas Berbert de Castro, Manoel Afonso da Cruz, Temístocles Amor, Macambira Monte-Flôres, Rui Penalva, Magalhães Neto, Hermano de Sant'Ana, Deraldo Dias de Morais e Sebastião de Queirós Couto.

Publicada a *Onomástica*, alistaram-se na coorte dos colaboradores, brasileiros ilustres de todos os quadrantes, dentre os quais citaremos os nomes laureados de Pandiá Calógeras, Pires do Rio, Artur Neiva, Sud Mennucci, Plínio Airosa, José Américo de Almeida, Alcide Jubé, José de Mesquita, Mário Melo, Paulo Eleutério, Henrique Jorge Hurley, Antônio Lopes, Gen. Borges Fortes, Carlos Chiacchio, e tantos, tantíssimos outros. De todos e de cada um recebemos achegas, informações, reparos e corrigendas que, nesta Edição, foram incorporados ou atendidos. Dezenas de cartas constituem excelente documentário dêste livro que é, sem dúvida, opimo fruto de cooperação intelectual.

E nisso, certamente, está o seu maior valor, a sua grande estima.

Rio de Janeiro, 1 de maio de 1939.

BERNARDINO JOSÉ DE SOUZA

A

Abacaxi: segundo lemos no *Vocabulário Pernambucano* de Pereira da Costa, assim eram denominados os negros escravos que, no período da campanha abolicionista, fugiam ou eram mandados para o Ceará, onde a abolição se fizera em 1884.

Abaixador: termo empregado pelo Almirante Alves Câmara em seu livro — *Pescas e Peixes da Bahia*, pág. 20, registrado por A. Taunay em seu *Léxico de Lacunas*, designativo dos homens que mergulham para verificar se nas redes de pescaria há bastante peixe preso. É correntio no linguajar dos pescadores.

Aberta: termo usado na Amazônia que apelida, segundo V. Chermont, o lugar em que o campo, rompendo o mato marginal, vem até à beira do rio. Na Bahia e no Sul do Brasil, usa-se o nome *abertão* para designar uma grande clareira na mata. Nélson de Sena em sua *Toponímia Geográfica Brasileira* (Revista de Língua Portuguesa, n.º 26, pág. 165) informa que, em Minas Gerais, pode também designar um rasgão de mato, intervalado, formando uma abertura ou passagem, renteando uma serra": com o mesmo sentido já ouvimos empregado na Bahia, em Sergipe e em S. Paulo segundo Sud Mennucci. No Sul da Bahia também se diz *aberta* à parte cultivada da floresta, para pasto ou lavouras.

Abicadouro: registrado por Teschauer, que o colheu nas *Idéias de Jeca Tatu* de Monteiro Lobato, com o significado de "lugar da margem onde a embarcação pode ou costuma tocar ou tomar terra".

Abrilada: assim se denominam na História do Brasil os motins políticos de 12, 13 e 14 de abril de 1832 que aconteceram em Pernambuco. Segundo faz notar Pereira da Costa, já anteriormente a essas ocorrências tiveram o nome de *abrilada* as prisões noturnas a 6 de abril de 1818, que fizeram debulhar em lágrimas mais de sessenta famílias pernambucanas.

Açaìzal: denominação corrente no vale do Amazonas, designativa de terreno, em geral à beira dos rios, onde vicejam frondosas e numerosas palmeiras chamadas açaí (*Euterpe olerácea* Mart.). O açaí chama-se juçara no Maranhão, donde *juçaral* (vide este termo). O açaí, além de um esplêndido óleo, presta se também a uma bebida magnífica, muito comum na Amazônia, preparada esta e extraído aquele da polpa que circunda os coquilhos (Estado do Amazonas no *Dicionário Histórico, Geográfico, e Etnográfico do Brasil* — 2.º vol. pág. 30). À famosa bebida se refere a lenda popular, que lhe canta a excelência:

Quem vai ao Pará, parou;
Quem bebe açaí, ficou.

"Entre os dois barrancos não há espaço para cem metros e este fundo é coberto por *açaìzal ou juçaral*, em meio do qual corre um riachinho de cristalina água um tanto azulada" (Carlota Carvalho — *O Sertão*. Pág. 9). Adolfo Duke escreve a respeito de *açaìzal* — "lugares pantanosos onde, na submata, abundam as palmeiras açaí".

Aceiro: além de empregarmos este vocábulo no sentido genuinamente português de terreno capinado ao redor da roçada que vai ser queimada, "faixa de terra arroteada dentro ou em volta das herdades, para evitar a comunicação do fogo ou facilitar o trânsito de carros" (C. Figueiredo — 4.º ed.). No sertão setentrional de Goiás assim se diz de uma pequena queimada que os viajantes fazem no campo, em pontos indeterminados da sua travessia, para descanso próprio ou da cavalhada. Foi a informação que nos deu o Dr. Otto Philocreon, órgão do ministério público baiano em comarcas lindeiras com o Estado de Goiás (Artigo no *Diário de Notícias* de 15-10-937). Em carta de 26 de outubro de 1929 o Dr. Alcide Jubé, professor do Liceu de Goiás, nos enviou o seguinte informe a respeito do sentido desta palavra no seu Estado: limpeza feita em volta de uma cerca de arame, medindo mais ou menos um metro de distância para cada lado, tendo em vista protegê-la contra o fogo por ocasião das queimadas. O mesmo sentido no Estado do Rio de Janeiro.

Achadouro: denominação adotada pelo "Serviço do Patrimônio Histórico e Artístico Nacional", criado no Brasil pelo Decreto-Lei n.º 25 de 30 de novembro de 1937, para designar os sítios onde são encontrados vestígios do passado pré-histórico. Em exposição feita ao Ministro da Educação e Saúde Pública a respeito dos trabalhos que deviam ser executados, no correr do ano de 1938, diz o seu Diretor, Dr. Rodrigo M. F. de Andrade: "Levantamento topográfico dos "achadouros" de material arqueológico e etnográfico existentes no país e execução de obras de proteção aos mesmos, particularmente no Estado do Pará".

Aciolismo: registrado por Afonso Taunay em seu *Léxico de Lacunas*, onde se lê: "Pitoresco neologismo da imprensa brasileira, que designa a monopolização de cargos públicos por uma família dominante na política (De Acioli, nome próprio)". Este Acioli não é outro senão o Dr. Antônio Pinto Nogueira Acioli, que por três vezes exerceu a Presidência do Estado do Ceará (1896-1900, 1904-1908, 1908-1912) e por longos anos chefiou a política desse Estado.

Açoite de rio: expressão usada pelos *garimpeiros* das Lavras Diamantina da Bahia para designar a parte do rio correspondente ao fim de uma curva ou *volta;* é o trecho do curso d'água, onde se efetua maior sedimentação das terras erosadas em virtude da diminuição da correnteza. A origem deste dizer se prende, provavelmente, à impressão que os *garimpeiros* têm de que o rio *açoita* (erosa) o lado côncavo da margem, depositando os materiais que desgasta na margem convexa, fenômeno este próprio de todos os rios. A riba côncava, em geral abrupta, é chamada *de erosão;* à convexa, em regra alongada, chama-se *de depósito.*

Açude: termo que, no Nordeste, tem uma acepção própria, diferente da em que geralmente se emprega, isto é, significa vazante onde o sertanejo faz a sua cultura, à medida que o nível da água represada vai baixando. É o que nos ensina o Dr. Arrojado Lisboa em sua conferência — *O Problema das Secas* — realizada na Biblioteca Nacional a 28 de agosto de 1913, no seguinte passo: "É conveniente lembrar aqui que nós de outros Estados dificilmente compreendemos as coisas do Nordeste. Independentemente de outras razões, a isso se opõe, por vezes, a variabilidade da significação dos próprios termos. Quando, aqui no Sul, pronunciamos a palavra *açude*, a imagem que se forma em nossa mente é a de um lago artificial, cheio d'água, de nível constante todo o ano e de onde invariavelmente se desvia o líquido para tocar uma roda ou moinho. Para o homem do Nordeste a palavra tem significação muito diferente que, sem explicação, ninguém, no Sul, será capaz de compreender. Para o sertanejo a imagem que vem à mente ao enunciar a palavra é muito outra. É justamente a oposta, a da vazante onde faz a sua cultura". (Anais da Biblioteca Nacional do Rio de Janeiro, 1913, Vol. XXXV, Pág. 140). José Luís de Castro, em artigo publicado na *Revista Trimensal do Instituto do Ceará*, Tomo XLII-1928, faz judiciosa ponderação a respeito do que escreveu Arrojado Lisboa: "Com efeito, aqui facilmente se distingue *açude* de *vazante*: uma barragem com alguns milhões de metros cúbicos d'água a montante, — o açude; e, além da água ou às suas margens, o terreno úmido e humoso deixado pelo recuo dela — a vazante. Penso, entretanto, que o Dr. A. Lisboa quis dar a sugestão, a visão psicológica, mental que nos ocorre à simples enunciação da palavra". Vem de molde relembrar que *açude* é palavra de origem árabe — *assode*, já usada por João de Barros — Década III, fôl. 244 (*Vestígios da Língua Arábica em Portugal etc.* por João de Sousa e José de Santo Antônio Moura — Lisboa — 1830). Usa-se no Nordeste o diminutivo — *açudeco* — (José Américo de Almeida — *A Bagaceira* — Glossário).

Acurizal: bosque de acuris, espécie de palmeira basta, de pequena altura e grandes folhas, peculiar às terras de Mato Grosso. À pág. 134 das *Viagens e Caçadas em Mato Grosso* do Comandante Pereira da Cunha, encontramos o seguinte trecho: "Eu e o Nélson nos apeamos, e o Gomes, montado num burro, acompanhou-nos pelo *acurizal* adentro para assistirmos à acuação, cujo barulho era grande".

Adjunto: termo usado em Pernambuco, Ceará e Sul da Bahia, para designar a reunião de vizinhos para um trabalho comum. À pág. 67 da *Terra de Sol*, de Gustavo Barroso, lemos o seguinte trecho: "Nos trabalhos dos roçados, brocas, quebras, queimas, e limpas; na apanha do feijão, na quebra do milho, no desmancho da mandioca, fazem-se os *adjuntos*. Reúnem-se todos os vizinhos em casa daquele que precisa fazer qualquer desses serviços... E, assim, auxiliando-se mùtuamente, vencem todas as dificuldades". Extensa sinonímia tem esta palavra: vide em *Muxirão*.

Agarrado: espaço angusto, apertado, estreito entre pedras das grunas ou grotas. Empregou-o Afrânio Peixoto, à pág. 204 da *Bugrinha* (2.ª ed.): "...Nessa faina, entre miséria e esplendor, a epopéia sobre-humana do rompedor das *grunas*, que rasteja pela solapa das grotas, entre pedras apertadas, espaços angustos, através dos quais um corpo esguio já não pode passar, que tem antepostos a água que sangra das profundezas da lapa, os jararacuçus ou lacraias acoitadas nos ninhos da rocha, e os tem de vencer, como puder, a unha, a dente, a faca, prosseguindo sempre além dos *agarrados*, pois que lhe não é mais lícito volver atrás, de onde vêm vindo os outros, que, se ele pára, o rompedor, impelem-no por diante, furando-lhe os pés, a aguilhão, queimando-os a candeia ou resina acesa, para que, sempre em frente, contra tudo, contra a mesma impossibilidade da natureza das pedras, que de si recusam ser violadas, as viole e vença finalmente conquistadas..."

Agregado: na Bahia e Estados vizinhos para o norte assim se chama ao trabalhador dos engenhos de açúcar e fazendas, que mora nas terras do proprietário, cultivando-as mediante certas condições, dentre as quais a de dar alguns dias de trabalho remunerado ao dono da terra. Em Pernambuco, segundo Pereira da Costa, denomina-se *morador* ou *morador de engenho*, do qual deu uma exata descrição L. F. de To-

AGR — 4 — AGR

lenare, em 1817. Alfredo Brandão, à pág. 218 da sua *Viçosa de Alagoas*, ao fazer a descrição perfeita da vida de um engenho, escreve: "... com ele, o trabalhador, pode o senhor de engenho contar nas diferentes épocas do ano. Apesar de trabalhar alugado e prestar o seu concurso ao engenho, ainda dispõe de algum tempo para lavrar o seu roçado e plantar os cereais mais necessários. Possui um cavalo, cria o seu porco e as suas galinhas e tem ainda uma cabra que lhe fornece o leite para alimentar as crianças". No Rio Grande do Sul, informa Calage que é pessoa pobre que, em falta de campo próprio, se estabelece em estância alheia, com licença do respectivo proprietário e mediante certas condições. Tratando do domínio rural nos tempos coloniais (*Populações Meridionais do Brasil*), Oliveira Viana traça o perfil dos *agregados*, "diferentes dos escravos pela sua origem étnica, pela sua situação social, pela condição econômica e pela sua residência fora da casa senhorial". "São uma sorte de colonos livres". "Habitam fora do perímetro das senzalas, em pequenos lotes aforados, em toscas choupanas, circundantes ao casario senhorial que, do alto de sua colina, os centraliza e domina. Da terra fértil extraem, quase sem nenhum trabalho, o bastante em caça, frutos, cereais, para viverem vida frugal e indolente. Representam o tipo do pequeno produtor consumidor, vegetando ao lado do grande produtor fazendeiro." Teschauer, citando Saint-Hilaire e Alberto Rangel, informa que, em Minas Gerais, "*agregados* eram os homens que o rei queria favorecer, e que andavam no exército pagos como os oficiais, sem pertencerem a um regimento". Ainda hoje, na linguagem militar, é comum o uso do termo *agregados* para designar oficiais que excedem do quadro normal das diferentes armas de que se compõe o exército (infantaria, cavalaria, artilharia e en-

genharia). No sertão de Ituaçu e Brumado (Bahia) *agregado* é chamado *camarada* — trabalhador de roça. Também em Santa Catarina, no interior, o trabalhador rural é chamado de *agregado*. E a respeito Osmar R. da Silva na sua *Notícia Estatístico-Descritiva do Município de Canoinhas* (*1941*), escreve: "O agregado, na maioria das vezes, tem habitação na propriedade do patrão, e é empregado para todos os serviços. Tem plantações próprias feitas nas terras do patrão, a quem são dedicados. Das colheitas, como dízimos da terra, dão parte ao proprietário".

Agreste: nome de uma das zonas geográficas em que se dividem os Estados brasileiros do Nordeste, entre a costa e o sertão, em geral de solo pedregoso e de vegetação baixa, de pequeno porte. Cândido de Figueiredo registra o termo como brasileirismo e, segundo o parecer de M. Soares, significa litoral, por oposição ao sertão, o que é evidentemente engano. Em quase todos os trabalhos corográficos a respeito do Nordeste encontramos a palavra *agreste* designativa da região que, para o interior, sucede à da costa. Tavares de Lira, em seu minudente estudo sobre o Rio Grande do Norte (no *Dic. Hist. Geog. e Etnog. do Brasil*, comemorativo do Primeiro Centenário da Independência), ao fazer o resumo do aspecto físico do Estado, diz: "Em resumo: há a zona do litoral, baixa e arenosa; a do *agreste* cheia de vales frescos, essencialmente agrícola; a dos *tabuleiros* áridos que a separam das *catingas* já agricultáveis e criadoras, e que se estendem ao alto sertão acidentado, recortado de serras..." E o grande Euclides da Cunha, tracejando o quadro empolgante do interior da Bahia, escreveu: "Varada a estreita faixa de cerrados, que perlongam aquele último rio (o rio Jacurici) está-se em pleno *agreste*, no dizer expressivo dos matutos: arbúsculos quase sem pega sobre a terra escas-

sa, enredados de esgalhos de onde irrompem, isolados, cereus rígidos e silentes, dando ao conjunto a aparência de uma margem de deserto". (*Os Sertões.* 2.ª ed. 1903. Pág. 13). Philipp von Luetzelburg, tratando da vegetação xerófila do Nordeste, estuda minudentemente os *agrestes* e diz: "A expansão no Nordeste é geral; a maior área acha-se no norte do Estado do Piauí. Os agrestes diferem das vegetações restantes do Nordeste semi-árido pelo seu hábito e o seu *habitat*. Cobertos no solo de relva e palmeiras rasteiras, raramente se encontram arbustos xerófilos e cactáceas, e permitem fácil trânsito. O solo é geralmente pedregoso, duro ou arenoso. Húmus não existe de espécie alguma". Este eminente botânico apresenta também no vol. III do seu trabalho uma lista dos "componentes dos agrestes, típicos, da vegetação semi-árida do Nordeste" (*Estudo Botânico do Nordeste.* Vol. 3.º. Pág. 25). Já Alfredo de Carvalho havia mostrado o êrro de Macedo Soares à pág. 71 das suas *Frases e Palavras.* Não raro, ainda encontramos o nome de *agreste* para designar a zona de campos gerais e também a gramínea que medra nessas terras.

Água-branca: expressão usada na Amazônia para designar as águas dos rios ricas em sedimentos. Vimo-la empregada por Adolfo Ducke no seguinte passo: "Descendo os riachos até o ponto onde as marés levam, de subida, alguma *água branca* (rica em sedimento) do rio Amazonas, a vegetação ribeirinha modifica-se por completo e a mata assume o aspecto da de certos rios menores do estuário amazônico..." (Relatórios das comissões desempenhadas pelo Chefe da Seção de Botânica, Adolfo Ducke, na região amazônica, durante os anos de 1919 a 1928. *Rodriguesia* — Revista do Instituto de Biologia Vegetal etc. Ano 1.º, 1).

Aguaçal: alagadiço temporário que se forma nos terrenos baixos, após grandes aguaceiros ou chuvas abundantes. Diz Rodolfo Garcia que se usa em Pernambuco. Empregado por Francisco Pereira nos *Poemas Amazônicos*, à pág. 85:

> "*Sobre as folhas bizarras, es-*
> [*quisitas,*]
> *Que no extenso aguaçal*
> [*bóiam, dispersas...*"]

Neste sentido, porém, é também usado em Portugal.

Aguaceirada: sucessão de grandes aguaceiros. É termo corrente no Recôncavo da Bahia (Informação de Artur Neiva).

Aguada: Rodolfo Garcia diz significar "lugar em que se provêm d'água os viajantes; em geral pequenas construções à beira dos caminhos", e afirma ser termo geral. Na Bahia, porém, o termo *aguada* designa, nos sertões do Nordeste, os sítios em que se cavam as *cacimbas* ou se encontram poços e fontes que servem de bebedouro para o gado. É freqüente ouvir-se a expressão: "fazenda de boas aguadas". Calage ensina que, no Rio Grande do Sul, é o "lugar em que se levam os animais para beber; bebedouro; aqueles campos são de boas aguadas — diz-se em relação às *estâncias* que possuem boas vertentes e arroios".

> "*Nos meus pagos há coxi-*
> [*lhas*]
> *E campinas afamadas*
> *Cheias de gado e tropilhas,*
> *Bom pasto e boas aguadas*".

(Piá do Sul. *Gauchadas e Gauchismos* — Pág. 132).

Água-emendada: nascente ou desaguadouro comum de dois ou mais rios pertencentes a bacias diferentes. É termo muito usado em Goiás e no poente da Bahia, onde se desenha a mais soberba feitura dessa natureza, que importa a indeterminação da linha do divisor das águas entre duas vertentes. Exemplo frisante dêste acidente é a lagoa do Varedão, antiga Várzea Bonita, situada no Município de Santa Rita do Rio Prêto, na zona chamada de Jalapão, a noroeste da Bahia, nas chapadas que se desenrolam nas extremas da Bahia, Goiás e Piauí; ali nascem os rios Novo e Formoso, afluentes do rio do Sono, que fenece no Tocantins, e o Sapão, tributário do Preto e confluente do S. Francisco. Acham-se, destarte, unidas duas das maiores cinturas fluviais da América do Sul, formando outra Guiana gigantesca, a qual abrange terras de nove Estados do Brasil. Foi o engenheiro inglês James Wells quem primeiro revelou as nascentes comuns das duas grandes bacias mediterrâneas do Brasil em sua obra *Three thousand miles through Brazil*: estudou-as posteriormente o engenheiro francês Apolinário Frot por ordem do Governo da Bahia em 1907. A denominação de *água emendada* é admiràvelmente sugestiva. Bem o afirmara de uma feita o saudoso geógrafo e grande mestre francês Paul Vidal de la Blache, que, não raro, a terminologia popular, formada diretamente em contato com a natureza, era muito mais própria que a dos gabinetes e das escolas. *Águas emendadas*, ensina Calógeras, são brejos, ou lagoas muito rasas, que têm dois desaguadouros para bacias diferentes (*As Minas do Brasil e sua Legislação* — Nota 10 à pág. 97). A *Revista Brasileira de Geografia* em seu número de março de 1943 (N.º 1, do Ano V), à página 124, cita em Mato Grosso a lagoa do Capitão Agostinho, donde manam o córrego da Formosa, tributário do rio das Mortes que deságua no Araguaia, e o Pulador, que é afluente do rio S. Lourenço, tributário do Paraguai.

Aguapé: além de denominar uma planta aquática freqüente em rios e lagos do Brasil, tem este termo o sentido de trama e tecido vegetal composto de plantas aquáticas que medram à superfície das águas dos rios, lagos e pantanais e que, unindo-se e apresilhando-se, formam seguro estendal, capaz de sustentar, às vezes, um homem deitado sôbre o mesmo. Em aspecto exterior, assemelha-se ao *sedd* do rio Nilo, consoante a descrição que nos dá o celebrado explorador Schweinfurth. É termo principalmente usado na região sulcada pelos rios da bacia platina, mais especialmente o Paraguai e seus tributários, bem como no *interland* brasileiro. As lagoas de Goiás, especialmente a lagoa Feia, uma das maiores do Estado, apresentam a mesma formação, que ocorre também na Bahia e noutros Estados do Norte. Na Bahia chama-se *golfo* ou *golfão*. É termo de origem tupi, segundo notam Teodoro Sampaio, Macedo Soares, Beaurepaire-Rohan, Sousa Doca, Alfredo de Carvalho, Rodolfo Garcia, Nélson de Sena e outros mestres nessas províncias do saber lingüístico. A respeito de *aguapé*, escreveu o notável gen. Couto de Magalhães: "... e não se distingue o rio dos pantanais, senão porque as águas destes últimos são literalmente cobertas de plantas aquáticas, e tão completamente, que, a quem não tem experiência, se afigura que toda aquela verdura brota de um solo firme e fica muito longe de pensar que aquele tapête de ervas tem por baixo de si, às vezes, cem palmos de água". "Os pantanais não são mais do que as fontes em que a água está coberta pelas plantas aquáticas de que acima falei, em um tecido tão basto e compacto que um homem deitado em cima se sustenta: e tanto é assim que, quando nas primeiras enchentes o rio destaca algum pedaço deste imenso tapete para arrastá-lo em sua serena e vagarosa corrente, os tigres costumam embarcar em cima, e assim viajam dias: a planta que forma êste tecido é uma espécie de lírio aquático de flores brancas em cachos, com o cálice da corola às vezes roxo, às vezes cor-de-rosa; é conhecida pelo nome guarani de *aguapé*". Virgílio Corrêa Filho, em sábios comentários a êste *Dicionário* no *Jornal do Commercio* (Rio — Ed. 10/3/1940), acrescenta que se pode registrar o termo *tapagem*, usual na região mais próxima às lagoas fronteiriças de Gaíva e Uberaba, quando os camalotes, em impressionante extensão, cobrem a superfície fluvial, temporariamente atapetada de cerrado manto vegetal, que impede o trânsito das embarcações". São-lhe sinônimos o *baceiro* (alteração popular de balceiro?) e o *batume* que também designa as camadas porosas dos vegetais andejos, constituídas, nos pantanais, quando as enchentes declinam". Em alguns rios brasileiros, diz o botânico Hoehne, é tão abundante que "deslocada e desenraizada dos remansos onde vive, é levada pela corrente das águas, formando verdadeiras ilhas flutuantes e oferecendo obstáculos às pequenas embarcações". São estas ilhas, diz Nélson de Sena, formadas pela vegetação de *aguapé*, que tomam o nome de *camalotes*, nos rios da bacia platina, segundo descrevem os exploradores e viajantes dessa região (*Revista de Língua Port.* N.º 31, pág. 188). Da Bahia a Pernambuco, chamam-se *baronesas* às pontederiáceas que cobrem largos trechos dos rios e lagoas.

Aguapèzal: Luís Carlos de Morais, em seu *Vocabulário Sul-rio-grandense*, aparecido em 1935, informa que se diz *aguapèzal* no Rio Grande do Sul o local onde há grande extensão de água coberta de aguapés.

Água-redonda: termo da Amazônia, usado pelos caboclos no sentido de lago. É o que informa Agassiz em sua *Viagem ao Brasil* (1865-1866) (Tradução de E. Sussekind de Mendonça. Pág. 291. Vol. 95 da "Brasiliana"). Encontramo-lo também referido na *A Amazônia Misteriosa* de Gastão

Cruls, no seguinte passo, à pág. 290: "A natureza parecia magnetizada aos eflúvios do plenilúnio e aquela *água-redonda*, dormindo no *quiriri* (*calada da noite*), entre a fragrância dos uapés em flor, era bem o lago Iaciuaruá ou Espelho da Lua".

Águas: no Brasil sertanejo este vocábulo, usado no plural, é empregado no sentido de chuvas. Freqüentes são as seguintes expressões tabaroas: "no tempo das águas"; "as primeiras águas"; "após-as-águas" (esta registrada por Cornélio Pires n'*As Estrambóticas Aventuras de Joaquim Bentinho*, à pág. 114). Em Portugal, segundo informa Cândido de Figueiredo, há na Beira o provincialismo — *águas novas* — primeiras chuvas depois do estio.

Águas-iguais: assim denominam os pescadores da região do *Salgado*, no Estado do Pará, às marés do quarto dia depois da lua nova e da lua cheia, em virtude de nesse dia não crescerem nem diminuírem (Informação de Henrique Jorge Hurley).

Águas-pegadas: nome que os praieiros do Pará, de Viseu ao Oiapoque, dão às marés do quarto dia depois do quarto crescente e do quarto minguante (Informação de Henrique Jorge Hurley).

Águas-puladeiras: denominação que, em Minas Gerais, segundo nos ensina Nélson de Sena (pág. 88 da *Revista de Língua Port.* n.º 37), se dá às *corredeiras* fortes, trechos dos rios em que as águas correm violentas e escachoantes, também chamadas *pararacas*. São cachoeiras pouco impetuosas, menos vertiginosas que os *tombos*, os *cachões*, os *saltos*. A acidente semelhante os cubanos chamam *saltadero*.

Agulha: regionalismo brasileiro, próprio das zonas de *garimpos*, designativo do rutílio (óxido de titânio), a que os garimpeiros também chamam *ruivas*. Registraram-no o professor Everardo Backheuser no seu *Glossário de*

Termos Geológicos e Petrográficos, e Afonso **Taunay** em seu *Léxico de Lacunas*. Vide *Satélite*.

Aibi: termo usado no sul da Bahia, região costeira, que designa riachinho que desemboca no oceano, inflando-se-lhe as águas no fluxo do mar. Soubemo-lo por informação local. A respeito deste termo falaram o eminente tupinólogo de S. Paulo Plínio Ayrosa e Juan Francisco Recalde, este na *Revista do Arquivo Municipal* (S. Paulo), número de dezembro de 1937.

Ajuri: termo do Amazonas, o mesmo que *adjunto*, *muxirão*, etc. (Vide êstes têrmos). Na sua empolgante conferência sobre os *Sertões Brasileiros* (pág. 37 dos *Rumos e Perspectivas*), diz Alberto Rangel: "*O ajuri*, o nascimento, a farinhada, o rodeio, o casamento, a queimada, o batismo, a feira e a moagem passam-se entre festas".

Ajutório: o mesmo que *adjunto*, *ajuri*, *muxirão*. Beaurepaire-Rohan faz sentir que, se o serviço para o qual se fazem os ajuntamentos dos vizinhos dura mais de um dia, toma então a reunião o nome de ajutório. (*Adjutório*)... Rodolfo Teófilo, na *História da Sêca do Ceará*, à pág. 78, escreve: "Parentes, amigos e vizinhos, no mais cordial *adjutório*, com êle arrancam, raspam, cevam a bendita raiz". Este termo é empregado no Norte e Centro do Brasil.

Alabama: registrado por A. Taunay e depois por Cândido de Figueiredo como brasileirismo designativo de caixeiro-viajante. O mesmo que *cometa* (Vide este vocábulo).

Aladeirado: registrado por A. Taunay em seu *Léxico de Lacunas* com o sentido de terreno montuoso ou sucessão de ladeiras. Abona-o com o seguinte trecho: "Entre a fazenda e a vila há um aladeirado comprido e penoso para os animais". É termo muito usado no interior de S. Paulo. Registra-o também, como brasileirismo, Cândido de Figueiredo (4.ª edi-

ção), dando-lhe o significado de caminho íngreme.

Alagação de outubro: expressão usada no arquipélago da baía de Todos os Santos para designar um período de chuvas que, de 4 a 6 dias, ocorre no mês de outubro, como sinal de verão firme e sem sêcas, porque as fontes foram abastecidas. Quando não ocorre *alagação de outubro*, dizem os pescadores, é seguro sinal de seca (Informação de Artur Neiva).

Alagoinha: registra-o Nélson de Sena, que escreve: "É *alagoinha* — um diminutivo brasileiro de *alagoa;* e este último nome representa um caso de metaplasmo (por prótese), quanto ao termo vernáculo — *lagoa*. Mas no sentido corográfico da linguagem do país, o que chamamos — *alagoinha* — vem a ser uma lagoa pequena e rasa, alimentada mais pelos passageiros depósitos fluviais do que mesmo por cursos d'água que nela venham ter; ao passo que a uma pequenina lagoa, permanente, corresponde a palavra — *lagoinha*. Já, propriamente, — *lagoa* — é o nome que se reserva, entre nós, para designar os maiores e mais profundos lagos de água doce, ocupando extensa superfície, e que muitas vezes são alimentados por outros cursos d'água, tendo não raro comunicação subterrânea com rios próximos, por meio de canais ocultos (*sumidouros* ou *itararés*)". De feito, na Corografia do Brasil, o termo — *lagoa* — quer dizer lago pequeno. Entretanto, às maiores formações linográficas do Brasil damos o nome de *lagoa*, como por exemplo a Lagoa dos Patos (9.000 quilômetros quadrados), maior do que os conhecidos lagos Titicaca (8.330 km²), entre a Bolívia e o Peru, Leopoldo II (8.200 km²) no Congo Belga, Nicarágua (7.700 km²) na República do mesmo nome, Atabasca (7.400 km²) no Canadá e tantos outros. Ao outro grande lago do Rio Grande do Sul chamamos Lagoa Mirim que, com os seus 3.580 quilômetros quadrados, é maior do que os sabidos lagos Tana (3.100 km²), na Abissínia, Poopo (3.000 km²) na Bolívia, Tengrinor (2.420km²) no Tibet, Vetter ... (1.960km²) na Suécia e outros menores como sejam os seguintes: Saimaa, Maelar, Enare, Manágua, Ilmen, Stefanie, Mar Morto ou Tiberíade, Balaton, Lemano, Constança, Guarda e dezenas de outros.

Albardão: usado no Rio Grande do Sul, designando uma cadeia de cerros alternados de baixadas ou lombadas que se alteia à margem dos rios e lagunas. Rodolfo Garcia apresenta ainda como significação *coxilha pequena*. Em Severino da Fonseca encontramos o seguinte passo: "Do outro lado, o rio Paraguai, internando-se entre as montanhas ou pequenos *albardões*, sobre as terras da sua margem direita desde o Jauru, por entre as serranias..." etc. (*Viagem ao redor do Brasil*. Vol. I, pág. 48). "Note-se que Garibaldi quando atravessou a Lagoa dos Patos, subiu pelo rio Palmar até onde pôde e depois é que botou os lanchões em cima das rodas, atravessando *albardões* e lagoas até chegar a Tramandaí." (Manoel Alves da Silva Caldeira (*Apontamentos para a História da Revolução de 1835-1845 in Revista do Instituto Histórico e Geográfico do Rio Grande do Sul*. III Trimestre. 1927. Pág. 376). No Rio Grande do Sul, a lagoa Mangueira ou do Albardão é separada do oceano por uma estreita faixa de terra chamada Albardão, a qual forma a costa do mesmo nome, tão famigerada nos anais da navegação veleira do Sul do Brasil. É vocábulo rio-platense.

Aldeia: além da significação vernácula de povoação que não tem categoria de vila ou cidade, de povoado rústico (de uso pouco freqüente no Brasil), emprega-se este termo no sentido especial de povoação dos gentios, já sob o mando de um maioral, *morubixaba*, *cacique*, em Goiás *capitão*, já sob a direção de um chefe civilizado,

frade missionário, militar ou civil. Beaurepaire-Rohan, registrando o termo, diz: "nome especial das povoações compostas exclusivamente de aborígines, quer vivam submissos ao regime civilizado, quer vivam independentes nos sertões. É a taba dos caboclos a que, no Paraná, se chama *toldo* e *toldaria*, e, na Amazônia, *maloca*. O a que em Portugal se chama *aldeia*, nós denominamos correntemente *povoação, povoado, arraial*, e no interior do Brasil, às vezes, *comércio* e *comercinho*, segundo refere Nélson de Sena, *rua* como ouvimos na Bahia. Algo de semelhante ao que em Marrocos se chama *Ksar* ou *Ksur*. — Segundo nos informou o gen. Borges Fortes, filho do Rio Grande do Sul, em sua terra é de uso freqüente chamar-se *aldeia* ao casario junto aos quartéis de tropa, geralmente ranchos de pau-a-pique, onde habitam as mulheres e os filhos dos soldados: assim se diz a *aldeia da artilharia*, a *aldeia do terceiro*: confirma-o Luís Carlos de Morais em seu *Vocabulário*. Também assim se chama ao abarracamento das mulheres de soldados, a pequena distância dos alinhamentos de tropas: nestes se denomina *comércio* o lugar onde estacionam os mercadores que as acompanham (gen. Borges Fortes, em Carta de 26 de janeiro de 1933). Segundo informações de Celso Meira, de Pernambuco, também assim se chama em sua terra a aldeia do 14 (Batalhão do Exército). Na Bahia, no linguajar dos *candomblés*, *aldeia* é o próprio candomblé quando se trata de *candomblés de caboclo*: vide esta expressão (Édison Carneiro — *Vocabulários Negros da Bahia*, in *Revista do Arquivo Municipal* de São Paulo — nov.-dez. 1944).

Aldeamento: o mesmo sentido de brasileiro de *aldeia*. Desde os primeiros tempos da colonização, encontramos freqüentemente nos cronistas as expressões *aldeamen-*

ALF — 10 — **ALQ**

tos dos gentios, gentios *aldeados, aldeia* de índios. Gastão Penalva, em artigo de impressões sobre a ilha de Fernando de Noronha, diz chamar-se lá *aldeamentos* aos alojamentos dos presidiários que ali são recolhidos no cumprimento de sentenças que lhes foram impostas.

Alfafal: termo usado, principalmente no Rio Grande do Sul, para designar o terreno em que se mostra grande plantação de alfafa, planta forrageira importada do Rio da Prata. Teschauer, que o registra, cita um trecho da "Mensagem" do Presidente do Rio Grande do Sul em 1919: "Nesse sentido é possível aproveitar melhor as pastagens natuturais e criar prados ou campos de *alfafais* ou de outras plantas forrageiras". E o Dr. Nilo Cairo, no seu *Guia Prático do Pequeno Lavrador*, à pág. 394, escreve: "Um hectare de *alfafal* produz por corte 2 mil quilos de alfafa fenada..."

Alfaque: termo que, na zona do Cabo Frio, Estado do Rio de Janeiro, designa um lugar profundo do mar, próximo à praia e cujo fundo se não alcança a não ser com sondas. Macedo Soares diz que, em Cabo Frio, significa pego, coisa funda, com ou sem redemoinho, formado pela deslocação da areia, nas paragens onde se toma banho. Este é o sentido português do termo (Cândido de Figueiredo) e também castelhano segundo se lê no *Diccionario de Voces y Términos Geográficos* de Vergara Martin — "banco de arena que se forma en las costas maritimas y principalmente en la desembocadura de los rios". Entretanto, o Marechal Dr. Gabriel Botafogo, em notas que nos presenteou após a leitura da 2.ª edição desta *Nomenclatura*, diz significar, no Rio Grande do Sul, bancos da areia ou pedra que se formam nas águas profundas dos lagos, dos rios, e,

principalmente, dos canais. Também o ilustre oficial da marinha brasileira, Alfredo Cordovil Petit, em suas importantes *Notas para um Dicionário Técnico*, publicadas na *Revista Marítima Brasileira*, número de setembro de 1921, diz que *alfaques* são bancos movediços de areia, que se formam na costa rio-grandense-do-sul, tornando dificultosa a navegação. Henrique Jorge Hurley, eminente polígrafo paraense, informa que *alfaque* equivale ao *mupéua* amazônico: "banco de areia movediça, que dificulta a navegação da costa ao sul de Belém, nas barras de Vigia, São Caetano, Curuçá, Marapanim, Maracanã, Bragança e Viseu, no Pará".

Alicali: registrado no *Léxico de Lacunas* de A. Taunay, como designativo do diretor espiritual entre os malês — negros muçulmanos existentes na Bahia e no Rio de Janeiro.

Alqueire de Minas Gerais: também do Rio de Janeiro e de Goiás, medida agrária equivalente a 10.000 braças quadradas, isto é, 4^{ha},84 ou ainda 48.400 metros quadrados. O alqueire (do árabe *al-queil* — Adolfo Coelho) era uma antiga medida portuguesa, de capacidade, para secos e molhados (em Goiás e noutros Estados ainda se usa como medida de capacidade, equivalente a 80 litros); posteriormente, usaram-na como medida agrária e então correspondia à extensão de terra que levava um alqueire (36, 27 litros) de semeadura. Transportado o alqueire para o Brasil, passou a ter, nos Estados referidos, a extensão que acima registramos, diferente da de S. Paulo e de alguns Estados do Norte.

Alqueire de S. Paulo: medida agrária equivalente a 5.000 braças quadradas, isto é, 2^{ha},42 ou ainda 24.200 metros quadrados. O alqueire de terra de S. Paulo

ALQ — 11 — AME.

é a metade do de Minas e Rio. A quarta parte do alqueire chama-se *quartel paulista*, equivalente a 6.050 metros quadrados.

Alqueire do Norte: medida agrária às vezes usada nos Estados setentrionais, equivalente a 27.225 metros quadrados.

Alqueire do Pará: segundo Henrique Jorge Hurley, o *alqueire*, no Pará, corresponde ao peso de 30 quilos e serve para medir a farinha d'água (*tirana*) ou a de tapioca (têpiáco-ia). Um alqueire é representado por dois paneiros de farinha, regulando cada um 15 quilos. Paneiro é um *panacu* ou *aturá* de cipó ou de talas de *uarumã*, forrado com folhas de *uarumã* ou *cantã*.

Alto: têrmo geral, empregado para designar, ora um monte isolado, de pequena elevação sobre os terrenos circunjacentes, ora um *teso*, ou parte superior de um serrote, de um morro; ora a cabeça, o próprio cimo ou "cabeço" de uma colina, segundo diz Nélson Sena. V. Chermont diz: "teso, parte mais elevada nos campos baixos e mondongos, a qual pouco alaga ou nada atola no inverno. O *alto*, quando rodeado de *pirizal* ou de *aningal*, toma o nome de *escalvado*".

Amarrador: registrado por A. Taunay no *Léxico de Lacunas*, que o encontrou no volume *Pescas e Peixes da Bahia*, do Almirante Alves Câmara. Designa, no litoral da Bahia, os mestres das jangadas grandes.

Ameraba: neologismo proposto por Henrique Jorge Hurley para designar os selvagens americanos, autóctones, na sua douta opinião. O vocábulo é um hibridismo formado de *amer* — América — e *aba* — homem em tupi (Vide Ameríndio).

Amerígena: denominação proposta por Saladino de Gusmão na reunião do "Congresso das Academias de Letras e Sociedades de Cultura Literária do Brasil", reunido no Rio de Janeiro em 1936, para designar o autóctone americano. Em sua tese o autor procura demonstrar que o termo *ameríndio* é errôneo e escreve: "A inovação é infeliz e o erro simples tornou-se duplo, ao invés de retificar a denominação simples de *índio*, incorre em absurdo maior criando a de *índio americano*. Evidentemente há confusão entre qualidade e nacionalidade". Para o autor o termo *amerígena* particulariza e limita ao continente americano o seu autóctone; *amerígena*, conclui, precisa a *origem americana*.

Ameríndio: neologismo sugerido pelo Dr. Charles Scott ao notável geólogo e etnólogo americano John Wesley Powell, para designar os indígenas da América. Como é sabido, os descobridores e conquistadores da América denominaram impropriamente índios os naturais do Nôvo Mundo, nome êste proveniente do êrro inevitável dos primeiros quando supuseram, ao avistar as terras americanas, ter chegado a regiões próximas das Índias, que tanto buscavam. Desde o século XVI vulgarizou-se a errônea denominação que passou os anos dominante. Por isso mesmo é lapidar o que escreveu, à pág. 240 do *Descobrimento do Brasil* (1929), o sábio mestre Capistrano de Abreu, de referência aos selvagens do Brasil: "Nem uma designação geral os compreendia: os estrangeiros chamaram-lhes *Negros, Brasis, Brasilienses* e por fim *índios*, último resíduo de uma ilusão milenar, reverdecida por Colombo". O vocábulo *ameríndio* foi logo adotado por J. W. Powell que, na qualidade de Diretor do "Bureau of Ethnology" dos Estados Unidos (1879-1902), juntava a nomeada que lhe conferiu a ousada exploração do "Great Canyon" do rio Colorado, em 1869. O neologismo foi aceito por vários etnólogos em 1898, em Washington e, dia a dia, o seu uso se vai espalhando em toda a América. Já o registraram o *Nôvo Dicionário Nacional* de Carlos Teschauer e o *Novo Dicionário da Língua Portuguesa* de Cândido de Figueiredo (4.ª edição). João Ribeiro, filólogo e historiador, à pág. 1 do *Índice de Coisas*, apenso ao seu volume *A Língua Nacional*, escreveu que os etnógrafos o propuseram para evitar o equívoco dos índios da Índia com os da América. E no seu *Registro Literário*, publicado no *Jornal do Brasil*, de 17 de fevereiro de 1932, fazendo a crítica de certo livro, escreveu: "Não há leitura mais interessante que a dessa monografia acerca dos ameríndios, segundo a expressão condenada já, mas muito expressiva, do selvagem da América". Afigura-se-nos bem achada a palavra, cuja formação é análoga às seguintes: eurasiano, eurasiático, eurafricano. Entretanto, Henrique Hurley, competente indianólogo brasileiro, afirma que os vocábulos *índio e ameríndio* não têm expressão gloto-etnológica com referência aos selvagens americanos, propondo a palavra *ameraba* para designá-los. Também já foi proposto o vocábulo — *amerincola* — habitante da América. Oliveira Viana adota largamente o vocábulo *ameríndio* em seu livro *Raça e Assimilação*, Rio, 1932. (Vide *Ameraba, Amerígena*).

Andares: há rios da Amazônia, o Purus por exemplo, que, na estiagem, baixam 10, 20 e mais metros do nível da enchente, deixando a descoberto nas margens extensos areais ou praias em forma de anfiteatro, verdadeiros *andares*, onde vão desovar as tartarugas. Soubemo-lo através de informação do Dr. Arnaldo Pimenta da Cunha, auxiliar técnico da "Comissão" que, sob a chefia de Euclides da Cunha, explorou o rio Purus até a cabeceira. A formação é mais um dos caprichos da hidrologia amazônica.

Andirobal: termo muito de uso no Norte do Brasil, designativo de bosque de andirobeiras ou andirobas. À pág. 268 do 2.º vol. do *Dicionário Histórico, Geográfico e Etnográfico do Brasil*, lemos: "Os andirobais que temos, se acham situados, principalmente, no Munim e Axixá, Distrito de Icatu" (Maranhão). "Em outras zonas do Estado também há andirobais nativos, mas os de Axixá são os mais fáceis de explorar". A andiroba (*Carapa guianensis*) é uma árvore da família das Meliáceas, cuja madeira é bastante apreciada, e de cujas castanhas se extrai um óleo de grande valor.

Angical: bosque de angicos (*Piptadenia moniliformis, Benth.*) "O grande angical por nós atravessado no Piauí, representa seguramente exceção digna de registro..." (Artur Neiva — *Memórias do Instituto Osvaldo Cruz*. Tomo VIII. Pág. 81).

Angustura: termo usado no Rio Grande do Sul, Santa Catarina e Paraná para nomear um lugar estreito, uma passagem apertada entre ribanceiras íngremes. É o que no Norte do país se chama *boqueirão*. Neste sentido é têrmo muito de uso nas repúblicas hispano-americanas, máxime em se tratando de potamologia. Mais abaixo, escreve Vergara y Velasco na sua trabalhada *Geografia da Colômbia*, pág. 322, ainda apresenta o rio Madalena outro obstáculo: a *angustura* de Carare, não longe de Nare, onde as águas passam comprimidas num canal de 125 metros de largura e 30 de profundidade, perigoso no inverno..." etc.

Aningal: registrado por V. Chermont, Macedo Soares e Rodolfo Garcia com a significação de espaço de terreno ocupado por aningas, plantas da família das Aráceas.

Apaga-pó: nome que os sertanejos baianos da zona do S. Francisco e Caitité dão à chuva miúda e fina. Na *A Pena*, jornal que se edita em Caitité, em seu número de 20 de fevereiro de 1930, lemos: "Desde muitos dias avistamos relâmpagos e ouvimos trovões fora

APA — 13 — **ARA**

da cidade e tivemos notícia certa de boas quedas d'água em grande parte do Município do Riacho de S. Ana, vindo a chover também por esse lado neste Município. Aqui mesmo caíram borrifos — *apaga-pó* — como dizem os nossos lavradores". Não raro, ouve-se, na linguagem dos roceiros, simplesmente — *paga-pó*.

Aparados: registrado por Carlos Teschauer no seu *Novo Dicionário Nacional*, com o sentido de contrafortes da Serra Geral, no Rio Grande do Sul, abonando-o com o seguinte trecho de Alfredo Varela na *Revol. cisplat. O Continente...* "paredões a prumo, entremeados de longe em longe de contrafortes... que ampararam a massa colossal daqueles, e a que os filhos do país deram o nome de *aparados*." Em carta de 10 de julho de 1939, o ilustre colaborador deste *Dicionário*, Sud Mennucci, informa que o termo *aparado* é também de uso em São Paulo e de velho emprego, pois figura nas leis de divisas municipais. Entretanto, acrescenta o ilustre escritor, *aparado* não é, em S. Paulo, contraforte, podendo haver contrafortes com ou sem *aparado*. *Aparado* é, a rigor, a cota de nível no ponto em que uma serra, de feitio de tabuleiro, cai, repentinamente, a pique. Seus sinônimos são em S. Paulo *quina da serra*, *tombo da serra*, *quebrada da serra*, o que demonstra que só pode haver *aparado* nas serras em paredão. Com esse sentido, profundamente brasileiro, diz Sud Mennucci, o vocábulo existe na legislação estadual mais recente, mesmo no decreto n.º 9.775, de 30 de novembro de 1938, que reorganizou o quadro administrativo e judiciário do Estado, em cumprimento do Decreto-lei Federal n.º 311, do mesmo ano.

Apertado: sinônimo de desfiladeiro, *angustura*, *encanado*, *estreito*, lugar estreito onde correm mais velozes as águas de um rio. "Dormi em um *apertado* que faz o rio" — (Itinerário feito pelo ten.-cel.

V. Aires da Silva, na *Revista do Instituto Histórico e Geográfico Brasileiro* — 1857). Registrado por Teschauer em seu *Novo Dicionário Nacional* — 1928.

Apicum: também *apicu*, *apecu*, *apecum*, termo do Norte do Brasil, que designa brejo de água salgada, à borda do mar. O ilustrado historiógrafo F. A. Pereira da Costa diz o seguinte: "Terreno composto de areia fina de mistura com pouca argila, imprestável para o plantio da cana-de-açúcar". E diz mais que, em Alagoas, se chama *apicum* ao alagadiço que se forma nos brejos. No nordeste da Bahia e também no Maranhão, segundo nos informa Antônio Lopes, provecto conhecedor da terra e da gente maranhenses, designa elevação muito íngreme. Do município baiano de Valença para o sul a palavra tem o sentido local de estrema da terra firme com o mangue, limite da preamar. Teodoro Sampaio, que deriva este termo do tupi *(ape-cu* — caminho longo), diz que designava entre os caboclos a vereda arenosa entre banhados ou alagadiços. O sábio Rodolfo Garcia, citando Antonil — *Cultura e Opulência do Brasil* — Ed. de 1837, pág. 46, diz: coroas que faz o mar entre si e a terra firme, e as cobre a maré. Destarte *apicum* tem vários sentidos na geografia nacional.

Apurada: registrado pelo P.e Carlos Teschauer, designando em S. Paulo certas terras roxas de grande fertilidade, e cita a frase seguinte de Alfredo Escragnolle Taunay: "Tenho dez alqueires de *apurada* e o resto de massapé branco".

Aracati: nome usado pelos indígenas e hoje pelos sertanejos do Ceará, referente a um vento que sopra de nordeste para sudoeste, derramando-se pelo interior do Estado, refrescante e ameno. É palavra túpica — de *ara* — vento — e *catu* — bom. Esta etimologia é contestada por H. Jorge Hurley que nos escreveu que *aracati* não traduz bom vento, porém

ARA — 14 — ARE

sim lugar suportável, regular, em que se pode viver; de *ara* — luz, tempo, dia, etc. e *cati*, forma diminutiva de bom — *catu*, ou seja, regular, sofrível. Alguns escritores dizem significar vento forte ou rajada e Pompeu assemelha-o ao siroco italiano, sendo prejudicial e nocivo. Também no interior da Paraíba se conhece uma corrente aérea com este nome, segundo lemos na *A Paraíba e seus Problemas*, de José Américo de Almeida 1.ª ed., pág. 97.

Araparizal: bosque de araparis. "O arapari, disse-me um canoeiro, é pau oco que serve para tambor ou tamboril" (A. J. de Sampaio. *A Flora do Rio Cuminá* — pág. 140).

Araribal: bosque de araribas *Sickingia tinctoria*), plantas que vicejam nas terras da Amazônia e da mesopotâmia maranhense "Após cortar uma ponta de palmeiral, que a terra firme aí manda ao vale, saio no campo e vejo afinal o Turi, largo e tranqüilo, e uma fila de ranchos ao longo do *araribal*. — Só o ritmo dos remos corta a serenidade da manhã. Os coqueiros e *araribais* desfilam". (Trechos de um artigo de Raimundo Lopes, publicado no *O Jornal* do Rio de Janeiro, de 27 de novembro de 1927, a respeito da riqueza dos palmares maranhenses).

Araruama: ouvido pelo prof. Honório Silvestre na baixada fluminense no sentido de *caipira, tabaréu, babaquá*. Citado pelo mesmo geógrafo em seu trabalho *Cousas de Negros*, publicado no *Jornal do Commercio* (1936).

Araxá: alto chapadão ou planalto. Couto de Magalhães refere-se, à pág. 167 do seu *O Selvagem*, ao platô ou araxá central do Brasil. Teodoro Sampaio diz ser um planalto ou chapadão no mais alto de um sistema montanhoso, onde se está em posição de ser o primeiro a ver e o último a deixar de ver os raios do sol. Segundo Couto de Magalhães, é vocábulo tupi-guarani; Teodoro Sampaio julga-o

vocábulo tapuia. Hoje em dia é freqüente nas publicações geográficas sobre o Brasil a adoção deste termo substituindo o francês "plateau" ou platô, aportuguesado. De *Araxá* foi que H. von Ihering e depois Delgado de Carvalho formaram o nome de *Araxana* para designar uma das regiões zoogeográficas do Brasil, a que abrange todo o Nordeste brasileiro e o nosso interior sertanejo, subdividida em Araxana Setentrional e Meridional.

Araxana: nome proposto por Hermann von Ihering, sábio naturalista que por 20 anos (1895-1915) foi Diretor do Museu Paulista, para designar uma das três províncias zoogeográficas em que dividiu o Brasil, isto é, a que abrange todo o Nordeste brasileiro e o interior sertanejo, alcançando e ultrapassando até a linha Paraguai-Paraná. Esta província compreende por sua vez duas subprovíncias: *Araxana setentrional* — o Nordeste e bacia do S. Francisco e *Araxana meridional* — a região dos campos ou bacia do Prata. A classificação zoogeográfica de Hermann von Ihering, que foi apresentada no vol. 1.º dos *Catálogos da Fauna Brasileira*, editorados pelo "Museu Paulista", trabalho meritório de colaboração entre os Drs. Hermann e Rodolfo von Ihering, foi vulgarizada pelo Dr. Delgado de Carvalho em sua *Geografia do Brasil* — Tomo I — pág. 69.

Ar de dia: expressão muito corrente em todo o Nordeste brasileiro, da Bahia ao Piauí, designativa de crepúsculo matutino ou vespertino. No nordeste da Bahia freqüentes vezes ouvimos: *cheguei com ar de dia, saí com ar de dia* — para designar a madrugada ou as ave-amarias, a tardinha. Registrou-a Leonardo Mota à pág. 240 do seu *Sertão Alegre*.

Areão: larga extensão de terrenos coberta de areia; grande areal. Registrado por Macedo Soares, Amadeu Amaral, Valdomiro Silveira e outros. "O areão do S.

ARE — 15 — **ARI**

José, lá embaixo, faiscou, e a espaços voltas e anéis do rio, batidos de chapa, pareciam, uma serpente de luz..." (Afrânio Peixoto. *Bugrinha*. Pág. 10 da 2.ª edição). "Logo depois de Assis até Indiana encontra-se uma zona arenosa, na qual não há estradas para automóveis. O terreno é formado por extensos *areões*, semeados de tocos, e os caminhos não passam, em geral, de velhos trilhos, de há muito usados para o trânsito de boiadas e de carros de bois" (Do Jornal *Boas Estradas* da Associação Paulista Boas Estradas, n.º 3, Ano VIII, pág. 7).

Areias gordas: nome que, segundo informações do venerando e erudito Dr. Filinto Bastos, em certos sítios do Recôncavo da Bahia, se dá ao terreno arenoso no qual, sem adubo especial, se desenvolvem plantações de cereais e de fumo.

Areias gulosas: denominação da bacia do Tocantins, designativa de certa areia argilosa, muito fina, onde se entranha facilmente tudo que por ela passa. Inácio Batista de Moura a elas se refere na descrição da viagem que fez de Belém a S. João do Araguaia. "As terras de ambos os lados são altas e com ondulações para o centro; o próprio leito do rio está aí atravancado de coroas de areia argilosa, especialmente de umas a que chamam *gulosas*, por serem tão finas que fazem enterrar, como em abismo oculto, as pernas das que por elas transitam" (Opus cit. pág. 141). No *Vocabulario* anexo ao seu livro *Puçanga*... Peregrino Júnior escreve que *areia gulosa* é o solo da beira de certos rios, coberto de areia, onde os animais se atolam facilmente; os ribeirinhos chamam também *areia engolideira*. H. Jorge Hurley escreveu-nos: "*areias gulosas* são as das praias novas, ainda não consolidadas, que dificultam a marcha do mariscador de tamarus, cutucas e seribóias, excelentes iscas para o espinhel. Os *mupéuas*, as *coroas*

e as *restingas* dispõem de muitos trechos de *areias* gulosas". Descrevendo o *tijuco* dos rios da região do baixo Amazonas Friedrich **Katzer**, eminente geólogo austríaco, que por muito tempo dirigiu a Seção de Geologia do Museu Paraense, fala de tais areias, segundo nota da Comissão de revisão de seu trabalho — *Geologia do Estado do Pará* (Vide *Boletim do Museu Paraense*, Vol. IX, 1933, pág. 60).

Areiúsca: assim chamam, em S. Paulo e também na Bahia, à terra misturada de areia, análoga aos terrenos que, no Nordeste, se denominam *ariscos* ou *areíscos*. Devemo-lo à informação de A. Taunay (Carta de 3-11-927).

Arenga-de-mulher: nome que, em Pernambuco, se dá à chuva miúda, constante, prolongada, segundo refere F. A. Pereira da Costa. Também usado no interior do Piauí.

Arisco: também *areisco*, termo do Nordeste brasileiro, especialmente usado na Paraíba, Rio Grande do Norte e Ceará, que designa terreno areno-humoso, de grande fertilidade e cuja formação se encontra na região paraibana denominada *Brejo*, que se estende sobre tôda a serra de Borborema, ocupando um planalto ondulado e acidentado, com a altitude máxima de 700 metros e onde ficam as localidades de Campina Grande, Lagoa de Remígio, Esperança, Araras, Bananeiras, Guaribas e Alagoa Grande, todas florescentes. Segundo lemos em Philipp von Luetzelburg, sábio botânico da Inspetoria Federal de Obras contra as Secas, em seu profundo estudo botânico do Nordeste (Publicação n.º 57, Série I, A), o povo, em geral, chama a região de *Brejo de arisco*. Luetzelburg diz que é a parte mais fértil e cultivável de tôda a região do *Brejo* e à pág. 20 do 2.º vol. de seu trabalho nos dá uma lista das componentes principais da vegetação dos *ariscos* ou "vegetação típica da zona do Brejo da serra de Borborema". Na *Terra de Sol*, de Gustavo Barroso, se lê à pág. 63: "As lombadas dos cerros são preferidas para algodão, os *ariscos* para mandioca, as baixas planas para milho e os encharcados para arroz".

Armação: Afonso Taunay em sua preciosa *Coletânea de Falhas* dicionarizou o vocábulo *armação* no sentido de empresa bandeirante para a caçada de índios, encontrando-o nos *Inventários e Testamentos*, publicação do Arquivo do Estado de S. Paulo. Neste sentido refere-o também Alcântara Machado, à pág. 249 da *Vida e Morte do Bandeirante*: "O capitalista dá ao bandeirante, que toma o nome de *armador*, o que os documentos da época chamam a *armação*: negros, correntes, armas, munições de guerra". Vicente Chermont já o havia feito no Pará com o sentido de madeiramento de uma *barraca*, já fincado e pregado ou amarrado no lugar, mas ainda por cobrir e por emparedar com palmas de certas palmeiras ou por *taipas*. No Norte do Brasil, da Bahia ao Amazonas, ao meu conhecimento, se diz *armação* o estado carregado da atmosfera ou seja a acumulação de nuvens grossas nas baixas camadas da atmosfera, pressagiando chuvas iminentes ou perturbações como trovões, raios e relâmpagos. Preparativos de chuvas ou tempestades. O dizer é freqüente. No *Marupiara* de Lauro Palhano, à pág. 11, lemos: "*O nordeste* caiu brando; o mar escamou-se levemente. Mudou de rumo, refrescou e o pescador embevecido não se apercebia das *armações* preparadas no firmamento sem sol". Na Bahia e em outros pontos da costa brasileira diz-se armação ao "estabelecimento de pescaria" (Almirante Antônio Alves Câmara — *Pescas e Peixes da Bahia*), falando-se nesse Estado de *armação de xaréu*, *armação de baleia*, etc. Interessante é registrar que aos estabelecimentos onde se fabrica-

va o azeite de **baleia se chamava** *contratos* (Op. cit., pág. 59).

Arraial: no Brasil assim se denomina a pequena povoação, não raro temporária. Sinônimo de *povoado*, *comércio*, *rua* no Brasil e lugarejo e aldeia em Portugal. A respeito deste vocábulo transcrevemos os seguintes trechos da lavra de Diogo de Vasconcelos em sua *História Antiga de Minas Gerais*, à pág. 19: "Os bandeirantes alojavam-se à maneira de milícias em marcha e por isso chamavam *arraial* o sítio do acampamento. Alguns convertiam-se em povoados e conservavam o título para os distinguir das *aldeias*. Um *arraial* considerava-se orgulhoso dêsse título, porque as *aldeias* pertenciam a índios, governadas por leis excepcionais e humilhantes. O *arraial* gozava dos direitos comuns e entrava no regime civil geral do Reino".

Arraieiro: termo baiano, designativo do pescador que se dedica à pesca da arraia. Empregou-o Xavier Marques nos *Praieiros*, registrando-o A. Taunay no *Léxico de Lacunas*.

Arrampadouro: encosta, ladeira, terreno declivoso. Rodolfo Garcia registra *arrampado*, no sentido de talude, declive, nas estradas de ferro. O primeiro é registrado por Carlos Teschauer.

Arrancador: também *arrancadouro*, têrmo usado, ao meu conhecimento, na Bahia e Sergipe, e que denomina um sítio para pastoreio do gado, onde anteriormente se fêz plantação de mandioca e legumes. Feita a colheita dos produtos e abandonada a roça pelo lavrador, aí crescem gramíneas e plantas rasteiras que constituem ótima forragem para os animais.

Arranchamento: registrado por A. Taunay e Cândido de Figueiredo como brasileirismo que designa reunião de ranchos, casebres, moradias no campo. Derivado de *rancho*, nomeia casebres rústicos feitos de barro e palha, com a fei-

ção primitiva dos aldeamentos de índios; também moradia de pobre no campo ou mesmo nos arredores das cidades e povoações (Calage e Luís Carlos de Morais).

Arrastador: também *arrastadouro,* — termo do nordeste da Bahia e de outros Estados do Norte, que significa picada tosca que os sertanejos abrem através do mato para a condução de madeiras do âmago das florestas para as estradas comuns, ou atalhos para comunicação, com as roças feitas no interior das ditas florestas. Também designa trilhos estreitos nos matos que os vaqueiros atravessam em demanda dos pastios costumeiros do gado, que se cria na amplitude indeterminada dos logradouros das catingas. Neste sentido é sinônimo de *vaquejador.* Em Euclides da Cunha encontramos várias vezes este vocábulo quando nos dá a fragorosa descrição da vida do vaqueiro que passa "da rede preguiçosa e comoda para o lombilho duro, que o arrebata, como um raio, pelos *arrastadores* estreitos em busca das malhadas", que nasce, vive e morre "perdido nos *arrastadores* e *mocambos*" e "restringe a atividade às *corridas* desabaladas pelos *arrastadores*". No nordeste da Bahia diz-se também *arrasto,* que aliás tem outra significação nas Lavras Diamantinas do mesmo Estado.

Arrasto: na região das Lavras Diamantinas (Bahia) assim chamam os garimpeiros a passagem estreita que comunica as partes amplas de uma mesma gruna. "A um canto começava o *arrasto.* Era estreito e comprido. Foi necessário abrir a *bateia* em duas bandas para depois *gatear. Rompe* você que é mais *seco,* disse Quirino; eu que sou mais grosso vou no fim para não entupir o arrasto" (Alberto Rabelo — *Contos do Norte.* Pág. 51). No nordeste da Bahia, *arrasto* é o mesmo que *arrastador.* (Vide esta palavra). Há também uma espécie de pescaria chamada de **arrasto** por meio de uma rede (Norte do Brasil).

Arrolhador: termo da zona ervateira do Brasil, designativo do indivíduo que desfolha a erva-mate. Registrou-o A. Taunay no *Léxico de Lacunas.*

Arrombado: termo amazônico, de uso freqüente na região do *Salgado* do Estado do Pará. Devemo-lo à informação do Dr. H. Jorge Hurley, que nos escreveu: "Os furos recentes na região do *Salgado,* de Bragança a Viseu, que ligam dois rios através dos *manguezais,* são denominados *arrombados.* Há vinte anos, mais ou menos, as marés arrombaram o talude que se interpõe entre os rios Curuçá e Cajatuba, abrindo franca passagem às canoas, ficando esse canal denominado — *furo do arrombado.* Como este há muitos em toda a região marítima do Pará".

Arrôto de gruna: expressão usada pelos *garimpeiros* das Lavras Diamantinas da Bahia, designativa do ponto em que o curso d'água subterrâneo, que atravessa as *grunas* ou grutas escavadas no subsolo, aflora à superfície. As águas, ao chegarem à flor da terra, produzem, não raro, um gargarejamento, semelhante ao ruído que fazem os gases que saem do estômago, de onde se originou o sugestivo dizer da gente dos *garimpos.* Foi a informação que nos deu o Engenheiro Máximo Macambira Monte-Flôres. À pág. 47 dos *Contos do Norte,* de Alberto Rabelo, lemos o seguinte passo: "E um instante lhe foi de delirio quando, vinda do fundo da caverna, uma torrente de luz flamejante escorria a seus pés, como se um rio de ouro vertiginoso e fantástico descesse até o *arrôto da gruna*".

Arumbava: o mesmo que *mumbava,* segundo A. Taunay, que assim ouviu no Sul de S. Paulo. O mesmo autor registra também o significado de parasito.

ASS — 18 — **ATE**

Assentada: termo que, em alguns dos Estados do Brasil, na Bahia e Goiás por exemplo, designa um terreno plano no alto de um morro ou de uma serra. Os sertanejos da Bahia chamam indiferentemente *assentada, assentado* e *sentada*. Em Goiás também se diz *chato* (Informação do Professor Alcide Jubé). O termo *assentada*, com o significado de terra plana no cimo de uma montanha, é também usado em Portugal: é o que vemos nos *Elementos de Geografia Geral* de Ferreira-Deusdado, à pág. 69. Em Portugal *assentada* é mais freqüentemente usado como termo forense. Valdomiro Silveira, no *Os Caboclos*, registra e emprega o termo *assente*, de uso em S. Paulo, na significação de "lugar mais alto e plano do monte; chapada, linha de águas vertentes. Na *Amazônia que eu vi* de Gastão Cruls lemos que assim se chama na Amazônia o alto de praia onde as tartarugas preferem desovar, visto que aí o terreno é sempre seco (Elucidário anexo à pág. 130 da 1.ª Edição).

Assento: registrado por A. Taunay e Cândido de Figueiredo, como brasileirismo designativo da parte mais plana e mais alta de um monte; planalto; chapada. Em Portugal, segundo informa Ferreira-Deusdado, à pág. 69 dos seus *Elementos de Geografia Geral*, usa-se o termo *assentadas* no sentido de planícies no cimo duma montanha. E Said Ali, no seu *Compêndio de Geografia Elementar*, às págs. 16 e 17, tratando das várias formas que pode ter o cimo de um monte, escreve: "o cume arredondado ou *cabeço;* o cume pontudo ou *pico-dente, agulha, ponta;* o cume plano ou *assentado*, mesa (em abexim *ambas*), e o cume cônico, que é próprio dos vulcões". Tal significação não vem consignada nos Dicionários de Caldas Aulete, Domingos Vieira, Constâncio, Faria, Morais, Lacerda, Figueiredo, etc.

Atalaia: segundo informações de Antônio Lopes, do Instituto de História e de Geografia do Maranhão, assim se chama ali ao morro mais alto de uma serra, o seu viso mais elevado.

Atascal: lamaçal, atoleiro. Registra-o Carlos Teschauer com uma cita de Monteiro Lobato. Em Portugal se diz atascadeiro, atasqueiro.

Aterrado: terra firme no meio do pantanal. Rodolfo Garcia atribui a sua formação à carga de sedimentos que a corrente do rio, volteando pelo seu antigo curso, deposita em certos lugares, ao esbarrar com as águas mortas do *pantanal* inundado. É termo muito usado em Mato Grosso. Afonso Taunay no seu *Léxico de Lacunas* registra *aterrado* com o significado, em S. Paulo, de lugar alagado, que foi enxuto graças a um movimento de terras. E dá o seguinte exemplo — "O aterrado da cidade Nova". Segundo nos informou em carta de 18 de março de 1928 o ilustre Secretário do Instituto de História e Geografia do Maranhão, Antônio Lopes, "nos lagos e pantanais do Maranhão *aterrado* é terreno esponjoso das margens, formado pela colmatagem. Nestes *aterrados* brotam buritizeiros raquíticos. Às vezes, com as enchentes ou ventanias, se destacam dos *aterrados* pedaços que formam verdadeiras ilhas flutuantes, com vegetação das mencionadas palmeiras, e ficam a boiar sobre as águas, à mercê do vento". Pereira do Lago, no *Itinerário da Província do Maranhão* (1820), refere-se a estas ilhas flutuantes e assim outros escritores.

Aterroada: também torroada, *terroada;* termo da Amazônia, que apelida pequenas elevações nos campos altos produzidas pelas minhocas, por cupins ou formigas. Também designa depressões amiudadas nos terrenos baixos e atolentos, impressas pelas patas do gado durante o começo e fim do inverno. Registra-o V. Chermont. A. J. de Sampaio, em seu trabalho *Nomes vulgares de Plantas da Amazônia* (1934), de-

ATO — 19 — **AVI**

fine: "baixada com montículos de terra; *minhocal* em Mato Grosso. E à pág. 46 da 2.ª Ed. de *Puçanga*, de Peregrino Júnior, lemos: "O burrinho esquipando devorava a estrada encalombada de *terroadas* que ia do *barracão* "Boa Esperança" à casa humilde de Antônio Cardoso".

Atoledo: brasileirismo do Sul, já registrado por Cândido de Figueiredo (4.ª edição). O mesmo que atoleiro. "Passamos um *atoledo* murcho, *esboroando* os bordos dos rastros, estorroados e rijos" (Raul Bopp — *Como se vai de S. Paulo a Curitiba* — Na *Feira Literária* de março de 1928 — Pág. 26).

Atravessadeiro: vimo-lo registrado por A. Taunay num artigo publicado no *Correio Paulistano* de 30-11-928, com a significação de atalho de caminho. É usado em S. Catarina.

Atravessador: citado por Araújo Lima no seu notável livro *Amazônia. A terra e o homem*, págs. 120 e 121, com a significação de intermediário a quem o pequeno agricultor da Amazônia vende o produto do seu trabalho, sendo explorado. O *Pequeno Dicionário Brasileiro da Língua Portuguesa* (S. Paulo) diz: comprador de gêneros para os revender a retalho. *O Glossário do Trabalho Rural no Brasil*, publicado na *"A Lavoura* de agosto-setembro 1941, diz: negociante ambulante. Intermediário na compra e venda de produtos rurais. Desenvolvendo o significado deste termo na Amazônia, escreveu-nos o prof. Mário Ipiranga Monteiro: "é o nacional ou português, ou mesmo sírio que, pelas três da madrugada, sai numa canoa, munida de garajau e do panacari, em busca das lanchas. Estas trazem a reboque fieiras de canoas dos agricultores. O *atravessador*, que constitui uma praga na economia citadina, vai esperá-los na boca do Igarapé de Xiborena, a uma hora de Manaus, juntando-se à fila dos reboques. Começa então a

negociar com os caboclos a quem sempre lesa, pagando uma ridicularia por aquilo que vai vender caríssimo na capital. É um tipo curioso e esperto, figurando há mais de 70 anos na Crônica do Amazonas".

Aturiàzal: dicionarizado por V. Chermont, como termo de uso no Pará, que designa terreno onde abundam os *aturiás* (*Drepanocarpus lunatus*), arbusto espinhoso dos terrenos aluviais, algo atolentos e meio alagados.

Aviado: na Amazônia, informa Mário Guedes (*Os Seringais*), "é um homem que trabalha com pessoal seu, em um seringal que não lhe pertence. Acontece isso quando um *patrão* ou proprietário possui um seringal bastante grande. Nesse caso concede uma fração do mesmo a outrem, que trabalha por conta própria: é o que se chama *aviado*. Chama-se *aviado*, porque o *patrão* é que lhe fornece a mercadoria necessária ao *fabrico*, tirando de semelhante transação a sua boa percentagem. É, como se vê, uma espécie de feudatário. O *patrão* diz-se também *aviado* pela casa *aviadora*, de onde se supre de mercadorias". Cândido de Figueiredo (Novo Dic. 4.ª ed.) diz que *aviado* é negociante por conta alheia, mascate, que, por conta dos negociantes da costa vai fazer negócio no sertão, informando ainda que o termo é também usado na África com o mesmo sentido. Os termos *aviado*, *aviador*, *aviação* referem-se também, no vale do rio-mar, ao cultivo, à apanha, aos negócios da extração da castanha.

Aviador: termo da Amazônia, registrado por Teschauer, com a significação de indivíduo que contrata e encaminha *seringueiros*. À pág. 198 do *Brasil. A Terra e o Homem*, de Artur Orlando, lemos: "É preciso não confundir a Amazônia do tapuio com a Amazônia do *paroara*... A segunda é a Amazônia mestiçada, mas cruel para os violadores de suas matas virgens, para aqueles que alvoroçam e conturbam suas florestas em busca do *ouro negro*, Amazônia do *gaiola*, *do aviador*, a Amazônia da *Hevea brasiliensis ou Syphonia elastica*..." E Miguel Calmon em seus *Fatos Econômicos* à pág. 238, escreve: "Sob promessa de avultados benefícios e presentes, eram os tapuios seduzidos e abandonavam terras e lavouras para o acompanhar. Adiantava-lhes o *aviador* roupas, comedoria, máquinas de costura, armas, munições, caixas de música e bugigangas outras, lançadas à sua conta para ser tudo pago em borracha". Neste mesmo trabalho vemos que a palavra *aviador* também designa o intermediário entre o *patrão*, dono de *seringal* e o comprador nas praças de Manaus e Belém. "Mas, o *aviador* que adiantou ao *patrão* as provisões e os vários objetos que este vende ao seringueiro, leva-lhe à conta tais juros, que o *patrão* mesmo fica, comumente, endividado" (*Fatos Econômicos*, págs. 242 e 243). No baixo Tocantins, refere Júlio Paternostro em sua *Viagem ao Tocantins*, *aviadores* é o nome que ali se dá aos comerciantes.

Azulinho: termo usado pelos garimpeiros de diamantes em Mato Grosso e Minas Gerais, para designar a claprotita e outras pedras coroadas, indicadoras de boa *formação*.

B

Babaçuzal: também *babaçual;* bosque de babaçus, utilissímas palmeiras que vicejam principalmente no Nordeste até o Maranhão (Babaçu, diz o P.e C. Teschauer, é um nome vulgar indígena — babaaçu — que significa coco grande). Lemos *babaçuzal* em *A Informação Goiana* de outubro de 1930, a qual apresenta um clichê sob o título — "Babaçuzal à margem do lendário Rio do Sono, em Pedro Afonso, Goiás. Em conferência pronunciada na "Associação dos Empregados no Comércio do Rio de Janeiro", em 13 de abril de 1938, ouvimos do Interventor Paula Ramos o termo *babaçual.*

Babaquara: registrado por Beaurepaire Rohan e Teschauer, com a significação de *caipira, tabaréu.* Segundo Teschauer vem de *mbaebê* — nada e *cuaá* — saber e suf. *ara*, agente do part. at. — nada sabedor, ignorante. No Nordeste é nome que se aplica ao homem de barbas compridas (Célio Meira).

Babecos: à pág. 33 do vol. 6 (1929) da *Revista do Instituto Histórico e Geográfico Paraibano*, lemos o seguinte trecho do trabalho de Pedro Batista, sob o título *Atenas dos Cantadores*: "Os emburanenses são, no Teixeira (localidade paraibana), tratados por Babecos; pejorativo equivalente a *tabaréu* e que se origina do nome de uma família íncola dali cujo tronco menos remoto era a *Babeca*, proprietária de *Caramucuqui*, local de antigo aldeamento a oeste do atual povoado. São os *babe-*

cos de estatura avantajada, cor branca, olhos azuis e cabelos negros".

Baboca: vide *Biboca*. Registrado por Cândido de Figueiredo (4.ª edição).

Bacabal: sítio onde crescem bacabas ou bacabeiras, palmeiras da Amazônia, rivais do açaí, no dizer do saudoso P.e Carlos Teschauer. "Fomos almoçar na *chamada Ponta do Bacabal*. Aí predominam, de fato, do lado oposto do rio, elegantes exemplares dessa palmeira, agora justamente com cachos, mas ainda vermelhos e, portanto, maduros" (Gastão Cruls — *A Amazônia que eu vi*, pág. 162). À utilidade e freqüência da bacaba (*Oenocarpus bacaba* Mart.), refere-se A. J. Sampaio à pág. 72 da sua *A Flora do rio Cuminá* (Arquivos do Museu Nacional, vol. XXXV).

Bacucu: têrmo usado no litoral do norte de Santa Catarina (Município de S. Francisco), designativo de praieiro pescador. Informação de Afonso Taunay.

Bacurau: alcunha dada no Rio de Janeiro aos negros. Registrada por A. Taunay. Em Pernambuco, segundo informação de Célio Meira, é apelido dado ao indivíduo que anda à noite, habitualmente.

Baetas: alcunha com que os habitantes do litoral denominavam os primeiros habitantes de Minas Gerais, porque estes andavam encapotados, envolvidos no tradicional capotão de baeta azul, nas viagens, durante o tempo frio, nu-

BAF — 22 — BAI

blado ou chuvoso, através das estradas montanhosas de sua terra natal (Nélson de Sena).

Bafuge: nome que os pescadores do Recôncavo baiano dão ao vento muito brando e intermitente. É, certamente, corrutela de bafagem, vocábulo português que significa aragem, sopro brando e interrompido, viração (Aulete). Entretanto, é de ouvida comum no Recôncavo: "Levei horas navegando, pois não havia nenhuma refrega; de vez em quando aparecia uma *bafuge*" (Informação de Artur Neiva).

Bagaceira: lugar ao lado dos engenhos de açúcar, onde são depositados os detritos da cana moída, o bagaço, não só para que seque ao sol a fim de ser utilizado como combustível, mas também para alimentação dos gados. Por extensão, escreve José Américo de Almeida no *Glossário* anexo ao seu belíssimo livro *A Bagaceira*, designa o ambiente moral dos engenhos. Daí o ter assim denominado o seu admirável romance.

Bagageiras: registrado por Everardo Backheuser no seu *Glossário de Termos Geológicos e Petrográficos*, com a significação de favas cinzento-azuladas, satélites do diamante. A. Taunay no *Léxico de Lacunas* registra *bagageiro* como nome que, nas lavras diamantinas, dão ao epídoto.

Baía: tem esta palavra uma dupla significação especial em Mato Grosso, designando primeiro qualquer lago ou lagoa que é formada pelos rios ao longo de suas margens, e que, por meio de um canal chamado *corixa*, entretém com êles efetiva comunicação. São, de fato, diz Sernando Raja Gabaglia, nas *Fronteiras do Brasil*, pág. 317, *baías* do antigo mediterrâneo sul-americano. Citaremos, como exemplos, as *baías* (lagoas) Negra, Mandioré, Cáceres, etc. Augusto Leverger (*Roteiro da Navegação do Rio Paraguai*, publicado na *Revista do Instituto Histórico e Geográfico Brasileiro*, Vol. 25, 1862), informa que o no-

me de *baías* designa "canais naturais que servem de escoantes aos campos e pântanos, e por onde às vezes se derramam pelos mesmos campos as intumescidas águas do rio; segundo as depressões do terreno, formam lagos mais ou menos consideráveis ou encanamse como rios, dos quais se distinguem por não terem correnteza, senão ocasionalmente".

Baiano: além de nomear os filhos do Estado da Bahia, o mesmo que baiense, hoje pouso usado, mas freqüente no tempo da Independência, o substantivo *baiano* tem, no Brasil, acepção vária. No Piauí, diz Beaurepaire-Rohan, é sinônimo de *caipira*, tabaréu, e acrescenta: "É provável que se dê esse nome aos habitantes do campo, por serem considerados descendentes daqueles naturais da Bahia, que, depois da descoberta do território do Piauí, primeiro se estabeleceram nele, e ali fundaram fazendas de criação". Abdias Neves, à pág. 29 de seu livro *Aspectos do Piauí*, escreve: "No Sul, todo nortista é baiano; no Piauí até pouco tempo, era baiano todo sertanejo estranho à terra". No Rio Grande do Sul, segundo lemos em Calage e Romaguera, designa o indivíduo que monta mal o cavalo, porque os filhos do Norte, especialmente os da Bahia, não sabem montar à gaúcha. E Afrânio Peixoto escreve à pág. 152 do seu livro *Razões do Coração* — "baianos são todos os brasileiros, todos os homens da terra que não montam o cavalo, como o gaúcho". Romaguera ainda registra outra acepção em que, no Rio Grande do Sul, é empregada a palavra *baiano*: a de soldado de infantaria, embora seja rio-grandense, isso porque houve tempo em que a maioria dos batalhões de infantaria era constituída de filhos da Bahia. Ainda mais: escreveu Antônio Toledo, em seu volume *Sombras que vivem* (S. Paulo, 1923), que por muito tempo o nome *baiano* significou o habitante do Norte, lembrando o caso paralelo de nos dias que correm, na Amazônia, chamar-se *cearense* todo o indivíduo do Centro Norte que para lá vai. Antônio Lopes, do Maranhão, escreveu-nos: "Nas feiras de gado do Maranhão — *baiano* é todo o sertanejo, vindo da Bahia, do Piauí ou Goiás, conduzindo gado. *Baiano* é o gado que vem do sertão. *Baiano* é também a dança cabocla que, em outros Estados, se chama *baião* e aqui também se denomina *chorado*". (Como dança, disse o mestre Sílvio Romero que o *baiano* é uma produto do mestiço, é uma transformação do *maracatu* africano, das danças selvagens e de fado português). Fausto Teixeira, em sua contribuição ao *Vocabulário do Caipira Paulista*, publicada no vol. CXI — nov.-dez. de 1946 da *Revista do Arquivo Municipal de S. Paulo*, diz que no interior paulista o termo *baiano* designa, em geral, os nordestinos ou nortistas e ainda "mulatos ou pretos valentes ou desordeiros desconhecidos".

Baiquara: registrado por Luís Carlos de Morais em seu *Vocabulário Sul-rio-grandense* com a significação de *matuto, guasca, caipira*.

Bairro: nome que, na zona da mata do Estado de Minas Gerais, se dá aos pequenos povoados ou arraiais dos municípios. Tem a mesma significação de *comércio, comercinho, rua*, etc. Informação do Dr. Mário Campos, prefeito de Araxá (1928).

Baixa: empregamos este vocábulo no mesmo sentido que em Portugal; todavia, V. Chermont registra com o significado peculiar na ilha de Marajó de parte do campo que fica submersa durante o inverno. E à pág. 148 d'*O Torrão Maranhense*, de Raimundo Lopes, lemos que baixas são entradas de campo inundáveis.

Baixada: depressão de terreno entre lombadas mais ou menos elevadas, equivalente ao que, no Sul do país, se chama *canhada*. À pág. 6 das *Tropas e Boiadas*, de Hugo

Carvalho Ramos, lemos: "A tarde morria nuns visos de crepúsculo pelas bandas da *baixada*".

Baixadão: *baixada* grande. À pág. 5 da 2.ª Edição da *Onda Verde* de Monteiro Lobato, lemos: "Transpôs o *baixadão* geento e foi espraiar-se em Campinas".

Baixão: o mesmo que *baixadão*. O termo é muito usado no oeste da Bahia e no Piauí. À pág. 33 do 4.º vol. do livro *O Piauí no Centenário da Independência*, encontramos os seguintes passos: "Os imigrantes lá (em Miguel Alves, à margem do Parnaíba, 26 léguas abaixo de Teresina) chegavam de todas as paragens, atraídos pelas notícias de fertilidade das terras, dos lugares circunvizinhos, com especialidade dos extensos *baixões* que lhe ficam ao sul e ao norte e que, durante o verão, se prestam admiravelmente para a cultura do fumo, do algodão, do milho, do feijão, da abóbora, do melão, da melancia, da batata e toda sorte de hortaliças, verduras e tubérculos. Nesses *baixões*, numa extensão de muito mais de légua quando fertilizados pelo húmus das cheias do rio, formam-se as *vazantes*, que, trabalhadas durante quase meio século, são realmente a maior riqueza do Município, sobretudo, pelo cultivo do fumo que nelas se faz em avultada escala".

Baixio: termo da Amazônia, que designa uma espécie de enseada que os rios formam nas margens, onde a água se empoça, por ocasião das vazantes. Como exemplo, citaremos o *baixio* ou enseada de Tatucuara, no rio Tapajós. Vicente Chermont registra o termo no sentido de *baixo* onde há arrebentação (Vide *Baixo*). No Nordeste brasileiro o nome *baixio* tem o sentido peculiar de uma subespécie de *vazantes* (vide o têrmo). Philipp von Luetzelburg, à pág. 32 de 3.º vol. do seu *Estudo Botânico do Nordeste*, escreve: "Enquanto as vazantes acompanham sempre rios ou lagoas, dos quais recebem água, os

baixios, ao contrário, estão situados entre as cadeias de serras, formando ali bacias sem escoadouro, de forma que as águas nos tempos das chuvas, correndo das serras, armazenando-se ali, formando açudes, na falta de sangradouro ficam represadas e infiltram-se no solo, originando maior viçosidade da vegetação existente. Deste modo os **baixos** são vazantes cercadas de serras e, no tempo das chuvas, reservatórios de águas naturais. Existem destes **baixios** entre as serranias na Bahia central (região das serras das Almas, Tromba e Itubira), na Paraíba (próximos às serras dos Prazeres e do Pau Ferrado)".

Baixo: termo da Amazônia, que designa coroa de lama ou areia, a qual, na baixa-mar, quase fica à superfície, ou se descobre completamente. Registrado por Vicente Chermont que acrescenta: "Nos rios de águas tranqüilas e nos *igarapés*, os lugares de pouca profundidade ou que descobrem à baixa-mar são *baixos; baixios*, que de longe denotam a sua situação pela mareta ou pela arrebentação, só se encontram nas baías e amplos estuários". O eng.º Américo Leonides Barbosa de Oliveira, em seu *Relatório* a respeito do "Vale Tocantins-Araguaia", diz que *baixo, banco, gorgulho, seco* são designações de altos-fundos, os dois primeiros em leito de areia, o segundo em leito de pequenos seixos densos e o terceiro em leito de pedras soltas.

Bajerê: termo usado na região diamantina do rio das Garças, em Mato Grosso, no sentido de *informação* de diamantes. Registrado por Afonso Taunay na sua *Coletânea de Falhas*, publicada na *Revista de Língua Portuguesa*, N.º 45, janeiro de 1927. Entretanto o prof. Jorge Zarur o recolheu entre as corrutelas de Ituiutaba, no Triângulo Mineiro, com o sentido de cascalho que não dá diamantes. (Rev. Brasileira de Geografia — nov.-dez. 1943, pág. 655).

Balaiada: nome que, na História do Brasil, se dá à guerra civil que abrasou a Província do Maranhão de 1838 a 1841, determinando milhares de mortes e prejuízos sem conta. A denominação proveio da alcunha que tinha um dos cabeças da rebelião, Manuel dos Anjos Ferreira, cognominado o "balaio", pelo fato de fazer e vender balaios. Outros chefes da rebeldia ostentavam também cognomes expressivos como fossem: Dom Cosme, Jitirana, Ruivo, Mulungueta, Violete, Coque, etc., etc. Após quase três anos de terrível luta, foi pacificada a província pelo c.el Luís Alves de Lima e Silva, logo agraciado com o título de Barão de Caxias (18 de julho de 1841), ao depois o nosso imortal Duque de Caxias.

Balatal: reunião de árvores que dão a balata, que é a seiva da maçarandubeira, da família das Sapotáceas. Numa carta dirigida a 15 de novembro de 1928 ao Presidente da República pelo gen. Cândido Rondon, chefe de uma expedição brasileira na região fronteiriça das Guianas européias, lemos o seguinte: "Descobrimos neste rio (S. João) grande *balatal* desconhecido até hoje do govêrno do Pará, riqueza extrativa de grande alcance comercial e que facilitará o povoamento do Cuminá, acima do Salgado. Além do *balatal* e castanhal, o rio conta com a riqueza dos seus grandes campos..."

Balateiro: assim se designam na Amazônia os que se entregam à extração da balata. É a balata um produto relativamente novo no comércio do Amazonas, como diz o prof. Agnelo Bittencourt em sua *Corografia do Estado do Amazonas*, publicada em 1925, da qual extraímos os seguintes informes: "A árvore da *balata* pertence à família das Sapotáceas, de muitas espécies, conhecida também pelo

BAL — 25 — **BAL**

nome de maçaranduba (*Mimusops excelsa*). Atinge a cerca de 25 metros de altura e 1 de diâmetro. Seu *habitat* é nos terrenos enxutos e pedregosos, tratando-se da espécie que fornece a *guta* da melhor qualidade. É dessa árvore gigantesca que se extrai o látex de que se fabrica a balata. O extrator golpeia-lhe o tronco, até a altura dos galhos, empregando para isso um processo especial. Geralmente, depois desse trabalho, a árvore, esgotada, morre. É um processo danoso para o futuro da região. A balata é uma riqueza que tende a desaparecer, se os poderes públicos não intervierem, para o evitar". À pág. 126 da *Amazônia que eu vi*, de Gastão Cruls, lemos o seguinte trecho: "Cenobilino, antigo *balateiro*, foi chamado à prova e, sangrando uma das árvores, imediatamente atestou a excelência do látex que porejava à superfície dos cortes, como um leite muito branco e grosso. Qual coquerana nada! Esta é da boa, da *mansa*, — dizia êle, ensaiando entre os dedos a consistência do látex. A brava, vermelha (referia-se à maçaranduba) também não fica assim. E, depois de conseguir uma pequena bola com a seiva já coagulada, levou-a à boca e partiu-a entre os dentes, outro sinal distintivo da *Mimusops*, pois que a maçaranduba, quando sofre a mesma operação, sem jamais quebrar-se, conserva apenas à sua superfície a marca dos dentes, tal como acontece com os *chiclets*".

Balcedo: termo da Amazônia, naturalmente derivado de balça, vocábulo português que significa matagal ou terreno inculto, onde crescem arbustos espinhosos (Cândido de Figueiredo, 4.ª ed.). *Balcedo* é, no Pará, segundo Vicente Chermont, terreno alagadiço nos campos marajoaras, onde as plantas altas e sarmentosas dificultam o trânsito. Dele deriva o adjetivo *balcedoso*, no sentido de apaulado, atoladiço. Alguns escrevem *balsedo*:

"Por trás das franjas velu-
       [dosas do balsedo,]
As meigas algas
Amorosas,
Langorosas,
Fazem crer
Que são virgens encantadas
Por bruxedo
Dos paiés"

(Francisco Pereira. *Poemas Amazônicos*. Pág. 110).

Balceiro: na Amazônia assim se denominam os indivíduos que viajam sobre as *balças* de borracha que descem os rios de *bubuia* (flutuando), ao sabor da correnteza ou impelidas a varejão, até onde a navegação é franca. De tal transporte fala minuciosamente Mário Guedes, da pág. 151 a 153 dos seus *Seringais*. Transcrevamos alguns trechos: "Uma certa parte da borracha é enviada também a esse tempo em *balças* para as praças de Manaus ou Belém, antes da subida das águas. Isso, bem entendido, nos rios onde a navegação não se oferece franca aos *gaiolas* e lanchas". "O rio estando seco ou no *casco*, com diminuta profundidade, a borracha se transporta para baixo em *balças*. A balça não é outra coisa mais que uma porção de peles de borracha, em número de cem mais ou menos, pesando cada pele de sessenta a dez quilos". "Ligadas umas às outras seguem rio abaixo, muito morosamente, ao sabor da corrente, ou de *bubuia*. Impulsionando-lhes a marcha a varejão, dois ou três homens que, vistos de algum barranco, em cima daqueles pães de borracha, lá no meio do rio, parecem uns espectros humanos, uma coisa fantástica. E assim seguem, vagarosamente, andando em muitos e muitos casos apenas dois ou três *estirões* por dia. Em cima da *balça* vivem, comem, afinal, passam semanas e semanas". "Quando os *balceiros* atingem ao ponto onde a navegação já é franca aos vapores, então a borracha é baldeada para eles e transportada até Manaus ou Belém".

Baldo: registrado no *Vocabulário Pernambucano* de Pereira da Costa no sentido de dique, ou barragem de terra, barro ou alvenaria, que forma as paredes dos açudes para represar as águas e evitar o seu aspraiamento nas épocas em que aumentam de volume. Abona-o com o seguinte trecho extraído de um Relatório das Obras Públicas de 1869. "O açude do Limoeiro ficou com o *baldo* destruído, de modo a tornar necessária a sua reconstrução". "Um *baldo* ou represa de terra, com cêrca de 300 metros de extensão, sustenta as águas do açude de Vila Bela" (Idem-1880). Ocorre também a variante *balde*. O mesmo que barragem, segundo se lê no Anexo ao Relatório das Obras Públicas de 1880, citado por Pereira da Costa: *"O baldo ou barragem do açude será de barro, assentado em terreno sólido que ali se encontra pouco abaixo do nível do solo".*

Baliza: palavra que, em Mato Grosso e Goiás, segundo informa Hermano R. da Silva em seu livro *Garimpos de Mato Grosso*, pág. 133, designa alta coluna ou morrote de granito, "que se vai perpetuando insensível à força destruidora das erosões seculares, e a que a inabalável superstição dos mineradores empresta o poder miraculoso de indicar e orientar a direção infalível de excelentes pontos para o seu trabalho".

Balseiro: escrito também por alguns *balceiro*, nome usado em várias partes do Brasil para significar um emaranhado de vegetais. Tratando da bacia amazônica, diz F. Raja Gabaglia, em seu já citado livro, à pág. 119, que *balseiros* são pequenas ilhas flutuantes, via de regra formados por mururés e outras plantas semelhantes. No valioso trabalho que, em homenagem à Comissão Rondon, publicou o maj. Amílcar Botelho de Magalhães, sob o título *Impressões da Comissão Rondon*, à pág. 131 encontramos: *"Os camalotes ou balseiros*, tristemente célebres desde o tempo da guerra com o Paraguai, porque o inimigo bastas vezes os utilizou para a surpresa da abordagem aos navios brasileiros, atravessavam o pantanal como ilhas flutuantes, às vezes de dimensões enormes e vinham bater na cabeça dos postes". Alguns escrevem *balsedo*, como Raimundo Lopes n'*O Torrão Maranhense*, onde se lê à pág. 158: "Vemo-lo formar *balsedos*, — bancos às vezes enormes, compactos, que, pelo entrelaçamento das raízes, se tornam verdadeiras plataformas flutuantes, nas quais, não raro, se pode andar como se fosse num firme tablado. Estes bancos geralmente fixam-se a uma das margens, quando não barram totalmente um rio ou enchem o pântano que lhes serviu de *habitat*. Ao grado da corrente fraca formam-se, disjuntam-se, recompõem-se, atravessam os lagos, descem aos grandes cursos d'água, e lá vão, rio abaixo, até se dissolverem nos estuários, na zona de conflito das águas, onde a agitação das marés e a salgação lhes desagregam o conjunto e matam os indivíduos".

Bambê: registrado por Beaurepaire-Rohan como termo usado no Rio de Janeiro, para designar mato estreito que à guisa de cerca se deixa entre uma roça e outra, como linha divisória. Jaques Raimundo em seu precisoso livro *O Elemento Afro-negro na Língua Portuguesa* demonstra a sua procedência do quimbundo — *mbambe* — marco, divisa.

Bamburral: vocábulo que é empregado em vários sentidos, variantes de região a região. Primeiramente é sinônimo de *bambual*, *bambuzal* — bosque de bambus (Vide esta palavra). V. Chermont dá-lhe a acepção paraense, usada também em outros Estados (Mato Grosso), de lugar à margem dos rios, de densa vegetação arbustiva ou arbórea pouco alta, e entrelaçamento de cipós tal, que se torna quase impenetrável. *Bamburral*, diz Nélson de Sena, em Minas e no Brasil Central, é o

BAM — 27 — **BAN**

lugar alagadiço e espessamente coberto de uma vegetação emaranhada, enfezada e imprestável, onde o gado às vezes se esconde para pastar a apetecida forragem de cambaúba, ali nativa. Neste mesmo sentido se emprega no Rio Grande do Sul. Na Bahia é sinônimo de *balseiro* e *tremedal*. No Ceará, segundo lemos à pág. 24 da *Terra de Sol* de Gustavo Barroso, designa arbustos pequenos que não servem para alimentar o gado.

Bamburro: termo mato-grossense, designativo de um emaranhado de mato muito fechado e baixo, geralmente entremeado de espinho, cipó e macega. É a definição do com. Pereira da Cunha em seu empolgante volume *Viagens e Caçadas em Mato Grosso*, à pág. 87, onde acrescenta: "dentro do *bamburro* não é possível enxergar a onça, ainda que se esteja, às vezes, a três metros de distância". Rodolfo Garcia, que o registra, define: "vegetação arbustiva, com aspecto de *chavascal* por sua densidade: *charravascal* muito sujo".

Bambuzal: bosque de *bambus*. Os portugueses têm a forma *bambual*, segundo registram Fr. Domingos Vieira, Aulete e Cândido de Figueiredo. Este registra *bambuzal* como brasileirismo (4.ª edição) e assim também A. Taunay. No Brasil, tanto se diz de uma forma como de outra. "O comboio parecia rodar por caminhos supensos, à beira de abismos profundos, donde subiam rampo acima, em tufos verde-claros, folhagens de *bambuzais* e altas ximbaúva cujas copas se abriam em forma de rosáceas" (J. A. Nogueira — *País de Ouro e Esmeralda* — Pág. 251). "Dispondo nós de um bom *bambuzal* junto ao laboratório de entomologia do Horto Florestal do Rio Claro, pudemos fazer observações amiudadas e repetir grande número de experiências muito interessantes" (Ed. Navarro de Andrade. Chefe do Serviço Florestal da Companhia Paulista — *Praga dos*

Bambus — nos arquivos do Instituto Biológico de S. Paulo, 1.º vol. — 1918. Xavier Marques, dentre os maiores escritores do Brasil, empregou a forma *bambual*: "Em alguns trechos o *bambual* inclinava-se; o seu sussurro onomatopaico pedia silêncio" (*As Voltas da Estrada* — Pág. 192).

Banco: além do significado bem sabido, tem esta palavra no Sul do Brasil o de ilhota formada por aluvião no leito dos rios, às vezes coberta de arvoredos. No Sul da Bahia é usado para designar o trecho de um rio muito declivoso, cheio de pedras e encachoeirado. O Dr. Rui Penalva, proprietário no Município de Ilhéus, que nos deu a informação supra, exemplifica-a com os chamados *bancos* da Vitória, da Pedra, dos Cachorros e do Alto, existentes no rio da Cachoeira, que banha o mesmo Município e o de Itabuna (Bahia).

Banco-d'água: segundo refere Gastão Cruls em sua *A Amazônia que eu vi*, assim chamam na Guiana Brasileira a uma pequena queda d'água (Elucidário).

Banda-fôrra: assim se chamavam no Brasil aos filhos de brancos com negras escravas. Às págs. 55-56 do livro de Limeira Tejo — *Brejos e Carrascais do Nordeste*, lemos o seguinte: "A diferença é que as escravas, mães de filhos dos brancos, gozavam de alguma honra da maternidade. Os *banda-forras* que resultavam desses coitos, adquiriam, na maior parte dos casos, certa situação social". Entretanto, Rodrigues de Carvalho em seu vigoroso trabalho *Aspectos da Influência Africana na Formação Social do Brasil*, publicado nos *Novos Estudos Afro-brasileiros*, escreve à pág. 29: "O negro de *banda-forra*, isto é, aquele escravo que houvesse adquirido uma espórtula, uma quantia em dinheiro, que tivesse comprado ao *senhor* a metade de sua liberdade, tinha a *banda-forra*. Este poderia trabalhar para si aos domingos. Fazia um *espojeiro*, uma pequeníssima cultura de roça ou de milho".

Bandeira[1]: nome que, na **Paraíba** e Estados vizinhos, tem o que em outros lugares do país se chama *ajuri, ajutório, muxirão, mutirão* etc. (Vide estes termos). Outra acepção deste vocábulo na Paraíba é a que Leonardo Mota registra à pág. 127 de seu *Sertão Alegre*, ou seja: passeatas religiosas em honra de um santo, das quais é parte obrigatória um banho no rio ou em lagoa. Assim descreve o ilustre folclorista compatrício o cerimonial de tais *bandeiras*: "Quase às dez horas da noite do Santo em cuja honra é organizada, a *bandeira* se forma, seguindo o pessoal pelo meio da rua principal da povoação e indo à frente do cortejo uma senhorinha com a bandeira do Santo. A orquestra consta apenas de dois tocadores de zabumba que acompanham como podem os cânticos desferidos por muitas vozes e cuja música é sempre alegre, lembrando o *baião*. Assim segue a passeata até a borda da lagoa. Aí todos *matam o bicho*. Depois os homens se afastam, guardando conveniente distância, e as mulheres se lançam à água. Terminado o banho das mulheres, deixam estas a lagoa, e vão ficar à espera de que os homens se banhem e se lhes reúnam. Reconstitui-se então o cortejo, retornando, os pândegos devotos, pelo mesmo caminho e sempre cantando, ao patamar da Igreja, onde se dissolve a passeata". Em Pernambuco é o início da festa religiosa: "Hoje foi a bandeira de Nossa Senhora da Penha" (Célio Meira). Em Canavieiras, município do sul da Bahia, e terras convizinhas, denomina-se *bandeira* a reunião de canoas da mesma procedência do interior que conduzem o cacau das fazendas para o porto de embarque. Vimo-lo assim registrado no artigo de Deolindo Amorim — *Canavieiras*, publicado no *Jornal do Comercio* de 15 de novembro de 1936.

Bandeira[2]: termo conhecidíssimo na História do Brasil, designativo das expedições que, nos tempos coloniais, entravam no imenso sertão brasileiro, à cata de índios para escravizar, à procura de minas de que corriam notícias fabulosas, para o combate aos *quilombos*, para a exploração e posse permanente das terras percorridas. Se, hoje em dia, a tendência da historiografia nacional é estender o nome de *bandeira* a todas as expedições que se dirigiam para o interior com aqueles objetivos, restrita e verdadeiramente ele só se deve aplicar às turmas expedicionárias que se organizavam em S. Paulo, caracterizadas principalmente pelo cunho espontâneo de sua formação (Basílio de Magalhães). As expedições organizadas pelos governadores ou prepostos da Coroa, de cunho oficial, chamam-se *entradas*. As verdadeiras *bandeiras*, de guerra ou de colonização, da caça ao índio ou dos ciclos do ouro das minas, das levas de sertanistas que varam o desertão cobiçado na "mais extraordinária marcha colonizadora que se conhece", conquistando para a Pátria brasileira milhões de quilômetros quadrados, e de cuja organização nos deu tão bela imagem o insigne mestre João Ribeiro (*História do Brasil*. Págs. 227 e 229 — 3.ª ed.), estas são um fenômeno eminentemente paulista. Todavia, já fizemos sentir a extensão que os nossos historiadores vão dando à palavra, tornando-a sinônima de *entradas*, *jornadas* (nome peculiar às *entradas* do Nordeste), com a variante *monção* (expedição que de Porto Feliz sulcava o Tietê águas abaixo) e correspondente ao que os espanhóis denominavam *maloca*. O nome de *bandeira* começou a ser usado com tal sentido no Brasil no século XVII, a centúria das grandes e atrevidas expedições do Brasil adentro: é o que ensina o seu magno historiador Afonso de Taunay, (*História Geral das Bandeiras*, Tomo I, pág. 132). E qual a razão de ser desta denominação? Divergem os autores brasileiros. Afrânio Peixoto (*Minha Terra e Minha Gente*), Capistrano de Abreu (citado por Delgado de Carvalho em sua *Corografia*), Gentil Moura (*As Bandeiras Paulistas*) e outros, a maioria, dizem provir do fato de terem as *bandeiras* uma insígnia, um estandarte, uma bandeira, em torno dos quais se reuniam os expedicionários, que os conduziam como símbolos de guerra; Artur Orlando (*Brasil. A Terra e o Homem*) e Osório Duque Estrada (*História do Brasil*) derivam-na de bando capitaneado por um caudilho; Rocha Pombo (*História do Brasil*, VI vol.), invocando a autoridade de J. Mirales (*História Militar do Brasil*, publicada nos Anais da Biblioteca Nacional do Rio de Janeiro, vol. 22), indica, a nosso aviso, a verdadeira origem do termo. *Bandeira*, diz o mestre, "chamavam-se pequenos grupos de assalto que se destacavam de um corpo de tropas ou de uma guarnição, com alguma incumbência arriscada e dependente mais da rapidez do ataque do que de combate leal". De feito, além de J. Mirales, no livro clássico de Latino Coelho — *História Militar de Portugal* —, à pág. 6, encontramos o nome *bandeirantes* ou companhias, como frações de tropa que combatiam dispersas e isoladas, antes do século XVII. Segundo lemos na *Enciclopédia Hispano-Americana*, dava-se o nome de *bandeira*, primitivamente, ao tropel de gente armada, e depois, às companhias dos *terços* de infantaria. Por outro lado, o insigne mestre Teodoro Sampaio, em notas que nos forneceu, afirma não ser a bandeira sinal que apareça nos bandos sertanistas, o que concorda com a opinião de Francisco de Paula Ribeiro, numa *Memória sobre as Nações Gentias* (*Rev. do Inst. Hist. e Geog. Brasileiro*, Tomo III, pág. 143), na qual lemos: "Eis aqui pois formada uma *bandeira*, nome que desde muito tempo dão os moradores a estes ajuntamentos, e dão-lhe tanto sem motivo, quanto porque é insígnia esta ou sinal, que não aparece ali, como porque primeiro se lhes deveria chamar bandos de homens tumultuosos, do que batalhão concertado..." Julgamos, assim, muito mais plausível que o nome de *bandeira*, dado às caravanas em marcha pelos sertões, seja uma revivescência, no Brasil, das companhias de assalto que outrora, na metrópole, eram incumbidas de reconhecimentos arriscados e entrepresas temerárias: na preia do índio solerte, na procura do ouro, da prata, das esmeraldas e outras pedras preciosas, no combate aos traiçoeiros *quilombolas*, na penetração e colonização de uma terra ignota e virgem, tudo era uma cilada, uma insídia, um perigo instante, e aquela gente *abandeirada*, que se confessava e fazia testamento antes de partir, revelava inédita coragem e audácia sem-par.

Bandeirante: indivíduo que fazia parte de uma *bandeira*, que marchava para o sertão, também chamado *sertanista*, equivalente ao *maloquero* dos hispano-americanos, algo de parecido com o *pioneer* dos americanos do norte. Contemporâneamente vemo-lo empregado como designativo dos filhos de S. Paulo, paulistas ou piratininganos. De Menotti del Picchia, em seu maravilhoso livro *A Revolução Paulista*, são os seguintes trechos: "A capacidade de idealismo dos *bandeirantes*, de que deram provas formidáveis nos movimentos de maio e a partir de 9 de julho (1932), residia na força da sua imaginação, no seu espírito criador, na sua inclinação espontânea para todas as formas de beleza" (Pág. 25). "O trabalho da mulher *bandeirante* foi uma coisa silenciosa, mas prodigiosa" (pág. 137). "O espírito *bandeirante* velava, até junto das trincheiras, a heróica bravura dos *bandeirantes*" (Pág. 148).

Bandeirantismo: o mesmo que *bandeirismo*. Empregado por Afonso Taunay no título da Primeira Parte de seu trabalho — *História Geral das Bandeiras Paulistas*, o maior e melhor dos livros ainda publicados sobre o assunto.

Bandeireiro: o mesmo que *bandeirante*. Registrado por Teschauer que o abona com o seguinte passo de B. Guimarães: "... mas onde, segundo as informações dos *bandeireiros*, lhe sorria a expectativa de uma assombrosa riqueza..." Comentando este verbete o meu talentoso companheiro de pesquisas prof. Sud Mennucci me informou de outro sentido do mesmo vocábulo no linguajar do povo dos sertões de S. Paulo. Bandeireiro é o porta-bandeira do Divino. Abonando-o, Sud Mennucci me enviou um artigo de Francisco Marins, publicado no *Planalto*, de 1-10-1941, onde lemos os seguintes trechos: "Mas o caso típico da crença no Divino é o *bandeireiro*. Caboclo humilde e rijo que faz uma promessa de realizar uma festa, toma um pedaço de madeira, coloca na ponta a pombinha metálica, enfeita-a com fitas de côres vivas... e enfia-se pelo sertão a fora. Vai parando de morada em morada... A pombinha é beijada por todos de casa, com um respeito e religiosidade admiráveis. Não tem parada mais, enquanto não reúne o suficiente para a festa... Quanta poesia há nessa fé anônima, nesse sacrifício humilde do bandeireiro... O bandeireiro é um caso típico do interior brasileiro".

Bandeirismo: fenômeno histórico da penetração pelo Brasil adentro das *bandeiras* e *entradas*, protagonistas do "episódio culminante dos anais brasileiros", pelo realizarem a expansão geográfica do Brasil, dilatando-lhe as raias, povoando-lhe o sertão, ocupando-o e colonizando-o, incorporando, em suma, ao patrimônio nacional cerca de dois terços do seu território atual. "É a interrogação para sempre ligada ao estudo e crítica do chamado bandeirismo paulista" (Paulo Prado — *Paulística* — pág. 45). Justo é, num preito a mais, consignar-se aqui a maior

figura do bandeirismo — Antônio Rapôso Tavares — expoente máximo dos *cabos de tropas*.

Bandeirista: o mesmo que *bandeirante*, *bandeireiro*, indivíduo que anda a bandeirar (caçar índios ou pesquisar metais e pedras preciosas) nas terras do sertão. Teschauer registra ainda o nome *bandeirista* com o significado, em Pernambuco, de empregado de estradas de ferro que, por meio de sinais feitos com uma bandeirola, permite ou proíbe a passagem em agulhas, cruzamentos, etc. Com este sentido se emprega também em outros Estados do Norte.

Bandoleiro: Calage registra o termo em seu *Vocabulário* como regionalismo gaúcho de uso recente, pois foi o nome que as tropas legalistas deram aos revoltosos que, em 1923, se insurgiram contra o governo legal. Assim também eram expressamente denominados os rebeldes do "Contestado", segundo refere o c.el Castelo Branco em seu *Vocabulário Militar*.

Banga: registrado por Teschauer como regionalismo de Santa Catarina, na significação de espécie de moradia, de casa mal construída. Na *Campanha do Contestado*, de Herculano Teixeira de Assunção, encontramos o seguinte trecho, à pág. 170 do 2.º vol.: "Vêdes por ali, dissimetricamente dispostas, umas *bangas* muito mal construídas? Nelas residem as famílias dos bandidos que fazem guarda permanente no alto do desfiladeiro".

Bangüê: termo geral do Brasil, que tem várias acepções, variantes de região a região, interessando-nos agora a de engenho de açúcar do antigo sistema, movido em geral à força animal ou à água. Em alguns engenhos assim chamam ao conjunto das tachas que serveni para o cozimento do caldo e noutros ao ladrilho das mesmas tachas, por onde corre a espuma que transborda com a fervura. Segundo Macedo Soares, o vocábulo é de origem africana, o que é contestado por Alfredo de Carvalho que, baseado em Richard Burton, opina ser de origem asiática, da palavra hidustânica *banghi* (*Frases e Palavras* — págs. 34 a 38). De *bangüê* se formam os substantivos *bangüezeiro* e *bangüezista* — proprietários de engenho, *bangüê* e *bangüeiro* — operário que limpa o caldo (ajuda a caldeira) na tacha maior, que retira do caldo as impurezas. (Os sertanejos do Nordeste corromperam o termo em *banqueiro*, usando também o termo *ponteiro*). Do apreciado trabalho do Dr. Nilo Cairo — *O Livro da Cana-de-Açúcar* (1924), extraímos as seguintes notas a respeito dos *bangüês*: "Os engenhos atualmente existentes no Brasil são de duas classes: os modernos ou *usinas* e os antigos, também chamados engenhos *bangüês* ou de tipo colonial. Os primeiros são os que se utilizam de todos os mecanismos modernos inventados para se obter o máximo de rendimento da cana e a maior pureza possível dos produtos... Os engenhos *bangüês*, os dos lavradores de poucos ou médios recursos, são os mais numerosos nas zonas açucareiras do Brasil... O engenho *bangüê* caracteriza-se por evaporar a garapa em caldeiras ou tachas submetidas a *fogo direto* ou *a fogo nu.*" Os *bangüês* de água em Pernambuco, desde os tempos coloniais, ofereciam três variantes: *copeiro* — engenho cuja roda se move com água que lhe cai de cima em seus cubos mais altos (Rodolfo Garcia); *covilhete* — o que recebe a água em meio da rocha, também dito — *meio copeiro* (Pereira da Costa); *rasteiro* — o que recebe a água de um nível muito baixo (Pereira da Costa).

Bangüêzeiro: também *bangüêzista;* assim se chama, sobretudo no Norte, ao proprietário de engenho *bangüê*. "Ora, nunca é tarde para se defender o *bangüezeiro* e a exportação para o exterior virá ainda beneficiar bastante o nosso agricultor, de forma que com preços do açúcar que ainda lhe falta produzir, êle possa tirar uma mé-

dia bastante compensadora de toda a sua safra (*Jornal do Comércio*, de Recife, ed. de 29 de novembro de 1927, no artigo — *A Quota de bangüês*).

Banhadal: segundo Darci Azambuja (*No Galpão*), Roque Calage (*Vocabulário*) e Pedro Vergara (artigo de crítica à *Onomástica* no *Correio do Povo* de 15 de dezembro de 1927), é banhado grande ou terreno alagadiço; vários banhados próximos. Alcides Maia em *Ruínas Vivas*, pág. 57, escreveu: "Era por essa mancha de campos, início dos *banhadais* de Santa Maria, recanto perdido da fazenda..."

Banhado: terreno baixo, embrejado, alagadiço, não raro coberto de ervas que escondem a água subjacente. É derivado do castelhano *bañado*, usado com o mesmo sentido na Argentina, no Uruguai e no Paraguai. É termo do Sul do Brasil. À pág. 5, do *Quero-Quero* de Roque Calage, lemos: "não mudou ainda (o quero-quero) a sua vida, não mudaram ainda os seus hábitos de atalaia intempestivo dos banhados e dos plainos desertos".

Banqueiro: regionalismo nordestino que designa o operário que, nas engenhocas de fabrico de rapadura (também nos *bangüês*), se encarrega do trato da garapa nos diferentes tachos, onde a mesma é limpa e se reduz a mel. Encontramo-lo num artigo do cearense João Serra, publicado no *Boletim Agrícola* da Sociedade Amazonense de Agricultura (Manaus, 15 de junho de 1927): "O *banqueiro*, nome pelo qual se designa o encarregado de todo esse labor, deve estar sempre atento, de espumadeira em punho, limpando freqüentemente o mel para perfeição do produto e atiçando a fornalha até aquele apurar ou dar o *ponto* no último tacho". A designação é antiga no Nordeste: "O mestre de açúcar ganha todos os dias 640 réis e o banqueiro 320 réis" (Loreto Couto — "*Desagravos do Brasil e Glórias de Per-*

nambuco — 1757 — Publicado nos Anais da Biblioteca Nacional).

Banzeiro: termo que, na Amazônia, significa a agitação tumultuária das águas dos rios que se embatem nas margens, quando passa a soberba *pororoca*. Registram-no Moreira Pinto e Rodolfo Garcia com este sentido. Definindo êste vocábulo no *Glossário* anexo ao seu *O Gororoba*, Lauro Palhano escreve: "agitação causada pelos ventos ou pela passagem dos vapores nas águas quietas dos rios ou dos lagos. Neste último caso formam-se vagalhões tanto maiores quanto mais veloz é a embarcação". Em Alagoas e outros Estados do Nordeste, assim se designam as ondas impetuosas, também chamadas *cavaleiros* e *marolas*, segundo nos informa Otávio Brandão (*Canais e Lagoas* — Pág. 85); neste sentido é justamente o contrário do usado em Portugal — mar que se agita brandamente. Informou-nos o Dr. Pandiá Calógeras que, em Minas Gerais, também se usa com o sentido português — "águas banzeiras correspondem a águas calmas e à feição". Ainda no Norte se usa o vocábulo *banzeiro* para designar vento forte.

Baqueano: vide *Vaqueano*.

Barbaquá: nome que, na região ervateira do Sul, se dá ao secador da erva-mate colhida. É construção ligeira, em geral coberta de palha — (Vide *Erval*). Francisco Leite Alves Costa, em seu trabalho sôbre o "Mate", publicado pelo Ministério da Agricultura em 1935, escreve: "a erva depois de sapecada pode ser conservada facilmente à espera da operação seguinte que é feita no *barbaquá*, onde se completa a secagem da folha. Os *carijos* e *furnas* já quase não são mais usados para a secagem da erva. Estão em uso os *barbaquás*, dos quais existem dois tipos — o *barbaquá paraguaio* ou *tatu-apê* e o *barbaquá brasileiro*, que nada mais é do que o primeiro melhorado. O *barba-*

quá tem a forma esférica ou oval, conforme a sua capacidade. É construído de ripas ou de varas, formando um arcabouço ligeiramente arqueado. Nesse *barbaquá* é dispensado o *uru*, operário que acompanha a operação, distribuindo a erva para que o dessecamento seja uniforme e para evitar a queima nos pontos de maior concentração de calor". Vide a completa descrição que da preparação do mate faz não só este escritor, mas também Romário Martins em seu precioso trabalho — *Ilex-Mate — Chá Sul-Americano* (Curitiba, 1926). Vale dizer que neste volume o ilustre Diretor do Museu Paranaense estuda em 309 páginas, abundantemente, a história da erva-mate, a sua descrição botânica, os ervais, o preparo do mate, os engenhos, o comércio, a legislação, a bibliografia, etc., etc.

Barbeiro: nome que, segundo Horácio Nogueira (*Na Trilha do Grilo*), designa, nos sertões de São Paulo, o picadeiro que ocupa o segundo lugar na picada. É o nome também que nos matadouros de suínos se dá ao operário encarregado de raspar o pelo dos suínos abatidos.

Bariri: termo de S. Paulo, registrado nos trabalhos da sua ilustre e profícua Comissão Geográfica e Geológica, designativo de corrente veloz e precipitada das águas dos rios em trechos de sensível desnivelamento. É sinônimo de *corredeira, corrida*, etc.

Baronesa: nome que, em vários Estados do Norte, designa plantas flutuantes da família das Pontederiáceas, as quais cobrem as águas dos rios mansos e das lagoas. Na Bahia, o sertanejo indica o início da enchente dos rios dizendo que as baronesas estão descendo. Em Alagoas, a lagoa Manguaba é cheia dessa vegetação que toma, em certas regiões, o nome de *dama ou rainha do lago*. À pág. 156 dos *Contos do Norte* de Alberto Rabelo, lemos o seguinte trecho: "Para diante e para além, as ilhotas debruadas de *baronesas* e aningas, a vela panda dalgum saveiro que descia o rio, o fumo das olarias à beira d'água, a mancha parda do casarão da Vitória, as primeiras cinzas do entardecer sobre o recorte das montanhas afastadas..."

Baronista: alcunha do partido conservador em Pernambuco, no meado do Século XIX, oriundo do seu Chefe — o Barão da Boa Vista. Em 1846 teve o partido a denominação de *saquarema* e depois de *guabiru* (Vide estes termos).

Barra: em Portugal, além de outros sentidos, diz-se *barra* a entrada de um porto, máxime se é estreita (Cândido de Figueiredo e Caldas Aulete). No Brasil, além desta acepção, se emprega em outras, a saber: na de bancos ou coroas de areia e de outros sedimentos trazidos pelos rios e depositados nas suas bocas e nas dos estuários, resultantes da ação conjugada das correntes fluviais e das vagas e correntes marinhas (Raja Gabaglia — Liv. cit. Pág. 158); na de foz de um rio ou riacho; na de primeira claridade do dia, alta madrugada, ou de cores avermelhadas do poente ao cair da tarde, como se vê no seguinte passo de Gustavo Barroso à pág. 27 do *Tição do Inferno*: "Levamos nisso até de madrugada. Quando já as barras iam quebrar, os galos cantavam e aquela visagem virou fumaça". E ainda em Rodolfo Teófilo na *A Fome — Cenas das Seca do Ceará*: "Ao quebrar das barras já todos estavam nos terreiros, com o olhar fito no levante". Neste sentido, segundo informam o gen. Borges Fortes e Luís Carlos de Morais, é de uso no Rio Grande do Sul. Mais ainda: segundo Irineu Jofili, no sertão paraibano, dão o nome de *barra* a uma nuvem carregada que se forma no poente ao cair do sol. "Nessas críticas circunstâncias (as da seca), o criador, o agricultor sertanejo todos os dias consultam o céu no ocaso do sol. Se vêem uma nuvem carregada que ocupa o horizonte a que chamam *barra*, fitamna com o maior interesse; e daí nasce uma esperança, muitas vezes vã, se dela aparece o sulco de fogo de qualquer longínquo relâmpago" (*Revista do Instituto Histórico e Geográfico Paraibano* — Vol. III — Pág. 401).

Barracão: na Amazônia, esta palavra tem o sentido peculiar de moradia do *patrão* ou dono do *seringal*, a sua casa matriz, equivalente mais ou menos à *casa grande*, residência dos fazendeiros e senhores de engenho do centro-norte. É ao mesmo tempo habitação do proprietário do seringal ou do seu administrador e depósito de mercadorias indispensáveis e da borracha colhida nos centros; vivenda e armazém. Os *barracões* são colocados à beira dos rios, na orla das matas, na *margem*, como lá dizem. São construídos de madeira: assentam-se sobre barrotes de madeira de lei, isto é, resistente e duradoura, que o elevam do solo alguns palmos, a fim de evitar a umidade ou mesmo a água no inverno se o terreno circunstante alaga (Vide a descrição completa do *barracão* no livro de Mário Guedes — *Os Seringais* — entre págs. 92 e 96). Em geral no Norte, na Bahia por exemplo, ao longo das estradas em construção, o termo *barracão* designa o lugar onde se abastecem os trabalhadores chamados *garimpeiros*. E segundo informação do Professor Alcide Jubé, do Liceu de Goiás, o termo *barracão*, em Goiás, nomeia pequenos quartos feitos ao pé do mercado, onde ficam armazenados generos do país comprados pelos *barraconistas* que prontamente atendem a quaisquer pessoas que tenham necessidade de tais generos, com lucros compensadores. Os proprietários dêsses cubículos chamam-se *barraconistas* e o povo lhes dá o apelido de *açambarcadores*. Na cidade do Salvador, na linguagem dos negros de *candomblés*, o termo *barracão* designa o local em que se verificam as cerimônias

BAR — 34 — BAR

públicas do candomblé. (Édison Carneiro).

Barraco: pequena habitação de madeira com palha ou ramos, zinco ou telha. Citado por J. Ignez Béjar, em artigo publicado na edição do *Correio da Manhã* (Rio de Janeiro) de 11 de agosto de 1935. É termo usado no Distrito Federal (hoje Estado da Guanabara) para designar as casinholas de madeira que os construtores improvisam junto às obras que executam e onde dormem os vigias da construção. Alteração de *barraca*.

Barraconista: assim se chama em Goiás ao indivíduo que possui um *barracão* (vide o sentido desta palavra no Estado referido). Informação do Dr. Alcide Jubé, professor do Liceu de Goiás.

Barranca: o mesmo que barranco. Usado pelos castelhanos no mesmo sentido, segundo registra Vergara Martin em seu *Diccionario de Voces y Términos Geográficos*. À pág. 51 da *Alma Sertaneja* de Gustavo Barroso, encontramos: "A casa era pequena e velha, a taipa tôda esburacada e o telhado em petição de miséria; porém, naquela erma *barranca* do rio Quixeramobim, entre o Egito e o Cruxatu, não havia outra". No Rio Grande do Sul é empregado comumente no sentido de beira de rio, quando cortada a pique (gen. Borges Fortes e Luís Carlos de Morais).

Barranceira: alteração de ribanceira, empregada no sentido de continuação de *barrancas*, segundo Macedo Soares, ou *barranco* de certa extensão, consoante Rodolfo Garcia. Entretanto, Luís Carlos de Morais registra o termo no Rio Grande do Sul como *barroca*, série de *barrancos*. Calage registra *barranqueira* com o mesmo sentido de *barranceira*.

Barranco: em quase todo o Brasil assim se chama à ribanceira ou riba de um rio, quando é alta ou íngreme a margem. Na ilha de Marajó, segundo informa V. Chermont, designa ilhas flutuantes de capim, que descem os rios nas fortes correntezas do inverno: como tal é sinônimo de *balseiro, camalote, matupá, mururé, periantã*. Everardo Backheuser, em seu precioso *Glossário de Termos Geológicos e Petrográficos*, escreve a respeito de *barranco*: "Lugar cavado por efeito erosivo, especialmente da água sobre rochas que tenham pouca resistência por se acharem já em estado de decomposição ou por serem de material pouco consistente. Os barrancos podem apresentar-se como penedias e serem confundidos com falhas por observadores menos atentos". "Luzente, serena, ao luar, a lagoa parecia dormir na várzea adormecida, entre os baixos *barrancos* macegosos das margens..." (Alcides Maia. *Alma Bárbara* — Pág. 29).

Barranqueira: vide *Barranceira*. Segundo o Dr. Artur Neiva é um grande *desbarrancado*. Na Espanha se diz *barranquera*. À pág. 123 do *O Rio da Unidade Nacional* de Orlando Carvalho, lê-se: "Um marinheiro velho contou que desde criança vive na *barranqueira* e que tem ouvido falar que o Caboclo-d'água costuma aparecer nos remansos..."

Barranqueiro: nome dado em Minas Gerais ao habitante ribeirinho do S. Francisco: o mesmo que *beiradeiro* ou *beradero*, mais de uso na Bahia. É o indivíduo pobre que habita o *barranco* do S. Francisco. Vimo-lo registrado no livro de Orlando Carvalho — *O Rio da Unidade Nacional* — o S. *Francisco*, nos seguintes passos: "Se as possibilidades são infinitas e se a terra agüenta três colheitas de arroz por ano, entretanto os *barranqueiros*, os barqueiros e os demais ribeirinhos comem apenas farinha de mandioca, carne seca, às vezes feijão, e rapadura..." (Pág. 41). "À margem do rio S. Francisco aparecem aqui e acolá as casinholas dos moradores ribeirinhos, empoleiradas nos barrancos pitorescos em Minas e rodeadas de plantações de vazante no território da Bahia: são os *barranqueiros*, tipo de ribeirinho da região cujo padrão de vida é modelado pelas condições especiais do rio..." (Pág. 90). Nas divisas de São Paulo e Minas Gerais, segundo informe do eng.º Guilherme Wendel, em carta de 13 de agosto de 1940, o termo *barranqueiro* designa o morador na linha fronteiriça, com terras de ambos os lados, sempre disposto a contrabandear.

Barraquista: nome que, no Nordeste, têm os donos dos *maniçobais* que os exploram por intermédio dos *maniçobeiros*, resistentes sertanejos que tanto se assemelham aos seringueiros da Amazônia. O apelido procede do fato de morarem tais senhores em *barracões* ou grandes barracas, construídas em meio das bravias catingas nordestinas.

Barreira¹: tem este vocábulo vários sentidos peculiares a diferentes zonas do Brasil. Na costa do Norte do país assim se chamam aos cortes que as correntes, marés e ondas produzem no sopé das colinas que marginam o oceano, talhando-as a pique, sendo destarte o resultado da *abrasão*, nome que, em Geografia Geral, se dá à fôrça erosiva do mar. *Barreiras*, diz o eminente professor Delgado de Carvalho em sua *Geografia do Brasil*, 1.º vol. Pág. 44 da 3.ª Edição, em o nosso litoral setentrional e oriental, "são os barrancos que terminam o tabuleiro litorâneo cujas camadas horizontais e terciárias apresentam um talude, mais ou menos a pique, ao contato das praias. São falésias de 50 a 60 metros de altura, abruptas e desnudadas, formando uma faixa contínua, apenas interrompida pelos estuários dos rios. Ao longo dos rios prolongam-se também as *barreiras* sob forma de *barrocais*.

As barreiras são formadas de arenitos friáveis em folhelhos mais ou menos decompostos, daí a variedade de cores que apresentam, desde o vermelho e amarelo até o branco". Em alguns municípios de Minas Gerais, refere Moreira Pinto, assim se denominam as fontes perenes de águas minerais. Segundo Rufino Teotônio Segurado (*Roteiro de uma viagem de Goiás ao Pará*, publicado na *Rev. do Instituto Histórico e Geográfico Brasileiro* — vol. 10), na bacia do Araguaia designa o lugar escarpado na margem de um rio com extensão até meia légua, onde não há mato, registrando-o neste sentido Macedo Soares e Teschauer, e assim sendo usado em todo o Brasil Central, na zona do S. Francisco da Bahia e Pernambuco, por exemplo. Em alguns municípios da Bahia significa lura, toca ou loca, no *barranco*, cavada principalmente pelas águas e que serve de moradia aos peixes. Usa-se também no aumentativo — *barreirão*.

Barreira²: assim se designava em Goiás o posto fiscal, onde se fazia a cobrança do imposto de viação para se poder entrar na cidade. O imposto era pago para a conserva da estrada. Entretanto, como nos informa o prof. Alcide Jubé, hoje não se cobra pedágio nas estradas públicas do mesmo Estado. Nas proximidades da velha capital goiana existiam dois postos denominados — Barreira do Bacalhau ao sul e Barreira do Norte no setentrião. Em alguns Estados do Brasil, no Rio de Janeiro por exemplo, se emprega a palavra *barreira* no sentido de pôsto de fiscalização policial nas estradas de rodagem. Em Minas Gerais, S. Paulo e Paraná, segundo informe do Dr. Guilherme Wendel, *barreira* é o lugar em que é cobrado imposto interestadual. Também no Nordeste, segundo informe do Dr. Célio Meira.

Barreiro: vocábulo de vários sentidos na nomenclatura geográfica brasileira. O Visconde de Taunay diz que assim se chamam as baixadas salino-salitrosas, de cor acinzentada, tirante a branco, muito procurada pelos animais. Usa-se principalmente em Goiás, Paraná, S. Paulo e Mato Grosso. Henrique Silva, em artigo sobre a pecuária, publicado na *Informação Goiana*, de 15 de fevereiro de 1917, informa que os animais buscam com sofreguidão esses lugares, não só os ruminantes, mas também as aves e os reptis, e que o gado lambe o chão, e, atolando-se nas poças, bebe com delícia a água e come o barro. Em Mato Grosso, a palavra *barreiro* também designa pântanos no interior das matas que se tornam intransitáveis nas invernadas. Everardo Backheuser diz em seu *Glossário*: "afloramento de rochas com eflorescências salinas, freqüentes em grande parte no vale do S. Francisco, e das quais se extrai sal de cozinha chamado então *sal da terra*" e mais que esses "*barreiros* são muito procurados pelos animais domésticos ou selvagens para serem por eles lambidos a fim de se proverem de sal necessário à sua economia". Amadeu Amaral regista *barrero* — lugar onde há barro salgado, muito procurado pelos veados e outros animais do mato. Este vocábulo não tem, porém, a área limitada que indicam os vocabularistas nacionais. Assim é que o sabemos empregado até na Amazônia, como se depreende do seguinte passo do belíssimo livro de Raimundo Morais — *Na Planície Amazônica* (Manaus — 1926 — págs. 15 e 16): "Frutos e tubérculos pobres de sal, os desses lugares, forçam os animais a procurar o cloreto de sódio no solo. Acham-no. Abrem, então, enormes covas na superfície da terra, escavadas a garras, a bicos, a patas, a unhas, a focinhos e abarrotam-se da matéria cristalizada e apetecida. São os *barreiros*, onde os bichos todos, desde os vo-láteis aos quadrúpedes, vão comer cantando, grasnando, uivando, fungando, chiando, numa confraternização que reflete a abundância daquele alimento mineral". São para registrar-se mais dois sentidos deste termo: em Pernambuco, diz Rodolfo Garcia, designa fosso escavado em terreno argiloso para reter e conservar por algum tempo a água das chuvas, principalmente na região da catinga, onde ela escasseia — poço; na Bahia, sabemos de ouvida própria, *barreiro* é o local onde se amassa o barro para tapagem das casas chamadas de taipa.

Barrigas-verdes: têrmo de Geografia Humana, que designa os naturais do Estado de Santa Catarina ou catarinenses, ou ainda *catarinetas*. Registrado por J. Romaguera, Roque Calage, C. Teschauer e outros. Teschauer escreve: "Assim foram alcunhados os legionários catarinenses, que, com uma faixa verde à cinta, à guisa de distintivo, marcharam para a Cisplatina com o mesmo denodo com que mais tarde seguiram para o Paraguai os seus descendentes". Enganou-se Cândido de Figueiredo quando, ao registrar o têrmo, diz que é designação depreciativa do catarinense. Nunca, jamais. Já o haviam notado Romaguera, Calage e Teschauer, pois que os nossos irmãos de Santa Catarina só têm motivo de orgulho patriótico por tão heróica ascendência. É para êles denominação tão honrosa quanto a de *farrapos* para os rio-grandenses-do-sul, como pondera Teschauer. Leiam-se na *Revista de Língua Portuguesa* — n.º 43, entre págs. 91 e 93, as palavras patrióticas e ponderosas de Afonso Taunay em vantajosa contradita a Cândido de Figueiredo. E por fim aqui transcrevemos o seguinte trecho do Almirante Boiteux: "Se há porém apelido que tanto honre pelo de glorioso que encerra e com o qual muito se desvanecem os filhos de Santa Catarina, é sem dúvida alguma o de

Barriga-Verde" (*Jornal do Commercio* de 21 de junho de 1936). A respeito de *barrigas-verdes* escreveu-nos o P.e Geraldo Pauwells, grande conhecedor dos fastos catarinenses: "Barriga-verde foi primitivamente apelido só do regimento de linha de Santa Catarina criado em 1739, como batalhão de artilheiros-fuzileiros de quatro companhias. O nome não proveio duma faixa, peça indumentária que naquele tempo não existia como parte do uniforme, senão do colete verde usado por aquela unidade militar". Segundo lemos no *Léxico de Lacunas* de Afonso Taunay, também se chama *barrigaverde* ao indivíduo apaixonado pela pesca — *pirangueiro*.

Barriquinha: têrmo usado no oeste paranaense designativo de fonte perene. Encontramo-lo no livro do c.el Raul Bandeira de Melo — *Ensaios de Geobélica Brasileira* — 1938, à pág. 67: "O grosso da população (de Guarapuava) serve-se de fontes perenes, chamadas *barriquinhas*, porque são poços revestidos de um tonel ou barrica de madeira, sem tampa nem fundo".

Barroca: em S. Paulo, *barroca, barrocão, buracão* são sinônimos de voçoroca, informa o Dr. Guilherme Wendel. Vocábulo lusitano que tem, no Brasil, sentido diferente do de Portugal. Aqui significa buraco, rasgão praticado na terra pelas águas selvagens ou das enxurradas, ora circular, ora comprido, interceptando geralmente a passagem de veículos. As *barrocas* são muito freqüentes nas estradas comuns do sertão, máxime nas ladeiras. À pág. 69 de *Luzia Homem* de Domingos Olímpio, lemos: "... as festas, os S. Gonçalos, os Bumba-meu-boi, as vaquejadas, as caçadas de avoantes nos bebedouros, a colheita dos ovos, que elas, abatendo-se em nuvens sobre as várzeas, punham aos milhões, junto dos seixos, das toiceiras de capim, ou nas *barrocas* feitas pelas patas do gado...". Não raro dá-se-lhe o sentido mais

lato de despenhadeiro, grota, vale, usando-se também o aumentativo *barrocão*. No Rio Grande do Sul, segundo o gen. Borges Fortes, emprega-se no sentido de *barranca*, riba íngreme de um rio.

Barrocal: lugar cheio de *barrocas*, ocorrendo também, segundo A. Taunay — *barrocada*. No Rio Grande do Sul, informa o gen. Borges Fortes, assim se chama ao desmoronamento das terras em pleno maciço das coxilhas pela erosão das águas, apelidando-se também estes locais — *paredão*.

Barroqueira: registrado com a grafia *barroquera* no vocabulário de Horácio Nogueira, à pág. 233 do seu volume *Na Trilha do Grilo*, com a significação de "garganta funda, situada ordinariamente no centro dos vales".

Batalhão: na Bahia e em Sergipe assim se chama ao que em outros Estados se denomina *adjunto, ajutório, muxirão, mutirão, putirom*, etc. "S. João na porta, na quebra do milho, Rosa não consentiu no convite aos *batalhões* da redondeza para, como nos anos idos. correrem os efeitos, 'té a barra do dia limpar os pés da serra de Tabanga" (Alberto Deodato. *Canaviais*. Pág. 47).

Batalheira: em S. Paulo, segundo nos informa A. Taunay, assim chamam à terra seca, pouco fértil. É do mesmo polígrafo o seguinte exemplo: F... tem na fazenda de Ibicatu cem alqueires de apurada de conto de réis para cima, ao lado de duzentos alqueires de *batalheira* que não valem cem mil réis. O termo *batalheira* vem de batalha, nome de uma nectandra que cresce muito em certas zonas do Estado de terrenos ordinários. Todavia, chamam *batalheira*, generalizando, terras onde ela não existe. O apelido de batalha para a árvore vem da excessiva rijeza do seu lenho tão duro que embora os machados.

Batedor: termo usado no interior da Bahia para designar o campo onde se põe o gado a pastar constan-

BAT — 38 — BEA

temente, por isso mesmo, de forragem escassa. O mesmo que *rapador* ou *rapadouro*: Cândido de Figueiredo registra-o como brasileirismo do Norte, apelidando o lugar, onde se reúne o gado, acossado pelas moscas. Nunca o ouvimos em tal sentido. Alcide Jubé informa que, em Goiás, é o lugar onde o gado está sempre passando, rumo à aguada.

Bateeiro: trabalhador das *lavras* auríferas e diamantíferas, que maneja a bateia, "utensílio de madeira, cônico, com a boca muito larga e pouca altura, de que se servem os exploradores para separar pelo peso os diversos minerais constitutivos de uma areia". Everardo Backheuser, de cujo *Glossário* tiramos a citação supra, registra o verbo *batear* com o significado de operação pela qual se faz a separação, usando a *bateia;* consiste em separar, por meio de movimentos, um tanto desencontrados, o diamante, o ouro, ou outros minerais pesados das areias, que os acompanham. A operação é um tanto análoga à de peneirar milho, para separar a palha, não se o jogando, porém, para o ar. À areia aurífera ou diamantífera adiciona-se um pouco de água, e quando se imprime à bateia um movimento de avanço, a areia se separa e pode-se então colher a substância preciosa. Alberto Rabelo nos seus *Contos do Norte,* onde se encontram tantos localismos da região diamantina da Bahia, escreveu à pág. 36: "Por que deixas as catas douradas de sol, onde a cantiga dos *bateeiros* se ouve lânguida, e o barulho das enxadas desengrunando o cascalho nas *corridas,* é mais sonoro que o gotejar da água das fendas do granito?"

Bate-pão: termo goiano que designa os indivíduos que, nos lugares onde não há força regular, fazem as suas vezes, mediante certa remuneração pecuniária. (Informação do prof. Alcide Jubé, do Liceu de Goiás).

Batida: termo muito usado no Nordeste e registrado por Leonardo Mota, com a significação de rastro aberto na mata, trilho estreito na mata e empregado por Olavo Bilac no seguinte passo do seu *Através do Brasil,* pág. 71: "Carlos e Alfredo atentaram, e viram que o que ele chama uma *batida,* era um trilho estreitíssimo, quase invisível como um caminho de formigas". V. Chermont registra-o como termo de Marajó, no sentido de vestígio que deixa no solo um animal que passa, rastro, pegada. Entretanto, é freqüente, na Bahia e no Nordeste, o emprego desta palavra com tal sentido: "a *batida* do gado, a *batida* da caça".

Batoqueira: termo nordestino que significa trilha através da *catinga.* "Ao romper d'alva, retomava o rastejador Belarmino Morais, da nossa volante (nome de uma tropa), a *batoqueira* sinistra, através de espessa catinga, caracterizada pela flora dos mororós, sipaúbas e unhas-de-gato, quando divisa um roçado, a poucas braças de uma casa de tijolos em preto". (Érico de Almeida. — *Lampião. Sua História.* Pág. 35).

Beatos: nome que tem uma significação peculiar na região do Cariri, sul do Ceará, onde fica a lendária Juazeiro do P.e Cícero. A população desta cidade, cerca de 45000 habitantes, 15000 permanentes e 30000 flutuantes, romeiros e arribados, comporta diversos grupos religiosos: *penitenciários, fiéis e beatos.* Os *beatos* são os que se consideram santos, vivem ao jeito de monges e como estes se vestem constantemente. Xavier de Oliveira em seu livro *Beatos e Cangaceiros* define o *beato:* "É um sujeito celibatário, que faz votos de castidade (real ou aparentemente), que não tem profissão, porque deixou de trabalhar, e que vive da caridade dos bons e das explorações aos crentes. Passa o dia a rezar nas igrejas, a visitar os enfermos, a enterrar os mortos,

BEB — 39 — **BEI**

a ensinar orações aos crédulos, tudo de acordo com os preceitos do catecismo".

Bebedouro: nome que, em Minas Gerais, se dá às fontes perenes de águas minerais salinas, predominando o carbonato de sódio, diferentes das chamadas *barreiras* por serem mais abundantes, segundo informa Moreira Pinto. "As caças surgem, mansas, dos carreiros rumo dos *bebedouros* em que curimbatás, piracanjubas e dourados faíscam, rabanando à tona" (Amando Caiubi — *Sapèzais e Tigueras* — Pág. 262). Vicente Chermont registra o termo como regionalismo paraense, significando lago, rego, *igarapé*, rampa ou praia, onde o gado bebe, chamando-se *bebedouro real* aquele que nunca seca, *bebedouro de enchente* ou *de vazante* ao que é quinzenalmente alimentado pelas marés de águas vivas. Na Bahia, dá-se o nome de *bebedouro* aos lugares em que o gado costuma beber, nos rios, nas lagoas, nas fontes ou nas *cacimbas*. No Ceará, diz-se também *bebedor*, sinônimo de *cacimba*, segundo lemos em *Luzia Homem*, de Domingos Olímpio, às págs. 53 e 219: "Os raros *bebedouros* subsistentes ficavam longe da estrada real..." "Pastorava o gado; cavava bebedores e cacimbas; vaquejava a cavalo como o defunto; fazia todo o serviço da fazenda, até o de foice e machado na derrubada dos roçados". É sinônimo de *bebida*.

Bebida: nome que, no Norte do Brasil, se dá a depósitos ou mananciais de água pluvial, onde costumam beber os animais, quer domésticos, quer silvestres. Na estação da sêca, diz Beaurepaire-Rohan, quando é geral a falta d'água, são as *bebidas* lugares idôneos para as caçadas, pela multidão de aves e outros animais que aí se reúnem.

Beiju: registrado por A. Taunay no *Léxico de Lacunas* como regionalismo das lavras diamantinas de Bagagem, sinônimo de *placer*. Esta palavra é inglesa, porém adotada na técnica universal, correspondendo àquilo que no Brasil se tem denominado de diferentes modos, como seja, cascalho aurífero. Os *placer* são depósitos aluvionais que contêm, além da areia, substâncias metálicas exploráveis industrialmente. Vide a respeito o que ensina Everardo Backheuser em seu *Glossário*, tantas vezes citado.

Beira-campo: registrado por Macedo Soares no sentido de terreno compreendido entre o limite de um campo com um mato e o ponto em que, a começar daquele, perfizer 600 braças. Usado no Paraná.

Beirada: vocábulo português, usado no Norte do Brasil com o sentido peculiar de arredores, cercanias, como registraram Cândido de Figueiredo (4.ª edição) e Pereira da Costa. Todavia, é também empregado pelo povo do centro do país na acepção portuguesa de margem, beira. Como exemplo, citaremos a seguinte estrofe registrada no *Cancioneiro de Trovas do Brasil Central* de A. Americano do Brasil, à pág. 119:

O povo do Rio Branco
Está deixando Conceição,
Na beirada do Araguaia
Fica esta povoação,
E nas matas tem seringa,
Bem no meio do sertão.

Segundo nos informou o Dr. Filinto Bastos é freqüente na zona de Maraú, Camamu e terras convizinhas (Bahia).

Beiradeiro: também *beradero* e *beradeiro* no linguajar dos sertanejos; nome que, na Bahia, tanto no sul do Estado, como na região do S. Francisco, designa o habitante das beiras ou margens dos rios. "Eu sou *beradeiro*. Nasci nas margens paludosas do S. Francisco colossal" (J. Matos Guinaud. *Adeus Juàzeiro*, publicado no *O Eco* de 17 de junho de 1933). Joaquim Alves na Ed. do *Jornal do Commercio* (Rio), de 24 de outubro de 1934, escreveu:

BEL — 40 — **BIB**

"Assistimos em Bodocó, sertão pernambucano, à vinda de comboieiros da Bahia, *beradeiros* do S. Francisco, para as *feiras da farinha*". Segundo informa Coriolano de Medeiros em seu livro *O Barracão* (Recife, 1930, pág. 105) assim se designam na Paraíba "os rústicos moradores nas proximidades das vilas sertanejas".

Belendengues: registrado por Calage e Teschauer, termo usado no Rio Grande do Sul com a significação de cavalaria de veteranos para defender a fronteira. Segundo Teschauer é corrutela de *blandengues*, espécie de milícia de fronteiras. Aurélio Pôrto diz que *blandengues* era uma milícia castelhana que policiava as campanhas do Uruguai, perseguindo os contrabandistas, minuanos e gaúchos do campo (*O Tesouro do Arroio do Conde* — Pág. 169).

Bem-te-vi: nome dado a um partido político que, no período regencial, se formou na Província do Maranhão. Este nome teve origem no título do jornal que era o seu órgão de publicidade fundado pelo ex-deputado Estêvão Rafael de Carvalho e contava entre os seus entusiastas o notável João Francisco Lisboa.

Beriva: alteração de *biriba*, por sua vez corrutela de *mbirib* — curto, breve — alcunha, no Rio Grande do Sul, dos habitantes da região serrana e dos paulistas. Também no Rio Grande do Sul, segundo Sousa Doca, significa homem desconfiado, matuto; pessoa exagerada em seus melindres (Sousa Doca — *Vocábulos Indígenas na Geografia Rio-grandense*). Em Minas Gerais, diz-se *biribas* (Vide esta palavra). Carlos Teschauer registra *beriva, berivada* — "grande número de *berivas* ou *beribas*" e também *beribás* ou *berivás* — "os homens provindos de S. Paulo e Paraná para comprar muares". Roque Calage escreve a respeito, citando Romaguera: "*Beriva* ou *beriba*, nome com que são designados os filhos ou moradores de Cima da Serra, os

quais geralmente andam em mulas e têm um sotaque especial, que não se nota nos habitantes da campanha ou da região baixa do Estado".

Bêta: termo muito usado em S. João d'El Rei e Morro Velho (Minas Gerais), citado por Barbosa Rodrigues, para significar escavações profundas feitas nas rochas de onde extraem ouro. Em carta que me dirigiu a respeito da *Onomástica*. escreveu o sábio Pandiá Calógeras: "Não me consta que em Minas se trate por este nome as escavações minerais, e sim a própria mina. Vieiros ou betas dizia a velha ordenação e nesse sentido ficou. Só vi, tomando a parte pelo todo, tal figura se aplicar à lavrança, mas eu o ignoro". Everardo Backheuser em seu *Glossário* diz: "pequeno filão ou vieiro em regra de origem hidrotermal, contendo minerais preciosos, mas especialmente minerais metálicos".

Biango: casinholo simples. É a significação que lhe dá Valdomiro Silveira, que emprega este termo, à pág. 14 do seu livro *Nas Serras e nas Furnas*, no seguinte trecho: "O Neca possuía um sítio de cana, com engenhoca e benfeitorias respectivas, uma propriedade de criação e uma chácara ao pé do arraial, não contando a casa grande da povoação e dois ou três *biangos* sem serventia".

Biboca: têrmo que ocorre com vários sentidos. No Rio Grande do Sul, significa barranco, ou escavação formada ordinariamente por enxurradas ou movimento de águas subterrâneas, de sorte que torna o trânsito não só incomodo, mas também perigoso, sobretudo às escuras, sendo freqüente dizer-se — ficou a estrada cheia de *bibocas* depois das chuvas (Beaurepaire Rohan). Ainda no Rio Grande do Sul, segundo informa o gen. Borges Fortes, emprega-se no sentido de terreno de difícil acesso, lugar remoto. Elpídio Pimentel, lexicógrafo capixaba, informa que, no Espírito Santo, *biboca* tem o significado de habitação longín qua, sertaneja, *groteira* (*Vida Capixaba* — N.º 245 — 1930). Romaguera e Calage dão como significando *barrancos, barranqueiras, precipícios* formados de terrenos fendidos. Beaurepaire-Rohan diz ainda que se chama *biboca* a qualquer terreno brenhoso, de difícil trânsito. Macedo Soares refere que, em S. Paulo, assim se denomina uma casinha de palha e A. Taunay um casebre. Na Bahia e Estados do Norte designa qualquer casa pequenina, coberta em geral de palha: "Um bruxuleio barato no fundo da biboca dos retirantes que, perdida na amplidão do latifúndio, ficava menor, semelhando um ninho caído, modifica-lhe a impressão da vida" (José Américo — *A Bagaceira* — Pág. 70). Ainda na Bahia e em Pernambuco se chama *biboca* a uma pequena casa de negócio, uma vendola, taverna, sinônimo de *taboca* (Vide este termo). Ocorrem também as formas *baboca, boboca* e o aumentativo *bibocão*. Os jangadeiros cearenses chamam biboca a uma pequena praia: foi o que lemos no interessante *Diário de Bordo da Jangada S. Pedro*, que em outu.-nov. de 1941 empreendeu uma viagem do Ceará ao Rio de Janeiro. (Publicado na edição de *O Globo* de 12 de novembro de 1941: "Às 18 horas de 26 de outubro estávamos meio pregados e resolvemos encalhar o barco numa *biboca* (praia pequena) para dormir um pouco)."

Biboqueira: lugar cheio de *bibocas*, segundo Catulo Cearense, nos *Poemas Bravios;* série de precipícios, como registra A. Taunay no seu *Léxico de Lacunas.* "A estrada é uma *biboqueira* quase intransitável".

Bicudo[1]: alcunha que, nos tempos da Independência, davam aos portugêses em Mato Grosso (Afonso Taunay — *Léxico de Lacunas*). Antes de Mato Grosso, assim se denominavam os portugueses no vale Amazônico. É o que se depreende de trabalho do historiógrafo amazonense Artur César Ferreira Reis, *A Explosão Cívica de 1832*, no passo em que fala das atividades cívicas de Fr. José dos Inocentes, escrevendo: "Começou por espalhar (em Cuiabá) o apelido de *Bicudos*, por que no vale denominavam os d'além mar". (Pág. 23). José Mesquita no seu opúsculo — *João Poupino Caldas*, à pág. 23, escreve: "Poupino encarnou, na fase que se seguiu à chacina dos *bicudos*, o espírito eminentemente conservador da nossa gente..."

Bicudo[2]: refere Pereira da Costa em seu *Vocabulário Pernambucano* que assim se denominava o escravo clandestinamente importado da África depois da repressão do tráfico pela Lei de 7 de novembro de 1831, regulamentada pelo Dec. de 12 de abril de 1832. Em abono cita a seguinte passagem: "Chegou ao norte de Goiana um lanchão da costa d'África, trazendo uns cem *bicudos* que foram apreendidos pelas autoridades policiais daquela cidade". (*O Clamor Público* n.º 42 de 1845). "Ai dos trezentos *bicudos* que tenho lá na Bahia" (*O Patuléa* n.º 18 de 1850).

Biriba: alcunha que os habitantes do litoral davam aos mineiros, chamados também *geralistas* e *baetas*. *Biribas* porque no físico se mostravam pesados e robustos, no dizer de Nélson de Sena. Em Cornélio Pires lemos que, de primeiro, eram os paulistas denominados *birivas* ou comedores de formigas (*Meu samburá.* Pág. 22). No Rio Grande do Sul, segundo o gen. Borges Fortes, é o apelido dos habitantes do planalto acima da serra, em oposição ao *guasca* — morador da campanha.

Bôca da serra: expressão usada no Sul do Brasil, especialmente no Paraná e em Santa Catarina, para designar a garganta pela qual se sobe ao planalto. Encontramo-la duas vezes empregada pelo P.e Geraldo Pauwells, às págs. 32 e 35 do *Guia do Estado de Sta. Catarina* (Florianópolis 1927), nos seguintes passos: "Geralmente o planalto termina por *taimbés*, isto é, paredões formidáveis, cortados a prumo, de altura diferente, desde poucas dezenas até várias centenas de metros, seguindo para baixo uma rampa ainda de declive elevadíssimo, de modo que a subida para o planalto se torna possível apenas em pouquíssimos pontos, nas chamadas *bocas da serra*". "Somente quem já estêve ao pé ou em cima dos *taimbés* e já subiu alguma dessas famosas *bocas da serra*, compreenderá de algum modo o que isso quer dizer". As *bocas da serra* acompanham em geral o leito de um riacho. Pinheiro repontou-os das Tijucas, emangueirou-os na *boca da serra*. (Tito Carvalho. *Bulha d'Arroio*, pág. 58).

Bocaina: depressão, colo, garganta, *boqueirão* das serras, termo mais comum no Sul do Brasil. Vicente Chermont informa que na Amazônia designa a foz de um rio ou a entrada de um lago que comunica por um desaguadouro com o rio. Rodolfo Garcia escreve: "termo do Pará, boca ou entrada de um rio, menos considerável que a barra principal". Peregrino Júnior em suas *Histórias da Amazônia* diz que *bocaina* é braço d'água, ou furo que liga um lago a um *igarapé*, lugar onde em geral se instalam as *feitorias* no tempo da salga. *Bocaina* tem ainda no Norte do Brasil significação peculiar: os barqueiros da costa entre a foz do Amazonas e S. Luís do Maranhão assim designam as bacias que se rasgam no litoral. São do prof. Ruben Almeida as seguintes palavras: "Paralelamente entretanto a essa feição deltaica, rasgam-se enormes bacias (bocainas chamam-nas os barqueiros), perfeitamente abrigadas, e de tal modo amplas e profundas, que ali se podem perfeitamente refugiar navios de grande calado. Exemplo: as de Turiaçu, Tromaí, Iririaçu,

Iriri-mirim e Gurupi. As bacias destes rios são espantosamente vastas, bastando dizer que a do Gurupi tem oito quilômetros de largura". Na Espanha segundo Vergara Martin, em seu livro citado, designa a entrada que por algumas paragens têm as barras dos rios, com fundo suficiente para dar passagem a certas embarcações.

Boçal: registrado por Pereira da Costa, que escreve: "assim se chamava ao *negro novo*, que chegava da África escravizado, enquanto não aprendia alguma coisa do português, dos primeiros preceitos da religião e ficava prático no serviço que lhe era destinado, conseguido o que, decorrido certo tempo de aprendizagem e prática, davase-lhe o nome de *ladino*. Do grande mestre Capistrano de Abreu é o seguinte trecho dos *Capítulos da História Colonial*, à pág. 99: "O negro ladino e crioulo olhava com desdém o parceiro *boçal*, alheio à língua do Senhor". Nota ainda Pereira da Costa que este qualificativo, concorrentemente com o de *negro novo*, já vinha da segunda metade do século XVII, por isso que a ele se refere Gregório de Matos, dizendo em uma das suas sátiras:

> *"Negro ladino é crioulo...*
> *Porque todos entendais,*
> *Os ladinos e os boçais"*

Sinônimo: *caramutanje*.

Boçoroca: o mesmo que *voçoroca*, que é mais comum (Vide esta palavra). Vimo-lo empregado por Monteiro Lobato (*A Onda Verde* — Pág. 187) e por Amando Caiubi, no seguinte passo de seus *Sapezais e Tigueras*, à pág. 93: "O boiadeiro, resoluto, seguiu para frente e logo adiante percebeu uma antiga *boçoroca*, com uma velha ponte a transpô-la e um matagal rasteiro a encobrir-lhe os chanfrados laterais".

Boi: tenda selvagem construída nas coroas do rio S. Francisco pelos *barranqueiros* (vide esta palavra). Vimo-la referida por Orlando M. Carvalho em seu livro *O Rio da Unidade Nacional — o São Francisco*, à pág. 95. Eis o trecho: "Por outro lado, o rio enche o espírito do barranqueiro da idéia de instabilidade. Demole-lhe as casas bruscamente. Baixa depressa e larga inúmeras *coroas* descobertas, na areia das quais o barranqueiro pescador se instala dias inteiros com a família. Para isso constrói uma tenda selvagem, coberta de "pele de gado" e a essa habitação chamam de *boi*". Afrânio Peixoto registra o vocábulo *boi* no sul da Bahia com o sentido de armação de arcos e encerado, sob a qual se viaja nas canoas, nos rios Pardo e Jequitinhonha. Também o Sr. Carlos Coelho, de Vigia, em Minas Gerais, nos informa que os canoeiros do Jequitinhonha, quando levam em suas canoas alguma pessoa de representação, armam uma tolda sôbre a canoa para evitar a chuva ou o sol. O Dr. Júlio Paternostro em sua *Viagem ao Tocantins*, à pág. 176, refere-se ao vocábulo *boi* aplicado à embarcação pelos romeiros do Tocantins, explicando a denominação pelo fato de serem os romeiros e barqueiros também "campeiros que trazem da campeiragem vocábulos que aplicam ao trabalho de barqueiro".

Boiaçu: vide *Repiquete.*

Boiadeiro: os léxicos portugueses em geral não registram este vocábulo com o sentido que lhe damos no Brasil. Fr. Domingos Vieira apenas diz: boieiro, condutor de boiada. Teschauer em seu *Novo Dicionário Nacional* registra duas acepções: "tocador de boiadas, comprador de gado para revendê-lo em pé; marchante, que compra o gado para vendê-lo depois de abatido". É mais comum e generalizada no Brasil a primeira. O prof. Alcide Jubé, do Liceu de Goiás, escreveu-nos o seguinte: "O indivíduo que ruma para o Centro do país, acompanhado de grande camaradagem, comprando bois para os matadouros do Rio e de S. Paulo, geralmente por conta de estabelecimentos bancários". E Pereira da Costa escreve: tangerino, condutor ou tocador de boiada.

Boiador: também *boiadouro.* Refere Gastão Cruls, em sua *A Amazônia que eu vi*, que assim se nomeia na grande planície o ponto do rio onde emergem e bóiam as tartarugas, geralmente sítios remansosos ou então encontros de água (*Elucidário* à pág. 130). À pág. 141 da monografia de Anísio Jobim sobre o Município de Coari, do Estado do Amazonas, lemos os seguintes trechos: "quando o rio está sêco ou à meia enchente, os peixes-boi costumam boiar em determinados pontos e a estes pontos dá-se o nome de *boiadouros*". E mais: "Há diversos modos de pescar o peixe-boi, condicionados aos lugares e oscilações das águas — conhecidos por pesca do *boiadouro*, pesca da *comedia* e pesca do *pari*".

Boiúna: termo amazônico que designa assombração noturna dos rios; navio mal-assombrado (Pegrino Júnior — *Puçanga. Vocabulário*) e na pág. 131: "Então, tu nunca ouviste falar na boiúna, Severino? — Besteira, mulher! — Disque... Mas há por esse mundão do Furo de Breves navio mal-assombrado. Pára. Pede combustível. A gente leva. E o bicho desaparece que nem por partes do Tinhoso".

Bolachinha: vide *Satélite.*

Bolandeira: Rodolfo Garcia registra no seu *Dicionário de Brasileirismo*, no sentido de aparelho próprio para descaroçar algodão e, como tal, a sua área geográfica é a zona algodoeira do Norte. Carlos Teschauer, citando *O Sertanejo* de José de Alencar, informa que, no Ceará, *bolandeira* é a roda que move o ralador da mandioca. Nos engenhos de moer cana com água, chama-se *bolandeira* ou *volandeira* a uma roda dentada que gira sobre a moenda, movida pelo rodete, assim chamada, escreveu Antonil, "porque o seu modo de andar circularmente no ar sobre a moenda se parece com o voar de um pássaro, quando dá no ar seus rodeios" (Vide a descrição da *volandeira* à pág. 119, da *Cultura e Opulência do Brasil* de Antonil — Ed. Taunay).

Bolapé: termo empregado no Rio Grande do Sul e Paraná para designar o vau de um rio ou arroio que, embora com águas crescidas, estas são ainda insuficientes para que façam nadar o cavalo. Assim se diz que o *rio está de bolapé*: é o mesmo que no Norte se exprime na frase — *o rio já dá vau*, mas o cavalo passa *balançando*, isto é, quase nadando. Beaurepaire-Rohan, que deriva o vocábulo do castelhano *volapié*, acrescenta: "Segundo Valdez, *volapié* é uma locução adverbial, significando a meio vôo, parte andando, parte voando, sem poder assentar o pé com firmeza. É analogamente o que acontece ao animal que atravessa um rio, cujo vau não é bem pronunciado, e no qual, se não há nado completo há, todavia, água bastante para que o pé do cavalo não assente com firmeza no fundo do rio". Parece haver engano na significação dada ao termo pelo eminente vocabularista Rodolfo Garcia. No livro do Visconde de Taunay — *A Campanha da Cordilheira*, 1.º vol. pág. 115, encontramos grafado — *bola-a-pé*, e, em nota, a seguinte explicação: "Chama-se *bola-a-pé*, quando o rio nem dá vau fácil, nem tampouco se acha de nado contínuo".

Boliche: termo usado no Rio Grande do Sul para nomear, na zona da campanha, uma pequena casa de negócio, onde geralmente se vende bebida; taverna, bodega. É vocábulo de origem castelhana, usado com o mesmo sentido em algumas Repúblicas sul-americanas. Dele deriva *bolichero* — o proprietário de *boliche* ou ainda o seu freqüentador. Também se

escreve — *bolicho*. Nos *Garimpos de Mato Grosso* de Hermano R. da Silva, à pág. 97 — encontramos a seguinte passagem: "De léguas em léguas aparecem os pousos, compostos do rancho do habitante e do galpão para os viageiros, onde geralmente o industrioso sertanejo instala uma pequena venda, a que, na linguagem regional, se denomina *bolicho*".

Bomba: registrado no *Dicionário de Brasileirismo* de Rodolfo Garcia, no sentido peculiar de "cano subterrâneo construído nas estradas para passagem das águas através delas". "As pontes, as *bombas*, os pontilhões — construídos de bom material — resistem galhardamente à fúria do regime torrencial mas, em compensação, a água lava seus *cabeços* e chega a causar dó o espetáculo da faixa de cimento abalaustrada, completamente solta em cima dos seus pilares". (Limeira Tejo, *Brejos e Carrascais do Nordeste*, pág. 145). *Bomba* é o mesmo que bueiro. No Rio Grande do Sul, segundo os vocabularistas gaúchos, é canudo de prata ou de qualquer metal, que se introduz na cuia para se tomar mate, o amargo, tendo na extremidade que se imerge um ralo para impedir a saída do pó da erva (R. Calage).

Bomba-d'água: dição geral e correntia no Brasil que designa a queda volumosa e subitânea da água em chuvas de trovoada; forte aguaceiro que se precipita fragoroso e repentino. Em português é freqüente a expressão figurada — cair como uma bomba, isto é, vir, chegar de repente e inesperadamente. Daí, certamente, o nosso dizer regional.

Bombeiro: termo usado no extremo Sul do Brasil, designativo de espião ou explorador do campo ou da força inimiga. Segundo F. de Paula Cidade, este vocábulo servia para designar um patrulheiro encarregado de trazer o inimigo sob as vistas e figura em uma das antigas tabelas de vencimentos (*Revista do Instituto Histórico e Geo-*

gráfico do Rio Grande do Sul. Ano X — 1930. Pág. 63, em nota). Na zona rural do Distrito Federal (atual Estado da Guanabara) significa vendedor-ambulante. Na zona urbana é profissional que conserta encanamentos de água ou gás de iluminação. Já registrado por Cândido de Figueiredo (4.ª edição), que julga ser alteração de *pombeiro*. No noroeste e nordeste da Bahia assim designam o prático nos trilhos e encruzilhadas dos *gerais*, que se distendem por léguas e léguas. "A viagem dessa travessia (a dos *gerais*), por falta de estradas, é feita e guiada por práticos a que chamam *bombeiros*, que seguem ora por veredas e arrastadores, ora pelo simples rumo *tirado a facão*, em golpes que fazem nas espaçadas árvores dos tabuleiros" (Durval de Aguiar. *Descrições práticas da Província da Bahia*. Pág. 43). A mesma acepção em Minas Gerais: "Bombeiros os mais ousados, pelas desoras, perseguiam os vultos suspeitos, que iam pelas estradas cosendo-se às sombras" (Aldo Delfino. *Terras sem dono* — Pág. 108).

Boqueirão: termo que, no Nordeste do Brasil, nomeia a abertura ou garganta nas serras por onde passam rios. É o resultado da erosão das águas. São muito citados nos livros de geografia nacional o *boqueirão* do Poti que rasga a serra de Ibiapaba, entre Ceará e Piauí, e o que e atravessado pelo rio Paraíba do Norte, na serra de Carnaió, à beira do qual fica a povoação de mesmo nome. Na zona de Ilhéus (Bahia), significa embocadura de um rio. No vale do Jequitinhonha (Bahia), segundo informação do Sr. Arnaldo Viana, morador na região e estudioso do seu linguajar, *boqueirão* é empregado para designar terreno úmido, fértil, apropriado à cultura do cacaueiro. No Maranhão, segundo informe de Antônio Lopes, é braço de mar entre uma ilhota e costa esbarrancada. No Rio Grande do Sul, in-

forma o gen. Borges Fortes, e um grande vale entre duas linhas de cumeadas convergentes; a depressão entre duas coxilhas.

Boquete: termo usado no nordeste da Bahia para designar o início de uma zona apertada entre terrenos altos: soubemo-lo por informação local. No *Diccionario de Voces y Términos Geográficos* de Vergara Martin, lemos: "Boquete — passo entre duas montanhas ou serras. Entrada angusta de um lugar ou montanha — como por exemplo o *Boquete de Anghera*, na zona ocidental do protetorado espanhol em Marrocos".

Borboleta: "nome que se dá à peça colocada nas entradas das estações ou nas cercas das estradas de ferro, constituída de uma cruz girando horizontalmente sobre um perno e que só permite a passagem de uma única pessoa a cada vez. No Rio de Janeiro a peça é usada para a contagem das pessoas que tomam a barca da Cantareira" (Informação de Sud Mennucci de S. Paulo, em carta de 2 de fevereiro de 1930). Na Bahia, também se emprega o mesmo termo para designar as peças que dão entrada às pessoas que sobem ou descem os elevadores e o plano inclinado que comunicam a Cidade Baixa com a Cidade Alta.

Borda-do-campo: o mesmo que *beira-campo*, limite do campo com a mata, lugar onde acaba a mata e principia o campo. À pág. 149 da *Paulística* de Paulo Prado, lemos: "Paisagem d'além da borda do campo, das várzeas de Piratininga, rodeando a cidade primitiva..." Neste livro de Paulo Prado encontramos uma carta de Anchieta, escrita em 15 de novembro de 1579, de Piratininga, a Jerônimo Leitão, onde diz: "mas não pude acabar com eles que fossem senão para o caminho velho da borda do campo e lá hão de esperar por canoas". Daí se vê que a expressão já era usada pe-

los portugueses. A expressão *beira-campo* é mais freqüente na Amazônia (Vide *Guapaua*).

Boró: no *Cancioneiro do Norte* de Rodrigues de Carvalho (2.ª edição — 1928) encontramos este vocábulo com duplo sentido: à pág. 200 significando *muamba*, furto disfarçado; à pág. 269 traduzindo vale, isto é, moeda divisionária emitida por particulares no Ceará. Em Pernambuco é também dinheiro corrente.

Borocotó: também *brocotó*, terreno desigual, escabroso, cheio de altos e baixos. Beaurepaire-Rohan informa que é usado na Bahia, em Pernambuco, no Piauí e Mato Grosso, e o deriva do tupi. Rodolfo Garcia, seguindo a lição de M. Soares, diz provir de *mboru*, contrato de *pororu* — transtornado, atormentado, revolto, que imerge e emerge, entra e sai e *cotog* — vacilante, vaivém, que sacode e balança, mexe e remexe, levanta e abaixa, puxa e empurra. Na Bahia é freqüente ouvir-se — estrada cheia de *brocotós*, isto é, de sulcos irregulares, de *barrocas*. O mesmo que *minhocal* no Amazonas (A. J. de Sampaio — A *Flora do Rio Cuminá* — Pág. 135).

Borracheiro: assim se designam em Minas Gerais os indivíduos que vivem de extrair o leite da mangabeira (*Hancornia speciosa*. Muell. Arg) que é, como se sabe, uma das árvores produtoras de borracha no Brasil. Apelidamnos também *mangabeiros*, que andam a *mangabar*, isto é, a tirar o precioso látex. Moram estes caboclos *capiaus* em *ranchos* ou *retiros*, construções toscas, cobertas de palha de buriti que também lhes servem de paredes, onde fazem as *peles* ou *mantas* de borracha que vão vender nos mercados (Álvaro - da Silveira. *Memórias Corográficas*. Vol. I. Entre págs. 305 e 310). (Vide *mangabeiros*).

Bosta-de-barata: vide *Satélite*.

Botada: assim se diz, na Bahia e em todo o Nordeste, do início da moagem da cana nos engenhos. Em Alagoas, escreve Alfredo Brandão, em seu livro *Viçosa de Alagoas*, à pág. 222, "denomina-se *botada* do engenho (que se pronuncia butada) o início da moagem. A *peja* é o término dos trabalhos da safra. Diz-se — *o engenho já botou, o engenho já pejou*". "Iniciava-se então a moagem da cana — era a *botada* do engenho. Havia regozijo e vinham convidados, — relações de parentes e amigos, vizinhos de outros engenhos e gente da cidade" (Aurélio Domingues. *O último Tindárida* — Pág. 12).

Botão: designação garimpeira (Mato Grosso) de concreções de sílica com óxidos de ferro, que anunciam a presença do diamante.

Boteco: também grafado *buteco*, regionalismo do nordeste baiano, designativo de vendola, baiúca, bodega e, às vezes, de toscas barracas volantes que se armam em torno dos barracões das feiras nos dias em que estas se realizam. Encontramo-lo empregado por Durval de Aguiar nas suas *Descrições Práticas da Província da Bahia*, às págs. 69, 87, etc.

Brabo: corrupção de bravo, nome que, na Amazônia, designa os trabalhadores dos *seringais*, recentemente chegados de outras terras (principalmente do Nordeste) e que por isso não têm prática bastante dos vários serviços relativos ao *tirar da seringa*. "É um indivíduo que ignora aquele meio e lhe desconhece o sistema de vida. Os outros companheiros (os que já estão habituados o troçam gritando — *brabo*, por qualquer imperícia, insegurança que ele mostre no trabalho)". À pág. 322 do *O Paroara* de Rodolfo Teófilo há o seguinte passo: "Chegou a vez do Pedro das Marrecas. Um pouco enfiado pegou no machadinho e fez as arreações muito devagar e malfeitas. Joaquim dos Côcos, depois que ele pregou a derradeira tigelinha, deu um muxoxo e disse: — a mode que você há ser sempre *brabo*, seu Pedro. Pedro das Marrecas não respondeu, porém pelo rosto dele via-se que não tinha ficado muito gostoso com o prognóstico".

Braça quadrada: medida agrária de uso corrente em Mato Grosso, igual à tarefa de Sergipe e Alagoas, isto é, 3052 metros quadrados.

Bracatingal: à pág. 54 do *Guia do Estado de Sta. Catarina* (1.ª parte), encontramos o seguinte período relativo à natureza agrícola das terras do Estado: "A vegetação dominante é representada por pinheirais, vassouras, *bracatingais,* taquarais, etc. Dominam os campos sobre as matas". Consultamos a respeito desta vegetação ao eminente prof. de Geografia de Florianópolis, P.ᵉ Geraldo Pauwells S. J., que nos respondeu, em carta de 4-3-928, o seguinte: "Os *bracatingais* representam realmente uma forma vegetal muito curiosa. É um mato quase sem vegetação arbustiva nem subarbustiva, com os troncos das bracatingas, excessivamente finos para a altura considerável, em distância mínima um do outro (nem um metro muitíssimas vezes), e a copa pouco desenvolvida; a casca em si clara quase sempre coberta dum fungo preto, do qual saem fiozinhos que em certo tempo têm na ponta uma gotazinha de mel, por ex., no tempo da minha última viagem. O *bracatingal* causa em mim sempre a impressão dum mato fantástico e assombrado. A árvore cresce ainda mais depressa que o eucalipto e fornece uma lenha boa; a folhagem assemelha-se com a do maricá. Não é avisado pousar num *bracatingal;* pois estando muitas vezes ressequida boa parte dos troncos em conseqüência duma queimada, basta um vento medíocre para derrubar um exemplar na vizinhança do incauto. São coisas que aprendi na última viagem".

Branco: Pereira da Costa registrou este termo com a significação regional de senhor do escravo; tratamento de respeito e submissão que os negros davam aos homens brancos. Freqüente era e ainda é no Norte a expressão — *meu branco.* Pereira da Costa cita em abono a seguinte quadra popular:

"Branco diz que negro bebe.
Negro bebe agoniado;
Quando negro vai na venda,
Acha copo já muiado."

Branco-da-bahia: designação dada aos mulatos no Pará, segundo lemos no livro de Peregrino Júnior — *Puçanga.*

Brasilidade: vocábulo há poucos anos criado (Cândido de Figueiredo não o registrou na 4.ª Edição de seu *Dicionário*) para nomear o sentimento de fidelidade e amor à grande Pátria brasileira. Teschauer que o registra parece indicar que o primeiro que usou este vocábulo foi o Arcebispo de Pôrto Alegre, D. João Becker, em 1920, citando em seguida a frase de Afonso Celso publicada no *Jornal do Brasil* de 27 de fevereiro de 1921: "Propugnamos... o que chamamos a *brasilidade,* isto é, a preservação, a defesa, o exalçamento integrais dos supremos direitos e interesses materiais e morais do Brasil". O vocábulo generalizou-se depois: talvez não haja exemplo de palavra que mais rapidamente se impusesse ao vocabulário de todos os brasileiros. Não nos furtamos ao prazer de transcrever aqui as seguintes palavras do saudoso prof. Vicente Licínio Cardoso, ao tomar posse de sua cadeira na Escola Politécnica do Rio de Janeiro em 1927: "Formadores de almas, apelidaram os gregos, ilustres e serenos nas suas glórias de espírito, aos professores. No Brasil, embora fortes as esperanças, mas traiçoeiros os empecilhos e desabalados os desenganos, creio antes, em reação aos próprios trechos vencidos da nossa evolução histórica, os professores deviam ser, muito especialmente, *professores de brasilidade,* formadores em suma da consciência brasílica da própria mocidade". A respeito deste vocábulo Adauto Castelo

Branco publicou interessantes artigos no *Correio Paulistano*, nos quais alude às formas por outros recomendadas, ou sejam *brasilidade, brasilianidade*.

Brasilita: nome dado por Francisco Eugênio Hussak, sábio petrógrafo austríaco, que tanto trabalhou pelo conhecimento mineralógico do Brasil, ao primeiro minério que descobriu em nossa Pátria, isto é, o óxido de zircônio (ZrO_2), monoclínico, por outros também chamado bdeleíta. Ocorre, no Brasil, na região de Caldas.

Brasis: nome pelo qual os jesuítas denominavam os selvagens do Brasil e que não vingou, prevalecendo a errada denominação de índios. Em abono, para aqui transcrevemos as seguintes palavras do P.ᵉ Antônio Vieira, tiradas de uma das suas celebradas cartas (*Cartas* — 1.º vol. Carta XI — Pág. 31 da Ed. de 1855): "Dou infinitas graças a Deus pelo grande zelo da justiça e salvação das almas que tem posto na de vossa majestade, para que assim como tem sido restaurador da liberdade dos portugueses, o seja também da destes pobres *brasis*, que há trinta e oito anos padecem tão injustos cativeiros, e tiranias tão indignas do nome cristão". Releva recordar que Capistrano de Abreu usa constantemente do nome *brasis* em seus magníficos trabalhos sobre a história do Brasil colonial; assim também o insigne Martius. Tal denominação chegou a figurar em documentos oficiais do Reino, como seja na "Carta de Foral" das Capitanias da Bahia (item 12), de Porto Seguro e outras, onde lemos a expressão *Brasis da terra*, de referência aos índios. Recentemente vários escritores chamam *brasilíndios*. Alberto Vasconcelos — *Vocabulário de Ictiologia e Pesca* — 1938, pág. 2.

Brechão: trecho do curso de um rio apertado entre montanhas, correndo numa garganta. Termo usado em S. Paulo e Paraná, em cuja raia lindeira se nomeia o *brechão* do Paranapanema. É alguma coisa semelhante ao que hoje a nomenclatura geral crisma de *cañon* e ao que, em outras partes do Brasil, se denomina *apertado, boqueirão, fundão, grotão, rasgão*.

Brejal: brejo extenso, larga faixa de terra embrejada, apaulada, empantanada. "É geralmente um *brejal*, uma depressão, entre as grandes serras e chapadas centrais. Dos flancos dessas elevações dimanam numerosos riachos, que se vêm reunir no fundo dessa espécie de cuba, onde se adunam para formar o rio". (Raimundo Lopes. *O Torrão Maranhense*. Pág. 361).

Brejão: o mesmo que *brejal*. À pág. 211 do livro do com. Pereira da Cunha — *Viagens e Caçadas em Mato Grosso*, lemos: "Atravessamos um corixo muito profundo e uma quantidade de banhadões, pois que êsse trecho da fazenda já estava bastante alagado, quando, talvez pelas 8 e meia, à beira de um acurrizal circundado de água, os cães, de repente, pegaram rasto dentro do *brejão* e saíram numa das mais belas batidas que tenho visto..."

Brejeiro: denominação nordestina, especialmente paraibana, que apelida os habitantes da região do brejo (Vide esta palavra). Emprega-o freqüentes vezes José Américo de Almeida em seu precioso livro — *A Bagaceira*, considerado por Tristão de Ataíde — "um dos maiores romances brasileiros". Assim é que, além de outros passos, encontramo-lo nos seguintes: "E lá se foram os dois, de enxadas, não ao ombro, à maneira dos *brejeiros*, mas sobraçadas, como quem leva a vara de ferrão" (Pág. 32). "E Pirunga, descrente da coragem dos *brejeiros*, viu estupefato, de repente, homens e mulheres, às ordens do senhor de engenho, como que formando com os próprios corpos uma barragem nova, atalhando o perigo" (Pág. 202). De *brejeiro*, forma-se o vocábulo — *brejeirada*, reunião de *brejeiros*, também empregado pelo mesmo autor à pág. 231 do citado volume. Em Aldo Delfino, à pág. 128 do seu livro *Terras sem dono*, encontramos empregada a palavra *brejeiro* no sentido de brejo, registrado por Cândido de Figueiredo como termo antiquado. Eis o trecho: "É no *brejeiro* que não se enxergava agora, o limo esverdeado cintilava vivamente, coberto todo de vaga-lumes".

Brejo: além da sua significação vernácula, informa Rodolfo Garcia que, nos Estados do Nordeste, esta palavra designa terreno onde os rios se conservam mais ou menos permanentes, geralmente fértil, devido aos transbordamentos anuais, por ocasião das chuvas. Há, na Paraíba, a chamada região do *Brejo* que se estende entre a região da catinga e a zona dos Cariris: é uma faixa agrícola por excelência, que tem, segundo Coriolano de Medeiros, 100 quilômetros de comprimento sobre 50 da largura e onde se acham situados terrenos de oito municípios do Estado. Distendido na chapada da Borborema, o *Brejo* é o empório do Estado pela fertilidade de seu solo e variedade dos produtos agrícolas: dele fazem parte as terras que os matutos denominam *catinga brejada* e *capoeira brejada*. É o "oásis de graça e de fartura para prover às crises que nos salteiam", escreveu José Américo de Almeida. Sabemos por informação local que, no município de Valença, do Estado da Bahia, chamam *brejo* às plantações de arroz, isto, provàvelmente, porque procuram os lavradores as terras úmidas e frescas (de *brejos*) para a referida cultura. No Maranhão, segundo informe de Antônio Lopes, o nome *brejo* se estende a todo o lugar baixo onde há nascentes, *olhos-d'água*, *cacimbas*, poças.

Brête: termo gaúcho, de origem castelhana, definido por Calage como sendo uma espécie de corredor que comunica com o curral ou mangueira e que serve para castrar ou marcar os animais sem derrubá-los. Emprega-o o mesmo escritor à pág. 58 do seu *Quero-Quero*: "Anos de vida assim foram mais do que suficientes para projetar na estrada ou no balcão perigoso das pulperias o mesmo profissional a lidar entre a cancha e o brete."

Brisa da pororoca: expressão que designa a corrente de ar marinho produzida pelo deslocamento da massa atmosférica, em virtude do movimento das águas da *pororoca*. É uma das primeiras conseqüências da passagem dos *cavaleiros* sucessivos que constituem o soberbo fenômeno dos rios amazônicos e do Maranhão (Raimundo Lopes. *O Torrão Maranhense*. Pág. 24).

Broca: também *brocagem*; termo usado no Norte, máxime no Nordeste, para designar a primeira operação do arroteamento do terreno, a fim de que se possa fazer a semeadura. É o ato de roçar ou desembaraçar o terreno do mato fino e baixo e dos cipós que crescem entre as árvores maiores. A limpeza do terreno para a plantação, se o mato é denso e alto, compreende quatro operações: *broca* ou *roçada*, *derrubada*, *queimada* e *coivara*. (Vide estes termos). Juvenal Galeno, nas *Notas* às suas *Lendas e Canções Populares*, 2.ª ed., pág. 602, escreve: "*Brocar* — cortar o mato fino com a foice; é o primeiro trabalho no roçado. O segundo — *derrubar*, cortar os troncos mais grossos com o machado. O terceiro — *picar*, rolar o derrubado para facilitar o incêndio. O quarto — *queimar*. O quinto — *encoivarar* — queimar em fogueiras (coivaras) os ramos que escaparam ao incêndio geral. O sexto — *cercar*. O sétimo — *plantar*. O oitavo — *limpar*, *capinar*. E o último — *apanhar*, *colher*". Na região cacaueira da Bahia, diz-se em vez de *brocar* — cabrucar. Informa Alfredo Brandão que, no

BRO — 50 — BUA

centro de Alagoas, a palavra *broca* significa derrubada de matas ou *capoeiras* para fazer roçados.

Bromado: vide *Brumado*.

Brongo: termo que, nas matas de Mundo Novo, município da Bahia, designa grota profunda, cujas encostas têm a forma de funil. Soubemo-lo através da informação do Dr. Nélson de Assis, advogado na referida zona.

Brota: olho-d'água, nascente, lugar em que a água surge, o orifício ou frincha por onde corre a água. Nos arredores de S. Paulo, capital, diz-se "vem da brota, é fresquinha (a água)"; "no meu sítio havia duas brotas, uma de água muito boa" (Plínio Airosa). À pág. 59 da *Geografia de S. Paulo* de Afonso A. de Freitas, lemos: "Brotas — desmembrado de Araraquara e criado município pela lei prov. n.º 1 de 14 de fevereiro de 1859. Sede — Brotas, cidade, de cuja colocação entre as duas cabeceiras ou *brotas* do rio Jacaré-Pipira-Mirim teve o nome".

Bruaqueiro: brasileirismo que significa aquele que conduz gêneros alimentícios, das fazendas para os mercados das vilas ou povoações. Deriva de *bruaca*, mala de couro que serve para conduzir objetos que devem estar ao abrigo das chuvas (Beaurepaire-Rohan). Couto de Magalhães, à pág. 114 do *O Selvagem*, emprega-o no sentido de *caipira, tabaréu*: "Ainda hoje, não há talvez um só *caipira* de S. Paulo, ou um *bruaqueiro* de Minas, a quem se possa dizer que é um ente imaginário o *Saci-Pererê*, que ele julgou encontrar por desoras junto a alguma porteira, que lhe saltou na garupa, ou que lhe fez alguma outra tropelia". A respeito escreve Nélson de Sena (*Revista do Arquivo Público Mineiro* — Ano XX — 1924): "A *bruaca* ou *surrão* de couro cru é destinada principalmente à condução do sal e gêneros alimentícios; e ainda é usada quer pelos canoeiros daquele rio, quer pelos pequenos tropeiros, conhecidos por *bruaquei-*

ros, que fazem, no sertão norte-mineiro, o comércio de transportes, de um mercado para outro, conduzindo sal, queijos, farinha, rapaduras, requeijões, ferragens, etc. A *bruaca* faz ali o papel do *saco* de aniagem usado na região cafeeira de Minas, ou dos *balaios* e *jacás* tecidos de taquara, empregados no Centro (região de Peçanha, S. João Evangelista, Guanhães, Ferros, Conceição, Sêrro e outras) para condução de toucinho e cereais". É também muito de uso na Bahia.

Bruega: encontramos esta palavra no conto de Valdomiro Silveira, *Perto do Fogo*, publicado no *Almanaque d'O Saci* de 1927: "Como a noite fosse fria, depois de um teimoso peneirar de *bruega* pela tarde inteira, rodeavam todos o fogo, atiçando-o de vez em vez e com as mãos abertas voltadas para ele".

Brugalheira: termo de Itu, S. Paulo, designativo de terra de cultivo difícil pelo fato de conter muitas pedras grandes e soltas, *brugalhaus*. Informação de A. Taunay, em carta de 13 de abril de 1928.

Bruguéia: termo usado no interior da Paraíba, no sentido de cova nas serras e nos outeiros; locas, lugares de difícil acesso. Informação de Érico d'Almeida, redator do *O Norte*, jornal que se edita na Capital do Estado.

Brumado: nome que, no oeste de S. Paulo, se dá às moitas cerradas e baixas. Afonso Taunay registra o termo e dá o seguinte exemplo: "Vou caçar naquele *brumado* de taquaris." Valdomiro Silveira e C. Teschauer registram-no, escrevendo *bromado*, com a significação de "mato ou capoeira, basto, fechado, cheio de espinhos e de cipós".

Buava: registrado por Amadeu Amaral, com a significação de "indivíduo português, nem sempre com intuito depreciativo". Há também *imbuava*, no norte de S. Paulo. A forma literária *emboaba*, acrescenta o autor citado, "grafia antiga do vocábulo indígena, é ignorada do vulgo." Cândido de Figueiredo registra *boava*. Virgílio Corrêa Filho informa que, em Mato Grosso, prevaleceu a forma *boava* para nomear os portugueses na época colonial. Gravou-se na toponímia, para designar a "Lagoa do Boava", no vão entre o São Lourenço e o Cuiabá, onde a tradição localiza o esconderijo de um perseguido pelas escoltas da Rusga de 30 de maio.

Bubugem: termo do Nordeste, da Bahia ao Piauí, que apelida a vegetação herbácea que brota exuberante após as longas soalheiras, com os primeiros aguaceiros. O sertanejo também diz *bubuge*. O sertão que estava preto, na singela expressão do matuto, cobre-se com as primeiras chuvas de um tapete verde. Na *Terra de Sol* de Gustavo Barroso, à pág. 38, lemos: "O capim, quando timidamente nasce, cobrindo o chão de um leve tapete verde-claro, chama-se *babugem*". E Ildefonso Albano, no seu vingador *Mané Chique-Chique*, à pág. 23, escreve: "Com as primeiras pancadas d'água, brota por todos os sertões a *babuge*, que é com avidez devorada pelos animais famintos. Se continuam as chuvas vem a rama, em seguida o *pasto*".

Bubuia (De): locução que significa, no Norte do Brasil, principalmente na Amazônia, o ato de boiar, flutuar, ficar à superfície d'água, à tona. É corrente o dizer — descer o rio de *bubuia*, isto é, flutuando, boiando. À pág. 93 da *Na Planície Amazônica*, de Raimundo de Morais, lemos este trecho: "Ao largo, no fio crespo da corrente, descem de *bubuia*, rumo da foz, os troncos de paus povoados de aves, as ilhas flutuantes de canarana agasalhando cobras, as canoas arrancadas aos portos, as bolas de borracha arrebatadas aos terreiros e as sementes vegetais das cordilheiras, que fazem, numa transplantação de selvas opos-

tas, a flora do estuário, em alagadiços, ter semelhanças com a flora das nascentes, nos altiplanos, demonstrando assim que as correntes das secções superiores dos rios escavam; as intermediárias transportam; e as inferiores depositam". José Veríssimo, em seu estudo sobre *As Populações Indígenas e Mestiças da Amazônia* (Tomo 50 da *Rev. do Inst. Hist. e Geog. Brasileiro*), diz: "Bubuia, vir de —, estar de —, andar de —, ficar de —, flutuando sobrenadando, boiando. Ação de flutuar, ato de boiar. O cedro não vai ao fundo, fica de *bubuia*. De *bebui* — flutuar, nadar... Bubuiar, flutuar, boiar. Pouco usado em suas formas verbais, geralmente substituídas por *bubuia* e um auxiliar".

Bugio: nome que, além de crismar uma espécie de macaco (barbado), designa também, no Brasil, engenhoca de fabricação de açúcar, pelo fato de produzir sons na moagem iguais ao roncar do referido símio. Registra-o em tal sentido Cornélio Pires n'*As Estrambóticas Aventuras de Joaquim Bentinho*, à pág. 119.

Bugrada: conjunto, porção de caboclos ou índios. É termo muito usado no Paraná para exprimir multidão de *bugres* (índios brabos) e também no sentido de "ação de *bugre*", traição, perfídia, embuste, segundo lemos em Macedo Soares (*Estudos Lexicográficos do Dialeto Brasileiro — Revista Brasileira — Tomo IV*).

Bugraria: é o mesmo que *bugrada*, usado por Oliveira Viana no seguinte passo das *Populações Meridionais do Brasil*, pág. 281: "Ameaçados pelas hordas da *bugraria* exasperada ou pelos quadrilheiros negros, voltam-se para a casa solarenga..." Valdomiro Silveira emprega este vocábulo no sentido de região habitada por *bugres*, segundo escreve no *Vocabulário* apenso ao seu livro *Nas*

BUG — 52 — BUL

Serras e nas Furnas. À pág. 14 deste volume, lemos: "Ele Justiniano era senhor de duas fazendas de café, duas invernadas de légua e tanto, terras e terras na *bugraria* e mais de cem escravos, não andava balanceoso, não devia nada a ninguém".

Bugre: nome que se aplica hoje em dia, indistintamente, aos selvagéns do Brasil, aos ameríndios bravos, aos caboclos que ainda erram nas selvas e campos do Brasil interior, qualquer que seja a sua família ou língua. É um desses termos gerais que, não raro, na América, os civilizados aplicam aos povos mais diferentes entre si. No Peru e na Bolívia, com a mesma significação, dizem *jivaros* ou *chunchos.* A respeito da origem e das transformações semânticas do vocábulo *bugre,* leiam-se, no *Vocabulário* de Macedo Soares, as opiniões de Augusto Saint-Hilaire, Varnhagen, Machado de Oliveira, von Martius e Acioli. Amadeu Amaral registra o termo como aplicado indiferentemente a qualquer indígena e de uso muito comum em S. Paulo, embora não seja desusado em outras regiões do país. No Sul do Brasil usa-se o feminino *bugra,* que Teschauer registra como localismo gaúcho. Entretanto, vemos empregado por Amando Caiubi, à pág. 272, de *Sapezais e Tigueras:* "Ao contrário do que supunham a bugra foi ficando, não largando por um instante o seu protetor, parecendo dedicar-lhe viva simpatia".

Bugreiro: termo correntio no Sul do Brasil, para designar o caçador de índios, o *batedor* (perseguidor) que entra nas florestas para a *batida* (ataque) e perseguição aos pobres selvagens. Não nos furtamos ao prazer de transcrever a vibrante página de Alberto Rangel, escrita nos seus *Rumos e Perspectivas,* de referência ao infortúnio do ameríndio: "É no Brasil Central que se encontra ainda acoitada a maioria das tribos indígenas, de tanta importância na fisionomia étnica e geográfica do Brasil. O seu número não deve ser grande. Quatrocentos anos de lutas e de penúria eliminaram quase tudo e rechaçaram o resto. Mais que fossem, não poderiam resistir a tanta perseguição e a tanto olvido. Hordas miseráveis de silvícolas erram ainda nas cabeceiras dos rios, nômadas degredados e degradados, com vislumbres de teogonia e trapos de linguagem, catados pelos eruditos para cobrir lacunas e explicar origens e modalidades de religiões, costumes e glóticas mais perfeitas. A incorporação do índio fez surgir os processos violentos da escravização, das "entradas de resgate" aos "bugreiros" de hoje, e encorajou a outros meios de extremos compassivos, infantis, dispendiosos e aleatórios, do missionário ao catequista leigo. O consenso e a legislação nada resolveram de profícuo e de completo em tal assunto. O filantropismo inglês, ainda atualmente a esse respeito, só explora sentimentos de benignidade geral e incomoda de tempo em tempo as chancelarias sulamericanas. As pobres raças definham, no entretanto, acuadas nos ritos ineptos, nas roças e ranchadas de comunistas, à espera do critério novo e definitivo, que afinal os salve para a absorção de suas derradeiras raízes na Sociedade e no Direito de hoje".

Buji: termo usado no Ceará com a significação de *capinzal.* Vimo-lo empregado por Gustavo Barroso, no seguinte trecho da *Terra de Sol,* à pág. 39: "O sertão reflorido muda de fisionomia. Fica verde, todo verde, de um verde lindo, novo e forte, que alegra a vista e o orvalho borrifa pela madrugada clara. O *buji* cresce velozmente sob as árvores, ao pé das cercas altas..."

Bulinete: registrado no *Léxico de Lacunas* de A. Taunay, com a significação de bicame onde se lança o cascalho diamantino para o lavor.

Bundões: apelido de certo grupo de *garimpeiros, jagunços* e criminosos do sertão baiano que se alistavam nas fileiras de uma parcialidade política e praticavam toda a sorte de desatinos. Pandiá Calógeras, numa conferência pronunciada no Instituto Histórico e Geográfico de São Paulo, a 6 de setembro de 1928, a eles se refere no seguinte passo: "Do feudo entre Camargos e Pires, em S. Paulo do século XVII, aos conflitos consideráveis de Chique-Chique e Pilão Arcado de que tanto se preocupavam os políticos dos últimos dias do Império; do extermínio recíproco de *bundões* e *marrões* no sertão baiano às proezas do B.el Santa-Cruz no Nordeste; das revoltas dos *balaios* e dos bem-tevis nas Regências, aos excessos dos *muckers*, dos *quebra-quilos*, dos famosos fanáticos de Canudos ou do Contestado; a cadeia é ininterrupta". "Dessas parcialidades à que melhor paga se agrega um outro grupo de garimpeiros, de Santo Inácio e do Assuruá denominados *Bundões*, apelido de uma família, mas que hoje significa jagunços e criminosos de toda a espécie, cada qual com seu extravagante apelido" (Durval Aguiar — *Descrições práticas da Província da Bahia* — Pág. 51).

Buraba: o mesmo que *burara*. Usado no Sul, sobretudo em Santa Catarina.

Buraco-soturno: assim se denominam em Mato Grosso as grutas ou cavernas, escavações naturais das camadas superficiais da terra, lapas, furnas. Vimo-lo assinalado na valiosa monografia do Eng.o Antônio Olinto dos Santos Pires, — *Espeleologia* —, escrita especialmente para a grande *Geografia do Brasil* comemorativa do primeiro centenário da Independência, à pág. 3. E à pág. 48, lemos: "A mais afamada de tôdas as grutas de Mato Grosso é a *Gruta do Inferno*, conhecida pela denominação de *buraco-soturno*

pelos primeiros habitantes que se fixaram nas margens do rio Paraguai, nas proximidades do antigo forte de Coimbra, a cerca de 90 quilomêtros ao sul de Corumbá".

Buraquara: termo amazônico que devemos à sadia colaboração de H. Jorge Hurley: "é o nome da pesca feita no Pará aos acaris, "chaves" e anujás, vulgarmente conhecidos por "cachorrinho de padre." O pescador ausculta um tronco d'árvore morta mergulhado ou meio submerso e quando percebe que nele *currurucam* (resmungam) os peixes acima indicados, o cortam, a machado, e conduzem-no à praia, onde o despescam, alargando os *piraquaras*, onde o peixe se encontra amalocado".

Buraqueira: termo mais ou menos geral (S. Paulo e Nordeste), que designa terreno muito alcantilado e cheio de depressões, ou uma sucessão de caldeirões. "Varejara a mataria do outro lado, que era mais acidentado, cheio de rochas abruptas, de *buraqueiras*" (Gustavo Barroso. *Mula sem Cabeça*. Pág. 71). Em Mato Grosso, nomeia um lugar afastado das cidades e povoações, ermo, selvagem: com este sentido empregou-o o Visconde de Taunay no seu formosíssimo romance *Inocência*.

Burara: palavra muito de uso no sul da Bahia para indicar o emaranhado ou cerrado que formam os ramos das árvores que caem em meio da mata, dificultando a travessia. Neste sentido, já foi usada por Coelho Neto no seguinte passo d'*O Rei Negro*: "Pôs-se a *caminho sarapantado e, na incerteza das horas, receoso de perder aquela ocasião, precipitou-se por veredas tortuosas, saltando *buraras*, varando a mataria cerrada...*" C. Teschauer registra também o termo *buraba* com o mesmo sentido e empregado à pág. 106 do 2.o vol. da *Campanha do Contestado* de Crivelário Marcial. Na zona cacaueira do sul da Bahia, não raro se emprega este termo no sentido de pequena fazenda ou roça de cacaueiros, ouvindo-se freqüentemente a frase: "Sou possuidor de uma *burara*, isto é, de uma pequena plantação de cacau, sem grande valor." Deu-nos esta informação o ilustre Dr. Epaminondas Berbert de Castro, filho da zona e devotado cultor da língua. Arnaldo Viana informa que, no vale do Jequitinhonha, *burara* é pequena fazenda sem benfeitorias, e também lamaçal, tremedal no interior das plantações cacaueiras.

Burateua: também *emburateua, embirateua,* — termos amazônicos a respeito dos quais nos informou Henrique Jorge Hurley: "São vocábulos usados pelos pescadores de Curuçá e de toda a região do *Salgado* no Pará, para qualificar e nominar o lugar que tem mangueiros, siriubeiras e tinteiras caídos à beira d'água dos braços de mar, submersos, em que prendem à garrancharia as tarrafas, obrigando o pescador ao mergulho para as desenrascar". Os *burateuas* são sempre muito piscosos e lembram os *abatises submersos* de Euclides da Cunha, postos em relevo no *Seixos Rolados* de Roquete Pinto.

Burgalhau: também *brugalhau,* seixo rolado, pedras soltas. Registrado por Afrânio Peixoto, que empregou este têrmo à pág. 37 da sua *Maria Bonita,* e por Afonso Taunay, que diz ser muito usado em Itu, exemplificando com a seguinte frase: "O cafezal de X... tem inúmeros *brugalhaus* que lhe tornam penoso o trato". Cândido de Figueiredo, como Aulete e outros dicionaristas portugueses, registram *burgalhão,* monte de cascalho, conchas e areia, debaixo de água.

Buritizal: registrado por Macedo Soares, com a significação de formação de buritis, em terreno em geral úmido. Rodolfo Garcia diz que, no Maranhão, se escreve *muritinzal* e isto porque a essa providencial palmeira lá chamam *muritim.* F. C. Hoehne, botânico do Instituto Biológico de S. Paulo (*Boletim de Agricultura* — setembro e outubro de 1930, pág. 980), escreve que o buriti e o miriti são duas espécies diferentes. A primeira é a *Mauritia vinifera* Mart.; a segunda é a *Mauritia flexuosa* Mart. Azevedo Pimentel escreveu de uma feita que "o *buritizal* era um dos mais belos ornamentos com que a natureza dotou as terras altas do Brasil Central"... "O solo pantanoso do *buritizal,* extremamente compressível e movediço, apresenta-se como perigoso atoleiro lamacento, meio líquido, sob os enfeites graciosos de esquisita combinação dos buritis de diferentes alturas e idades, ora em grupos magníficos de verdura fresca, ora indistintamente isolados, ora arruados e indicando pela sua direção a do curso d'água aí originado, sempre em grande abundância. O buriti, a árvore da vida do P.ᵉ José Gumila, a *Mauritia vinifera* dos botânicos, é uma bela palmeira dos sítios úmidos, de cerca de 25 a 40 centímetros de grossura e nove a dez metros de altura, com folhas grandes em forma de leque coberto na extremidade livre de longo e resistente pecíolo" (Azevedo Pimentel. *A nova Capital Federal e o Planalto Central do Brasil* — Rio de Janeiro, 1924. — Págs. 71 e 76). A. J. Sampaio, em seu precioso trabalho *Nomes Vulgares de Plantas da Amazônia,* escreve que, na Amazônia, em geral se diz *miritizal.* E Raimundo Lopes (*Boletim do Ministério do Trabalho, Indústria e Comércio* — Vol. 42) diz que aos *buritizais* quando recobrem *brejais* dão o nome, não raro, de *lagos cobertos.*

Burras: termo com que os *garimpeiros* das Lavras Diamantinas da Bahia designam grandes blocos rochosos. Informação do Eng.º M. Macambira Monte-Flôres.

Butiatuba: o mesmo que *butiazal.*

Butiazal: vocábulo muito usado no Rio Grande do Sul, designativo de campo cheio de butiazeiros, palmeiras do gênero coco, conhecidas em Mato Grosso e no vale do Amazonas pelo nome de batauá ou patauá, crismada por von Martius — *Oenocarpus bataua.* A respeito é proveitosa a leitura das observações de Augusto Daisson no seu livro *À margem de alguns brasileirismos,* entre as págs. 27 e 33. Numa sucinta descrição do Município de Dores de Camaquã, publicada em o n.º 26 da *Terra Gaúcha* (janeiro de 1928), lemos o seguinte: "A zona baixa, em suas proximidades com a lagoa dos Patos, apresenta vastas extensões completamente perdidas devido aos inúmeros comoros de areia e grandes *butiazais,* o que torna o terreno inútil".

C

Caaetê: nome de uma das duas seções da mata amazônica, a mata verdadeira das planícies, só inundada nas grandes enchentes; à outra seção chama-se *caaigapó*. Distinguem-se as duas não só pela situação mas também pelas diferentes espécies de árvores, pelo esgalho e casca das mesmas. Palavra derivada do tupi, *caá* — mato e *etê* — verdadeiro, legítimo. Na *Geografia Física do Brasil* de J. E. Wappaeus vem a distinção entre a natureza de uma e de outra. Foi o Dr. J. Huber que fez talvez a mais segura distinção entre o *caaetê* e o *caaigapó*, no seu magnífico estudo *Matas e Madeiras Amazônicas*, à pág. 225 do vol. VI do *Boletim do Museu Goeldi* — Pará. Para ele, no Pará, a floresta densa, alta, virgem, respeitada pelo transbordar dos rios, se chama caetê (caaetê), verdadeiro mato, floresta, a *hylea* de Humboldt. O *caetê* é o tipo de mata que vegeta sobre a orla da terra firme que margina a depressão amazônica, emoldurando a planície nos seus extremos. O *caetê* não alaga, mas pode conter *igapós* nas baixas de seus terrenos, os quais conservam as águas fluviais com vegetação típica. No número dos *caetês* do Pará cita o Dr. Huber a mata que cobre a região delimitada pela Estrada de Ferro de Bragança ao rio Gurupi; as das mesopotâmias formadas pelos rios Tocantins e Tapajós e a mata central do antigo Contestado, que vai limitar com a Guiana francesa. Habitam os *caetês* árvores gigantes que atingem 20, 30 e até 35 metros de altura, formando a abóbada geral da mata em que dominam as leguminosas, sapotáceas, lecitidiáceas, moráceas, lauráceas, rosáceas, humiriáceas, euforbiáceas, gutiferáceas e bignoniáceas (H. Jorge Hurley).

Caaigapó: vide *Igapó*.

Caaobi, também *caubi*, como escreveu José de Alencar: termo usado na Amazônia para designar mato verde. De *caá* — mato e *obi* — verde."A vida da cidade lhe despertava fundas saudades, que lhe vinham da floresta em que livre respirava o oxigênio iodado da liberdade e usufruia a alegria forra das horas felizes, nos cateretês dos mocambos longínquos, naquele convívio simples e franco dos deserdados seus irmãos de escravatura, fugidos ao relho e ao "tronco" doutros senhores e lhe fizeram desertar da casa grande e internar-se, outra vez, no *caaobi*, incorporando-se ao povo do mocambo do Limoeiro..." (Jorge Hurley — *Nos Sertões do Gurupi* — Págs. 46 e 67).

Caatinga: vide *Catinga*.

Cabanada: nome pelo qual se designou a revolta que irrompeu em 1832 nas matas de Jacuípe e Panelas de Miranda, em Pernambuco, alastrando-se por Alagoas, e que pugnava pela restauração de Pedro I que abdicara a coroa no ano anterior, revolta esta que só terminou quatro anos depois, graças sobretudo à intervenção pastoral do bispo diocesano D. João da Purificação Marques Perdigão. Os sectários da revolta da *Cabanada* designavam-se *cabanos* (Vide êste têrmo).

Cabanagem: nome também dado à sedição, à guerra civil que houve na Amazônia (Pará sobretudo) de 1834 a 1836. Em brilhante conferência feita a 13 de maio de 1936 no "Instituto Histórico e Geográfico Brasileiro", Basílio dᵒ Magalhães, depois de falar das alcunhas dos rebeldes de Alagoas, Pernambuco e Pará, escreve: "A verdade é que *cabanada* e *cabanagem* tomaram a mesma acepção política, servindo, todavia, a primeira para designar o movimento de Panelas, estendido imediatamente a uma vasta região das Províncias de Pernambuco e Alagoas, e aplicando-se a segunda à longa luta civil que ensangüentou a Amazônia". É, diz o mestre citado, uma distinção meramente empírica, mas de inegável valia pedagógica para a nossa história.

Cabano: alcunha pela qual se designavam, no tempo da Regência, em Alagoas e Pernambuco (1832-1835), no Pará (1834-1836), e no Maranhão em 1838, os sectários de um partido político que se revoltou contra o governo legal. Daí os termos *cabanada*, *cabanagem*, *cabaneiro* e *cabanal*. Segundo Gonzaga Duque (*Revoluções Brasileiras* — Pág. 167), esta denominação provém dos bandos de índios moradores em palhoças e cabanas que se rebelaram. De referência aos *cabanos* do Maranhão diz o mesmo escritor. "A denominação do outro partido (o dos *cabanos*) proveio do sarcasmo de seus adversários (os bem-te-vis), que assim o tratavam para confundi-lo com o bando fanático e ignóbil que, em Pernambuco e no Pará, assolaram suas matas". Segundo Gonçalves de Magalhães o nome *cabanos* vem do Pará, onde, de 1834 a 1835, os sertanejos, habitantes das cabanas (os cabaneiros, uma gente rústica e feroz) se levantaram contra as autoridades e cometeram horríveis delitos (*Rev. do Instituto Histórico e Geográfico Brasileiro*, Tomo X, pág. 270, nota 7). A respeito deste vocábulo escreveu-nos Henrique Jorge Hurley: "Parece vocábulo português, mas absolutamente não é. Êste vocábulo foi criado pelos caboclos rebeldes do Pará contra os portugueses, e surdiu nas lutas da Independência, rotulando depois a revolução paraense, que terminou a 13 de maio de 1836, com a chegada do gen. Soares Andréa. *Cabano* provém de *caá* — mato, *aba* — homem e *na* ou *no* — semelhante e se traduz — semelhante ao homem do mato, bravo, feroz, resistente. Há um exemplo palpitante em Copacabana — roça acabada do homem do mato".

Cabeça: termo usado pelos pescadores da ilha de Bom Jesus, na baía de Todos os Santos, designativo de coroa submersa formada de pedras calcárias. Entre a mesma gente Artur Neiva ouviu a expressão *cabeça-de-carneiro* para designar pedra calcária tirada das coroas marinhas e utilizada na exploração da cal. Chamam *cabeço* à parte da coroa que fica fora d'água quando a maré baixa (Inf. de Artur Neiva).

Cabeça-chata: designação de há muito tempo usada para alcunhar os cearenses. Como pondera Gustavo Barroso, no seu atraente e erudito *Através dos Folk-Lores*, "entre os filhos do nosso país, o cearense, como o piauiense, o rio-grandense-do-norte e certos maranhenses, se fazem notar pelo achatamento da cabeça, nas partes de cima e traseira". Entretanto, só ao cearense se deu tal apelido. Versando a origem do mesmo, o ilustre folclorista escreve 9 páginas do volume referido, das quais transcrevemos os seguintes períodos: "No Ceará é opinião geral que esse achatamento (da cabeça) provém da mania de dormir em rede, o que explicaria o dos outros, também useiros e vezeiros em tipóias, macas e fiangos. Mas, quanto à razão por que só ao cearense se aplica o termo, ninguém sabe nada". "Há quem atribua à designação origem patriótica. Durante as lutas que se travaram entre lusos e brasileiros, após o grito do Ipiranga, as milícias do Ceará tiveram de marchar para o Piauí e combater a tropa de linha do c.ᵉˡ português Fidié que se não queria ir embora, fêz me-

CAB — 58 — CAB

do a muita gente, varreu a metralha os pobres matutos no campo do Retiro do Jenipapo; mas acabou perdendo homens e canhões, e vencido. Enquanto os soldados lusitanos usavam um guritão de couro, alto e afinado no tôpo, os milicianos sertanejos traziam à cabeça uma barretina de sola lustrosa mais baixa e alargada na copa. Daí, então, a alcunha de *cabeças chatas* e a razão por que não é dada também àqueles outros que a possuem da mesma forma". Como se vê, há duas interpretações relativas à gênese da alcunha: a da forma da cabeça e a da indumentária guerreira de 1822-1823. Com esta está de acordo o incansável folclorista Leonardo Mota à pág. 198 do seu *Sertão Alegre*. Transcrevemos o seguinte trecho de um jornal pernambucano, *O Barco dos Patoteiros*, n.º 17 de 1864, citado por Pereira da Costa em seu *Vocabulário Pernambucano*: "Essa gente cearense, conhecida por *cabeça-chata*, é toda excomungada..."

Cabeça-d'água: O *Pequeno Dicionário Brasileiro da Língua Portuguesa*, registrando esta expressão, dá-lhe primeiro o sentido de "enxurrada, que, em seguida às grandes chuvas da entrada do inverno no sertão, desce vale abaixo, como verdadeira avalancha, pelo leito dos rios, estendendo-se de uma a outra margem, com uma altura de um a dois metros e mais". Também assim se designa no Nordeste, da Bahia ao Piauí, o descer das primeiras águas, logo em seguida às grandes chuvas da entrada do inverno, pelo leito exsicado dos rios, estendendo-se de uma a outra margem, com uma altura de um a dois metros e até mais. No sertão da Bahia também se chama *cabeça-d'água* aos crescimentos repentinos das águas dos rios quando já estão correntes ou cheios, análogos ao que, na Amazônia, se denomina *repiquête*: são novas camadas d'água que fazem oscilar o nível fluvial. No primeiro sentido, é flagrante a descrição que faz Herman Lima, entre págs. 36 e 38 do seu *Tigipió* e do qual extraímos os seguintes passos: "Mas, de cima, já chegavam notícias de que o Salgado descera (o sertanejo não diz que o rio corre, mas que ele desce), em pouco o Jaguaribe desceria também. Durante vários dias foi mesmo voz corrente que a cabeça-d'água já passara em Morada Nova, com um metro de altura..." "O rio era o telegrama das águas de cima". "Quando chegou às margens altas, com o nascer do sol, o Jaguaribe vinha ao longe, rolando lento, azul, coleante, como uma grande, infinita serpente argêntea e vagarosa. Rasteiro, sem violência, o rio avançava, assim, coroado de espumas, arrastando ramadas secas, folhas secas, talos de carnaúba em profusão. Um grande marulho subia das águas rolantes, como o rumor da chuva no oceano." Em artigo publicado no N.º 8 da *Província de S. Pedro*, revista que se publica em Porto Alegre, Herman Lima cita com o mesmo sentido a expressão *cabeça do rio*, atribuindo-a a uma passagem de Luís da Câmara Cascudo em seu *Vaqueiros e Cantadores*. Segundo nos informou Jorge Hurley, *cabeça-d'água — igacanga*, no Pará, na região banhada pelo Atlântico que, ao sul, vai de Vigia a Viseu e, ao norte, do Amapá ao Oiapoque (primitivo Oiampoca), chama-se cabeça-d'água quando as marés crescentes lançam e também quando minguando quebram, gerando as "águas-vivas" e as "águas-mortas".

Cabeça-de-campo: nome que, no sertão nordestino, se dá ao vaqueiro que dirige a vaquejada, o vaqueiro chefe.

Cabeça-seca[1]: registrado por Valdomiro Silveira com a significação de soldado de polícia. (*Nas Serras e nas Furnas* — Pág. 228).

Cabeça-seca[2]: alcunha depreciativa dos negros cativos, registrada por Pereira da Costa que a abona com o seguinte trecho: "É noite,

CAB — 59 — **CAB**

e o sino da matriz de Santo Antônio está dobrando; isto quer dizer que são horas dos *cabeças-secas* se recolheram às casas de seus senhores. (*O Campeão*, n.º 104 de 1862)".

Cabeceiras: nascentes de rio ou riacho. O mesmo que fonte, mina, vertente, lacrimal, minadouro, nascente, manadeiro, **manancial**, etc., etc. No seu *Itinerário da Viagem de Cuiabá a S. Paulo*, escreve F. Moutinho que, em Mato Grosso, *cabeceira* designa peculiarmente os lugares de nascentes de águas que formam os brejais, quase sempre revestidos de formosos buritis. Em notas à *Onomástica* Pandiá Calógeras ensina que se encontra o termo nos velhos cronistas dos séculos XVI e XVII e referente a várias zonas do Brasil. Em geral designa as vertentes ou nascentes de um rio em oposição à foz. "A bacia do S. Francisco, perto das suas cabeceiras, tornou-se a região de preferência dos mais antigos dentre esses intrépidos exploradores" (Oliveira Lima). A propósito deste termo nos informou o Eng.º Guilherme Wendel que em S. Paulo designa a baixada superior de um curso d'água e no sentido absoluto — o ponto mais alto da baixada que fica no espigão divisor das águas. Nascente é o ponto onde brota uma água, na parte mais alta de uma cabeceira.

Cabeludos: nome popular de uma das duas agremiações partidárias que se formaram em Alagoas, logo após a Maioridade. Refere-o Craveiro Costa em seu trabalho *Cem anos de Jornalismo*, publicado no vol. XV da *Revista do Instituto Arqueológico e Geográfico Alagoano*.

Cabiúna: nome dado aos negros desembarcados clandestinamente no litoral brasileiro, após a lei de repressão do tráfico de africanos. Registrado por A. Taunay (1914) e C. Teschauer (1923) que dizem ser talvez oriundo do tupi-guarani *caá-piuna* — fôlha ou madeira escura.

Caboclo[1]: segundo Teodoro Sampaio, vem do tupi *caá-boc* — tirado ou procedente do mato. É vocábulo muito correntio no Brasil, hoje, empregado em vários sentidos: ora para apelidar os aborígines, tanto mansos como bravios, donde as variantes caboclos mansos e caboclos bravos; ora, no sentido de descendente dos indígenas mestiçados com a raça branca; ora com a significação de sertanejo, *caipira*, homem da roça, do mato, de cor morena carregada, semelhante à dos primitivos habitantes do Brasil; ora, até no sentido de pessoa querida, como na frase — meu caboclo. Vale referir que nada mais arbitrário no linguajar brasileiro do que o uso dos nomes que designam os mestiços das três raças que entraram na formação do nosso povo. Nélson de Sena, nas suas *Contribuições para a Etnologia Brasileira*, escreve: "*Cabocos*, como é a rude pronúncia vulgar, ou *caboclos*, segundo a prosódia erudita, representam o elemento indígena amansado e que das selvas viera coabitar com a gente civilizada; mas o legítimo *caboco* é também o mestiço de índio e, no sentido figurado, o tipo do homem valente e bem disposto; além de indicar o gentio que veio bravo do mato e, depois de manso, passa a viver no meio dos brancos". Capistrano de Abreu, entretanto, escreveu no seu *O descobrimento do Brasil* (Ed. da Soc. Capist. de Abreu, 1929, pág. 123) que o *caboclo* era o filho de índio e africano, também chamado *curiboca*. Amadeu Amaral registou *cabocro* — mestiço de branco e índio. Teschauer registra as formas *caboco*, *cabocro*, *cabocolo*, esta última referida na *Informação Geral da Capitania de Pernambuco*, publicada nos *Anais da Biblioteca Nacional* (Vol. 28 — pág. 483), nos seguintes termos: "*Cobocollos* são os índios que moram na Costa e falam língua geral" em contraposição aos *tapuias* que são "os naturais da terra, que vivem no sertão e não falam uma língua geral, senão cada **nação a sua** particular."

Ocorrem ainda as formas *cabou-co*, *cabôuculo*, e as palavras *caboclismo*, *caboclista*, *caboclada*, *cabocrada*, *caboclote*, etc., etc.

Caboclo[2]: termo da mineralogia indígena, registrado por Everardo Backheuser, em seu *Glossário*, designativo, na linguagem dos garimpeiros, de qualquer seixo tinto por óxido de ferro. Também *caboclo lustroso*. Vide *Satélite*.

Cabocó: termo indicativo de levada por onde escorre a água que sai dos cubos das rodas dos engenhos de açúcar movidos por força hidráulica. Na Bahia também se diz *cobocó* e *covocó*; em Alagoas — *cavouco*. Morais registra *cavocó* e define-o "caneiro ou levada, por onde despeja a água que sai dos cubos das rodas dos engenhos de moer as canas-de-açúcar e por êle sai ao rio ou baixa".

Cabo de tropa: era o nome dado nos tempos coloniais ao chefe das *bandeiras*, ao *bandeirante* que comandava a expedição ao interior do país, extraordinário dominador de gentes e de terras. Desse tipo singularíssimo da nossa história, traça completo perfil o insigne sociólogo Oliveira Viana, à pág. 84 das *Populações Meridionais do Brasil*: "É a bandeira uma pequena nação de nômades, organizada solidamente sobre uma base autocrática e guerreira, mesmo as de colonização. O bandeirante lhe é, ao mesmo tempo, o patriarca, o legislador, o juiz e o chefe militar. Do Estado recebe um regimento, que lhe outorga atribuições majestáticas. Ele exerce funções judiciais; depois sobre a partilha dos índios escravizados e dos descobertos; faz a arrecadação e o inventário dos bens deixados pelos bandeirantes mortos no sertão; julga dos casos crimes até a pena de morte. Tem para estes fins os seus escrivães, os seus meirinhos, os seus ritos processuais. Faz-se também acompanhar de sacerdotes para o serviço religioso. Seguem-no os seus sócios, homens da sua igualha, também nobres; um grupo de mora-

dores, gente pobre, à cata de colocação e classificação nas terras a conquistar; e mais a turba heteróclita dos mamelucos, dos cafuzos, dos pardos, dos negros, dos índios domesticados; algumas dezenas, algumas centenas, mesmo alguns milhares; armados todos de trabucos, de mosquetes, de clavinas, de clavinotes, de espadas e de flechas; uns de pé, outros de cavalo: — de pé, a miuçalha esfervilhante dos latifúndios; de cavalo, o bandeirante chefe, os seus dois capitães ajudantes, os sacerdotes e outras pessoas de qualificação. Todas as classes. Todas as raças. Todas as armas. Tudo prussianamente enquadrado e disciplinado pelo pulso de ferro do *cabo da tropa*, um Afonso Sardinha, um Pascoal de Araújo, um Bartolomeu Bueno, um Matias Cardoso, um Antônio Rapôso, um Manoel Preto, um Borba Gato, um Fernão Dias, um Domingos Jorge".

Caborjeiro: registrado por Afonso Taunay no seu *Léxico de Lacunas*, sinônimo de feiticeiro, mandingueiro, *mandraqueiro*. "O negro velho é um caborjeiro temido". De *caborje*, feitiço, registrado por Teschauer.

Caboroca: termo usado no norte do Espírito Santo, município de S. Mateus e vizinhos, designativo do ato de desbravar a mata, cortando-se-lhe os arbustos e plantas sarmentosas (cipós), para o plantio do cacau. Encontramo-lo num artigo da *A Folha do Norte*, de S. Mateus (ed. de 10 de novembro de 1929), em artigo sob o título — *Seção Agrícola*. — Assim diz o agrônomo que o escreveu: "Escolhido o terreno com todas as cautelas, não se descurando a sondagem, em junho desbrava-se a mata, fazendo-se o que é conhecido pelo nome de *caboroca*, cortes de arbustos e plantas sarmentosas (cipós), deixa-se secar, trinta ou quarenta dias depois torna-se a *caboroca* mais clara, cortando-se as árvores suscetíveis de dois a quatro golpes de machado..." É provavelmen-

CAB — 61 — **CAB**

te uma alteração do que, no sul da Bahia, se denomina *cabrucar* a mata e noutros sítios, *brocar* (Vide estes termos). Elpídio Pimentel em seus *Subsídios Lexicográficos* escreve: "O nosso povo (o do Espírito Santo), no seu curioso verbalismo, usa as palavras *caboroca* e *caborocar*, cortar a foice ou a facão os matos ralos, os arbustos, os cipós de qualquer trecho da floresta virgem, para, em seguida, os machadeiros procederem à fragorosa derribada dos vetustos troncos. O povo, aliás no seu vezo do mínimo esforço, diz — *brocar*".

Caboto: termo do sul da Bahia que designa esteiro marinho, fique ou não em seco na baixa-mar (informação local).

Cabo-verde[1]: mestiço de índio com negro. É nome muito usado na Bahia. Registraram-no Macedo Soares, Beaurepaire-Rohan e Teschauer. O mesmo que *caburé, cafuz* etc.

Cabo-verde[2]: tem este vocábulo, em Minas Gerais, outra significação: segundo lemos em Nélson de Sena, o povo dá este nome às rochas eruptivas constituídas pela diábase negra, a qual em grande extensão recobre o território mineiro. É o mesmo a que o povo ainda denomina *pedra de bronze* e *pedra de judeu*. E mais: "A localidade mineira de Cabo Verde deve o seu nome à presença dos numerosos rochedos diabásicos conhecidos por *cabo-verde*, verdadeiros blocos isolados que se encontram nas encostas dos montes, por todo o vale do rio Muzambo e do seu afluente Cabo-Verde, que banham êsse Município da região meridional de Minas". A rocha *cabo-verde* é elemento característico da formação geológica denominada *botucatu* por Gonzaga de Campos.

Cabra: dição de uso freqüente no Norte do Brasil, designativa de mestiço de negro e mulato, sendo êste por seu turno um produto euro-africano. Entretanto, não há concordância de opiniões a respeito desse tipo de mestiço. Macedo Soares diz que o cabra é quarteirão de mulato com negro, mulato escuro, caboclo escuro. V. Chermont diz que é mestiço de branco e negra, logo o mesmo que mulato. Rodolfo Teófilo no seu grande livro *Os Brilhantes*, à pág. 72, ensina que é o mestiço produto de cruzamento de índio e de africano, inferior aos elementos que o formam. E acrescenta: "O *cabra* é pior do que o caboclo e do que o negro. É geralmente um indivíduo forte, de maus instintos, petulante, sanguinário, muito diferente do mulato por lhe faltarem as maneiras e a inteligência deste. E tão conhecida é a índole perversa do cabra que o povo diz: *não há doce ruim nem cabra bom*". Isso é confirmado em um ofício de José Felix de Azevedo Sá ao Ministro do Império em 23 de abril de 1825 no qual expunha as providências tomadas para manter a ordem no Ceará e onde lemos o seguinte trecho: Resta agora, Ex.ᵐᵒ Sr., conter o furor dos *cabras*, e índios, que tanto ocuparam o cuidado dos antigos Governadores, os quais ainda não há forças que os tenham podido refrear". (*Publicações do Arquivo Nacional* — Vol. XXIX, 1929). Ao *cabra*, não raro, se chama também *pardo, fula* ou *fulo, bode* e *cabrito* (Pereira da Costa), todos, em suma, mestiços nos quais a dosagem dos sangues inferiores é maior. Figuradamente, esta palavra significa homem valente, audacioso, atrevido, sinônimo de *cangaceiro* e *bandoleiro*, ocorrendo neste sentido as expressões *cabra-macho, cabra-feio, cabra-onça, cabra-seco, cabra-topetudo, cabra de chifre* (Acre), *cabra arranca-toco*, sinônimas de quantas outras, no Brasil, designam homem valente, valentão, ou sejam, por exemplo, *surunganga, guampudo* (S. Paulo), *curruscuba, capuaba, negro-sujo* (norte de Minas), *bambambã* (gíria carioca registrada por A. Taunay), *corado, bala, cumba* etc., etc. Na época das lutas pela nossa Independência e também do 1.º Reinado, quando se chocavam veementemente os epítetos injuriosos entre brasilei-

ros e portugueses, foram os brasileiros alcunhados pela gente lusitana de *moleques, crioulos, bodes, cabritos* e *cabras*, chegando até a aparecer uma paródia do Hino da Independência, cujo estribilho repisava:

"Cabra gente brasileira
Do gentio de Guiné
Que deixou as cinco chagas
Pelos ramos de café".

Pensa Beaurepaire-Rohan que *cabra* é uma corrutela ou alteração de *caburé*.

Cabrobó: Nome de um município pernambucano, que como substantivo comum designa o indivíduo da ralé, à-toa, de pé no chão. Ouvimo-lo a um sertanejo do município de Glória, ex-Santo Antônio da Glória. Sinônimo de *cabuleté*, também muito de uso na Bahia.

Cabrocha: talvez variante ou diminutivo de cabra, nome dado a um dos muitos tipos de mestiços do Brasil, filho de mulato e negra ou vice-versa. Na Bahia e Pernambuco chama-se indistintamente *cabrocha* a todo mestiço escuro, de côr tisnada, cabelos encarapinhados, lábios grossos. Entretanto, V. Chermont diz que é o mestiço resultante do cruzamento do tapuia com o mulato. Valdomiro Silveira distingue *cabrocha* (feminino) de *cabroche* (masculino).

Cabroeira: troço de *jagunços*, mais propriamente, malta de indivíduos chamados *cabras*. Registram-no Beaurepaire-Rohan, Meira, Cândido de Figueiredo e outros. Araripe Júnior informa que também dizem *cabroeiro* no Ceará.

Cabrucado: termo usado em alguns lugares da Bahia na acepção de roça, roçado, sítio onde se derruba o mato para as plantações. Na região cacaueira *cabrucado* é equivalente à *broca*.

Cabundá: termo de origem tupi-guarani — de *caá* e *mundá* — pelo qual se designavam os negros escravos fugitivos e ladrões. Registrado por Cândido de Figueiredo (4.ª edição) e por Carlos Tes-

chauer (*Novo Dicionário Nacional*).

Caburé: registrado por Macedo Soares e Beaurepaire-Rohan, no sentido de mestiço de negro com índio, o mesmo a que nas regiões do Norte se chama *cafuz, cafuzo, carafuz*. Em Minas, afirma Nélson de Sena, é, às vezes, empregado para designar os índios, e em outros Estados do Brasil é, não raro, empregado para designar *caipira*, gente de cor trigueira, *sertanejo, matuto*. Com o nome de *caburé*, diz Pereira da Costa, houve uma tribo de índios tapuios que habitava no interior do Rio Grande do Norte, como consta de documentos oficiais de 1713 e 1714 do Govêrno de Pernambuco.

Caçambeiro: registra-o Valdomiro Silveira no *Vocabulário* apenso ao seu livro *Nas Serras e nas Furnas*, com o significado de camarada, empregado como companheiro de viagem. "E eu já tive cada caçambeiro de se lhe tirar o chapéu!" (Opus cit., pág. 185).

Cachão: nome que, em Minas Gerais, segundo Nélson de Sena, designa uma cachoeira alta e volumosa, citando como exemplo a do rio S. João, perto da cidade de Itaúna. Tem lá a mesma significação de *tombo*.

Cacheados: nome que tiveram no século XVIII os *cangaceiros*. (Vide esta palavra). Vimo-lo referido por Gustavo Barroso à pág. 48 do seu volume — *Almas de lama e de aço* (1930), num capítulo inteiro, do qual extraímos os seguintes trechos: "Os antigos cangaceiros do Nordeste tinham o hábito, que se prolongou até bem pouco tempo, de usar como distintivo profissional, sinal de valentia e fereza, uma longa melena sobre a testa, que, naturalmente pela mestiçagem, se enrolava, formando uma trunfa ou topête. E daí talvez venham as expressões *ter topete* e *ser topetudo*, indicadoras de audácia. Quando o possuidor da mecha estava de chapéu à cabeça, ninguém a via; porém, logo que o tirava ou o derreava para trás, ela aparecia. E

CAC — 63 — **CAC**

nenhuma pessoa se atrevia a tirar o menor *paluxio para as bandas* dum desses tipos. Nesse tempo, não se chamavam jagunços nem cangaceiros os *cabras* famanazes e os bandidos: eram os *cacheados*".

Cachimbo[1]: em Pernambuco, segundo Rodolfo Garcia, designa uma porção de terra, de forma prismática, destacada de uma barranca vertical por dois profundos talhes laterais e que nos desaterros se faz abater, solapando-**a**. Nélson de Sena escreve que, no Sul do país, este vocábulo é usado na mesma acepção nos cortes das estradas de ferro, e isto na gíria dos tarefeiros e trabalhadores. Assim também informa o P.e Geraldo Pauwells, de referência a Santa Catarina.

Cachimbo[2]: alcunha que, em algumas zonas do Nordeste, dão aos soldados das polícias estaduais. Às págs. 92 e 93 dos *Cangaceiros do Nordeste* de Pedro Batista (Paraíba, 1929), lemos as seguintes quadras:

E diz à tropa formada
Como um batalhão na guerra:
— Ainda se enganam comigo
Os cachimbos *dessa terra!*...

Como afoito Guabiraba
Mal lhe pode responder
Arreda, cachimbo, *arreda*
Se tu não queres morrer.

Pedindo ao ilustre autor me informasse o sentido exato do termo, respondeu-me em carta de 5 de abril de 1929: "Pessoa notificada pelo inspetor de quarteirão ou outra autoridade policial para servir na emergência como se fosse soldado regular. É denominação pejorativa". Segundo lemos no artigo *Jogador de Espada* de Rodrigues de Carvalho, publicado no Fasc. 4.º da *Revista Nacional* (Rio, 1933), *cachimbo* significa, no interior da Paraíba "guarda à paisana que se incorpora a uma diligência policial".

Cachoeira: queda-d'água, catadupa.
— Esta é a significação geral. Entretanto, em alguns Estados, se emprega a palavra *cachoeira* para designar o trecho de um rio em que as águas, por força de declives mais acentuados, correm, aceleradamente; neste sentido, é sinônimo de *corredeiras, corridas, águas puladeiras, pararacas*. No sentido comum e geral, as *cachoeiras* são o que tão belamente definiu, em 1819, Paula Ribeiro, citado por Nélson de Sena: "aqueles ressaltos ou giros que a força da correnteza dos rios forma, logo que de imprevisto se despenha de maior altura, ou acha oposição em algumas pedras e elevações que sobressaem do plano do seu leito e lhe tiram a igualdade". No Estado do Espírito Santo, usa-se o termo no masculino — *cachoeiro*. Os sertanejos distinguem na *cachoeira* o a que eles chamam — *rabo da cachoeira*, que são os lugares onde acabam e principiam as grandes correntezas. De *cachoeira* se forma, na Amazônia, o nome *cachoeirista* que designa o indivíduo que tem prática de viajar nos rios encachoeirados: vimo-lo empregado por Gastão Cruls no seguinte trecho da *A Amazônia Misteriosa*, pág. 32: "Conheci hoje a verdade do seguinte provérbio, muito em voga por aqui: — Não há inferno para os cachoeiristas, pois eles já fizeram o seu purgatório". Sinonímia regional: *tombo, cachão, salto*, etc.

Cachoeirista: indivíduo que tem prática de viajar nos rios encachoeirados, que é prático na navegação das corredeiras e cachoeiras. Vimo-lo empregado por Gastão Cruls no trecho acima citado. Martins da Silva, em narrativa da *Expedição ao Alto Maracá*, publicada na revista *Vida Doméstica* de maio de 1930, escreveu: "O cachoeirista é sempre um homem másculo, de conformação muscular perfeita e educada, conquistada no próprio mister. Nas cachoeiras mais altas e perigosas — como a de Caranã, pula n'água completamente nu e **agüenta** nos dentes, quando não pode **fazê-lo** na cintura, o **grosso cabo** do batelão, para que êle **vá** escorregando, lentamente, pedra **abaixo**, em trambolhos desordenados. O menor descuido, a **mais** pequenina falta de equilíbrio, **tudo** ficará perdido. A gente vê **bem** o retesamento dos músculos do **valente prêto** ou do caboclo *cachoeirista*, até ao limite da sua máxima força, para amparar o brutal e **violento** choque da embarcação, quando a corda estica no arranco final da velocidade extraordinária da queda-d'água". Aos cachoeiristas se refere A. J. de Sampaio em sua *A Flora do rio Cuminá*, pág. 48.

Cacimba: dição que, em vários Estados do Brasil, principalmente no Nordeste, designa escavações feitas no solo das várzeas ou nos leitos secos dos rios temporários (torrentes) para deles tirarem os sertanejos a água necessária, não só aos usos domésticos, mas também **à** bebida dos gados. É um africanismo angolense derivado do termo quimbundo *quixima* — poço. Na África, este vocábulo designa em certas regiões nevoeiro úmido, chuva miúda, e noutras — poço que recebe águas pluviais. É o que nos informa Fr. Francisco de S. Luís no seu *Glossário de Vocábulos Portugueses derivados das Línguas Orientais e Africanas* (Lisboa — 1873): "na língua ambunda significa certo tempo, em que caem orvalhos continuados, de *quixibo* — orvalho. Nos nossos Dicionários vem *Cacimba* — cova, que se faz nas praias, e lenteiros para recolher a água que reçuma; do ambundo — *quixima* — poço. No Brasil, em regra, a água das *cacimbas* é proveniente do lençol subterrâneo, e no Nordeste é o último recurso da luta contra a seca. Vale transcrever aqui a descrição dessas escavações no Nordeste, feita por Gustavo Barroso na *Terra de Sol*, à pág. 28. "A cacimba é profundamente cavada no solo, toda cercada em torno para que, das ribanceiras, os animais não tombem.

A entrada é cavada em ladeira de suave declividade, para que o gado já fraco, ao ir beber, não escorregue e caia de quando em quando, ferindo-se e cansando-se. A água é sempre feia, sempre suja, sempre má. Uma cerca leve divide-a quase ao meio, tendo, ao pé das estacas, estendida, uma longa carnaúba, de maneira que o gado somente pode beber num pequeno espaço de dois a três palmos, o que o impede de sujar a água e de toldá-la. Onde o gado bebe chama-se — *bebedouro*, e à carnaúba — *pau do bebedouro*. À proporção que a água vai faltando, vai-se recuando a carnaúba — e quanto mais freqüente for esse recuo, mais feroz lavra a seca, mais ardente anda o sol a chupar com criminosa avidez as últimas gotas d'água". Na Paraíba usam a denominação de *cacimba de pedra*, segundo o testemunho do prof. Coriolano de Medeiros, numa conferência sobre o *Sertão*, publicada no vol. 4.º da *Revista do Instituto Histórico e Geográfico Paraibano*, entre págs. 399 e 412: "Usam uns poços que chamam *cacimba de pedra*, que dão uma água medíocre. Escava-se o solo em lugares em que há *piçarra* que é o granito em decomposição, até poucos metros e sem vestígio d'água; depois as paredes como começam a suar, a porejar, e a água vai filtrando muito de leve, mas com alguma abundância, de modo que não é raro ficar a meio. Também escavam *cacimbas* nos rios..." O têrmo *cacimba* é também usado no Sul do Brasil: o P.e Geraldo Pauwells ouviu este vocábulo em Santa Catarina, designando mananciais em buraquinhos tão pequenos que a água somente pode ser sorvida por meio de canudos e o gen. Borges Fortes informa que, no Rio Grande do Sul, o vocábulo é empregado no sentido de escavação profunda junto às habitações para colher filetes das águas subterrâneas. E mais que às escavações destinadas a recolher as águas pluviais para uso **doméstico**

CAC — 65 — **CAF**

se dá o nome de *algibes*, velho vocábulo português, em desuso em Portugal, segundo refere Cândido de Figueiredo. A *cacimba*, acrescenta o ilustre informante, recebe uma parede circular de tijolos para evitar o desmoronamento, ao passo que o *algibe* é de paredes estanques para impedir a perda da água. O a que se chama no Rio Grande do Sul *cacimba* é denominado no Norte cisterna, de uso em Portugal. A palavra *cacimba* é usada em quase tôda a América do Sul e até em Cuba e no México, grafada *cacimba*, *casimba*, *cachimba*: é o que nos informa Daniel Granada — *Vocabulario Rio-platense Razonado*, Lisandro Segovia — *Dicionário de Argentinismos*, Paz-Soldan e outros. Usa-se, no Brasil, o aumentativo *cacimbão*: há também a expressão *terreno cacimbado*, no sentido de terreno onde as águas empoçam, encharcado nuns lugares e noutros não, onde se formam pequenas *poças*, rasas como *cacimbas*.

Cacimbão: além de ser usado no sentido de *cacimba grande*, C. Teschauer registra este termo na acepção de buraco fundo num despenhadeiro, encontrando-o no vocabulário do admirado gênio agreste do aedo dos sertões, Catulo Cearense, anexo ao seu *Sertão em Flor*.

Cacique: chefe de índios, sinônimo de *morubixaba*, *tupixaba*, *tuxaua*, o maioral da tribo, mais usado no Sul do que no Norte. É termo antilhano-espanholado, segundo Zorobabel Rodrigues no seu *Dicionário de Chilenismos*. Cândido Mendes, o maior geógrafo nacional de seu tempo, diz que é aquele chefe índio hereditário, de quem os da sua nação se consideram vassalos. De *cacique* se formou a palavra *cacicado*, indicadora do regime despótico dominante entre as tribos. Figuradamente, no Brasil, se chama *cacique* ao chefe político de um lugar, o mesmo que *mandachuva* e *mandão*. Daí *caciquismo*. H. Jorge Hurley dá a seguinte origem tupi: *caá-ci-ki*

que, ao pé da letra, exprime: aqui está ou eis aqui a mãe do mato ou com este vive a mãe do mato. *Cacique*, numa palavra, diz o citado indianólogo, é o chefe selvagem que se supõe protegido, assistido da *caaci* — mãe do mato.

Cacoal: corrutela de cacaual, sítio onde crescem cacaueiros. Muito freqüente no sul da Bahia e foi registrado por José Veríssimo nas *Cenas da Vida Amazônica* e por Peregrino Júnior em *Puçanga*.

Caco-de-telha: expressão peculiar à gente mineradora de diamantes, designativa de uma espécie de mineral ferruginoso que se encontra nos cascalhos. Vimo-la referida à pág. 374 das *Memórias do Distrito Diamantino da Comarca de Serro Frio*, do Dr. Joaquim Felício dos Santos. Segundo informa Everardo Backheuser em seu *Glossário*, assim chamam os trabalhadores das minas de ouro e de manganês às lâminas de itabirito. Vide *Satélite*.

Cacundeiro: registrado por Nélson de Sena, que informa ser na gíria *caipira* o guarda-costas, o *capanga* ou *jagunço* mercenário, encarregado de defender a pessoa que lhe paga para tal fim. Vem de *cacunda* vocabulário africano, filiado à *caconda* e *caconde*. Na Bahia cacundeiro é sinônimo de feiticeiro, segundo Édison Carneiro que invoca o testemunho de Aurelino Leal, acrescentando que hoje é nome fora de uso.

Cacuri: termo da Amazônia, designativo de curral de madeira para pesca nos rios. Registrado no *Vocabulário* anexo à *Puçanga* de Peregrino Júnior.

Cacuruto: corrutela prosódica de cocuruto, usada em Minas e na Bahia, no sentido de ponto mais elevado de uma colina, de um morro, *outeiro* ou *lançante*. Registra-a Nélson de Sena.

Cafofo: terreno embrejado onde a decomposição de matérias orgânicas provoca exalações próprias das águas apodrecidas em charcos. É termo mineiro.

Cafundó: brasileirismo que tem uma dupla significação. Às vezes se emprega no sentido de baixada estreita entre lombadas muito íngremes e bastantemente altas; outras vezes, e principalmente, no sul da Bahia, no Nordeste, em S. Paulo até Santa Catarina, na acepção de lugar ermo, longínquo, aonde se vai com dificuldade, longe das estradas batidas e trilhadas pelos viajantes. Registrado por Afrânio Peixoto, Valdomiro Silveira, Beaurepaire-Rohan, M. Soares, Teschauer e Amadeu Amaral que refere a opinião de Gonçalves Viana quanto à etimologia que pensa ser *banto*. Macedo Soares ainda registra o termo *cafundório*, como corrutela erudita de *cafundó*. "Gastara cinqüenta e muitos anos de vida naqueles *cafundós*, a mourejar na lavoura e na criação, de enxada em punho, ao sol quente da baixada, encourado e a cavalo no recesso espinhento dos carrascais, e de viola na mão, ao luar maravilhoso, nos terreiros poentos em que fervilham os sambas" (Gustavo Barroso — *Alma Sertaneja*, pág. 93). Na Bahia e em outros Estados, é correntia a expressão *cafundó-dejudas* e também *carcanhá-de-judas*, para designar com mais ênfase o sítio inacessível, longínquo, ermado. À pág. 22 de *Macunaíma* de Mário de Andrade, lemos: "Atravessou o mato e chegou no capoeirão chamado — *cafundó-dejudas*". No Maranhão, segundo informe de Antônio Lopes, se diz *cafundoca*. E no mesmo sentido, diz Pereira da Costa, se emprega *cafarnaú*.

Cafuz: ocorrem também as formas *cafuzo, cafuza, cafúzio, carafuzio;* mestiço de negro e índio, produto afro-americano, em geral de cor muito escura, bruno-café, cabelos grossos e "altos como se a cabeleira fôsse artificialmente levantada" (Martius). Chamam-lhe também *caboré, cabaré, caburé* e ainda *taioca* (voz do Norte). Prova a mais da variedade e incerteza reinantes na nomenclatura dos nossos mestiços é o seguinte passo de José Veríssimo, que lemos à pág. 131 do 2.º vol. do *Dicionário Histórico, Geográfico e Etnográfico do Brasil*: "os produtos da mestiçagem resultantes dos cruzamentos entre raças e variedades diversas, são: o *mulato*, por cruzamento de branco e negro; o *mameluco*, por cruzamento de branco e índio; o *curiboca*, por negro e índio; o *cafuz* ou *cafuzo*, por mameluco e negro, por mulato e índio, por curiboca e índio, ou curiboca e negro, ou ainda curiboca e branco..." "Do *cafuz*, parece, o que se pode afirmar com certeza é que que há sempre nêle sangue índio e negro, em subcruzamento, podendo também haver, pelo do mulato ou do mameluco, sangue branco". Toda a razão tinha Pandiá Calógeras quando, em carta que nos dirigiu, escreveu: "de referência aos tipos de mestiçagem há uma revisão a fazer, completa, *ab-initio*, total. Pereira da Costa faz sentir que o têrmo *cafuz* apelidava os índios alforriados, "que são aqueles que os senhores, em seus testamentos, deram por forros, e os que procedem destes, os quais são livres (Provisão régia de 6 de outubro de 1720). *Índios cafuzes* a que chamam alforriados (Provisão de 22 de novembro de 1721)". "Tais provisões acrescenta Pereira da Costa, foram dirigidas ao Governador do Maranhão e constam do Catálogo dos Manuscritos da Biblioteca Pública Eborense. T. I. Pág. 123-124". O nome *somboloro* para designar os mestiços de índio e preto é dos espanhóis, segundo refere Fernando Dessir, à pág. 85 da sua *Descrição Histórica do Brasil* — Trad. 1844, Lisboa. Os hispano-americanos é que dizem *zambos*. Aires de Casal à pág. 148 do Tomo I de sua *Corografia Brasílica*, Ed. 1817, diz em nota: "Entre os castelhanos os filhos dos índios com as negras chamam-se somboloros, e os dêstes com mulatas denominam-se saccalaguas".

Cahatinga: registrado por Beaurepaire-Rohan como regionalismo peculiar à Amazônia e a respeito do qual escreve: "terra alagadi-

CAI — 67 — CAI

ça ou meio alagadiça na qual cresce a palmeira piaçabeira. Êste vocábulo, já pelo modo porque se acha ortografado, já pela sua definição, não pode ter a mesma etimologia que a *caatinga* ou *catinga* dos sertões entre Minas Gerais e o Maranhão". Na *A Amazônia Misteriosa* de Gastão Cruls, encontramos o termo *caatinga* e não *cahatinga*, designando região de mato ralo e árvores de pequeno porte, quase sempre fronteira a zonas de campos, e *caatinga do igapó*, muito de uso na região do rio Negro, como espaço de terras inundadas durante a cheia e coberto de vegetação mofina. Estas definições estão no vocabulário apenso ao mesmo livro. Corresponderá esta última à *cahatinga* de Beaurepaire-Rohan?

Caiçara[1]: substantivo do gênero feminino, empregado pelos primeiros cronistas do Brasil, como Fr. Vicente do Salvador, no sentido de "cerca de rama", feita de forquilhas e garranchos. Nas aldeias ou *tabas* dos indígenas era a estacada que envolvia externamente a povoação, espécie de trincheira feita de paus retirados das queimadas. Gabriel Soares fala em cerca de *caiçá*, que os selvagens construíam para se guardarem dos inimigos. Segundo Teodoro Sampaio *caiçá* é contração de *caiçara*. É palavra de origem tupi: *caa* — mato e *iça* — estaca, pau. Peregrino Júnior, no *Vocabulário* anexo à *Puçanga*, diz que *caiçara* ou *caissara* é cercado de madeira, à margem de um rio, para embarque de gado. "Compõe-se de duas partes: a *manga* e a *sala*. A *manga* é o corredor da caiçara por onde passam os bois da *sala* para a *gambarra* que é uma embarcação a vela, de dois mastros, para transporte de gado. A *sala* é a parte da caiçara onde permanece o gado". Segundo informa A. Taunay em seu *Léxico de Lacunas*, em Goiás, *caiçara* é um recesso onde se embosca o caçador. No *Cancioneiro do Norte* de Rodrigues de Carvalho, encontramos esta palavra com a significação de *palhoça* (Pág. 20).

Caiçara[2]: modernamente se emprega este termo como substantivo masculino, com outro sentido: *caiçara*, diz Batista Coelho (João Foca), autor do livro de contos — *Os Caiçaras* — "é o nome por que são conhecidos em Santos, Estado de São Paulo, os pescadores que vivem nas praias do mar grosso, até S. Sebastião". Cornélio Pires, à pág. 43 de *Mixórdia*, escreve: "O caiçara, caipira de beira-mar do Estado de S. Paulo, é inteiramente diferente do caipira de serra acima. Diferente nas feições, nas maneiras, na educação". Valdomiro Silveira dá-lhe o significado de indivíduo de baixa qualidade e acrescenta: "no litoral o praiano, o que nasce à beira-mar". A. Taunay informa que no oeste de S. Paulo é epíteto injurioso, cabendo aqui a justa ponderação de P. A. Pinto, à pág. 219 do n.º 15 da *Revista de Língua Portuguesa*: "todos os termos como *caipira, caboclo, matuto, jeca, capiau, mulato, negro*, etc., são às vezes tidos como injuriosos, máxime se ditos por pessoas de classe ou de côr diferentes".

Caiçarada: registrado por Afonso Taunay no *Léxico de Lacunas*, reunião de *caiçaras*, caipiras asselvajados. "Naquele sertão só há uma *caiçarada* bronca".

Caidor: termo do Sul do Brasil, designativo de lugar onde desce o gado no rio para passá-lo a nado. Encontramo-lo na *Campanha do Contestado*, 1.º vol. pág. 193. Registrou-o A. Taunay que o abona com a seguinte frase. "Perto da fazenda há um *caidor* excelente sobre o Paranaíba, que é quase um vau". No livro citado de Gastão Cruls há a expressão *caidor de anta*, no sentido de caminho de anta, ou "trilha que conduz ao rio e pela qual se entra mais facilmente na mata".

Caimbèzal: termo que designa largos tratos de campo na bacia do rio Branco, norte do Amazonas, onde o *caimbé* constitui a vegetação exclusiva arborescente. Vimo-lo empregado por Sílvio Tôrres, do Instituto de Biologia Animal, em seu trabalho sobre *A Região do Rio Branco*, publicado na *Revista do Departamento Nacional da Produção Animal*, Ano I, Números 2, 3 e 4, pág. 246.

Caipira: nome com que se designa em S. Paulo e noutros Estados o habitante dos campos ou dos sertões. Valdomiro Silveira define-o muito bem: "o homem ou mulher que não mora na povoação; que não tem instrução ou trato social: que não sabe vestir-se ou apresentar-se em público". Equivale a *aldeão, camponês, campônio, peludo* em Portugal. No Brasil, há uma grande variedade de termos para designar o indivíduo que mora no interior, fora dos centros urbanos, mais ou menos equivalentes a *caipira*, uns generalizados por todo o país, outros restritos a certas regiões. É o caso mais abundante de polionímia que possui a nomenclatura geográfica peculiar ao Brasil. Tais são os seguintes, com a indicação das áreas geográficas onde são de uso mais correntio: de *babaquara, muxuango* (Campos de Goitacases), *caburé* (Mato Grosso e Goiás), *chapadeiro, bruaqueiro, mandioqueiro, pioca* (Minas Gerais), *canguçu, caiçara* (São Paulo), *mandi* (sul de S. Paulo e oeste de Minas), *queijeiro* (Minas e Goiás), *tapiocano* (Minas e Rio de Janeiro), *capiau* (Minas e Bahia), *capuava* (Bahia), *casaca* (Piauí), *corumba* (Sergipe e Pernambuco), *curau* (Sergipe), *matuto* (Minas, Rio, Bahia, Alagoas, Pernambuco até Rio Grande do Norte), *piraquara* (margens do Paraíba), *roceiro* (Rio de Janeiro, Mato Grosso, Pará, Bahia), *restingueiro, sertanejo, tabaréu* (Bahia, Sergipe, Distrito Federal, hoje, Estado da Guanabara), *casacudo* (sertão da Bahia), *guasca, manojuca, jeca, mambira*, (Rio Grande do Sul). Cornélio Pires, que tanto se dedicou ao estudo dos usos e costumes dos nossos *caipiras*, em seu livro *Seleta Caipira*, define-os dizendo que "são filhos das nossas brenhas, de nossos campos, de nossas montanhas e dos ubérrimos vales de nossos piscosos, caudalosos, encachoeirados e inumeráveis rios, *acostelados* de milhares de ribeirões e riachos". Em seguida, o citado escritor divide-os em quatro classes: o *caipira branco*, descendente de estrangeiros brancos; o *caipira caboclo*, direto descendente dos bugres catequizados pelos primeiros povoadores do sertão; o *caipira preto*, descendente dos africanos já desaparecidos do Brasil; o *caipira mulato*, oriundo do cruzamento de africanos ou brasileiros pretos com portugueses, e brasileiros brancos, raramente com o caboclo, "o mais vigoroso, altivo, o mais independente e o mais patriota dos brasileiros". "Aparece agora no nosso Estado (S. Paulo) um novo tipo de *caipira mulato*, robusto e talentoso, destacando-se, após ligeiros estudos, nos grandes centros, tratável e simpático: é o mestiço do italiano com a mulata ou do preto tão estimado por algumas italianas" (Cornélio Pires. Livro, citado. Pág. 27). Quanto à origem etimológica do vocábulo *caipira* há várias opiniões. Batista Caetano traduz *caipira* por pele tostada, de *cai* — queimada e *pir* — pele; Couto de Magalhães pensa que é uma ligeira alteração de *caipira* — mondador do mato; outros o derivam de *caapora*, alteração de *caai-pora*, literalmente o que mora ou habita a mata; outros de *curupira*, gênio da mitologia americana nacional; Jaques Raimundo, em sua *Tese*, apresentada à Congregação do Colégio Pedro II, no Rio de Janeiro, diz que vem de *caipira*, particípio de *cai* — o envergonhado. Diante disto, vê-se bem que teve razão. Amadeu Amaral, quando escreveu: "Como todas as palavras de aspecto indígena, real ou aparente, tem o vocábulo *caipira* fornecido largo pasto à imaginação dos etimologistas". De *caipira* derivam os têrmos muito usuais: *caipirada* — ato de *caipira* ou grupo de *caipiras, caipirice* e *caipirismo* — ação de *caipira*, e

CAI — 69 — **CAL**

mais *caipiragem, encaipirar-se, encaipiração, encaipirado.* Em Portugal, *caipira* era a alcunha depreciativa dada aos constitucionais durante as lutas civis de 1828-1843, usando-se também no sentido de avarento e sovina na província de Minho, segundo informa Cândido de Figueiredo.

Caíva: termo do Sul do Brasil, designativo de terreno pobre em húmus e impróprio para a cultura, onde a vegetação é constituída por árvores esguias e entremeada de pastios. No norte de Santa Catarina, diz o P.e Geraldo Pauwells, ouve-se *caíba.* É termo de origem túpica: de *caí — mato* e *aíba — ruim, imprestável.*

Caixão: termo da Amazônia, que apelida o leito menor do rio. Mário Guedes, em cujo livro — *Os Seringais* — o colhemos, assim se expressa à pág. 151: "O rio acha-se, segundo a expressão local, no *caixão,* ou *está no casco.* Geralmente a sua profundidade é assaz reduzida, o que não impede que, a trechos, se abram exceções a essa regra — nos *poços* — que são certos lugares profundos no seio da corrente". Falando do S. Francisco, Lauro Palhano, à pág. 9 do seu *Paracoera,* escreve: "Na sêca dá água para beber, mas a regateia para navegar. Neste período, contido na escassez do *caixão,* recorta-se de braços e de *ipueiras,* salpica-se de ilhas e de *coroas* ferocíssimas que se cobrem do verde das *vazantes".*

Cajetilha: termo gaúcho, que designa, na campanha, o rapaz da cidade. É o que diz Darci Azambuja *(No Galpão).* Roque Calage registra-o no seu *Vocabulário* com a significação de indivíduo presumido, pelintra.

Cajila: termo amazonense, empregado no mesmo sentido em que usamos o vocábulo francês *Mascote,* oriundo da conhecida opereta musicada por Edmond Auckan (1880), ou seja, o que traz boa ventura, boa sina, o que dá felicidade. "O Tajá (planta) preparado, cultivado com o seu rito especial, serve para o que chamamos *mascote* e êles chamam *cajila*

do pescador. Os pescadores, na maioria, andam com o seu tajá na canoa; é ele que lhes dá felicidade na pesca (José Carvalho — *O Matuto Cearense e o Caboclo do Pará* — Belém, 1930 — Pág. 28). A mais famosa *cajila* da Amazônia é o *uirapuru* (pássaro da família dos Trogloditídas).

Cajual: bosque de cajueiros, registrado por Afonso Taunay no seu *Vocabulário de Omissões (Rev. de Líng. Port. N.º* 30, pág. 182), abonando-o com a seguinte frase: "A praia de Copacabana era outrora um cajual silvestre". Diz-se também *cajueiral.*

Cajueiral: o mesmo que cajual. "O Pedro José entrou sob um cajueiral" — (Gustavo Barroso — *Praias e Várzeas* — Pág. 51). "O casal de negros tinha por ocupação tratar dos cajueiros existentes e plantar novos, a fim de que se não extinguissem os cajueirais" (Franklin Távora). Em tupi *cajutuba* ou *acaiutuba.*

Calada: palavra portuguesa bastante conhecida com o significado de silêncio profundo, muito comum na expressão — na calada da noite. Entretanto, à margem do rio S. Francisco, segundo informação local (Juazeiro), assim chamam os sertanejos à cessação do vento, à calmaria que sempre anuncia próximo temporal. À pág. 145 do *Paracoera,* Lauro Palhano, fazendo o paralelo entre a *barca* e o *gaiola* que navegam o S. Francisco, escreve: "Nesse período (o da enchente) reinam prolongadas calmarias a que chamam *calada* e, a não ser precedendo os aguaceiros, o vale torna-se escasso de ventos".

Calafate: registrado por Teschauer, que assim escreve: "No Cabo Frio e em Araruama chamam assim o vento leste pelos danos que causa às embarcações, obrigando-as a conserto de calafate (em port., o que calafata as embarcações)". Eugênio de Castro em excelente artigo publicado no *Jornal do Commercio* de 12 de setembro de 1937 sob o título *Espírito marítimo brasileiro e sua in-*

fluência na nossa *Geografia Lingüística,* escreve: "na altura de Cabo Frio até a Ponta Negra se levanta em lufadas do leste o *calafate* — assim chamado pelo dano que causa ao calafêto dos barcos".

Calangro: alcunha aplicada em Pernambuco aos partidários do regime constitucional, no tempo de Pedro I, quando se fundou em Recife a sociedade secreta — Coluna do Trono e do Altar — cujos membros receberam o apelido de *colunas* ou *corcundas.*

Caldasito: nome brasileiro de uma rocha típica da região de Caldas, em Minas Gerais, não longe da fronteira paulista, composta de zirconita e hidrossilicatos (Ev. Backheuser, Rui de Lima e Waldomiro Potsch).

Caldeirão: várias são as acepções deste termo. Na Amazônia significa remoinhos dos rios, isto é, lugares nos leitos dos rios onde se formam vórtices e turbilhões resultantes de correntes circulares, perigosas à navegação: referido por A. J. de Sampaio. No *Roteiro Corográfico da viagem que se costuma fazer da cidade de Belém do Pará à Vila Bela de Mato Grosso,* de João Vasco Manuel Braum que, em 1781, andou em serviço de demarcação de limites, encontra-se a seguinte descrição dos *caldeirões*: "Largando do porto da cidade costa acima, se atravessará na distância de três quartos de légua a boca do rio Guarujá, e entra-se logo pelo rio Moju, o que necessita de prática e cautela, quando a maré sobe ou desce na sua força, por causa de uma ilha, que divide a água dele, aonde confluindo as águas destes dois rios fazem um tal rebojo e precipitação, que várias canoas têm perigado, por se afoitarem a passar por cima. Este fenômeno é o que os naturais chamam *caldeirões*" (*Rev. do Inst. Hist. e Geogr. Brasileiro,* Tomo 23 — pág. 441). Na Bahia e região das Lavras Diamantinas assim se denominam buracos redondos cheios de cascalho, na piçarra das catas; ao caldeirão pe-

queno chamam *casco-de-burro.* No Rio Grande do Sul, chamam *caldeirão* a uma grande escavação no meio do campo, ou das estradas feitas pelas chuvas ou pisadas dos animais. Assim também em S. Paulo: nos *Sapezais e Tigueras* de Amando Caiubi, lemos à pág. 77: "A chuva empoçava nos *caldeirões,* as águas estagnavam nos recôncavos das pedras e a febre entrou a assolar os moradores das planícies". Em outras zonas, assim se nomeiam tanques naturais nos lajedos, onde se armazenam águas pluviais. Em Euclides da Cunha lemos à pág. 13 dos *Sertões*: "Associadas às cacimbas e *caldeirões,* em que se abre a pedra, são-lhe recurso único na viagem perigosíssima". Narrando as peripécias de sua viagem ao sertão brasileiro, Benedito Profeta, no seu *Indígena Brasileiro,* fala dos *caldeirões* da zona entestante de Goiás e Bahia, no Jalapão: "Nessas travessias que se desatam em descampados imensos, dentro da média de sessenta a cento e vinte quilômetros, a água, que é de chuva, só é encontrada em certas quadras do ano, em depósitos de pedras, cujas cavidades os sertanejos denominam *caldeirões,* que são fontes realmente efêmeras". Na *Geologia* de J. C. Braner, à pág. 28, primeira edição, encontramos *caldeirão* no sentido de cova lisa e arredondada, de várias dimensões, que se forma no leito dos rios, devida ao desgastamento produzido pelos remoinhos nas correntes, onde as pedras soltas são revolvidas em um círculo de pequeno diâmetro. Do mesmo sentir é Everardo Backheuser, em seu *Glossário*: "furos causados nos leitos dos rios pelo redemoinho de pedras soltas quando estas encontram uma depressão natural onde possam exercitar a sua ação corrosiva. Os *caldeirões* apresentam paredes lisas e brilhantes de tão polidas que ficam. São mais freqüentes junto a cascatas e quedas-d'água e alguns os denominam *marmitas-de-gigante,* principalmente quando a profundidade é

CAL — 71 — CAL

muito maior do que a largura. Ficaram célebres na história da exploração dos diamantes os *caldeirões* onde se tinham acumulado as preciosas pedras e que, descobertos, faziam a riqueza de quem os tinha achado". Beaurepaire-Rohan, registrando o termo *caldeirão*, dá-lhe o sentido de covas atoladiças, que se formam transversal e paralelamente, nas estradas freqüentadas por tropas de animais no tempo das chuvas e acrescenta que, em Pernambuco e Alagoas, chamam a isso *camaleões*.

Calhambola: termo muito usado no Brasil nos tempos coloniais e que significa — o negro fugido, o negro do mato, que vivia homiziado nos *quilombos* e *mocambos*. Nélson de Sena diz que é corrutela de *canhembora* ou *canhimbora* (literalmente *canhi-mbora* — o que tem por hábito fugir) e que o nome foi completamente estropiado na linguagem dos colonos e dos cronistas. Daí as variantes *canhambora, calhambola, canhembora, caiambola, caiambora, carambola*. Prevalece aliás na denominação de tais negros o nome *quilombola* (Vide esta dição). Não nos furtamos ao prazer de referir o que escreveu Euclides da Cunha, à pág. 102 de seu livro magno: "Quilombola, negro foragido nos quilombos. Canhembora (canibora) índio fugido. É singular a identidade da forma, significação e som destas palavras que surgindo, a primeira na África e a segunda no Brasil, destinam-se a caracterizar a mesma desdita de duas raças de origens tão afastadas!"

Califórnia: Romaguera Corrêa, Roque Calage e Luís Carlos de Morais, em seus *Vocabulários* do Rio Grande do Sul, registram êste têrmo designativo das invasões guerreiras feitas por brasileiros nas terras do Uruguai entre 1849 e 1850, das quais foi chefe destemido Francisco Pedro de Abreu (Chico Pedro), depois Barão de Jacuí. Calage procura explicar a origem desta denominação na cobiça de lucro que concorria para seme-

lhantes correrias. Empregou-o Euclides da Cunha, à pág. 73 da 2.º edição dos *Contrastes e Confrontos*: "A guerra do Paraguai, em que pese aos seus velhos antecedentes, teve, inegavelmente, um prelúdio muito expressivo nas ruidosas *califórnias*, que arrebataram os nossos bravos patrícios aos *entreveros* entre blancos e colorados".

Calipal: termo usado em S. Paulo pelo povo para designar plantação de eucaliptos (calipa). Informação do eminente agronômo Dr. Edmundo Navarro de Andrade, a cuja tenacidade deve S. Paulo para mais de dez milhões de pés da utilíssima mirtácea australiana. Sinônimo de *eucaliptal*, de uso freqüente no Brasil e em Portugal. Também dizem os caipiras paulistas: *calipiá, caliptá, calipá*, conforme registrou Fausto Teixeira em seu trabalho sobre o vocabulário do caipira paulista.

Calombos: registrado por Beaurepaire-Rohan, Cândido de Figueiredo, Jaime de Séguier e outros vocabularistas como brasileirismo com a significação de tumor, inchado duro em qualquer parte do corpo. No Ceará e em todo o Nordeste emprega-se também no sentido de ondulações das águas. Abona-o a seguinte estrofe do cantador Caninana do Ceará, recolhida pelo ilustre folclorista Rodrigues de Carvalho, no seu *Cancioneiro do Norte*, 2.ª edição, 1928, pág. 91:

"A maré cheia demais,
Pegou o dia a ventar,
O mar se encheu de calombos,
Começou bote a virar.
Isto é contrariedade
De quem dispõe-se a embar-
[car".]

Caluje: registrado por Macedo Soares, com a significação de rancho, casinha de palha. Beaurepaire-Rohan registra *caloji*, termo de Pernambuco e Pará, sinônimo de *zungu*, casa dividida em pequenos compartimentos, que serve de couto a vagabundos e desordeiros.

CAL — 72 — CAM

E Pereira da Costa registra *caluji* com o sentido de casa ordinária, situada em lugares escuros, onde se acoita gente da mais baixa condição ou serve de ponto de reunião ou parada de desordeiros e vagabundos.

Calunga: designativo de negro em Santa Catarina, segundo refere Lucas Boiteux, e em Goiás conforme assinala Couto de Magalhães. Modernamente em Pernambuco, segundo Célio Meira, é o homem que trabalha na carga e descarga de caminhões.

Calungueiro: apelido dado na costa do Rio de Janeiro, trecho de Cabo Frio, aos pescadores do pargo, peixe aí chamado calunga. À embarcação em que fazem a referida pesca chamam *calungueira*, semelhante à garoupeira de Porto Seguro da Bahia. É palavra de origem africana, segundo Beaurepaire-Rohan.

Cama: registrado por Macedo Soares como designativo de leito fundo do rio. Neste sentido empregou-o o ten.-c.el Ricardo Franco de Almeida Serra numa *Memória geográfica do rio Tapajós* escrita em 1799: às 2 da tarde chegamos à barra do Corimbati, rio caudaloso de vinte braças de largura, com *cama* de laje sólida, contendo cristal, pingos-d'água, cornalinas, etc."

Cama-de-varas: expressão que, segundo informe do Dr. Sabóia Ribeiro, designa, na zona noroeste de S. Paulo, o trabalhador rural, jornaleiro. Por extensão, assim se chama também aos homens modestos do campo, cujo móvel de dormida — a sua cama — é geralmente feito de varas, um lastro muito duro. Refere o informante que são freqüentes expressões como esta: "A clínica do Dr. F. é uma clínica escolhida; a dos outros é só de *cama-de-varas*". Segundo informe de Sud Mennucci, em carta de 31 de março de 1941, *cama-de-vara* é apelido depreciativo que, na zona pioneira de Marília, Alta Paulista, é dado aos aventureiros em tentativa de fixação à terra. É um *cama-de-vara* o homem em que se não pode confiar porque apenas chegou e não está radicado.

Camaleões: elevações sucessivas de terreno compreendidas entre sulcos transversais, produzidas nas estradas de leito argiloso pelo pisar dos animais na estação das chuvas. É de uso em Pernambuco, Alagoas e no sul da Bahia. No norte deste Estado, porém, se emprega esta palavra para designar pequenas lombas que aparecem no meio das terras pianas. É freqüente ouvir-se: "terreno cheio de camaleões". Rodolfo Garcia ensina que o termo vem de *camalhão*, vocábulo vernáculo, por intercorrência de *camaleão*, o lacertílio *Iguana tuberculata*.

Camalote: termo do Sul do Brasil, especialmente de Mato Grosso, o qual designa ilhas flutuantes formadas de plantas aquáticas, *aguapés*, que descem os rios, à mercê da corrente, logo que começam a receber as primeiras águas. A *Revista Brasileira de Geografia*, n.º 1 do Ano V, define: "denominação regional, também dita *tapagem*, de lençol vegetal, traçado de gramíneas e eichórneas, à flor das águas vagarosas, que, desprendidas de suas primitivas ligações, vai rolando mansamente, e cobre, por vezes, trechos extensos dos rios, embaraçando a navegação, pois que nenhum navio dos tipos costumeiros consegue, por seu próprio impulso, romper o emaranhado do batume, constituído de aguapés, capim e várias outras espécies aquáticas, associadas em amplas ilhas flutuantes, que muitas vezes resistem aos agentes de desagregação, até alcançarem o Rio da Prata". É o mesmo que *periantã* na Amazônia.

Camarada: palavra registrada por Beaurepaire-Rohan como regionalismo de S. Paulo, Minas, Paraná, Goiás e Mato Grosso, significando homem assalariado para servir não só de condutor de animais, mas também em trabalhos rurais e domésticos. A área geográfica dêste brasileirismo é hoje mais extensa para o Norte. Augusto

Saint-Hilaire em sua *Viagem às nascentes do Rio S. Francisco* diz: camarada é o nome que se dá aos homens de classe inferior, que se alugam para, nas viagens, cuidar dos burros ou fazer qualquer outro serviço. No sertão baiano de Ituaçu, Brumado e convizinhanças é o nome que dão ao trabalhador rural, que mora em terras do lavrador de algodão: soubemo-lo por informação local, sendo neste sentido o mesmo que *agregado* no nordeste baiano e em Sergipe.

Camaràzal: bosque de camará ou cambará, registrado por Pereira da Costa.

Cambá: nome dado aos negros brasileiros na guerra do Paraguai. Registrou-o o P.e Carlos Teschauer no seu *Novo Dicionário Nacional*, assinalando-lhe também o significado de *mucama, mucamba, criada de quarto*. O sábio jesuíta não decide se a palavra *cambá* deriva do tupi-guarani ou do quimbundo *camba* (amigo, amiga). No livro do notável polígrafo oriental Manuel Galvez *Humaitá*, lemos às páginas 11 e 12: "Unos vivan al Paraguay. Otros dan mueras! a los macacos, o a los *cambá*, los negros, segun llaman a los brasileros y aun a todos los aliados".

Cambaraí: termo paranaense que, segundo Romário Martins, nomeia o varal em forma de manjedoura circundante do arcabouço do *barbaquá*, para conter a erva sapecada.

Cambembe: nome que, em Viçosa de Alagoas, serve para designar o povo baixo que habita o campo ou a *roça*. Encontramo-lo no livro *Viçosa de Alagoas* de Alfredo Brandão (pág. 13), onde lemos: "Tal designação é recebida quase como uma afronta, vendo-se portanto que ela pertence a uma raça que se degradou". Nos tempos de colônia e segundo o mesmo escritor, *Cambembe* era o nome de uma subtribo dos Caetés, habitante das terras do atual Município de Viçosa. Pensa ainda Alfredo Brandão que este termo é uma corrutela de *caamembi*, vocábulo indí-

gena que se decompõe em *caá* — mato e *membi* — flauta, gaita ou buzina.

Cambiroto: termo usado no oeste da Amazônia, nas terras entre o Javari e o Acre, que designa monte de argila. Vimo-lo numa *Memória* apresentada ao 5.º Congresso Brasileiro de Geografia (Bahia), pelo Capitão do Exército nacional Manfredo de Melo, no seguinte passo: "uma capoeira tinha a extensão de três léguas por cima de um *cambiroto*." José Potiguara, em seu livro de contos *Sapopema* (Rio, 1943), diz que é um monte de subida muito íngreme e que os cambirotos constituem a parte mais elevada das *terras firmes*.

Cambiteiro: nome com que se designa, em Alagoas, Pernambuco e Paraíba, o carregador de canas, oriundo de *cambitos*, ganchos de madeira colocados nas cangalhas e que servem para sustentar os feixes de canas. É a definição de Alfredo Brandão que, à pág. 233 da sua *Viçosa de Alagoas*, escreve: "Inicia-se o corte das canas. Agora, pelas estradas alvacentas, passa o bando alegre dos *cambiteiros*, cantarolando trovas campesinas, quadras sentidas ou *"emboladas alegres."* Ademar Vidal publicou a respeito dos *cambiteiros* e da *cambitagem* interessante ensaio na revista *Brasil Açucareiro*, agosto, 1945, pág. 232. E diz: "Entre os dois cambitos senta-se o cambiteiro de chicote estalando no ar, enquanto a alimária geme sob o peso da carga..."

Camboa: vocábulo usado no Nordeste com a significação de esteiro, que se enche com o fluxo do mar e fica em seco com o refluxo. Tomás do Bonfim Spíndola, em sua *Geografia Alagoana*, diz: "lago, esteiro ou lugar cercado de caniçada, à beira-mar, em que se apanha peixe". Dizem também *gamboa* (Vide esta palavra).

Cambueiro: em alguns pontos do sertão da Bahia assim chamam os sertanejos aos aguaceiros caídos antes das primeiras trovoadas do ano. (Vide *Cambueiras*). **Eugê-**

nio de Castro em seu *O Espírito Marítimo Brasileiro e sua influência na nossa Geografia Lingüística* diz que *cambueiros* são ventos tempestuosos que sopram do sul.

Cambueiras: termo do sertão da Bahia que nomeia chuvas grossas, que costumam cair no mês de setembro, enchendo córregos e transbordando açudes e tanques. São chamadas também as chuvas dos *imbus* ou *umbus* — "Estou um tanto molhado, disse o Agente, entrando. Começam as *cambueiras*. O fumo é que está gostando disto. Vi a lavoura toda por aí chovida" (Xavier Marques, *Terras Mortas* — Pág. 72).

Cambuizal: terreno coberto de cambuizeiros ou cambuís, árvore frutífera indígena, do gênero *Eugenia*, família das Mirtáceas. No *Os Caboclos*, de Valdomiro Silveira, à pág. 85, lemos: "Um gurundi pegara a chiar, muito aflito, no meio do cambuizal".

Camelo: alcunha pejorativa com que os farrapos crismavam os legalistas na revolução de 1835, também chamados *caramurus*, *galegos*, etc. (Romaguera Corrêa). Tais alcunhas refletem à justa o ambiente passional do meio, o ardor político da atmosfera partidária.

Caminaús: palavra indígena da Amazônia, empregada pelos ameríndios no sentido de lagos ou lagoas à beira dos rios. À pág. 246 do livro de Inácio Batista de Moura — *De Belém a S. João do Araguaia*, lemos os seguintes trechos: "O Tocantins tem nesse sítio a largura de 2 quilômetros. A margem direita é, ao contrário da outra em que está a povoação, baixa, semeada de *caminaús* ou *camitaús* (pequenos lagos), de que já falamos atrás, os quais sangram no inverno, comunicando as suas águas com o rio, e no verão prendem enorme quantidade de caça nas ilhotas por eles formadas, dentro das matas da terra firme". Afonso Taunay registrou-a em seu *Léxico de Lacunas*.

Caminhamento: registrado por Afonso Taunay em seu *Léxico de Lacunas*, designativo de distância entre duas estações num levantamento topográfico.

Camisão: apelativo usado no interior da Paraíba como sinônimo de campônio, *tabaréu*, homem rústico. Informação de Érico d'Almeida, que o empregou no seu conto — *O Tropeço*, publicado no jornal *O Norte* (ed. de 24 de julho de 1927). "Na sacristia, uma claque de *camisões* (como tratam no sertão os que residem fora das localidades) trocava idéias sobre a alta ininterrupta do *ouro branco*". Cândido de Figueiredo (4.ª ed.) informa que, nos Açores, *camisão* é o plebeu, que desempenha os serviços mais grosseiros.

Campanha: dupla significação tem este regionalismo. Geralmente é usado no sentido de campo extenso, campo grande que se desenrola a perder de vista. No Rio Grande do Sul, porém, denomina uma das regiões em que se divide o Estado quanto ao aspecto, a parte baixa, formada de campos limpos, com poucos agrupamentos arbustivos, onde se encontram terras negras e férteis, muito plausivelmente derivadas da pedra moura que é uma rocha eruptiva do grudo diábase e diorito, segundo a opinião de A. Gomes Carmo, que acrescenta: "Nesta região os matos são escassos, a configuração do solo pouco atormentada, predominando as campinas onduladas suavemente". É a *campanha* a região do Rio Grande do Sul contrária à que chamam *serrana*, que é mais própria para a agricultura. Tratando do aspecto físico do Rio Grande do Sul, o Dr. F. Rodolfo Simch, na *Revista do Inst. Histórico e Geográfico* do mesmo Estado, ano 1924, III e IV trimestres, escreve à pág. 66: "Há do lado oriental uma grande planura arenosa, cheia de lagoas e lagunas, árida, estéril em grande parte; o restante consta de duas partes: uma setentrional, relativamente mui alta ao oriente e pendendo gradativamente para W. e para

S. — é a serra; a outra muito baixa que forma o resto do Estado — é a campanha. A *serra* é o resto do planalto brasileiro com grandes campos ondulados e com muitas matas nas escarpas, nas cabeceiras e bordos de seus numerosos rios; a *campanha* bastante montuosa a E., mas muito mais baixa que a *serra*, especialmente constituída de campinas". Ninguém melhor que este ilustrado geógrafo caracterizou a forma e o aspecto geral do Estado.

Campão: palavra muito de uso em Mato Grosso no sentido de campo extenso. Registrado por M. Soares e Rodolfo Garcia.

Campeiragem: giro muito correntio no Rio Grande do Sul, registrado por Calage, Cândido de Figueiredo e outros dicionaristas, designativo do "ato de fazer serviços no campo; a vida do campeiro". "Era a lembrança das suas tropeadas, das *campeiragens* diárias, dos afazeres nas mangueiras e brêtes, dos cuidados da *alimanada*, da folga nos galpões, à roda do fogo, no inverno, ou estirado sôbre os arreios no verão" (Roque Calage — *Quero-Quero* — Pág. 121). Em Goiás e Mato Grosso diz-se *campeio* ao ato de olhar se o gado está em boas condições e se não falta nenhuma *cabeça* no sítio onde está a pastar (Informação de Alcide Jubé).

Campeiro: diz-se assim, no Rio Grande do Sul, do indivíduo que vive habitualmente no campo ou na *campanha*, campeador, que tem a seu cargo o cuidado do gado. No Nordeste, é o vaqueiro que, vestido de couro de capoeiro (veado-da-mata), rompe os matos bravios, para trazer ao curral da fazenda o gado tresmalhado (Catulo — *Poemas Bravios*, Pág. 95). Também se diz *campeiro*, em certos Estados, ao *caipira*, ao *tabaréu*. Usa-se ainda a palavra *campista*.

Campestre: encontramos para este termo diversos sentidos, variantes de Estado a Estado. Na ilha de Marajó, entre o Igarapé Grande e o Camará, segundo a informação de V. Chermont, é um pequeno campo alto, de área diminuta, circundado pela floresta. No oeste da Bahia, conforme ensina Luetzelbulg (livro citado), é denominação especial dada à vegetação xerófila, de árvores baixas, em grandes espaços, sobre relva, com elementos arbóreos do carrasco e dos agrestes e, à pág. 35 do 3.º vol., lê-se: "Os campestres se estendem a oeste de Duro e Santa Maria de Tabatinga, na parte leste do Estado de Goiás, no extremo oeste da Bahia e ao sul do rio das Fêmeas. São certas regiões com vegetação mista, de árvores altas, de troncos retos, pertencentes aos agrestes, arbustos oriundos de carrascos, ervas e relva típica das campinas de leste de Goiás". Nas convizinhanças de Araranguá (Santa Catarina), diz Raja Gabaglia, assim se chama a pequenos campos arenosos. Calage e Romaguera dão-lhe, no Rio Grande do Sul, o sentido de campo no meio do mato, com o que concorda o P.e Geraldo Pauwells de referência a Santa Catarina. Olímpio da Fonseca, autor do capítulo *Flora do Dicionário Histórico, Geográfico e Etnográfico do Brasil*, comemorativo do primeiro centenário da Independência, escreve, repetindo a lição de Lindemann: "Uma forma especial de campo paleáceo é o *campestre*, formação encontrada na região florestal do Rio Grande do Sul e constituída por planícies de gramíneas altas...". Afinal *campestre* pode ser dito ilha de campo, como o *capão* é ilha de mato.

Campina: vocábulo português que, no centro do Brasil, entre a Bahia e Goiás, designa especialmente curiosas e extensas planícies cobertas de relva muito dura, capim, quase desprovida de flora arbórea. Nas campinas, léguas e léguas se apresentam sem árvores: nos sítios em que aparecem são grandemente intervaladas, os seus troncos são curtos, a sua folhagem é larga e dura, distinguindo-se a mangabeira, palmeiras de apenas um metro de altura, algumas velozáceas. Tão pobres são as campinas em madeira, diz-nos Luetzelburg, que ao viajante chega a faltar combustível para as necessidades. A flora é típica xerófila. Desenvolvem-se sobretudo no oriente de Goiás, prolongando-se até a Bahia onde se acabam na orla dos *campestres*, além do rio S. Francisco. Luetzelburg atravessou em sua jornada científica do Nordeste a *campina* do Duro, de 93 quilômetros de extensão.

Campinarana: registrado por Carlos Teschauer como termo da Amazônia, significando "campo onde predominam pequenos arbustos de diversas famílias; mais ou menos o campo raso do Rio Grande do Sul". Adolfo Ducke, que estudou especialmente os campos do Estado do Pará (*Boletim do Museu Goeldi*), descreve com este nome uma formação especial existente nos campos de Ariramba, constituída por campos cobertos de arbustos rasteiros e de matas bravias e cerradas e quase desprovidas de ervas. O prof. A. J. de Sampaio na *Fitogeografia do Brasil*, pág. 289 (Separata do Boletim do Museu Nacional, Vol. VI, n.º 4), descreve: falsa campina, de muitos arbustos e algumas árvores, em formação cerrada, como os cerradões de Mato Grosso. Citemos como exemplos a *campinarana* da serra do Jutaí, entre Almeirim e Prainha, a *campinarana* das chapadas da serra Paranaquara, a *campinarana* da serra Pontada, etc.

Campo: voz generalizada em todo o Brasil, designativa de extensos tratos de terra onde predominam as gramíneas, cobertos de ervas, desde a cor parda até a verde, ora num horizontalismo golpeante, ora no ondulamento acidentado de planalto desgastado pelos agentes exógenos. Grande parte do território nacional é ocupada pelos denominados campos, aqui desafogadamente extensos, ali alternando com a mata exuberante. O ilustre botânico Philipp von Luetzelburg define: "vegetação de relva silicosa, com ervas ou baixos semi-arbustos em planícies ou ondulações suaves, onde a vegetação lenhosa é separada da herbácea pelos *caapões*". E à pág. 41 do 3.º volume de seu trabalho, distingue os *campos* do Sul, os *campos* do Nordeste e os *campos* do Norte. "Os *campos* do Sul conservam a flora básica, porém as árvores não são espalhadas e distanciadas; a vegetação arbórea forma matas separadas, denominadas *caapões*... Nas minhas viagens ao Nordeste poucas vêzes pude encontrar, na vegetação xerófila, formação de campos. Ali os campos constituem superfície reduzida, com flora básica pobre em ervas, formando a relva toços separados, pobre de espécies, porém rica em velósias de porte mediano... Huber, do Museu do Pará, estudou a flora dos campos do Norte, que alcançam às vezes grandes dimensões, e que são intercalados entre a *hiléia* do vale do Amazonas e de seus afluentes, constituídos de uma flora que se assemelha muito à dos campos cerrados e cerradões de Mato Grosso e Goiás. Os *campos* são as regiões brasileiras próprias para a pastorícia e tomam vários apelidos regionais, dos quais falaremos nos parágrafos seguintes. E além desses nomes que traduzem aspectos diferentes da mais ampla região geobotânica do Brasil, outros há que não são mais do que **variantes**, como sejam — *mimosos, mondongos, catanduva*, ou *catandiba, carrascos, carrascais, cerrados, cerradões, tabuleiros, chapadas*, etc., etc., os quais serão definidos em seus devidos lugares.

Campo carrasquento: variedade de campo, onde há arbustos e espinhos, predominando entre aqueles a guabiroba, o alecrim, a vassoura-vermelha, o gravatá, que prejudicam a pastagem própria para o gado (Informação do gen. Borges Fortes).

Campo cerrado: Luetzelburg define-o como sendo um campo no qual à flora baixa do solo dos campos se junta uma vegetação lenhosa xerófila, de famílias distintas, em espaço maior ou menor, com árvores baixas, de troncos irregulares e tortos. Essa vegetação cobre extensas superfícies do Estado de Minas Gerais, centro de Goiás e centro e norte de Mato Grosso.

Campo coberto: campo de transição entre os campos e as matas, que ocorre na região costeira e do baixo Amazonas (J. Huber); campo que, oferecendo pastagem para o gado, está, entretanto, entremeado de arvoredo escasso (Beaurepaire-Rohan); campo arborizado que a Fitogeografia denomina savana (A. J. de Sampaio). A esta espécie de campo, acrescenta Beaurepaire-Rohan, se chama no Paraná e Rio Grande do Sul *faxinal* ou *faxina*. Antônio Lopes informa que, no Maranhão, assim se nomeiam os pantanais de grande extensão.

Campo de baixada: expressão maranhense, referida no livro de Raimundo Lopes, à pág. 146, designativa dos campos aluviais, "salpintados de lagos em rosários", que ocupam a baixada maranhense em tôrno do golfo, "inscritos numa linha que passa por Santa Helena, Engenho Central, foz do Grajaú, Pombinhas, Vargem Grande e Icatu". A denominação *campos de baixada* é usada em oposição à de *campos do sertão;* ainda Raimundo Lopes os divide em *campos de teso* e *campos baixos*, propriamente ditos, ou inundáveis.

Campo de engorda: expressão geral do Brasil, que designa terreno de pastagem para a engorda do gado, que é destinado à venda para o corte, em certa época do ano.

Campo de lei: assim se diz dos campos de ótima qualidade.

Campo de serra: assim se denominam em certos Estados as pastagens que revestem as abas e as cumeadas das serras, que são denominadas *peladas.*

Campo de sôlta: segundo o ilustrado Secretário do Instituto de História e Geografia do Maranhão, Antônio Lopes, é "aquele onde soltam, para se refazerem, as boiadas do Piauí, Goiás ou Bahia, compradas para revenda". Termo maranhense.

Campo do barracão: assim se designa na Amazônia a clareira aberta na mata pela derrubada, para construção do edifício principal e dos adjacentes de um seringal (*Marupiara* de Lauro Palhano — Pág. 148).

Campo dobrado: certa extensão de campo com altos e baixos, com coxilhas e planícies, como são geralmente os campos de *cima da serra* no Rio Grande do Sul, onde também se diz *campo repecho*. Os campos de *cima da serra*, escreve-nos o gen. Borges Fortes, "caracterizam-se por serem ondulados, isto é, coxilhas arredondadas em curvas suaves separadas por vales também suaves e ausência de linhas planas. A sucessão dessas linhas curvas em descidas e subidas dá uma beleza encantadora à paisagem". Falando dos campos de Tumucumaque, Gastão Cruls, que acompanhou em 1928-1929 a expedição Rondon à fronteira da Guiana Holandesa, disse em entrevista concedida à *Folha do Norte* (21-1-1929): "A sua topografia aproxima-se muito dos campos do Triângulo Mineiro, isto é, são *campos dobrados*, com pequenos outeiros e elevações suaves e alguns *cerrados* e *charravascais* às margens dos rios".

Campo encoxilhado: denominação que, no Rio Grande do Sul, se dá aos campos cruzados de colinas ou coxilhas.

Campo falso: designação maranhense que nomeia o pequeno campo sem comunicação com os campos gerais. Informação de Antônio Lopes.

Campo feito: diz-se do campo plantado pela mão do homem, quase, sempre de grama ou de qualquer espécie de forragem. É o *campo artificial* contrário ao *natural.*

Campo limpo: é campo que apenas se cobre de ervas baixas e gramíneas humildes e rasteiras. É o contrário do *campo sujo*. O eminente cientista Dr. Arrojado Lis-

CAM — 78 — **CAN**

boa, numa belíssima monografia intitulada *Oeste de S. Paulo e Sul de Mato Grosso*, diz: "*Campo limpo* é o campo não subarbustivo, só de gramíneas e ervas rasteiras, que formam restingas, isoladas e estreitas, pelas encostas úmidas dos regatos; também é a campina da borda extrema ocidental do planalto (de Mato Grosso); mas, principalmente, assim chamam ao campo arborescente ou cerrado, com tapete gramináceo, cuja vegetação de porte alto, arbórea, está suficientemente espalhada para permitir não somente a livre passagem do gado, mas ainda o galopear do sertanejo no uso do laço".

Campo-nativo: é a pastagem natural, o *campo* que a própria natureza presenteou ao homem.

Campo-parelho: é o que se distende plano, sem ondulações pronunciadas.

Campo sujo: é aquele que, além das ervas e gramíneas, apresenta arbustos e outras plantas. É, diz Arrojado Lisboa, o *cerrado* de vegetação mais densa ou de formação subarbustiva tão desenvolvida que afoga o tapete gramináceo, impedindo ou dificultando a passagem do gado. O sábio botânico Lindemann, em seus estudos sôbre o domínio floral no Sul do Brasil, chama *campo sujo* ao campo subarbustivo. Não raro se emprega a palavra *sujo* como substantivo; assim é que José de Mesquita em seu livro *A cavalhada* (Cuiabá), à pág. 174, escreve: "Com pouco tinha ganho o *campestre* que cercava a sua casinha e entrou por um *sujo* que, atalhando, ia dar à margem do Coxipó".

Campos gerais: M. Soares e Rodolfo Garcia registram esta denominação em parágrafo especial, com o que concordamos inteiramente. É têrmo geral do Brasil para designar as desenvolvidas extensões do terreno cobertas de gramíneas e ervas, uniformes e aplainadas. Os dois autores citados dão-lhe como área geográfica o planalto médio entre o de Curitiba e o de Guarapuava, no Paraná. Há engano: em quase todo o Brasil, é muito freqüente a denominação — *campos gerais*, ou simplesmente — os *gerais*. Dos do Paraná, talvez os mais característicos, deu-nos uma importante descrição Aug. Saint-Hilaire que, extasiado ante a sua imensidade e beleza, os denominou — paraíso terreal do Brasil. Aos *gerais* se refere Euclides da Cunha n'*Os Sertões*, e, quando fala da origem dos sertanejos, escreve este período cintilante: "Criaram-se numa sociedade revolta, aventurosa e sonhadora, sobre a terra farta; e tiveram, ampliando os seus atributos ancestrais, uma rude escola de força e de coragem naqueles *gerais* amplíssimos, onde ainda hoje ruge impune o jaguar e vagueia a ema velocíssima..." Ainda sobre os *campos gerais* devemos referir a opinião de J. E. Wappaeus em sua clássica *Geografia do Império do Brasil*, que os define: "grandes extensões, cobertas de relva entre pardo e verde que, embora lembrando pela uniformidade e extensão os *llanos* e *pampas* da América do Sul e as *prairies* da América do Norte, se distinguem deles pela forma ondulosa que muitas vêzes se eleva a verdadeiros morros". De referência ao *campo geral* na Amazônia escreveu Adolfo Ducke: "À raiz da serra estende-se o *campo geral* (campo alto com muitas ervas e poucas árvores espalhadas), próprio para criação de gado nos meses chuvosos, ao passo que no verão esse gado é obrigado a procurar pastagem nos campos então já enxutos da *várzea*".

Cancha: segundo informação do Marechal Gabriel Botafogo, este têrmo designa, no Rio Grande do Sul, terreno plano natural ou trabalhado, próprio para corridas de cavalos. — Ainda no Rio Grande do Sul se usa para denominar o lugar em que, nas charqueadas, se matam os bois. Registrado por Calage, Beaurepaire-Rohan e Romaguera. No Paraná este vocábulo é usado no sentido de "pequeno jirau de faxinas unidas entre duas paredes inclinadas, onde de nôvo é quebrada a erva-mate e reduzida a menores proporções, para ser acondicionada nos cestos ou jacás": é, portanto, um dos aparelhos para o preparo do mate, o qual no Mato Grosso se chama *moinho*. — No *Vocabulário do Ervateiro* de Romário Martins, que publicou, no Brasil, o melhor livro a respeito do mate, lê-se: "Cancha: Há dois sistemas: o primitivo é um simples pedaço de chão capinado e batido, onde a erva carijada é triturada a bordoada; o outro, mais generalizado e introduzido com o *barbaquá*, se constitui de um circo de cerca de cinco metros de diâmetro, assoalhado, onde a erva é triturada por malhador mecânico".

Cancheadista: segundo Romário Martins, no livro citado, é assim denominado no Paraná o partidário da exportação da erva-mate *cancheada*. (Vide *cancheador*).

Cancheador: termo paranaense, designativo de exportador da *cancheada* (erva seca e fragmentada em *cancha*, pronta para receber, nos engenhos, o último benefício industrial), ou comissário incumbido do *cancheamento* por conta de terceiro (Romário Martins — — "Ilex-Mate" — Pág. 132).

Cancra: segundo informação de A. Taunay, que ouviu várias vezes êste vocábulo na linguagem dos caipiras do oeste paulista, significa chuva grossa, bátega, pancada de água. "Fiquei molhado com a *cancra* d'água que apanhei".

Candeeiro: no Sul do Brasil, Minas e Mato Grosso assim se chama o a que, no Norte, se diz *chamador* ou mais completamente *chamador* de *boi*, isto é, o indivíduo que, armado de aguilhada ou vara de ferrão, segue à frente da junta de bois que puxa o carro. "De *candeeiro* passou a tocar quatro juntas de bois pelos caminhos sem fim, baldeando mantimentos ou carregando lenha". (Amando Caiubi — *Sapezais e Tigueras* — Pág. 191). Amadeu Amaral registra

candiêro, com as seguintes palavras: "indivíduo, geralmente menino, que vai adiante do carro, com uma aguilhada, a servir de guia, e que também lida com os bois: Enquanto o *candiêro* ajouja os bois, o carreiro verifica as arreatas a ver se não falta alguma peça" (A. S.) "Talvez alter. de *cangueiro*. Ou simples metáfora?" Beaurepaire-Rohan registra o têrmo com outro sentido no Rio Grande do Sul, o de uma das variedades dos bailes campestres, a que chamam, geralmente, *fandango*.

Candomblé: vocábulo de origem africana, registrado por Beaurepaire-Rohan e Afrânio Peixoto, muito de uso na Bahia, e que nomeia práticas de feitiçaria de negros africanos ou crioulos, em que há intermédios de batuques e comezainas. É uma das manifestações do culto feiticista dos negros. Beaurepaire-Rohan diz que *candomblé*, como simples folguedo, é semelhante ao *candomblé* das províncias meridionais, por seu turno análogo ao *quimbete*, ao *caxambu*, ao *canjerê*, ao *jongo*, ao *maracatu* de Pernambuco. *Candomblé*, definia Nina Rodrigues, grande mestre da Faculdade de Medicina da Bahia, consagrado precursor dos estudos sobre o problema do negro no Brasil, "on nomme les grandes fêtes publiques du culte Jurubain, quel qu'en soit le motif" e Jaques Raimundo diz, simplesmente, que candomblé ou candombé é um batuque de negros. Édison Carneiro, em seu livro *Religiões Negras*, à pág. 64, escreve que a palavra *candomblé* (Bahia) significava antigamente as grandes festas anuais da religião negra. Hoje, porém, *candomblé* já é o próprio *terreiro*, sendo mesmo a expressão preferida, isto é, o local em que se realizam as festas religiosas em geral. As festas anuais chamam-se hoje *obrigações*. Na Bahia, pois, candomblé é sinônimo de *terreiro*. Vicente Rossi, em seu precioso livro *Cosas de Negros*, publicado em 1926, mostra que o *candombé* na Argentina é semelhante ao *candomblé* na Bahia e põe em luz as relações muito estreitas entre os negros baianos e os do Rio da Prata, desde os tempos coloniais, os quais se comunicavam por via marítima.

Candomblé de caboclo: mistura de práticas dos cultos feiticistas africano e ameraba em voga na Bahia. Manoel Querino, "pesquisador honesto" e "trabalhador incansável" nas províncias da africanologia, segundo Artur Ramos, hoje a maior autoridade na matéria, escreveu a respeito: "Da fusão dos elementos supersticiosos do europeu, do africano e do silvícola, originou-se o feiticismo conhecido pelo nome de *candomblé de caboclo*, bastante arraigado entre as classes inferiores da Cidade do Salvador" (Bahia). Artur Ramos demonstrou como os *candomblés de caboclo* provieram da mitologia banto, naturalmente já impregnada de elementos estranhos (sudaneses-gêge-nagôs e malês), com a mitologia dos selvagens brasileiros. Segundo informa Édison Carneiro em seu livro *Religiões Negras*, pág. 98, "os candomblés de caboclo degradam-se cada vez mais, adaptando-se ao ritual espírita, produzindo as atuais *sessões de caboclo*, bastante conhecidas na Bahia".

Caneludo: registrado por Pereira da Costa como apelido depreciativo dado pelo partido pernambucano aos seus adversários, os mascates, no movimento revolucionário de 1710. Abona-o com o seguinte trecho de Franklin Távora: "O pior de tudo isto, o nosso mal, está em não se ter feito em Pernambuco a justiça, que por seus crimes mereciam os *caneludos*".

Canga: crosta ferruginosa produzida pela oxidação dos minerais de ferro expostos na superfície, ou, como se lê no compêndio de *Mineralogia* de F. T. D., camada superficial proveniente da decomposição do *itabirito* e composta de fragmentos de *itabirito* e *oligisto*, ligados por um cimento de limonito, chamando-se também *tapanho-*

acanga. Na *Publicação N.º 32 da* Inspetoria Federal de Obras Contra as Secas, trabalho do Eng.º Horatio L. Small, geólogo, encontramos várias referências à *canga*, das quais citamos a seguinte: "Já foi dito que a *canga*, que freqüentemente se encontra nas camadas sedimentárias do Piauí, contém, muitas vezes, percentagem considerável de ferro, porém não em quantidade bastante para permitir a sua exploração, mesmo nos depósitos mais ricos". Rodolfo Garcia, que o registra, dá a seguinte etimologia: do tupi *acanga* — cabeça, pela forma que assume.

Cangaceiro: é o homem que vive debaixo do *cangaço*, por extensão o "guerrilheiro nômada que se desintegrou da sociedade humana, insurgindo-se contra os seus princípios de ordem", na frase de Carlos Dias Fernandes (*Os Cangaceiros*, pág. 50). O nome, hoje em dia, informa Gustavo Barroso, estende-se a todas as modalidades do criminoso nos sertões. "Anda com o chapéu de couro do vaqueiro, calças de riscado arregaçadas, mostrando as ceroulas, camisa ou blusa de algodão, alpercatas. Cobre o peito, onde lhe caem do pescoço os bentos, orações, patuás, escapulários, crucifixos e medalhas, por baixo da blusa, com um lenço vermelho, sinal de valentia e fereza". As suas armas são "o rifle Winchester, às vezes uma garrucha ou uma pistola e a inseparável faca ou *parnaíba* de um e meio a dois palmos, que serve para tudo". São sagazes, valentes, fanfarrões, sóbrios, destemerosos, não raro generosos, produtos de uma sociedade retardada e espezinhada, "muita vez mais bandidos que heróis, porém quase sempre mais heróis que bandidos". (Gustavo Barroso — *Heróis e Bandidos*. Págs. 94, 95, 97). Descreveu à justa um tipo esmerado de cangaceiro o Dr. Xavier de Oliveira nos seguintes têrmos: "Grande chapéu de couro quebrado, adiante e atrás, meio a Napoleão, enfeitado com uma rosa encarnada, e de largo barbicacho,

CAN — 81 — **CAN**

espécie de cilha na testa, logo acima das sobrancelhas; um lenço encarnado posto do pescoço à cintura, servindo de peitoral, um bornal cheio de balas e um cobertor de lã, postos a tiracolo; um patuá e uma cabaça de colo amarrados à cintura, e onde trazia mantimentos e água para as grandes travessias; alpercatas de rabicho; cartucheiras de arma longa e de arma curta; um grande punhal de dois gumes, cabo de prata e ouro, posto por trás das cartucheiras, ao nível do abdome, de cima para baixo, da direita para a esquerda, de molde a ficar o cabo à altura do hipocôndrio direito e a ponta para além do quadril esquerdo; uma pistola Colt presa da cintura aí pela região para-umbilical do mesmo lado; um longo facão, modelo de baioneta, pendido da anca; e uma carabina, das do Exército nacional, tipo 908, sua arma predileta" (*Beatos e Cangaceiros*. Pág. 122).

Cangaço: termo regional do Nordeste, sinônimo hoje de banditismo. Beaurepaire-Rohan, registrando este vocábulo, ensina que é o conjunto de armas que costumam conduzir os valentões. Como muito bem observa Gustavo Barroso, o *cangaço* não é somente, na linguagem sertaneja, o armamento do bandoleiro; é, também, o seu modo de vida nômade, desregrado e sanguinário (*Terra de Sol*, págs. 121 a 165). O nome de *cangaço* vem de canga, porque o bandoleiro antigo se enchia de armas, trazendo o bacamarte passado sôbre os ombros como uma canga: e, assim, se dizia que andava debaixo do *cangaço*. Ao depois a palavra tomou a acepção de ato de banditismo; ação do *cangaceiro*. De *cangaço* derivam os apelativos *cangaceiro, cangaceirismo*.

Cangongo: nome dado, no sul do Estado da Bahia, pelos sertanejos aos habitantes de beira-mar (Informação local).

Canguçu: termo paulista, sinônimo de *caipira, tabaréu, capiau*, etc. Registra-o Afonso Taunay.

Cangurral: vegetação arbustiva, prejudicial ao desenvolvimento das pastagens. Segundo Rodolfo Garcia, que a registra, é dição rio-grandense-do-sul. Cândido de Figueiredo registra a forma *canzurral*, que não encontramos empregada.

Canhada: espaço de terreno baixo que medeia entre duas coxilhas ou serras, mais ou menos banhado d'água e com a vegetação própria das terras úmidas. Também é o vale que corre longitudinalmente entre duas lombadas. Vem do castelhano *cañada;* na Argentina, no Peru, na Bolívia, no Uruguai tem o mesmo sentido. Corresponde à baixada, ao baixão do Norte do Brasil. É termo dos Estados do Sul, máxime do Rio Grande. Segundo nos informou o ilustrado professor do Ginásio de Santa Catarina, P.e Geraldo Pauwells S. J., na campanha rio-grandense este termo significa vale estreito e fundo e também as valas profundas que as chuvaradas fortes rasgam em ladeiras muito inclinadas.

Canhadão: registrado por Calage e Romaguera como *canhada* funda e extensa. Vergara Martin em seu *Dicionário* citado, escreve que, na América Meridional, é arroio formado pelas grandes chuvas nas quebradas do terreno e que, na Argentina, é parte baixa de um campo sem desaguadouro ou de difícil escoamento, que, ao tempo das chuvas fortes, apresenta grande profundidade. Sinônimo de *madrejon*.

Canhambora: escravo fugitivo (Vide *Calhambola*). Variantes: Canhembora, canhimbora, caiambola, canhambola, quilombola. Empregou-o Cassiano Ricardo nos belos versos seguintes do seu *Martim-Cererê* (Pág. 25):

E cada canhambora moribun-
               [do]
de venta larga e pé chato
pingando sangue pelo corpo
era uma noite humana a
             [quem o relho,]
do capitão-do-mato
estrelou de vermelho."

Canjica: giro dos mineradores de Minas Gerais, também usado no Rio de Janeiro, com o sentido de saibro grosso e claro, de envolta com pedras miúdas, abundante no leito de alguns rios e córregos. Segundo o Dr. Felício dos Santos (*Memórias do Distrito Diamantino* — Pág. 31), é o mesmo que *piruruca. Canjica lustrosa* é o nome que os garimpeiros dão ao *limonito* (Backheuser).

Canoa: termo garimpeiro das lavras baianas, designativo de canal feito no terreno para atirar o cascalho, e por meio de enxadas, com água, separá-lo das terras e grumos aderentes. Empregou-o Alberto Rabelo à pág. 49 dos seus *Contos do Norte*.

Canudos: é o conjunto ou grande quantidade de *satélites*. Informação de Herman Lima, autor do romance *Garimpos*. (Vide *Satélite*).

Canzurral: vide *Cangurral*.

Capa: termo registrado por Everardo Backheuser em seu *Glossário*, designativo da parte superior de uma mina em exploração, o teto da mesma. (Vide *Lapa*).

Capa-garrote: alcunha dada aos piauienses pelos maranhenses. Vide *Papa-arroz* e *Espiga* (Leonardo Mota, *Sertão Alegre* — Pág. 199).

Capanga: indivíduo valentão que se põe ao serviço de um chefe, em geral proprietário rural. É sinônimo de *cacundeiro* (Minas), *jagunço, peito-largo, guarda-costas*, regionalismos usados em geral no Norte. Afrânio Peixoto ensina: "desordeiro, facínora, mercenário, a sôldo para tropelias, assim chamado porque usa a tiracolo, em capangas (saco ou bolsa), as munições de boca e de fogo". Paulino Nogueira diz derivar de *caá* — mato e *punga* — inchaço, *topete* — o topetudo dos matos ou dos sertões. O nome de capanga tem em Mato Grosso, na região diamantífera, sentido inteiramente diferente: é o total das compras de diamantes feitas pelos *capangueiros* (Vide esta palavra). "De volta à Capital da República êsses inter-

mediários levam avultadas capangas, nome dado ao total das compras, que ascendem muita vez a duzentos contos de réis (Hermano R. da Silva — *Garimpos de Mato Grosso* — Pág. 150). Em Minas designa bolsa especial para o transporte de pequenos objetos. Assim também na Bahia.

Capangagem: conjunto de *capangas*, espécie de milícia privada dos grandes senhores rurais. Empregado por Oliveira Viana um dos maiores sociólogos do Brasil, neste passo: "É a violência que os ataca; só a violência os pode defender. Daí a instituição da *capangagem senhorial*" (*Populações Meridionais*. 1.º vol. Págs. 185 a 195. Leitura admirável).

Capangueiro: nas Lavras Diamantinas da Bahia, assim se chamam aos compradores de diamantes, em pequenos lotes, aos mineiros que os extraem. À pág. 185 das *Memórias do Distrito Diamantino*, encontramos o seguinte período: "Entre os contrabandistas havia uma classe chamada dos *capangueiros* ou *pichelingueiros*: era a dos que faziam o comércio da *capanga*, isto é, os que, com pequenos capitais, compravam aos garimpeiros pedras isoladas ou pequenas partidas para vendê-las aos exportadores". O termo é usado em todas as regiões diamantíferas do Brasil: em Minas Gerais como em Goiás e Mato Grosso (Hermano R. da Silva — *Garimpos de Mato Grosso* — Pág. 141).

Capão: grafado por outros *caapão*, vocábulo de origem tupi, que designa porção de mata que surge em meio dos campos. De feito, nos imensos campos brasileiros surgem, de quando em quando, quebrando a monotonia da paisagem, tratos de mata, quais ilhas verdejantes em meio da terra, semelhantes ao oceano: estas ilhas de mato são os *capões*. Quase sempre, diz Beaurepaire-Rohan, para evitar equívocos, se chama *capão de mato* e não simplesmente *capão*. Teodoro Sampaio, versando a etimologia do têrmo, diz ser

CAP — 83 — **CAP**

oriundo de *caá-paú*, — a ilha de mato em campo limpo. E ensina o mestre: "algumas vezes se diz também *capuão*, mas já derivado de outro vocábulo tupi — *caá-apoan*, mato redondo, e podendo significar um oásis". Encontra-se também o diminutivo *capãozinho*. A respeito deste termo lemos no Visconde de Taunay, à pág. 28 do seu vol. *Marcha das Forças*: "Ninguém ignora a origem dessa palavra, que hoje está introduzida na língua do Brasil — *caá-poam*, ilha de mato — perfeita denominação aplicada a núcleos de vistosa vegetação, que semelha verdadeiros oásis no meio dos campos e nos encontros de outeiros, onde há sempre umidade. Nesses capões reúne-se muita caça, de modo que o viajante, que quer ter essa distração, deve ir sondá-los, o que na fraseologia do sertanejo chama-se *furar*". O contrário de *capão* chamam em Minas — *saco*.

Capebal: grupo de pés de capeba, planta da família das aroídeas. Encontramo-lo à pág. 30 da *Lira Rústica* de Rodolfo Teófilo, no seguinte passo:

> *Além no* capebal *nos nenú-*
> *[fares,]*
> *O riacho a correr*
> *Como um fio de prata, lon-*
> *[go, branco]*
> *Descendo os alcantis. Em*
> *[verde manto]*
> *O solo a se esconder.*

Capela: em alguns pontos do sertão brasileiro este termo designa a povoação, o arraial. Daí o termo *capelista*, habitante do povoado. Registram-no Valdomiro Silveira e Cândido de Figueiredo.

Capelista: assim se designavam, outrora, os viamonenses, intrépidos filhos de Viamão, uma das mais antigas vilas do Rio Grande do Sul, a 30 quilômetros mais ou menos da Capital. Encontramos esta referência na revista *Terra Gaúcha* de setembro de 1927, n.º 24 — Pág. 81. Já havíamos registrado na *Onomástica* o vocábu-lo *capelista*, como derivado de capela, designativo comum para crismar a povoação, o arraial.

Capepena: termo paraense, registrado por V. Chermont, designativo de picada feita no mato pelos caçadores a fim de se orientarem, para o que quebram com as mãos os finos arbustos ou ramos baixos. Vem do tupi — *caá* — mato e *pepen* — quebrado. "Tateando as capepenas, entre espinheiros acerados, embirados e sapopemas nodosas, pais e filhos, num monômio sinuoso, atolando os pés nus no tereterê dos brejais da mata, correm sem parar, de carga nas costas, na pressa de botar a linha na ponte antes que a maré afoque tudo" (Peregrino Júnior. *Puçanga*. Pág. 126, 2.ª ed.). A. J. de Sampaio escreve *"capepea"* em seu trabalho *Nomes vulgares de Plantas da Amazônia* e diz: "picada de caçadores no mato, com arbustos quebrados para marcar o caminho de volta".

Capiau: termo mineiro também usado na bacia do S. Francisco baiano, sinônimo de *tabaréu*, *caipira* (Vide esta palavra). "Em compensação, quando a grande figueira sob a qual Lund gostava de repousar, foi derrubada pelas autoridades locais durante a grande guerra para ser transformada em lenha, então muito cara, os humildes *capiaus* da zona rebelaram-se diante de tão grande atentado às nossas tradições..." (Artur Neiva — *Esboço Histórico sobre a Botânica e a Zoologia no Brasil*). Sud Mennucci registra o vocábulo em S. Paulo.

Capicongo: apelido dado pelos itabunenses (filhos de Itabuna, cidade da zona cacaueira da Bahia) aos roceiros que não conhecem a cidade (Informação local). Pereira da Costa registra em seu *Vocabulário Pernambucano* o termo *capiongo*, usado em Pernambuco, com o sentido de triste, calado, desconfiado, retraído.

Capinal: termo paraense, sobretudo marajoara, que apelida a área de campo coberto de capim alto e cerrado. Registra-o V. Chermont.

Usam-no também no Nordeste, o que atesta a seguinte estrofe da poesia "Saudades do Sertão" (Juvenal Galeno. *Lendas e Canções Populares* — 2.ª ed. pág. 385):

Que vida, que doces sonhos...
Que noites as do casal!
Ouvindo mugir as vacas
De quando em vez no curral;
Urrando pelo terreiro
O novilho mocambeiro...
Bezerrinhos no chiqueiro,
Boiotes no capinal!
Ai que saudades dos sonhos...
Das noites lá do casal!

Capinzal: termo geral que indica terreno coberto de capim de qualquer qualidade. "Na encosta aclive, chamalotando o verde do *capinzal*, casinholas de paredes barreadas soltam pelos suspiros do telhado tênues colunas de fumo" (Afonso Arinos, *Pelo sertão*. Pág. 104). V. Chermont informa que, no Pará, é o terreno em que se planta capim para o corte; capim-de-colônia nos encharcados e capim-de-guiné na terra firme. Na Bahia e Sergipe, aos tratos de terreno plantados de capim, chamam — *capineiros* ou *capineiras*.

Capitão-de-estrada: segundo refere Manoel Querino, em sua *Bahia de Outrora*, ao indivíduo encarregado de escravizar o caboclo se dava o nome de *capitão-de-estrada*. Em alguns documentos antigos encontra-se para tal personagem o nome de *capitão-de-assaltos* (Nota de João Gualberto dos Santos Reis na tradução que fez do poema em latim do lusitano portuense José Rodrigues de Melo, intitulado "De cura Boum in Brasilia").

Capitão-de-praia: denominação da Amazônia, que designa o funcionário nomeado pelas capitanias de portos para inspeção das chamadas *praias de viração* ou dos *tabuleiros* (vide a significação desta palavra na Amazônia), evitando que o povo das vizinhanças pratique desordenadamente a *viração* das tartarugas e apanha de

seus ovos. A ele se refere Raimundo Morais no seguinte passo das suas *Cartas da Floresta*, à pág. 98: "O abuso generalizado das *virações* e da colheita dos ovos, que ameaça extinguir no vale o precioso quelônio, tem levado os governos a tomarem providências. Vem daí o atual capitão-de-praia, nomeado pelos oficiais que chefiam as capitanias de portos nos Estados amazônicos. Tais medidas, no entanto, em que pese à boa vontade das autoridades federais, estão longe de restringir a razia, pois os encarregados de obstar as investidas aos *tabuleiros*, com uma ou outra exceção, praticam o mesmo vandalismo por conta própria".

Capitão-do-campo: nome que em geral, no Norte do Brasil, se dava ao *capitão-do-mato* (Vide esta expressão). Entretanto, lemos em Rodrigues de Carvalho (*Novos Estudos Afro-Brasileiros*), que esta denominação crismava o feitor dos negros nos trabalhos da lavoura — "o algoz máximo da escravidão".

Capitão-do-canto: denominação baiana, que remonta aos primeiros tempos da Província, dada ao chefe dos carregadores africanos ou crioulos que se reuniam em determinados pontos da cidade, principalmente no bairro comercial, os quais, por seu turno, se designavam *cantos de pretos*. A propósito escreveu Manoel Querino, profundo conhecedor dos costumes africanos da Bahia, os seguintes períodos: "Os africanos, depois de libertos, não possuindo ofício e não querendo entregar-se aos trabalhos da lavoura, que haviam deixado, faziam-se ganhadores. Em diversos pontos da cidade reuniam-se à espera de que fossem chamados para a condução de volumes pesados ou leves, como fossem *cadeirinhas de arruar*, pipas de vinho ou aguardente, pianos, etc. Esses pontos tinham nome de *canto*... Cada *canto* de africanos era dirigido por um chefe a que apelidavam *capitão*, restringindo-se as funções deste a con-

tratar e dirigir os serviços e a receber os salários" (*A Raça Africana e os seus Costumes na Bahia*). Memória apresentada ao 5.º Congresso Brasileiro de Geografia, realizado na Bahia em 1916).

Capitão-do-mato: assim se chamavam desde os tempos coloniais aos chefes de tropilhas que andavam a caçar e a pegar nos matos ou nos *mocambos* os negros fugidos das senzalas ou das fazendas. Foi uma instituição criada pela metrópole; regulamentos especiais concediam poderes discricionários contra aquelas miseráveis criaturas que fugiam ao guante de ferro da escravidão. O *capitão-do-mato,* que no Norte do Brasil também era chamado *capitão-do-campo,* diz o sábio professor João Ribeiro, "cometia nessa bárbara profissão ainda maiores crimes que os negros e matava muito mais do que capturava os fugitivos". Nélson de Sena refere o famoso "Regimentos dos Capitães-do-Mato", vigente na Capitania de Minas, o qual dava aos pegadores de negros o direito de caçá-los a tiro e laço, como se fôssem feras. "Para a captura dos negros fugidos, diz Lúcio dos Santos em sua *História de Minas Gerais,* havia os *capitães-do-mato,* para os quais, a 17 de dezembro de 1722, promulgou D. Lourenço de Almeida um "Regimento".

Capituval: terreno coberto de capituvas (*Rhyncospora aurea* Vahl). São ervas da família das Ciperáceas, que crescem até a altura de um metro nos terrenos embrejados, às vezes caracterizando a paisagem. Encontra-se a capituva do Amazonas a S. Paulo (M. Pio Corrêa — *Dicionário das Plantas Úteis do Brasil e das Exóticas Cultivadas,* Vol. I.) "Até que, enfim, quase no meio-dia, apareceu, na ponta da reta, o vasto campo auriverde — a cor que faz lembrar o nosso pavilhão — do capituval de um banhado. Era tal como se víssemos um arrozal cacheando e que, batido de mansinho pelo sôpro da brisa, ondulasse

balouçando molemente, a perderse de vista na distância ilimitada" (Horácio Nogueira — *Na Trilha do Grilo.* Pág. 104).

Capixaba: assim grafado por Caetano de Abreu e Cândido de Figueiredo e pelos jesuítas. Capixaba era usado desde o século XVII, conforme se vê na correspondência dos jesuítas, no sentido de roça. Na Relação do P.ᵉ Jerônimo Rodrigues sobre a Missão dos Carijós — 1605-1607 — publicada pelo P.ᵉ Serafim Leite em o número 194 da *Brasiliana,* sob e título *Novas Cartas Jesuíticas,* às págs. 219 e 224, encontramos este têrmo. "Neste tempo o demônio fazia que dormia, com ver-nos andar ocupados com a *capixaba* e os pobres moços mortos de fome..." "E pedindo o Padre umas pequenas de pevides pera prantarmos na nossa capixaba..." Vide no N.º 13 da *Revista Filológica* o que diz Rui Almeida, seu diretor. Primitivamente era o nome do sítio onde se levantaram as primeiras roças de milho e feijão, na ilha de Vitória, hoje compreendido pelo bairro da *Capixaba* (Informação do Dr. Carlos Xavier Pais Barreto). Beaurepaire-Rohan escreve que era a alcunha que, de primeiro, se dava aos habitantes de Vitória, por causa de uma fonte que ali existia e da qual bebiam os moradores. O que é verdade é que a alcunha se ampliou com o tempo, e hoje designa todo filho do Estado do Espírito Santo e tudo que lhe é relativo. Não há muito lá se fundou uma Revista com o título: *Vida Capixaba.* Alberto Rangel empregou o têrmo no seguinte passo do seu *Rumos e Perspectivas:* "O Porto de Vitória... é o desaguadouro da produção do este mineiro, do norte fluminense e da produção *capixaba".* Nas *Praias e Várzeas* de Gustavo Barroso, encontramos à pág. 104 o seguinte trecho: "Ora, estava armado até os dentes, rodeado de cariús ou de capixabas à espreita, na várzea, de um bando inimigo". Em nota, o talentoso escritor diz: "Famílias de mes-

CAP — 86 — **CAP**

tiços que acompanhavam às guerras sertanejas as duas importantes famílias brancas dos Montes e Feitosas, que durante anos pelejaram no sertão". No Ceará, portanto, *capixaba* é mais ou menos equivalente a *cangaceiro, jagunço*.

Capoeira: vocábulo indígena, de *caá* — mato, mata, floresta e *oera* — que foi, logo, mata que existiu. As *capoeiras*, ensina A. J. de Sampaio (*O Problema Florestal no Brasil em 1926* — Arquivos do Museu Nacional — Vol. XXVII — Pág. 77), "são formações arbóreas que surgem naturalmente nos terrenos baldios abandonados por cansados, terrenos anteriormente florestais e que após desflorestamento e culturas comuns, foram deixados em pousio. São constituídas de vegetação arbórea diversa da mata primitiva e valem como transição entre esta mata e os *cerradões* ou matas xerófitas das zonas campestres mais sêcas e do solo mais duro". É esta a lição de Philipp von Luetzelburg, em seu profundo estudo já citado: "As matas derrubadas a machado ou destruídas pelo fogo acabam por completo os componentes das antigas, porque o solo privado de seu revestimento anterior de matas legítimas não reforma a aglomeração anterior de paus altos com o seu crescimento denso. Resulta daí uma vegetação inferior à primeira, devido à alteração completa químico-bacteriológica do húmus primitivo da mata extinta, que é geralmente conhecida por capoeira". Linhas seguintes, o notavel cientista explica mais detidamente as causas e as transformações que se dão na feitura dessa "inútil e triste ruína de floresta virgem abatida" na imagem feliz de Henri Coudreau. Leôncio de Oliveira diz muito bem que a *capoeira* é o mato renovado em lugar da mata virgem, e Tomás Pompeu Sobrinho, numa "Memória" apresentada ao 5.º Congresso Brasileiro de Geografia, reunido na Bahia, em setembro de 1916, intitulada "Esboço fisiográfico do Ceará", escreveu que o terreno devastado pelo machado inconsciente do agricultor ignorante é "invadido por outra vegetação, que se mistura com os rebentos das árvores e arbustos primitivos, que já não podem lutar com esses concorrentes estranhos, mais sóbrios, mais resistentes. Tem-se assim a *caapoeira*, mato baixo e variado ou, na expressão elegante do indígena — mato que existiu (caá — mato e *oera* — que passou)". O termo *capoeira* (que é a grafia recomendada pelo *Vocabulário Ortográfico da Língua Nacional* e por nós seguida) também é grafado, por alguns autores, *capueira, caapueira, caapoeira, capuera*. Paulino Nogueira diz preferir *capueira*, por ser grafia mais etimológica. Teodoro Sampaio, Rodolfo Garcia e Beaurepaire-Rohan também a preferem. Amadeu Amaral diz que a forma culta é *capoeira*. Os nordestinos distinguem três qualidades de *capoeiras: capoeira-furada* ou *furados, capoeirão* e *capoeira grossa* (Vide estes termos, todos eles designativos de formas peculiares da vegetação higrófila e megatérmica dos Estados nordestinos).

Capoeira-furada: define-a Philipp von Luetzelburg como sendo os claros na vegetação lenhosa das capoeiras ou mesmo das matas virgens, assegurando ter ouvido tal denominação numa viagem pelo interior do Espírito Santo. É de uso também no Nordeste.

Capoeira grossa: variante da simples *capoeira*, onde crescem árvores altas e grossas, que já exigem para a sua derrubada o machado, donde receber o nome de *capoeira de machado*. Em Minas do Rio de Contas se denomina *capoeira de pau de machado* a uma *capoeira* rica em madeiras de lei, alta, restante das matas antigas.

Capoeirano: termo usado no Recôncavo da Bahia para designar o habitante em terras de *capoeiras* (vide esta palavra): Vimo-lo empregado em um artigo de Edgard Rodrigues publicado no *O Conservador* da cidade de Nazaré (Bahia), no seguinte trecho: "Esse homem dinheiroso e rústico teria razão de dizer aquilo: ele fora *capoeirano*, antes de ser *mateiro*" (Ed. de 25 de agosto de 1929).

Capoeirão: antiga *capoeira* bastante grossa e alta que, no dizer de Luetzelburg, conserva grande quantidade da sua antiga vegetação epifítica. Em Pernambuco, diz Rodolfo Garcia, quando esse acidente florístico ostenta o porte de verdadeira mata, diferindo apenas pela natureza das essências, dá-se o nome de *capoeirão de machado*. Em outros lugares se chama *capoeiruçu* ao qual se antepõe a *capoeirinha* ou *capoeira fina*. Fr. Francisco dos Prazeres, na *Poranduba Maranhense* (Rev. do Inst. Hist. e Geog. Brasileiro. Tomo 54, Parte I — Pág. 141), diz que "a mata que já foi cortada chama-se *capoeira*: tendo esta 12 anos ou daí para cima chama-se *capoeira-açu* e tendo menos *capoeira-mirim*".

Capoeira rala: denominação muito freqüente no Nordeste, da Bahia para o Norte, que designa os terrenos onde quase todos os anos se fazem roçados, pelo que a vegetação quase não passa de arbustos e ervas. Aí dominam, em geral, as famílias das Labiadas, das Sinantéreas, das Malváceas, das Gramíneas, das Crucíferas e outras plantas anuais.

Capoeiruçu: o mesmo que *capoeirão*. Ocorre também *capoeira-açu*.

Caponete: diminutivo de *capão*, empregado por Darci Azambuja no *Galpão*, à pág. 143: "Do outro lado, a várzea, de quadras e quadras, carrasquenta, onde o capim era praga e os *caponetes* ralos se sucediam".

Caponga: nome que, no Estado do Ceará, significa lagoeiros de água doce, que se formam naturalmente nos areais litorâneos. Beaurepaire-Rohan que o registra diz que esta mesma formação toma o nome de lago, ao norte da cidade de Fortaleza. É o mesmo que, de Pernambuco ao Rio Grande do Norte, se denomina *maceió* ou *maçaió*. Em S. Paulo, segundo lemos em João Vampré (*Domínio*

Floral de S. Paulo no "Jornal do Commercio" de 25-11-1934), *capongas* se designam as esteiras de areia úmida que se alagam com as chuvas, ocupadas em geral por vegetação herbácea, higrófila e baixa. Assim também A. J. de Sampaio e Gonzaga de Campos.

Capuaba: também *capuava*, registrado por Beaurepaire-Rohan, Teschauer e Amadeu Amaral. Tem um duplo sentido: ora se emprega como sinônimo de choça, cabana, casa de gente pobre, casa mal construída e arruinada (Paraíba e Rio Grande do Norte); ora, no sentido de parte de um sítio ou fazenda, onde se fazem anualmente plantações de cereais e outras, como nesta frase de Afonso Taunay: "Este sítio é uma *capuaba* admirável para milho". N'*Os Sertões* de Euclides da Cunha, na página admirável em que inicia a descrição da "Tróia de taipa dos jagunços", lemos: "Canudos", velha fazenda de gado à beira do Vaza-Barris, era, em 1890, uma tapera de cerca de cinqüenta *capuabas*".

Capuão: vide *Capão*.

Capuava: *matuto, tabaréu, caipira*. P. H. Sousa Pinto registrou-o como regionalismo do norte mineiro, com a significação de valentão destemido ("Alm. Garnier" — 1912, Pág. 416).

Caraco: alcunha pitoresca dos castelhanos ou espanhóis e também dos platinos, em Minas Gerais. Registrado por Afonso Taunay e Nélson de Sena.

Carafuz: ou *carafuzo*: vide *Cafuz* e *Caboré*.

Caraguatal: touceiras de caraguatás; o mesmo que *caraguatazal*. Registra-o Darci Azambuja no *Vocabulário* apenso ao seu consagrado *No Galpão* (3.ª edição, 1928).

Caraguatàzal: registrado por Calage, designativo de touceiras de *caraguatá*, planta filamentosa muito comum em todo o Rio Grande do Sul.

Caramuru: alcunha depreciativa, três vezes usada no Brasil. Assim se designavam os adeptos do partido

CAR — 88 — **CAR**

que, após a abdicação de Pedro I (7-4-1831), pretendia restaurá-lo no trono, e do qual fazia parte o grande José Bonifácio, originando-se a alcunha do nome do principal jornal que advogava os interêsses do referido partido; no Rio Grande do Sul, foi alcunha que os republicanos de Piratinim (efêmera república de 1835 a 1845) apuseram aos legalistas ou imperiais, ainda chamados — *camelos, galegos;* em Pernambuco, o nome *caramuru* designou o grupo político que era contrário à decretação da maioridade de Pedro II, antes da época fixada na Constituição de 1824.

Caramutanje: registrado por Pereira da Costa, o mesmo que *negro novo,* recentemente chegado da África, o *boçal* (Vide esta palavra).

Carandazal: termo mato-grossense, empregado pelo gen. Rondon nas "Conferências" que realizou na Sociedade de Geografia do Rio de Janeiro, no sentido de firmes ou altos, nunca atingidos pelas inundações, último refúgio do gado durante as grandes cheias do *pantanal,* e onde cresce o *carandá,* "uma das mais belas palmeiras das nossas florestas". Rodolfo Garcia e Teschauer dão apenas como significado — palmar de carandás, que dizem ser a mesma bela e utilíssima palmeira conhecida no Nordeste do Brasil pelo nome de carnaúba — a *Copernicia cerifera* de Martius. Em 1907 o botânico Beccari publicou os seus estudos nos quais mostrou as diferenças entre a carnaúba e o carandá. Nas *Visões do Sertão* do Visconde de Taunay, à pág. 87, encontramos *carandal:* "Também que diferença ao ouvido o sussurrar do vento num *carandal* ou num *buritizal?*"

Caranguejo: alcunha dos sequazes do partido contrário ao *chimango* na província do Ceará, segundo informa J. Brígido. Era o partido *conservador* que fundou o jornal político *Pedro II,* sob a direção do Dr. José Fernandes Vieira e que, segundo Eusébio de Sousa, foi o primeiro órgão de imprensa que sofreu empastelamento em suas oficinas.

Caranguejeiro: alcunha dada aos santistas pelos paulistanos (Cornélio Pires — *Meu Samburá* — Pág. 23).

Caraubal: bosque de caraúbas (*Jacaranda copaia* D. Don.). "Estávamos diante de um *caraubal* (paratudal de Mato Grosso)" — *A Flora do Rio Cuminá* de A. J. Sampaio — pág. 140.

Caràzal: lugar ou sítio em que medra em quantidade o cará, dioscoreácea denominada também inhame, que produz um tubérculo comestível e muito apreciado. À pág. 47 do livro de Alcântara Machado, *Vida e morte do bandeirante,* lemos: "Restingas de mantimentos de raiz, inclusive carazais e pacovais, barateiam a vida".

Carcamano: apelido jocoso que se dá, em quase todo o Brasil, aos italianos: o mesmo que *latacho* e *macarrone.* No Maranhão, porém, conforme diz Raimundo Lopes, *carcamano* é alcunha de sírio e, no Ceará, segundo o testemunho de José Luís de Castro, é apelido do vendedor-ambulante de fazendas e objetos de armarinho.

Careta: segundo Gastão Cruls é o nome dado a certos fragmentos de cerâmica indígena, encontrados à margem esquerda do Amazonas, principalmente na região do Trombetas. À pág. 45 do seu *A Amazônia que eu vi,* lemos: "É esta a denominação curiosa que aí dão aos restos de cerâmica indígena, mas que na sua simplicidade traduz bem a principal característica de tais trabalhos, isto é, a sua riqueza na simbolização esculturada". Confirmando-o, o Dr. Carlos da Silva Araújo, em conferência pronunciada no "Instituto de Estudos Brasileiros" em 1941, publicada na edição do *Jornal do Commercio* de 10 de agosto de 1941, referindo-se à chegada do vapor à cidade paraense de Santarém, escreve: "Do vapor aproximam-se vendedores de aves canoras ou de bela plumagem: araras,

CAR — 89 — **CAR**

papagaios, tucanos, ou de frutas saborosas — melancias, cacau, mangas, abacaxis, bananas — ou de curiosidades regionais. Entre êles um oferece *caretas*, nome local e pitoresco que dão à cerâmica indígena, pré-colombiana, e que no Brasil teve sua maior expressão na ilha de Marajó ".

Cariba: nome com que os indígenas designavam os estrangeiros. Nélson de Sena, que o registra, diz que para os *bugres* do rio Doce, em Minas, os brancos eram *carantonhas*, corrutela de *chretongs* — os cristãos.

Cariboca: também *coriboca*, *curiboca*, mestiço de *caburé* e de índio, ensina Romário Martins num estudo publicado no *Boletim do Inst. Hist. do Paraná*. Nélson de Sena, porém, diz que é o mesmo que *cafuzo*, produto do índio e do negro ou do mestiço do negro com selvagem, em suma, mescla do sangue indígena e africano. Em Beaurepaire-Rohan lê-se que o *cariboca* é o mestiço de sangue europeu e de aborígine brasileiro. No Ceará, diz Araripe Júnior, o *cariboca* é o mestiço de cor avermelhada e escura, com cabelos lustrosos e anelados, provindo da mistura do sangue europeu, africano e americano. E Euclides da Cunha, à pág. 68 d'*Os Sertões*, considera o *cariboca* como *mameluco*, isto é, produto do cruzamento do branco e do índio: não é de outro parecer Teodoro Sampaio, quando diz, à pág. 125 do seu *O Tupi na Geografia Nacional*, que ao descendente do branco, o caboclo denominava *cariboc*, que quer dizer tirado ou procedente do europeu, donde se originou por corrutela o nome *cariboca*, tão usado no Norte do Brasil, para designar o mestiço que traz nas veias o sangue do branco. Diante destas opiniões discordantes, parece que, se a origem etimológica recorda um cruzamento do sangue ariano e ameríndio, na linguagem corrente, variável de região a região, o que se surpreende é a incerteza de seu significado próprio, certo uma resultante da intensidade e complexidade dos caldeamentos étnicos que aqui se deram e se dão ainda. Parece, todavia, que o mais generalizado de seu significado é o de produto de cruzamento africano e americano, também dito *cafuz*, *cafuzo*, *carafuzo*, *caburé*, *cabo-verde*.

Carijo: termo usado na região meridional do Brasil para designar um rancho onde se prepara a erva-mate (sistema antigo): segundo informa Teschauer é um galpão de trinta e seis a cinqüenta metros quadrados, mais ou menos, sôbre grossas forquilhas, com a competente cumeeira. Já temos visto escrito *carijó* (Nilo Cairo. Livro citado. Pág. 292). Calage, registrando-o, diz: "jirau, onde se coloca a erva-mate e por baixo do qual se ateia o fogo que deve crestá-la". A indústria extrativa da erva-mate compreende os seguintes serviços sucessivos: corte, amontoamento, sapecamento, quebramento, enfeixamento, encarijamento, seca, malhamento ou cancheamento, pesagem e ensacamento.

Carijó: outro termo diversamente usado no Brasil. Oliveira Viana, à pág. 121 da sua notável monografia *Evolução do Povo Brasileiro*, ensina que o *carijó* é o *cafuzo* ou *caburé*, "tipo antropológico poliforme, síntese que o é de três hereditariedades diversíssimas", uma vez que é produto do mameluco (cruzamento ariano-americano) e do negro. Em Teodoro Sampaio lemos: "o nome *carijó*, que alguns cronistas espanhóis escreveram *cario* e que, na verdade, se deve escrever *cary-yo*, forma contrata de *cari-yoc*, quer dizer o que vem do branco ou de um povo superior e tem o mesmo significado de *cariboca*". Na "Informação Geral da Capitania de Pernambuco", publicada nos "Anais da Biblioteca Nacional", vol. 28 à pág. 483, encontramos a grafia *caryoz*, "que são filhos de índia com negro que também lhe chamam *mistiços*". Nélson de Sena diz que o apelativo *carijó* serviu, por largo tempo, para designar os índios das florestas mineiras e que os antigos índios escravos que acompanhavam as

CAR — 90 — CAR

bandeiras eram, via de regra, enumerados como tantas "peças de carijós". Por isso escreveu Cassiano Ricardo em seu *Martin-Cererê*:

E lá se foi todo um tropel
[guerreiro]
de mamelucos e de carijós pa-
[ra os gerais]
para o sertão goiano
que era o adeus do nunca-
[mais!]

Capistrano de Abreu refere ainda que o nome de *carijó* era dado pelos paulistas aos guaranis.

Carimbamba: citado por Cândido de Figueiredo e Teschauer como brasileirismo de Minas Gerais com a significação de curandeiro. O sábio Carlos Teschauer em seu *Nôvo Dicionário Nacional,* edição de 1928, o abona com o seguinte exemplo tirado das *Histórias Várias* de Carlos Góis (Pág. 183): "Nesta conjuntura só lhe restava... consultar... o carimbamba de mais sustância..."

Carimboto: uma das alcunhas pejorativas com que os *farrapos* do Rio Grande, em várias de suas localidades, designavam os legalistas ou imperiais: o mesmo que *galegos, caramurus, restauradores, absolutistas, escravos do duque de Bragança, corcundos, camelos.*

Carioca: nome pelo qual se designam os filhos do ex-Distrito Federal, (hoje Estado da Guanabara). Palavra túpica que, segundo Teodoro Sampaio, tem a mesma origem que *cariboca* e *carijó,* descendente de branco, o mestiço de procedência do branco ou de europeu, podendo-se também traduzir a palavra *carioca* — a casa do branco ou do europeu. — A respeito da significação deste vocábulo indígena é útil a leitura das Memórias apresentadas por Henrique Orciuoli, Saladino de Gusmão e Hermeto Lima ao Congresso das Academias de Letras e Sociedades de Cultura Literária do Brasil, publicadas no Vol. dos Anais, entre págs. 337 e 363. O apelido *carioca* para os habitantes da ex-Ca-

pital da República vem, sem dúvida, do rio Carioca, que nasce na serra do mesmo nome, perto do cume do Corcovado, e que, tomando em seguida os nomes de Laranjeiras, Caboclas e Catete, vai desaguar na baía de Guanabara, depois de um curso de mais de quatro quilômetros. Era essa ribeira, no dizer de Beaurepaire-Rohan e Moreira Pinto, que fornecia água potável aos habitantes da cidade de S. Sebastião, logo depois de fundada.

Cariri: nome de uma das zonas centrais da Paraíba, às vezes denominada ribeira do *Cariri,* centro da indústria pastoril desde o último quartel do século XVII. Segundo Teodoro Sampaio, *cariri* é corrutela de *kiriri* — taciturno, calado, nome de uma tribo que se refugiou na região referida. O *cariri* é uma região semi-árida.

Caritó: termo que, em Pernambuco, designa casinhola, cabana, choça, habitação de gente pobre, segundo o registro de Beaurepaire-Rohan. Mário Melo observa que *caritó* em Pernambuco é apenas casa pequena, seja ou não de gente pobre. No S. Francisco até Januária se diz *caitó,* como registrou Manuel Ambrósio em seu *Brasil interior* (1934) — pág. 228.

Cariúa: Barbosa Rodrigues, no seu vocabulário indígena, complemento da *Poranduba Amazonense,* com a ortografia correta, como diz no frontispício do mesmo, escreve *kariúa* e ensina que era o nome dado pelos caboclos ao branco, traduzindo literalmente — poderoso, conquistador, dando idéia de mau. Nélson de Sena grafa cariúa (*Rev. de Língua Portuguêsa* N.º 22. Pág. 153) e assim também o fizeram Teodoro Sampaio, E. Stradelli, literatos como Aurélio Pinheiro (*Gleba Tumultuária*), Adauto Fernandes (*Pororoca*) e H. Jorge Hurley. Nos *Poemas Amazônicos* de Francisco Pereira encontramos grafado *carayúa,* como dizem os índios Canamaris (Pág. 62). Teschauer registra *cariú,* no sentido de brasileiro, homem branco entre os tupis, abonando-o com o seguinte trecho do Relatório do Ministério da Justiça de 1908: "Tendo Felizardo respondido que eu também era *tuxaua* e cariú (brasileiro) o chefe naua mostrou-se contente e, como prova de amizade, ofereceu-me diversos cachos de bananas".

Cariús: nome de um troço de cangaceiros que, durante algum tempo, flagelou as terras cearenses, mestiços atrevidos que, no dizer de Gustavo Barroso, acompanhavam nas guerrilhas sertanejas as duas famílias brancas dos Montes e Feitosas, juntamente com os *capixabas* (*Praias e Várzeas*, pág. 104).

Carnaubal: bosque de carnaúbas (*Copernicia cerifera* Mart.), a palmeira providencial do Nordeste brasileiro, a "árvore da vida" no dizer de Humboldt. É a mesma a que chamam na Bahia, em alguns sítios, carnaíba. É uma bela e utilíssima palmeira, de folhas flabeliformes, ornamento de notável efeito na paisagem, da qual se extrai uma cera resinosa aproveitada em várias indústrias de produção de vernizes, também como isolante elétrico, matéria-prima em vários aparelhos físicos, discos fonográficos, além de outras aplicações. Vegeta em grupos isolados dentro da *catinga*, nas *veredas* e *várzeas*, nos *baixios* e *vazantes*, formando às vezes densos bosques por elas somente constituídos. Os *carnaubais* são encontradiços na região do rio S. Francisco, nas barras de seus tributários da direita e da esquerda, na parte oeste da Paraíba, na região próxima de Sousa, no Rio Grande do Norte, não longe das cidades de Açu e Moçoró e na serra do Apodi. Nos sertões nordestinos eles são freqüentíssimos. "A carnaúba, diz Luetzelburg, existe espalhada no sertão, em grande número, na vegetação xerófila onde excede em altura de muitos metros. Cobre em forma de grupos ou em exemplares isolados, freqüentemente, o centro e o norte do Piauí, todo o Ceará, Rio Grande do Norte, **Paraíba**, especialmente **a** parte

oeste, Sergipe e Alagoas (metade do oeste)".

Carne-de-vaca: registrado por Nélson de Sena, que diz assim chamarem os lavradores de Minas Gerais da região ocidental (região da Mata da Corda) a uma espécie de terra de grés vermelho, a qual, quando cortada, deixa ver uma cor sangrenta descorada.

Carneiros: termo baiano da região do S. Francisco, designativo de terrenos que ficam descobertos, quando o rio, após as enchentes, se recolhe à calha comum.

Caroatal: termo usado no Nordeste para indicar o terreno coberto em larga extensão da bromélia caroá ou ainda croatá (*Neoglaziovia variegata* Mez.). Em outras partes do território nacional chama-se *caroàzal* (Vide este termo).

Caroazal: terreno onde crescem caroás (*Neoglaziovia Variegata* Mez.), bromeliácea preciosa, que vegeta em abundância no sertão da Bahia e no Nordeste em geral e que fornece uma fibra muito resistente, sucedânea da juta, no dizer do ilustre botânico P.e Camillo Torrend, S. J. Também se diz, no Nordeste, *caroatal*. A sua fibra que já era usada pelos indígenas ao tempo do descobrimento é hoje industrializada prestando-se à cordoalha, à sacaria, à fabricação de tecidos, tapetes, chapéus, barbantes, etc. Para o Departamento Estadual de Estatística de Pernambuco o caroá é a mais brasileira das fibras e entre estas a de maior significação econômica e social (Boletim do Ministério do Trabalho, Indústria e Comércio, n.º 104 — abril de 1943). Neste mesmo Boletim aparece o nome de *arrancadores* para os indivíduos que colhem nas catingas o caroá.

Carpinteiro: nome que, na costa meridional do Brasil, tem o vento do alto mar. À pág. 15 das *Recordações de Guerra e de Viagem*, do Visconde de Taunay, lê-se: "Nestes mares são freqüentes o *pampeiro*, vento dos *pampas*, ou terras na direção de S.S.O., o *carpinteiro*, vento do alto mar, assim chamado pelos naufrágios que produz, fornecendo tábuas de navios aos carpinteiros, S.E. e o *rebojo*, vento de S.O.". Vieira da Rosa, em sua *Corografia de Santa Catarina*, à pág. 39, escreve de referência a esse vento: "As terríveis lestadas, o *carpinteiro da praia*, na frase pitoresca dos habitantes do litoral, são os temporais mais temidos, tanto pelos navegantes, como p los habitantes do continente. Soprando do largo oceano para terra, impele os navios para o litoral onde muitos vêm soçobrar nos arrecifes que bordam as nossas costas. As chuvas tocadas com tal vento vão de encontro à serra, dando lugar a desmoronamentos, cheias de rios e prejuízos de toda a sorte". Augusto Meyer em artigo publicado no *Correio da Manhã*, de 7 de dezembro de 1947, esclarece que o termo *carpinteiro*, *carpinteiro da praia*, *carpinteiro da costa*, é de origem açoriana, citando em abono do seu pensar o trabalho de Carreiro da Costa sobre o "tempo" na linguagem micaelense (ilhas de S. Miguel e Terceira). Carreiro da Costa escreve crapinteiro ou carpinteiro — vento e tempo sueste.

Carrabouçal: termo gaúcho registrado por C. Teschauer, com o significado de ladeira penhascosa.

Carrapatal: registrado por A. Taunay como denominação que os *caipiras* dão aos campos em que os carrapatos são muito abundantes. Informa-nos Antônio Lopes que, no Maranhão, é designativo de plantações de mamona ou carrapato.

Carrascal: o mesmo que carrasco, muito usado na Bahia no mesmo sentido em que o paraibano usa a palavra *tabuleiro*, no dizer de Luetzelburg. À pág. 154 dos *Brejos e Carrascais do Nordeste*, de Limeira Tejo, lê-se: "Os retirantes chegam ao canavial, mas seu pensamento não se desliga das terras calcinadas. No *brejo* eles estão sempre inquietos, sempre sentindo a falta de alguma coisa, sempre preparados para refazer, a todo momento, o caminho de

volta. É bastante uma notícia de chuva caída nos *carrascais*, para que eles abandonem tudo e regressem". No Chile carrascal é pedregal; em Cuba é savana pedregosa e estéril.

Carrascão: o mesmo que carrasco. Lemos à pág. 225 de *Luzia Homem*, de Domingos Olímpio: "Ele costumava matar o tempo com a narrativa pitoresca das façanhas inverossíveis de amansador de animais bravios, orelhudos que nunca tinham visto gente, as áfricas de vaqueiros de fama, temido dos barbatões mais ferozes das catingas e *carrascões* impenetráveis, as proezas de caçador de onças acuadas em furnas sombrias, onde ele as agredia, armado de uma simples azagaia".

Carrasco: vocábulo de origem portuguêsa, que, no Brasil, designa terrenos, em geral de planaltos, de vegetação arborescente, definhada e baixa, de ramos duros e esguios, caules raquíticos, entrelaçados e espinescentes. É uma espécie de mata anã no dizer de Saint-Hilaire. O *carrasco* é sempre indício de terreno estéril, pedregoso, árido. Usa-se também *carrascão*. No sul do Piauí, os sertanejos chamam a certa região de *agreste — carrasco catingal* ou *catinga carrascal* ou ainda *agreste sujo*. Definindo *carrasco*, diz Luetzelburg: "vegetação lenhosa, de folhas duras, xerófila e pobre em cactáceas, vegetando sobre um solo pedregoso e duro nas elevações" (Liv. cit. vol. 3.º, pág. 94). E, à pág. 58 do 1.º vol., escreve: "O sertanejo nordestino compreende com a denominação geral de *carrasco* uma flora que tem sua existência, comumente, nas regiões montanhosas, compostas de árvores pequenas e atrofiadas, com folhagem dura, de arbustos rasteiros, com idêntica folhagem e casca grossa suberosa, que assim tem algum parentesco com o agreste, porém, diferenciando-se dele, em virtude de escasso e raquítico crescimento da vegetação lenhosa, das folhagens grandes, rígidas e coriáceas, da forte casca, e pela existência das folhas peludas; qualidades biológicas estas que dão cunho à flora xerófila dos carrascos. Além disso, ainda faz parte do *carrasco* um solo pedregoso, coberto de uma leve camada de húmus". Na zona da Ibiapaba (Ceará), no município de Campo Grande, chamam ao carrasco — macambira. "Nos campos de Macambira, nas chamadas fazendas do Canindé Grande, já nos limites do Piauí, encontram-se ótimas fazendas de criar" (*O Ceará* de R. Girão e A. Martins Filho — 1939, pág. 137).

Carrasqueiro: o mesmo que *carrasco*. Aug. Saint-Hilaire informa que, em Minas Gerais, se dá o nome de *carrasqueino* (talvez carrasqueiro) aos carrascos de uma natureza mais vigorosa. À pág. 26 da *Marcha das Forças* do Visc. de Taunay, lemos: "O hábito de lançar fogo anualmente aos campos tem modificado singularmente a vegetação dos *cerrados* e *carrasqueiros*, a qual, naturalmente, mofina em conseqüência da má qualidade de terrenos, vai, com a continuação dos tempos, cada vez mais se acanhando, ficando as árvores reduzidas ao tamanho de pequenos arbustos, com um aspecto tão engorovinhado e feio que causa lástima".

Carrasquenho: o mesmo que *carrasco* ou *carrasqueiro*. Na Bahia, a uma vegetação secundária, arbustiforme, mais fechada que o *carrasco*, se dá o nome de *grameal*.

Carreador: também *carreadouro*, designativo ora de pequeno trilho no mato, vereda, picada (Valdomiro Silveira), ora caminho de carro, no campo (Cândido de Figueiredo), ora caminho aberto nos cafèzais para transporte das colheitas (Dias Martins. *A Produção das nossas terras*, pág. 20). Quando o *carreador* circunda a plantação ou a roça, serve de aceiro: permite o livre trânsito de veículos e evita a propagação de incêndios acidentais ou criminosos.

Carreira: termo que, na região denominada Jalapão, no noroeste da Bahia, nordeste de Goiás e no alto Tocantins (Carlota Carvalho — *O Sertão* — pág. 263), designa pequenas *cachoeiras, corredeiras* ou corridas. Vimo-lo referido no citado trabalho de Luetzelburg, vol. I, pág. 35: "As nascentes do rio Preto se iniciam num grande buritizal, que com sua sombra acompanha o rio até a fronteira da Bahia, onde ele recebe as águas do rio Sapão. Enquanto o rio, no território goiano, percorre regiões vastas de brejos cobertos de buritis, e em trajeto saltitante, formando diversas cachoeiras denominadas *carreiras*, ele se modera no seu curso, depois de receber o rio Sapão, mais acentuadamente ainda afrouxa depois de se tornar afluente do rio Grande, que demanda o S. Francisco". A palavra *carreira* tem outro significado no interior do Brasil ou seja o de rua ou alameda que abre espaço regular entre duas fileiras de plantação de milho, café, etc. À pág. 617 das *Lendas e Canções* de Juvenal Galeno, lê-se: "A cada pessoa confia-se uma *carreira* (rua de cafeeiros), e esta se queixa quando a encontra *salteada*, isto é, colhido adiante o café por outrem".

Carreiro: é o indivíduo que dirige o *carro de boi* a quem tanto deve o sertão do Brasil e é também o nome que, em alguns Estados, se dá aos atalhos, às veredas, aos caminhos estreitos, ou, segundo Valdomiro Silveira, ao caminho habitual da caça. "Assim mesmo, esfalfados, achavam tempo para caças. Os *carreiros* das pacas, cutias, capivaras e antas cruzavam a picada..." (Amando Caiubi — *Sapezais e Tigueras* — Pág. 248).

Carretão: registrado por Afonso Taunay no *Léxico de Lacunas*, designativo de máquina primitiva para o beneficiamento do café.

Carretilhas: nome que, em Alagoas, dá o povo às estrelas cadentes. Refere-o Otávio Brandão, à pág. 236 dos seus *Canais e Lagoas*: "No verão, durante as noites cal-

CAR — 94 — CAS

mas, aparecem correndo as estrelas cadentes — as *carretilhas;* diz o povo que elas vão cair dentro do mar, e para que não caiam em terra, a fim de o mundo não acabar, as boas gentes rezam avemarias ou então repetem — Deus te guie, Deus te guie..."

Caruara: nome que os pescadores alagoanos dão ao vento de trovoada que sempre aparece em janeiro. Refere-o Otávio Brandão à pág. 242 de seu citado vol. No Pará, informa H. Jorge Hurley, "significa duende, ser mitológico dos tupis, que os pajés invocam na aplicação de *puçangas* nas suas curas pitorescas. *Caruara* é também o vento que faz adormecer os *xerimbabos".*

Carvalhista: registrado por Pereira da Costa. Nome dado aos partidários do presidente Manuel de Carvalho Pais de Andrade, chefe do movimento revolucionário de 1824, que proclamou a Confederação do Equador.

Casaca: registrando este termo em seu *Vocabulário Pernambucano,* Pereira da Costa escreve: "homem de condição civil, assim chamado para distinguir do militar". No Piauí *casaca* significa *tabaréu, matuto.* Pereira da Costa registra *casaca-de-couro* — o sertanejo, em alusão às suas vestes de serviço feitas de couro. Em S. Paulo *casaca-de-ferro* é o servente dos circos (Sud Mennucci).

Casacudo: brasileirismo ainda não registrado nos Dicionários portugueses, usado no interior da Bahia, para designar o sertanejo, sinônimo de *tabaréu, matuto.* Devemo-lo à informação do Dr. Filinto Bastos, que nos escreveu: "assim chamado pelo hábito de trazer sempre, chovesse ou não, um casaco, de fazenda pesada, como a baeta, quase sempre de cor azul, ou uma capa sem mangas, com um atilho de metal amarelo, a que se dava o nome de — gró".

Casa de bagaço: parte do engenho de açúcar onde se guarda o bagaço de cana moída depois de seco ao sol, na *bagaceira,* a fim de ser empregado como combustível no cozer o caldo e feitura do açúcar. A casa de bagaço é às vezes, no próprio corpo do engenho, ora um tanto afastada. Aurélio Domingues, à pág. 116 de seu livro *O último Tindárida,* diz: "À meia inclinação do terreno está a casa-de-bagaço, já em parte derruída".

Casa de purgar: parte da casa do engenho de açúcar onde se deita o mesmo em *fôrmas* (de barro ou de madeira) no *tendal,* para escorrer o mel e limpar de certas impurezas. Fica em grande número de engenhos na parte que se chama *caixaria.* "... e o edifício do engenho, forte e espaçoso, com as mais oficinas, e casa de purgar, caixaria, alambique, e outras coisas..." (A. J. Antonil — *Cultura e Opulência do Brasil* etc. Pág. 69). Entre as págs. 149 e 158 deste livro (Edição de A. Taunay), encontrará o interessado a minuciosa descrição da casa de purgar, dos processos usados nos princípios do século XVIII. De Aurélio Domingues (*O último Tindárida,* 1928 — Recife — Pág. 116) são as seguintes palavras: "Enfim, num plano inferior, alguns pilares quadrados, feitos de tijolos vermelhos, esboroando-se e mal sustentando os restos do telhado, de telhas vazias e madeiras podres, indicam a carcaça, em liquidação, a se desmoronar e abater, do edifício que foi propriamente o engenho e a *casa-de-purgar".*

Casa-grande: nome que, no interior do Brasil, se dava e ainda se aplica à habitação dos senhores de engenhos ou proprietários de fazendas, donos das terras em tôrno, onde se erguem as casas dos *moradores* ou *agregados,* antes as *senzalas* dos escravos. É o solar fazendeiro. Freqüentemente empregado pelos escritores regionalistas, para aqui transcrevemos o período com que Mário Sete fecha o seu romance *Senhora de Engenho:* "Cortando o silêncio, lá fora, num guincho remorado, num baque surdo, a porteira do engenho deixava entrar um carro, vindo de longe a rechinar — guincho doloroso e baque decisivo que ela ouviria, com lágrimas nos olhos, na manhã bem próxima de sua partida, pelas estradas cheias de sol, cheirosas de mel, deixando para trás, muito para trás, a *casa grande* de Águas Claras, tão branca, tão risonha, plantada no têso verde do outeiro...". Registrando este apelativo A. Taunay diz ser a designação da morada do fazendeiro nas propriedades agrícolas de S. Paulo, o que evidentemente restringe a área geográfica de sua aplicação. Na Bahia, principalmente na zona do açúcar, a habitação do senhor de engenho era designada *sobrado*. José Wanderley de Pinho em seu magnífico volume — *Cotegipe e seu tempo* (Primeira Parte — 1937), registra o dizer local à pág. 121, na seguinte nota: "Em Pernambuco a casa de moradia do senhor de engenho chama-se — *Casa Grande;* na Bahia — *sobrado*".

Cascalhada: termo regional do Recôncavo da Bahia com o sentido de vento forte do quadrante leste. Ouviu-o o Dr. Artur Neiva no linguajar dos pescadores da ilha do Bom Jesus, uma das que compõem o arquipélago da baía de Todos os Santos.

Cascalho: termo que designa aluviões auríferas ou diamantinas; pequenos calhaus ovais, redondos, romboidais, ou de outra figura irregular com a superfície lisa. A propósito de *cascalho* escreveu Herman Lima em seu artigo *Roteiro das Lavras Diamantinas da Bahia* publicado em o N.º 16 da Revista *Cultura Política* — junho de 1942: "Camada de areia ou de barro, misturada a seixos rolados ou bugalhaus onde se encontra o diamante e o carbonato. É a parte rica do solo diamantino, diversa do resto do terreno e repousando na *piçarra*, constituição variadíssima em aspecto, resistência, cor e espessura, havendo camadas de três centímetros a cinco metros. Os garimpeiros enu-

meram assim as espécies de **cascalho**: *extra, lajinha, bagujudo, bosta-de-cabra, canjica, dente-decão, cabeça-de-formiga, olho-deporca, ovo-de-pomba, rapa, uru.*

Casco: vide *Caixão*.

Casco da fazenda: assim se designa, no Nordeste brasileiro, o chão da propriedade, o seu terreno com as benfeitorias que nele se contêm, sem os gados. "Foi quando veio o rebentão de 77. Meu mano foi mais sabido: vendo a coisa preta, torrou tudo nos cobres, até o *casco da fazenda*".

Casco-de-burro: na região baiana das Lavras Diamantinas, emprega-se o têrmo *caldeirão* para designar um buraco redondo, cheio de cascalho, na piçarra das catas. Ao pequeno *caldeirão* os *garimpeiros* chamam *casco-de-burro.*

Cascudo: alcunha que os adeptos do partido liberal e os do republicano de Minas Gerais davam aos do partido conservador nos tempos da monarquia. Revivendo homens e cenas da cidade de Ubá — a rainha da Mata — no dia da proclamação da República, escreveu Diomedes de Figueiredo Morais um artigo para o *O Jornal* do Rio de Janeiro (número do Natal de 1927), no qual se lê: "Os conservadores chamavam os liberais de *chimangos* e aos republicanos de *apóstatas*. Por sua vez, os liberais e republicanos denominavam de *cascudos* aos conservadores". *Cascudo* era também o nome que recebia em Santa Rita do Rio Preto, no noroeste da Bahia, o partido político contrário ao c.^{el} Abílio de Araújo, um dos chefes de jagunços mais temido na região do S. Francisco. Ao partido local do c.^{el} Abílio de Araújo se dava o nome de *Minhoca.*

Casqueiro: além da significação peculiar a quase toda a costa do Brasil como sinônimo de *sambaqui* (vide esta palavra), Artur Neiva surpreendeu este termo no linguajar dos marujos da ilha do Bom Jesus da baía de Todos os Santos, com a significação de vento forte, em geral do quadrante

CAS — 96 — CAT

sul. Valdomiro Silveira refere n'*Os Caboclos* o sentido de parte superior da terra, empregando a expressão *casqueiro grudento*, com a significação de lama indicadora de que a terra é de boa qualidade.

Cassaco: referido por Ildefonso Albano (*Mané Chique-Chique*) e designativo de "trabalhador de estrada de ferro, que vive com o saco às costas, avançando à medida que a estrada avança". "Educado na escola àspera do sofrimento, criado no campo rude da luta, Mané Chique-Chique não broma (não se torna ruim); ele é sempre o mesmo, quer tirando do seio da terra a protuberante mandioca, o louro milho, o variegado feijão ou o *ouro branco* ou feito *cassaco* na construção das estradas de ferro, quer como *tangerino aboiando* o gado para as feiras, criando nos sertões o vermelho *caracu* ou *campeando* nas *catingas* o arisco *barbatão*, quer numa frágil jangada, *emblema da Esperança*, tangida pelo terral ou batida pelo alísio em luta com os *verdes mares bravios de sua terra natal*".

Cata: termo usado em Mato Grosso, Minas Gerais e Bahia, para designar escavações, às vezes de grande profundidade, onde se faz a mineração, do alto para baixo, do ouro, do diamante, do carbonado. Nas Lavras Diamantinas da Bahia assim nomeiam os *garimpeiros* as escavações, em regra quadradas, feitas no solo, à procura dos diamantes. Pandiá Calógeras, à pág. 118 do seu trabalho *As Minas do Brasil*, 1.º vol., escreve: "Verificada a presença do metal, vários processos se utilizavam em sua extração. O mais simples era remover os terrenos estéreis da superfície, abrindo *cattas* (assim grafava o ilustre escritor), até chegar ao nível do material aurífero. Esses poços, redondos ou quadrados, tinham na base, em geral, uns vinte palmos em quadro, e abriam-se para o exterior com taludes que impediam o corrimento das terras; a profundidade variava,

e citam-se alguns de quase oitenta palmos de altura". São as *catas* uma das moradias do *Saci* endiabrado, que a imaginação do caboclo fantasiou. Daí *cateação*, serviço mais próprio das margens dos rios. Entretanto, Júlio Paternostro em sua *Viagem ao Tocantins*, à pág. 305, parece dar à palavra *catas* outro sentido quando escreve, falando dos garimpos do Município de Jataí, em Goiás: "Primeiro demarcam-se as *catas* que são os lugares de trabalho situados em terras de domínio público. A seguir, removem a terra de uma área de 10 m² com enxadas, picaretas e pás, e separam o cascalho por meio da *bateia* e do *ralo*".

Catabi: também *catabil*, registrado à pág. 245 do *Sertão Alegre* de Leonardo Mota, com a significação de acidente de terreno que produz o solavanco dos veículos e por metonímia o próprio solavanco. Informa o mesmo folclorista que leu num jornal de Recife, em outubro de 1927, um apelo ao prefeito para que mandasse consertar os *catabis* da estrada de Olinda. "As grandes rodas de madeira, chiando como umas desadoradas, eram as únicas que se aventuravam pelo massapé, pela lama, pelos *catabis* dos caminhos quase impossíveis a outro trânsito que não fosse o do negro, o — do burro e o da besta de carga — o proletariado do transporte d'água, de açúcar, de mantimentos no Nordeste do Brasil" (Gilberto Freyre — *Nordeste*, pág. 90).

Catanduva: mato rasteiro, áspero e espinhento; mata de pequeno porte e ruim, em geral de vegetação fechada, diz Navarro de Andrade em sua *Ligeira Contribuição para a Terminologia Florestal*, publicada na *Revista do Brasil*, n.º 84, dezembro de 1922. Teodoro Sampaio escreve que, no interior de S. Paulo, se dá o nome de *catanduva* ao mato rasteiro, espinhento e meio fechado, sendo a palavra oriunda do tupi *caá-atandiba*, que se traduz matagal rijo, áspero, em abundância. A *catanduva* é

CAT — 97 — CAT

uma formação vegetal semelhante ao *carrasco*. No *Glossário* de Everardo Backheuser encontramos *catanduva* como termo de S. Paulo designativo de argila pouco fértil. Com o mesmo sentido registrou A. Taunay no *Léxico de Lacunas*, abonando-o com a seguinte frase: "O inexperiente fazendeiro plantou dez mil pés de café numa *catanduva* fraquíssima". Diz-se também *catunduva*.

Catanduval: registrado por C. Teschauer e A. Taunay como sinônimo de pinheiral no Estado do Paraná.

Catarineta: alcunha amistosa dos filhos de Sta. Catarina, que já vimos também designados pelo cognome honroso de *barrigas-verdes*. Teschauer registra com o mesmo sentido — *caterinete*.

Catatuá: sinônimo de *tabaréu, matuto, caipira*. Registra-o Cândido de Figueiredo (4.ª Edição).

Catimbó: no Nordeste é o mesmo que *matuto, tabaréu*. Com este nome Ascenso Ferreira, de Pernambuco, publicou, em 1927, um livro de versos. Nélson de Sena, na sua *Toponímia Geográfica de Minas Gerais*, publicada na *Revista do Arquivo Público Mineiro*, refere-se a este termo que nomeia um sítio do este mineiro, derivando-o do tupi *caá-timbora*, que significa o "mato ou planta que exala", transformado por efeito do menor esfôrço prosódico em *catimbó*, na linguagem vulgar". *Catimbó*, diz Câmara Cascudo, em apreciável ensaio à pág. 86 do livro *Novos Estudos Afro-Brasileiros*, é o sinônimo típico da feitiçaria. O mesmo que *macumba* (Rio), *candomblé* (Bahia), *xangô* (Nordeste), *pajelança* (Amazônia). *Catimbó* e *catimbòzeiro* são imediatamente sabidos e conhecidos em tôda a parte. Do Maranhão até o Rio de Janeiro *catimbó* é a mesma feitiçaria. Chamam-no ainda *catimbau* e tem a mesma significação no Chile. O termo é mais usado e comum no Nordeste. Usam-se os derivados *catimbozada, catimbauzeiro*. Sôbre a origem do vocábulo leia Pereira da Costa — *Vocabulário Pernambucano*.

Catimbozeiro: sinônimo de feiticeiro Emprega-o neste sentido Mário de Andrade em seu *Macunaíma*, às págs. 28 e 250. "Maanape que era um catimbozeiro de marca maior foi que graciou o epitáfio". "O catimbozeiro possuía uma cabeça encantada feita com a metade de uma casca de jerimum". Rodrigues de Carvalho, no seu *Cancioneiro do Norte*, fala de uma célebre *catimbozeira* de Sta. Rita, na Paraíba (Pág. 277). Vide *Catimbó*.

Catinga: vocábulo indígena, formado de *caá* — mato e *tinga* — branco, esbranquiçado, donde escreverem alguns, atendendo à etimologia — *caatinga*. No linguajar comum se ouve *catinga*. É a região denominada *Hamadryades*, na *Tabula Geographica Brasiliae*, de Martius, caracterizada pelas florestas de árvore de pequeno porte, que perde na estação seca quase todas as folhas, posto que conserve alguns frutos que amadurecem precisamente nessa época. Esta zona abrange o Norte do Brasil, a partir do vale superior do S. Francisco, ainda pertencente a Minas Gerais, grande parte da Bahia, Pernambuco, Alagoas, Paraíba, Rio Grande do Norte, Ceará, Piauí, a parte norte de Goiás e o sul do Maranhão, com uma área de 800.000 km^2, segundo o cálculo do botânico Philipp von Luetzelburg. Este notável cientista, na sua obra citada e que deve ser lida por todos quantos se interessem pelo conhecimento verdadeiro do Nordeste brasileiro, define *catinga* "uma associação de plantas lenhosas de pouca altura, apinhada, para o máximo proveito da luz e que se contenta com todo e qualquer solo. Forma uma espécie de mato desprovido dos dois mais importantes fatores: elevação das árvores em procura de luz, e falta de umidade no solo. A *catinga* é, pois, um mato xerófilo, denso, composto de árvores e arbustos, de folhas caducas, pinatas e multipinatas, rico de espinhos e cactáceas, constituído de elementos munidos de todos os meios protetores contra a demasiada transpiração." O sertanejo distingue várias modalidades de *catingas*, das quais nos dá notícia Luetzelburg: *catinga alta, catinga baixa, catinga brejada, catinga carrascal, catinga legítima, catinga mestiça, catinga suja, catinga verdadeira, catingão* (Vide êstes nomes). A respeito da etimologia da palavra catinga, aqui transcrevemos a opinião de Beaurepaire-Rohan, divergente da maioria dos indianólogos: diz ele que a interpretação comum não tem o menor fundamento. "Com efeito, as catingas nada apresentam que justifique o emprego do adjetivo branco para as qualificar. O que as torna notáveis, como pude observar nas minhas viagens pelos sertões, é que, passada a estação das chuvas, perdem completamente a folhagem e ficam, durante parte do ano, com o aspecto de matas secas. Foi desse fato que parti para resolver a questão de um modo razoável. *Catinga* não é mais do que a contração de *caatinga* — significando matas secas, arvoredo seco". E continua o venerado vocabularista a justificar a sua opinião, invocando o depoimento de Ives d'Evreux, famoso capuchinho que andou pelo Norte do país, e acrescenta que, em Goiás, dão indiferentemente a esses acidentes florestais o nome de *catingas* ou *matos secos*, provando isto que a tradição tem ali conservado a primitiva significação do vocábulo tupi.

Catinga alta: é assim chamada a *catinga* em que a proporção dos elementos arbóreos para os arbustivos é de 1:2, ocupando especialmente as regiões planas e os vales largos entre serras e colinas; o solo é menos duro, seco e pedregoso que em geral. As árvores que mais contribuem para essa formação são: aroeiras, baraúnas, angicos, mimosas, pereiros, marizeiros, juazeiros e a carnaúba, A sua área estende-se pelas regiões de Pombal e Piancó no sul da Paraíba, oeste da Bahia, sudoeste do Piauí, norte de Alagoas e no cimo da serra do Araripe, no Ceará.

Catinga baixa: é a *catinga* das regiões elevadas, das chapadas e planaltos (Piauí), pobre de árvores, rica em cactáceas, de vegetação densa, não havendo claros ou espaços entre os indivíduos. Nesse tipo de *catinga* só existem elementos lenhosos de ramificação espraiada.

Catinga brejada: denominação dada pelos habitantes da região paraibana chamada "Brejo" à *catinga* misturada com elementos das matas verdadeiras. A *catinga brejada*, diz Luetzelburg, de quem tiramos estas definições, não é outra coisa senão uma capoeira com forte introdução de elementos de catinga e, quanto mais os seus elementos se fazem sentir com pronunciada freqüência, tanto mais a vegetação se assemelha ao *arisco*. A sua área geográfica se resume ao Estado da Paraíba.

Catinga carrascal: é a catinga em que há elementos da *catinga* e do *carrasco* com mistura, na proporção de 1:3. "A vegetação catingal que se alargava novamente tinha forte dose de *carrasco*, razão por que o sertanejo daquelas paragens o denomina — *catinga carrascal"* — (Luetzelburg, 1.º vol. Pág. 72).

Catinga do igapó: assim, diz Gastão Cruls, se designa na Amazônia central o espaço de terras inundadas durante a cheia e cobertas de vegetação mofina. É nome comum na bacia do rio Negro. (*A Amazônia Misteriosa* — Pág. 322 — A *Amazônia que eu vi* — Pág. 325). *Catinga de igapó* é expressão empregada por R. Spruce no seu livro *Notes of a botanist on the Amazon and Andes*.

Catingal: designação nordestina que nomeia larga extensão de *catinga*. Ouvimo-la freqüentes vezes no interior da Bahia e a vimos empregada por Paulo Prado na sua vibrante *Paulística*, à pág. 71, no seguinte trecho: "O bandeirante transforma-se no colono e povoador das regiões do Sul, da ilha de Sta. Catarina e da antiga capitania de S. Pedro; ao Norte é ele o criador e fazendeiro dos *catingais* baianos, até o Paiuí, Ceará e Maranhão..." Entretanto, A. Taunay em seu *Léxico de Lacunas* registra-a com a significação de largo trato de terras maninhas. "O. F... comprou um *catingal* que nada produz". No livro de Xavier Marques, *Terras Mortas*, à pág. 170, lemos: "Durante a travessia, por tubulosa estrada que era apenas um sulco aberto no maciço do *catingal*, tive pela primeira vez a impressão de fundo deserto".

Catinga legítima: é a própria *catinga* de vegetação arbórea e arbustiva, espinhenta e densa, xerófila, de folhas pequenas e movediças, rica de cactáceas.

Catinga mestiça: denominação que significa um tipo que não é composto somente de elementos xerófilos da própria *catinga*, mas apresenta também mistura de outros estranhos das regiões vizinhas, de diferentes floras. Diz Luetzelburg que encontrou esta denominação nos limites do Piauí com o Maranhão.

Catingão: é assim chamada a *catinga* baiana e piauiense, sobretudo rica de árvores e arbustos, pobre de cactáceas e bromeliáceas, excedendo a norma geral e comum da altura nas *catingas*, alcançando as árvores, de vez em quanto, sete metros de altura. Encontra-se nas partes mais baixas do ocidente do S. Francisco, no oeste dos rios Gurguéia e Parnaíba e nas encostas setentrionais da serra do Sincorá, na Bahia.

Catinga suja: o mesmo que *catinga mestiça*.

Catinga verdadeira: chamada também pelos sertanejos de Paraíba e do Ceará — *sertão;* é a catinga pura, extremamente seca e xerófila, cujo solo é coberto de tapetes extensos de bromeliáceas e cactáceas rasteiras.

Catingueiro: designação baiana do habitante da região das catingas, **oposta à de** *mateiro* — habitante da zona das matas. "Para a pesca fazem tôscas cabanas de palha nas coroas ou nas *ipueiras*, a fim de salgarem e secarem o peixe, do qual formam pequenas pilhas ou costais próprios para carga, e os vendem aos *catingueiros* Durval V. de Aguiar. *Descrições Práticas da Província da Bahia* — Pág. 11). Empregou-a **também** Alberto Rabelo nos seus *Contos do Norte*, à pág. 86: "Continuando a narrativa, o tropeiro esboçava em sua rude linguagem a cena muitas vezes repetida, quando, nos sábados, seguindo os *catingueiros* que passavam, a louca se encaminhava para a vila". Também usado na Paraíba segundo se lê à pág. 124 da *A Bagaceira* de José Américo de Almeida: "Êle acamaradava-se com um *catingueiro* homiziado no engenho, oriundo dessa faixa de criação e de cultura algodoeira, onde se desfrutava um melhor aparelhamento econômico em mais precárias **condições naturais**". Em *Terras Mortas* de Xavier Marques, à pág. 166; "Durante a estação, porém, a figura mais interessante naquele **cenário desmesurado** é a do *catingueiro*, retirante mesquinho, magro e peludo, com a mochila de esteira às costas, arrastando as alpercatas de sola em busca de trabalho na mata". No Ceará, segundo lemos na *Cancioneiro do Norte* de Rodrigues Carvalho (2.ª edição — 1928), à pág. 215, a palavra *catingueiro* é usada no sentido de vaqueiro que sabe vaquejar na catinga. Eis a estrofe:

*Nesse tempo tinham ido
A Pajeú ver um vaqueiro;
Dentre muitos que lá tinha,
Viera o mais catingueiro.*

Cativo: brasileirismo muito corrente nas lavras diamantinas, que designa os satélites mais freqüentes dos diamantes, como o rutílio paramorfoseado em octaedrita, segundo a lição do prof. Everardo

Backheuser. A. Taunay escreve: "seixo que aos mineradores de diamantes serve de índice da existência de pedras preciosas". Ainda no linguajar dos garimpeiros são comuns as expressões *cativo de chumbo* para designar a octaedrita e *cativo de ferro* para denominar a magnetita. (Vide *Satélite*.)

Catrumano: regionalismo do norte mineiro, sobretudo da zona do Paracatu, designativo de *caipira*, *matuto*, *tabaréu*. Vimo-lo empregado por Carlos Chiachio, num seu artigo de crítica literária, publicado na *A Tarde* de 31 de janeiro de 1928. Eis o trecho: "em que pese aos céus, selvas e mares, que desbordam das criações artísticas, com a enumeração catalogal das coisas da flora e da fauna, montanhas abruptas acima, vales em flor abaixo, planícies com casinhas de sapé, ou descampados com taperas em funeral, coqueiros dialogando distâncias, jequitibás confidenciando grandezas, e caipiras e matutos e tabaréus e paroaras e *catrumanos* e jagunços e todos os tipos e todas as paisagens, nada disso, sem a exclusão disso, que as passadas gerações fartamente esgotaram, pode constituir a característica dominante do Brasil moderno". Ainda o mesmo consagrado escritor no artigo de crítica à 3.ª edição da *Onomástica*, que publicou na *A Tarde* de 1 de maio de 1928, diz a respeito deste termo: "Para o centro do país nas zonas franciscanas, há o termo "catrumano", que o folclore acusa em versos estropiados, como estes, da riquíssima coleção Manoel Ambrósio, ainda inédita:

Chegou Benedita "catruma-
[*na*".]
Fais café, sacode a cama,
Cond'eu passá, ocê me cha-
[*ma*.]

Ou, então, nestes, em que o tipo ressalta, nítido, das chufas ribeirinhas:

A *baiêta do negro é o fogo.*
A *doença do pinto é o gôgo.*
A *gravata do boi é a canga.*
E *o reloje do "catrumano" é*
[*a capanga*".]

Já o registrou A. Taunay, no seu *Léxico de Lacunas*, dizendo ser, talvez, corrutela de quadrumano.

Cauaçus: nome de um grupo de bandoleiros dos sertões baianos próximos ao norte de Minas Gerais, que se tornaram célebres no sul da Bahia, zona de Ilhéus, por lutas à mão armada, depredações em povoados e fazendas. Em suas *Impressões de Viagem de Belmonte à Vila Jequitinhonha* Ed. Santos Maia, escreve: "O motivo de tamanha celeuma foi oriundo de haver bandoleiros do sertão baiano, cognominados de *cauaçus*, divulgados nos acontecimentos e morticínios de Jequié (1916), séria e energicamente batidos pela polícia da Bahia, invadido o sertão-norte de Minas, ameaçando propriedades, saqueando, desrespeitando autoridades..."

Caubi: vide *Caaobi*.

Cauchal: *gomal* no Peru, terreno em que vicejam as árvores chamadas *caucho* (*Castilloa elastica*). Termo da Amazônia ocidental.

Caucheiro: assim se chamam na Amazônia os que se entregam à extração da borracha do caucho, algo semelhante aos *seringueiros* extratores do látex da hévea. Traçou-lhes admirável perfil Euclides da Cunha (*À Margem da História*. Entre págs. 77 e 99). Dá-se também este nome ao dono do *cauchal*.

Caudilhismo: termo muito correntio na imprensa, designativo de regime anárquico de sedições e pronunciamentos. Sinônimo de *caciquismo*. Registram-no os modernos vocabularistas. Também *caudilhagem*, empregado pelo grande Rui Barbosa em alguns de seus discursos.

Cavaleiros: na Amazônia e na Mesopotâmia maranhense designam assim as ondas altas da *pororoca*. A respeito escreve Raja Gabaglia, à pág. 146 do seu livro citado: "Assim o Mearim está sujeito ao fenômeno da *pororoca* que sente em Arari, 42km acima da confluência do Pindaré, e em Vitória, 12km acima de Arari. Forma-se no banco de Tijucupana que é uma barragem notável descoberta na vazante e que represa as águas do fluxo até a altura e volume suficientes para vencer a correnteza do rio, o que precisa de três horas; em seguida elas se levantam, formam três ou quatro ondas enormes — os *cavaleiros*, na linguagem popular — e se precipitam rio acima, enchendo em três horas o que necessitam de nove". Com razão Rodolfo Garcia registra este termo como sendo de uso geral na significação de ondas altas e impetuosas. Em Alagoas chamam — *cavaleiros*, banzeiros, marolas (Otávio Brandão — Canais e Lagoas. Pág. 85).

Caxixe: termo do sul da Bahia, muito correntio nos Municípios de Ilhéus e Itabuna, designativo de logro e esperteza exercidos na obtenção de terrenos cacaueiros, fazendas, etc. Para aqui trasladamos, sem mudar palavra, o que a respeito nos escreveu o Dr. Rui Penalva, brilhante espírito, fazendeiro na referida zona. *"Caxixe:* é um roedor das nossas florestas, pequeno, forte e ágil. Um demônio de vivacidade. Se não é esquilo, que nunca vi senão pintado, parece em extremo. Conhecemno (e talvez já não exista ali) no norte da Bahia com o nome de *caetité. Aqui, chamam-lhe —* cutia-de-pau, papa-côco e, mais comumente, *caxixe.* Sem o intermédio do marsúpio, lembra o último estágio do murídeo em transição para o pequeno símio inferior (sagüi), cuja evolução parece ter-se frustrado. Na gíria local, *caxixe* equivale a ratonice, logro, esperteza. Um furto, um roubo não constituem *caxixe.* A traça do negócio tem que revestir aparências honestas, exterioridades defensáveis para merecer as honras do *caxixe.* Ainda quando a violência colabore no arranjo da melgueira, o disfarce ilude, ocultando-a. É a trapaça; ilude a boa-fé dos incautos e joga, por vezes, com a velhacaria da própria vítima. À força de ser roubado, o matuto tem o instinto *furandi* e uma das melhores e freqüentes armas do *caxixeiro* é acenar à vítima com a possibilidade de prejudicar a outrem. Ligam-se, para logo, o *caxixeiro* e a vítima, transigem com a mais absoluta confiança e lá se vai roubado o *trouxa* que se entregara à discrição para prejudicar interesses de terceiros. O vocábulo tem um poder de expressão pinturesca. O *caxixe* escapa à mais consumada maestria do escopeteiro que o não conheça. Tenho visto alguns abrigados em acidentes de árvores, inatingíveis. A curva de um galho bem aproveitada é uma trincheira. Outras vezes cai debaixo da mira e, no momento de comprimir o atirador o gatilho, quando já não pode suspender o movimento, o vivaz diabinho ocupa posição diametralmente oposta. Contornou o tronco e escondeu-se, ou desceu, ou subiu um metro e, de cabeça voltada para nós, passou a ter a cauda voltada para baixo. Esta muitas vezes, lhe serve de disfarce. Num galho seco, com o pelo abundante e relativamente longo, ouriçado, deitado a fio sobre o dorso, dá a impressão perfeita de uma casa pequena do marimbondo a que chamamos *tatu.* Afigura-se-me uma intuição genial a do matuto que assim designou a *esperteza".*

Caxixeiro: assim se denominam no sul do Estado da Bahia, principalmente em Ilhéus e Itabuna, não só os aventureiros e traficantes que enganam o parceiro na realização de qualquer negócio de dinheiro, mas também, e notadamente, aquele que, à custa de fraudes e velhacarias, do *caxixe,* forjicando papéis e documentos, espoliam de seus haveres, de suas roças os agricultores matutos, incautos e ingênuos. "Vários são os casos de propriedades agrícolas que se vendem e hipotecam, sem que os possuidores tenham comparecido em cartório para dar a outorga. Acontece mesmo que jamais tiveram negócio ou entendimento algum com o esperto comprador ou credor. Passam-se procurações para alienação de bens de raiz, simulando comparecimento da parte perante o tabelião, quando esta nem mesmo cogitou de semelhante transação. Quantias de escrituras de reconhecimento de débito são duplicadas e triplicadas, com o fim de poderem mais facilmente os velhacos apropriar-se dos haveres da vítima. Dão-se, a tal respeito, coisas fantásticas... O roceiro analfabeto é o escolhido para a rapinagem e pirataria... Desfazer a embrulhada, não seria difícil, perante a justiça. As condições do meio, porém, são de tal modo precárias, que a fraqueza moral das vítimas prefere capitular, apelando para a generosidade dos algozes, a fim de ver se conseguem alguma quantia que lhes permita um nôvo estabelecimento" (Salomão de Sousa Dantas. *Aspectos e Contrastes*. Págs. 66 e 67).

Ceará-brabo: segundo Adauto Castelo Branco, em artigo publicado no *Correio Paulistano* de 18 de agosto de 1928, assim era comum designar-se no Pará o cearense recém-chegado para a exploração dos seringais.

Cearense: além de ser designativo do filho do Ceará — da Terra de Sol (Gustavo Barroso) —, apelida, na Amazônia, todo o nordestino. Refere-o José Carvalho no seu livro *O Matuto Cearence e o Caboclo do Pará* (1930), pág. 14. É fato semelhante ao que se dá com o termo *baiano* no sul da República (Vide esse termo).

Centro: termo que, na Amazônia, no *inferno verde* dos seringais, indica o interior do *seringal*, onde a freguesia (os seringueiros) está *colocada* (trabalha), para tirar a borracha nas diferentes *estradas* a rumo (a que segue em direção para a frente) ou *enroladas* (a que não obedece à diretriz regu-

lar). Os seringais compreendem o *centro* e a *margem* (Vide esta palavra, e, para mais longas explanações — *Os seringais* de Mário Guedes). Nos Estados do Nordeste, ou melhor, da Bahia ao Maranhão, se diz *centro* o lugar ou conjunto dos lugares distantes de uma povoação principal.

Cercado: registrado no *Dicionário de Brasileirismos* de Rodolfo Garcia, como têrmo do Nordeste, designativo de lugar limitado por tapumes naturais, abundantes de pastagens, onde os viajantes guardam seus animais à noite; no comêço da estação das chuvas, os *cercados* são convertidos, às vezes, em campos de plantação de cereais. É também de uso no Rio Grande do Sul segundo informação do gen. Borges Fortes que nos escreveu: "junto às habitações se encontram as *mangueiras* ou *currais*, os *potreiros* e os *cercados*". Também se denomina cercado um trato de terra de cultura isolado por cercas ou tapumes a fim de impedir a entrada de animais. Neste sentido é sinônimo de *roça* — um *cercado* de milho, uma *roça* de milho que é isolada por cercas.

Cerco: termo de Itanhaém, S. Paulo, registrado por Afonso Taunay, que significa cerca de estacas bem juntas, fincadas no leito dos rios e riachos, apoiadas por varões que atravessam a corrente de um barranco a outro; é, em suma, armadilha para apanhar peixe. Sinônimo de *pari*. Nas regiões diamantinas de Minas Gerais, segundo referem Pandiá Calógeras (*As Minas do Brasil*) e Felício dos Santos (*Memórias do Distrito Diamantino*), o vocábulo cerco designa a tapagem feita com pedras, faxina, terras, tudo o que possa servir de entulho no leito de um rio para que as águas fiquem só passando num lugar apertado, ficando, destarte, o rio *no tronco*, segundo o dizer dos *garimpeiros*. A respeito escreve Felício dos Santos, livro citado, às págs. 124 e 125: "Mas quando o leito é apertado, ou não permite esta ex-

CER — 103 — **CER**

ploração ligeira, *cerca-se* o rio. Para este fim cava-se paralelo ao rio um valo, ou quando este não é possível, como sempre acontece pela escabrosidade, escarpadura, e declive rápido dos montes laterais, constrói-se um *bicame*. O bicame é um leito artificial, que se faz com tábuas unidas com fortes gastalhos, calafetadas de embiruçu, estopa ou outra matéria, de maneira a não deixarem escoar-se a água que tem de receber, e com a segurança possível para conter o seu volume: é de ordinário assentado sobre estacadas firmadas na rocha. Feito o bicame, ou mesmo durante a sua construção, trata-se de *cercar* o rio. Começa-se o *cerco* ordinariamente de um lado: o que se faz com pedras, faxina, terras, e tudo o que possa servir de entulho, e vai-se sucessivamente levantando-o, até que as águas fiquem só passando em um lugar apertado; então se diz que o *rio está no tronco*, porque assim se chama este apertado. Concluídos estes preparativos, resta suspender o rio e fazê-lo entrar no bicame: para êste fim só basta tapar o tronco, e as águas represadas irão subindo até à altura do bicame, que, sendo colocado um pouco mais baixo que o *cerco*, tem de recebê-las para lançá-las em outro ponto, deixando em seco a parte do leito que se quer minerar".

Cernambi: termo do Pará, o mesmo que *sambaqui*. (Vide este vocábulo.) No entanto, escreve Raimundo de Morais à pág. 109 do seu magnífico *País das Pedras Verdes* (*Manaus* — 1930): "Depois da hévea ter ganho o surto comercial que a tornava o primeiro produto de exportação da Planície, ligou-se o vocábulo *cernambi* de tal forma à goma elástica, designando o resíduo da borracha, o tipo inferior da seringa que, se nestas linhas se falasse em cernambi, geraria sem dúvida confusão entre as eminências conchilíferas e essa modalidade coagulada de ouro negro. Eis o motivo porque se prefere, para os ostrários paraenses, a denominação dos cientistas — *sambaquis*".

Ceroulas: cognome opôsto aos soldados de uma das companhias do Batalhão n.º 8, que muito se distinguiu na Guerra da Independência, travada no Recôncavo da Bahia de 1822 a 1823. Eram assim apelidados os bravos combatentes por não vestirem outro fardamento senão camisa e ceroula, sendo para registrar que a tanto sacrifício chegou o heroísmo dos baianos na luta emancipadora. Vide *Couraças*. (J. Teixeira Barros. *Resumo Cronológico e Noticioso da Província da Bahia* — Pág. 288). Era comandante deste bravo batalhão o maj. José de Matos Ferreira Lucena.

Cerradão: refere A. Taunay que, nos Estados do Sul, esse termo designa um extenso trato de terras estéreis. Entretanto, Sud Mennucci, em carta que me enviou a 2 de fevereiro de 1930, informa que, em S. Paulo, *cerradão* não é terreno estéril, designando, sim, o terreno que se caracteriza pela ausência de mananciais e pela vegetação arbustiva, quase sempre o angico-branco, de que se extrai o tanino. No Nordeste, conforme a lição de Luetzelburg, assim se chama a um *campo cerrado*, de flora arbórea, aconchegada, quase apertada: é um *cerrado* mais denso, com maior coeficiente de elementos lenhosos.

Cerrado: segundo Macedo Soares é mato emanharado, basto ou muito enredado de silvas e cipós. Caracterizando-o botanicamente, escreve Luetzelburg: é uma junção de *campos* e campos *cerrados;* o solo é vestido de relva, faltam árvores altas de troncos retos, existindo apenas as baixas, de troncos curtos e irregulares, sendo a distância que separa a vegetação lenhosa de 1:10, para a umidade de 100 metros. Tratando da flora amazônica, o Dr. Olímpio da Fonseca cita a opinião de Adolfo Ducke que chama *cerrados* aos campos de formação remota, caracterizados pela existência de uma vegetação arbustiva e elementos muito estritamente particulares e que nada têm de semelhante com os *cerrados* dos *gerais* (*Dic. Hist. Geog. e Etnog. do Brasil.* Pág. 217). Beaurepaire-Rohan escreve que se distingue o *cerrado fechado*, quando as árvores estão mais próximas uma das outras, e o *cerrado ralo*, quando distam entre si, de maneira que facilite o trânsito dos animais.

Cerrito: registrado por Calage, com o significado de pequeno cerro, ou lugar alto pedregoso. Sud Mennucci informa que é termo corrente em S. Paulo, cujas cartas topográficas oficiais o anotam. São pequenos *cerros*.

Certidões: termo usado na região serrana de Mato Grosso, no sentido de alicerces das antigas construções que se vêem ainda nas *taperas, as* quais, em grande número, avultam na citada região. Vimo-lo empregado à pág. 50 do volume de contos mato-grossenses — *A Cavalhada* — do Dr. José de Mesquita, no seguinte passo: "E ao percorrer, sozinho, aquelas ruas tristes e desertas, de onde parecia exalar-se um bafo desolador de ruína, ao rever aquelas antigas construções, de algumas das quais só restavam os alicerces de pedras, as *certidões*, como na sua linguagem expressiva os chamam os *caipiras*, mostrando a ossatura dos esteios de aroeira, Juca sentiu-se mais do que nunca ligado àquelas ruínas, preso àquela grande tapera abandonada".

Ceveiro: registrado por A. Taunay com a significação de lugar onde se põe comida com o fim de atrair peixes e pescá-los. C. de Figueredo (4.ª Ed.) dicionariza êste têrmo como brasileirismo, dando-lhe a explicação seguinte: "lugar onde se põe ceva para a caça".

Chã: apelativo que, além do seu sentido comum em português, tem, no Brasil, a significação peculiar de planície elevada, *chapada*, assim usado de Alagoas a Paraíba, onde várias localidades são precedidas desse designativo, como por exemplo, Chã da Aldeia, Chã do Carpina em Pernambuco, Chã de Sapucaia em Alagoas, Chã do Moreno na Paraíba. "A *chã* da serra é um planalto de cêrca de 15 quilômetros de comprimento por 4 quilômetros de largura" (Luciano Jaques de Morais. *Serras e Montanhas do Nordeste.* Rio. 1924. Pág. 17. — Pub. 58 da Insp. de Obras contra as Secas).

Chácara: americanismo registrado por Beaurepaire-Rohan e Romaguera que nomeia quinta nas vizinhanças das cidades ou vilas. É palavra hoje usada em quase todo o Brasil e corresponde ao que, nos arredores da cidade do Salvador, se denomina *roça,* no Pará *rocinha,* em Pernambuco *sítio.* Diz Beaurepaire-Rohan que é palavra de origem *quíchua* ou *quéchua* como outros escrevem. No Rio Grande do Sul diz-se também *chacra* — pequena propriedade suburbana. Augusto de Saint-Hilaire em sua *Viagem às Nascentes do rio S. Francisco* (Pág. 32 do Vol. II da Ed. da Brasiliana) escreveu que o termo *chácara* indicava, entre os índios, suas mesquinhas plantações, e por uma curiosa extensão, os luso-brasileiros transportaram-na a suas casas de campo mais elegantes. Em Minas, diz Nélson de Sena, designa habitação compestre ou casa em arrabalde de qualquer povoado e junto à qual há grande quintal com plantação de arvoredos frutíferos e outras culturas de pequena lavoura de café, cana, mandioca, bananas, cereais, etc. Daí chacareiro — hortelão, floricultor.

Chaneco: assim chamam os roceiros de Minas Gerais, segundo informa Nélson de Sena, a um terreno plano, descampado e de má qualidade, impróprio para a cultura. Estudando-lhe a origem, o mesmo vocabularista acosta-se ao parecer de Couto de Magalhães para quem o vocábulo é de origem indígena — *chané* — *có* — "a vista esperta e limpa", ou também o "terreno que tem vista ou horizonte aberto, o descampado largo".

CHA — 105 — CHA

Chão parado: dição muito correntia em S. Paulo, designativa de terreno muito plano e extenso, chanura. Devemo-la a A. Taunay, que nos deu o seguinte exemplo: "Este cafezal vai a perder de vista num *chão parado* que parece ter sido nivelado." Na nomenclatura regional das terras de S. Paulo é freqüente ouvir-se as expressões: terra de *chão parado*, *terras penduradas*, estas menos apreciadas. Ainda é A. Taunay que nos informa que, em S. Paulo, dizia-se, havia quatro terras próprias para café: *massapé, roxa, salmourão* e *barrenta*. Esta é a menos apreciável por muito *suja*, no dizer dos fazendeiros paulista, pelo mato que crescia e insetos nela criados.

Chapada: este termo tem um amplo e vário sentido no Brasil. Nos Estados do Nordeste as **chapadas** são planaltos com diversas vegetações, ora compostos de elementos dos agrestes, ora de carrasco, da catinga, ou completamente ocupados por esta em estado puro e seco de caráter xerófilo; o seu solo é duro, coberto de relva, com árvores pequenas de troncos irregulares, com arbustos que aparecem e desaparecem com as estações. Entretanto, segundo Luetzelburg, o sertanejo nordestino compreende por *chapada* todo e qualquer planalto ou serra de elevação mediana, de fraco declive, coberto de vegetação xerófila. Assim "as serras do Apodi e do Araripe, o grande planalto entre as cidades do Bom Jesus do Rio Gurguéia e São Raimundo Nonato, as serras de arenito, completamente planas e chatas no cume, no alto rio Vaza-Barris, todas cobertas de catinga sêca e legítima, são conhecidas por chapadas." Refere Rodolfo Garcia que, no Maranhão, significa qualquer planície de vegetação rasa, sem arvoredo. Macedo Soares dá como sentido geral: esplanada no alto do morro, do monte, da serra.

Chapadão: chapada muito extensa, uma série de *chapadas;* planuras que se destacam e parecem como que desengastadas por algum cataclismo do planalto geral, no dizer de Rocha Pombo. Macedo Soares, que registrou este vocábulo, escreve: *chapadas* extensas e sucessivas.

Chapadeiro: o mesmo que *caipira, tabaréu, matuto.* Tratando deste vocábulo, em sua *Toponímia Geográfica de origem brasílico-indigena em Minas Gerais*, Nélson de Sena escreve que, em Minas, se diz *chapadeiro* o solo áspero e batido em socalcos de chapadas, freqüente nos sertões do extremo-oeste e noroeste mineiros. E mais: "Deste brasileirismo chapada se derivaram, além de *chapadão*, mais os termos *chapadeiro* e *chapadinha*: esta vem a ser uma *chapada* pequena, pouco extensa, enquanto aquele, além da acepção já anteriormente dada, ainda constitui um designativo próprio para indicar homens, animais e plantas afeitos ou a viajar nas chapadas ou a suportar as dificuldades que entes vivos sofrem nas chapadas; e por isso, os sertanejos de Minas qualificam *chapadeiros* o vaqueiro, a vegetação e os animais habituados às *chapadas*".

Chape-chape: no Rio Grande do Sul, diz Calage, tem o sentido peculiar de chão duro, terreno seco e áspero; vocábulo onomatopéico.

Chapeirões: recifes à flor d'água, que guarnecem a costa do continente a oeste dos Abrolhos (grupo de ilhas ao sul da Bahia) e deixam entre estes um canal de fácil navegação. São recifes coralinos, de formação bem frágil, que emergem em colunas e, às vezes, se dilatam na parte superior, tomando a forma de grandes chapéus-de-sol, donde vem o nome de *chapeirões*. Os holandeses chamavam a êstes recifes — *jesuítas*. Tratando dos *chapeirões*, diz F. Raja Gabaglia, em seu citado livro: "Recifes isolados ou *chapeirões*, (em inglês *hat*), pequenas ilhas, de forma arredondada, que lembram mais a forma de um cogumelo do que a de um grande chapéu como pareceu aos portuguêses, quando os descobriram.

CHA

— 106 —

CHA

Estes recifes aparecem apenas nos Abrolhos e nas Novas Hébridas (Oceânia), onde foram recentemente descobertos. Às vezes os chapeirões se acumulam de modo a se soldarem, formando um vasto planalto".

Chapinha: epíteto dado pelo povo paulista aos "guarda-civis" improvisados durante a revolução constitucionalista de S. Paulo a 9 de julho de 1932. Vimo-lo citado no livro admirável de Menotti del Picchia, *A Revolução Paulista*, à pág. 161: "chapinha foi o epíteto dado aos guarda-civis compostos por cidadãos abonados na polícia. A guarda-civil da capital foi organizada com os elementos melhores da nossa sociedade".

Charanga: segundo informação de Juventino Magalhães, que residiu durante algum tempo em Sena Madureira, território do Acre, assim chamam ali a uma navegação pequena.

Charqueada: preferimos esta grafia (que é a grafia adotada pelo *Vocabulário Ortográfico da Língua Nacional*) à de *xarqueada* que vemos freqüentemente adotada, segundo a lição de Apolinário Pôrto Alegre, proficiente mestre gaúcho, referida por Augusto Daisson no seu opúsculo *À Margem de alguns Brasileirismos*, entre págs. 85 e 91. Pôrto Alegre derivava *charque*, donde *charqueada*, do *quíchua charki* — carne-seca e desse tema diz que fizemos as seguintes palavras: "*charque* — carne-seca salgada, *charqueação* — ação de charquear, *charqueada* — fazenda onde se prepara o charque, *charquear* — desfazer a carne em mantas para secar, *charqueador* — o proprietário de charqueada ou o que desfaz a carne em charque, *charqueio* — o preparo da carne em charque". *Charqueada*, também nomeada *saladeiro*, é assim o estabelecimento onde é abatido o gado para o fabrico do *charque*, que outra coisa não é senão a carne-seca salgada. É uma das mais ativas industrias do Rio Grande do Sul, fundada ali por volta de 1870, segundo infor-

ma Romaguera, que fala também do *charque-de-vento* que é o que se prepara nas estâncias para o consumo e consta de pedaços delgados, com pouco sal e é secado à sombra e pela ação dos ventos: não pode ser exportado por ser de pouca duração. O *charque* é chamado no Norte do Brasil *carne-seca, carne-do-sertão, jabá*. Nas Repúblicas platinas, onde é importantíssima a indústria do charque, dão-lhe o nome de *tasajo*.

Charravascal: é o nome dado em Mato Grosso a certas zonas do Estado, onde cresce uma vegetação média, de cerca de três metros de altura, muito densa e intrincada. O benemérito gen. Rondon definiu-o: espesso trançado de varas finas, taquarinha, gravatá; é mais fechado do que a *catinga*, de que difere pela vegetação; e é semelhante aos *espinhais* da Argentina e aos *caparrais* do Texas na América do Norte. A. J. de Sampaio, à pág. 119 da *A Flora do rio Cuminá*, diz: formação arbórea de pequeno porte, árvores esguias, algumas tortuosas, de casca e folhas grossas; árvores pouco distantes umas das outras, mas permitindo trânsito. A propósito de *charravascal, chavascal, bamburro e bamburral*, diz com toda a propriedade A. J. de Sampaio, que são termos não bem definidos, a seu ver, termos genéricos de formações variáveis e cuja definição terá de resultar de definições particulares das suas diversas modalidades (Livro citado, pág. 120). No Nordeste *charravascal* denomina uma espécie de catinga fechada.

Chato: terreno plano, não acidentado, sinônimo de *parelho*, no Rio Grande do Sul. Registrando este termo, pondera Macedo Soares: "É notável a tendência dos brasileiros para substantivarem os adjetivos que exprimem a qualidade característica da coisa, e particularmente, sejam terrenos, sejam campos, matos, rios, etc.; e tão numerosos formigam os exemplos que podemos classificá-la entre as tendências dialetais do português falado no Brasil. Não é o caso certamente do emprego do adjetivo pelo substantivo: esse processo gramatical é comum a todas as línguas de que temos notícia; e nele o adjetivo faz função de pronome. O fato que notamos é a própria conversão do adjetivo em substantivo, e sem desaparecer aquêle, vivendo ambos, um ao lado do outro, um e outro, porém, independentes".

Chavascal: o mesmo que *charravascal,* semelhante ao que se denomina em algumas zonas *bamburro* (vide estes termos). "Dagoberto tomava gosto aos riscos do pastoreio, às grandes corridas temerárias pelos tabuleiros e chavascais da fazenda" (José Américo de Almeida. *A Bagaceira* — Pág. 291). Segundo Lauro Palhano (*O Gororoba*), no rio Purus *chavascal* é pântano trançado de raízes, alagadiço com atoleiros, cheio de vegetação. Entretanto, à pág. 41 de *Coari* de Anísio Jobim, lemos: "Poucas horas de navegação, depois de transposta a sua bacia, penetrava-se um enorme *chavascal,* por onde o rio desliza lento. Uma floresta aquática, formada de araparis, piranheiras, lourodo-igapó, munguba, ficus e clúsias, agoniza e braceja, em meio a corrente preguiçosa. Os canais multiplicam-se e subdividem-se em tôdas as direções, formando um estranho labirinto verde. Só o olhar do prático, acostumado àquela floresta de frondes, de ramos, de galhos contorcidos, afogada no aguaçal, é capaz de trilhar o canal verdadeiro — *a mãe-do-rio".*

Chepe-chepe: vocábulo onomatopéico, designativo, no Maranhão, de terreno encharcado (Informação de Antônio Lopes, em carta de 18 de março de 1928).

Chimango: alcunha generalizada no Brasil como se vai ver nas linhas abaixo. Em Pernambuco foi aplicada ao partido liberal, ao partido que pugnava pela maioridade de Pedro II, partido este que recebeu também de seus adversários, guabirus ou baronistas, o epíteto de praieiro, remoque êste que, segun-

do Alfredo de Carvalho, os liberais, "a exemplo dos famosos *gueux* da Neerlândia protestante do século XVI, arvoraram em divisa do combate". Na Bahia, por volta de 1833, e anos seguintes, no sul do Estado, o epíteto *chimango* era aplicado aos exaltados pelos moderados ou *caramurus* (Brás do Amaral. *História da Bahia do Império à República* — Pág. 91). Em Minas Gerais, diz Nélson de Sena, assim se chamavam os liberais, em oposição aos conservadores — *cascudos* ou *caramurus.* No Ceará, segundo o testemunho de Théberge e J. Brígido, era também usada a alcunha de *chimango* por analogia com os rebeldes do Rio Grande do Sul (*Homens e Fatos do Ceará*). Finalmente no Rio Grande do Sul *chimango,* que é propriamente uma ave de rapina muito comum na campanha gaúcha, foi alcunha dada pelos *maragatos* ou *federalistas* aos adeptos do partido republicano do mesmo Estado". Roque Calage registra *chimangada* — muitos *chimangos,* e acrescenta: "figuradamente, expressão pejorativa contra os que militam ao lado do governo do Estado". Ainda em livros recentes vemos a revivescência do termo. À pág. 104 do livro de Adauto Castelo Branco — *Catanduvas* (S. Paulo-1927), encontramos o seguinte período: "Mais do que soldados do governo e asseclas da rebelião, campeiros da autoridade constituída e espadachins de qualquer 5 de Julho — estraçalharse-iam *chimangos* e *maragatos,* brancos e vermelhos, republicanos e federalistas, duas idéias seculares, duas fações poderosas... numa conflagração de choques brutos".

China: nome que, no Rio Grande do Sul, se dá às mulheres da raça indígena. Roque Calage, em seu *Vocabulário Gaúcho* diz: mulher de índio; mulher de cor morena carregada; mulher pública. "Terminada a tarefa que ali o retivera seis meses, ia livre, agora, matar saudades da *china* que deixara nos pagos" (*Quero-Quero* — Pág.

CHI — 108 — CHU

117). De china derivam: *chinara-da*, grande número de chinas; *chinaredo*, o mesmo que *chinarada*; *chininha* — filha de *china*, caboclinha, também dita *chinoca*, *chinaquinha* (Romaguera, Calage).

Chiqueiro: no Brasil tem este vocábulo várias acepções regionais. Aqui é compartimento do curral de peixe, ali é a estacaria com que, nos rios, se detém o peixe, além é o curral para bezerros. Afonso Taunay, registrando-o em seu *Léxico de Lacunas*, informa que, nas lavras diamantinas, designa as ensecadeiras. Em certas zonas da Bahia (Município de Valença por ex.) significa curral de porcos. O prof. Jorge Zarur no curso de uma viagem de estudos no Triângulo Mineiro ouviu o termo empregado pelos garimpeiros no sentido de "cercado no rio, que isola o local onde o garimpeiro vai começar a extrair o cascalho" (*Revista Brasileira de Geografia*, nov.-dez. 1943).

Chircal: vocábulo de origem araucânia e quíchua, segundo Romaguera Corrêa; também escrito *chilcal*, usado no Rio Grande do Sul para designar um lugar cheio de *chirca*, isto é, uma espécie de erva brava, que medra em campos de ruim qualidade (Calage). Encontramo-lo na seguinte estrofe de Piá do Sul, à pág. 103 do seu livro *Gauchadas e Gauchismos*:

"Branca estava a natureza,
Tôda pintada de cal,
Árvores, pasto, chircal,
Naquela manhã acesa,
Contra o frio e a tristeza."
. . . .

Chiru: registrado por Calage, designativo de índio, caboclo; pessoa que tem traços de indígena. Este mesmo escritor empregou-o, à pág. 19 do seu livro *Quero-Quero*, no seguinte trecho: "Herdara do pai — velho *chiru* meio sangue charrua — a profissão que seguia..." E mais, à pág. 40: "A constante inquietação do velho *chiru* fronteiriço, puro guasca de ação e têmpera...". O feminino

é *chirua* (Calage). Tito Carvalho em seu livro *Bulha d'Arroio* diz que *chiru* é índio ou cruzado com índio.

Chororó: corrutela de *itororó* (Vide esta palavra).

Chovedouro: termo geral do Brasil para indicar a direção de onde vem a chuva habitualmente. Registrado por Teschauer e A. Taunay que cita a seguinte frase: "O nosso chovedouro fica do lado do oeste". Ouvimo-lo muitas vezes no interior da Bahia. Também se diz nos sertões: *chovedor*; "Passamos horas e horas contemplando o *chovedor* e quaisquer pingos de chuva eram motivo de grande alegria" (Lima Figueiredo. *Terras de Mato Grosso e da Amazônia* — 1938 — Pág. 24).

Chumbeiro: designação depreciativa de português na época das lutas pela Independência. Registrado por Pereira da Costa que o abona com as seguintes frases: "Este nefando procedimento não pertence senão aos tramas dos *chumbeiros*" (*O Liberal*, n.º 19 de 1824). "Morram todos os chumbeiros" (*Conversa Política* — 1825).

Chumbinho: alcunha dada em Minas Gerais aos portugueses. Outras alcunhas dos portugueses são registradas por Nélson de Sena, tais como *labrego*, *maroto*, *mondrongo*, *pé-de-chumbo*, *portuga*, etc.

Chupa: termo popular, ultimamente aparecido no Município de Belmonte (Bahia), designativo de lugar à margem do Jequitinhonha, onde a força erosiva da corrente abre uma espécie de *furo*, penetrando as águas terra adentro até espraiar-se em brejos e baixadas, longe da margem perfurada. O fenômeno se produziu primeiramente na grande cheia de 1919, junto à fazenda Papagaio que ficou totalmente destruída; reproduziu-se depois em outras enchentes. A denominação é sugestiva pelo fato de nada passar nas proximidades dos *chupas* sem que seja tragado pelo sorvedouro da corrente: madeiros, galhadas e árvores, que vêm descendo o rio

CHU — 109 — CHU

de bubuia, até embarcações descuidadas, são levados de roldão na impetuosidade da corrente. Os *chupas* abrem-se, em geral, em pontos de menor resistência da margem mais baixa, sobretudo do lado oposto a outeiros ou barrancos mais sólidos. Segundo o Sr. Arnaldo Viana, nosso informante, os *chupas* aparecem principalmente na margem direita.

Chupador: o Rev.^{mo} P.^e Geraldo José Pauwells em seu *Atlas Geográfico Geral e Especialmente do Brasil* — 1936 — à pág. 54, registra para êste termo o sentido peculiar de depressões inclinadas para leste na margem direita do braço ocidental do rio Araguaia, acima da barra do rio das Mortes. Tais depressões se enchem no tempo das cheias do rio. No Ceará o povo chama *chupadô* o remoinho que se forma nos rios. Assim é que no *Jeca-Tatu e Mané Chique-Chique*, de Ildefonso Albano, lê-se à pág. 47 da 2.ª Ed.: "Os rios caudalosos nas cheias do inverno ele transpõe de duas braçadas; contra a corrente ele nada, mesmo nos *chupadô* e no *frevô d'água* (água espumante)".

Chupador-de-anta: expressão referida por Gastão Cruls em sua *A Amazônia que eu vi*, pág. 327, com a significação de terreno onde há depósito de sais naturais, sendo por isso muito procurado pelas antas e por outros animais.

Chuva-criadeira: assim designam os sertanejos da Bahia e vizinhos do Norte as chuvas finas, continuadas, que molham bem a terra, ao contrário dos violentos aguaceiros, das chuvaradas fortes que mais escorrem pelas terras do que se filtram pelas camadas permeáveis do solo, favorecendo o crescimento das plantações. A esta espécie de chuva se refere Gustavo Barroso, à pág. 177 do *Tição do Inferno*, no seguinte passo: "Choveu toda a primeira semana de janeiro do ano novo. Chuva peneirada, constante, miudinha, *criadeira*". É o que na Venezuela chamam *aguacero blanco* (Vergara Martin — *Dicionario de*

Voces y Términos Geográficos); na Espanha *calabobos;* nas províncias de Navarra, Viscaya e Guipuzcoa — *sirimiri;* na província de Alava — *urbajo;* em Cuba — *chin-chin;* em *Murciachipichape;* no México — *chipichipi*.

Chuva-das-experiências: termo cearense, designativo das chuvas zenitais do equinócio (Vide a citada conferência do Dr. Arrojado Lisboa).

Chuva-de-caju: assim se chama de Pernambuco ao Maranhão às chuvas que caem em setembro e outubro e que servem para a maturescência dos cajus, donde o seu nome. Na sábia conferência que o Dr. Arrojado Lisboa fez sobre o *Problema das Secas*, na Biblioteca Nacional, lemos: "nem em dezembro vêm as primeiras chuvas zenitais ou de caju; o mato transformou-se em feixes cinzentos de paus ressequidos". Ouve-se também no Nordeste a expressão *chuvas do maturi*. A estas chuvas finas os índios chamavam *piroaba* (Rodolfo Teófilo — *História da Seca do Ceará*. Págs. 11 e 26). Segundo lemos em artigos de Honório Silvestre e V. Corrêa Filho no *Jornal do Commercio* (8 e 15 de julho de 1928) esta designação é conhecida em Mato Grosso. "Se não laboramos em erro, as *chuvas-de-caju*, fenômeno desconhecido à região sulina de Mato Grosso, constituem particularidade de Cuiabá e seus arredores, onde, em verdade, anunciam o início da quadra chuvosa de agosto a setembro" (V. Corrêa Filho — artigo cit.). Em Goiás usam a expressão *"chuva-dos-cajueiros"* segundo refere Artur Neiva à pág. 76 da sua *Viagem científica:* "Em julho ou agosto, acontece caírem aguaceiros conhecidos sob a denominação de *chuva-dos-cajueiros"*.

Chuva-de-caroço: é expressão pela qual os sertanejos designam a chuva forte (Pereira da Costa).

Chuva-de-manga: assim se designam em Goiás, segundo nos informou o prof. Alcide Jubé, os primeiros chuviscos que caem por

CHU — 110 — CIM

ocasião da entrada das chuvas (setembro, outubro). É nesta época que as mangueiras florescem. Também se diz, acrescenta o informante, *chuva-de-caju*.

Chuva-de-rama: designação cearense das chuvas intermitentes e pouco constantes que se produzem antes de começar a estação pluviosa. A elas se refere Tomás Pompeu de Sousa Brasil em vários passos de seu apreciado livro *O Ceará no começo do Século XX*, como por exemplo, no seguinte, à pág. 121: "São pois ordinariamente dois os tempos pluviosos no Ceará. O primeiro período é de cerca de 6 meses, e denomina-se lá inverno apesar de ser um verão excessivamente quente e úmido. O segundo consiste apenas na queda de algumas águas pluviais no meio do verão, de setembro a novembro ou dezembro: e são denominadas *chuvas-de-rama*, porque então a vida vegetal desperta-se de súbito, as árvores abrolham, muitas florescem, e enfolham-se; e como seja um recurso para o criador a produção de rama nas árvores forrageiras, por esse tempo em que os prados estão talados, dali tiram o nome, com que designam as chuvas dessa quadra".

Chuva-de-santa-luzia: nome que dão os cearenses às chuvas do equinócio. "As primeiras chuvas, ditas de *caju*, são esperadas em dezembro. Elas transformam o sertão. Se faltam ainda, há esperança de chuvas em fevereiro ou março, são as *chuvas-de-santa-luzia*, do equinócio. Se faltam estas, não há mais esperança e são pouco a pouco esgotados os recursos" (Delgado de Carvalho — *Geografia do Brasil* — 2.º vol. Pág. 299).

Chuva-dos-imbus: vide *Cambueiras*.

Chuvão: é muito freqüente este aumentativo no falar dos tabaréus do Nordeste, para designar a chuva grossa e prolongada. Corresponde, mais ou menos, ao *chuveirão* dos portugueses e à nossa *chuvarada*. Descrevendo uma cena do interior paraibano, na *A Bagaceira*, à pág. 202, escreveu José Américo de Almeida: "Nu-

vens cheias como balões. E o céu encarvoava-se. Ficava baixo, frisava pelo copado, pesava nas cabeças. Reatavam-se os dias lutuosos. Outro chuvão hostil. A luz do relâmpago molhava-se nas cordas d'água". Em Pernambuco, segundo Célio Meira, também se diz *chuvadão*.

Chuveiro: termo amazonense que indica chuvas de inverno, prolongadas e copiosas. Em alguns Estados do Brasil usa-se o brasileirismo *chuvarada* para designar as chuvas fortes, as *chuvadas* dos portugueses.

Chuvisqueiro: brasileirismo do Sul, registrado por Afonso Taunay, designativo de chuvisco forte. "Este *chuvisqueiro* acaba em *chuvarada*". "Chuviscava. E entristecia, abatia os ânimos, o tipo miúdo e a cor de chumbo do chuvisqueiro, a cair sem ruído, a cair, pairando sobre as coisas tal qual penugem de S. Antônio" (Manoel Mendes — *Sorumba* — *Novela Brasileira*. Pág. 30).

Cigano: palavra portuguesa, usada em geral no Brasil para designar indivíduos de várias procedências e nações, que, aos grupos, pelos sertões brasileiros, de vila em vila, de povoado em povoado, de fazenda em fazenda, vivem negociando, traficando, trapaceando, tornando-se, não raro, verdadeiro flagelo para as populações do interior. Refere Nélson de Sena que, em Minas Gerais, se designam *ciganos* ou *judeus* quaisquer bandos de gente do Oriente ou Levante.

Cima: (De, em, para): locução adverbial muito em uso na Bahia e no Nordeste. Assim dizem os moradores da costa ou zona beira-mar de tudo o que se refere às terras interiores, aos sertões. *Lá de cima*, quer dizer — lá do interior. Gente *de cima* é gente do sertão. "*Ir para cima*" é o mesmo que ir para terras afastadas da costa. "Os rios avolumam-se e as águas corriam barrentas e revôltas das enxurradas de *cima*, das *catingas* e dos sertões". "Pensava, havia tempos, em deixar o sertão. Aquilo lá *em cima* era

CIN — 111 — **COC**

muito ingrato" (Aurélio Domingues — *O último Tindárida* — Págs. 11 e 40).

Cinqüenta: medida de superfície usada no interior da Paraíba, tendo 50 braças de cada lado, exatamente o meio alqueire paulista, ou seja, 12.100 metros quadrados. "A despesa com a cultura de uma *cinqüenta* plantada com o algodoeiro, desde a *broca* ou roçada e derrubada, até a colheita, regula mais ou menos 62$000 (Dias Martins. *A Produção das nossas Terras*. Pág. 33).

Cipoal: termo popular usado pelos agricultores da Paraíba, os quais assim designam os terrenos sílico-argilosos que circundam os tabuleiros do litoral e fazem a transição entre as terras puramente arenosas e as terras argilosas dos vales dos rios próximos. Segundo o agrônomo Diógenes Caldas, que nos forneceu esta informação em carta de 3 de fevereiro de 1932, cresce nesses terrenos uma bignoniácea de flores róseas, vulgarmente chamada cipoal, donde o nome de tais terrenos. "Logo após o tabuleiro vamos encontrar os nossos preciosos *cipoais*, superiores às terras arenosas de mais próximo do mar, planas, facilmente aráveis e apropriadas a tôdas as culturas acima mencionadas e até mesmo à do algodão e do milho" (Diógenes Caldas. Inspetor Agrícola Federal. Artigo na *A União* de João Pessoa — Paraíba — Ed. de 13 de janeiro de 1932).

Clarão: o mesmo que *clareira*: lugar em meio das matas, sem a vegetação exuberante das selvas, quase sempre atapetado de gramíneas e tenros arbustos. Na Bahia, chama-se também *aberta*.

Clavinoteiro: nome que era dado à récua de bandoleiros que, por volta de 1892, infestaram a zona sul do Estado da Bahia, máxime os Municípios de Belmonte e Canavieiras. Aplicava-se de preferência ao bando de *jagunços* que, à ordem do famigerado José Alves Leão, vulgo Zeca Leão, e fazendo quartel-general no arraial da Ilha Grande, a 63 quilômetros da sede do Município de Belmonte, espalhava o terror nas terras convizinhas. Armavam-se de clavinotes donde o seu apelido), punhais e longos facões recursos, popularmente chamados *rabos-de-galo*. Eduardo Santos Maia descreve minuciosamente as façanhas dessa malta de desordeiros em seu livro *Contos da minha Terra*, Bahia, 1920.

Coaxi: segundo informa Rodolfo Teófilo, à pág. 329 do seu *O Paroara*, assim se designa na Amazônia o nateiro que se forma à superfície do aguaçal no tempo das enchentes, e que se agarra aos troncos e depois de seco voa e se difunde no ambiente. "Não era o calor asfixiante que mais os torturava, era a fumaça que lhes fustigava os olhos inundando-os de lágrimas; era o suor que lhes escorria de todos os poros do corpo assanhando os carrapatos, pulgas, que se lhes enterravam na carne, o *coaxi* que lhes queimava a pele produzindo uma comichão tão impertinente que lhes dava vontade de coçar até arrancar o couro".

Coberta-de-desmonte: nome que, nas zonas diamantíferas de Minas Gerais, dão à terra inútil que, de ordinário, cobre o cascalho. Referido por Felício dos Santos, à pág. 373 do seu livro citado: "Em uma vasta extensão de campo, no alto do Pagão, o gorgulho alastrava-se superficialmente sem *coberta-de-desmonte*, na forma de uma camada pouco espessa por cima da piçarra".

Coberto: termo usado na Amazônia. Vide *Campo coberto*.

Cocal: brasileirismo do Norte, já registrado como tal por Cândido de Figueiredo (4.ª edição), o mesmo que coqueiral. "Tais vilas de palhoças só existem durante a seca; são as fenix da habitação matuta. O rio as cobre, de *inverno*, com metros de água, lava todo o igapó, vai lamber os *cocais*..."

COC — 112 — COI

(Raimundo Lopes — *A riqueza dos palmares do Maranhão e a obra da civilização brasileira* — Artigo no *O Jornal* de 27 de novembro de 1927). Registrado também por Nélson de Sena em seu trabalho *Toponímia Geográfica de Origem brasílico-indígena em Minas Gerais*, publicado na *Revista do Arquivo Público Mineiro*, ano 1928, pág. 128, onde se lê: "este brasileirismo, formado popularmente, por aglutinação de *côco* mais *al*, designa o lugar de muito coco, onde são abundantes os coqueiros (o coqueiral)". Num estudo de A. J. de Sampaio, publicado no número 6 da *Revista Nacional de Educação*, à pág. 37, sob o título *O Babaçu*, lemos que no Meio-Norte do Brasil há florestas imensas da linda *Orbignya martiana* B. Rodr., chamada *cocais*. Segundo o mesmo naturalista esta zona que abrange terras do Maranhão, norte e centro do Piauí, norte de Goiás e Mato Grosso, pode ser chamada *Zona dos Cocais*. Nesta zona domina o babaçu, havendo de permeio *carnaubais*, e outros vegetais úteis.

Cocuruto: saliência de terreno; os altos de uma coxilha, diz Calage; o alto da cabeça de um morro, a elevação em forma cônica de alguns montes ou colinas, escreve Nélson de Sena. Registrado por Teschauer.

Coió: segundo informação do Dr. Sabóia Ribeiro, clínico no sul do Estado da Bahia, assim se designa a choça ou cabana que os trabalhadores constroem no meio das matas, compreendendo apenas um compartimento; casebre de taipa e palha; mais ou menos choupana, *capuaba*, *tijubá*, *tejupaba*. Em Cândido de Figueiredo (4.ª edição) encontramos registrado o termo popular *coio* com o sentido de esconderijo, abrigo de malfeitores ou de gente suspeita, alteração de *coi*: será o *coió* do sul da Bahia uma alteração do vocábulo lusitano? Conhecemos o termo *coió*, muito de uso na gíria das classes populares da Bahia, com o sentido de toleirão, sandeu, namo-

rado infeliz e como tal, sem retringir-lhe a área de uso, registrou-o A. Taunay no seu *Léxico de Lacunas*.

Coiteiro: termo que, no Nordeste brasileiro, tem a significação especial de indivíduo que dá asilo ou protege bandidos, ladrões e matadores. É vocábulo português registrado em todos os dicionários da língua com diferente sentido: o de indivíduo que guarda as coutadas (também coitadas), isto é, as terras defesas, privilegiadas, os coitos. Entretanto, Aulete registra para coito o significado de refúgio, asilo, homizio. No sentido nordestino de protetor de bandoleiros (de Lampião e seus comparsas), é de uso correntio nos artigos de imprensa e até em notas oficiais referentes ao fenômeno do banditismo. No Comunicado Especial para *A Tarde* (Bahia), publicado na edição de 16 de março de 1932, assim escreve o correspondente: "Quando aqui se soube que o coronel João Sá, homem influente em Jeremoabo, acabava de ser acusado como "coiteiro" (registrem o brasileirismo, ó gramáticos) de Lampião e sua quadrilha..." E mais "Há *coiteiros*, que acobertam na sua fuga os bandoleiros. Há desses indivíduos, cúmplices hábeis dos cangaceiros, que lhes fornecem armamento, informações, abrigo, e por medo ou especulação se constituem, na sombra, os intermediários do crime. Não são dez nem vinte. São centenas, espalhados pelo sertão, na zona do banditismo, e ligados pela solidariedade invisível que sempre reinou entre os filhos de um lugar açoitado pela mesma calamidade. São pelo bandido porque não ousam ser contra ele".

Coivara: termo geral do interior do Brasil, que designa amontoado de ramos que se faz nos roçados para queimá-los, limpando-se bastante o terreno, a fim de receber as sementes. Teodoro Sampaio deriva o vocábulo do tupi *cô-y-uara* — roça no ato de queimar-se. Amadeu Amaral diz: paus meio carbonizados que restam de uma queimada e que, acrescentamos nós, se reúnem em montões para que se possam mais facilmente consumir. *Coivarar* ou *encoivarar* a roça é juntar os ramos e gravetos que não foram reduzidos a cinzas na queimada e tornar a queimá-los em diferentes fogueiras. Segundo informe de Antônio Lopes, no Maranhão, na bacia do Itapicuru, a palavra *coivara* designa também as galhadas e os troncos de árvores derrubadas pelas cheias e que descem rio abaixo, com perigo para a navegação.

Coivaral: derivado de coivara e empregado por Gustavo Barroso no seguinte trecho: "Toda a zona onde o fogo lavrou é um *coivaral*".

Colunar: nome que, em Mato Grosso, se dá a uma velha moeda de prata espanhola cunhada ainda em tempos coloniais, no Paraguai. Informação de Afonso Taunay.

Colunas: nome que, em Pernambuco, por volta de 1829, denominava os membros da Sociedade Secreta — Coluna do Trono e do Altar — os quais tinham como ideal que o Imperador governasse "sem trambôlho", isto é, sem obedecer às normas constitucionais. Eram os absolutistas, os *corcundas*, que denominavam os antagonistas de *calangros*.

Comboieiro: é o tangedor do comboio Manoel R. de Melo descreve-o nos seus trajes: "calças de algodão do Rio, listradas; camisa de algodãozinho, branca, por fora das calças; apragatas-de-rabicho; chapéu ora de couro, ora de massa, coberto com brim grosso, meio escuro; guarda-peito, ora de couro de bode, ora de algodão do Rio, ora de brim mescla, azul, com visos de couro". "Empunha o *chicote* ou *gurinhem*, traz a carteira, a faca de ponta, e pistola fogo-central, que substituiu a *garrucha* colonial".

Comboio: além de ser empregado este vocábulo no sentido que lhe dão em Portugal, tem, no Brasil, o significado especial de tropa de cargueiros, "grupo de animais cavalares, que transportam carga", como diz Cândido de Figueiredo na 4.ª edição de seu *Dicionário*. Registrando-o, escreve Beaurepaire-Rohan: "espécie de caravana composta de bestas de carga, para o transporte de mercadorias, e a que nas províncias meridionais chamam *tropa*. Manuel Rodrigues de Melo, polígrafo potiguar, fez interessante artigo publicado na revista *Tradição*, n.º 50, junho de 1945, a respeito dos comboios do Nordeste, dizendo: "*Comboio* é o conjunto de vários animais cargueiros, destinados ao transporte de utilidades, ora ligados ao comércio em geral, ora à vida particular dos indivíduos. O *comboio* divide-se em grupos de quatro, cinco e até seis animais aos quais se dá comumente o nome de *tropa*. A tropa é dirigida por um *tangedor*, vivendo exclusivamente a sôldo do *dono do comboio*". Há duas espécies de comboio no Rio Grande do Norte: O *comboio sertanejo* e o *comboio da mata* ou da várzea: o primeiro é composto exclusivamente de burros-mulos; o segundo é formado de cavalos, éguas, jumentos e mulas; o primeiro se caracteriza pela organização, ordem e disciplina; o segundo pela falta de organização e disciplina. O autor descreve a cangalha, os utensílios do comboio e o comboieiro. Em Mato Grosso, Minas Gerais e Goiás, dava-se o nome de *comboio* a uma leva de africanos boçais". De *comboio* forma-se a palavra *comboieiro* que, no Norte do Brasil, designa o condutor de um *comboio*. *Comboieiros* se dizem também os camaradas que acompanham o *comboio*.

Comedia: registrado por Teschauer, com o significado de pastagem e como tal foi empregado por Olavo Bilac, à pág. 73 do seu *Através do Brasil*. V. Chermont informa que, no Pará, é o lugar onde caem frutos silvestres procurados pela caça, o que confirma o seguinte trecho de Inácio Batista de Moura, à pág. 240 de seu livro *De Belém a S. João do Araguaia*: "As pacas, as cutias, os veados, etc., costumam também aproveitar as noites, sobretudo de luar, para irem à *comedia*. O caçador que conhece esses lugares, levanta ali um jirau ou *mutá*, onde, com a máxima imobilidade, a despeito das mordiduras de insetos, espera a chegada do animal, para lhe dar o tiro certeiro". No mesmo sentido Gastão Cruls, à pág. 327 da *A Amazônia Misteriosa*.

Comedor de formiga: alcunha dada pelos santistas (filhos de Santos) aos paulistanos ou filhos da Capital do Estado de S. Paulo (Cornélio Pires — *Meu Samburá* — Pág. 23).

Comércio: também *comercinho*, *rua*, têrmos que, no interior de alguns Estados (Minas, Bahia, Espírito Santo), os sertanejos dão aos pequenos povoados, onde se realizam feiras semanais. "Aquilo era um comercinho de sem-vergonhas, dizia com enfado a Luísa" (Nestor Duarte, *Gado Humano*, 1936. Pág. 73). No norte de Goiás informa o Dr. Júlio Paternostro que comércio é vila ou cidade para onde os sertanejos transportam, rio abaixo, a produção extrativa ou agrícola. Na Amazônia, segundo informa Raimundo Pinheiro, a palavra *comércio* designa um grande barracão localizado sempre no melhor ponto do *estirão* onde se vê um velho trapiche de madeira. "Uma espécie de "lojas brasileiras" em artigos de fabricação barata e seções de secos e molhados, farmácia, sapataria, ferragem, etc. etc." (Carioca. N.º 106, 30-10-37).

Cometa: designação popular de caixeiro-viajante. Cândido de Figueiredo restringe demasiado o sentido dêste brasileirismo quando informa ser cobrador viajante. "Da última porta subia um pano de muro em reboco ligando a casa ao barracão de porta e janela servindo de depósito de arreios e quarto de dormir a camaradas de cometas" (João Lúcio — *Bom Viver* — Págs. 29-30). Sinônimo de *alabama* (vide esta palavra). "Os *cometas*, assim chamados porque, de longe, apareciam pela localidade, periòdicamente, em tempo

quase rigorosamente determinado, eram recebidos com foguetaria e festas e a sua chegada marcava para as cidades do interior de Minas verdadeiros acontecimentos na sua história". — (Mário d'Ilveira — *A milho e a carvão* — *Memórias de um cometa* — Págs. 17 e 18).

Comitiva: nome dado em Mato Grosso ao grupo de trabalhadores que acompanham o extrator de poaia nas matas do grande Estado. Encontramos o termo com este significado peculiar numa carta anexa ao processo 12927 do *Reajustamento Econômico*. Virgílio Corrêa Filho informa que o termo não tem esta restrição pois que se aplica também aos *seringueiros* que iam à exploração dos *seringais* e aos boiadeiros quando se juntam para ir buscar, nos campos, as manadas.

Complexo brasileiro: registrado por Everardo Backheuser em seu *Glossário*, onde escreve: "assim chama Branner, com aceitação geral, ao conjunto de rochas e terrenos que constituem o arqueano e algonquiano na América do Sul. É formado esse *complexo* de granitos, eruptivas diversas, gnaisses, xistos muito cristalinos, etc. Toda a serra do Mar e da Mantiqueira, prolongando-se até o Nordeste, e estendendo-se pelo interior de Minas, o planalto das Guianas e provavelmente o planalto central brasileiro são formados das rochas que constituem esse *complexo*".

Comprido: termo usado na região diamantífera de Goiás para designar a *Informação* (vide esta palavra) que se alonga no leito do rio, o que torna difícil precisar a localização do diamante (Artigo de Cristiano Machado na *A Informação Goiana* de dezembro de 1928).

Consertadeira: nome que, no Município da Barra, à margem do S. Francisco baiano, designa "as mulheres encarregadas de escamar e eliminar dos peixes os intestinos, deixando-os limpos para abrir em manta e receber o sal

CON — 115 — COP

moído que os conserva para o mercado". É esta a definição que lhe dá Benedito Profeta em seu interessante volume *O Indígena Brasileiro*, à pág. 129.

Contestado: assim se denomina uma região que foi disputada pelos Estados do Paraná e Santa Catarina, a qual se tornou célebre pela campanha contra os fanáticos e bandoleiros do dito território, iniciada em 1912.

Continente: apelativo que desde os tempos coloniais denominava o território do atual Estado do Rio Grande do Sul. O P.e Geraldo Pauwells diz que este nome abrangia também os territórios dos atuais Estados de Santa Catarina e Paraná: do Paranapanema ao Jaguarão ou até o Rio do Prata. Opinam alguns que foram os açorianos, primeiros povoadores da terra gaúcha, que lhe apuseram este nome, talvez por oposição às ilhas de onde emigraram (Açores). Entretanto, Aurélio Porto sustenta que a designação de *continente* foi aposta pelos moradores da ilha de Santa Catarina e bem assim a de *continentistas* para a sua gente (*Revista do Inst. Hist. e Geográfico do Rio Grande do Sul*. 1931 — Pág. 172). Os republicanos rio-grandenses de 1835, diz Romaguera, com ufania, apelidavam sua terra de *continente*, o qual figura até numa quadrinha impressa num grande lenço (então em moda) e que, além das armas da república, trazia a enumeração dos combates gaúchos contra o Império.

Eis a quadra:

Nos ângulos do continente
O pavilhão tricolor
Se divisa sustentado
Por Liberdade e valor.

Continente de S. Pedro ou Continente de São Pedro do Sul era, em suma, o nome mais comum do Rio Grande do Sul nos tempos de colônia e primeira metade do século XIX.

Continentista: eram assim outrora designados os rio-grandenses-do-sul, os *gaúchos* de hoje, também chamados *guascas*: mais particularmente assim eram denominados os republicanos de 1835. A origem desta denominação talvez seja por antítese a ilheus isto é, os açorianos ou colonos da ilha de Santa Catarina, que José da Silva Pais levou para o Rio Grande em 1737 (Luís Carlos de Morais). Sugere-nos o gen. Borges Fortes que o nome *continentista* dado aos gaúchos provém de se chamar primeiramente a terra — Continente de S. Pedro — mesmo antes da chegada dos açorianos.

Contracosta: no Brasil é expressão usada pelos marajoaras para designar a costa setentrional da ilha de Marajó. Segundo informe de Jorge Hurley, a *contracosta* vai do cabo Maguari, no Município de Soure, até o rio Cajuuna, extrema do Município de Chaves com o de Afuá.

Contratista: termo usado no sul da Bahia para designar o empregado da fazenda cacaueira, ao qual o patrão entrega alguns hectares de terra, para que plante cacau e o que for necessário à subsistência. Logo que surgem os primeiros frutos, o *contratista* restitui o terreno, recebendo certa importância por árvore de cacau que plantou (Inf. local).

Copaibal: bosque de copaíbas (*Copaifera officinalis* L.). Freqüentemente empregado por Jorge Hurley em sua monografia a respeito do rio Gurupi (*Revista do Instituto Geográfico e Histórico do Pará* — Ano de 1932 — 1.º semestre).

Copaibeiro: nome que, nas regiões entre Maranhão e Pará, no alto Gurupi, se dá aos extratores de óleo de copaíba (*Copaifera officinalis* L. e *Copaifera guyanensis* Desf.). "Às 10 horas fizemos alto numa ranchada abandonada de copaibeiros do Curupi, à margem de um estreito regato, de águas claríssimas, ande marcamos o quilômetro 74". "As cápsulas detonadas de balas de rifle foram postas nas frestas da lata pelos copaibeiros cearenses, para amedrontar os *urubus*" (Jorge Hurley — *Nos Sertões do Gurupi* — Pág. 26). Cândido de Figueiredo (4.ª Edição) registra *copaibeiro* no sentido de "uma das árvores leguminosas, de que se extrai a copaíba".

Copé: registrado por Teschauer em seu *Novo Dicionário Nacional* e antes por Macedo Soares em seus *Estudos Léxicográficos do Dialeto Brasileiro* (*Revista Brasileira*, 1.º ano. Tomo III — Rio de Janeiro), significando pequena cabana construída de madeira e palha em que habitam os guaranis. São pròpriamente, acrescenta este autor, ranchos provisórios, ao lado ou no meio da plantação para o índio morar, ou sòmente, passar a noite de vigia, enquanto não colhe a roça.

Copiar: na linguagem tabaroa ouve-se *copiá*. Assim se designa o alpendre ou varanda das casas de fazenda da Bahia ao Piauí. Registram-no quase todos os vocabularistas. O P.ᵉ C. Teschauer abona-o com citações de Olavo Bilac e Gustavo Barroso. Vicente Chermont de Miranda, em seu *Glossário Paraense*, registra-o com sentido um pouco diferente no Pará: "parte aberta da barraca ou casa rústica, a qual se compõe geralmente de um quarto todo fechado por paredes de palha ou de embarreamento, e do *copiar*, somente cercado de varas ou juçaras do parapeito ao solo. É o vestíbulo, a sala da casa indígena". Deve ler-se sobre copiar a bela monografia de José Mariano (Filho), *Acerca dos Copiares do Nordeste Brasileiro* — Rio — 1942. Afinal para êste eminente cultor da arquitetura tradicional do Brasil *copiar* — *copiara* foi, originàriamente, simples cortina de proteção, à guisa de toldo, inclinada, montada sobre quatro forquilhas angulares e estrado de varas, cobertas de folhas de pindoba, de acordo com a delicada técnica tupi, que os silvícolas levantaram sôbre a parte dianteira das habitações individuais (teju-

pabas) construídas à beira das roças, no curso das migrações, ou, excepcionalmente, nas vizinhanças das habitações coletivas (oca). Na sua fase inicial todo o material derivava da floresta (paus roliços, cipós, folhas de pindoba). Por extensão foi o vocábulo *copiar* aplicado aos dispositivos de igual função, integrados nas composições arquitetônicas dos colonizadores portugueses (varandas, alpendres). Teodoro Sampaio diz que é vocábulo tupi, composto de dois elementos — *cô* — *piara*. O primeiro, também dito *coga*, significa — a roça; o segundo, procedente de *piabar*, quer dizer — o que resguarda; logo a tradução é abrigo, anteparo usado na roça.

Corcorana: vide *Curcurana*.

Corcunda: alcunha que, nos tempos da Independência, se dava aos partidários dos portugueses, da monarquia absoluta e da manutenção do Reino Unido; no período regencial, assim se apelidavam os sequazes do partido restaurador, também chamado *caramuru*. Os contrários eram os patriotas. *Corcunda* ou *carcunda* da era, segundo uma definição da época, "homem que, feito e satisfeito com a carga do despotismo, se acurva, como o dromedário, para recebê-la, e trazendo esculpido no dorso o indelével ferrete do despotismo, tem contraído o hábito de não erguer mais a cabeça, recheada das estonteadas idéias de uma sórdida cobiça..." (*Dicionário Carcundático ou explicação das frases dos carcundas*. José Joaquim Lopes de Lima. 1821).

Corda: vocábulo usado no interior da Bahia para designar terras próximas, que se estendem na mesma direção. Diz-se também *cordão*. Informação do venerando Dr. Filinto Bastos. Em Portugal e no Brasil, são conhecidas as expressões — *corda de montes* — cordilheira, *corda de ilhas*, o mesmo que enfiada de ilhas (Morais, Aulete, Constâncio).

Cordão de aningas: registrado por V. Chermont, como termo marajoara, com o significado de longas

COR — 117 — **COR**

faixas de aningas que, por espaço algumas vezes de quilômetros, serpenteiam no campo baixo e nos *mondongos*, ocupando o leito dos antigos regos obstruídos.

Cordão de mato: expressão muito usada na Amazônia para designar uma longa e estreita faixa de arvoredo no campo.

Cordão de serra: designação tabaroa para a sucessão de serranias ou alturas que se prolongam em várias direções. No conto de Valdomiro Silveira — *Perto do Fogo* — lemos: "É que eu, quando me alembro daqueles tremedais e daqueles cordões de serra, a mó que não sou mais senhor de si!"

Cordilheira: em Mato Grosso, segundo informa o com. Pereira da Cunha, assim se designa uma extensão de mato que perlonga a *barranca* dos rios: no seu empolgante livro *Viagens e Caçadas em Mato Grosso* refere-se às *cordilheiras* que bordam as margens do rio Paraguai e do seu afluente S. Lourenço. Virgílio Corrêa Filho em artigo no *Jornal do Commercio* de 25-3-1928, escreve: "A montante, dilatam-se os campos marginais, de verde e ouro, como paisagem de presepe, apenas interrompidos por leves cordilheiras de mata". Entretanto, a *Revista Brasileira de Geografia*, n.º I do ano V, registrando como termo do Município de Santo Antônio diz: "na região pantaneira é a lombada, de escasso desnível, em relação às circunjacências, que se distingue, em meio aos campos atapetados de gramíneas, pela vegetação arbórea, nem sempre compacta".

Corgo: palavra usada na linguagem popular portuguesa no sentido de riacho, córrego, regueiro; regueira, Com este significado é usada no Brasil, principalmente no Nordeste e em Minas Gerais segundo informa Aug. Saint-Hilaire. Designa também represa das águas do rio cheio em estreitos vales marginais: neste sentido ouvimo-lo no nordeste da Bahia.

Corguinho: diminutivo de *corgo*, registrado por Teschauer, que o abona com o seguinte trecho de Afonso Arinos: "Ainda na beira de um corguinho lá adiante, eu tirei dos alforjes um embornal com farinha".

Coringa: alcunha dada aos soldados do exército ou à *tropa de linha*, na província do Ceará, meado do século XIX. Referida por J. Brígido, em seus estudos históricos a respeito do Ceará.

Corisco: Cândido de Figueiredo, depois de registrar esta palavra com o sentido de "faísca elétrica, centelha que rasga as nuvens eletrizadas, sem que se oiçam trovões", alude ao significado regional — "o mesmo que pedra-de-raio. Neste sentido, é empregado pelos *tabaréus* brasileiros. A respeito, escreve Alfredo Brandão, em seu livro *Viçosa de Alagoas*, à pág. 244: "são também dignos de nota os objetos de adorno: há tempos tive ocasião de ver um lindo *tembetá* de quartzo branco raiado de verde. Todos esses objetos são pelos roceiros denominados *coriscos*, e para eles representam o esqueleto do raio, pois, segundo a crença popular, a faísca elétrica é uma lasca de pedra inflamada, que nas ocasiões de trovoada cai do seio das nuvens, e que enterrando-se no solo, numa profundidade de duas braças, vem lentamente aflorar na superfície, cinco anos depois". É a mesma a crendice na Bahia, com a diferença apenas do tempo em que a dita pedra volta à superfície, o qual é de 7 anos.

Corixa: também *corixo* e *corixe*, que Severiano da Fonseca, em sua *Viagem ao redor do Brasil*, define como um filete d'água, mais ou menos extenso de alguns quilômetros, mais ou menos largo de alguns metros, semelhando-se a rios sem nascedouro, sem corrente, sem foz, servindo de escoadouro dos terrenos mais altos; e cita como exemplos as *corixas* de Santa Rita e Palmas, na fronteira de Mato Grosso. A significação mais usual, porém, é a de canal por onde se escoam as águas das lagoas, brejos ou várzeas, para o rio próximo. O gen. Rondon, em sua primeira Conferência, diz que *corixa* é a depressão do terreno por onde, ao entrar o estio, vazam as últimas águas das inundações, recolhendo-se ao leito dos rios. Augusto Leverger chama *corixos* aos escoantes por onde correm encanadas as águas dos pântanos e vão afluir nas *baías* ou nos rios, e outras vezes tornam a desaparecer, dispersando-se ou infiltrando-se pelo chão; são também canais por onde se comunicam as lagoas umas com as outras ou com os rios, e acrescenta que ainda dão este nome a regatos ou ribeiros não perenes, de existência efêmera, criados pelas cheias.

Corixão: é a *corixa* grande; Rodolfo Garcia exemplifica com o *corixão* de S. Matias e o *corixão* dos Bugres em Mato Grosso.

Coroa: assim se chama em geral no Brasil a um baixio, permanente ou temporário, produzido por aluviões nos estuários e curso inferior do rio. Em alguns Estados do Nordeste, no vale do S. Francisco, os *caipiras* dizem *croa, croinha*. À pág. 136 do *Marés de Amor* de Hildebrando Lima, lemos este trecho: "Tudo para mim fôra nessa viagem de um pitoresco irresistível — as curvas tortuosas e desnorteantes, os arrozais das margens, a zoinante gritalhada das aves aquáticas nas *croas*, as cidadelas coloniais..." E à pág. 128: "Ouvia-se o piar rouco de um sabacu, pra os lados da *croinha*". No Ceará denomina-se propriamente *coroa de rio* a uma certa elevação no leito, formada pelas correntezas, que arrastam aluviões nas enchentes, onde após a descida das águas os sertanejos cultivam principalmente o fumo. Afrânio Peixoto, porém, define: "Praia exposta à margem ou meio dos rios produzida pela vazante".

Coroa de rio: vide *coroa*.

Coroboca: termo usado em Minas e São Paulo para designar lugar deserto. Cândido de Figueiredo registra-o na Quarta Edição do seu "Dicionário", dando-lhe também o significado de habitação longínqua. Exemplo do seu emprego no primeiro sentido é o seguinte trecho de Manuel Mendes em seu livro *Sorumba*, à pág. 7: "As lutas seriam nas corobocas, sem o testemunho, nem de erva rasteira, quanto mais de pássaros cantores"...

Corredeira: brasileirismo que corresponde aos *rapides* dos franceses, aos *pontos* dos barqueiros do rio Douro (*Iniciação Geográfica* de Domingos de Figueiredo — Pág. 51), aos *porogui* dos russos, às *correntadas* dos hispano-americanos, às *corridas* do sul da Bahia e às *carreiras* do noroeste da Bahia e leste de Goiás. Designa o trecho de um rio em que as águas, por força da maior declividade do seu leito, adquirem grande velocidade, correndo céleres e dificultando sobremaneira a navegação. É termo hoje em dia usado em todo o país. Os remadores indígenas distinguem em cada corredeira três partes, a que chamam cabeça, corpo e rabo. Vale referir que os indígenas do Brasil consideravam as *corredeiras* entes vivos, bichos fantásticos. Assim é que de uma conferência do com. Lísias Rodrigues, no Rotary Club do Rio de Janeiro, sob o título *Uma viagem pelo interior do Brasil*, lemos o seguinte passo: "Tal é a fúria das águas, que continuamente grandes embarcações são virtualmente tragadas pelas águas, justificando a crendice popular do atrasado, mas bravo povo sertanejo, que crê ser a causa, um gigantesco animal chamado *rodeiro*, de aspecto horrível e formas semelhantes à da *raia gigante*". Fernando Halfeld, em seu relatório sôbre a exploração do S. Francisco (1852-1854), fala das suas corredeiras citando, entre outras, a do *Bezerro*, sobre a qual as águas desenvolvem uma velocidade de seis palmos em um segundo. Já lemos em geógrafos argentinos o termo *corredera*. O Eng.º Américo Leonides Barbosa de Oliveira, em seu

Relatório a respeito do Vale Tocantins-Araguaia (1941), informa que no Tocantins "*corredeira* traduz uma aceleração da corrente que passa espumando entre pedras, mas onde há quase sempre um canal navegável embora sinuoso e incerto e que *rápido* exprime um aumento de correnteza, porém sem o perigo das pedras no meio do canal; é uma *corredeira* desobstruída pela natureza".

Corredor: tríplice acepção regional tem este vocábulo na nomenclatura geográfica brasileira. No Nordeste, segundo lemos num registro de brasileirismos de Silva Romeiro (pseudônimo de Eugênio Lima, jornalista de Juàzeiro da Bahia), assim se designa uma porção de terreno, estreito e limpo, dentro de um *capão*. Em Sta. Catarina, segundo nos informou o P.e Geraldo Pauwells, na região do litoral, nomeia fendas nos costões rochosos da costa, de paredes paralelas, provàvelmente antigos diques de basalto agora decomposto. Chamamse *corredores* quando as fendas são muito extensas e ultrapassam a linha dos costões, e *tambores*, quando menores, terminando no próprio costão. No Rio Grande do Sul e terras convizinhas o vocábulo *corredor* apelida a parte de uma estrada que atravessa um campo de criar gado, mas separada dêle por cercas em ambos os lados. O *corredor*, escreveu Crispim Mira, "é formado pelas taipas ou muralhas que correm paralelamente às margens da estrada, e que os fazendeiros constroem para evitar a invasão das suas propriedades, deixando para o viajante e para as tropas um espaço na largura de 20 a 30 metros. No Rio Grande do Sul usase o *alambrado*, ou cerca de arame. Em Sta. Catarina dá-se preferência à pedra. E tem-se, no meio dessas imensas taipas, a impressão do que seriam as velhas muralhas chinesas". Roque Calage, à pág. 11 do seu *Quero-Quero*, escreve: "Felizmente, o repouso é um doce intervalo aos sacrifícios das longas e contínuas viajadas por estradas gerais, por coxilhas e *corredores* sem fim". E Darci Azambuja, no seu conto *Capivara no milho*, publicado no vol. VII da *Feira Literária* (julho de 1927): "As casas da estância ficavam pertinho do *corredor*, um corredor daqueles que não se acabam, de mais léguas que voltas tem o Uruguai. Era o que havia de ruim para os tropeiros, porque, com dois ou três dias de viagem num *corredor*, em tempo de verão, a tropa fica como pólvora: por qualquer coisa estoura. E depois de disparar, coitados dos *ponteiros*... Até a gente mesmo vaise encasquilhando e ficando de nervos de fora com uma caminhada assim, dentro desses bretes de arame. Porque o *corredor* não se acaba; é légua atrás de légua, subindo e descendo coxilhas, a soalheira em cima, faiscando das seis às seis, e quanto mais se caminha, mais o caminho espicha. No primeiro dia, ainda se agüenta; no segundo, ninguém mais conversa, e no terceiro, a vontade que se tem é de picar o aramado a facão e sair campo fora".

Correio-de-inverno: nome que os habitantes do centro e norte do *Cariri* e do litoral dão à primeira enchente do Paraíba, rio que banha o Estado do mesmo nome. Refere esta sugestiva denominação José Américo de Almeida, à pág. 94 da *A Paraíba e seus problemas*.

Correria: nome que, nas fronteiras brasileiro-peruanas, dão às caçadas sistematicamente organizadas pelos civilizados contra os indígenas e suas famílias. Vimo-lo empregado pelo Dr. João Braulino de Carvalho da Comissão Brasileira de Demarcação de Limites com o Peru, em seu estudo sobre os indígenas dessa região, publicado no Vol. VII, n.º 3, do *Boletim do Museu Nacional* (1931). "Os ataques dos Caxinauás (família dos morcegos) são a manifestação do mais sagrado dever do homem: a defesa da família e da propriedade contra os cruéis organizadores de *correrias*, que geralmente são caucheiros ou apa niguados dos proprietários de seringais".

Corrida: nome que, no sul da Bahia, se dá às corredeiras, trechos do curso fluvial em que a correnteza é bastante forte. Na zona das Lavras Diamantinas (Bahia), chamam-se *corridas* os espaços abertos no terreno por onde passam as águas em que se atira o cascalho e em cujo fundo ou leito, graças ao peso maior que o das outras pedras, vão ficando depositados o diamante e o carbonado. Informação de Alberto Rabelo, que empregou este regionalismo à pág. 36 dos seus *Contos do Norte*. "Por que deixas as catas douradas de sol, onde a cantiga dos bateeiros se ouve lânguida, e o barulho das enxadas, desengrunando o cascalho nas *corridas*, é mais sonoro que o gotejar da água das fendas do granito?"

Corrubiana: termo de Minas Gerais, que designa um fenômeno meteorológico observado em algumas das regiões montanhosas do Estado, e que consiste na baixa demasiada da temperatura, quer no verão, quer no inverno, aparecendo então uma neblina muito densa e soprando um vento frígido da direção de sueste. A respeito da *corrubiana* escreveu Álvaro da Silveira, à pág. 20 do 1.º vol. das suas *Memórias Corográficas*: "Além dos fenômenos meteorológicos que já citei, há ainda outro que se pode considerar como geral e que é bem conhecido em todas as nossas montanhas. Em qualquer época do ano ele se manifesta, apenas sendo mais comum em alguns meses que em outros. Refiro-me ao nevoeiro denso que invade a parte alta da serra, acarretando grande baixa de temperatura e sendo acompanhado de vento mais ou menos forte e constante. Essa cerração recebe em vários pontos de Minas o nome de *corrubiana*. Se a serra nos traz alegria quando o tempo é claro e firme, por ocasião da *corrubiana* quase nos asfixiamos em uma tristeza acabrunhadora, que nos tira a última parcela de paciência para suportar as vicissitudes do meio que nos cerca. O horizonte se reduz a alguns metros de raio; o ar extremamente frio e úmido não nos alimenta de modo conveniente. O nosso organismo logo se ressente e tem que lutar com uma espécie de defluxo que, evidentemente, não nos agrada". A fenômeno mais ou menos semelhante se chama no sertão da Bahia *cruviana*, provavelmente corrutela.

Corrutela: no *O Brasil Trágico* de Sílvio Floreal, em vários trechos, encontramos este termo com uma significação toda peculiar à zona diamantífera do Araguaia, ou seja a de pequeno arraial, formado pelos *garimpeiros* na entrada das terras virgens onde vão em busca das pedras cintilantes. Escreve o autor citado à pág. 198: "E todos, instigados e atraídos pela fascinação da opulência que jazia, em bardas, no interior do solo e no fundo das águas, — enfebrecidos pelo sonho de felicidade que os acionava, — agruparam-se na borda do ribeirão Caçununga, afluente da margem esquerda do rio das Garças, depois denominado Garimpo Velho ou da Estrela. E aí, consorciados, improvisaram a primeira *corrutela*, o primeiro posto avançado nas entranhas do longínquo sertão, onde os diamantes, nos seus brutos aconchegos, chamejavam no silêncio verde, velados pelas rondas dos índios Bororos, Xavantes e Carajás". À pág. 199: "Alastradas essas levas, surgiram aceleradamente trinta e duas curiosas povoações na margem esquerda e doze na direita, contando, algumas dessas sofregas colônias, mais de duas mil almas. E entre os arranchamentos que punham uma nota febril de vida azafamada e transitória no ambiente agreste, surgiram as *corrutelas* denominadas Caçununga, Cafelândia, Bandeirópolis e Sagrado..." À pág. 205: "A vida garimpeira destes povoados bizarramente apelidados de *corrutelas*, estrugia em frêmitos de entusiasmo...". Na *A Informação Goiana* de setembro de 1929, num artigo assinado por

Wilson Horbylon, em torno do Município de Rio Bonito, lemos: "Município agrícola-pastoril, rico em minerais, inexplorado, fazendo exceção o garimpo da Baliza, às margens araguaianas, onde milhares de forasteiros impelidos à ilusão da esperançosa sorte, agregam-se em *corrutelas*, habitações improvisadas, compatíveis com os recursos locais." "*Corrutelas* como se chamam os pequenos *comércios* surgidos em conseqüência de maiores e mais demoradas explorações do cascalho diamantífero" (Hermano R. da Silva, *Garimpos de Mato Grosso*, pág. 125).

Cortado: diz-se de qualquer rio ou torrente que é interrompido durante a estiagem. Nessa acepção empregam o verbo em todos os seus tempos, no Nordeste, na Bahia e em Minas Gerais. Os rios *cortados* apresentam apenas, de espaço a espaço, em seu leito dessecado, pequenos poços. Tratando do rio Vaza-Barris, escreveu a pena magistral de Euclides da Cunha: "As mais das vezes *cortado*, fracionado em gânglios estagnados, ou seco, à maneira de larga estrada poenta e tortuosa, quando cresce, *empanzinado*, nas cheias, captando as águas selvagens que estrepitam nos pendores, volve por algumas semanas águas barrentas e revoltas, extinguindo-se logo, em esgotamento completo, vazando, como o indica o dizer português, substituindo-lhe com vantagem a denominação indígena".

Corte: termo geral que nomeia uma abertura talhada através de um morro ou serrote, a fim de dar passagem a uma estrada, diminuindo ou suprimindo a rampa. Diz Rodolfo Garcia que quando ultrapassa de 20 metros é conveniente e de regra substituí-lo por um túnel.

Corte: registrado por A. Taunay em seu *Léxico de Lacunas*, sinônimo de *muxirão*, *putirão*, etc. "Mandamos chamar a vizinhança tôda para uma *corte*".

Costa: registrado por Beaurepaire-Rohan, que diz significar, no Rio Grande do Sul, margem não só do mar, mas também de um rio, dando como exemplo a frase: "acampamos na costa do rio Camaquã". Calage escreve: qualquer das margens de um rio, arroio, etc., como costa do Santa-Maria, costa do Taquari. Em outros Estados do Sul emprega-se este termo no sentido de zona marginal de qualquer região, mata ou planície. E. de Campos, numa descrição do Município de Tibaji, diz o seguinte: "nessas costas de sertões..."

Costão: registrado por Teschauer com o significado de costa desabrigada e sem enseadas, o qual comprova o seu uso com a seguinte frase de Taunay: "O mar é muito agitado no *costão* de Santa Cruz". À pág. 45 dos *Caiçaras* de João Foca, lemos: "O mar de um azul puxando para verde, estava eriçado. Erguia ondas enormes e vinha quebrá-las, desatinado, de encontro às pedras do costão, negras de marisco, enlambuzando-as de espuma". O ilustre colaborador deste Dicionário, o prof. Sud Mennucci, em carta de 27 de nov. de 1941, faz interessante comentário sobre o significado de costão e costeira, abaixo registrado, que este vocabulário registra como quase sinônimos. E nos escreveu: "No litoral de S. Paulo, *costão* é paredão a pique ou em rampa violenta. E as ressacas batem-lhe as ondas sobre as lajes até alturas inacreditáveis. *Costeira* é menos hostil. As pedras não têm o feitio de muralha, são bem menores e, embora com dificuldade, dão possibilidade de acesso ao navegante, que pode desembarcar, desde que hábil e ágil, coisa que um costão não permitirá. Verifica-se assim que as duas palavras não são sinônimas, mas gradações de costas difíceis, sendo uma inacessível e a outra abordável".

Costa-abaixo: ladeira, descida do terreno, contrário a *repecho*, subida íngreme.

COS — 122 — COV

Costa da serra: designação do Sul do país que apelida a encosta do planalto e elevações antepostas, ocupadas de preferência pelas colônias alemãs. Informação do prof. P.e Geraldo Pauwells. S. J.

Costaneiras: termo com que se designam, às vezes, no Município de Feira de Sant'Ana e seus limítrofes, as terras dos arredores, das convizinhanças. Informe do Dr. Filinto Bastos.

Costeira: serra à beira-mar, tendo às vezes paredões íngremes quase verticais, outras vezes em rampas a que chamam *itaipavas*, molhadas pelas ondas que sobem à altura de 8 a 10 metros nas ocasiões de ressaca.

Cotingal: espaço onde viceja a cotinga. À pág. 52 do *Oeste Paranaense*, de Lima Figueiredo, lemos: "Formando um fofo tapete verde, com altura de cêrca de cinqüenta centímetros, se desenvolvia extenso *cotingal* onde vicejava a *cotinga*, espécie de capim com fôlhas largas, que são aproveitadas pelos tropeiros para palha de cigarros".

Couraças: apelido de uma das companhias de que se compunha o célebre Batalhão n.º 8 que pelejou na Guerra da Independência na Bahia, sob o comando do maj. Ferreira Lucena. Esta companhia foi organizada pelo Frade Carmelita José Maria do Sacramento Brainer na paróquia do Pedrão (hoje do Município de Irará — Bahia) como simples guerrilha sob o nome de *Voluntários do Pedrão*. Nas linhas do sítio da Cidade do Salvador passou a guerrilha a formar uma das Companhias do Batalhão acima aludido, recebendo logo o seu comandante o apelido de Padre dos Couros e a Companhia o de *Couraças* ou o de *Encourados do Pedrão*: é que os seus componentes se vestiam de couro, ao jeito dos vaqueiros do sertão. Nos fastos da guerra ficaram célebres a bravura e a resistência dêsses sertanejos.

Cova-de-anjo: expressão regional do sul da Bahia, máxime nas convizinhanças da serra da Onça, que designa depressões de 60 a 80 centímetros de profundidade. Cita-a Gregório Bondar na *A Exploração de Piaçava no Estado da Bahia* — (Bahia, 1926).

Covanca: termo usado no Rio de Janeiro para designar uma grota descoberta (Amadeu Amaral), ou terreno cercado de morros com entrada natural de um só lado, ordinariamente o extremo de um vale ou várzea (Beaurepaire-Rohan. *Covanca*, diz Nélson de Sena, vem a ser a cova **grande, a** cova descoberta, o valo ou grota rasgada, na linguagem rústica dos mineiros. Nas grotas dos roçados, acrescenta o ilustrado polígrafo, deixam os nossos lavradores assinalada muitas vezes uma *covanca*, nos limites da propriedade plantada ou cultivada. Antigamente escrevia-se *covanqua* (nos velhos documentos coloniais).

Covoada: "Palmilhando as *covoadas* da serra de Cajueiro, em cujo sopé ficava a fazenda, José Brilhante, premido pela apertura do momento, achou um ninho e uma fortaleza" escreveu Gustavo Barroso, à pág. 164 de seus *Heróis e Bandidos*. Consultando diretamente o vibrante escritor a respeito da significação deste vocábulo, respondeu-nos traduzir no Nordeste os recostos, as encostas ou ondulações mais ou menos cobertas de vegetação das serranias. "As notas sonoras e tristes do sino subiam preguiçosamente nos ares calmos, erravam pelas grimpas solitárias, e morriam nas *covoadas* da serra, àquela hora afundada nas sombras do entardecer" (Alberto Rabelo, *Contos do Norte* — Pág. 54). É quase a mesma coisa que *covoás*. "Entretanto, Afonso Taunay em seu *Léxico de Lacunas* informa que, em S. Paulo, significa depressão encharcada de terreno e cita a seguinte frase: "Há muita caça de pena nas *covoadas* que o Moji alaga quando enche". E o gen. Borges Fortes diz que, no Rio Gran-

COV — 123 — CRI

de do Sul, é o vale entre duas coxilhas, nome este dado pela gente
descendente dos velhos açorianos
e que, retardada, ainda se encontra raramente nas proximidades
de Viamão e Pôrto Alegre.

Covoão: termo usado na Bahia, designativo de baixada profunda e
estreita. Soubemo-lo por informação local.

Covoás: dição do planalto central do
Brasil, usada de preferência em
Goiás, indicadora de montículos de
altitude vária que acidentam os
largos plainos. Azevedo Pimentel, que escreveu um belo trabalho a respeito dessas regiões, refere a grande quantidade desses
montes originais do chapadão central, máxime no em que serpeia
o rio S. Bartolomeu, afluente do
Paranaíba, da bacia platina.

Covoca: registrado por Nélson de
Sena, designativo, em Minas Gerais, de "terreno desmoronado,
formando depressão, grota ou cova funda, à beira de morros ou
montanhas. A covoca é sempre
resultante de escavações na base
do morro, ou provém de erosões
das águas, chegando a provocar
afundamento e depressões do solo"
(*Brasiliana* — Julho de 1927.
Vol. II. Ano III).

Coxia: pequena e pouco elevada colina que corre pelos campos, quebrando a uniformidade da planície. Ao que sabemos é termo usado na Bahia.

Coxilha: vocábulo de giro freqüente
e comum no Rio Grande do Sul,
que designa uma extensa e prolongada lomba, colina de longo declive e pouca altitude, coberta de
vegetação herbácea, em geral rica de plantas forrageiras. Quando
correm paralelas, denominam-se
campos dobrados. Os colos das
coxilhas, que vão ter à *canhada,*
quebrada ou vale, chamam-se *des-
cambadas.* Roque Calage define
e escreve: "campos com altos e
baixos, com pequenas e grandes
elevações, extensões onduladas de
campinas que formam grande parte do território rio-grandense e
onde se desenvolve a atividade pas-

toril. No sentido figurado, *coxilha* é o Rio Grande livre, o Rio
Grande tradicional, a sua vida de
guerras e a sua vida de *estâncias,* o trabalho campesino, em
suma". E cita as palavras de
Manuel do Carmo nos *Cantares
de minha terra:* "O termo é evoca-
tivo como poucos. Quando se diz
— *coxilhas* — vem logo à lembrança 35, 93 e 23; as guerrilhas
e as escaramuças; o minuano a
cortar as carnes com o frio irresistível; umas carretas num
pouso, ao luar; um gaúcho a ga-
lopar de pala ao vento; baguais
correndo às soltas..."

Coxilhão: coxilha grande e muito
acidentada. À pág. 8 do *Quero-
Quero* de Roque Calage, lemos:
"Quando subi o alto coxilhão de
pedra, já próximo da estância fa-
miliar que generosa viria depois
me acolher anualmente na minha
apressada quinzena de veraneio,
ainda eu ouvia as aves lá embaixo, já longe, na canhada, gritando, clamando quero-quero".

Criadeira: termo registrado por
Afonso Taunay, usado em São
Paulo, na acepção de chuva miúda e prolongada. "Com esta *criadeira* as roças de milho vão dar
um pulo para diante." Também
se usa em outros Estados (Vide
chuva-criadeira).

Criciumal: lugar em que cresce em
abundância a criciúma que, segundo Lima Figueiredo, em seu livro
Oeste Paranaense, é uma gramínea
também conhecida pelo nome de taquarinha ou taquarembó, a qual
lasca de tal maneira que constitui
afiadíssima faca, produzindo perigosos talhos. "O trabalho ren-
dia pouco, já pelo frio intenso que
suportávamos, já pelo cerrado *criciumal*".

Crioulo: nome que, no Brasil, apelida os negros nascidos no país. É
de Fr. Jaboatão o seguinte passo:
"Era preto, natural de Pernambuco, e não podemos concluir se de
pais já nascidos na terra, ou vin-
dos de Angola ou Guiné, mas só
que era *crioulo,* que assim chamam aos que nascem no país". Já
no século XVII se distinguia o

CRI — 124 — CRU

preto nascido na África e o nascido no Brasil, sendo aquele conhecido por *negro da costa*, ou *mina* e este por *crioulo*. No Rio Grande do Sul, a palavra tem o sentido de natural de um determinado ponto do Estado. Calage refere a frase: "F. é *crioulo* do Município de Bajé". Certo, tal acepção é por influência platina, pois que, nas Repúblicas hispano-americanas, crioulos são os descendentes de estrangeiros, não sendo americanos, nascidos na terra (Granada). Crioulo foi também ao tempo de Pedro I um dos epítetos dados aos brasileiros pelos portugueses.

Cristal: vide *Satélite*.

Cristaleiro: assim se designa em Minas Gerais o homem que se ocupa com a exploração de cristais: é análogo ao termo *faiscador* que designa o explorador de ouro e *garimpeiro*, o que procura diamantes. "Estes cristais de quartzo são hoje objeto de uma pequena e única indústria, nas mãos dos fazendeiros e *cristaleiros* que vendem a produção por 5$000 a 15$000 o quilo, aos compradores de cristais do Rio de Janeiro..." (B. A. Wendeborn — *Algumas Jazidas de Minérios de Chumbo do Estado de Minas Gerais. Boletim do Ministério da Agricultura* — julho-setembro de 1935).

Cristão: alcunha dada ao partido conservador em Santa Catarina em contraposição aos *judeus* que eram os liberais. Segundo lemos no livro *Santa Catarina* de Oswaldo R. Cabral, entre págs. 240 e 244, ao partido conservador se davam também as alcunhas de *lameguista, matraca, alcatrão*, e ao liberal as de *botica* e *basilicão*. Isto entre 1849 e 1865.

Cróssima: registrado por Afonso Taunay, segundo informe do Dr. Edgard Ferreira Leite (de Pernambuco), com o significado de uma das partes componentes dos desvios de caminhos de ferro, em forma de V.

Crueira: o mesmo que *cuiuíra* (Vide esta palavra). "A canoa abica no tijuco. — Agüenta! Leôncio apara a pancada, agarrando-se nos paus da ponte. — Maré tá enchendo! Já deu a *crueira*" (Peregrino Júnior — *Puçanga* — Pág. 141 — 2.ª ed. e no Vocabulário).

Crupiara: registra-o Rodolfo Garcia como sendo o mesmo que *grupiara* (Vide este termo).

Cruviana: o mesmo que *corrubiana*, também *curviana, graviana, caruviana* (M. de Andrade), *corrupiana* (Nélson de Sena), termo usado no interior da Bahia e do Nordeste, designativo de garoa, chuvisco. É fenômeno semelhante ao que, em Minas, se nomeia *corrubiana* (Vide esta palavra). O Dr. Arnaldo Pimenta da Cunha, auxiliar-técnico da Comissão Mista Brasileiro-Peruana de Reconhecimento do Alto Purus, chefiada por parte do Brasil, pelo imortal Euclides da Cunha, informou-nos que, na Bacia do Purus (Acre), se chama também *cruviana* a um vento frio que sopra de oeste, das bandas do Peru, cuja primeira conseqüência é o abaixamento brusco e violento da temperatura, algo de semelhante à friagem. Será corrutela de peruviana? Mário Melo, do Instituto Arqueológico de Pernambuco, informa que, em seu Estado, *cruviana* é o nome que dão ao terral, ao vento frio das madrugadas. A esse vento chamam no Ceará *garaviana*: todavia Rodolfo Teófilo (*Os Brilhantes*), escreveu: "Só se a gente fosse cururu para não sentir a *curviana*". No Pará, informa Jorge Hurley, também se diz *cruviana* de um vento frio "que penetra até aos ossos da gente".

Cruzo: registrado por Teschauer, de uso nos Estados do Sul, indicador de passagem, caminho obrigado no sertão. Na *Campanha do Contestado* encontra-se o seguinte passo: "Resolveu organizar quatro piquetes civis... o terceiro pelo lavrador F. L. para a vigilância dos *cruzos* dos campos

CUB — 125 — **CUP**

do Guarda-Mor e dos passos do rio Correntes..."

Cubatões: usado no plural, significa na região oriental de S. Paulo "os pequenos morros nas vertentes, ou melhor, no sopé das cordilheiras. É o significado popular; talvez o melhor" (Euclides da Cunha — Carta a José Veríssimo em 6-9-904, publicada na *Revista da Academia Brasileira de Letras*, N.º 108 — dezembro de 1930).

Cuiabano: natural de Cuiabá, capital de Mato Grosso. Entretanto, o nome cuiabano, segundo informa Hermano R. da Silva em seu livro *Garimpos de Mato Grosso*, à pág. 116, é empregado no mesmo Estado para designar todos os seus habitantes. Ouçamo-lo neste passo: "No sul de Mato Grosso, onde a criação do gado vacum se acha grandemente intensificada, e bem assim na zona garimpeira do Nordeste, o número de naturais do Estado é sensìvelmente inferior ao número de habitantes originados de outras unidades. Há, em vista disso, nas citadas regiões, um certo ressentimento regional contra os invasores. E estes, por sua vez, apelidaram todos os mato-grossenses de *cuiabanos* (em tôrno do distrito de Cuiabá é que demoram as famílias descendentes dos primeiros povoadores), asseverando que são rotineiros e indolentes por isso que vão sendo assimilados pelos elementos novos das migrações. Mas, em contraposição, os *cuiabanos* denominam os alienígenas de *pau-rodado*, depreciando-os como indivíduos de maus costumes e sem valor, como que as inutilidades que são carregadas pelas enxurradas". E o ilustre Virgílio Corrêa Filho, à pág. 258 do seu vol. *Mato Grosso*, 2.ª edição, 1939, escreve: "Ao cuiabano, nome por que se fizeram conhecidos lá fora os filhos todos de Mato Grosso, competiu a incomparável missão histórica de fecundar, com o seu esforço, a terra maravilhosa com que os seus avós integraram a base física da nacionalidade brasileira, distendendo-lhe

as raias até a baixada guaporeana".

Cuiuíra: registrado por V. Chermont como sendo dição marajoara, indicativa do fenômeno observado em certos rios como o Camará e relativa à enchente da maré. Mostra-se somente nas águas mortas. Depois de repontar a maré, enche durante 10 a 15 minutos, e recomeça a vazar durante igual tempo, para, em seguida, encher de vez. Diz-se também *crueira*, segundo Peregrino Júnior.

Cuivara: nome de *coivara* na Amazônia (Vide este termo).

Cunhãnema: termo tupi que vimos empregado e definido por Henrique Jorge Hurley, à pág. 135 da *Amazônia Ciclópica*, da maneira seguinte: "aventureiros brancos ou mestiços que faziam fortuna com o braço de autóctone e viviam à custa da honra e do trabalho das mulheres selvagens". E refere o mesmo escritor que Francisco Xavier de Mendonça Furtado, irmão do Marquês de Pombal, quando Capitão-General do Pará, baixou um rigoroso bando de repressão à prática do *cunhãnemismo*, estatuindo as seguintes penalidades: aos nobres, pena de degredo por dez anos em Angola e aos "mecânicos" (plebeus), cinco anos de galés, na cidade de Lisboa (Correspondência dos Governadores do Pará com a Metrópole, doc. n.º 113, pág. 198 dos An. da Bib. e Arc. Pub. do Pará, vol. III).

Cupés: nome dado aos portugeses, nos tempos coloniais, na capitania do Maranhão.

Cupim[1]: termo do Brasil meridional e central, designativo de "montes de terra petrificada de vários tamanhos nos campos, com alguns buracos, onde se criam diversos insetos, inclusive uma espécie de formiga branca, os quais também servem para esconderijo a muitos bichos, principalmente cobras, morcegos" (Joaquim Gil Pinheiro — *Os costumes da Roça* ou as *Memórias de Mboi* — Pág. 115). Aos *cupins* se refere o gen. Malan

CUP — 126 — CUR

em seu trabalho *Heróis Esquecidos*, publicado na *Revista Militar Brasileira*, julho a dezembro de 1926, à pág. 375, no seguinte passo: "As rodas do auto encaixam por vezes nos fundos sulcos da velha e abandonada estrada carreteira. Empoleira-se o Ford sobre o *facão* intermédio e a tripulação tem de forcejar em arrancá-lo. Precavém-se o hábil condutor contra os *cupins* insidiosamente ocultos no *macegão* crescido, demorando mais a lenta marcha". Em outro número da mesma "Revista" — 1928 — ainda fala o gen. Malan dos *cupins* nos seguintes têrmos: "Nos cerrados, nas baixadas, ora isolados, ora agrupados, produzindo de longe a fantástica impressão de ruínas de cidades mortais ou de acampamentos abandonados, erguem-se os cones dos *cupins*, zimbórios de barro, ultrapassando por vezes três metros de altura". Aos mesmos acidentes ouvimos chamar no interior da Bahia — *cupinzeiro*. Vide este termo e mais *Murundu* e *Tucuruva*.

Cupim²: Em comentário a este termo registrado à pág. 311 da *Onomástica*, escreveu-nos Mário Melo, devotado e ilustre Secretário Perpétuo do Instituto Arqueológico de Pernambuco: "No período agudo do movimento abolicionista, em Pernambuco, foi organizado o *Clube do Cupim*, cujos Estatutos tinham apenas um artigo — libertar os escravos por todos os meios. Era uma espécie de maçonaria. Os *cupins* se reuniam disfarçadamente, tinham ramificações no Ceará, tinham associados nos veleiros. Furtavam os escravos, disfarçavam-nos e os embarcavam para o Ceará, já então terra livre. O palacete de José Mariano era ordinariamente valhacouto de escravos furtados pelos *cupins* e mais de uma vez foi varejado pela polícia. Fulano era *cupim*, isto é, pertencia ao *Clube do Cupim*, era ladrão de escravos. A sede da reunião era chamada a "Panela do Cupim" e era situada no distrito dos Aflitos no Recife, tendo hoje uma placa comemorativa com inscrição".

Cupinzeiro: registramos, à pág. 312 da *Onomástica*, o vocábulo *cupim*, definindo-o, abonando-o com duas citações, dando-lhe afinal a sinonímia — *Cupinzeiro*, que havíamos ouvido entre as gentes do sertão baiano. Verificamos depois, no curso das nossas leituras brasileiras, que também no Sul do país se emprega o termo *cupinzeiro*. Assim é que na Revista *Chácaras e Quintais*, de abril de 1927, à pág. 324, lemos: "As formigas poneríneas e doriríneas invadem habitualmente os cupinzeiros e fazem verdadeiras *razias* nos *cupins*, e há espécies do gênero *Camponotus*, que vivem perfeitamente bem em comum com os cupins, no mesmo cupinzeiro". Dias após encontrávamos, à pág. 57 do volume de Antônio Constantino — *Este é o canto da minha terra*, o seguinte passo:

No chão duro e estéril, sarjado
pelos sulcos das estradas an-
           [tigas,]
Cresceram os calombos escu-
     [ros dos cupinzeiros".]

Cupixaua: assim denominam os íncolas da fronteira brasileiro-peruana os ranchos de palha onde vivem em promiscuidade. Vimo-lo empregado por Lima Figueiredo em seu precioso livro *Limites do Brasil* — Rio, 1936, à pág. 77.

Curaca: termo que, nas cabeceiras do Purus, designa o chefe dos índios; corresponde a *tuxaua* (vide esta palavra) das outras partes da Amazônia. Vimo-lo referido no *Relatório* de Euclides da Cunha a respeito dos serviços da *Comissão Mista Brasileiro-Peruana de Reconhecimento do Alto Purus*. Isto foi o que escrevemos na *Onomástica* — 3.ª edição. Comentando-a, escreveu-nos H. Jorge Hurley em carta de 25 de dezembro de 1929: "Não corresponde a *tuxaua*, que equivale a *puric*, em quíchua, mas a governador de uma *huaranca*, que se compõe de mil famílias, pois se forma de dez *pachacas*. Na ordem respectiva,

CUR — 127 — CUR

segundo Clements R. Markham, era assim dividida a organização social dos incas — *Puric* era o *pater familia* dos romanos. O rio *Xapuri* é o rio do príncipe dos puricunas: de *tchá*: príncipe e *puric*: chefe de família e *cuna*: plural; tudo em quíchua. Cem famílias constituíam a *pachaca*, o antigo *ayllu*. Llacta-camayoc era o chefe da *pachaca*, ou seja de um povo constituído por cem (100) famílias. "Diez *pachacas* formaban una *huaranca*, que constaba por lo tanto de mil familias y era gobernada por un jefe elegido entre los llacta-camayoc. El valle o districto entero abarcaba un número variable de *huarancas*, llamado *kuno* sobre el cual su antigo cacique hereditario, llamado *curacá*, conserbaba ciertas funciones judiciales, además de estar exento de tributo". (*Los Incas del Piru*, Markham, página 140). Quatro *kunos* ficavam sob o poder de um delegado imperial chamado *tucuyrioc*: o que tudo vê. Prescott, no *La Conquista del Perú*, página 70, referindo-se aos peruanos habitantes de Tumbez, informa: "Escucharon con suma curiosidad la delación de sus compatriotas, y al instante comunicaron la noticia al *curaca* o gobernador del districto"... Depois da queda dos incas, é possível que o título de *curaca* houvesse sofrido tão grande depreciação ao ponto de ser encontrado, nas selvas do alto Purus, pelo grande Euclides da Cunha com a mesma significação de *tuxaua*. É palavra quíchua. Grão-senhor, cacique (Benigno Martinez)".

Curau: citado à pág. 65 da *Onomástica* entre os sinônimos de caipira, tabaréu, etc. É usado em Sergipe, conforme o registro de Beaurepaire-Rohan. Segundo informação do Dr. José Rodrigues da Costa Dória, eminente Professor das Faculdades de Medicina e de Direito da Bahia, filho do norte de Sergipe, o termo *curau* é aplicado nas margens do baixo S. Francisco aos *retirantes*, acrescentando: "dizem que tal nome vem dos gritos especiais dos papagaios quando atacam um milharal ou a comida em geral. Eles comem emitindo um som semelhante a *crau, crau*, e daí chamarem os retirantes de *curaus*, porque quando chegam faminstos e em bandos a uma localidade acabam os alimentos como fazem os papagaios nos milharais". Segundo o mesmo ilustre informante o termo *curau* designa no Norte uma comida feita de carne salgada (carne-do-sertão ou do-sol), pilada com farinha de mandioca. Em S. Paulo *curau* é uma papa de milho verde feita com leite de vaca: registra-o nesta acepção Amadeu Amaral (*O Dialeto Caipira*). A. Taunay, em sua *Coletanea de Falhas* (Rio de Janeiro — 1926), à pág. 83, registra *curau* como adjetivo empregado na região do rio das Garças (Mato Grosso), com o sentido de pacóvio, indivíduo inexperto, novato, calouro na garimpagem. O mesmo informa Hermano R. da Silva à pág. 266 de seu volume — *Garimpos de Mato Grosso*.

Curcurana: termo usado no litoral da Bahia para designar alagadiços e brejos perto do mar. Soubemo-lo por informação local. Ao mesmo acidente se denomina em Pernambuco — *corcorana*. A este termo se referem Eugênio de Castro e Pereira da Costa, em seus livros citados. Este escreveu no *Vocabulário Pernambucano* o seguinte: "Bernardino de Souza registra este termo como usado no litoral do sul da Bahia, designando alagadiços e brejos perto do mar. Não tem o termo curso entre nós; entretanto, parece que já o teve, vindo daí, naturalmente, a denominação da Povoação das *Curcuranas*, nas proximidades do mar, junto à povoação e praia da Boa Viagem, situada em terreno baixo, cheio de alagadiços, e notadamente uma grande lagoa com uns 18km de extensão, que pelo inverno aumentando de volume se comunica com o rio Jordão, um pouco ao sul da povoação da Boa Viagem. Um documento oficial publicado no *Diário de Per-*

CUR — 128 — CUR

nambuco de 2 de outubro de 1837 fala do *lagoal das Curcuranas;* e tratando Vital de Oliveira do riacho do Pina, no seu *Roteiro da Costa do Brasil,* diz que parece ser sangradouro dos *alagados das Curcuranas.* O termo, que alguns antigos documentos registram com a variante de *corcuranas,* vem, segundo Alfredo de Carvalho, mais remotamente, de *caracurana, caracuarana, descobrindo-lhe* assim uma origem tupi. Seja como fôr, o termo é antigo entre nós, porquanto a referida povoação já era assim denominada na primeira metade do século XVII".

Curi: termo amazonense, que apelida uma espécie de argila de cor avermelhada, e que serve para tingir.

Curiboca: também *coriboca.* Vide *Cariboca.*

Curimataú ou **curimatá:** nome de uma das regiões em que se dividem os Estados da Paraíba e do Rio Grande do Norte, oposta à da mata ou brejo; é a região da *catinga* apropriada para a criação do gado e deve o seu nome ao rio Curimataú que a banha. A ela se refere José Américo de Almeida, no seguinte passo: "A segunda seção da serra é a denominada *curimataú* no vale do rio do mesmo nome e *cariri* no planalto central. Já entremostrei, na parte fisiográfica, a aspereza dessa zona de vegetação resistente. É a catinga de plantas espinhosas, de xiquexique, macambira, facheiro, palmatória e coroa-de-frade" (livro citado).

Curimbaba: o mesmo que *jagunço, capanga,* termo usado em Minas Gerais, o qual, segundo Teodoro Sampaio, é corrutela de *quireeymbamba* — a valentia, o valor, a coragem. Segundo informa Jorge Hurley, no alto Guamá e no alto Gurupi chamam os tembés ou timbés de *kerimbáua* ao homem valente, forte, corajoso.

Curixa: vide *Corixa.* Na Bolívia se diz *curiche.*

Curizal: variedade de campo do Rio Grande do Sul que aparece na região tapeana. Refere-o o Dr. Rodolfo Simch.

Curro: registrado por A. Taunay no seu *Léxico de Lacunas* com o significado de reunião de senzalas, moradia dos escravos, nas fazendas de S. Paulo. Diziam também *quadrado.* Virgílio Corrêa Filho nos dá a seguinte informação: *Curro,* em Cuiabá, era a arena preparada para as touradas.

Curso: nome que, em certos pontos do Recôncavo da baía de Todos os Santos, como em Iguape (S. Paulo), designa o mesmo que *piracema* (Vide esta palavra). Vimo-lo registrado à pág. 101 da admirável monografia do sábio Artur Neiva — *Esboço Histórico sôbre a Botânica e Zoologia do Brasil:* "A *piracema,* migrações já observadas pelos nossos índios, ou o *curso,* como vi chamar em Iguape aos cardumes de peixes marinhos que procuravam as proximidades das embocaduras fluviais para a desova..."

Corumba: vide *Curumba.*

Curumba: grafia adotada pelo *Vocabulário Ortográfico da Língua Nacional* e também preferida pelo sábio R. Garcia. Alguns autores escreveram *corumba.* Termo nordestino, designativo ora de sertanejo, tabaréu, caipira; ora de emigrante, retirante, a pessoa que desce do sertão em busca de trabalho nos engenhos, usinas ou estradas de ferro, como diz R. Garcia. Na Paraíba, diz Beaurepaire-Rohan, é o título depreciativo dado aos homens de baixa condição que, a pé ou a cavalo, e mal trajados, transitam pelas estradas. Pereira da Costa escreve: "Sertanejo que desce para o serviço de campo das usinas e dos engenhos. No primeiro sentido aqui exposto, empregou-o Plínio Cavalcanti em sua *Canaã Sertaneja de Pedras,* onde retraçou a obra máscula de Delmiro Gouveia na *catinga* ocidental de Alagoas. À pág. 32 lemos: "Após dez dias de viagem chegamos a Piranhas, pequenina vila cintada de montanhas nuas, onde a luz solar se amazena para coser a alma rude daqueles *corumbas* indomáveis". Sob o título de *Corumbas*, Amando Fontes, talentoso literato sergipano, publicou um excelente romance, já em 3.ª Edição (1933).

Curuperé: termo de origem túpica, usado na Amazônia, designativo de pequeno riacho ou afluente de *igarapé* central, que seca no verão. Registrado por A. J. de Sampaio em *Nomes vulgares de plantas da Amazônia.* Segundo informa Jorge Hurley há no Município de Curuçá (Pará) um igarapé com esse nome, o qual não seca sòmente no verão, mas em todas as marés, quando estas refluem. O *curuperé* é um verdadeiro *uçatuba* — viveiro de caranguejos.

Cuscuzeiro: registrado no vocabulário de Rodolfo Garcia com a acepção de pico de forma arredondada, destacado de uma *chapada*. Também se chama, segundo J. C. Branner, *morro de chapéu.* Usado nos Estados do Sul.

D

Dada: termo de uso no sudoeste de S. Paulo, designativo de assalto, à mão armada, contra os bugres. Sinônimo de *batida*. Para ele, chamou-nos a atenção o operosíssimo Taunay em carta de 3 de novembro de 1927. Entretanto, já o registrara no seu *Léxico de Lacunas*. Vimo-lo depois empregado por Hermann von Ihering, num artigo publicado no *Jornal do Commercio* do Rio de Janeiro, em que tratava do sério problema do extermínio dos índios, como sendo designativo de expedição vingativa organizada pelos sertanejos de S. Paulo contra os Caingangues ou Coroados, caboclos bravios que sempre têm repelido qualquer contato com os civilizados. Deste artigo são as seguintes palavras: "Em S. Paulo os bugreiros, isto é, os caçadores que servem de guias na perseguição dos indígenas, são em grande parte criminosos, que muitas vezes obrigam os próprios índios guaranis a acompanhá-los na *dada*". Registrado por Carlos Teschauer em seu *Novo Dicionário Nacional*.

Dama-do-lago: o mesmo que *baronesa* (Vide êste termo).

De caju em caju: expressão muito de uso no interior da Bahia, correspondente à locução portuguesa — de ano a ano — e oriunda do fato de só florescerem e frutificarem os cajueiros de doze em doze meses mais ou menos. É idêntica à locução — *de seca a verde*, que aqui também registramos como regionalismo sertanejo da bacia do S. Francisco. "Comadre e amiga do peito, Marta só a via de tempos em tempos, de *caju em caju*, isto mesmo quando ia visitá-la" (Eurico Alves — *Benta* — Conto publicado na Revista baiana *A Luva*, de 15 de novembro de 1927). Vem de molde recordar que algumas tribos indígenas contavam os anos pela frutificação do cajueiro, pondo de cada vez uma castanha de parte.

Deixa: espaço alagado que os rios formam quando voltam ao primitivo leito após a enchente. Em Taunay, encontramos a seguinte frase: "À margem do Juquiá as *deixas* são pequenas, o terreno é em geral muito enxuto". Entretanto, já encontramos êste termo com o sentido de antigo leito do rio, álveo que foi abandonado, conservando-se, porém, claros vestígios de sua existência. Os indígenas chamavam *quera* e juntavam a esta voz o nome do rio para designar o leito abandonado, como por exemplo — *Tietequera*, antigo leito do Tietê. Esta informação é do insigne indianologista Teodoro Sampaio. Os giros *deixa* e *deixa do rio* são de uso nos Estados do Sul. Para Sud Mennucci, *deixa* é lagoa formada pelos rios da baixada nos pontos em que são obrigados a abandonar o seu antigo leito em virtude de modificações operadas pela mão do homem. E diz que o têrmo está abonado pelos volumes da antiga Comissão Geográfica e Geológica de S. Paulo, sobretudo o que trata da *Exploração do Ribeira do Iguape*.

Dente-de-cão: nome que os mineiros, nas lavras de Minas Gerais, dão a uma qualidade de *gorgulho* (vide esta palavra) bravo, composto de pedaços de quartzo arenoso, ásperos, de formas irregulares, angulosas, envolvidos em um saibro grosso, pesado e com pouca terra (*Memórias do Distrito Diamantino*, pág. 373). À pág. 374 deste livro, escreve o Dr. Felício dos Santos: "O Pagão é uma dessas bizarras anomalias, que algumas vêzes apresentam as lavras diamantinas. Nesse *gorgulho* bravo, rude, sempre pobre em outros lugares, chamado *dente-de-cão*, havia uma riqueza imensa".

Dependurado: têrmo de Goiás, citado pelo Dr. Virgílio de Melo Franco em suas *Viagens*, designativo de encosta ou flanco das serras, mais ou menos desprovido de vegetação.

Derrama: vocábulo de uso no Sul do Brasil, com a significação de declividade dos morros, lombada. A. Taunay escreveu: "A *derrama* desta serra se faz por meio de muito suave declive". Amadeu Amaral registra *derrame*, vertente, declive (de morro), forma esta que Mário de Andrade preferiu em seu *Macunaíma*: "Varou num átimo o mar de areia do chapadão dos Parecis e por derrames e dependurados entrou na caatinga..." Os espanhóis usam *derrame* no sentido de declive da terra pelo qual corre ou pode correr a água, aplicando-se também às vertentes das montanhas (Vergara Martin).

Derribadinha: à pág. 68 da *Brasiliana* de julho de 1927, encontramos a seguinte referência de Nélson de Sena: "O corte, a machado ou foice, de uma pequena porção de mato é o que, em Minas, se costuma chamar de *derribadinha*, feita sempre em área limitada e em mato pobre de árvores para formar-se uma *rocinha*, resultando sempre desta, depois da colheita do milho e quando a *roça* vira *palhada*, um pequeno pasto ou *pastinha* de animais. São brasilei-

rismos moentes e correntes na linguagem da classe agrícola de Minas..."

Derruba: o mesmo que *derrubada*. Segundo informa o prof. Alcide Jubé é termo de uso em Goiás no sentido de desbravamento de matas para o plantio de cereais ou de capim, dando-se ao lugar da *derrubada*, depois de queimado e plantado, o nome de *roça*.

Derrubada: termo geral que nomeia a operação agrícola que se segue à *broca ou roçada* ou ao *cabrucar* da mata (assim se diz em Ilhéus — Bahia), e que consiste em abater as grandes árvores a machado a fim de preparar o terreno para as plantações. Em outro sentido, é a mata cortada a machado como diz Rodolfo Garcia, para aproveitamento do terreno à agricultura. V. Chermont diz: floresta da qual os arbustos e cipós já foram cortados a terçado ou a foice, e as àrvores abatidas a machado. Os *caipiras* de Minas, segundo informa Nélson de Sena, dizem *derribada*. Daí *derrubador*, o que derruba as árvores usando o machado.

Desabado: registrado por Taunay, no *Léxico de Lacunas*, com o significado de declividade de terrenos. "A fazenda ainda tem vinte mil pés de café num grande *desabado* muito íngreme".

Desbarrancado: dição que, em S. Paulo, indica uma cova larga que intercepta o caminho; precipício, abismo. Em Minas Gerais os *desbarrancados*, comuns nos terrenos argilosos e xistosos, são provenientes da erosão produzida pelos intensos aguaceiros que aí reinam (Rui de Lima e Valdomiro Potsch. *Elementos de Mineralogia e Geologia*, 2.ª edição. Pág. 220). A. Taunay, em seu *Léxico de Lacunas*, diz: "despenhadeiro, erosão feita pelas águas, queda de terras". Isto mesmo verifiquei em novembro de 1929 em Araxá, testa do Triângulo Mineiro.

Descambada: citado por Calage e Romaguera, no sentido de lugar do cerro ou *coxilha* que faz descida para a *quebrada* ou vale. "Lo-

DES — 132 — DES

go ali na descambada da coxilha encontramos a comitiva". Beaurepaire-Rohan diz: declive de uma coxilha ou lomba por onde se faz a descida para o vale. Também se diz descambado.

Descimento: vocábulo que, nos tempos coloniais, apelidava a trazida de silvícolas que eram aprisionados nos sertões brasileiros e conduzidos para o litoral, onde os sujeitavam à escravidão. E termo muito de uso entre os historiadores do Brasil colônia. O insigne mestre João Ribeiro, em sua primorosa *História do Brasil* (10.ª ed. Págs. 224-225), escreve: Organizaram-se então com desusado aparato as grandes caçadas de índios, os *descimentos* a ferro e fogo de centenas e milhares de escravos que, arrancados à liberdade nativa, em grande parte desapareciam pela morte voluntária ou se manchavam em vinganças sanguinolentas quando escapos aos mercados de S. Paulo e Rio". Inácio Batista de Moura, à pág. 50 do seu livro *De Belém a S. João do Araguaia*, escreve: "Os descimentos dos índios podiam ser de dois modos: o primeiro voluntariamente, indo os missionários ao sertão persuadi-los da conveniência de viverem com gente civilizada; o segundo, por meio de coação, obrigando-os por força e medo a aceitarem esta conveniência que lhes repugnava".

Descobertiero: espanholismo de uso no oeste do Paraná, nas lindas do Paraguai, designativo de sertanejo que se dedica à descoberta das *minas* (lugares abundantes em erva-mate). É, segundo Romário Martins, de quem transcrevemos o conceito supra, um indivíduo estimado pela sua qualidade instintiva de farejador de ervais, habilidade pouco comum.

Descoberto: nos distritos auríferos, refere Rodolfo Garcia, significa lugar onde se descobriu ouro e se estabeleceu serviço de mineração. "O Regimento das Minas" dizia "achada do ouro onde não existisse concessão ou cata aberta". O Distrito do Descoberto do Muni-

cípio de S. João Nepomuceno recorda a designação do "Regimento". À pág. 3 das *Memórias do Distrito Diamantino*, lemos: "Corre a notícia do descoberto. Chegam outros aventureiros da Conceição e circunvizinhanças. O terreno é vasto e promete acomodar a todos: por isso não aparecem dissensões e rivalidades. A população vai aumentando, levantam-se alguns colmados ou ranchos, e o lugar em breve oferece o aspecto de um pequeno arraial". Macedo Soares, em seus *Estudos Lexicográficos*, publicados no Tomo VI da *Revista Brasileira*, registra a frase *ir ao descoberto*, isto é, invadir o sertão para descobrir minas de ouro e de esmeraldas, ou cativar índios, ou para uma e outra coisa ao mesmo tempo: a volta do *descoberto* era o *descimento*. E no *Manual do Guarda-Mor*, composto por Manuel José Pires da Silva Pontes, que foi publicado na *Revista do Arquivo Público Mineiro* — (Ano VII — janeiro a junho de 1902 — Pág. 360), encontramos o seguinte conceito: "*Descoberto*, segundo alguns jurisconsultos, é grande cópia de ouro descoberto em terras que nunca foram possuídas, nem examinadas, nem concedidas, e que de novo se examinam e depois se repartem, como bem inculca o Cap. V do Regimento de 1702 e se depreende dos Caps. 13, 18 e 20".

De seca a verde: expressão que, no falar correntio dos sertanejos do vale do S. Francisco (Bahia), é usada para assinalar o ano inteiro. É este giro de admirável propriedade, por isso que os filhos dessas paragens não conhecem, por dizê-lo, as estações pelos nomes de verão e inverno, mas tão-somente o período da estiagem — a seca e o das águas ou chuvas — o verde. Algo que recorda a divisão do ano entre os egípcios antigos, regulada pelo Nilo sagrado, em três períodos: inundação, sementeira e colheita. Devemos o registro da sugestiva locução ao informe do Dr. Otto Filocreon.

DES — 133 — **DRI**

Desperdício: terra extraída dos cortes das estradas e não aproveitada nos aterros correspondentes. O mesmo que *extravio*: dizem também *esperdício*. Virgílio Corrêa Filho informa que no mesmo sentido se usa a palavra *bota-fora*, ao que se opõe o *empréstimo*, proveniente do corte realizado fora da via, para completar o volume necessário ao atêrro próximo.

Despontar cabeceiras: locução brasileira, diz Teschauer, em seu *Novo Dicionário Nacional*, que significa contornar as cabeceiras dos rios, procurando sempre terreno enxuto. O venerando vocabularista abona-o com uma citação do Visconde de Taunay em seu livro *Céus e Terras*. Em Goiás, segundo informe do prof. Alcide Jubé, também se emprega no sentido de voltear uma mata que não dá passagem pelo centro. Cândido de Figueiredo registra-a no primeiro sentido (4.ª edição): "passar além das pontas ou extremidades superiores de um rio". Também a registrou o *Dicionário de Brasileirismos da Academia Brasileira de Letras*.

Dia-santo: termo da Amazônia Ocidental; o mesmo que *manso do rio* (Vide esta expressão).

Dobrada: Valdomiro Silveira informa que assim se chama ao lugar em que, do alto de um morro, monte ou espigão, se começa a descer. Cândido de Figueiredo registra o termo como brasileirismo no sentido de ondulação do terreno, quebrada. Jorge Guimarães Daupiás, na *Revista de Filologia Portuguesa*, N.º 14, pág. 153, contesta e, em seu abono, cita a seguinte frase de Fr. Luís de Sousa, na *História de S. Domingos*, Tomo I, pág. 125, Ed. de 1767: — "a quatorze léguas de Lisboa, pelo Tejo acima, em cabo de terras dobradas e montuosas..." O exemplo do venerado clássico não se ajusta ao termo *dobrada*, no sentido em que o empregamos no Brasil, e sim a *dobrado* (Vide abaixo).

Dobrado: termo mato-grossense, também peculiar aos Estados do Sul, com o sentido de terreno acidentado, cheio de altos e baixos, de morros e vales, campo de lombas e baixas. Aqui é que tem todo o cabimento o reparo de Jorge Guimarães Daupiás, com a diferenças apenas de que Fr. Luís de Sousa o empregou no feminino e como adjetivo. No Sul do Brasil e em Mato Grosso, usam-no freqüentemente como substantivo.

Dona-branca: nome pitoresco que, em S. Paulo, dão à geada. Registrando-o, Taunay o abona com a seguinte frase: "Estas terras estão livres de *dona-branca*". Provavelmente é esta a geada branca a que se refere Henrique Morize à pág. 47 da sua *Contribuição ao Estudo do Clima do Brasil*: "Essa geada é geralmente a denominada *branca*, que se produz mesmo quando o ar se acha numa temperatura superior a zero. Em noites claras e sem vento, o solo e as plantas de pequena altura, devido a seu grande poder emissivo, se resfriam muito mais que a massa de ar que lhes fica superposta, e chegam a ter temperatura abaixo de zero, donde resulta condensar-se neles, em estado de gelo cristalino, a umidade do ar. A geada *negra* resulta de ficar a massa de ar, que cerca as plantas em espessura considerável, em temperatura inferior a zero por maior prazo, o que ocasiona a congelação da seiva das plantas. A geada negra, naturalmente mais rara, não deve existir numa zona destinada à cultura do café; no limite austral das regiões em que este é cultivado, ela pode surgir em ocasião da passagem de uma forte onda de frio, e então ou o café morre, ou pelo menos sua vegetação fica grandemente prejudicada por muito tempo".

Drias: também *dríade*, nome adotado por von Martius para designar uma das subdivisões fitogeográficas do Brasil, a que abrange a região das florestas tropicais do Brasil oriental. O Dr. Olímpio da Fonseca que escreveu o capítulo relativo à *Flora* para o *Dicionário Histórico, Geográfico e Etnográfico do Brasil*, comemorativo do primeiro centenário da Independência, mostra, em sua brilhante síntese, as modificações e as críticas que têm sido feitas à classificação de von Martius, sobretudo graças aos trabalhos posteriores de Engler, Drude e Lindmann.

Dunga: vocábulo de origem africana que, no Ceará, segundo Leonardo Mota (*Os Cantadores*), significa maioral, chefe, cabeça. Já em Pernambuco, segundo Beaurepaire-Rohan, tem o sentido de valentão. No Pará diz-se *donga*.

Durasnal: dição rio-grandense do sul, que indica mato composto de pessegueiros, ou, como diz Romaguera, lugar no mato, onde, em estado silvestre, há muitos pés de pessegos. Deriva do castelhano — durasno — pessego. Beaurepaire-Rohan diz que é o pomar de pessegueiro abandonado e reduzido ao estado silvestre. À pág. 37 da *Alma Bárbara*, de Alcides Maia, lemos: "Aquela porteira, aquela poça dágua, aquele *durasnal*, na volta da Cruz, cujos pêssegos, mesmo a cavalo, firmando-se nos estribos, ele, de passagem colhia, para os saborear estrada fora".

Duro: designativo de lugar arenoso e submerso que contrasta com o fundo lamacento que o envolve. Exemplo: o *duro* do Boqueirão. Termo ouvido por Artur Neiva dos pescadores da ilha do Bom Jesus (Bahia, 1935).

E

Emboaba: também *imbuava* e *boaba*, nome que, nos tempos coloniais, principalmente na região das minas, era dado pelos descendentes dos bandeirantes paulistas, aos portugueses que entravam no sertão em procura de minas de ouro e pedras valiosas. *Emboaba* era uma alcunha nativista, até pejorativa, como outras que apareceram para a designação dos reinóis, no período colonial, em várias partes do Brasil: *cupés* no Maranhão, *mascates* em Pernambuco, *pés-de-chumbo* e *marinheiros* de Pernambuco a Bahia, *novatos* no extremo-sul, *galegos* em todo o Brasil. A origem etimológica do vocábulo é diferentemente interpretada pelos competentes: Teodoro Sampaio diz que o termo admite várias interpretações, sendo provável ter vindo de uma simples corrutela de *amoaba* ou *amboaba*. E mais à pág. 134 da 2.ª edição do seu *O Tupi na Geografia Nacional*: "Este nome que se tornou célebre na história do descobrimento das minas, designando com um cunho nativista o elemento estrangeiro que afluiu numeroso dos portos do litoral para disputar aos paulistas o ouro por eles descoberto em Minas, não exprime, de fato, senão o despeito do nacional contra o forasteiro. Dizer — *guerra dos emboabas* — vale o mesmo que dizer — *guerra contra o estrangeiro* ou o intruso. Outra hipótese admissível é a que faz derivar o nome *emboaba* do tupi — *mboaba*, de que se fez por corrutela *boava* e significa *vestido, coberto*, em alusão a se apresentarem os portugueses ou estrangeiros trajando roupas desconhecidas e calçando largas botas para se protegerem contra os espinhos e os répteis". Outros dizem que *boaba* quer dizer, na língua dos índios, galinha ou galo de pernas cobertas de penas, ou calçudos; e porque, no tempo da *guerra dos emboabas*, princípio do século XVIII, os forasteiros usavam calções chamados de rolo, e descidos estes cobriam a maior parte das pernas, chamavam-nos por este motivo — *boabas*, ou para melhor dizer — pintos calçudos. Outra hipótese admissível, diz Nélson de Sena, seria a de derivá-lo de *m'boy-aba*, literalmente o *homem-cobra* — alusão ao uso de os reinóis andarem vestidos de calções listados ou perneiras escamosas de couro cru. Além de *imbuava* e boaba, encontram-se as grafias *imboaba*, *emboava*, *buava*.

Emburizal: terreno cheio da palmeira buri ou emburi (também imburi, guri, guriri), dita coqueiro-da-praia e que vegeta principalmente de Alagoas até o Rio de Janeiro (Pio Correia — *Dicionário das Plantas úteis do Brasil*).

Emburrado: registrado por Afrânio Peixoto, com a significação de lugar pedregoso, de muitos e grandes pedrouços rolados e descobertos. Emprega-o o notável escritor em passos da *Bugrinha*: "Saltando de pedra em pedra desse *emburrado*"; O *emburrado* da gruta (Págs. 260 e 286). O Eng.º Macambira Monte-Flôres, grande conhecedor das *Lavras Diamantinas* (Bahia), define; aglomeração de *burras* ou blocos rochosos. Com o mesmo sentido empregam em Mato Grosso: "Homens acalentados pelo ideal das riquezas honestas, arrancando de um moirejar rudíssimo o conforto com que a opulência ameniza as exigências do viver, desmoronam os montes, deslocam os *emburrados*, removem as pedras, desmontam as serras, destocam as matas, escavam os vales, e vão buscar sobre a piçarra, nos leitos do cascalho fino, onde dominam, as pedras preciosas que engalanam os senhores da fortuna" (Otávio Cunha — *Terras do deslumbramento* — Revista do Centro Mato-grossense de Letras — janeiro a junho de 1930 — Pág. 91). A. Taunay registra como *informação* de diamante (*Coletânea de Falhas*).

Emparedado: regionalismo baiano, designativo de *talhado*, garganta, entre rochas a pique, em que, não raro, atravessam rios e se estreitam *grotas*. "Desde o lugar denominado Passagem das Piabas, estradas do Mucujê, sobe-se às serras, passando-se por talhados gigantescos, denominados — *emparedados*, de onde se descortinam horizontes imensos, passagens lindíssimas e mapas extraordinários de matas longínquas" (Gonçalo de Ataíde Pereira — *Memória Histórica e Descritiva do Município de S. João do Paraguaçu* — Pág. 9). O Paraguaçu das Lavras é um curso d'água irregular, tortuoso, que corre em grande parte entre rochas escarpadas, atravessando gargantas ou *emparedados*, no dizer local, com fortes declividades assinaladas na perpendicular dos saltos ou na ladeira das *corridas*". (Bernardino de Souza — *Geografia da Bahia* — Inédita).

Empréstimo: registrado no vocabulário de Rodolfo Garcia com o significado de escavação praticada à margem das vias férreas ou de rodagem, para obtenção da terra necessária aos aterros, quando a dos cortes é insuficiente, isto é, quando não se dá a compensação. O termo técnico inglês é *side-cuting*. É dição geral no Brasil.

Encanado: o mesmo que *apertado, estreito, angustura*, termos esses com que o povo designa trechos de um rio em que a sua largura normal se reduz de repente até a um décimo e menos. Vide os sinônimos, principalmente *estreito*.

Encaroçada: empregado por Taunay no sentido de certa qualidade de terra roxa abundante em conglomerados. Têrmo do Sul do Brasil.

Encerra: registrado por Cândido de Figueiredo, como brasileirismo que apelida curral ao ar livre; malhada. Acrescenta o douto filólogo que, no Sul do Brasil, se diz encerra o ato de recolher o gado ao curral. "Nos ásperos invernos, com rajadas de minuanos soprando pelos campos desabrigados, a saudade acordava na alma inquieta do caboclo lembranças da agitação intensa dos dias de môrno estio de soalheira, ouvindo o estrépito das tropas tocadas para a *encerra* e de onde depois saíam para o golpe certeiro do desnucador" (Roque Calage — *Quero-Quero*, Pág. 57).

Encontro-d'água: expressão do Pará, que significa ponto onde se reúnem, num furo determinado, as correntezas de maré do Amazonas e do estuário do Pará. Rodolfo Garcia, que a registra, acrescenta que são zonas mais ou menos extensas por causa do nível variável das águas.

Encosto: segundo Henrique Silva, grande conhecedor do Brasil Central, em artigo publicado na *A Informação Goiana* de 15 de março de 1918, esta palavra é usada em todo o interior do Brasil no sentido de língua de campo cercada de matos e brejo, apenas com uma entrada, ou alguma várzea nas mesmas condições. Assim com este significado conhecemos o vocábulo no sertão do nosso nascimento. Usa-se em Mato Grosso com a significação de pedaço de campo conveniente à pastagem dos animais durante alguns dias. À pág. 100 da *Rondônia* de Roquete Pinto, lemos: "Cada vez que se chega ao pouso, mais que depressa, procuram os tropeiros um bom *encosto*. No livro de Rodolfo von Ihering — *Da Vida dos Peixes* (1929), à pág. 95, encontramos a referência dêste termo com outro sentido ou seja, o de lugar onde a água do rio se empoça nas margens. "À tarde o pescador desce o rio e escolhe os sítios mais favoráveis para armar a rede, da qual uma ponta fica amarrada a um galho de árvore de ribanceira, ao passo que a outra extremidade acompanha o andar das águas, formando assim um ângulo agudo com a margem. Os melhores lugares são os remansos ou *encostos* principalmente, onde a água, depois de descrever círculos, se empoça. *Encosto* é, como se vê, remanso, "também criadouro dos ovos dos peixes na rodada de *piracema*". Sud Mennucci informou-nos que, em Piracicaba (S. Paulo), assim se diz do terreno afastado da parte urbana que servia para o despejo do lixo da cidade — logo montureira. E mais um sentido local surpreendemos neste termo, conforme refere Lauro Palhano no seu *Paracoera*, à pág. 81, no seguinte passo em que fala da navegação do rio S. Francisco: "em todos os pontos de atracação — *encosto* — conforme a tecnologia local, vêm indivíduos de um de outro sexo vender rendas, bordados, croches, doces e curiosidades locais..."

Encosto-de-gado: termo marajoara que significa logradouro, pastagem freqüentada pelo gado numa estação. V. Chermont cita a seguinte frase: "O Muruchituba é o encosto-de-gado dos Três Irmãos e da Tapera durante o verão".

Enfusca: termo usado no Nordeste para designar esconderijo, *cafundó*. Empregou-o Pedro Batista no seu livro *Cangaceiros do Nordeste* (1929), à pág. 136: "Bem sabe que moça que foge é como rês quando tem *caborje* (mandinga, artimanha); pode voltar ao curral, mas, deixar de se amocambar, esquecer a *enfusca*, isso não! Não

esquece". Em português há o verbo enfuscar — tornar fusco; tornar escuro; ofuscar.

Engenho: com este nome se designam no Brasil dois estabelecimentos agrícolas. (1.º) Nas zonas açucareiras assim se chama, desde os primeiros anos da colonização, a um estabelecimento destinado à cultura da cana e à sua moagem para a fabricação do açúcar, distinguindo-se várias espécies, segundo a força motriz, como sejam — engenho dágua, engenho de boi, engenho de cavalo, engenho de bestas, engenho de máquina ou a vapor. Os engenhos de açúcar são de duas classes: os modernos, chamados *usinas* e os antigos, de sistema colonial, chamados *bangüês*. (Vide este termo). O decreto 24.749 de 14 de julho de 1934, que estabeleceu normas para o açúcar produzido em engenhos, reza no § único do Art. 1.º: "Entende-se por engenho toda e qualquer fábrica de açúcar que não possui turbina nem vácuo; e por *usina* a que dispuser de um ou outro desses aparelhos, ou de ambos". Em verdade, a palavra engenho é mais empregada para designar os do sistema antigo, os *bangüês*. E vale recordar a preferência neste grupo dada pelos senhores antigos aos engenhos dágua, dos quais repetia um velho brocardo: "engenho de máquina — de quem dinheiro tem; engenho de animal — de quem jeito não tem; engenho d'água — de quem Deus quer bem". Nos tempos coloniais, segundo informa Antonil em sua *Cultura e Opulência do Brasil por suas drogas e minas* (Ed. A. Taunay), dos engenhos uns se chamam *reais* e outros inferiores vulgarmente *engenhocas*, sendo que os primeiros tinham a "realeza de moerem com água", possuindo "todas as partes, de que se compõem e todas as oficinas perfeitas, cheias de grande número de escravos, com muitos canaviais próprios e outros obrigados à moenda". Ao tempo de colônia chamavam-se os engenhos movidos por bois — *trapiches*. Todos eram, porém, o *doce inferno* a que se refere o grande Vieira. Leia-se a descrição dos quadros e costumes da *Vida do Engenho* no Norte do país, modernamente, no livro de Alfredo Brandão — *Viçosa de Alagoas*, entre as págs. 215 e 231. — No linguajar nordestino são comuns as expressões *engenho moente e corrente*, para designar o engenho que mói, engenho de *fogo morto*, o que se acha parado, que não safreja. Em Pernambuco costumam chamar o engenho de bêstas *almanjarra* ou *manjarra*. — Nas regiões *ervateiras* chama-se *engenho* ao estabelecimento destinado ao beneficiamento da erva-mate. Romário Martins diz apenas: usina mecânica onde se beneficia a erva-mate e *engenheiro* se denomina o proprietário da usina. E à pág. 202 de seu *Ilex-mate*, diz: "O beneficiamento do mate nos engenhos é, pois, um procedimento industrial tão indispensável como os processos que o precedem nos ervais. É ele que dá importância comercial ao produto, expurgando-o das imperfeições do preparo inicial (nos ervais), dividindo-o em tipos comerciais distintos e colocando-o em condições de durabilidade e de apresentação com que entra para o consumo nos centros civilizados. Todo esse trabalho é agora realizado por aparelho e máquinas, donde vem aos estabelecimentos que o realizam, a denominação de *engenhos*".

Engenhoca: o mesmo que *bangüê* ou melhor *bangüê pequeno*, destinado à fabricação de açúcar, sobretudo de rapadura. É têrmo usado no Norte do país, já referida por Antonil nos tempos coloniais, como aplicado aos engenhos que moem com cavalos e bois. A estes se dava o nome de *trapiches* (*Diálogos das Grandezas do Brasil*. Pág. 137. Ed. Acad. de Letras).

Engenho de serra: designação vulgar das serrarias de madeira no Rio Grande do Sul. Vimo-lo empregado em vários laudos de avaliação de propriedades enviados

à Câmara de Reajustamento Econômico.

Engrunação: termo usado nos sertões da Bahia para designar o trecho subterrâneo de um rio. Informação local.

Engrunado: o mesmo que *gruna* (Vide este termo). Encontramo-lo à pág. 53 dos *Contos do Norte* de Alberto Rabelo no seguinte passo: "O córrego do Cantinho, engrossado, arrastava areias e *brugalhaus*, cada vez mais furioso, e levantando o lombo escuro mergulhava pela boca do *engrunado* como uma enorme jibóia que por ali se escondesse".

Enseada: além da significação comum na língua portuguesa — reentrância do mar em linha curva — é este vocábulo empregado em sentidos diferentes: os marajoaras assim denominam uma área de campo entre dois *igarapés* ou numa *volta* de rio, quase naturalmente cercada, orlada de mato e fechada por todos os lados, menos um (V. Chermont e R. Garcia); os goianos do Tocantins dão este nome às margens sombrias dos córregos e rios (Benedito Profeta, em *Igapitanga*, pág. 31). Júlio Paternostro em seu livro *Viagem ao Tocantins* (N.º 248 da Brasiliana) fala várias vezes das *enseadas* e à pág. 220 escreve: "chamam *enseada* ou *vereda* a nesgas de terra úmida, onde plantam milho e arroz"; no Maranhão, segundo Raimundo Lopes, é a entrada de campo inundável (Vol. 42 do Boletim do Ministério do Trabalho, Indústria e Comércio).

Entaipabe: também *entaipava*, o mesmo que *itaipava*. Severiano da Fonseca, que escreve *entaipaba*, informa que, em Mato Grosso, designa uma pequena queda d'água. O termo *itaipava* é mais comum no Norte. A propósito escreveu-nos Pandiá Calógeras: "Em linguagem de mineração nunca achei o termo como significando queda-d'água. Nos velhos escritores sobre indústria diamantina, a *itaipava* se diz de uma loca do rio,

ENT — 139 — ERV

abaixo d'água e geralmente aprofundando-se no terreno, na qual o cascalho se achava acumulado".

Entradas: vide *bandeira*. As *entradas* eram, nos tempos coloniais, as expedições organizadas pelos governadores ou prepostos da coroa portuguesa para a exploração do sertão brasileiro, em busca de riquezas minerais ou na batida dos selvagens para escravizá-los. Na terminologia atual, a tendência é dar-se ao movimento da penetração no interior do Brasil o nome genérico de *bandeirismo* e às expedições o de *bandeiras*. Vale, porém, distinguir *entradas* e *bandeiras*, e a lição de Basílio de Magalhães é de todo o ponto recomendável. Metodizando o assunto de sua *Memória* apresentada ao *Primeiro Congresso de História Nacional*, sob o título *Expansão Geográfica do Brasil até fins do Século XVII*, à pág. 32, escreveu o douto professor: "Para que bem se compreenda e metodize o assunto complexo da nossa tese, vamos desenvolvê-lo em cinco capítulos: — no primeiro, estudaremos o *ciclo das entradas*, isto é, o ciclo oficial da expansão geográfica operada quase toda dentro da linha de Tordesilhas, nas tentativas de descobrimento de riquezas minerais e de conquista da terra aos selvagens, seus donos primitivos e legítimos, ciclo esse que teve por teatro a zona litorânea e por época a que se estende de 1504 a 1696; no segundo, examinaremos o *ciclo das bandeiras* isto é, o ciclo espontâneo da expansão geográfica, realizada quase toda além da linha de Tordesilhas, o qual teve por origem e cenário o interior, desbravando-o, revelando-lhe as portentosas opulências e, finalmente, ocupando-o, no espaço de tempo que vai de meados do século XVI até o século XVIII..." No Capítulo V da mesma *Memória*, ainda insiste o ilustrado historiador na distinção supra.

Entrevêro: escrito por alguns *entreveiro*. Registrado por Beaurepaire-Rohan, Romaguera Corrêa, Cândido de Figueiredo (4.ª edição). Romaguera escreve: "mistura, desordem, confusão de pessoas, animais ou objetos. Diz-se que em combate houve *entrevero*, quando dois ou mais corpos ou quaisquer forças beligerantes de um lado, no ardor do combate, se misturaram, se confundiram, pelejando sem ordem ou disciplina, com outras do lado inimigo. Geralmente o *entrevero* se dá entre forças de cavalaria; porém, também se aplica em referência à infantaria. É este vocábulo castelhano tão significativo, com tanta propriedade para indicar esse tremendo choque de corpos beligerantes, que não temos mesmo em português uma palavra que possa substituí-lo ou que lhe sirva de correspondente". No *Quero-Quero* de Roque Calage, à pág. 65, lemos o seguinte passo: "Era seu prazer e, mais do que isso, era o seu destino, estar ao lado da gauchada sacudida, sentindo o relincho da cavalhada, o pega-pega das correrias, as façanhas perigosas dos *entreveiros*..." "Não podia ser emboscada: só estúpidos prefeririam um *entreveiro* dentro de casa a uma descarga protegida, abrangendo em massa os assaltantes" (Alcides Maia — *Alma Bárbara* — Pág. 54).

Enxadeiro: termo usado em S. Paulo e Minas Gerais, e também no Nordeste, designativo de trabalhador de enxada nas *roças* e plantios. Dele usou Afonso Arinos no seguinte passo do *Pelo Sertão*, à pág. 105: "Uma mancha de um verde tenro denuncia as terras cultivadas e as plantações. Vamo-nos acercando e descobrimos lá, curvados sobre a terra fecunda, uma fila de *enxadeiros*".

Erval: campo em que cresce abundantemente a erva-mate (alguns já escrevem ervamate) ou congonha (nome guarani e vulgarmente usado), cuja exploração é, depois da borracha, a mais importante indústria extrativa vegetal do Brasil. É termo peculiar ao Sul do Brasil e a Mato Grosso. Nenhuma região brasileira possui mais vastos *ervais* que o Paraná: na

ERV — 140 — ESP

zona de Serra Acima existem florestas nativas desta preciosa ilicinácea, chamada por De Candolle — *Ilex paraguaricnsis*. Extraído o mate, vai para os *carijos* (jiraus) ou *barbaquás*, onde as folhas e os ramos são secados, depois para a *cancha* (espaço cercado de tábuas), onde é triturado a golpes de clavas de madeira, e depois fragmentado ou moído nas fábricas. É preciosa a leitura do capítulo referente à inesgotável mina verde que é a erva-mate ou simplesmente *erva*, como se diz na região produtora, do livro do jesuíta C. Teschauer — *Avifauna e Flora nos Costumes, Superstições e Lendas Brasileiras e Americanas*, pág. 180.

Ervateiro: este termo, muito de uso no Sul do país, é empregado para designar ora o negociante de mate, ora o indivíduo que se dedica ou quase vive da colheita e preparação da erva-mate. Romário Martins diz: o que trabalha em erva-mate. Nos ervais do oeste do Paraná, no Paraguai e em Missiones da Argentina há o termo *mineiro* para o trabalhador em erval, porque lá denominam *mina* a zona de concentração de erva-mate, o erval.

Esbarrancado: termo goiano, o qual, segundo Rodolfo Garcia que o registrou, nomeia vale ou quebrada, produzido pela erosão das águas pluviais. Também se diz em Minas Gerais e no próprio Goiás — *esbarrancada* e *desbarrancado*, como vemos usado por Virgílio de Melo Franco em suas *Viagens pelo interior de Minas Gerais e Goiás*.

Escalvado: pastagem entre dois aningais ou pirizais, coberta de bom capim e constituindo excelente pascigo. Seu solo quase não atola, nem durante a cheia fica submerso a mais de 15 a 20 centímetros. É nas grandes baixas dos *mondongos* que se encontram os *escalvados*. V. Chermont, de quem transcrevemos as linhas acima, diz ainda que o *escalvado* do Jutaí, que fica ao sul do *têso* do mesmo nome, é o mais extenso

que existe na ilha de Marajó e só quase coberto de *andrequicé* (variedade de gramínea).

Escondido: no sul da Bahia é empregado no mesmo sentido de *itararé*, têrmo paulista, de *sumidouro*, dição mineira e de *grunado*, giro baiano da zona das Lavras Diamantinas, isto é, de curso subterrâneo das águas de um rio através de rochas calcárias.

Escurão: brasileirismo dos sertões, designativo de fim de crepúsculo da tarde. "Então que tem? perguntou Pereira adiantando-se e alçando a voz. Deixou algum trem? Daqui a pouco é *escurão*" (Visconde de Taunay — *Inocência*. Pág. 166 da 15.ª Edição brasileira).

Esmeril: brasileirismo mais de uso no Sul do país, empregado por Taunay e constante da coletânea de nomes geográficos de Rodolfo Garcia, o qual significa: óxido de ferro proveniente da decomposição das terras roxas e que tem a aparência de uma areia negra. O *esmeril* em abundância é um ótimo sinal de fertilidade (Taunay). A. Taunay ainda registra o têrmo como designativo de um minério de ferro nas lavras de diamantes, e Antônio Lopes informa que, no Maranhão, designa a lama ou vaza que cobre a beira dos mangais e *igarapés* da costa e os *bancos* dos estuários.

Espera: sítio remansado de um rio ou baía, onde se abrigam as canoas à espera de monção própria para prosseguimento da viagem. Assim é de uso na Amazônia e no Mato Grosso. No Pará é mais pròpriamente o lugar abrigado do vento ou resguardado, pela sua profundidade, da *pororoca*, onde se espera a maré seguinte para a continuação da viagem. Segundo o velho e venerado Aires de Casal, em sua *Corografia Brasílica* — Vol. II — Pág. 260 da Ed. de 1817, há, nos rios de pororoca, sítios denominados *esperas*, onde as canoas esperam a decisão do combate (das águas) e continuam a viagem sem perigo. Informa-nos H. Jorge Hurley, gran-

ESP — 141 — **ESS**

de conhecedor de sua terra e de sua gente que, no Pará, diz-se paticularmente *espera da pororoca*, o lugar profundo, onde os *igarabas* (canoeiros) aguardam a passagem violenta das *pororocas* nos rios Gruamá e Araguari. Diz-se *espera* do Mocajuba o ponto, no rio Mocajuba, em que ficam as canoas e barcaças que vêm de Belém, aguardando a vazante para descerem o rio Muriá, no Município de Curuçá. Nas *esperas*, diz Raja Gabaglia, observa-se aumento de água, porém não pororoca. Na Bahia e no Nordeste, em S. Paulo e até no Rio Grande do Sul, chama-se *espera* ao lugar em que os caçadores de certos animais aguardam a passagem dos mesmos para matá-los.

Esperdício: vide *Desperdício*.

Espiga: alcunha zombeteira aposta aos filhos do Piauí pelos maranhenses, que ainda lhes chamam de *capa-garrote*. Citado por Leonardo Mota à pág. 199 do seu *Sertão Alegre*.

Espigão: palavra portuguêsa que designa, segundo Domingos Vieira, a parte superior do monte, do rochedo, terminada em ponta: é o mesmo sentido da palavra castelhana *espigón*, usado pelos espanhóis no sentido de cerro alto, pelado e pontiagudo (Vergara Martin). — No Brasil, empregamo-la no sentido de divisor de águas, quando assinalado por uma série de montes ou morros. "O automóvel corria pela avenida de Jabaquara, rasgada num espigão, de cujas lombas se descortinavam campinas azuladas pelo sol das tardes frias (Batista Pereira. *As nascentes do Ipiranga* — Crônica publicada no *Correio Paulistano* de 26-8-1929). Cornélio Pires, nas *Cenas e paisagens*, dá-lhe o sentido de lombo de serra, rechã, planalto. Mário Guedes (*Os Seringais* — Pág. 110) dá notícia de outro sentido do vocábulo *espigão* na Amazônia, nos seguintes trechos: "A estrada (de seringueiras) tem duas pernas. Às vezes a sua *boca* fica distante da *barraca* do seringueiro: dez, quinze mi-

nutos de caminho. Quando durante este percurso, antes de entrar propriamente na *estrada*, há um certo número de seringueiras, dão a isso o nome de *espigão*. Em geral, porém, a *boca* da *estrada* começa próximo à *barraca*". No vale do Itapicuru, no nordeste da Bahia, ouvimos empregado o têrmo *espigão* para designar a lomba que se alteia entre duas grotas.

Espigão-mestre: assim se designa o maior espigão dos que formam uma serra, cordilheira ou maciço (Valdomiro Silveira. *Os Caboclos*). Registra-o Cândido de Figueiredo (4.ª Edição).

Espojeiro: no Brasil este vocábulo tem também a significação peculiar de pequeno cercado em torno da casa; o mesmo que espojadouro, empregando-o neste sentido Alberto Rangel, à pág. 51 do seu *D. Pedro I e a Marquesa de Santos*. No Nordeste é ainda empregado no sentido de roçado pequeno, conforme lemos à pág. 204 do *O Paroara* de Rodolfo Teófilo: "Qualquer espojeiro lá (na Amazônia) dava mais futuro do que uma lavra de quinhentos passos aqui (no Ceará)".

Espraiado: expansão de um rio, alargamento do seu leito, quase sempre de pouca profundidade e margens arenosas. Lê-se, à pág. 23 da *A Amazônia Misteriosa*, de Gastão Cruls: "Foi só o tempo de carregar nos forquilhos e meter a igarité entre as canaranas (ervas) de um *espraiado*". Amadeu Amaral registra o termo com um sentido diferente: "ribeirão que corre em leito raso, geralmente de areia".

Esquisito: registrado por Macedo Soares e Rodolfo Garcia com a significação de trilho difícil, apertado, escabroso; caminho estreito e áspero. Termo do Paraná. Em Pernambuco, segundo Célio Meira, é lugar triste, ermo, deserto.

Esse: "ou, mais raro, *curva em esse*, nome das curvas reversas sem espaço intermediário em reta, e que se encontram amiúde nas estra-

EST — 142 — EST

das de rodagem construídas sem as indispensáveis condições técnicas" (Informação de Sud Mennucci, em carta de 2 de fevereiro de 1930). Nas manobras da navegação de rios também se usa a manobra em *esse*: vide *Relatório* sôbre o Vale Tocantins-Araguaia do Eng.º Américo Leonides Barbosa de Oliveira (Rio, 1941).

Estalada: a respeito deste regionalismo escreveu-nos Antônio Lopes, do *Instituto de História e Geografia do Maranhão*, em carta de 26 de março de 1928: "Para a cobertura das casas a *pindoba* (fôlha de *babaçu*) tem de ser *estalada* primeiro, isto é, abre-se previamente a folha cortada antes de estar aberta e clorofilada. A operação é demorada quando feita por poucas pessoas, pois a coberta de uma casa consome muitos feixes de pindoba. Por isso o caboclo convida os vizinhos para o ajudarem. O trabalho faz-se pelas noites claras e entre anedotas, risos e *casos* contados, animando-se o pessoal com os *agrados*, entre os quais, naturalmente, figura alguma cachaça. A *estalada* é essa *função*. É uma das réplicas maranhenses ao *mutirão* do Sul".

Estaleiro: termo usado no Nordeste, segundo referem Beaurepaire-Rohan, Juvenal Galeno, Rodolfo Garcia e Teschauer, para designar um leito de paus sobre forquilhas de 6 a 8 metros de altura, no qual se põem a secar o milho, a carne, etc. É uma espécie de *jirau*. No Rio Grande do Sul, segundo informe do gen. Borges Fortes, é uma armação de madeira dentro da mata onde se ajeitam os troncos abatidos para serrá-los, ou melhor, adaptá-los aos transportes. No Paraná, segundo informações do Sr. Vasco Coelho da firma José Lupion & C.ia, que explora a indústria da serraria em Piraí, o nome *estaleiro* designa o local em que à beira de uma estrada de caminhões se colocam as toras de madeira, de 4 a 6 toneladas, derrubadas na mata pelos *toreiros* e até aí conduzidas por juntas de bois que arrastam as mesmas toras pelos chamados *carreadores*, passagem nas matas onde não podem transitar carroças, caminhões, etc. O estaleiro serve para toros de pinho ou de cedro e imbuia.

Estância: termo rio-grandense-do-sul, que apelida o estabelecimento rural onde se cultiva a terra e principalmente se atende à criação do gado vacum e cavalar. Romaguera Corrêa escreve: "certa extensão mais ou menos considerável de campo, onde há a casa, residência do proprietário, currais, *mangueiras*, animais, etc. É nas *estâncias* que se executam todos os variados serviços da indústria pastoril e onde se têm criado essas viris gerações rio-grandenses, que, tanto na guerra como nas ásperas lidas camponesas, ostentam um vigor, sobriedade, abnegação e valor invejáveis..." As *estâncias* do Rio Grande do Sul correspondem às *fazendas* do Norte do Brasil. Calage informa que o nome *fazenda* se vai adotando no Rio Grande do Sul. Nas Repúblicas Platinas a palavra *estância* tem o mesmo sentido. O têrmo *estância*, doutrina o sábio A. Taunay, à pág. 282 do VI Vol. de sua *História Geral das Bandeiras Paulistas*, "é um castelhanismo infiltrado no Rio Grande do Sul. O raio de divulgação da palavra e seus derivados abrange apenas, talvez, além do Rio Grande do Sul, o planalto catarinense. No Rio de Janeiro *estancieiro* é o dono de um lenheiro. Em Minas Gerais, de há alguns anos, costumam chamar *estâncias* às estações hidrominerais. Talvez esteja a palavra algum tanto aclimada em Mato Grosso, para cujo sul houve forte corrente imigratória de rio-grandenses".

Estancieiro: proprietário de uma estância. No Rio de Janeiro é o dono de um lenheiro, segundo lemos em A. Taunay, à pág. 282 do Tomo VI da *História Geral das Bandeiras Paulistas*.

Estanciola: *estância* pequena, com criação resumida, de pouca importância. Romaguera nota que *estanciola* não é sinônimo de *chácara*, como disse Cesimbra Jaqües, cuja opinião foi perfilhada por Beaurepaire-Rohan.

Estearia: termo que corresponde ao vocábulo italiano *palafitti*, designativo das habitações lacustres pré-históricas da Europa. No Maranhão, os ribeirinhos do lago Cajari, perto da vila Penalva, chamam *estearia* a uns vestígios de moradias lacustres dos caboclos aborígines. Estudou-os Raimundo Lopes, em 1919, publicando a respeito um trabalho no *Boletim do Museu Nacional* (Vol. 1, N.º 2, janeiro de 1924), no qual afirma ter visto os referidos vestígios, graças a uma seca que fez baixar consideravelmente as águas do lago. Apresentou-se-lhe a antiga habitação "com seus milhares de esteios, numa perspectiva belíssima, impressionante, esponteando com os seus troncos negros, como se fosse imensa floresta morta, à face argentada das águas". Volta o ilustrado cientista a tratar do assunto em o *O Jornal* de 27 de novembro de 1927, no qual diz que o termo *estearia* está consagrado nos círculos científicos brasileiros, falando de novas *estearias*, ou *esteames* como também designa, em outros sítios do Maranhão e escreve: "*A aldeia* — jazida palafítica ou lacustre como a *estearia* do Cajari, a primeira que observei em 1919, fica em pleno rio e, com o canal dêste de permeio, defronta a ponta da Estrela oposta à bocaina do Parauá; está coberta de água, mesmo no dezembro adusto em que a visitamos. Mas num fundo de cerca de metro, embora a escassez do tempo, às apalpadelas, na lama cheia de estrepes, sempre em tais pontos se colhe uma massa de fragmentos de cerâmica e pedra que, se nem sempre enfeitam coleções, identificam suficientemente as jazidas". Informa-nos Jorge Hurley que, no Pará, especialmente no litoral atlântico, há as *meruadas*

dos currais de pesca e das feitorias dos pescadores, abandonados, idênticos à estearia do lago Cajari, no Maranhão.

Esteira: assim se designam, no Nordeste, os vaqueiros que guardam os flancos de uma boiada nas travessias do sertão. "Com satisfação acompanha Mané Chique-Chique um *pedaço de gado*, léguas e léguas, para as feiras. Na frente, montado a cavalo, vai o *guia*, *aboiando* para acalmar os bois, gritando ê... ê... Guardando os flancos vão outros dois cavaleiros, os *esteiras*, e atrás segue outro, o *tangerino*, animando os bois com gritos curtos e estridentes" (Ildefonso Albano, livro citado).

Estêrco-de-trovão: no livro citado de Alfredo Brandão (*Viçosa de Alagoas*), à pág. 198, encontramos este termo, como designação dada pelos matutos à mica ou malacacheta que, após os aguaceiros das trovoadas, lavada pelas águas do enxurro e brilhando ao sol, parece ter sido depositada recentemente nos terrenos.

Estero: termo castelhano, equivalente ao português *esteiro*, usado na região que entesta com a Argentina e o Paraguai, com o significado peculiar de terreno baixo e pantanoso, perto dos rios, lagos ou lagoas, ou em suas imediações, total ou parcialmente coberto de plantas aquáticas. É uma espécie de *banhado*. Em Portugal, esteiro é braço de rio ou de mar, mui estreito, que se mete pela terra, ou rodeia e ilha algum sítio, e talvez fica em seco com a vazante (Antônio de Morais. *Dicionário* — 2.ª Ed. 1813). Vergara Martin, em seu *Dicionário* citado, registra as várias acepções regionais americanas deste vocábulo: no Chile significa arroio, riachinho; no Equador, o leito seco de um rio; na Venezuela, aguaçal, brejo.

Estirão: trecho retilíneo do curso de um rio ou parte do curso em que êle se desenvolve numa longa re-

ta. É termo muito usado na Amazônia, em Mato Grosso, Goiás e S. Paulo. Severiano da Fonseca, na sua valiosa obra citada, à pág. 181 do 2.º vol., escreve: "Chamam *estirões* aos grandes trechos em que o rio desliza numa reta: aqui raras vezes são maiores de uma milha... em quarenta minutos estávamos no *estirão* da *jangadinha*". Em Mato Grosso, em algumas zonas, como no vale do Sepotuba, chamam ao curso retilíneo do rio — *furados*.

Estiva: paus ou varas atravessados por sobre um riacho ou pequeno rio, formando uma ponte tosca e pouco segura não raras vezes. Têrmo geral. Cândido de Figueiredo registra-o como brasileirismo, dando-lhe a seguinte definição: "Revestimento feito de paus roliços ou varas, para formar o suporte da terra nas pontes, bem como dar passagem nos terrenos alagadiços". V. Chermont diz: "madeira, ramos, plantas arbustivas colocadas através dum atoleiro ou *tereterê* para ser possível transpô-lo".

Estivado: registrado por Gastão Cruls Elucidário anexo ao seu livro *A Amazônia que eu vi*, como espécie de estiva, propriamente o revestimento feito por paus roliços ou varas sobre um terreno acidentado. É por meio dessas estivas que se vencem os pedrais das cachoeiras.

Estrada: além do seu significado usual no linguajar dos dois povos que falam o português, o vocábulo *estrada* tem, na Amazônia, uma significação peculiar. Ali, o a que se chama *estrada* "não é outra coisa mais do que um "pique", isto é, um caminho mais estreito ainda do que uma vereda, em cujo trilho ficam mais ou menos de cento e quarenta a cento e sessenta seringueiras, chamadas *madeiras*. Há duas espécies de *estradas*: a *estrada a rumo* e a *estrada enrolada*. A primeira é a que segue uma direção sempre para a frente; a segunda é a que perfaz o número determinado de *madeiras*, num certo espaço, aqui e ali, sem obedecer a uma ordem regular. A abertura de uma estrada é feita pelo *mateiro*, acompanhado do *toqueiro* (Vide estes termos).

Estrada do fio: nome que, nos sertões brasileiros, o povo dá às estradas telegráficas ou que acompanham a linha telegráfica.

Estrada mestra: assim se chama, no Brasil, à principal estrada pública de uma região. No Norte, é mais freqüente a denominação de *estrada real*, a qual também se usa em Portugal, segundo Domingos Vieira.

Estrada real: designação comum no Norte do país para designar a estrada principal da região. Outrora, *estrada real* queria dizer a estrada que o rei havia mandado fazer, ou que, escapando ao domínio privado, ficava sob a administração do govêrno do rei. Segundo informa o prof. Alcide Jubé, de Goiás, ainda se usa nesse Estado a expressão *estrada real* para designar as estradas que se acham sob o domínio do Estado e as que são construídas por ele. Em Mato Grosso se diz *estrada reiúna* (do rei): assim vimos empregado na *A Cavalhada* de José Mesquita, à pág. 43: "Amarrou o cavalo a um mourão em frente à sua casa e pos-se a andar, descuidado, até a estrada reiúna que passava uns vinte passos adiante, ao entrar da cidade". Nos tempos do Império as estradas públicas se dividiam em estradas *imperiais* ou *gerais* e em estradas *provinciais*: as primeiras eram as que conduziam da capital às fronteiras, aos portos e empórios de comércio ou as que comunicavam a capital com cidades menos consideráveis e as que, sem partir da capital, estabeleciam comunicações entre as principais cidades do interior. *Provinciais* eram as que estabeleciam comunicações entre as cidades de uma província ou de províncias limítrofes. Aos caminhos que ligavam partes de um mesmo município ou os municípios entre si, chamavam *vicinais* (Pereira do Rêgo — *Elementos de Direito Administrativo Brasileiro* — 1860).

Estrada salineira: denominação que, em Goiás, se dava à *estrada mestra* ou *real,* por motivo de ser a preferida pelos carreiros que transportavam sal para o sertão. Era a mais larga e a mais trafegada não só por cavaleiros, mas também por infantes (Informação do prof. Alcide Jubé, do Liceu de Goiás em carta de 5 de janeiro de 1930). Na *Informação Goiana,* de junho de 1930, lemos, à pág. 88, o seguinte trecho de c.el Henrique Silva, seu fundador e diretor: "Quem melhor descreveu (refere-se o autor a Bernardo Guimarães) os nossos característicos carros de bois — cantantes, mourejantes, numa toada melancólica, ao sol e sob o pó sutil das estradas *salineiras,* nos chapadões de Goiás e Minas?" "Por intermédio de duas estradas se vai de Três Lagoas a Santa Rita do Araguaia: uma é destinada a automóveis e corta por sobre o espigão divisor das bacias do Paraná, Paraguai e Araguaia; outra, a denominada *carreteira* ou *salineira,* segue pelos vales do mesmo espigão, procurando naturalmente as zonas onde há cabeceiras de água e melhores pastagens, necessárias ao sustento dos bois dos carros" (Hermano R. da Silva — *Garimpos de Mato Grosso* — Pág. 111).

Estradona: também *estradão,* vocáculos correntios no linguajar dos sertanejos do Nordeste. Ouvimo-lo várias vezes nos sertões da Bahia, designando estradas de grande largura. A elas se refere Luetzelburg (à pág. 36 do Vol. I de seu trabalho citado): "A estrada que, em virtude de sua largura considerável de 30 metros, tem a denominação de *estradona,* passava por um povoado de apenas quatro moradias, de nome Buritizinho". Os sertanejos também dizem *estradão,* como refere Val-

domiro Silveira, no seguinte passo de seu conto — *Perto do Fogo:* "Vocês tudos sabem que eu afundei p'r'os centros de Guaiáis, que fui um sertanista couro-n'água, tocador de boiadas e de tropas, e *vaqueano desses estradões* de meu Deus". E no livro de Dias Ferreira — *A Marcha da Coluna Prestes* (1928), lemos: "Afinal, após longos dias passados no seio das matas, a coluna alcançou a 7 de março o *estradão* que serve de divisa entre o Estado do Paraná e o de Santa Catarina e de comunicação entre Barracão e Palmas".

Estreito: assim se designa em quase todo o Brasil o trecho de um rio em que a sua largura normal se reduz de repente até a um décimo e menos. Afrânio Peixoto, o primeiro a nos indicar a falha na *Onomástica,* informa que, no rio Pardo da Bahia, entre Jacarandá e Canavieiras, há um *estreito.* Exemplo flagrante desse acidente se encontra no rio Uruguai, abaixo de Marcelino Ramos, no denominado *Estreito do Uruguai...* É, diz o P.e Geraldo Pauwells, um dos fenômenos mais curiosos do Brasil inteiro. "Fica 22 km a jusante de Marcelino Ramos. Aí o rio que mede uns 400 a 450 metros de largura, de repente se contrai para as dimensões de um arroio e, como num funil, se precipita por uma cachoeira para dentro de um canal profundíssimo, talhado em rochas diabásicas, cuja largura varia de 10 a 20 metros e que mede 8km de extensão. Como que prorrompendo numa fúria de gigante, as águas volumosas do rio, sentindo-se forçadas a se conterem neste escoadouro estreitíssimo, e rugindo raivosas ao encontro dos paredões alcantilados, precipitam-se por este descomunal sorvedouro, revoltas até o fundo, sob um fragor infernal, abafando o rugido do tigre, com enorme velocidade e força tal que o tronco mais possante que cai in-

EST — 146 — **EXT**

teiro no *estreito*, dele sai feito em pedaços; apenas os trilhos da ponte de Marcelino Ramos, que desabara numa enchente extraordinária, conseguiram atravessá-lo dando logo abaixo dele na praia. Num ponto o canal é duma largura tão diminuta que no verão, depois de não ter chovido durante quinze dias, fica reduzido a 50cm, de modo que o viajante, tendo um pé em Santa Catarina, outro no Rio Grande do Sul, pode gozar do prazer de deixar correr debaixo de si toda a massa de águas do Uruguai" (*Guia do Estado de Santa Catarina*. Pág. 44). Análogo ao que os espanhóis chamam *rabión* (Vergara Martin).

Extravio: o mesmo que *desperdício*.

F

Fábrico: registrado por Teschauer como termo amazônico designativo de período seco, durante o qual se corta e faz a borracha. No Elucidário anexo à *A Amazônia que eu vi*, de Gastão Cruls, encontramos o mesmo vocábulo com o sentido de safra, colheita; tempo de apanha ou extração dos produtos vegetais. Diz-se, acrescenta o mesmo autor — "o fábrico da castanha, da borracha..." Peregrino Júnior, em suas *Histórias da Amazônia* (1936), escreve "época seca durante a qual se corta e prepara a borracha".

Facão: termo usado em Minas Gerais, Mato Grosso e Bahia para designar uma elevação central e longitudinal nas estradas, dificultando sobremodo a passagem dos veículos. À pág. 759, das *Narrativas e Memórias* do Eng.º Álvaro da Silveira, 2.º vol., encontramos o seguinte passo: "Aquele que estava um pouco afastado, vinha, guiado pela voz do companheiro, reunir-se ao grupo que seguia, nas trevas, um caminho cheio de buracos e *facões* escorregadios". Num artigo do gen. Malan publicado na *Revista Militar Brasileira* de julho a dezembro de 1926, à pág. 375, lemos: "Daí em diante começaram os atrasos... As rodas do auto encaixam, por vêzes, nos fundos sulcos da velha e abandonada estrada carreteira. Empoleira-se o Ford sobre o *facão* intermédio e a tripulação tem de forcejar em arrancá-lo.

Faiscador: assim é designada, nas regiões auríferas de Minas Gerais, a pessoa que se ocupa da lavagem das substâncias auríferas nas margens e no álveo dos regatos das torrentes. É a definição que encontramos à pág. 41 da *Revista do Arquivo Público Mineiro* — Ano XX — 1924. Em uma carta de 1839 transcrita na mesma *Revista* e página, lemos: "Os lucros consideráveis que os faiscadores tiravam do solo banhado pela torrente do Soccoro deram uma reputação de riqueza a este lugar".

Faisqueira: termo de uso nas regiões diamantíferas do Brasil que, segundo Afrânio Peixoto, designa a pequena lavra para experimentar se a região tem diamantes. À pág. 77 da *Paulística* de Paulo Prado, lemos: "Os bandos pioneiros de S. Paulo e Taubaté espalhavam-se pelas imensas faisqueiras onde pintava o ouro, e explorados os rios e córregos, escavada a terra, aos olhos cúpidos dos paulistas, repentinamente, brilhavam como um sonho de pedras preciosas..." E à pág. 196 do *O Brasil Trágico* de Sílvio Floreal: "Os desaforados calcorreadores do sertão ao *bamburrearem* (achar uma pedra grande e perfeita), logo às primeiras *faisqueiras*, sentiram-se como que eletrizados por um entusiasmo heróico".

Falhadão: lugar do cafezal em que morreram diversas árvores. Informação de A. Taunay.

Farinhada: termo do Norte, que designa o fabrico da farinha de mandioca. Ninguém disse melhor deste fabrico que João do Norte na *Terra de Sol*, à pág. 69: "*A casa de farinha* é um vasto telheiro sustido por colunas de madeira ou alvenaria. A mandioca, entulhada no meio da casa, é, comumente, raspada por mulheres,

FAR — 148 — FAR

sentadas ao chão, armadas de *quicés* (facas pequenas). Uma raspa a raiz até o meio, outra acaba de raspá-la. Quando apostam para ver quem vence em ligeireza na raspagem, chamam *jogar capote*. Raspada a mandioca, ralamna num *caititu* de lata (ralo cilíndrico) preso a uma espécie de mesa com bordas, o *cevador*, e acionado pela polia do relho de uma grande roda que chia irritante, tangida por dois homens robustos, nus da cintura para cima, untados de suor, com músculos que reluzem, como tendões de bronze, no esforço. Em algumas *fazendas* move-o uma bolandeira, grande roda puxada por bois ou burros. Aquela papa de mandioca ralada, a *massa*, vai então para a *prensa*, enorme armação de madeiras rijas, o braço ou parte superior de pau-d'arco empenado, as *virgens*, madeiros de sustentamento, de aroeira; tudo de grande força e de grande rusticidade". (Na Bahia, não raro, ela é espremida no *tapiti* ou *tipiti*, espécie de cêsto cilíndrico). "A mandioca, encartuchada em folhas de carnaúba e depositada numa parte funda, uma espécie de caixa, armada na mesa da prensa, é espremida sob um grosso e pesado *chaprão* (corrutela de pranchão), empurrado por um *brinquete*, um toro curto de forte madeira. O braço da prensa, abaixando-se vagarosamente por meio de um alto *parafuso* (*fuso* da linguagem sertaneja) feito de grosso cerne, movido pelo *prenseiro*, pesa no *brinquete*, que vai empurrando o *chaprão* sobre a *massa*. Por baixo da prensa, de uma frincha, escorre a *manipueira* esverdinhada — o sumo venenoso da mandioca triturada e espremida. Depois de imprensada, a *massa* é peneirada no cocho e torrada num grande forno de alvenaria, com as fendas dos tijolos largos mal tapados a barro. Mexe-a com uma longa vara um mestiço indolente, o *forneiro*, mascando o *mapinguim* (fumo), resmungando em voz baixa versos toscos do sertão..." Henrique Jorge Hurley, do Pará, observa que o processo empregado na farinhada difere em tudo do que se usa no Nordeste, descrito por João do Norte. João do Norte descreve o preparo da farinha seca e a que se faz no Pará é a farinha-d'água, trabalhada com a mandioca mole. E acrescenta: "O processo para o preparo da farinha-d'água é o seguinte: Arrancada a mandioca é ela posta dentro dum poço, onde fica durante cinco dias até amolecer. Daí é retirada para a casa de farinha onde, facilmente, lhe despem a casca, pondo, depois, a massa dentro dum tipiti que a enxuga. Do tipiti escorre o tucupi (manipueira), excelente caldo para ferver ou ensopar o peixe moqueado, o pato e a paca assados. A massa saída do tipiti é expurgada dos talos na masseira, onde é crivada nas urupemas e daí levada ao forno em que se transforma em farinha. Com o tucupi e a tapioca (goma) prepara-se o tacacá, excelente mingau apimentado e condimentado com jambu, camarão com cascas ou postas de bacu moqueado".

Farrafaiado: assim se diz, no sertão ocidental da Bahia, do trecho de mato onde as árvores se encontram de salto em salto. Referido por Anfilófio de Castro em seu romance *Felizardo*.

Farrapiada: expressão recente com que se designam os feitos dos farrapos de 1835. Referido pelo gen. Borges Fortes.

Farrapo: nome deprimente no tempo de sua criação como alcunha com que os legalistas ou imperialistas apelidavam os revolucionários rio-grandenses-do-sul de 1835 a 1845. Com toda a razão escreve Calage que o apelido que depois se perpetuou através das coxilhas gaúchas, entre as numerosas lutas que se deflagraram no pampa, tornou-se como verdadeira legenda de glória e de heroísmo. Vale recordar as alcunhas depreciativas com que se mimoseavam os partidos adversos: os revolucionários eram os *farrapos*, *farroupilhas*, *exaltados*, *anarquistas*,

FAR — 149 — **FEC**

pés-de-cabra, sacripantas, fuás; os legalistas eram: *camelos, caramurus, corcundas, galegos, carimbotos, pés-de-chumbo.* A alcunha de *farrapos* ou *farroupilhas* era alusiva à falta, às vezes sensíveis, de fardamento para as tropas republicanas. Derivada de *farrapo* é a palavra: *farrapada,* o conjunto, o exército revolucionário. *Farrapo* era também o partido republicano de Piratinim.

Farroupilha: o mesmo que *farrapo,* republicanos de 1835 no Rio Grande do Sul, não raro também chamados *anarquistas, pés-de-cabra* (alusão aos mestiços pelos legalistas que eram os *caramurus,* também designados *absolutistas, pés-de-chumbo,* etc.

Fava: regionalismo das zonas diamantíferas, empregado pelos garimpeiros para designar os satélites do diamante, que se apresentam sob a forma de seixos rolados fosfatados; pardacentos e duros, no dizer de Gorceix e Hussak. As *favas* pardacentas são chamadas *bagageiras* (Everardo Backheuser — *Glossário de Termos Geológicos e Petrográficos).* Vide *Satélite.*

Favelas: termo de uso mais corrente no antigo Distrito Federal, hoje Estado da Guanabara, designando agrupamentos de tugúrios malsãos, segundo o Eng.º F. S. F. de Britto num artigo publicado no *O Jornal* (Rio de Janeiro) de 14 de junho de 1927. É ainda o mesmo autor que nos diz que os cariocas assim chamam a tais agrupamentos, "por lhes ter impressionado o que se vê ou se diz da povoação do morro da Favela, no Rio de Janeiro". No caso vertente o nome próprio se torna apelativo, com o mesmo sentido das *caixas-de-fósforos* de Santos e dos *mocambos* de Recife. Em um número antecedente do mesmo *O Jornal,* o de 10 de junho de 1927, encontramos o termo empregado por Belisário Pena no artigo — *Aparência e Realidade Brasileira,* no seguinte passo: "Ao lado disso, porém, contrastando com esse progresso, lá (o autor refere-se à ca-

pital de Pernambuco) se encontram os imensos mocambos, as favelas de Recife, constringindo a cidade num círculo de imundícies". Num interessante artigo publicado no *O Estado de S. Paulo,* edição de 14 de novembro de 1928, sobre *O Problema das Favelas,* lemos os seguintes períodos, dignos de registro aqui: "Onde é que você mora? Moro no morro, sim, senhor. — Era suficiente a indicação. Os habitantes das *Favelas* nunca as designam por este nome que consideram pejorativo. Dizem simplesmente residir *no morro,* sem especificar em qual dos muitos que se povoam de casebres dentro do Rio".

Faxina: o mesmo que *faxinal.*

Faxinal: termo de uso de S. Paulo ao Rio Grande do Sul, no sentido de campo de pastagem entremeado de arvoredo esguio (Teschauer). Romaguera ensina que, no Rio Grande do Sul, também se chama *faxina, faxinal,* ao lugar onde tem muita lenha miúda ou ervas de certa altura ou grossura. Entretanto, o gen. Borges Fortes informa que *faxinal* no Rio Grande é uma entrada alongada de campo que penetra a floresta — uma espécie de península de *campo.* Lemos à pág. 67 da *Geografia do Brasil,* de Delgado de Carvalho, que, no Paraná, chamam de faxinal a um tipo de *cerradão.*

Fechação: registrado no Vocabulário anexo à *Puçanga* de Peregrino Júnior, com o significado de *rodeio,* ato de reunir o gado em determinado local.

Fechado: registrado por Leonardo Mota (*Os Cantadores*) e por Cândido de Figueiredo, termo nordestino, empregado para designar um terreno de mato denso, cerrado.

Fecho: termo goiano, que significa ruptura das serras pelos rios, que aí correm apertadamente ou por baixo das arestas vivas das rochas, que deixam apenas uma abertura à superfície, às mais das vezes, de 2 a 3 metros de largura. É o mesmo que *funil, rasgão*" (Henrique Silva — *A Informação Goiana*).

FEI — 150 — **FIL**

Feijão e feijão preto: — vide *Satélite*.

Feital: registrado por C. Teschauer, com o sentido de terra cansada. Empregou-o José de Alencar no seguinte trecho: "Fronteiro ao palmar ficava um grande *feital* que se prolongava até a orla da mata" (*Rev. da Acad. Bras.*).

Feitoria: registrado por V. Chermont como termo da Amazônia, com dupla significação: de espaço roçado e limpo no mato, onde o pessoal empregado em qualquer trabalho pernoita, guarda os mantimentos, a roupa e mais objetos de uso; e também no sentido de lugar onde se salga o peixe, à margem do rio ou lago, fazendo-se habitualmente na *feitoria* um *tijupar* (palhoça). No Vocabulário apenso à *A Amazônia Misteriosa* de Gastão Cruls, lê-se que a feitoria é uma pequena habitação à margem de rio ou lago, onde vivem os pescadores. Com este sentido concorda Roquete Pinto, no seguinte trecho dos *Seixos Rolados*, à pág. 85: "O seringueiro cuiabano rasga a floresta; perde-se no meio dos índios, sulcando com seu trilho novas regiões. Surge no meio da mata a *feitoria*, que é só um rancho mal aprumado, à beira de um arroio". Entretanto, Anísio Jobim no seu trabalho *Manacapuru*, à pág. 26, escreve: "A pesca do pirarucu, quando feita em grande escala, tem o nome de *feitoria*".

Ferra: ato da marcação dos gados. *Ferrar* é marcar o gado vacum com o sinal do dono da fazenda a que pertence. Diz-se também *ribeirar* (do ferro da ribeira) e *gizar*. Termo usado em todo o Nordeste, sendo ato festivo, no qual tomam parte dezenas de sertanejos da região, zona ou *ribeira*, como se diz no Ceará. É interessante o estudo que sobre as *Marcas de Gado usadas no Ceará* publicou Sílvio Júlio em seu volume *Terra e Povo do Ceará*, entre páginas 163 e 194.

Ferragem: dizer garimpeiro de referência a um mineral ferruginoso que se encontra nos cascalhos diamantíferos. Vimo-lo citado à pág. 374 das *Memórias do Distrito Diamantino* de Felício dos Santos e dicionarizado por Everardo Backheuser como satélite do diamante, o rutílio, ainda dito pelos mineradores *agulha*. Também *ferragem azul, preta, de cobre, de prata, ferrajão*. Vide *Satélite*.

Fervedouro: encontramo-lo em A. Taunay com o sentido de lugar onde o cascalho diamantífero deve ser lavrado. Em Goiás, segundo informe do prof. Alcide Jubé, chamam *fervidor* a uma queda-d'água no meio de um rio formando com algumas pedras um poço muito perigoso, mercê do movimento das águas.

Fiéis: nome especial de um dos três grupos religiosos da cidade de Juazeiro, onde imperava o P.e Cícero: os *fiéis* são os que em devoção ingênua se constituem servos incondicionais do chefe supremo, do *padrinho*. Era a gente fanática do famigerado chefe religioso.

Filantrópico: alcunha dada a um dos partidos políticos que se organizaram no Pará, logo após a abdicação de D. Pedro I. Os *filantrópicos* ou *federalistas* se opunham aos *caramurus* ou *restauradores*. Estas alcunhas foram substituídas após a morte do ex-imperador do Brasil (24-9-1834) pelas de *cabanos* ou *vinagres* contra os *bicudos, marinheiros, maçons* ou ainda *pés-de-chumbo*. Basílio de Magalhães em sua erudita Conferência sobre a *Cabanagem*, realizada no Instituto Histórico e Geográfico Brasileiro em 13 de maio de 1936, escreveu: "Da abdicação de D. Pedro I resultou para a nossa província do extremo-norte nova e ainda mais intensa agitação política, que lhe penetrou até ao âmago das camadas sociais. Ao espírito nativista sobrepos-se o halo do federalismo. É o período das agremiações partidárias. Da Sociedade Patriótica, Instrutiva e Filantrópica, fundada então em Belém pelo Conego Batista Campos, promanou a denominação de *filantrópicos*, dada ali aos liberais brasileiros, transmudada logo em *federalistas* e, por fim, em *cabanos* ou *vinagres*. Aos portugueses aplicavam os seus adversários as etiquetas políticas de *caramurus* ou *restauradores*, trocadas depois da morte de D. Pedro I pelas de *bicudos* ou *marinheiros*, e, ainda, em certas celeumas populares, pelas de *maçons* e *pés-de-chumbo*".

Fim-d'águas: locução que, na Amazônia, designa o último termo da cheia dos rios, quando as águas se aproximam do seu nível de estiagem. "O Itucumã descia o Purus, num *fim-d'águas*, sob negros presságios para a tripulação" (*O Gororoba* — Lauro Palhano, pág. 192).

Firme: designação dada na Amazônia aos terrenos mais altos que se erguem em meio dos *igapós* ensopados e fàcilmente inundáveis na época das cheias. São, em meio do alagadiço imenso, pontos de grande valor paleográfico. Sinônimo de *teso*. Usa-se também na região do *pantanal* mato-grossense, segundo informa Virgílio Corrêa Filho.

Fogaça: termo das Lavras Diamantinas da Bahia, que nomeia uma formação própria dos terrenos que contêm diamantes.

Fogão: segundo Rodolfo Garcia, em Mato Grosso, assim se denomina um terreno onde aparecem grandes grupos de poaias (*Psychotria ipecacuanha*). Informou-nos Pandiá Calógeras que no Sul também se chama *fogão* aos trechos limitados de terra em melhores condições para o cultivo, abonando-o com o seguinte exemplo: "Tal fazenda é pobre, só tem alguns *fogões* de terra de planta". É frase que se ouve amiúde, diz o notável brasileiro. Com isto concorda A. Taunay que escreve: "nome que na Mata mineira serve para designar tratos de terras férteis". Romaguera e Calage informam que, no Rio Grande do Sul, é o lugar nos galpões das estâncias, onde se faz o fogo para o *churrasco* (carne sangrenta assada no espeto) e para o *chimarrão* (mate-chimarrão, mate amargo, isto é, preparado sem açúcar),

ponto de reunião de tropeiros e peões. Emprega-se também no sentido de *pagos, querência*.

Fogo morto: assim se diz, no Norte do Brasil, de um engenho de açúcar que deixa de funcionar por algum tempo. A expressão fogo morto é portuguêsa do século XII, talvez depois: assim se dizia que a cabana ou o casal estava deserto, ermo, apagada a chama da lareira, de fogo morto (Pinheiro Chagas). Engenho de *fogo morto* é expressão demasiado sugestiva: ouçamos a palavra de José Lins do Rêgo, à pág. 117, de seu *Menino de Engenho*: "E nada é mais triste do que um engenho de *fogo morto*. Uma desolação de fim de vida, de ruína, que dá à paisagem rural uma melancolia de cemitério abandonado. Na bagaceira crescendo, o mata-pasto de cobrir gente, o melão entrando pelas fornalhas, os moradores fugindo para outros engenhos, tudo deixando para um canto, e até os bois de carro vendidos para dar de comer aos seus donos".

Formação: segundo informa o Dr. Felício dos Santos em suas *Memórias do Distrito Diamantino*, pág. 126, em nota, "o mineiro chama *formação* a certos minerais, que quando se encontram no cascalho indicam existência do diamante". E à pág. 374, escreve: "As águas pluviais foram segregando grande parte das terras e outras matérias estranhas mais leves que os diamantes e formações; aquelas correram para baixo e estes foram depositados sobre as rochas nuas". E. Hussak pensa que o termo *formação* seja uma corrutela de *informação* (Vide esta palavra). Sinônimo de *satélite*.

Forqueta: termo geral que designa o ponto de reunião de dois rios, o lugar de confluência, em ângulo agudo, quando se afila a terra que entre êles medeia, ao jeito de península aberta. Nas Repúblicas Platinas, principalmente no Uruguai, usa-se a palavra *forqueta* com a mesma significação. Em Mato Grosso, ao mesmo acidente

FOR — 152 — **FUL**

se chama *forquilha*, segundo informa Virgílio Corrêa Filho.

Forquilheiro: registrado por Gastão Cruls, designativo de indivíduo que maneja a *forquilha* durante um percurso fluvial. A *forquilha* é uma longa vara aforquilhada em uma das extremidades, que serve para propulsionar a canoa, tomando um ponto de apoio na margem do rio. É termo amazonense.

Freteiro: termo cearense que designa um dos vaqueiros ou campeiros encarregados de conduzir uma boiada através das estradas sertanejas; assim se chama ao que vai na frente, *aboiando*, cantando pelos ermos em fora a toada melancólica do *aboiado*. Ao que tange a gadaria, no coice da boiada, se chama *tangerino*.

Frevô d'água: corrutela caipira de fervor, fervedouro, lugar do rio onde a correnteza das águas é grande e elas correm espumantes. Termo do Nordeste, em especial do Ceará.

Friagem: nome que, na Amazônia, tem um curioso fenômeno meteorológico, caracterizado por uma queda brusca de temperatura sob a influência de ventos frios dos Andes. De feito, em certas épocas do ano, principalmente nos meses de junho a setembro, estando o ar fortemente aquecido e com tendencia ascensional pronunciada, dá-se um abaixamento brusco da temperatura, que dura três a quatro dias, por vezes até semanas. O C.el Cunha Gomes, que explorou o rio Javari até os seus manadeiros, nas raias do Brasil e Peru, teve oportunidade de apreciar o fenômeno, notando que o termômetro que marcava na média 26º C. diminuiu até 17ºC., anunciando-se a *friagem*, segundo a sua observação, por uma queda barométrica bastante rápida, extraordinária elevação da temperatura e saturação quase completa do ar. Da *friagem*, no território do Acre, diz Mário Guedes, que a observou: "está a temperatura, mais ou menos, a trinta graus. Pouco a pouco se vai manifestando um vento brando, que aumenta gradativamente, sem jamais assumir grandes proporções. O céu carrega-se de densas nuvens pardacentas, e como que prestes a desabar num pé-d'água de horas seguidas. Mas nada de chuva, sequer um chuvisco. A coluna termométrica baixa dos trinta graus em que estava, a vinte, a dezoito, a quinze, ou menos ainda". "Assim decorrem dois ou mais dias sob essa crosta de nuvens, tristes e pesadas, sem que se veja o sol, até que aos poucos, paulatinamente, a natureza retoma o seu curso normal". Ouçamos a prosa inigualável de Euclides da Cunha a respeito: "Muitas vezes, em plena enchente, em abril ou maio, no correr de um dia calmoso e claro, dentro da atmosfera ardente do Amazonas se difundem lufadas frigidíssimas do Sul. É como uma bafagem enregelada do pólo... O termômetro desce, então, logo, numa queda única e forte, de improviso. Estabelece-se por alguns dias uma situação insuportável. Os *regatões* espertos que esporeados pela ganância se avantajam até ali, e os próprios silvícolas enrijados pela adaptação, acolhem-se aos *tejupás*, tiritantes, abeirados das fogueiras. Cessam os trabalhos. Abre-se um novo hiato nas atividades. Despovoam-se aquelas grandes solidões alagadas; morrem os peixes nos rios, enregelados; morrem as aves nas matas silenciosas, ou imigram; esvaziam-se os ninhos; as próprias feras desaparecem, encafurnadas nas tocas mais profundas; e aquela natureza maravilhosa do Equador, toda remodelada pela reação esplêndida dos sóis, patenteia um simulacro crudelíssimo de desolamento polar e lúgubre". É o tempo da *friagem*, "quando se não anda nos ermos, quando se não rema nos *igarapés*, nem se corta seringa nas *estradas*" (Vide "A Friagem", de Raimundo Morais, na sua ardorosa *Planície Amazônica*).

Fula: era primeiramente o nome de um grupo de negros, oriundos da África (Guiné), de cabelos encara-

FUN — 153 — **FUR**

pinhados e de cor mais ou menos bronzeada. Hoje o termo *fula* é aplicado em alguns Estados (Minas, Bahia, Alagoas) para designar o mestiço de negro e mulato, também chamado *pardo* ou *cabra*. Registrou-o Nélson de Sena. Também negro fulo — negro de cor mais clara, alusão, diz Artur Ramos, aos *Fubah* que foram um contingente de negros islamizados introduzidos no Brasil, e que pela sua mestiçagem com sangue semita ou hamita, eram mais claros que os outros (*A Aculturação Negra no Brasil*).

Fundão: lugar ermo e longínquo, afastado. Em Portugal significa lugar situado ao fundo de um monte ou de uma eminência, segundo Cândido de Figueiredo. No sentido brasileiro, vemo-lo no seguinte trecho das *Tropas e Boiadas* de Carvalho Ramos, à pág. 22: "E, não raro, chiava um carro vilarejo dos *fundões* remotos, ao passo tardo e hierático dos bois patriarcais, nostálgico e lamuriento a distância, como uma dessas cigarras cinzentas de areia, chirriando suas desditas, no tronco rugoso de uma lixeira dos cerrados, à hora do crepúsculo, pelas queimadas fumarentas e asfixiantes de agôsto..." À pág. 111 de *Mixuangos* de Valdomiro Silveira, lemos: "O pobre, que andava correndo esses *fundões* bravos do sertão e mato, não conhecia pessoa alguma no Óleo". Também no Norte: "Um dia êsse tipo que sonhava lhe apareceu na figura varonil do Estêvão Nunes, filho de um fazendeiro rico dali perto possuidor de gado sôlto do riacho do Caxingó aos *fundões* frescos do Capivari". (Gustavo Barroso — *Praias e Várzeas*. Pág. 89).

Fundinho: vide *Satélite*.

Fundo: registrado por Valdomiro Silveira, com a significação de *cafundó*, lugar afastado. No Nordeste há a expressão *fundos do pasto* para designar os terrenos mais retirados onde se criam os *barbatões* à lei da natureza (José Américo de Almeida — *A Paraí-*

ba e seus Problemas, 1.ª Ed., pág. 537). Nas zonas diamantinas da Bahia e de Goiás chamam *fundos* aos detritos de diamantes ou diamantes de inferior qualidade. É o diamante ou carbonado fora de qualquer classificação pela inferioridade absoluta de peso ou qualidade. Neste sentido, empregou-o Alberto Rabelo à pág. 46 dos seus *Contos do Norte*. Lemos na *A Informação Goiana* de dezembro de 1928 o seguinte trecho: "Os diamantes desclassificados pela cor escura suja ou coberta de crosta que lhe tira o brilho, são chamados *torra* ou *fundos*, ou ainda *melé*" (Artigo de Cristiano Machado — *As Golcondas do Brasil*).

Funil: sinônimo de *rasgão* e fecho, termo da potâmica da Bahia e de Goiás, que indica a rutura de serras pelos rios que as atravessam em gargantas apertadas, não raro por baixo das arestas vivas das rochas que apenas deixam uma abertura à superfície de dois ou três metros de largura. Segundo lemos na *A Informação Goiana* os *funis*, *rasgões* e *fechos* mais característicos são encontrados no vale do Tocantins. Do funil do rio Maranhão, na sua confluência com o Verde, dá-nos uma sugestiva descrição o Engenheiro Militar Dr. Alípio Gama. A propósito de *funil*, escreveu-nos o Dr. Antônio Lopes, de S. Luís do Maranhão: "Funil é sorvedouro d'água nos rebojos das cachoeiras. Na cachoeira de Itaboca (Tocantins) os rebojos formam funis como o Bacuri em que a diferença do rebordo d'água ao fundo do sorvedouro é de 5 metros. A velocidade da força centrípeta é calculada em 30 a 40 quilômetros por hora. Estamos em presença de uma denominação que não só se define, mas localiza, permanentemente, acidentes geográficos: aqui se diz o Funil do Bacuri, o Funil do Inferno, etc."

Furado: este termo tem várias acepções no Brasil, variando estas de região a região. Na Bahia, zona de Ilhéus, e em S. Paulo, segundo

FUR — 154 — FUR

informa Rodolfo Garcia, é um canal natural que une dois rios ou que corta uma grande curva fluvial. Em Mato Grosso, tem o sentido de *estirão*, trecho retilíneo de um rio. Virgílio Corrêa Filho, em Notas a este Dicionário, diz desconhecer tal acepção em seu Estado. Em Mato Grosso *furado* é derivação lateral de um rio. Distingue-se do *furo* da Amazônia porque as águas voltam ao mesmo rio, em vez de ir a outro vizinho. Em Goiás, consoante o dizer de Henrique Silva, assim se chama às clareiras abertas nas matas virgens, quer pelo fogo, quer pelos dendroclastas; fazendo-se uma roça para plantações no mato grosso de Goiás, logo que são colhidos os cereais, o capim-gordura ou o jaraguá invadem o terreno e assim se formam os *furados* de jaraguá, de catingueiro, etc. Luetzelburg, no seu *Estudo Botânico do Nordeste*, escreve que *"furados* são ilhotas ou claros, oriundos das queimadas, cercados de mata original; são pequenos trechos, dentro das matas altas, sem a menor vegetação anterior dos paus alterosos. (Vide *Capoeira-furada*.) E Afonso Taunay, citando uma informação particular do sul da Bahia, registra para *furado* o sentido de descontinuidade de chuvas. Em carta de 10 de julho de 1940 Sud Mennucci pondera que o *furado* pode ser natural, "mas de regra é artificial, construído pelos moradores que desejam ligar, por água, dois rios que dão acesso às canoas, em zona pobre de caminhos e estradas, ou então que diminuem o nível das águas nas enchentes, o que evitará a inundação dos campos plantados e o prejuízo das searas".

Furna: além de ser empregado no Brasil no sentido vernáculo — cova, caverna, antro, lapa — tem este vocábulo sentido regional, peculiar ao Paraná, ou seja forma de *carijo* com fogo feito a distância, como o do *barbaquá*, segundo escreve Romário Martins. E acrescenta que a furna é sempre colocada de encontro a morro ou elevação de terreno sobre o qual se apóia, citando ainda a definição de José Amaral: carijo metido numa ampla escavação feita na encosta de um monte de terra. No Reconcavo da Bahia, segundo ouvimos, emprega o povo a palavra *furna* no sentido de lugar retirado e esconso, sítio esquisito.

Furo: acidente hidrográfico da Amazônia que apelida uma comunicação natural entre dois rios ou entre um rio e um lago. Os furos amazonenses, com os demais acidentes hidrográficos dessa terra prodigiosa, entretecem a mais enramada teia potâmica que se conhece no globo. "A região de Breves, no baixo Amazonas, é cortada em todos os sentidos por esses canais, labirinto extraordinário de mil fios líquidos, entre um flanco de Marajó e as rechãs levantinas do continente, tecido pelo trabalho dinâmico do rio" (Raimundo de Morais — *Na Planície Amazônica*). Beaurepaire-Rohan define o *furo* como sendo um estreito entre duas ilhas ou entre uma ilha e a terra firme. Ao *furo* da Amazônia se chama na Bahia e em outros Estados — *furado*. Comentando este Dicionário Herbert Baldus, explorador e etnógrafo, professor em S. Paulo, informa que *furo* no Araguaia é um braço de rio que freqüentemente serve para abreviar a viagem evitando uma ou várias voltas do curso principal. (Rev. do Arquivo Municipal, janeiro de 1940).

G

Gafonha: termo cearense, alcunha dada aos soldados das polícias estaduais.

Gaiola: dição amazônica, de uso também no Maranhão e Piauí (rio Parnaíba), que designa os pequenos vapores que navegam nos rios, pondo em comunicação as cidades, as vilas, os povoados e os *barracões* sitos à margem dos mesmos. Como brasileirismo, é substantivo do gênero masculino. *O gaiola*, diz Raimundo de Morais, que estudou a sua influência na vida amazonense, "é o bonde, o carro, a locomotiva" da imensidade do vale. "Veio da *ubá* indígena, através de cem feitios, ao navio regional de hoje, elegante, forte, veloz, manobreiro, com fábrica de gelo, luz elétrica, dois mastros, pequeno calado. Da elevada superestrutura, desenvolvidas obras mortas, dois, três conveses, camarotes nas amuradas, adveio-lhe o apelido ironico e pitoresco de *gaiola* (Vide em Raimundo de Morais — *Na Planície Amazônica*, a descrição viva e eloqüente do *gaiola*, de sua forma, de seu aspecto "anárquico e cigano", do seu domínio na "desmedida planície equatorial"). Muito recentemente, aos *gaiolas* mais amplos e de mais conforto, dão o nome de *vaticanos*.

Gaiteiro: registrado no vocabulário de Rodolfo Garcia que assim define: "lugar nas embocaduras dos rios, periodicamente alagado, onde cresce uma vegetação característica, na qual se encontra em abundância o caranguejo vulgarmente chamado *aratu* (*Grapsus cruentatus*, Latr.). Aquela sociedade vegetal é constituída por um grupo de espécies conhecidas pelo nome de mangues. Uma delas (*Rhizophora mangle* Lin.) despede grandes raízes adventícias, por onde costumam subir os *aratus* em quantidade considerável durante o fluxo da maré; como essas raízes se chamam *gaitas* em virtude da forma que apresentam, vem daí o nome de *gaiteiro* a tal espécie de mangue e por extensão ao lugar onde mais se encontram". Otávio Brandão (*Canais e Lagoas*, pág. 166) escreve *gaiteiras*: "Ainda nos princípios do século XIX, quem queria passar pelo hoje Canal de Seriba tinha de esperar as grandes marés para então ir navegando, seguindo o leito de um regato, ou melhor, camboa, situada entre *gaiteiros* enormes".

Gajão: palavra usada em grande parte do Brasil, já registrada por Beaurepaire-Rohan e Cândido de Figueiredo. O primeiro diz: "título obsequioso de que usam os ciganos para com as pessoas estranhas à sua raça. Meu *gajão* equivale a meu senhor ou coisa semelhante". O segundo repete a lição supra e lhe registra o sentido figurado: "sujeito finório, arteiro, espertalhão". É provavelmente aumentativo de *gajo*, derivado de *gachó*, vocábulo usado pelos ciganos da Espanha. A respeito deste termo escreveu-nos Pandiá Calógeras, que lhe notou a falta na 3.ª edição da *Onomástica*: "É trato costumeiro dos nossos pretensos ciganos ao se dirigirem a estranhos. *Vamos barganhar esse macho, gajão*, dirá um vendedor cigano. A seu respeito conviria acrescentar que os nossos ciganos, em sua maioria, são muito bons brasileiros natos, e só

GAL — 156 — GAN

excepcionalmente contêm elementos orientais. A própria linguagem que usam é como que calão para se reconhecerem e distinguirem, no que toca ao elemento não cigano próprio. Claro que me não refiro aos legítimos e verdadeiros ciganos, cuja língua ainda hoje é problema não completamente solvido". Em Pernambuco se diz *ganjão* e *ganjona*.

Galegada: nome pelo qual eram alcunhados os imperiais na revolução republicana do Rio Grande do Sul em 1835, em natural represália aos epítetos de *farrapada* e *farrapos* com que foram crismados os revolucionários.

Galego: era a alcunha dada pelos republicanos de 1835 (Rio Grande do Sul) aos imperiais ou *caramurus*. Como termo geral, é também alcunha depreciativa dos portugueses no Brasil, nome este surgido "em vários períodos das nossas agitações políticas e conflitos nativistas". Sinônimo de *maroto, mondrongo, pé-de-chumbo, labrego, chumbinho, portuga, mascate, novato, marinheiro, cupé, emboaba, boaba, jaleco, sapatão, bicudo, japona, marabuto, parrudo, puça, zelis*.

Galo-enfeitado: alcunha nordestina dos soldados das polícias estaduais referida por Catulo Cearense.

Galpão: varanda, alpendre, apêndice das estâncias, onde dormem e vivem os peões nas horas de folga e onde se faz o *fogão* para o *churrasco* e o *chimarrão*. É nesse tosco recinto que se reúnem os *gaúchos* para as histórias de suas façanhas nos *campos encoxilhados*, dos seus *entreveros* e *causos* de antanho. Este vocábulo é de origem asteca, segundo Zorob. Rodrigues. Os platinos dizem *galpón*. Vide o livro de Darci Azambuja — *No Galpão* — *Contos Gauchecos*, 2.ª ed. 1925: "Lá fora, no *galpão*, à beira do fogo, os peões também, mateando, contavam os rudes "casos".

Gamboa: o mesmo que *camboa*. Em S. Paulo assim se chama aos lugares dos leitos dos rios em que se remansam as águas, dando a impressão de lagos tranqüilos e quietos. É fenômeno muito comum no rio Juqueriquerê: a foz do rio Claro no precedente forma uma verdadeira *gamboa*. Teschauer registra o vocábulo com a significação de cerca feita de ramagens ou de pedras sobrepostas, sem argamassa, que dá vazão às águas, porém não permite a passagem do peixe. O mesmo diz Teodoro Sampaio que lhe dá a etimologia — *caá-mbo* — o fecho ou cinta de ramagens.

Gamela: agrimensor prático que anda pelos sertões a fora medindo terras; indivíduo que não sendo formado realiza trabalhos de campo próprios de engenheiro; "espécie de curandeiro da engenharia", na frase de Veiga Miranda em seu belo conto *Os dois crimes do agrimensor*. Registra-o Carlos Teschauer em seu *Novo Dicionário*, 2.ª ed., onde se lê: "indivíduo que faz as vezes de engenheiro sem ser diplomado", abonando-o com a seguinte frase de Afonso Taunay: "A turma conta um engenheiro e dois gamelas, antigos niveladores..." Cândido de Figueiredo registra o termo como regionalismo do Minho com a significação de "indivíduo boçal, lorpa".

Gancheiro: indivíduo que trabalha com gancho à proa da canoa, na Amazônia, e gancho é o croque que ele usa, peça rústica e toda de madeira. "Tornando-se o rio muito largo os *gancheiros* passaram a trabalhar de varejão" (A. Taunay — *Léxico de Lacunas*).

Ganga: vide *Satélite*.

Gangorra: na Paraíba, segundo informações de Rodrigues de Carvalho, à pág. 219 do seu *Cancioneiro do Norte*, assim se designa o engenho de madeira usado pelos pequenos lavradores fabricantes de rapadura. No Nordeste, principalmente no Piauí e Ceará, *gangorra* é uma espécie de curral, em geral junto a uma cacimba ou aguada, onde se prendem animais bravios. Neste sentido, já registrado por Beaurepaire-Rohan e ou-

GAP — 157 — GAR

tros dicionaristas. Exemplo de seu emprego nesta significação é a seguinte estrofe do *O Rabicho da Geralda,* tão conhecido no Nordeste:

"Desci por uma vereda
E disse: esta me socorra;
Quando quis cuidar de mim
Estava numa gangorra."

Em Pernambuco, nas fronteiras com a Paraíba, diz-se *gangorra,* pequena *casa de farinha. Gangorra* é ainda brasileirismo quando apelida certo aparelho para divertimento de jovens, chamado em Portugal — *arre-burrinho,* no Ceará e outras províncias do Norte — *joão-galamarte,* em Pernambuco — *jangalamarte* e em Minas Gerais — *zangaburrinha* (Beaurepaire Rohan).

Gapira: vide *Guapira.*

Gapó: vide: *Igapó.* Em S. Paulo, diz-se *gapó* um trecho alagadiço de mata, por efeito da enchente dos rios: é o que ensina A. Taunay.

Gapuiador: termo amazonense, que designa o pescador de baixios, ao acaso da sorte. Teschauer registra *gapuia* como modo de pescar, atravessando o riacho com estacas cravadas a prumo. Peregrino Júnior escreveu um dos seus belos contos sob o título — *O Gapuiador,* e registrou o termo no Vocabulário apenso.

Garceiro: em português assim se nomeia o caçador de garças, conhecidíssimas aves pernaltas aquáticas, de plumas belas e caras. No vale do famoso Opara dos caboclos, hoje rio S. Francisco, segundo informa o Dr. Otto Filocreon num artigo publicado no *Diário de Notícias* da capital baiana, edição de 15 de outubro de 1927, o termo *garceiro* designa lagoa de vegetação abundante, cerrada, de acesso difícil, onde vivem milhares de garças. Tais sítios constituem riqueza inestimável para os seus proprietários, os quais mandam fazer a colheita das preciosas plumas em certas e determinadas épocas, proibindo ademais que, em certo raio, sejam alvejadas as ditas aves. Confirma-o Lauro Palhano, à pág. 204 do seu *Paracoera:* "Depois das pescarias as lagoas ficam desertas. Algumas são *garceiros,* já hoje improdutíveis, depois da desvalorização da pluma..."

Garganta: como acidente orográfico é o ponto mais baixo em que se pode transpor uma serra e donde partem vales opostos; como acidente potâmico, é sinônimo de *cañon, funil, brechão.* Termo geral do Brasil. Entretanto, a *Revista Brasileira de Geografia* (n.º I do Ano V) diz que, no Município de Cuiabá, assim se denomina o tope de bocaina, ao aproximar-se do divisor de águas, além do qual principia o vale oposto".

Garimpeiro: explorador de metais e pedras preciosas; trabalhador nas lavras de diamantes da Bahia, Minas, Goiás e Mato Grosso; faiscador. É esta a significação do vocábulo hoje em dia. Outrora, porém, em Minas Gerais, assim se chamava ao que furtivamente catava diamantes nos distritos em que era proíbida a entrada de pessoas estranhas ao serviço legal da mineração. O *garimpeiro* era, então, lemos em Teschauer, "um produto das circunstâncias especialíssimas, em que foram exploradas as jazidas diamantinas nos tempos coloniais, quando o confisco dos bens e o degredo para Angola puniam os homens livres". (Leia-se a descrição do antigo *garimpeiro* em Minas Gerais nas *Memórias do Distrito Diamantino* do Dr. Felício dos Santos, pág. 58.) Saint-Hilaire diz que o nome de *garimpeiro* não é mais do que a corrutela de *grimpeiro,* nome que deram a esses foragidos e aventureiros, em alusão à grimpa das serras, onde se ocultavam. Efetivamente se dizia, de primeiro, *grimpeiro,* como se pode verificar em vários passos das *Memórias Históricas e Políticas da Província da Bahia* de Inácio Acioli, Vol. I, págs. 273 e seguintes: "Era então (govêrno de D. Fernando José de Portugal — 1778-1800) flagelado o sertão do rio S. Francisco por um grande número de celerados, que reunidos em bandos, debaixo da denominação de *grimpeiros*, praticavam atrocidades revoltantes..." Aos mesmos se refere o b.el João Manuel Peixoto de Araújo, ouvidor de Jacobina, numa informação dada em Lisboa aos 12 de junho de 1797, na qual se lê: "Este entendendo, talvez com razão, que a riqueza, o respeito, o despotismo de José Alves Brandão não só tinham feito assassinar seu irmão, mas roubado, culpado, e expatriado a ele, e que os mesmos obstariam a justificar-se, não lhe sendo possível achar provas, e correndo risco a sua vida, traçou a sua vingança conforme as circunstâncias, e foi ao Distrito de Minas Gerais; onde se ajustou com maior quantidade de facinorosos, dos que ali vivem de extrair diamantes a furto, por isso chamados vulgarmente *grimpeiros*, de que eram cabeças, e os mais terríveis, três irmãos, conhecidos pelos *vira-saias*, para virem com ele matar o dito Brandão..." Antônio Olinto, em trabalho lido no Instituto Histórico Brasileiro em 6 de agosto de 1918, estuda a origem do vocábulo, dizendo vir de *grimpa*, por onde subiam os desgraçados trabalhadores das minas. Primeiro *grimpeiros*, mineradores furtivos do diamante e do ouro, depois *garimpeiros*. Esta origem do vocábulo, acrescenta o ilustre engenheiro, que se encontra ainda nas lendas de Diamantina, parece mais natural do que a que lhe dá Morais, que a faz provir de *aripeiro*. De *garimpeiro* veio *garimpo* que foi sempre considerado como exploração clandestina do diamante e por extração do ouro. O neologismo é verdadeiramente brasileiro. Ouvimos no interior da Bahia o nome *garimpeiro* designando os operários de construção de estradas de ferro.

Garimpo: termo usado nas regiões diamantíferas do Brasil para designar as minas de diamantes e carbonados, os lugares em que ocorrem estas duas grandes riquezas do subsolo brasileiro ou onde existem explorações diamantinas e também auríferas. De antes, nos tempos coloniais, *garimpo* era a mineração furtiva, a exploração clandestina do diamante e do ouro, máxime após o ano de 1740, quando se iniciaram os rigores das autoridades contra os *garimpeiros* do Tijuco, em Minas Gerais. Os trabalhadores das Lavras Diamantinas da Bahia pronunciam *guarimpo*. Segundo lemos no livro de Dias Ferreira (*A Marcha da Coluna Prestes*, pág. 218), em Goiás o nome *garimpo* indica as povoações fundadas e habitadas por garimpeiros, certamente nos lugares em que são explorados diamantes.

Garoa: também grafado *garua*, termo geral, de origem peruana no sentir de Beaurepaire-Rohan, que significa chuvisqueiro, chuva fraca e miúda, fina e persistente. Vergara Martin registra *garua* como termo da América do Sul, designativo de chuva miúda, que cai brandamente à maneira de neve. À *garoa* se refere o Dr. Henrique Morize, à pág. 49 de sua preciosa *Contribuição ao Estudo do Clima do Brasil*: "Entre os tipos de chuva que se observam em S. Paulo, merece destaque a célebre *garça*, semelhante ao ruço de Petrópolis, e que se produz especialmente nos meses de inverno. Trata-se de um nevoeiro grosso e frio, que se precipita sob forma de finíssima e penetrante chuva. A quantidade d'água que resulta da *garoa* é muito pequena, entretanto, ela introduz forte umidade no ar, enquanto dura".

Garril: termo pernambucano e provàvelmente nordestino, usado pelos *cangaceiros*, designativo de obstáculo propositadamente feito numa estrada para impedir o trânsito de veículos ou cavaleiros, e constituído por uma árvore tombada sobre a mesma. Devemo-lo à informação do Dr. Mário Melo, operosíssimo Secretário Perpétuo do Instituto Arqueológico, Histó-

GAR — 159 — GAU

rico e Geográfico Pernambucano, o qual nos enviou a seguinte nota, publicada no *Diário de Pernambuco* de 27 de dezembro de 1927: "Quando transpunham um mau trecho, entre Rio Formoso e Serinhaém, na curva de um outeiro o automóvel parou e o motorista disse com certo ar de espanto: "garril". Era uma árvore tombada sobre o caminho, a impedir o trânsito. Fazia-se necessário que todos descessem para removê-la. O motorista, porém, estava assombrado e explicou que, no sertão, quando os *cangaceiros* querem assaltar viandantes, cortam uma árvore e a lançam no meio da estrada para, enquanto se trata distraidamente da remoção, dar-se o assalto de surpresa, tomada a frente e a retaguarda. Chama-se a isso *garril*".

Garroeira: nome com que os pescacadores alagoanos designam o vento sul (Otávio Brandão. *Canais e Lagoas*. Pág. 241).

Gauchada: grande número de gaúchos; também se emprega no sentido de façanha de *gaúcho*. Ao linguajar, aos costumes e hábitos do *gaúcho*, à sua maneira de ser, conjunto de coisas que define o ambiente gaúcho, diz Calage, se designa pelo nome de gauchismo. Alcides Maia usa *gaucheria* à pág. 28 da *Alma Bárbara*. Nota A. Taunay que às vezes se emprega *gauchismo* no sentido de *caudilhismo*. Leiam-se êstes termos no *Vocabulário Sul-Rio-Grandense* de Luís Carlos de Morais.

Gaúcho: designação genérica do filho do Rio Grande do Sul; mais propriamente é o camponês do mesmo Estado "tipo representativo da vida acidentada das *coxilhas*". A respeito de *gaúcho*, escreveu Roque Calage em seu precioso *Vocabulário Gaúcho* — (Porto Alegre, 1926), transcrevendo em parte a opinião de Romaguera Corrêa: "Por *gaúchos* eram conhecidos alguns bandos de índios guerreiros e cavaleiros que habitavam grande parte da República Argentina e que, obrigados a mudar freqüentemente de sítio, por

causa dos antigos ataques dos seus inimigos, não tinham habitação certa. Mais tarde aplicou-se aquela denominação aos restos, já mui esparsos e aniquilados pelas guerras, dos indígenas que existiam na República Oriental e Rio Grande do Sul, os quais, extremamente valentes e cavaleiros, tinham os mesmos instintos e costumes da vida errante e vadia daqueles, cuja denominação receberam. Hoje, porém, aplica-se este termo aos indivíduos da campanha que montam com garbo, elegância especial e que são bons cavaleiros. Com o tempo, porém, o *gaúcho* foi tomando outro aspecto e uma expressão muito especial. Hoje, o *gaúcho*, o *guasca*, o nosso camponês, enfim, é o tipo representativo da vida acidentada das *coxilhas*, da existência patriarcal das nossas fazendas ou estâncias onde se perpetuam costumes e hábitos gaúchos. O gaúcho é a expressão típica do valor e da coragem, e, identificado com o seu companheiro inseparável — o cavalo, ele simboliza nas galopadas pela planura a figura mitológica do centauro". Por *gaúchos*, conclui o douto vocabularista, se têm hoje, com orgulho, todos os filhos do Rio Grande do Sul. Quanto à etimologia do vocábulo, têm aparecido várias opiniões: o prof. Abeille, de Buenos Aires, pensa ser derivado da voz araucânia *cathu* ou *cachu* — amigo, camarada, que por um processo fonético mui admissível chegou a transformar-se em *gaúcho*; Vicente Rossi, devotado folclorista transplatino, em seu livro — *El Gaucho* — publicado em 1921, em Córdoba, contesta vantajosamente este aviso, e argumenta que é no idioma guarani que se deve buscar a origem da palavra, que na história platina "era símbolo de guerra". Para Vicente Rossi, o guerreiro nômada charrua era chamado *huachu*: leis e inflexões de evolução fonética, segundo a lição dos lingüistas e a prova achada nos idiomas autóctones, fizeram que a palavra *huachu* passasse pelas transformações de *huacho*, mais tarde *guacho*

GEL — 160 — GER

e finalmente *gaúcho*". É este mesmo escritor quem faz a apologia dos "centauros de bronze", que se fazem livres — huachos — em pelejas inexoráveis na época da redenção platina, estudando em páginas eloqüentes a genese charrua do gaúcho e o atavismo que prevalece no gaúcho evolucionado: "altivez cívica, rebeldia sem dobrez, valor e audácia a toda a prova".

Geleiro: na *Onomástica* registramos este vocábulo como alcunha designativa de pescador português na Amazônia, em especial na costa do Pará, com o abono de Nélson de Sena. Comentando o verbete, escreveu-nos Henrique Jorge Hurley, cuja competência em assuntos paraenses é sobejamente conhecida e aplaudida: "Está em equívoco Nélson de Sena. *Geleiro* não é pescador, mas, geralmente, o indivíduo de naturalidade portuguêsa que vai comprar o peixe, sobre águas, nos Municípios de S. Caetano, Odivelas, Curuçá e Marapanim, na Costa do Salgado, nos braços de mar, rios, furos e igarapés desses Municípios, congelando-o em caixas zincadas, para revender, com duzentos por cento de lucro, em Belém, capital do Estado. *Geleiros* são o piloto (patrão) e os tripulantes sem distinção". Chama-se, no Pará, *geleira* à embarcação (grande canoa) que usam para transportar, no gelo, o peixe adquirido.

Gente de baixo: designação pela qual eram conhecidos, de primeiro, os portugueses em Cuiabá. Encontramo-la num artigo de Henrique Silva — *Folk-Lore do Brasil Central* — publicado no *Almanaque Brasileiro Garnier* de 1911, à pág. 413.

Gerais[1]: vide *Campos gerais*. Luetzelburg, à pág. 94 do 3.º Vol. do seu *Estudo Botânico do Nordeste*, escreve que a denominação baiana de *gerais* se aplica às regiões extensas de carrasco, de flora *Vellosia-Lychnophora-Ericaulon-Vochysia*, da região serrana central, no alto rio de Contas ou Bromado, e que é também adotado para designar grandes extensões de caráter uniforme e constante, das diversas vegetações como sejam: catinga, carrasco, campinas e também palmares. Beaurepaire-Rohan diz que, no Piauí e Ceará, assim se nomeiam os lugares longínquos, ermos e ínvios, onde não costuma penetrar gente. Em Goiás, escreve o prof. Alcide Jubé, este termo tem duas significações: a primeira é de campos com vegetação rasteira em grande extensão; a segunda é de acidente orográfico como seja a cadeia conhecida pelo nome de serra das Divisões. Artur Neiva chama *gerais* aos campos extensos e desabitados "formados por magníficas terras completamente desaproveitadas". Em trabalho publicado no Vol. 40 da Rev. do Instituto Histórico e Geográfico de S. Paulo (1942) o Sr. Roberto C. Pompílio, falando do país do Tapirapé, informa que os nativos de Goiás e Mato Grosso designam o sertão bruto pelo nome de *gerais*. Visitando em 1943 a zona limítrofe de Bahia, Piauí e Goiás diz o Eng.º Gilvandro Lima Pereira: "Os *gerais* são de uma paisagem complexa, entrando em sua constituição as campinas, as chapadas, os brejos, os areais e as indispensáveis escarpas do chapadão de arenito. Os *gerais* são extensíssimos e cobrem uma boa parte dos Estados da Bahia, Goiás, Piauí e Maranhão, sobretudo os dois primeiros. Neles são encontradas imensas planuras, com uma mudança insensível de declividade, a não ser quando caem em grandes escarpas, para o lado goiano, piauiense ou maranhense".

Gerais[2]: ou *ventos gerais*, nome por que são conhecidos em todo o Maranhão os alísios do Nordeste, que sopram durante a estação da *seca* ou verão, de julho a setembro ou outubro. Informação de Antônio Lopes, do Instituto do Maranhão. V. Chermont diz que, no Pará, chama-se *geral* ao vento nordeste, que sopra da ilha de Marajó e nos estuários dos rios Pará e Amazonas.

Geral: Beaurepaire-Rohan informa que assim se diz na Paraíba e Rio Grande do Norte, de um lugar coberto de mato; "meu roçado, dantes tão cultivado, é hoje um geral".

Geralista: nome que, não raro, dão aos naturais de Minas Gerais, o mesmo que *mineiro*, chamados pelos litorâneos, em giros expressivos — *baetas, peludos, biribas* (esta referida por Aug. Saint-Hilaire em sua *Viagem às nascentes do S. Francisco.* Ed. Brasiliana. Pág. 229).

Gereré: vide *jereré*.

Gibreiro: nome que, no Pará, se dá ao trabalhador braçal (Glossário anexo ao *O Gororoba* de Lauro Palhano) "Os trabalhadores do porto e avulsos — *gibreiros* — eram os menos aquinhoados, pela inconstância do trabalho..." (Opus. cit. pág. 109).

Gíria: na Amazônia, segundo informa Gastão Cruls, no seu livro *A Amazônia que eu vi* — Óbidos-Tumucumaque, significa intérprete, indivíduo que conhece dialetos indígenas.

Godemes: alcunha pitoresca, até depreciativa, dada aos ingleses no Brasil. Machado de Assis, à pág. 92 de *Brás Cubas* empregou *godeme* e assim o registra Teschauer. Anota Pereira da Costa que esta alcunha vem talvez de 1810, quando os ingleses começaram o seu estabelecimento no Brasil em virtude da abertura dos nossos portos ao comércio das nações amigas em 1808. Sud Mennucci lembra que seja talvez uma corrutela de *goodman*.

Goiabal: terreno coberto de goiabeiras, mirtáceas que vicejam em quase todo o Brasil e cujos frutos se prestam a um dos mais apreciados doces nacionais.

Goiàzita: vide *Satélite*.

Gôlfo[1]: além do sentido comum da nomenclatura geográfica geral — larga reentrância marinha, e de apelidar uma planta ninfeácea — golfão, nenúfar ou lírio-d'água, tem esta palavra, segundo informação de Pandiá Calógeras, no Triângulo Mineiro e em Goiás, o significado de "canal estreito, erodido nas rochas marginais, por onde se precipitam em cachões as águas profundas e tumultuosas do rio constrangido entre paredões de pedra" (Carta de 20-1-928).

Gôlfo[2]: também *golfo-do-poço*, conforme registra a *Revista Brasileira de Geografia*, n.º 1 do Ano V (M. de Lageado), nome que, na região diamantina do rio das Garças, em Mato Grosso, tem o depósito diamantífero do leito profundo dos rios. Vimo-lo assim referido por Hermano Ribeiro da Silva, em seu trabalho *Através de Mato Grosso*, publicado em vários números do *Diário Popular* de S. Paulo (novembro de 1931). "Reside a única dificuldade em delimitá-la (a posse) nos leitos profundos e volumosos, a que distinguem pela denominação geral de *golfos*, donde o cascalho é retirado por meio de mergulhadores, revestidos de escafandros" (*Diário Popular* de 5-11-1931).

Gordural: grande extensão plantada de capim gordura ou catingueiro. Assim o define Valdomiro Silveira em seu livro *Nas Serras e nas Furnas*, onde lemos, à pág. 161: "O gordural anexo tava amassado do princípio a fim, como na passage duma tropa fomenta ou dum gadão catuzado, que percisa de invernar".

Gorgulho: nome que se dá no Norte do Brasil (Goiás) aos bancos de areia e cascalho que fazem a obstrução da foz de um rio. Segundo Saint-Hilaire, na sua *Viagem às nascentes do rio S. Francisco, gorgulho* em Minas Gerais qualifica os fragmentos da rocha, ainda angulosos, no meio dos quais se encontra o ouro nas explorações de minérios denominadas *lavras de grupiara*. Everardo Backheuser escreve que *gorgulho* é o depósito sedimentário diamantífero. Na *A Amazônia Misteriosa* de Gastão Cruls, encontramos *gorgulho* com a significação de pedra miúda de que se formam às vêzes os leitos dos rios.

Gororoba: Carlos Teschauer em seu *Novo Dicionário Nacional,* 2.ª edição, registra este termo com a significação, no Ceará, de sujeito, indivíduo, com sentido pejorativo, abonando-o com uma citação de Catulo Cearense. Entretanto, Lauro Palhano, no seu livro *O Gororoba* (1930), escreve, à pág. 40: "Às coisas indefinidas, sem cor, sem forma ou consistência, misto de gelatina e grude; ao frouxo, ao tímido, ao covarde, à flacidez da lesma e do uruá; ao pormenor que Vítor Hugo achou horripilante no polvo: — ser mole — chamam no Pará — *Gororoba.* Gororobas são destarte, no Pará, os lentos, os sonolentos, os inertes, os derreados, os bambos".

Gramado: terreno plantado de grama, quer destinado à pastagem, quer à ornamentação dos jardins públicos ou particulares.

Grameal: têrmo do Nordeste, que indica uma formação vegetal idêntica ao *carrasco,* porém, com a diferença geral, que lhe faltam por completo a flora herbácea e subarbustiva do solo e as árvores de porte mais elevado e troncos desenvolvidos. O aspecto geral da vegetação do *grameal* é comparável, diz Luetzelburg, de quem tiramos êste conceito, a um bambual fechado e baixo ou um extenso tabuaĺ. O *grameal* não é pois mais do que um *carrasco* privado das suas árvores e em grande parte de seus arbustos. A denominação *grameal,* continua o sábio botânico, dada pelos sertanejos, não é de todo errada, pois que aplicam o termo grama para significar a graminácea sapé (*Imperata brasiliensis* Trin.).

Grãozinho: vide *Satélite.*

Grapiúna: empregado por Afrânio Peixoto em *Maria Bonita,* alcunha que, aos moradores da capital, dão os sertanejos da Bahia. O próprio Afrânio Peixoto, em nota que nos enviou, escreveu que é o habitante do litoral, termo depreciativo que aos do sul da Bahia dão os sertanejos deste Estado. Ainda no Estado da Bahia o nome *grapiúna* é dado aos naturais de Itabuna (próspera cidade do Sul), pelos filhos de Conquista, que fica no sertão.

Gravata-de-couro: nome pitoresco da praça de pré, soldado raso Registrou-o A. Taunay.

Gravatàzal: termo usado pelos sertanejos do Nordeste e também em Mato Grosso, para nomear os terrenos em que crescem, em profusão, as bromeliáceas, a que eles chamam, genericamente, *gravatás.* Às vezes dão o nome de *caruatais*: vide este termo. "O macharrão (onça-macho) tinha entrado por um gravatàzal fechado, onde não era possível descobrir-lhe a batida" (*Viagens e Caçadas em Mato Grosso pelo Comandante Pereira da Cunha* — Pág. 161).

Graviana: registrado por Teschauer que o colheu no *Mané Chique-Chique* de Ildefonso Albano, com o sentido de brisa que sopra da terra para o mar, o terral. "Em breve, firme e serena, tangida pelo terral, a *graviana,* desliza a *Santa Maria* sôbre o banzeiro, em busca do banco de peixe".

Grilagem: derivado de grilo (vide êste têrmo), designativo, em certas zonas do Sul do Brasil, do fenômeno social consistente num conjunto de manobras espertas usadas pelos grileiros (vide esta palavra) para a falsificação de títulos de propriedade territorial, dando origem a dúvidas e controvérsias a respeito de sua legitimidade. Surgiu em S. Paulo justamente na fase inicial de sua economia agrária, estendendo-se hoje em dia pelo Paraná, Mato Grosso, nordeste de Minas Gerais, justamente nas regiões em que a recente penetração e ocupação da terra e a existência de grandes áreas de terrenos desocupados não permitiram ainda a consolidação definitiva do conceito da propriedade do solo. Constitui, sem dúvida, a *grilagem,* séria e insidiosa ameaça à tranqüilidade da propriedade territorial, assunto este que merece toda a atenção dos governos. Em sua edição de 5 de janeiro de 1928 o

O Jornal do Rio de Janeiro publicou ponderoso editorial sob o título — *Os Grilos*, no qual analisa a ação perniciosa dos grileiros, que, não satisfeitos de operarem nos longínquos sertões, avançavam atrevidamente até os subúrbios da própria capital do Estado de S. Paulo. São deste artigo os seguintes períodos: "O atrevimento do "grilo" e a engenhosidade de seus métodos envolvem essa modalidade de crime em um colorido pitoresco. Houve "grilos" que inventaram mesas especiais, em que uma oscilação calculada dava à caligrafia ondulações e irregularidades que serviam de prova dos tremores da mão antiga e envelhecida a que se lhe atribuía. Processos químicos imprimiam às escrituras falsas e aos talões de impostos, igualmente falsos, o colorido amarelado e a textura quebradiça do velho papel. Às vezes uma imprevidência comprometia o êxito dessas rigorosas aplicações da ciência ao crime. Assim, uma vez, o advogado de um "grilo", que gesticulando numa audiência, tendo em mão a escritura em que se apoiavam as pretensões do seu cliente, ficou tão surpreendido como o juiz ao ver denunciada pelo sol que filtrava através do papel, uma marca d'água com as armas da República, que era um tanto difícil explicar em um documento que se supunha lavrado em 1846. Ao lado dos seus aspectos pitorescos a *grilagem* apresenta faces gravíssimas, constituindo mesmo um dos males cuja urgente e severa repressão é imposta por grandes interesses nacionais".

Grileiro: termo corrente no oeste de S. Paulo, que qualifica o indivíduo, quase sempre o advogado ou agente que falsifica papéis ou títulos de propriedade territorial, que arranja *grilos*. Desse tipo peculiaríssimo na penetração civilizadora no *far-west* da Paulicéia nos dá viva idéia Monteiro Lobato, às págs. 12 e 18 da sua *Onda Verde*: "O grileiro é um alquimista. Envelhece papéis, ressuscita selos do Império, inventa guias de impostos, cria genealogias, ensina a escrever a velhos urumbevas que morreram analfabetos, embaça juízes, suborna escrivães e, novo Jeová, tira a terra do nada. Envelhecer um título falso, *enverdadeirá-lo* é toda uma ciência. Mas conseguem-no. Dão-lhe a cor, o tom, o cheiro da velhice, e fazem-no muitas vezes mais autênticos do que os reais". É que o esperto manipulador das terras *grilentas* ou *engriladas* "falsifica firmas, papéis, selos; falsifica rios e montanhas; falsifica árvores e marcos; falsifica juízes e cartórios, falsifica o fiel da balança de Têmis; falsifica o céu, a terra e as águas; falsifica Deus e o Diabo. Mas vence. Divididas as glebas em lotes, vendem-nas os grileiros à legião de colonos que os seguem como urubus — pelo cheiro da carniça. Cinco, dez anos, depois, a flor do café branqueia a zona e a incorpora ao patrimônia da riqueza nacional". Oliveira Viana, o maior sociólogo do Brasil atual, na sua admirável *Evolução do Povo Brasileiro*, pôs em luz as funções essenciais que, em nossa obra de conquista civilizadora da terra, exercem o *bugreiro* e o *grileiro* (Op. cit., pág. 99).

Grilo: propriedade territorial legalizada por meio de um título falso. Vide, na *Onda Verde* de Monteiro Lobato, como se fazem os *grilos* na maromba da alquimia forense (Entre págs. 15 e 26). Assis Chateaubriand definiu o *grilo* como sendo nem mais nem menos que a falsificação de um título de domínio (*O Jornal* de 25-10-27). "Não o permitiu, porém, a rendosa indústria do *grilo*. Lá às tantas, quando o município se povoava e se enriquecia, surgem, como sempre, famigerados documentos de posse e começam as longas, intermináveis demandas, que, como o governo fecha os olhos e as tolera e as bendiz até, se procrastinam insolúveis, à custa do interesse geral e do futuro das localidades. O Estado, senhor das

GRI — 164 — **GRU**

terras devolutas, de que abre mão, é, afinal, direta ou indiretamente, o *grileiro-mor*" (Breno Ferraz — *Cidades Mortas* — Pág. 111). Em S. Paulo se diz ainda *grilo* o guarda-civil que atende ao serviço de trânsito. Como tais guardas dirigem o tráfego por meio de um apito que trila continuamente, azoinando os ouvidos, o povo lhes aplicou a alcunha, hoje generalizada (Sud Mennucci). Por extensão o povo de S. Paulo chama *grilinho* ao indivíduo que guarda e cuida os automóveis nas ruas enquanto parados, o mesmo a que na ex-Capital Federal se chama *olheiro*. Sud Mennucci explica a origem: "Como esses guardas, que trabalham principalmente, à noite, junto aos teatros e cinemas, são menores de 14 anos e usam uma farda parecida à dos guardas-civis, o povo estendeu-lhes o qualificativo, dando-lhes porém a forma diminutiva".

Gringo: alcunha generalizada no Brasil e aplicada aos castelhanos e platinos. Pereira da Costa anota que, na guerra do Paraguai, a nossa gente chamava *gringos* aos orientais e argentinos. Não raro *gringo* é aplicado a qualquer estrangeiro. No Rio Grande do Sul, informa o Dr. Osvaldo Vergara (*Problemas de Português*) a palavra *gringo* é empregada especialmente para designar um italiano de categoria inferior; assim também o é em Santa Catarina, segundo informe do P.ᵉ Geraldo Pauwells. Em Pernambuco é o estrangeiro que vende a prestações (Mário Melo): o mesmo na Bahia. Vem de molde recordar que os acreanos assim alcunhavam os bolivianos no tempo da guerra de Plácido de Castro (Aurélio Pinheiro. *Gleba Tumultuária*). De *gringo* derivam *gringalhada*, *gringada* — reunião de *gringos*.

Grota: terreno em plano inclinado na interseção de duas montanhas (Beaurepaire-Rohan); vale pequeno e fundo. Têrmo geral de muito uso em todo o Brasil. É seguramente alteração de gruta.

Grotão: aumentativo de grota. A. Taunay escreve: "depressão profunda entre montanhas de lombadas muito alcantiladas". "Luzia foi subindo após eles, sem esforço, lentamente, até a primeira volta da ladeira, daí em diante cavada na aresta das rochas talhadas, a prumo, sobre o *grotão* profundo" (Domingos Olímpio — *Luzia Homem* — Pág. 274).

"É o Brasil destemeroso das
[vaquejadas]
Que nos grotões, em cóleras,
[explode.]
O Brasil que chora na voz do
[aboio nas quebradas,]
E dança na espiral do laço
[que sacode."]

Do *O Meu Brasil*, de Olegário Mariano.

Groteiro: nome dos sertanejos em Minas Gerais, máxime dos que moram nas *bibocas* e brenhas do Mucuri e Itambacuri. O mesmo que *roceiro*. Registrado por Nélson de Sena. Fausto Teixeira registrou *grotero* entre os caipiras paulistas no sentido de termo pejorativo que os *caipiras* dão uns aos outros, designando suas moradias.

Gruna: termo das Lavras Diamantinas na Bahia, que designa uma escavação profunda feita pelos garimpeiros nos terrenos diamantíferos; também significa as escavações produzidas pelas águas nas ribanceiras de certos rios, como informa Taunay. Do que seja *gruna* nas Lavras da Bahia nos informou o inteligente sertanejo Manuel Afonso da Cruz, morador e conhecedor da região: "a gruna é um fôsso na terra, ou em rochas, onde os *gruneiros*, de rastos, vezes por dentro d'água, penetram e aí trabalham, dia e noite, à luz de candeias de azeite. Das *grunas* eles retiram os cascalhos em sacos de fazenda. Há *grunas* em que os *gruneiros* descem, vencendo as maiores dificuldades e sujeitando-se às maiores contingências, cêrca de 100 metros e daí por di-

GRU — 165 — **GUA**

ante trabalham, ora deitados, ora de cócoras, na extensão de um quilômetro, perfurando-se às vezes o solo para que possa entrar o ar". Em alguns lugares dizem *gruma*.

Grunado: rio subterrâneo nas Lavras Diamantinas da Bahia, Sinonímia: *escondido — água sumida* (Vide o primeiro termo).

Gruneiro: trabalhador das *grunas* na exploração e escavação do cascalho. "Terminou o gruneiro a narrativa entre os *garimpeiros* atentos" (Alberto Rabelo. *Contos do Norte*. Pág. 54). A diferença que há entre *gruneiro* e *garimpeiro* é que aquele garimpa nas grunas (Vide este termo). O garimpo tanto é na gruna como nas *catas*, ao ar livre — Termos de uso nas Lavras Diamantinas da Bahia.

Grunha: termo que vimos registrado na *Poranduba Amazonense* de Barbosa Rodrigues, com a tradução de concavidade nas serras, às vezes bem espaçosas.

Guabiru: nome depreciativo de um dos partidos políticos na província de Pernambuco, no meado do século XIX: os *guabirus, baronistas* ou *miguelistas* eram os conservadores, adversários dos *praieiros* ou *liberais*. Foram estes dois grupos políticos que se bateram na chamada guerra *praieira* em 1849. O nome *guabiru* é tupi: de *guabir-u*, o que devora mantimentos, o rato, segundo Teodoro Sampaio. Daí a justa frase de Alfredo de Carvalho: "os liberais houveram recurso a um epíteto que quadrava a primor com a índole das retaliações partidárias". É do tempo esta quadra registrada por Pereira da Costa:

"Machado que corta lenha,
Também corta mulungu
Praieiro *que tem vergonha,*
Não fala com guabiru."

Guaçu: É um adjetivo tupi que significa amplo, largo, grosso, grande. É de uso freqüente quando se quer distinguir certos acidentes maiores que os outros: os menores distinguem-se pelo vocábulo *mirim*. Teodoro Sampaio ensina que, não

raro, *guaçu* se altera em *uaçu, oaçu, açu* e *uçu*.

Guaíba: nome que, em alguns Estados do Sul, dão aos pântanos profundos. Do tupi — *gua-y-be*, na enseada, ou baia, diz Teodoro Sampaio; ensinam outros — de *guá* — vale e *ahyba* — mau, ruim.

Guajuru: termo registrado por Pereira da Costa, com o sentido de mulato da cor da fruta indígena dêste nome ou seja de um vermelho-escuro vivo lustroso. Guajuru é uma rosácea descrita por Marcgraf com o nome de *guajeru*. Também se escreve *guajiru*.

Guapira: também *goapira* e *gapira*, oriundo do tupi, de *gua-apira* — começo do vale, cabeceiras, nascentes. Termo usado em S. Paulo para designar o início de um vale, de uma grota, a cabeceira do vale.

Guapaua: segundo nos informou Henrique Jorge Hurley, em carta de 20 de dezembro de 1929, em Macapá e no Amapá, até onde chegam os campos gerais da Guiana Oriental, é comum em vez de beira-campo; de *gua* — campo e *paua* — acabado, isto é, onde o campo acaba e começa a mata de caapena, caraúba, jenipapo, tucumã e paricá. Também *guapá*.

Guaranàzal: bosque ou reunião de guaranazeiros ou guaranás, planta da família das Sapindáceas que cresce na margem direita do Amazonas, especialmente no vale do Tapajós. É a *Paullinia sorbilis* de von Martius, anteriormente chamada *Paullinia cupana* por Humboldt e Kunth. "Em geral o guaranàzal deve sofrer duas limpezas anuais; a primeira, a terçado, no mês de abril e a segunda a enxada para ser mais completa, no mês de julho, justamente na época em que as primeiras flores começam a despontar" (Apud *Redenção* n.º XIV, Revista de Manaus, no artigo *O Guaraná* de Lucano Antony). Neste artigo está descrito todo o trabalho de preparação do guaraná, de efeitos medicinais bastantemente conhecidos, desde a plantação, apanha, descas-

GUA — 166 — **GUP**

ca, torração, pilação, até a fabricação dos pães e posterior encaixotamento para a exportação.

Guaraniana: nome proposto por Hermann von Ihering para uma das subdivisões da província zoogeográfica do Brasil, por êle chamada *Tupiana*. Esta subprovíncia abrange as terras que se estendem do Rio de Janeiro ao Rio Grande do Sul.

Guarda-peito: o mesmo que *capanga*.

Guariba: nome que se dá aos negros em certas partes do Brasil; registrado por C. Teschauer.

Guarimpe: segundo Rodolfo Garcia, que o registra, é o talude vertical, regularizado a bico de picareta, nos *cortes* das estradas, quando se pretende conservá-los em caixão. É têrmo usado em Pernambuco.

Guarirobal: termo muito de uso em Goiás, designativo de baixada que sempre produz *guariroba*. A guariroba é uma palmeira que vegeta no Brasil Central e cujo palmito ligeiramente amargo é muito apreciado e constitui um apetitoso prato. É a *Cacos oleracea* de Martius.

Guasca: apelido dos filhos do Rio Grande do Sul; o mesmo que *gaúcho*. Romaguera ensina que "baseado no fato de os filhos do Rio Grande em geral se dedicarem à indústria pastoril, em cujos variados trabalhos usam sempre cordas de couro chamadas *guascas*, dão-lhes os filhos do Norte aquela denominação". De primeiro, *guasca* era o campônio, o *caipira* rio-grandense; hoje, é o rio-grandense em geral. Se foi um vocábulo pejorativo, escreve Calage, é agora um verdadeiro título de orgulho. "Nessas provas aparentemente isoladas, de extrema defensão das tropas retirantes, brilhava salvador o orgulho guasca" (Alcides Maia — *Alma Bárbara* — Pág. 97). Teófilo de Andrade, à pág. 119 do seu livro — *O Rio Paraná* — refere que nas zonas de criação de gado de Mato Grosso dominam pelo número e pela ascendência social os brasileiros. E escreve: "É a população dos criado-

res, **vaqueiros e peões** do campo, descendentes, em sua maioria, dos gaúchos do Rio Grande do Sul, ali chamados de *guascas*".

Guascaria: termo de uso no Rio Grande do Sul, designativo de reunião, grupo de *guascas* ou gaúchos, e também de casa que negocia em guascas (cordas de couro). No primeiro sentido, empregou-o Roque Calage, no seu *Quero-Quero*, à pág. 78: "Porque serenada esta, a guascaria guapa demandava aos lares humildes, retomando o habitual trabalho pastoril".

Guenhén de mundo: no vocabulário apenso ao livro de Horácio Nogueira — *Na Trilha do Grilo*, encontramos esta expressão com o sentido de "lugar muito distante do povoado, no fundo do sertão". É usada pelos caboclos sertanejos, e o autor acima registra-a na seguinte frase de seu livro, à pág. 188, atribuída a um *caipira*: "Só o senão que tem esta bocaina, é tá nestes guenhén de mundo: fora essa tortura, é um céu aberto". À pág. 218 de *Mixuangos* de Valdomiro Silveira encontramos a expressão *guanhã* de terra, com o mesmo sentido: "Andei de mão em mão, feito bandeira do Divino, mas os beijos que me deram pr'esse *guanhã* de terra não me deixaram marca nenhuma".

Guita: apelido gaúcho de soldado de polícia, já registrado por Calage.

Gunga-muquixe: termo usado em S. Paulo, com o significado de maioral, chefe, mandachuva. Vimo-lo empregado por Valdomiro Silveira em seu livro *Nas Serras e nas Furnas*, do qual faz parte um Conto sob esse título. Também se diz o *gunga*. (Op. cit., pág. 240).

Gungunhana: apelido de negro. Informa A. Taunay que é uma alusão à cor do famoso régulo aprisionado pelo comandante português Mousinho de Albuquerque.

Gupiara: também *grupiara* e *guapiara*, têrmo do Brasil Central, que denomina depósito diamantífero nas cristas e enfestas dos *al-*

tos e morros. Nas Lavras Diamantinas baianas se diz *gupiara* a mina rasa da serra. Saint-Hilaire define como um cascalho aurífero superficial. E em Barbosa Rodrigues encontramos o termo com um sentido inteiramente diferente: espaço de terreno entre os montes e os tabuleiros, onde o campo, em geral, cresce muito, devido à umidade. O mesmo autor fala de sua etimologia indígena, literalmente sendo — campo que cresce alto. Teodoro Sampaio dá a seguinte origem: *curu-piara* — a jazida de cascalhos, a lavra do cascalho diamantino, na encosta dos morros e nos altos, à margem das torrentes.

Guritas: assim se designam, no Rio Grande do Sul, os altos e imponentes cerros da serra de Caçapava, de formas esquisitas e caprichosas, que ao de longe semelham templos, castelos e guaritas de soldados. É, sem dúvida, corrutela de *guarita*, conhecido termo português. A palavra *gurita* ainda é empregada no interior da Bahia para designar a égua velha.

Antigamente usavam o nome *guritão* para nomear um boné de couro usado pelos milicianos. Piá do Sul, poeta rio-grandense, cantou as *guritas* de Caçapava às págs. 136 e 137 do seu livro *Gauchismos e Gauchadas* (2.ª edição), onde lemos

A dois dias da fronteira,
Guritas desassombradas,
Sois da Pátria Brasileira
Sentinelas avançadas.

Quem nas Guritas o luxo
Dos nossos pagos não viu,
Não é completo gaúcho,
Todo o orgulho não sentiu".

Registrado por Calage.

Gurunga: vide *Ingurunga*.

Gurutubano: apelido que, em Minas Gerais, se dá aos mestiços de caboclos, em geral vaqueiros dos sertões nortistas de Jaíba. Registrado por Nélson de Sena. Este nome vem da zona do Gurutuba, (Grão-Mogol), terra riquíssima em forrageiras, onde se distendem prados relvosos de grande riqueza.

H

Habilitado: é "assim chamado no Estado de Mato Grosso e no alto Paraná, ao empreiteiro da elaboração da erva-mate", o qual "mantém a seu serviço certo número de *peões* ou trabalhadores, sendo responsável pelas suas dívidas ou *antecipos* perante o *patrão*" (Boletim do Ministério da Agricultura, Indústria e Comércio — maio 1928). Tratando da Companhia Mate-Laranjeira, Luís Amaral, do Instituto de Química Agrícola, refere-se aos denominados *habilitados* no seguinte passo: "Além dos empregados mensalistas e diaristas, tem a Companhia os chamados *habilitados*. Estes últimos são uma espécie de subarrendatários de ervas. Trabalham por conta própria e têm assegurada a colocação de sua safra". (Boletim do Ministério da Agricultura, janeiro-março — 1937). "O centro da produção é Campanário. É daí que partem os *habilitados*, subarrendatários dos ervais, que extraem da selva a riqueza nativa". (Teófilo de Andrade — *O Rio Paraná* — Rio, 1941 — pág. 101).

Hamadríade: também *hamadria*, designação dada pelo grande von Martius a uma das zonas em que subdividiu o Brasil do ponto de vista fitogeográfico, a que abrange a região das catingas do Nordeste, chamada por Oscar Drude — *sertão-catinga*.

Henriques: nome dado aos soldados negros e mulatos que compunham o *Têrço de Henrique Dias*, estabelecido nas capitanias do Brasil, após a guerra holandesa, em homenagem ao bravo guerrilheiro Henrique Dias. Não há quem desconheça os serviços inestimáveis prestados por esse negro glorioso na guerra contra os batavos, em Pernambuco. Logo após a sua morte, em 1662, o governo da metrópole, em reconhecimento de sua glória, estabeleceu em cada capitania o denominado *Terço de Henrique Dias* simplificado mais tarde em *Terço dos Henriques* (J. Mirales — *História Militar do Brasil*).

Hiléia: termo erudito, dado por Alexandre Humboldt à região botânica das selvas da Amazônia, que ocupa a maior parte da cintura hidrográfica do rio-mar. É a zona equatorial de Wappaeus, cujo clima quente e úmido favorece sobremodo a exuberância da vegetação; é a mata virgem que cobre a imensa planície amazônica e que abrange as duas seções conhecidas pelos nomes de *caá-igapó* — mata que beira os rios e *caá-etê* — ou "mata verdadeira" das planícies. Este mesmo nome de Hiléia (Hyléa) foi proposto por H. e R. von Ihering e aceito por Delgado de Carvalho (*Geografia do Brasil* — Tomo I — Pág. 68), para designar uma das três províncias zoogeográficas em que se pode dividir o Brasil, a que abrange as matas ininterruptas da Amazônia, por sua vez subdividida em *Hiléia ocidental* e *Hiléia oriental*, formada pelas bacias inferiores dos rios Tapajós, Xingu, e Tocantins e a costa sul-paraense. O grande geobotânico Ruhle que estudou a floresta pluvial equatorial da Amazônia dividiu-a em duas zonas: Amazônia Inferior ou distrito oriental e Amazônia Média e Superior ou distrito ocidental. A *Hiléia* de Humboldt foi chamada por Barbosa Rodrigues — Amazonina.

I

Igaci: segundo nos informou H. Jorge Hurley, este vocábulo é usado pelos Tembés de referência ao canal principal de um rio: De *ig* — água e *cy* — mãe. Este termo, pondera o ilustre geógrafo, pode substituir perfeitamente o vocábulo germânico *talvegue*, empregado na tecnologia hidrográfica. Os caboclos dizem que a *boiúna* (cobra preta) e a *boiaçu* (cobra grande) são também mãe do rio.

Igapó: termo da Amazônia, que apelida a floresta inundada por ocasião das enchentes dos rios, a mata que beira os cursos d'água. Verdadeiro alagadiço ou baixada marginal onde se represa e espalha o excedente das águas dos rios, o *igapó*, não raro, após a inundação se transforma em um brejal ematagado. Os habitantes da Amazônia distinguem nos terrenos da imensa bacia três graus a que chamam *igapó*, *vargem* e *terra firme*. O *igapó*, diz Keller, é a aluvião mais moderna na margem convexa, cuja altura não é superior a 4 e 5 metros acima das águas baixas e que, portanto, com as águas médias principia a ser inundada. "O caráter da vegetação é bem pronunciado, produzindo afora o capim, chamado canarana, nos barrancos e alguns arvoredos baixos de madeira branca e mole, a embaúba (*Cecropia*) e a seringa (*Ficus elastica*)". Segundo uns, vem a palavra do tupi *yg* — água e *pó* — conter; Barbosa Rodrigues e Teodoro Sampaio fazem-no derivada de *yapó* — água estagnada ou repousada sob a mata, alagadiço, pântano. Escrevem às vezes *gapó*. Foi J. Huber quem melhor caracterizou o igapó. O indígena, diz ele, designa, pelo nome de *igapó*, uma mata onde a água fica estagnada ou retida durante muito tempo, isto é, os trechos da mata com drenagem insuficiente. E, por isso, os trechos pantanosos da terra firme são também chamados *igapós*. Henrique Jorge Hurley nota que em *nheengatu* se diz apenas que é *igapó* o terreno alagado cujas águas banham as sapopemas das árvores. Para o selvagem de origem tupi-guarani, *igapó* é o nome dado aos brejos, às várzeas que se enchem d'água dos rios e conservam as águas pluviais.

Igapozal: sucessão de igapós. Empregado por Alberto Rangel no seguinte passo das *Sombras n'Água*: "Talvez, olhando para o mar, cujas brisas lhe haviam de bafejar a fronte larga, fecundando-a de altos pensamentos, ele refletisse no meio de tornar eficaz na sua diocese, no *igapozal* da Amazônia, os esforços generosos da assistência espiritual às suas ovelhas..." (Págs. 66 e 67).

Igarapé: etimologicamente significa trilha de canoa: de *ygara* — canoa e *apé* — caminho. Termo da Amazônia que nomeia os rios pequenos ou riachos somente navegados pelas canoas (*igara, igaratim, igarité, ubá, montaria*). Os igarapés têm o aspecto de esteiros ou braços de rio que penetram em direitura ao interior das terras. É uma formação hidrológica peculiar às terras do *fluviorum rex*. Na *Onomástica* registramos que Rodolfo Garcia informara que, no litoral do Maranhão e do Piauí, chamam igarapé o que nos outros Estados se denomina *camboa* ou *gam-*

boa: em carta que nos escreveu, Antônio Lopes, Secretário do Instituto de História e Geografia do Maranhão, faz sentir que a palavra *igarapé* não tem no seu Estado a significação de camboa. É sempre braço de rio entrando na costa.

Igariteiro: termo muito usado na Amazônia para designar canoeiro, o que dirige uma canoa. É um derivado de *igarité*, canoa de um só madeiro. Numa Conferência feita em Belo Horizonte por Afonso Arinos e publicada na Revista do Instituto do Ceará, encontramos o seguinte trecho: "Nós tivemos a felicíssima circunstância de não usar, em tão vasto domínio, de língua ou dialeto que não seja a língua portuguesa compreendida pelo *igariteiro* do Amazonas ou pelo gaúcho do Sul".

Igupá: Rodolfo Garcia, que o registra, dá-lhe como significado no Nordeste, onde é ouvido, de brejo ou lagoeiro formado pelas águas pluviais. Do tupi *y* ou *yy* — água e *upá* — pouso, jazida.

Ilha: nome que, na ilha de Marajó e também na bacia do rio Branco, na Amazônia, crisma um grupo frondoso de altas árvores em meio dos campos. O vocábulo é demasiado persuasivo e apropriado pela semelhança do aspecto que êsses grupos arbóreos têm com as ilhas arborizadas, em meio da caudal do Amazonas. É também usado com o mesmo sentido em algumas zonas de Mato Grosso e do Maranhão. De referência a este Estado escreveu Raimundo Lopes em o N.º 42 do *Boletim do Ministério do Trabalho, Indústria e Comércio,* que as ilhas "ou são pedaços destacados de terras firmes, ou tesos isolados, ou restingas de campo, ou mesmo simples moitas de arvoredo". Na Argentina, informa Vergara Martin, que assim se nomeia um bosque isolado de curta extensão, que não está junto a rio ou outra massa de água.

Ilha de casca: registrado por A. Taunay, designativo, em certas regiões, dos sambaquis (vide este vocábulo).

Ilha de terra firme: locução amazonense que traduz uma elevação de terreno, geralmente poupada durante as enchentes. "A caça escasseava, refugiada ao longe, nas *ilhas de terra firme,* e a fartura do peixe não era nada ante a vastidão da massa líquida que o furtava aos ardis do pescador mais paciente" (Gastão Cruls — *A Amazônia Misteriosa,* pág. 295). No *O Torrão Maranhense* de Raimundo Lopes, vimos que o termo *ilha* é empregado em vários sentidos. "Vários termos locais exprimem as circunstâncias da modelagem aluvial. As *ilhas,* ou são pedaços destacados dos *firmes,* ou tesos isolados, ou restingas de campos, ou mesmo simples moitas de arvoredo".

Imbuava: também *imbuaba,* o mesmo que *emboaba.* (Vide este termo.)

Impueira: o mesmo que *ipueira.* (Vide este termo.)

Indiada: além da acepção de raça ou conjunto de índios, segundo Calage, no Rio Grande do Sul se diz no sentido de *gauchada,* grupo de gaúchos; "a indiada lá dos pagos é o mesmo que quer dizer a *gauchada* lá de fora". Nos *Contos Gauchescos* de Simões Lopes Neto, à pág. 93, lê-se: "Tudo isto é indiada coronilha (forte, disposta) criada a apojo, churrasco e mate amargo". E Darci Azambuja, no *Galpão,* pág. 45, da 2.ª ed., escreve: "Toda a *indiada* na quietura de antes da bóia, olhando as brasas e de água na boca com o cheiro do charque gordo".

índio: no Rio Grande do Sul, este nome não se aplica ao indígena, *tapuia* ou *bugre,* diz Calage, e sim ao peão gaúcho, em geral, ao empregado de estância.

Inferno Verde: denominação literária da Amazônia, da grande baixada que se distende dos arredores de Nauta, no Peru, às plagas do Atlântico, entre as *sofraldas* dos planaltos brasileiro e guiano, caracterizada pela uniformidade golpeante de um "mar de verdura".

Em 1908, apareceu com este título um livro admirável de cenas e cenários do Amazonas: escrevera-o o espírito fulgurante de Alberto Rangel. "Surpreendente, original, extravagante", o volume empolgou a atenção do país, e, de logo, se inscreveu entre os maiores da literatura regional brasileira, até porque, como disse Euclides da Cunha, que o prefaciou, era "uma grande voz, pairando, comovida e vingadora, sobre o inferno florido dos seringais que as matas opulentas engrinaldam e traiçoeiramente matizam das cores ilusórias da esperança..." Daí por diante a denominação entrou a ser repetida em jornais, revistas e livros, até de caráter científico, nacionais e estrangeiros (Vide a citação de G. Capus e D. Bois. Verb. Ouro-negro). Citemos em abono o seguinte período de Afrânio Peixoto, à pág. 310 da *Poeira da Estrada*: "A prova é que esses mesmos tabaréus inertes dos sertões, levados à Amazônia, contra águas desatadas, miasmas infinitos, provações sem conta, numa epopéia de esforço e conquista como nenhum outro homem seria capaz de fazer, nos desbravam e adquirem o *Inferno Verde* para a civilização nacional". O nome é, de feito, adequado: acomodou-se à própria ao largo vale incomparável, "última página, ainda a escrever-se, do Genese". Vale a apóstrofe que o engenheiro de Alberto Rangel dirigiu "à mata, esposada com o rio: Inferno... Inferno... verde". Não houve eco, que apanhasse e devolvesse as palavras de fel dos lábios do Vencido. A terra ambiente com elas ganhava um dístico e um ferrete: "Inferno verde!... Inferno é o Amazonas... inferno verde do explorador moderno, vândalo inquieto, com a imagem amada das terras donde veio, carinhosamente resguardada na alma, ansiada de paixão por dominar a terra virgem, que barbaramente violenta". "Mas, enfim, o inferno verde, se é uma geena de torturas, é a mansão de uma esperança, terra prometida às raças superiores, tonificadoras, vigorosas, dotadas de firmeza, inteligência e providas de dinheiro...", terra que um pobre jesuíta vaticinou, "na escuridão fria de um ergástulo, que seria *delícia dos homens, regalo da vida e inveja do mundo...* vale fecundíssimo — reino das Águas correntes, horto das Orquídeas e Palmeiras, império da Sifonia elástica!..." (Trechos do *Inferno Verde* de Alberto Rangel, entre págs. 338 e 342). Vale recordar que, ao definir a região amazônica, nem todos a crismam de *Inferno Verde*, que a concepção profética do P.e Antônio Vieira denominou — o quinto Império do mundo —, senão que "entre arroubos de exaltado otimismo" a julgam o *paraíso verde*. Assim a designou Raimundo Morais (Araújo Lima, *O Reino das Náiades*).

Influência: termo que, nas regiões diamantíferas do Brasil (Bahia, Goiás e Mato Grosso), designa o lugar em que são descobertas minas de diamantes e carbonados que determinam serviço intenso e produtivo; talvez originário de *afluência*, em alusão aos numerosos aventureiros que enxameiam para os lugares onde aparece a pedraria. De referência ao seu uso na Bahia comprova-o o seguinte passo dos *Contos do Norte* de Alberto Rabelo: "ponto de um garimpo que está dando muito diamante"; com relação a Mato Grosso atesta-o Hermano Silva à pág. 130 de seu livro *Garimpos de Mato Grosso*: "E tanto é verdade a asserção, que, faz alguns anos somente, lá partiram os nômades garimpeiros em demanda do rio Aquidauana, na zona sul do Estado, onde havia grande *influência*, termo da gíria local que quer dizer serviço intenso e produtivo.."

Informação: registrado por Afrânio Peixoto, indicador de "formações mineralógicas que denunciam ouro ou o diamante: aliás a corrutela parece mais expressiva, porque esses satélites ou "cativos" como

ING — 172 — IPU

lhes chamam os mineiros, informam da presença do minério que se procura". Pelo mesmo Afrânio Peixoto empregado na *Bugrinha*, págs. 108 e 150. Em notas com que me distinguiu, o ilustre Pandiá Calógeras escreveu que o termo comum em mineração é *formações* e que cativos não são toda a *formação*, mas algumas espécies delas. Temos lido em várias fontes que *informação* é um conjunto de minérios e materiais calcários que assinalam a existência do diamante. Quando a *informação* se alonga no leito do rio, o que torna difícil precisar a localização do diamante, dão-lhe o nome de *comprido*; é o que noticia Cristiano de Castro na A *Informação goiana* de dezembro de 1908. Por fim, Everardo Backheuser, em seu *Glossário*, diz que, no Brasil, os garimpeiros de diamantes denominam formação ou informação ao conjunto de minerais característicos que acompanham em regra aquela pedra preciosa. E cita a opinião de Hussak para quem a palavra *formação* é corrutela de *informação*.

Ingurunga: termo empregado na Bahia, para assinalar um terreno muito acidentado, com subidas e descidas íngremes, por entre morros e serrotes, de trânsito difícil. Registrado por Beaurepaire-Rohan, que aliás não cita a forma muito freqüente — *gurunga*.

Inhamum: registrado por Paulino Nogueira, designativo do sertão que se estende desde as cabeceiras do Jaguaribe até Igatu, e compreende Tauá, Arneiroz e Cococi. Significa etimologicamente *irmão do diabo*, vindo-lhe este nome, segundo Barba Alardo, da tribo *jucá*, que habitava essas paragens.

Intaipaba: também *intaipava*, o mesmo que *itaipaba* ou *itaipava* (vide êste último verbete).

Invernada: termo do Sul do Brasil, designativo da parte do campo de uma estância, mais ou menos bem resguardada, com boas pastagens, onde, principalmente no inverno, se deixa o gado que se destina à engorda. Calage e Roma-

guera informam que existem também invernadas para outros misteres como, por exemplo, para cruzamento de raças e para desterneirar vacas. Valdomiro Silveira diz simplesmente: "pasto de larga extensão, para descanso e engorda de animais". No sentido de chuvas copiosas e prolongadas, não é termo próprio do Brasil: registram-no assim todos os Dicionários da língua portuguêsa.

Invernador: também *invernista*, derivado de invernada (vide este vocábulo), designativo da pessoa que se entrega tão-só à engorda de animais para o talho. À pág. 82 do precioso *Guia de Santa Catarina* lemos: "... e que já estão distantes os criadores dos invernadores, aplicando-se estes somente à engorda de animais para o talho". O termo é mais comum no Rio Grande do Sul: Roque Calage em seu *Vocabulário* diz que é o fazendeiro ou criador que em seu campo recebe gados para invernar, ou que inverna por conta própria. Nos termos da chamada Lei do Reajustamento Econômico (Dec. 24233 de 12 de maio de 1934) *invernador* é aquele que se entrega à invernagem do gado.

Inverno listrado: expressão sertaneja do Nordeste, cuja significação se deduz das seguintes palavras de José Américo de Almeida: "À variedade fisiográfica da Paraíba correspondem cinco zonas climáticas: o litoral, a caatinga, o brejo, o cariri e o alto sertão. Não há correspondência do período chuvoso entre essas zonas. Pode acontecer que uma esteja inundada e a outra se ache abrasada na sêca. Foram chuvas serôdias e salteadas. É o que o sertanejo chama *inverno listrado*, com estendais de verdura aqui e borrões de paisagem morta acolá" (*Como o Nordeste se esvazia* — Artigo publicado no *O Jornal* do Rio de Janeiro, edição de 5 de outubro de 1928).

Ipu: termo tupi, de uso no Ceará, que indica terreno úmido e fresco, adjacente aos serrotes, e que se desenrola em vales ou várzeas.

IPU — 173 — ITA

Tais terrenos são em geral de cor escura, ricos em húmus, muito férteis. Paulino Nogueira diz que é terreno de um barro preto, *massapé*, que tem muito húmus ou decomposição vegetal e animal, que as águas acarretam das serras, e por isto muito substancioso, umedecido pelas correntes, que destas descem e correm para alguma extensão. De *ig* — água e *po* ou *pu* — mão ou seja — mão d'água, fonte, banhado.

Ipuã: termo usado por alguns escritores amazonenses e pelo povo como sinônimo de ilha. De *ig* — água e *puã* — redonda. Informação do escritor paraense Jorge Hurley, em Carta de 4-6-930.

Ipuaçu: *ipu* grande, de longa extensão (Vide *Ipu*).

Ipuada: registrado por C. Teschauer como termo baiano, designativo de choça, choupana. Nunca o vimos empregado. Será corrutela de *capuaba?*

Ipuca: registrado por Barbosa Rodrigues — *ypuca*, dando-lhe a significação de *furo* no *igapó*.

Ipueira: também grafado *ipuera*, *ipoeira*, palavra túpica, formada de *ipu* — banhado, lagoa e *oera* — que foi: lugar onde houve água (J. Hurley). Assim se chama, no Nordeste principalmente, aos lagoeiros formados pelo transbordamento dos rios nos baixos marginais, onde as águas se conservam durante alguns meses e são geralmente piscosos. Às vezes o rio se comunica com as ipueiras por estreitos canais. Paulino Nogueira define: "lagoa rasa e alongada no meio das várzeas, formada pelo inverno, e que desaparece, acabado este". J. Galeno diz que é o lugar do campo, que se enche de água no inverno, conservando-a por alguns meses. Em Goiás assim chamam às lagoas pequenas. No Pará se diz *puera*: vide este termo. No Maranhão, segundo Antônio Lopes, ipueira é qualquer paul. Informa Barbosa Rodrigues que, em Minas Gerais, as *ipueiras* são as margens dos rios, baixas e alagadiças.

Irmão do Pico: à pág. 67 do livro de Mário Melo, *Arquipélago de Fernando de Noronha,* lemos os seguintes períodos: "Antigamente se chamavam *irmãos do Pico* os condenados a galés perpétuas. Como o grande rochedo, dali não sairiam mais. Hoje se consideram *irmãos do Pico* os que estão na ilha há algum tempo. O chefe da Compagnie Télégraphique Sud Américaine, que ali reside há oito anos e constituiu família, declarou-nos ser *irmão do Pico*". O Pico é um dos alterosos morros que se alevantam na ilha de Fernando de Noronha, com 332 metros de altitude, absolutamente inacessível e visto a cerca de 30 milhas de distância. Descreveu-o o notável geólogo J. C. Branner em sua *Geologia de Fernando Noronha.*

Itaberaba: vocábulo tupi composto de *itá-beraba* — pedra que resplandece, pedra reluzente, cristal (Teodoro Sampaio), com que nos tempos heróicos das bandeiras os sertanistas designavam as minas fabulosas e rebrilhantes, cuja miragem os arrastava às ermas paragens da *sertania* virgem. O consagrado escritor baiano Xavier Marques empregou-o no seguinte passo: "Foi de fato *El-Dorado* o que por ali andaram buscando em afoitas entradas, nem sempre vãs, os emissários dos primeiros governadores da colônia, os transviados do segredo de Robério Dias, e com muito mais audácia e êxito os bandeirantes paulistas do século XVII, cujas rancharias, quando não atinavam com as fulgurantes *itaberabas*, matrizes do ouro, do diamante, das esmeraldas e safiras, descobriam, como descobriram, a equivalente fartura das fazendas de gado" (*Rio e Vale do S. Francisco. Kosmos.* Ano II, N.º 7, julho 1905). "Para o ânimo exaltado e ambicioso desses *saldados-colonos*, a sombria montanha talvez fosse a defesa criada pela natureza, o dificílimo passo conduzindo ao país encantado dos dourados, das minas de ouro, prata e das *itaberabas*, de cristais e es-

ITA — 174 — ITA

meraldas — lendas que embalaram durante séculos a tumultuosa imaginação dos aventureiros deste canto do Nôvo Mundo". (Paulo Prado. *Paulística*. Pág. 4).

Itabirito: registrado no vocabulário de Rodolfo Garcia, de onde tiramos as linhas que se seguem: "termo usado por especialistas sobre a Geologia do Brasil para designar uma rocha xistogranulada, a que se associa em proporção mais ou menos elevada a hematita laminar, e contendo acessoriamente ouro puro, talco, clorita e actinoto. Constitui entre outros um depósito de 300 metros de espessura, em parte visivelmente estratificado, na serra da Piedade, perto de Sabará, em Minas Gerais. Etim.: tupi, *itabira* (do pico), composto de *ita* — pedra, *bir* — levantar-se, pedra que se levanta, cerro empinado (Sampaio, 1914, pág. 229), e *ito*, sufixo de origem grega, que indica procedência ou derivação, ou imediata relação com a pessoa ou coisa designada pelo tema a que está ligado; em Mineralogia indica particularmente espécies minerais e, por extensão, rochas em que uma delas predomina. Termo geral". Os *itabiritos*, diz Delgado de Carvalho, em sua *Geografia do Brasil*, são rochas formadas de óxidos de ferro, o oligisto, a canga e a magnetita, abundantes em Minas Gerais.

Itacolomito: também registrado no vocabulário de Rodolfo Garcia: têrmo usado pelos geólogos para designar um quartzito do Brasil, de cor clara, constituído por pequenos e finos grãos de quartzo e de ferro micáceo, talco e clorita. É importante elemento da formação aurífera do Brasil. Eschwege, Gorceix, Branner e Roquete Pinto consideram-no como a rocha matriz do diamante brasileiro. "Engastado nela, principalmente, é que a gema se encontra a maior parte das vezes; e quando o diamante se acha nas correntes, foi ainda assim arrancado do seu ninho de *itacolomito* pela ação das águas" (Roquete Pinto. *Elemen-*

tos de Mineralogia). É palavra de origem túpica, de *ita* — pedra e *curumi* — menino, logo — menino de pedra, o filho da pedra, alusão ao pico de Itacolomi, em Minas Gerais, que é formado de um grande bloco rochoso, que tem junto um outro menor, como se fôssem mãe e filho; e mais o sufixo grego *ito*, de que já se falou.

Itacuruba: lugar cheio de pedregulhos e seixos miúdos. Do tupi *ita* — pedra e *curu* — fragmento. Registrado por Teschauer que o abona com o seguinte passo de João Ribeiro: "... pela primeira vez no Brasil ali se fundiu o ferro, nos toscos fornos primitivos e com o pobre minério de Itacuruba".

Itacurumbi: o mesmo que *itacuruba*.

Itaimbé: termo peculiar aos Estados do Sul e a Mato Grosso, também dito *itambé*, que nomeia monte agudo e escarpado ou despenhadeiro, precipício cortante, desfiladeiro de pedra. Em Mato Grosso, também se diz *tromba*, e se ouve ainda *taimbé*. Vem do tupi — *ita* — pedra e *aimbé* — áspera, afiada, pontiaguda, logo pedra afiada ou em ponta. Na *Campanha do Contestado*, lê-se: "... caminhos apertados entre matas e altos paredões de pedra ou de terra, de forte relevo e grandes quebradas, recortados tranversal e longitudinalmente por profundos *itaimbés*. Parece que, no Rio Grande do Sul, este termo tem sentido um pouco diferente, pois que, segundo informação de Calage, *itaimbé* é barranqueira alta à borda dos arroios, formando no fundo, embaixo, verdadeiro precipício. O P.e Geraldo Pauwells escreveu-nos: "é escarpa rochosa tão íngreme que não pode ser galgada; os famosos *taimbés* do planalto sul-brasileiro (litoral de Santa Catarina e Rio Grande do Sul) são paredões gigantescos de arenitos e diábase de às vezes centenas de metros, a prumo".

Itaipava: também *itaipaba*, *intaipaba*, *intaipava*, *entaipaba*, termo que geralmente designa recife que atravessa um rio de margem a margem, formando-se então correntezas ou *corredeiras* ou, como escreveu o Brigadeiro José Custódio de Sá e Faria — baixios de pedrarias (*Diário da Viagem da Cidade de S. Paulo à Praça N. S. dos Prazeres do rio Iguatemi* em 1774-1775). Em Goiás, informa Couto de Magalhães, chamam *intaipaba;* Castelnau diz que, no Amazonas, se ouve *entaipaba.* Ao mesmo acidente se nomeia, no Pará, *travessão* (Vide este termo). Definindo-o, escreve sumariamente Teschauer: "banco de cascalho ou travessão de pedras miúdas no leito dos rios. Tratando do rio Grajaú, no interior do Maranhão, diz Carlota Carvalho, à pág. 70 do seu livro *O Sertão*: "Bipartindo a cidade, o rio deflui, em sensível declive, por sucessivos *ita ia pavas*, que a brevidade da pronúncia modifica em *itaipavas*, desnivelamentos que desaparecem na cheia hibernal e cuja correnteza é vencida pelo impulso de varas no verão". As *itaipavas* são chamadas pelos índios do Maranhão *itaihaós*, segundo Fróis de Abreu, à pág. 24 de seu livro *O Coco Babaçu e o Problema do Combustível.* O velho mestre João Ribeiro ensinou-me que o termo vernáculo é *alpondra* — uma série de pedras que permitem a passagem a sêco em pequenos cursos d'água.

Itaoca: termo de origem túpica, que designa caverna, furna, lapa, literalmente — casa de pedra. Encontramo-lo empregado pelo Visconde de Porto Seguro numa carta ao Conego Joaquim Caetano Fernandes Pinheiro, a respeito das inscrições lapidares no sertão da Paraíba, primeiramente vistas pelo naturalista holandês Elias Herckman, do tempo de Maurício de Nassau. Esta carta é datada de Viena, aos 23 de setembro de 1874, e está publicada no Tomo 55 da *Revista do Instituto Histórico e Geográfico Brasileiro.* Eis o período da referência: "Com efeito assevera o próprio autor dos *Diálogos* que várias pessoas, incluindo um seu amigo de crédito, lhe

haviam contado que andando o capitão-mor Feliciano Coelho em perseguição dos índios Potiguares para essas bandas, alguns dos seus soldados, descendo pelo leito do Araçoagipe (sem dúvida o atual Araçagi, afluente do Mamanguape), que então nem corria, e mostrava apenas algumas poças d'água, toparam, à beira ocidental do seu leito, em 29 de dezembro de 1598, com uma espécie de caverna ou *itaoca* formada de três grandes pedras, dentro da qual se podiam abrigar umas quinze pessoas".

Itapeba: ou *itapeva*, recife de pedra que corre paralelamente à margem do rio. Assim sendo, *itaipaba* é uma espécie de barragem transversal e *itapeba* é um recife longitudinal. Deriva do tupi *ita* — pedra e *peba* — chata — pedra plana, lajeado. Termo do Norte do Brasil, principalmente do Maranhão. Sud Mennucci informa que em Piracicaba há um córrego que atravessa a cidade e que se chama Itapeva, por isso mesmo — recife de pedras correndo paralelamente às margens. (Carta de 1-1-1942).

Itapecerica: registrado por Teschauer e Rodolfo Garcia. O primeiro escreve que, nos Estados de Espírito Santo, S. Paulo e Santa Catarina, significa laje escorregadia que aparece no litoral dêstes Estados; o segundo, que lhe dá como área os Estados de Espírito Santo e Santa Catarina, ensina que é monte ou cabeço de formação granítica, de encostas lisas e escorregadias. Concordam os dois autores quanto à etimologia: de *ita* — pedra, *peba* — chata e *ceric* — escorregadia, lisa, logo — laje escorregadia, lisa.

Itapicuim: registrado por A. J. de Sampaio em seu volume *Nomes Vulgares de Plantas da Amazônia,* definindo nome vulgar dos montículos de termítidas terrícolas, nos campos de terra firme.

Itaquatiara: termo amazônico que designa inscrição rupestre, gravura ou pintura nas superfícies de rochedos e paredes de cavernas. Literalmente significa pedra pintada, pedra escrita. Vem do tupi

ITA — 176 — ITU

— *ita* — *cuatiara* — a pedra escrita, a inscrição da pedra, o letreiro da pedra (Teodoro Sampaio. Op. Cit. Págs. 124 e 229). À pág. 145 da *Amazônia que eu vi*, de Gastão Cruls, lemos: "Aliás esses petroglifos (itaquatiaras dos silvícolas) são bastante freqüentes por aqui, e, mais acima, ainda os encontraremos na Cachoeira do Resplendor cujo nome lhe vem justamente dos símbolos que ornam alguns lajeiros de uma das suas margens. Muito se tem discutido sobre a origem dessas inscrições rupestres, espalhadas por muitos pontos do Brasil, conforme se verifica da interessante monografia que sobre o assunto escreveu o Dr. Luciano Jaques de Morais, geólogo da Inspetoria Federal de Obras contra as Secas".

Itararé: vocábulo de origem túpica, de *ita-raré* — pedra escavada, conduto subterrâneo, segundo Teodoro Sampaio, que designa o curso subterrâneo de um rio através de rochas calcárias. O segundo afluente do Paranapanema em extensão, por isso que é subterrâneo em alguns trechos do seu percurso, recebeu o nome de Itararé: o substantivo comum tornou-se neste caso um nome próprio. Em Minas Gerais e Goiás, o mesmo acidente toma a designação de *sumidouro*, no sul da Bahia — *escondido* e *água sumida* (Ilhéus), e no oeste deste mesmo Estado — *grunado*. O termo *itararé*, que se vê também escrito *tararé*, é peculiar ao sul do Brasil.

Itaúna: registrado por Everardo Backheuser em seu *Glossário*, "nome dado em algumas regiões do Brasil às pedras pretas, como, por exemplo, o basalto, diabásio, diorito, etc".

Itororó: ocorrem as corrutelas *tororó* e *chororó*; vocábulo que, em Mato Grosso, nomeia pequenos saltos ou cachoeiras. É uma voz guarani, onomatopéica, que, literalmente, significa enxurrada. Na Bahia já ouvimos *chorró*.

> "*Cantam-te as glórias as mei-*
> [*gas avezinhas das florestas*]
> *e o itororó das águas que se*
> [*esbatem,*]
> *a saltar pedra a pedra a ca-*
> [*choeira*]
> *gemendo marulhosas...*"

(João Severiano da Fonseca — Estrofes em homenagem ao seu irmão, major Eduardo da Fonseca, morto no combate de Itororó em 6 de dezembro de 1868.

Itupava: ou *itoupava*, termo do Sul do Brasil, que apelida a queda-d'água rasteira, a *corredeira*. Na *Campanha do Contestado*, de Assunção, lê-se: "Daí em diante há uma série de *itupavas* produzindo tão fortes choques que impedem a navegação". Corrutela de *itu* — cachoeira e *peba* — rasa — a cachoeira rasa, a corredeira. Teodoro Sampaio, à pág. 118 do seu *O Tupi na Geografia Nacional*, escreve que ao salto ou catarata os tupis denominavam *Ytu;* a cachoeira com água impetuosa *itupeva* ou *icirica...*" *Itoupava* e *itupeva* são formas alteradas de *itupava*.

Itupeba: também *itupeva*, o mesmo que *itoupava* ou *itupava*.

J

Jabuticabal: bosque de jabuticabeiras (*Myrciaria cauliflora*), árvores da família das Mirtáceas, abundantes na zona das matas brasileiras. "À nossa direita estendia-se, aformoseando o vale, um jabuticabal tão esplendoroso em viço, talhe, elegância e beleza das árvores, que só em mui raros sítios tive a feliz dita de admirar outros semelhantes no coração da selva sertaneja" (Horácio Nogueira. *Na Trilha do Grilo*. Págs. 34 e 35).

Jacaré: segundo informação de Sud Mennucci, assim se designa em S. Paulo e noutros Estados do Brasil a peça móvel para desvios dos trilhos nas estradas de ferro ou companhias de trâmueis.

Jacobinas: termo usado no sertão da Bahia para designar terrenos impróprios à agricultura e cuja vegetação é de mato baixo, em geral cerrado e espinhoso. É uma forma alterada de *jacuabina*, na grafia e na significação.

Jacuabina: nome que se dava antigamente ao sertão aurífero da Bahia, como nos ensina Teodoro Sampaio, que o faz derivado do tupi *y-cuâ-pina* — onde há cascalho limpo, ou despido, isto é, jazidas de cascalho descoberto.

Jacumaíba: termo do Norte do Brasil, sobretudo da Amazônia, hoje um tanto desusado, designativo de pilôto de canoa, o homem do jacumã, que é a popa da canoa e, por extensão, o remo largo que o piloto manobra à guisa de leme. Diz-se também *jacumaúba*.

Jacutinga: segundo Teodoro Sampaio, este termo designa, em Minas Gerais, em terras da mineração do ouro, uma formação especial aurífera, rocha friável, argilosa, de grã muito fina, composta de litomarga, misturada com uma porção variável de palhetas de ferro oligisto, e de quartzo arenóide, constituindo camadas ou veias entre estratos de itabirito. A rocha argilosa, continua o mesmo mestre, é muito manchada de preto retinto e às vezes atravessada por zonas escuras, na massa amarelada. Rodolfo Garcia diz apenas que é o nome de uma rocha friável argilosa que serve de jazida ao ouro e que se encontra nas regiões auríferas, provindo o nome, talvez, da semelhança da coloração da rocha com a da ave homônima, uma galinácea (*Cumana jacutinga* Spix). O prof. A. Soares escreve: "O *itabirito* é uma rocha quartzítica, existente nos arredores de Ouro Preto, algumas vezes de natureza aurífera, e constituindo um excelente minério de ferro, vulgarmente denominado *jacutinga*, quando reduzido a areias".

Jaguarão: registrado por Luís Carlos de Morais — *Vocabulário Sul-Rio-Grandense* — (1935), com o sentido de "campo de boa qualidade, onde o pasto está muito alto a ponto de tombar. Daí a expressão: este campo é um jaguarão. O autor não lhe sabe a origem. À pág. 159 do *Farrapo*, de Piá do Sul (Contreiras Rodrigues), Porto Alegre, 1935, lê-se: "Já vinha farejando a querência: e em breve teria diante dos olhos os *jaguarões* da Vacaria, êsses descampados que enchem a vista..."

Jagunçada: reunião de *jagunços*, *jagunçaria*.

Jagunço: apelativo, num sentido geral, de valentão, turbulento de feira, sinônimo de *peito-largo*, *capanga*, *curimbaba;* por extensão, habitantes do litoral assim apelidam os sertanejos do Nordeste, em especial os da Bahia. Particularmente, porém, o termo crismou o grupo de rebeldes de Canudos, povoação do nordeste da Bahia, à beira do Irapiranga ou Vaza-Barris, onde se homiziaram os fanáticos de Antônio Conselheiro, valentes matutos baianos desgarrados numa *catinga* nordestina que, por volta de 1897, produziram o mais formidável episódio do fanatismo dos sertões brasileiros. Sobre eles há a epopéia d'*Os Sertões* de Euclides da Cunha, um dos maiores livros da língua portuguesa. Têm os jagunços algo de semelhança com os *cangaceiros* de Pernambuco ao Ceará. "Porque o *cangaceiro* da Paraíba e Pernambuco é um produto idêntico, com diverso nome. Distingue-o do jagunço, talvez, a nulíssima variante da arma predileta: a *parnaíba* de lâmina rígida e longa suplanta a fama tradicional do clavinote de *boca-de-sino*. As duas sociedades irmãs tiveram, entretanto, longo afastamento que as isolou uma da outra. Os *cangaceiros* nas incursões para o Sul, e os *jagunços* nas incursões para o Norte, defrontavam-se, sem se unirem, separados pelo valado em declive de Paulo Afonso. A insurreição da comarca de Monte Santo ia ligá-los. A campanha de Canudos despontou da convergência espontânea de todas estas forças, dispersas e perdidas nos sertões" (Euclides da Cunha, *Os Sertões*, pág. 223). Ambos têm na catinga impenetrável e híspida, diz Oliveira Viana, a sua blindagem móbil e agressiva, "aliada incorruptível do sertanejo em revolta". De feito, escreve Euclides, elas, as *catingas*, "entram também de certo modo na luta. Armam-se para o combate; agridem. Trançam-se impenetráveis, ante o forasteiro, mas abrem-se multívias, para o matuto que ali nasceu e cresceu". Quanto à origem do termo Tes-

chauer registra a seguinte opinião: "*jagunço* não é mais do que adulteração popular da palavra portuguêsa, de origem africana, *zarguncho* ou *zaguncho*, arma de guerra usada pelos cafres".

Jaleco: uma das muitas alcunhas dos portugueses no Brasil, registrada por Taunay.

Jangadeiro: dono ou patrão de uma jangada, o tripulante da jangada, que é uma embarcação feita com paus amarrados entre si, ao jeito de balsa, destinada sobretudo à pesca e característica do Norte do Brasil, da Bahia ao Maranhão. Juvenal Galeno, em suas *Lendas e Canções Populares*, dá uma minudente descrição da *jangada* brasileira. A propósito da origem da palavra *jangada*, Paulino Nogueira, dissentindo da maioria dos competentes, afirma a sua filiação indígena: o que é fato, porém, é que o nome *jangada*, apelativo de uma espécie de embarcação, já era conhecido na Ásia e na Europa antes do descobrimento do Brasil. Todavia a *jangada* de Portugal é de diferente aplicação.

Japara: têrmo do sul da Bahia, designativo de terreno arenoso à beira-mar, alagado no inverno. Conhecemo-lo através de uma informação do Dr. Rui Penalva, fazendeiro e morador no Município de Ilhéus e grande conhecedor de regionalismos. (Veja o sinônimo *Opaba*.)

Japona: segundo Taunay, é uma das alcunhas dadas aos portugueses no Brasil.

Jaraguá: nome de uma gramínea muito resistente, nativa de Goiás e Mato Grosso e hoje muito espalhada em Minas Gerais e outros Estados; é considerada uma das melhores forragens do Brasil. Por extensão, diz-se em Goiás *jaraguá* o campo do referido capim (Informação do prof. Alcide Jubé).

Jarazal: termo peculiar à Amazônia, que indica o terreno abundante ou coberto da palmeira jará (*Leopoldina pulchra* Mart.). Gastão Cruls, na *A Amazônia Misteriosa*, emprega-o no seguinte

JAR — 179 — **JER**

trecho: "Em pouco, víamos nitidamente a figura de Malila, escanchada num dos galhos da folhuda ingazeira que dominava o *jarazal* da margem esquerda" (Pág. 307).

Jaribara: termo pernambucano que nomeia galhadas de árvores abatidas que ficam presas às ramagens de outras e cobertas de trepadeiras e epífitas. Registrado no vocabulário de Rodolfo Garcia. Ouvimos no norte da Bahia — *jaibara*.

Jauarizal: bosque de jauaris (*Astracorium jauari* Mart.), empregado por A. J. de Sampaio à pág. 96 da sua *A Flora do Rio Cuminá*.

Jazida: registrado por C. Teschauer, com a significação de depósito natural de minérios, filão, mina. Everardo Backheuser escreve: "lugar onde abundam metais ou pedra de valor industrial. As jazidas podem ser tanto sedimentares como eruptivas. Jazida é, pois, quer um veeiro, quer depósitos aluvionais. As jazidas minerais apresentam-se portanto sob as mais variadas formas geológicas, mas só são exploradas quando os produtos nelas contidos são suscetíveis de venda lucrativa". É termo muito freqüente no linguajar dos mineralogistas e dos mineradores. Com este sentido não o registram os Dicionários Portugueses, que atribuem esta mesma significação ao vocábulo *jazigo* (Cândido de Figueiredo, Caldas Aulete e Fr. Domingos Vieira).

Jebara: o mesmo que *jaribara*.

Jeca: termo geral do Brasil, designativo de roceiro, cabôclo do interior, *matuto*, *caipira*, simplificação de *jeca-tatu* (Vide este termo).

Jeca-tatu: nome com que Monteiro Lobato, brilhante escritor de S. Paulo, descrevendo o *piraquara* do Paraíba do Sul, procurou retratar um dos tipos característicos do interior brasileiro — o *cabôclo* acocorado sempre, indiferente, soturno, modorrento, "sombrio uru-

pê de pau podre", que "não fala, não canta, não ri, não ama", único ser que "não vive" no meio de "tanta vida" da natureza brasileira, "tão rica de formas e cores". Graças ao renome do autor e, principalmente, à vulgarização que lhe deu a maior cabeça do Brasil — Rui Barbosa, numa conferência política, o nome obteve direito de cidade no linguajar comum e foi repetido de boca em boca, do Rio Grande ao Amazonas, dicionarizando-o de logo alguns vocabularistas. Simplificaram-no depois em *jeca* e o termo, como sinônimo de matuto, ficou de pé: não assim a imagem do escritor paulista, por demasiado generalizada. Vem de molde recordar que ao *Jeca-Tatu* de Monteiro Lobato se opôs sem demora, em brado vingador, o *Mané Chique-Chique* de Ildefonso Albano — o caboclo valido do Norte, "sóbrio, resistente, tenaz e rude, forte e destemido", que se formou "na escola áspera do sofrimento", "raça forte e fecunda", que é "a rocha viva da nacionalidade".

Jeque: registrado por Taunay, com a significação de peça componente dos desvios das linhas ferreas. Usado em Pernambuco.

Jereré: Rodolfo Garcia, que o registra, dá-lhe como sentido — chuva miúda e persistente, espécie de *garoa*. E explica: "no tupi, certo aparelho para pesca do camarão, usado nos Estados do Nordeste, tem o nome de *jereré*, de *yeré* —voltar, virar, ou melhor, de seu freqüentativo *yeré-re* — revirar, vir de contínuo, como cai essa chuva". O termo é muito usado na Bahia, no sertão ocidental, no sentido de *garoa*. Segundo informação de Carlos Sales, conhecedor da zona referida, "tal *garoa* cai sempre no tempo frio, no inverno, animando o sertanejo porque diminui a evaporação das lagoas, conservando também por mais tempo as aguadas e refrescando o terreno". Já o vimos grafado *gereré* — instrumento de pesca. E mais: Tranqüilino Tôrres em sua monografia sobre o *Município de Vitória* *da Conquista*, publicada na *Revista do Instituto Geográfico e Histórico da Bahia*, N.º 12 — Pág. 164, escreve que o clima do Município é bastante frio, e muito variável e por estar muito próximo das matas há sempre uma chuva miúda, vulgarmente conhecida por *gereré*.

Jerimum: alcunha dada aos filhos do Rio Grande do Norte, nada encerrando de deprimente, em alusão à grande quantidade de abóbora amarela, espécie de cucurbitácea, alimento de todas as classes sociais. É nome de origem túpica, corr. *uyro-mú* — a abóbora (Batista Caetano). A grafia deste vocábulo é muito variada — *Girimum, jirimu, jirimum, jurumu, jurumum*, e Gabriel Soares escreveu *jeremu*.

Jirau: corrutela de *yi-ráu* — suspenso d'água, segundo Teodoro Sampaio. Também era grafado — *girao, jurá, jurau*. Significa armação de varas sobre estacas ou forquilhas que serve para leito dos matutos ou para depósito de mantimentos e objetos nas casas sertanejas. Valdomiro Silveira define: armação feita com varas e troncos, para dormida no mato, ou para servir de espera na caçada de ceva (Vocabulário apenso ao livro *Nas Serras e nas Furnas*). V. Chermont fala de *casa de jirau*, a que é edificada no alagadiço, e Mário Guedes de uma espécie de *jirau*, formado por uns três paus em roda da seringueira, ao alto, para o qual o *seringueiro* sobe por meio de uma escada, que não passa de um pau dentado, indispensável para que possa galgar a parte superior da árvore, embutindo lá a *tigela* ou *cadilho*. A esta espécie de *jirau* se dá, na Amazônia, o nome de *mutá*. Jirau, diz José Mariano (Filho) "é estrado horizontal de paus do mato e varas finas, bambus, galhos, ou outros elementos vegetais em estado natural, ligados com cipós, montado sobre quatro forquilhas angulares nas imediações das habitações ou encostadas a uma de suas fachadas, com função de su-

porte para objetos de uso doméstico ou quaisquer outros".

Juçaral: termo mais comum no Norte do Brasil, designativo de bosque de juçaras, palmeira crismada por von Martius — *Euterpe edulis*. Dêste belo exemplar das palmeiras brasileiras escreveu J. E. Wappaeus em sua *Geografia Física do Brasil*: "A palmeira juçara, cujos brotos também fornecem o palmito, e da qual na Bahia os indígenas preparam o cauim, encontra-se no mato virgem do litoral até a baia de Paranaguá, posto que em menos abundância do que no vale do Amazonas. O seu tronco liso, esbelto, branco, coroado pelo verde broto do palmito, estende o penacho de folhas elegantes, que se assemelham a penas de avestruz".

Judeu: termo que, no Brasil, tem três acepções peculiares. Primeiro, é a que lhe atribui Nélson de Sena como designativo de qualquer bando ou leva de indivíduos do Oriente, sinônimo às vezes de cigano, enquanto A. Taunay informa que, no Amazonas, judeu é apelido que se dá aos sírios. Segundo, é o que vem referido à pág. 125 das *Memórias do Distrito Diamantino*, quando o seu ilustre autor trata da operação do *cerco* dos rios para a mineração do diamante: "o dia da tapagem do tronco é para o mineiro um dia de festa, de alegria, de esperanças. É obra que não pode ser interrompida: deve ser feita de um jato; e por isso, para esse fim, já se tem preparado de antemão tudo o que é preciso. Dado um sinal, cada trabalhador se coloca no seu posto, e se começa a tapagem do tronco: uns entram n'água para dirigir o trabalho, enquanto outros lançam pedras, terras, gorgulho, areia e enormes feixes de faxina e capim com pedras dentro: esses feixes, em linguagem de mineração, chamam-se *judeus*". Terceiro, foi a alcunha dada aos liberais de Santa Catarina pelos conservadores, que eram denominados *cristãos*. (Osvaldo Cabral. *Santa Catarina* — Pág. 240).

Jundu: denominação que, em alguns Estados do Sul, São Paulo por exemplo, os naturais dão a uma zona adjacente à praia propriamente dita, invadida por uma vegetação "caracterizada por suas curiosas adaptações xerófilas e esclerófilas". Löfgren estudou como botânico os *jundus* de S. Paulo e aqui transcrevemos um resumo do que disse: "O aspecto dessa formação é exatamente o mesmo de um *cerradão* com suas árvores baixas, contorcidas e espaçadas e grande percentagem de vegetação arbustiva e herbácea. Mas o que aqui difere especialmente é a grande quantidade de epífitas que faltam, quase totalmente, nos cerrados campestres. O *jundu* ou *nhundu* característico acha-se por detrás das dunas das praias e parece às vezes substituir o mangue, cujo domínio venceu". João Vampré diz que o *jundu* nada mais é de que um esforço da mata virgem para se apoderar do terreno conquistado ao mar, o que efetivamente tem alcançado, porém, com perda completa de seu caráter de mata virgem, pois teve que adaptar-se às condições novas, tão diversas das terras de onde se origina. (*Jornal do Commercio* de 25-11-1934). Teodoro Sampaio, à pág. 109 de seu livro citado, escreve que o vocábulo *jundu* é uma corrutela de *uhu-tu* que quer dizer — campo sujo, alterado para *inhuntu* e mais tarde para *jundu*. O termo já entrou na literatura pela mão de João Foca, à pág. 45 de *Os caiçaras*: "Do meio do jundu, que parecia uma imensa cabeleira verde, aparada de pouco, erguiam-se, semelhantes a penachos de capacetes guerreiros, as plumas brancas das uvás". Rodolfo Garcia registra *nhundu*, o mesmo que *jundu*, usado no Rio Grande do Norte e Ceará, o que é contraditado quanto ao Ceará por José Luís de Castro.

Jupiá: registrado por Beaurepaire-Rohan e Rodolfo Garcia com a significação de remoinho ou voragem que se forma no meio dos rios, o qual constitui sério perigo às pequenas embarcações que nêles navegam. Beaurepaire-Rohan cita o seguinte trecho da memória de Silva Braga, intitulada *A Bandeira Anhangüera a Goiás em 1772*: "A minha canoa se viu perdida, porque, saída das pedras, dou mais um pouco e, deixando a dezessete ou dezoito voltas que nele deu, a mesma violência da água a lançou fora. Derivado do tupi *y-upiá* — o que é contrário. De uso na Amazônia e em Mato Grosso.

Juremal: bosque de juremas, leguminosas do Brasil. "Liberato andou mais um pouco e, deixando a estrada, meteu-se no juremal, indo postar-se no topo de um pequeno morro..." (Pedro Batista — *Congaceiros do Nordeste* — Pág. 198).

Jurubebal: registrado por Pereira da Costa, significando "grandes e espêssas touceiras da solanácea jurubeba, de abundante e espontânea vegetação e de preconizadas virtudes medicinais, na frase de Almeida Pinto. Do Dr. Franklin Távora é o seguinte trecho: "À roda da casa nascera um *jurubebal* espesso, em cujo fechado poderiam esconder-se muitos homens".

Jurujuba: alcunha dada aos sequazes do partido federal, surgido nos primeiros dias do governo regencial, um dos promotores das famosas *rusgas*, revoltas que acabaram às mãos enérgicas do P.e Feijó; chamavam-lhes também *farroupilhas*. Teschauer, registrando o vocábulo, informa que este nome foi uma alcunha dada aos franceses pelos indígenas. O vocábulo *jurujuba* é tupi e, segundo Teodoro Sampaio, é corrutela de *yuruyuba*, pescoço amarelo ou ruivo; bôca ruiva; barba ruiva ou loura.

K

Kalin: alcunha de cigana no Brasil. Registrado por Teschauer, que cita Melo Morais, no seguinte passo: "Quando em trânsito alguma Kalin (cigana) dá à luz, depois dos cuidados imediatos, a mãe selvagem mete num saco... o recém-nascido, monta a cavalo..."

Kalon: apelido de cigano no Brasil. É ainda de Melo Morais o seguinte trecho: "Em viagem, os kalons (ciganos do Brasil) abandonam os inválidos e os doentes".

Kejemes: Vide *Quejemes*.

L

Laceira: brasileirismo registrado por Teschauer e Cândido de Figueiredo, abonado por Valdomiro Silveira, que assim o define no *Vocabulário* apenso ao livro — *Nas Serras e nas Furnas* — latada, enramado. "Perto do pé de farinha-seca, já muito cansado e aborrecido com a *bruega* que caía, o Vá-s'embora sentou-se, amparado da água por uma laceira de maracujás do mato". (Livro cit. Pág. 45).

Lacre: termo fitogeográfico do Nordeste, especialmente do Ceará, que designa uma espécie de *capueira* de mato xerófilo, alto, ralo, do tipo dos agrestes, característico e original da serra do Araripe. A respeito dessa vegetação, escreveu Philipp von Luetzelburg, em seu livro citado, 3.º vol., pág. 30, o seguinte: "No Estado do Ceará, nas encostas setentrionais da serra do Araripe, próximo ao cume, composto de arenito, deparou-senos uma vegetação esquisita, composta de arbustos baixos, densos, muito trançados e bem desenvolvidos, cercando os agrestes no alto. Esta vegetação arbórea, na qualidade de mato ralo e alto, somente existente no cume a Leste da serra, completamente chato, é composta de uma associação de árvores de porte altivo, com troncos retos do tipo dos agrestes verdadeiros, a cuja classificação fitogeográfica pertence. Mais para o Oeste, em direção ao Estado do Piauí, esta vegetação perde pouco a pouco o caráter arbóreo, baixando, até tomar o tipo de catinga, com uma vegetação intermediária do caráter do carrasco. Nas encostas próximas à orla leste circunda a vegetação arbustiva uma vegetação esquisita, composta de arbustos baixos, densos, com forte ramificação, rica, de folhagem pequena, coberta de pelulos sedosos ou de uma camada gomosa que dá às folhas o aspecto lúcido brilhante do *lacre*, donde sem dúvida provém o termo dado a esta vegetação". "O *lacre* que cinge os *agrestes* no cume da serra tem uma largura de dez a vinte quilômetros, correndo tanto na parte Norte como ao lado Sul e finda justamente ali, onde os agrestes desaparecem, introduzindo-se neles uma vegetação *suja* de carrasco, que finalmente se transforma em catinga, invadindo o Oeste da serra em direção ao Piauí". No Brasil, ainda dão o nome de *lacre* a um *satélite* do diamante: é o jaspe vermelho (Everardo Backheuser).

Lacrimal: termo geral do Brasil, com o significado de olho-d'água, minadouro, fonte. O mesmo que *lagrimal*. "Deste ribeirão começa uma subida íngreme escorregadiça, onde se notam bonitos *lacrimais* e soberbos espécimens de vegetação elevada" (Visconde de Taunay — *Marcha das Fôrças*. Pág. 43).

Lá-de-dentro: registrado por J. Romaguera Corrêa, que ensina assim dizerem os habitantes da fronteira do Rio Grande do Sul quando se referem ao norte do Estado e à região do litoral; os habitantes dessas zonas são — *lá de dentro*.

Lá-de-fora: são os da *campanha* ou os das fronteiras, diz Romaguera.

LAD — 184 — **LAJ**

Ladeira-de-subida: assim, diz Rodolfo Garcia, são denominadas as depressões situadas na escarpa leste da serra de Ibiapaba, no Estado do Ceará. Tais são as ladeiras do Tubarão, de S. Pedro, do Ribeiro da Mina, etc.

Ladino: nome dado ao africano já instruído na língua portuguesa, religião e serviço doméstico ou do campo, para o distinguir do *negro novo*, o recentemente chegado, e a que se dava o nome de *boçal*. Nota Pereira da Costa, de quem transcrevemos as palavras acima, que também ao índio em iguais condições se dava o mesmo qualificativo. Ladino é corrutela de *latino*, equivalente a letrado, culto, inteligente: segundo Gonçalves Viana o termo ladino foi originàriamente aplicado em Portugal e na Espanha ao mouro bilíngüe, e portanto inteligente, que além do seu árabe, ou berbere, falava o romance da península, que nos séculos VIII e IX se chamava *latino*.

Lagamal: termo usado no nordeste da Bahia para designar os trechos do curso de um rio onde se remansam as águas nas enchentes. No Município de Valença (Bahia) e convizinhos nomeia uma aberta entre mangues, quando é espaçosa, segundo informação do Dr. Queiroz Couto.

Lagamar: registrado por Nélson de Sena, com o sentido de inundação fluvial pelas margens dos rios. Têrmo empregado no sertão de Minas Gerais. Cândido de Figueiredo registra com os seguintes sentidos: cova no fundo de um rio ou do mar; parte abrigada de um porto ou baía; lagoa de água salgada (4.ª ed. 1925).

Lagoa: além do sentido comum, nos Estados do Nordeste, emprega-se esta palavra para designar uma certa quantidade d'água armazenada em conchas de mais de 20 metros. Quando a profundidade é grande e o comprimento excede em muito à largura chama-se na mesma região *ipueira* ou *ipuera* (Neiva e Pena, 1916).

Lagoão: registrado por Calage, com a significação de lagoa grande e funda que se forma no curso dos arroios e sangas. Com este sentido é termo de uso no Rio Grande do Sul. "Fora um domingo, o dia escolhido para essa alegria campestre, um domingo dourado de luz, em que parecia mais verde o campo e mais espelhenta a água das sangas e dos *lagoões*" (Roque Calage — *Quero-Quero* — Pág. 79). Também o empregou Mário de Andrade, à pág. 235 do *Macunaíma*: "Arrancou uma montanha de timbó de açaçu de tingui de cunambi, todas essas plantas e envenenou para sempre o lagoão". Dante de Laytano, ilustre pesquisador das coisas do Rio Grande do Sul, em sua tese *Vocabulário dos Pescadores do Rio Grande do Sul*, apresentada ao 2.º Congresso de História e Geografia Sul-Rio-grandense, informa que os pescadores da costa norte do Rio Grande do Sul dão ao mar, ao oceano, o nome de lagoão.

Lagrimal: o mesmo que *lacrimal*. "De feito duas laranjeiras, que havia na tapera, junto do *lagrimal*, pareciam ter pendidas as copas, e encrespavam as folhas úmidas". "Perto do pouso corre um *lagrimal*, além do qual se acha a fazenda da Alegria, pertencente ao Tenente Diogo..." (Visconde de Taunay — *Marcha das Forças* — Pág. 41).

Laguna: em certos rios da Amazônia assim se chama a um espraiamento ou expansão de rio. Registrado por Gastão Cruls e por ele empregado na *A Amazônia Misteriosa*.

Lajeado: os vocabularistas do Rio Grande do Sul mencionam este têrmo como designativo de arroio ou *sanga*, cujo leito é pedregoso, que corre sobre lajes; o Marechal Gabriel Botafogo nos informou que lá também se usa no sentido de zona do campo coberta de pedras de grande tamanho. Em Pernambuco e Bahia este nome é aposto ao afloramento de granito e quartzo, mais ou menos extenso e plano. Sinônimo de *lajeiro*.

Lajeiro: termo pernambucano, empregado no sentido de *lajeado*, vasto afloramento de rocha mais ou menos plano. Rodolfo Garcia informa que os habitantes da Zona da Mata dizem mais comumente *lajedo*, que é lídimo português, ao passo que os sertanejos só dizem *lajeiro*. O mesmo temos observado na Bahia.

Lajem: termo usado nos Estados do Norte, que designa trecho de um rio obstruído por grande quantidade de pedras; registram-no Rodolfo Garcia e Teschauer. À pág. 137 do *O Torrão Maranhense* de Raimundo Lopes, lê-se que *lajens* são bancos de rocha que atravessam os rios. E mais: "Foi preciso fazer saltar à dinamite a Lajem Grande do Mearim, para franquear a navegação. Na carta de Saint Armand, contam-se 7 *lajens* no baixo Grajaú e 3 no baixo Mearim".

Lamão: assim chamam aos alemães os camponeses do Rio Grande do Sul. "Depois que apareceram uns *lamões* e uns ingleses, melados, que compravam o cabelo: por isso às vezes se cerdeava; mas eles pagavam uma tuta e meia" (Simões Lopes Neto — *Contos Gauchescos*... Pág. 78).

Lamarão: em Pernambuco e Paraíba nomeia uma lagoa formada nas depressões do terreno durante o tempo das chuvas. Como tal empregado por Coelho Neto em *Vesperal* pág. 173. Registrado neste sentido por Teschauer. Ainda, porém, em Pernambuco, no Recife, chamam *Lamarão* ao trecho de mar fora dos arrecifes, onde ancoravam os transatlânticos, antes da terminação das obras do seu importante porto.

Lambedor: termo usado no sertão da Bahia para designar terreno salgado e alagadiço. Vimo-lo citado por Leonardo Mota, à pág. 114 do seu livro — *No tempo de Lampião*, no seguinte trecho: "Adiante mecê topa com uma panela de lambedor...". Roy Nash, em seu livro *A Conquista do Brasil*, Vol. 150 da *Brasiliana*, à pág. 330 escreve: "Em outros lugares a barrela de cloreto de sódio e de magnésio que se desprende da cal, forma o que os brasileiros chamam barreiros. São depósitos de lama em que a camada do substrato retém suficiente quantidade de álcalis para que se formasse uma espécie de *lambedouro*, onde as antas, os veados, os porcos selvagens, os tatus e os felinos fazem rendez-vous, da mesma forma que o búfalo e outros animais menores das Grandes Planícies dos Estados Unidos se reuniam em torno dos nossos lagos salgados." O mesmo autor ainda se refere aos *lambedouros* no seguimento da pág. 331.

Lançante: termo de uso no Sul do Brasil, registrado por Calage e Romaguera, designativo de um forte declive num cerro ou numa coxilha. Afonso Arinos empregou-o no seguinte passo do *Pelo Sertão*: "Nas suturas das rochas, pelas brechas dos *lançantes* escorrem teimosos fios d'água, que vão delindo a rigidez dos blocos e filtrando-lhes no imo a fúria com que arremetem uns contra os outros". E Cornélio Pires na *Mixórdia*, à pág. 76: "Ao longo, no *lançante* de uma ligeira colina, surgia garboso e escorreito, no seu macho pinhão, num *galope de três pés* e o noivo de Vicentina". Em português há, referida por Fr. Domingos Vieira e Caldas Aulete, a locução adverbial — *ao lançante* —, com o significado de alcantiladamente, em declive. H. Jorge Hurley informa-nos o seguinte linguajar paraense: "É uso dizer-se no litoral do Pará que as *marés estão lançando* na lua nova e na lua cheia. As águas crescem três dias antes e três dias depois dessas fases lunares, porque são *lançantes d'águas vivas* ou de *águas grandes* ou ainda *quebras d'água*."

Lapa: além do sentido comum a Portugal e ao Brasil (cavidade em rochedo, gruta, etc.), tem este vocábulo no Brasil o sentido peculiar de parte do chão de uma mina em exploração, chamando-se *capa* a

LAR — 186 — LAV

que forma o teto da mesma, e *pés direitos* as partes laterais. Everardo Backheuser, em cujo *Glossário* colhemos esta informação, acrescenta que *lapa* e *capa* correspondem aos têrmos franceses *toit* e *mur*.

Laranjeiro: segundo informação do Dr. Artur Neiva, então Diretor do Instituto Biológico de S. Paulo, assim se designa, nesse Estado, o plantador de laranjas. Cândido de Figueiredo registra o têrmo como regionalismo açoriano com a significação de homem que se emprega em encaixotar laranjas para embarque.

Larga: o campo sem divisas do interior brasileiro. É freqüente entre sertanejos a expressão "criar na larga", isto é, sem cercas divisórias, na plena comunidade da terra. Encontramo-lo referido nos livros de Hermano R. da Silva — *Nos Sertões do Araguaia* e *Garimpos de Mato Grosso*. À pág. 58 deste último há o seguinte período: "Como habitantes conta-se na estância o velho administrador, e sua mulher e o filho casado, que reside no *retiro* distante, que é um arranchamento feito para a necessária vigilância do gado, cuja existência decorre na *larga*, sem o contrôle das cercas".

Latacho: alcunha depreciativa dos italianos em Minas Gerais e noutros Estados, registrada por A. Taunay: o mesmo que *carcamano* e *macarrone*.

Latada: assim se denominam, no sertão da Bahia e de outros Estados para o Norte, os espaços cobertos de palhas ou folhas de palmeiras onde se abrigam os fiéis nas *santas missões* que, de quando em quando, sacerdotes de algumas ordens religiosas pregam nas cidades, vilas e lugarejos. As igrejas do interior, em geral pequenas, não podem conter todas as pessoas que afluem a essas prédicas religiosas, razão por que é de mister levantar em frente aos templos abrigos provisórios, denominados *latadas*. Assim também chamam às mesmas coberturas junto aos barracões de

feira dos povoados do interior, onde se abrigam os pequenos mercadores com os seus produtos expostos à venda. Quando, por volta de 1897-1898, descobriram no sul do Piauí (no sítio da Canabrava no Município de Simplício Mendes) a maniçoba, a rendosa extração do látex atraiu grande número de aventureiros e trabalhadores, até de outros Estados: então surgiram por toda a parte as chamadas *feiras da maniçoba*, que se realizavam em simples *latadas*, onde se reuniam extratores e compradores de borracha. (*O Piauí no Centenário de sua Independência*. 4.º vol. Pág. 239). Latada: José Mariano (Filho) em seu formoso estudo sobre os *copiares* fala da *latada*, dando-lhe outro sentido: jirau aproveitado especialmente para a cultura de plantas trepadeiras, composto nas imediações das habitações ou encostado a uma das fachadas. Citando Luís da Câmara Cascudo diz que, no Ceará, a latada dianteira toma o nome de *copiar*.

Lavadeira: termo que apelida a cava ou bacia, onde, no terreno, se lava o cascalho por meio de bateias. Regionalismo das Lavras Diamantinas. "Por toda a parte se improvisavam regatos, armavam-se calhas, preparavam-se *lavadeiras*, construíam-se *canoas*, onde o cascalho rico seria atirado". (Alberto Rabelo. *Contos do Norte*. Pág. 49).

Lavagem: na zona das Lavras Diamantinas da Bahia assim chamam os garimpeiros a um amontoado de pedras soltas, denunciadoras de que, no local e recentemente, trabalharam na exploração diamantina. A *lavagem* antiga diz-se *montueira* (Vide este termo). "Por isto tais *lavagens* têm sido revolvidas, vezes sem conta, na esperança de um *bambúrrio* (achado de valor, que excede em muito ao comum)". "Há por ali umas lavagens que podiam ser repassadas" (Alberto Rabelo — *Contos do Norte* — Págs. 17 e 47).

Lavra: além de indicar terreno de mineração, lugar em que se extrai o ouro ou o diamante, este vocábulo designa, no Rio Grande do Sul, a lavoura do algodão. Neste sentido registra-o Teschauer. No primeiro, Everardo Backheuser registra em seu *Glossário* o verbo *lavrar* — explorar minas e acrescenta: "Donde *lavra*, lugar onde se faz a exploração, isto é, a mina propriamente dita".

Lavrado: termo marajoara, registrado por V. Chermont, designativo de um campo muito extenso, sem árvores, nem arbustos. Entre os campos do rio Branco (Amazonas), diz Sílvio Tôrres (*Doenças dos Animais no Alto Rio Branco. Revista do Departamento Nacional de Produção Animal.* Ano I. N.ᵒˢ 2, 3 e 4), "há os chamados *lavrados* que são campos extensos de nível ou suavemente ondulados sem vegetação arborescente ou com raras árvores". À pág. 28 da *Gleba Tumultuária* de Aurélio Pinheiro, lemos: "Antônio Moura lidava nas campeadas com outros vaqueiros, atravessando serras e lavrados, numa liberdade de nômada galopando no seu deserto". *Lavrados*, em Minas Gerais, são os terrenos de cascalho, outrora revolvidos para a lavra do ouro de aluvião. Desses terrenos há largas extensões nas margens do rio das Velhas, tributário do S. Francisco.

Lavrador: vocábulo de uso corrente em Portugal e no Brasil no sentido de agricultor, homem que lavra, cultiva as terras (Constâncio). No Nordeste do Brasil, da Bahia ao Ceará, tem, porém, sentido peculiar, anotado pelos vocabularistas Rodolfo Garcia e Pereira da Costa. Este escreve o seguinte: "concessionário de um limitado trato de terra nos engenhos de açúcar, para o cultivo da cana, correndo a moagem por conta do proprietário da fábrica, mediante uma acordada percentagem sobre o açúcar que produzir a colheita do ano, e ainda o mel resultante. O lavrador é um simples ocupante, sem o ônus de renda ou foro, levanta a sua casa de moradia, e cultiva também uma pequena lavoura de cereais, sem mais os encargos de vantagens ao senhorio, como na da cana. Lavrador primitivamente era o próprio senhor ou proprietário do engenho, como se vê do Cap. 34 do "Regimento dos Provedores da Fazenda Real das Capitanias do Brasil", dado em Almeirim a 17 de dezembro de 1548. Tempos depois, os proprietários da fábrica, em geral abastados, ocupando na colônia elevadas posições, passaram a ser chamados senhores de engenhos, ficando o qualificativo de lavrador para o morador nas suas terras e plantador de cana, o que já era vulgar nos primeiros anos do século XVIII, como assim o refere um cronista de meados do mesmo século, Fr. Manuel Calado: "Morava na Várzea do Capibaribe um homem honrado, lavrador de canas, chamado Manuel Filipe Soares, o qual vendo andar no seu pasto um cavalo estranho, e sem dono, seis ou sete dias, mandou o tomar, e preso em uma corda o levou a João Fernandes Vieira, que era o *senhor do engenho*, em cuja terra êle tinha o seu *partido*". Esta mesma distinção consta também documentadamente, e já de então, como se vê da Provisão Régia de 15 de janeiro de 1683 determinando que "os *senhores de engenho* e os *lavradores de suas terras* não fossem executados nas fábricas dos seus engenhos e fazendas, mas sim sobre as suas rendas". Aos lavradores se refere abundantemente em seu livro *Cultura e Opulência do Brasil* o benemérito Antonil (Capítulos II e III).

Lavrita: denominação brasileira do carbonado, também chamado *carbito*, ou diamante negro, corpo opaco, que se apresenta em fragmentos com estrutura cristalina, às vezes de aspecto poroso e mais duro que o diamante branco cristalizado e do que o *bort* (diamante branco amorfo), não podendo ser lapidado. Tal nome foi proposto em 1904 na Escola Politécnica da Bahia pelo prof. Sousa Carneiro

LEG — 188 — LEN

(*Riquezas Minerais do Estado da Bahia*), e é oriundo de Lavras, topônimo da região diamantífera do centro baiano, onde o diamante negro ocorre em abundância. É a Bahia o principal fornecedor da *lavrita* aos mercados mundiais. Everardo Backheuser não registra este termo em seu *Glossário de Têrmos Geológicos e Petrográficos*. Registram-no Rui de Lima e Waldemiro Potsch em seu livro citado.

Légua: antiga medida itinerária portuguesa, oficial no Brasil até 1 de janeiro de 1874 (de acordo com a lei de 26 de junho de 1862, que tornou obrigatório no Brasil o sistema métrico, a contar daquela data), ainda hoje muito usada no sertão brasileiro, onde predomina a chamada légua geométrica, equivalente a 6 quilômetros (*Anuário do Observatório Nacional do Rio de Janeiro para o ano de 1927* — Pág. 296). O sertanejo calcula pois as distâncias em léguas, mas o faz do modo mais arbitrário, estirando-as ou encurtando-as ao sabor de sua imaginação sem medida. Caracteriza-a, não raro, por expressões ora sugestivas, ora incongruentes, mas sempre típicas de sua aguda percepção: aqui e ali surgem as léguas discricionárias, denominadas *légua de beiço* (Bahia e Sergipe); *légua de casco de cavalo*, *légua de filho*, *légua de poldrinho*, *légua de córrego a córrego*, tôdas estas de uso em Goiás, segundo o informe do prof. Alcide Jubé, do Liceu Goiano. A *légua de beiço* é antes uma expressão que serve para indicar uma distância muito mais extensa do que a légua comum: a *légua de casco de cavalo* é uma medida arbitrária, que os sertanejos regulam pela marcha dos animais, em certo prazo de tempo, por sua vez regulado pelo sol; a *légua de filho* é uma expressão sertaneja para indicar que esta é maior que a légua legal (Ex. — Da fazenda de A à de B tem uma *légua de filho*, isto é, 7, 8, 9, ou 10 quilômetros); a *légua de poldrinho* designa, em alguns lugares de Goiás, o mesmo que *légua de filho*; a *légua de cór-*

rego a córrego é, diz o prof. Jubé, uma medida discricionária, usada pelos viajantes do sertão, para designar as distâncias de certo córrego a outro, quando entre eles medeiam mais ou menos seis mil metros.

Légua de beiço: "Léguas de beiço, das espichadas, em que havia de trotear curvado, os joelhos apertados ao jumento, a ver um carrapato" (Tito Carvalho — *Bulha d'Arroio* — 1939 — Pág. 39). Em S. Paulo, segundo informa Sud Mennucci, a legua de beiço é, não raro, também chamada *légua mineira*.

Lençóis: assim se chama na costa maranhense a uma série de dunas que se prolongam desde o golfo do Maranhão até a foz do Parnaíba. É sabido que o litoral deste Estado nortista é dividido em duas seções perfeitamente distintas: o litoral de oeste, do Gurupi ao golfo, e o litoral dos *Lençóis*, do golfo aos limites do Piauí. A seção dos chamados *lençóis* compreende uma tira de costa aberta, uniforme, sem enseadas capazes, arenosa em extremo, onde se desenrolam a perder de vista areais alvos e, não raro, despidos de todo e qualquer revestimento vegetal. O nome de *lençóis* lembra, diz Raimundo Lopes em seu *O Torrão Maranhense*, pág. 175, "a indefinida extensão desolada e desnuda, que se estende a leste do golfo do Maranhão, como o primeiro trecho da árida costa do Nordeste, ondeando em carnaubais e morros de areia até a extremidade continental de S. Roque". Os *lençóis* dividem-se em grandes e pequenos, separando-os a foz do rio Preguiça. "Os *Lençóis Grandes* são de areia brilhante, semelhando roupas estendidas na praia e os *Pequenos*, assim chamados por serem mais baixos que os outros, são dunas que apresentam a espaços grupos de árvores" (Conrado Heck — *Costas do Brasil*, 1.ª parte — Pág. 87).

Lenhateiro: encontramos este termo na descrição que, da região de Guaíra (Capistrano de Abreu, A.

Taunay, Pandiá Calógeras, Teodoro Sampaio preferem a forma antiga — Guairá), fez o ilustrado general brasileiro Malan na *Revista Militar Brasileira* (Vol. XXVI — julho a setembro de 1927, pág. 298). Assim escreveu o eminente militar: "A navegação do Paraná é precária à noite: com 7 horas e meia de marcha, fundeamos em frente o porto João Francisco. Verificamos, ao amanhecer de 8, constituir esse atracadouro uma simples aberta na mata, num barranco de 4 a 5m onde, sob a guarda de um cabo do exército, permanecia um depósito provisório, em ranchos de *lenhateiros*. O porto dista 5 léguas da fazenda de Joaquim Nogueira". Parece que o termo é regionalismo do oeste paranaense, por isso que o não vimos citado pelos dicionaristas da língua, que apenas registram *lenhador* e *lenheiro*, como designativos do que colhe ou corta lenha nos matos, do rachador de lenha. O excelente *Pequeno Dicionário Brasileiro da Língua Portuguêsa*, em sua 10.ª edição, registra o verbete *lenhateiro*, como brasileirismo do Paraná.

Lenheiro: em português é sinônimo de lenhador, cortador ou rachador de lenha. Entretanto, no Brasil, diz-se lenheiro o lugar onde se junta lenha. Na Bahia e em Sergipe, ao lado dos engenhos de açúcar, há sempre um grande *lenheiro*, onde se apinha a lenha trazida dos matos para servir de combustível. Roque Calage, na 2.ª Edição de seu *Vocabulário Gaúcho*, registra a palavra *lenheira*, com o sentido de lugar no mato de onde se tira a lenha. Sud Mennucci informa que nas estradas de ferro paulistas também há *lenheiros*, onde se vai buscar lenha que as empresas mandaram cortar a fim de empregá-la como combustível em suas locomotivas. Não há ferrovia que não possua vários e quando eles, por escassez das matas, se localizam longe, elas constroem ramais especiais para atingi-los. Há, assim, "ramais de lenheiros".

Letreiros: assim se designam no Nordeste e Centro do Brasil as figurações rupestres, gravuras e pinturas nas superfícies dos rochedos e paredes de cavernas (Luciano Jaques de Morais — *Inscrições Rupestres no Brasil*. Public. da Inspetoria de Obras contras as Sêcas — N.º 64. Série I. D.) Têm também o nome de *pinturas, pedras lavradas, pedras riscadas* (Minas Gerais), *pedras pintadas* ou *itaquatiaras* (Amazonas), denominações estas que lhes dão os sertanejos. A respeito dessas inscrições rupestres há várias teorias, não se podendo, no estado atual dos nossos conhecimentos, estabelecer conclusões definitivas.

Levada: Cândido de Figueiredo registra este termo como brasileirismo no Norte, no sentido de colina, elevação de terreno. No interior da Bahia, tem a significação especial de rego que conduz águas pluviais para os tanques, empregando-se também, em todo o Brasil, no sentido em que é usado em Portugal.

Libombo: segundo Rodolfo Garcia, assim é designada uma leva de sertanejos que emigram anualmente em busca de trabalho na Zona da Mata, ou Sul, como eles chamam. É termo nordestino.

Licurizal: bosque de licurizeiros, palmeira denominada por Martius — *Cocos coronata* — que vegeta em grandes extensões dos Estados da Bahia, Sergipe e outros do Norte do país. Palmeiras das mais populares da Bahia, da qual se aproveitam as folhas, o tronco, os frutos, por muito tempo desprezada pelos governos e particulares, começa a se tornar planta econômica como produtora de óleos e de cêra. A respeito do licurizeiro publicou Gregório Bondar, Consultor Técnico do Instituto Central de Fomento Econômico da Bahia, excelente artigo no *Diário Oficial* do Estado (14 de agosto de 1938). Deste artigo extraímos os seguintes períodos abonadores do vocábulo: "A concessão do privilégio sobre a extração da cera do licuri provocou um clamor da

LIG — 190 — LIN

parte de muitos proprietários de *licurizais*". "Os *licurizais* eram destruídos nas fazendas, por não terem valor, apenas inutilizando o terreno. Hoje temos a esperança de fundar nesta palmeira uma grande riqueza para o sertão".

Ligeiro: termo da Amazônia, que indica o remador das *igarités*, *montarias*, *ubás* e demais pequenas embarcações indígenas.

Limpa: assim se designa, no Norte do Brasil, o ato de mondar ou cortar ervas daninhas em terreno cultivado. "Manejando a enxada o pobre homem trabalhava de sol a sol, entoando de vez em quando a sua copla, ao som da ferramenta, ajudado muitas vezes da mulher e dos filhos na *limpa*, na plantação ou na colheita, até a hora em que voltava à choça..." (Prólogo da Primeira Edição das *Lendas e Canções Populares* de Juvenal Galeno). No trabalho agrícola, diz ainda este mesmo escritor, *limpar* é capinar com a enxada (Liv. cit. Pág. 615).

Limpado: terreno limpo de mato. Registrado por Macedo Soares que o abona com o seguinte trecho extraído da *Revista do Instituto Histórico Brasileiro* (1847. Itiner. pelo Rio Verde etc.): "Perto do rancho estavam dois *limpados*, partindo o último a rumo O.S.O., largo caminho feito a ferro cortante".

Limpo: "trecho de terreno desprovido naturalmente de vegetação" (Catulo Cearense, no vocabulário apenso ao canto *Piedade Cruel*). Em Portugal se diz limpa (Cândido de Figueiredo).

Linguará: brasileirismo registrado por Cândido de Figueiredo (4.ª Edição), designativo de pessoa que serve de intérprete dos brancos ou civilizados perante os *bugres* e vice-versa. Encontramo-lo empregado por Alcides Maia, à pág. 82, da *Alma Bárbara*, no seguinte período: "Meu avô, bugre *linguará*, morreu de velho, com os colmilhos gastos e os olhos que nem retôvo de bolas".

Lingüeta: em Pernambuco é usado no sentido de rampa natural que se inclina para o mar ou para o rio. Assim o registrou Cândido de Figueiredo (4.ª edição). Mário Melo, do Instituto Arqueológico, escreve: "com este nome se apelida em Pernambuco a parte sueste do istmo de Olinda — língua de terra que a comprime a princípio entre o Beberibe e o Atlântico, na parte norte, e entre o Capibaribe e o Beberibe, na parte sul".

Linha: nas regiões auríferas e diamantíferas da Bahia, segundo informação do Eng.º M. Macambira Monte-Flôres, conhecedor da zona e dos serviços, assim chamam ao afloramento das rochas auríferas ou diamantíferas. Sinônimo de veia, filão. É freqüente ouvir-se: "linha do diamante; linha do ouro". *Linha*: no Rio Grande do Sul o termo linha tem outro sentido. Alceu Masson em sua monografia *Caí* escreve: "Dá-se o nome de *linhas* às zonas coloniais cuja povoação se estende à margem de uma reta da estrada geral, e também a longas faixas de terra na divisão do território em colônias" (Op. cit., pág. 21).

Linha do sertão: registrou-o Rodolfo Garcia, que o define como sendo a linha dos fundos nas sesmarias, e explica: as primeiras sesmarias concedidas no Brasil eram situadas no litoral, onde se lhes designava a testada, correndo os fundos para o sertão. É termo geral.

Linheira: brasileirismo de Goiás, designativo de caminho estreito, vereda, picada. "Certa ocasião perguntamos a um deles o caminho a seguir para uma habitação fora da estrada real. — *Você segue essa linheira* (caminho estreito, trilho em Minas), *assim que acaba passa um riacho, larga um morador, depois quebra à mão direita, entra num chapadão que desce, é aí mesmo*" (Artur Neiva e Belisário Pena. *Viagem científica pelo Norte da Bahia, Sudoeste de Pernambuco, Sul do Piauí e de Norte a Sul de Goiás. Memórias* do *Instituto Oswaldo Cruz*. Ano 1916 — Tomo VIII — Fasc. III).

Lirial: terreno onde crescem lírios. Registrado por Teschauer que cita o seu emprego em uma ode de D. Aquino Correia, Arcebispo de Cuiabá e exímio literato.

Lisos: nome popular de uma das duas agremiações partidárias que se formaram em Alagoas, logo após a Maioridade. O partido *liso* seria mais tarde, diz Craveiro Costa, à pág. 101 do Vol. XV da *Revista do Instituto Arqueológico e Geográfico Alagoano*, o partido liberal histórico. O partido oposto tinha a alcunha de *cabeludo*. Os "lisos" foram dirigidos por José Tavares Bastos e os "cabeludos" por João Lins Vieira Cansanção de Sinimbu.

Listário: segundo Saint-Hilaire, assim se chamava no distrito das Minas ao feitor incumbido de registrar o número e o peso dos diamantes encontrados. Registrado por Beaurepaire-Rohan.

Litovia: criação do prof. Clodomiro Pereira da Silva: de feito, em tese apresentada ao Congresso Ferroviário de Campinas diz o ilustre engenheiro: "Ora a palavra *rodovia* nada de especial significa, e sim apenas que o veículo roda nela: o mesmo que exprime a locução *estrada de rodagem*. Na ferrovia também o veículo roda: devemos pois distinguir a estrada de acordo com a sua natureza, e, dêste modo, a denominação para *rodovia* deve ser *lithovia*, isto é, estrada feita com material litóide. Assim as palavras *aquavias, ferrovias* devem designar estradas caracterizadas pela superfície de suporte, piso ou rolamento. Assim, na *lithovia* o característico está no revestimento, sempre feito com material litóide, mesmo para as simplesmente abertas em terreno natural, sem qualquer mescla de materiais; sobre ele rolam os veículos. Nas ferrovias, rolam os veículos sobre os trilhos. Em ambas os veículos rolam ou rodam sempre e, no sentido próprio, ambas são *rodovias*" (*Boletim da*

Inspetoria Federal das Estradas. N.º 4, Ano 1936. Pág. 8). Vide *Rodovia*.

Logrador: nos Estados do Nordeste, da Bahia ao Maranhão, dá-se este nome a uma parte da fazenda de criação de gado-vacum em lugar afastado, no qual se fazem currais, aguadas, etc. e aonde vai o vaqueiro tratar do gado e principalmente dos animais feridos (Juvenal Galeno). É corrutela de logradouro ou logradoiro. Afrânio Peixoto, na sua coletânea de brasileirismo, cita este vocábulo e diz: "logradouro, malhada e pasto adequados à criação do gado", empregando-o na *Bugrinha*.

Lomba: segundo informação que tivemos a felicidade de ouvir do venerando geógrafo Barão Homem de Melo, este vocábulo, no Rio Grande do Sul, designa a declividade dos pequenos morros e das coxilhas baixas. Diz-se também *lombada*. Registrando-o, escreveu M. Soares: "os nossos clássicos sertanistas empregam *lomba* no sentido de chapada com declive pouco sensível". "Aparecendo hoje às 7 horas e meia da manhã, defronte do posto, em um alto, alguns (índios); e porque logo se percebeu que outros cautelosamente se encobriram por detrás da *lomba*, ordenei a minha gente, que curiosamente se alvoroçava a vê-los, se não movessem das barracas e ranchos onde estava." (*Rev. do Inst. Hist. e Geog. Brasileiro* — 1855 — Descob. dos Campos de Guarapuava). *Lomba*: Segundo informe de Sud Mennucci, em S. Paulo se diz *lomba do espigão* a sua crista mais alta. Na região do alto Ribeira, em Apiaí, Iporanga e Ribeira, *lomba* significa espigão morto.

Loraço: alcunha dos alemães em Minas Gerais, segundo informam Nelson de Sena e A. Taunay.

Lordaça: à pág. 171 dos *Poemas Bravios*, Catulo Cearense registra esta dição que no Ceará designa estrangeiro em geral. Taunay registrou *lordaço* como brasileirismo de Goiás no sentido de rico, opulento.

Lufada: em português *lufada* significa rajada de vento (Cândido de Figueiredo); na região central de Mato Grosso designa fenômeno idêntico ao que, na Amazônia e em S. Paulo, tem o nome de *piracema* e na Bahia *curso*. Assim descreve a *lufada* Ernesto Vinhais em seu livro *Feras do Pantanal*, à pág. 78: "Principiou por um rumor surdo, que foi crescendo até atingir a tonalidade de forte e incessante ribombar. O som vinha do S. Lourenço e um dos *práticos*, a quem perguntei o que significava, conduziu-me à margem, apontando para as águas em turbilhão. A formidável massa líquida, numa fila longa, cujo extremo a vista não alcançava, parecia ferver. As águas barrentas espumavam, formando um lençol amarelo, de onde despontavam corpos de peixes de todo o tamanho, cujas escamas, de colorido dourado e prateado, refletiam os raios brilhantes do sol. A *lufada* é o êxodo dos peixes do Pantanal, rumo às cabeceiras dos grandes cursos d'água. Todos os anos, entre maio e junho, se verifica esse fenômeno". "A *lufada*, no seu início e no fim, dá lugar a uma indústria mais rendosa e fácil. Às margens dos rios, em toda a extensão e intervalos de algumas centenas de metros, fica postada gente aparelhada para pescar grandes quantidades. As redes são lançadas à passagem dos peixes de qualidade preferida e retiradas abarrotadas pelos pescadores, que os tranformam em azeite. Enchem-se, assim, dezenas e dezenas de barris de azeite, cuja maior percentagem é exportada para a Argentina, saindo de Corumbá, via Paraguai e Uruguai" (Livro citado. Págs. 78 a 80). Com este sentido ainda não o vimos registrado em qualquer glossário.

Luzia: alcunha do partido liberal no tempo do Império, a qual lhe adveio do fato de ter sido o mesmo partido derrotado no arraial de Santa Luzia, na revolta mineira de 1842.

M

Macaco: alcunha que, no Nordeste do Brasil, os sertanejos dão aos soldados das polícias estaduais, semelhante a outras como sejam — *cachimbo, gafonha, galo-enfeitado, mata-cachorro, meganha, morcêgo, pitéu; milico* no Rio Grande do Sul, etc. O termo *macaco* é empregado no sertão da Bahia para designar o ajudante de vaqueiro e no Triângulo Mineiro, segundo informe de Pandiá Calogeras, designa os galhos, secos ou não, que caem das árvores sobre os viandantes. Neste sentido, que é também de uso no Rio Grande do Sul, conforme nos informa o gen. Borges Fortes, registrou-o A. Taunay.

Maçaió: vide *Maceió*.

Macambiral: terreno onde abunda e predomina a macambira, bromeliácea fibrosa, cujo rizoma serve para alimentar o gado e até as pessoas no tempo das secas ou da *magrém*. As suas folhas são longas, eriçadas de espinhos e formam um bulbo a que o povo chama *cabeça de macambira*: é a parte alimentícia, da qual a população retira uma fécula sucedânea da farinha de mandioca. "Por toda a parte a macambira (*Bromelia laciniosa* Mart.), bromeliácea terrestre de caule, extremamente abundante e em certos lugares formando por isso o *macambiral*, de grande utilidade nas secas, pois os rizomas servem de alimentação para homens e animais" (Artur Neiva e B. Pena — *Viagem científica* citada anteriormente. Pág. 78).

Macaqueiro: no vale do Jequitinhonha, segundo Arnaldo Viana, e noutras partes do sul da Bahia, assim se designam os trabalhadores rurais da lavoura de cacau. Idêntica a informação do Dr. Filipe Sabóia, que acrescenta: "principalmente o de saco às costas, que muda de patrão a todo o momento".

Macarrone: alcunha dos italianos em vários Estados do Brasil, como Bahia e Minas Gerais: idêntica a *carcamano e latacho*.

Macaxeiral: plantação ou roça de aipim que, na Amazônia, se denomina *macaxera* ou *macaxeira*. Vimo-lo empregado numa comunicação de B. M. Muniz à Revista *Chácaras e Quintais* no seguinte lanço: "O pobre do tapuio (caboclo do Amazonas) tinha razão. Seu *macaxeiral* e batatal todo *fossado* e os caititus eram perdulários: tanto comiam como estragavam". (*Chácaras e Quintais*, n.º de abril de 1927. Pág. 497).

Macega: em Portugal, *macega* designa a erva daninha que aparece nas searas. No Brasil, este vocábulo tem algumas variantes de sentido: no Rio Grande do Sul, segundo Romaguera e Calage, indica arbusto rasteiro que geralmente cresce nos campos de inferior qualidade, donde chamar-se *campo maceguento* ao em que existe muita macega, em geral de péssima qualidade; noutros Estados do Sul dão tal nome, ensina Beaurepaire-Rohan, ao capim dos campos, quando está seco e tão crescido que forma um maciço de altu-

MAC — 194 — MAC

ra superior à metade de um homem, tornando-se, destarte, de trânsito difícil; Amadeu Amaral diz simplesmente capinzal do campo e assim é, no Nordeste, de referência ao capim alto. É termo moente e corrente nos escritores regionalistas do Brasil.

Macegal: grande extensão de terreno coberto de *macega*. À pág. 101 do *O Vaqueano*, de Apolinário Porto Alegre, encontramos o seguinte verso de um guasca:

Vem-me tudo na memória:
As tronqueiras e o curral,
A estância com seus potrei-
[ros,]
O vargedo e o macegal!

Maceió : termo do Nordeste, de Pernambuco ao Rio Grande do Norte, que, segundo Beaurepaire-Rohan, significa lagoeiro que se forma no litoral, por efeito das águas do mar nas grandes marés e também das águas de chuva. Segundo o mesmo autor, em sua *Corografia da Província da Paraíba*, publicada no vol. 3 da *Revista do Inst. Hist. e Geog. Paraíbano*, chamam na Paraíba às lagoas de pequenas dimensões que resultam da acumulação de águas, a pouca distância do mar — *maceió*. Os *maceiós* equivalem às *capongas* do Ceará, ao sul de Fortaleza.

Machadeiro: voz muito de uso nos Estados do Sul, registrada por Teschauer, que nomeia os indivíduos encarregados da derruba das florestas. Na *Campanha do Contestado*, já citada, lê-se à pág. 300: "... os machadeiros com um vigor inexcedível derrubaram as grossas árvores com uma pasmosa facilidade". Também *derrubador*.

Machadinho: vide *Seringueiro*. *Machadinho*, diz Lauro Palhano em seu *Marupiara*, é o termo vulgar, tomado freqüentemente como sinônimo de *seringueiro* (Pág. 42).

Maciço: palavra da nomenclatura geral geográfica, encontrando-se em quase todos os compêndios e dicionários portugueses com o mesmo sentido. Na *Iniciação Geográfica* de Domingos de Figueiredo, publi-

cada, em 1924, para citar apenas um autor luso, encontra-se, à pág. 24: "As montanhas que se encontram dispostas com irregularidades, próximas umas das outras e formando compactas massas de elevações, recebem a designação de *maciços*".

Macumba: registrado por A. Taunay, designação de um rito espiritualista, misto de catolicismo, feiticismo africano e superstições tupis que, no Rio de Janeiro e em São Paulo, conta adeptos assaz numerosos. À pág. 83 dos *Novos Estudos Afro-Brasileiros*, Câmara Cascudo diz que *Macumba* é o nome que substituiu o *candomblé* e mais: "Há poucos anos não corria este vocábulo. Nina e Manuel Quirino não falam nele e Jaques Raimundo não o recolheu. Entretanto, é vulgarizadíssimo e a ragião de sua influência é vasta e segura. *Macumba* é usada significando a cerimônia fetichista, o rito litúrgico e não o feitiço em si. *Macumbeiro* é o pajé da macumba. Tratando este autor da sinonímia da *macumba, feitiço*, cita — *pajelança, candomblé, mandinga, muamba, puçanga, catimbó* — este o sinônimo típico de feitiço. Por seu turno A. Taunay registrou em sua coletânea (*Revista de Língua Portuguesa* n.º 30) vários têrmos usados na *macumba*: *eixun* — espírito da floresta, *gibonan* — adepto feminino, *macumbeiro* — adepto da macumba, *mironga* — doutrina sagrada do mesmo rito, *ogan* — acólito, *orixá* — santo, *oxalá* — ente supremo, *ogun* — espírito da raça branca encarnado em S. Jorge, *poê* — espírito da floresta, *pombagira* — outro espírito da floresta, *quiumbe* — alma, *saravá* — interjeição depreciativa, *sangororo* — gênero de chocalhos utilizados nas cerimônias sagradas, *xangô* — espírito da raça branca encarnado em S. Sebastião, *iemanjá* — mãe-d'água, etc., etc. Por seu turno Artur Ramos em *A Aculturação Negra no Brasil* fala da macumba do Rio de Janeiro, do seu grão-sacerdote *Embanda* ou *Umbanda*, do seu assistente *cambone* ou *cambonde*. O

MAD — 195 — MAG

chefe da macumba — "religião e ritual mágico", "sobrevivência de cultos africanos", é chamado tambem *pai-de-terreiro*, por analogia com os candomblés baianos, de influência sudanesa. À cerimônia ritual chamam *linha* ou mesa.

Madrinheiro: nome que, no Sul do país, dão ao rapaz que anda na égua madrinha para regular o tempo da marcha da tropa ou tropilha. Madrinha é a égua (ou guexa, com *u* mudo, mula) que, tendo ao pescoço uma campainha ou cincerro, precede a tropilha ou quadrilha dos cavalos, mulas e burros, servindo-lhes de guia ao longo das estradas. Acostumados com o som da campainha, os ditos animais dela não se apartam, já nas estradas, já nos campos de pousada. Descrevendo a marcha do Batalhão Catarinense na Campanha do Alto Paraná, o Capitão Mimoso Ruiz escreve: "A tropa de cargueiros do Batalhão que havia saído do entrincheiramento do Centenário às primeiras horas da manhã com destino a Formigas, a fim de abastecer-se de gêneros e munição, viu-se imprevistamente atacada ao chegar àquele povoado. Ela era composta de 13 cargueiros, sendo guiada pelo madrinheiro Pedro Bales, de 14 anos, e comandada pelo sarg. Avelino Hermenegildo da Rocha..." *Folha Nova* — de Florianópolis. Ed. 17 de março de 1928).

Mãe-da-mata: expressão corrente entre os mateiros amazônicos, designativa de um duende da floresta, que preside aos destinos da flora e da fauna que a habitam: é o *caaci* selvagem, que os portugueses transformaram em *saci* (Informação de Henrique Jorge Hurley).

Mãe-do-fogo: segundo nos informa Henrique Jorge Hurley, assim se designa, na Amazônia, um tronco seco de madeira branca, como taperibá, siriúba ou ariquena, que conserva o fogo durante muitos dias, choramingando um longo fio de *tatatinga* (fumaça) entre as *itacuruas*. A mãe-do-fogo ainda

é muito usada nas cozinhas do interior do Pará, onde lhe chamam *tatamanha*, vocábulo tupi-quíchua corrutelado; de *tatá* — fogo — tupi e *mama* — mãe — quíchua.

Mãe-do-rio: assim chamam os sertanejos da Bahia e de outros Estados ao leito do rio até a extrema das margens, quando o mesmo, transbordando, alaga as várzeas ribeirinhas e "entra pelos matos". É o a que em potamologia se nomeia — leito menor, álveo, calha em que normalmente corre o rio. Às extensões alagadas pelo transbordamento dão os sertanejos o nome geral de *represas*. Colhemo-lo no sertão de nascença. O prof. Alcide Jubé, de Goiás, informa que a expressão *mãe-do-rio* denomina em sua terra o braço maior de um rio, quando este é o verdadeiro curso das suas águas. Jorge Hurley também informa que *mãe-do-rio* no Pará é o mesmo que na Bahia. No *Diccionario de Voces y Términos Geográficos* de Vergara Martin (Madri — 1926), encontramos a palavra *madre* para designar o "terreno por onde ordinàriamente correm as águas de um rio ou arroio e compreende o espaço que ocupam as águas em suas correntes". Sinônimo de *álveo, cauce, lecho*. O mesmo vocabularista registra a expressão *madre vieja de un rio*, a qual nomeia o leito de um rio abandonado pelas águas que somente o ocupam nas grandes cheias. Daí, sem dúvida, o argentinismo *madrejón*, laguna mais ou menos permanente, formada pelo transbordamento de um rio ou arroio.

Magrém: no Nordeste, assim apelidam os *caipiras* à estação seca, à estiagem prolongada, ao tempo da fome, resultante do verão inclemente. Lemos em Euclides da Cunha, à pág. 47 d'*Os Sertões*: "... refrondam os marizeiros raros — misteriosas árvores que pressagiam a volta das chuvas e das épocas aneladas do *verde* e o termo da *magrém* — quando, em pleno flagelar da seca, lhes porejam na casca ressequida dos troncos algumas gôtas d'água..."

MAI — 196 — MAL

Mair: nome que os indígenas brasileiros davam aos franceses. Teodoro Sampaio diz que "o vocábulo *mair* é forma contrata de *mbaeira* que exprime — coisa apartada, ente separado, que vive distante, solitário. Esse apelido davam os índios aos franceses e espanhóis, não só por procederem de longe, como porque os equiparavam pelas suas qualidades e superioridade aos seus feiticeiros, chamados *pajés* ou *caraíbas*, os quais levavam vida solitária no recesso das matas, nas cavernas das montanhas distantes. O *pajé* era portanto um solitário (mair, mbai)". De *mair*, acrescenta o douto indianólogo, derivam *mairapé* — caminho dos franceses, *mairi* — as povoações dos franceses.

Major-gonçalo: apelido de uma rebelião que houve no Ceará, no vale do Jaguaribe, entre os anos de 1840 e 1845. Refere-o J. Brígido em seu trabalho *Homens e Fatos do Ceará*, à pág. 133: "O epílogo de tôdas as desordens foi a jacquerie, conhecida por *major-gonçalo*, que teve o seu começo em S. Bernardo, e se irradiou pelos termos vizinhos. Bandos de malfazejos protegidos pelas autoridades, assaltavam as casas dos amigos de Alencar, os esbordoavam cruelmente, e os matavam, às vezes, como aconteceu, em Cascavel, ao chefe do Partido decaído, major José Simões Branquinho".

Malacacheta: vide *Satélite*.

Maleiro: à pág. 297 do seu volume *Garimpos de Mato Grosso* refere Hermano Ribeiro da Silva que este vocábulo é empregado em Mato Grosso (zona diamantífera) para designar os filhos da Bahia. "Demais... os afazendados cuiabanos são inimigos dos filhos da Bahia, chegando a negar-lhes até a água e apelidando-os de *maleiros*, porque trazem o saco de roupa às costas".

Malhada: termo que tem, ao nosso conhecimento, quatro variantes de sentido. Na Amazônia, segundo V. Chermont, é o espaço onde habitualmente se reúne o gado para ser trabalhado ou lugar onde o gado costuma pernoitar em lotes; no Nordeste, significa lugar sombrio em que o gado vacum se abriga da soalheira ou "se deita a ruminar nas horas quentes do dia" e Gustavo Barroso, à pág. 13 dos *Heróis e Bandidos*, ensina que "malhar é a ação do gado reunir-se e deitar-se para ruminar, repousadamente, em lugar sombrio e agradável, empregando-se por extensão no sentido de estadear, demorar, viver"; na Bahia, além dêste sentido, emprega-se também para designar uma plantação de fumo de pequeno porte ou extensão, o sítio de uma plantação de capim de corte (Município de Valença), e também área gramada à frente da casa, nas fazendas de criar da zona das catingas; finalmente Philipp von Luetzelburg refere o significado de *malhada* nos sertões do sul do Piauí e, em seu livro citado, escreve: "*malhadas* são baixas com umidade, pertencentes à vegetação dos agrestes, especialmente ricas em palmeiras. Aparecem nos vales dos rios Gurguéia e Parnaíba; a vegetação tem muita semelhança com os agrestes. Constituem-nas árvores de grande viço, troncos elevados, e copas largas e frondosas". Dentre as palmeiras que nelas crescem podemos mencionar: buriti, buritirana, bacaba, cafulé e tucum. Caracterizando as *malhadas* do sul piauiense, ainda diz Luetzelburg que elas são zonas "hemimegatérmicas, com vegetação típica dos agrestes quanto à arbórea, e típica do carrasco ou das campinas, quanto à arbustiva, sendo o solo menos úmido, coberto de rica flora herbáceo-gramínea do tipo dos campos úmidos".

Malhador: termo usado em Goiás com o sentido de lugar plano e sombrio onde o gado se deita para ruminar e descansar durante o dia ou a noite. Teschauer registra-o como sendo também de uso no Rio Grande do Sul.

Maloca: é termo geral da Amazônia que, segundo Beaurepaire-Rohan, vem do araucânio, ao passo que Teodoro Sampaio, tão sábio nessas províncias, o deriva do tupi como corrutela de *mar-oca* — a casa de guerra. Significa aldeia, ranchada de índios, selvagens ou mansos ao mando dos seus chefes chamados *morubixabas, tubixauas, tuxauas.* "Vocês sabem como é uma velha *maloca*: uma sala de barro batido, às vezes redonda, às vêzes quadrada, com uma grossa estaca no centro, de onde partem tôdas as redes, formando os raios de uma roda gigantesca. Pelos cantos e enfiados vêem-se objetos de uso: *tipitis, aturás,* flechas, arpões, etc." (Aurélio Pinheiro — *Gleba Tumultuária.* Pág. 176). J. Inês Bejar (Artigo no *Correio da Manhã* de 11/8/1935) escreve: "o termo *maloca* tem as seguintes significações: casa com morada para várias famílias ou casa forte dos guerreiros ou ainda agrupamento de várias casas, constituídos no perímetro de um grande círculo, com caminhos convergentes ao centro, onde há um grande claro, que é o terreiro das danças". No Ceará e Paraíba, a palavra *maloca* designa coisa muito diferente, ou seja, magote de gado que os vaqueiros ajuntam e levam para os *rodeios* ou currais: neste sentido registrou-o A. Taunay. Os vaqueiros do Ceará dizem também maromba em vez de maloca. Também se emprega no sentido de bando de gente de pouca confiança, *maloca* de desordeiros, de ciganos, de bandidos. Segundo nos informa Sousa Docca em seu livro *Limites entre o Brasil e o Uruguai,* à pág. 17, *maloca,* no Rio Grande do Sul e no Uruguai, significa bando de salteadores ou de bandidos, tendo como hábito praticarem incursões com pilhagem e extermínio. Daí o vocábulo *maloqueiro.*

Maloca de peixe: no região do *Salgado* do Pará, maloca equivale a cardume. Henrique Jorge Hurley informa ter ouvido muitas vezes esta frase: "apanhei esta noite pacotes de peixe (tainha, can-gatá e guiri-seca) na tarrafeação, porque acertei com as *malocas de peixe".* Talvez também lugar em que o peixe se reúne.

Maloca de seringueiras: assim se denomina na Amazônia um sítio na floresta, onde se encontram juntas algumas seringueiras: "Antes do mais, é bom notar que as seringueiras na Amazônia não ficam sempre perto uma das outras. Dá-se o caso, às vezes, de uma seringueira ficar distante de outra duzentos e mais metros. Quando se reúnem em um mesmo lugar algumas destas árvores, dá-se a isso o nome de *moloca de seringueiras* ou *maloca* simplesmente". (Mário Guedes — *Os Seringais.* Pág. 105).

Malungo: primeiramente *marungo,* registrado por Cândido de Figueiredo e Teschauer como termo com que recìprocamente se designavam os negros que, no mesmo navio, saíam da África. "Indaguei porque motivo chamava aos escravos *malungos.* — Era o termo afetuoso — respondeu-me — que entre si se davam, na sua língua bárbara, os que vinham sofrendo no mesmo barco e que, quase sempre, nunca mais se viam na terra do exílio e do cativeiro" (Gustavo Barroso — *Malungos* — Artigo publicado na *A Tarde* da Bahia, de 13-8-930). Após a extinção do tráfico, o termo *malungo* foi perdendo a sua original razão de ser. Entretanto, não raro se encontra empregado no sentido de parceiro, igual, camarada, da mesma condição, da mesma laia (Pereira da Costa). Refere ainda Teschauer que, no Ceará, é empregado no sentido de demônio, atestando-o com uma passagem de Catulo Cearense.

Mambembe: registrado por Valdomiro Silveira e Teschauer no sentido de lugar afastado e soturno, ermo. Empregado pelo primeiro à pág. 149 de seu livro *Os Caboclos* e à pág. 164 de *Nas Serras e nas Furnas.* Na Bahia e também em S. Paulo *mambembe* é usado com a significação de coisa ruim, imprestável.

Mambira: sinônimo de homem do campo, rústico, *caipira, tabaréu, matuto;* pessoa do interior, que não mora nas cidades, que não sabe caminhar, nem vestir-se. É têrmo de uso no Rio Grande do Sul, registrado por Calage e Romaguera. Pode ser corrutela de *membira* — filho de mulher selvagem, portanto homem do mato.

Mameluco: ou *mamaluco*, como ainda se ouve no interior do Brasil, é o nome dado aos mestiços provindos da mistura do índio com o branco. É o mesmo a que chamam no México — *mestiços; cholos* na Bolívia, Peru e Equador. De primeiro, a voz *mamaluco* era a única usada para denotar esse mestiço euro-americano: assim é que se lê nos antigos cronistas, como sejam Gandavo (1576), Fr. Vicente do Salvador (1627), Simão de Vasconcelos (1662), etc. Mais tarde é que se principiou a escrever e dizer *mameluco*. A respeito da origem deste vocábulo há duas correntes antagônicas. Beaurepaire-Rohan e recentemente Basílio de Magalhães, além de outros, pensam que é de procedência árabe, originando-se de *mamluk*, supino ,ou particípio de *malaka*. A isso nos impele, diz o último e notável escritor, "tanto a significação de *mamluk*, que quer dizer o *governado*, o *possuído*, equipolente ao *servus* do latim, como o fato de existir tal apelativo em nossa língua, muito antes que os portugueses tivessem ouvido qualquer fonema do *abanheém*. A prosódia *mamaluco* explica-se facilmente pelo fenômeno da aliteração, corolário da chamada lei do menor esforço, comum na linguagem popular". Outros acham que o vocábulo é de origem túpica, tendo sido a alteração *mameluco* o que levou muita gente a confundir um puro brasileirismo com o vocábulo que por muito tempo nomeou no Egito uma guarda dos sultões aiubitas — a dos mamelucos. Teodoro Sampaio refuta vantajosamente, ao nosso aviso, tal opinião. Há com efeito, diz o mestre baiano, "no tupi o vocá-

bulo *mamã-ruca*, que se decompõe em *mamã* — misturar, dobrar, abraçar, e *ruca* ou *yruuca*, que quer dizer tirar. O apelido histórico, pois, se traduz — tirado da mistura, ou de procedência mista. Não é mister grande esforço para se explicar como de *mamã-ruca* se fez *mamaluco* (ainda hoje assim o pronuncia o homem do sertão), segundo o escreveram os primeiros historiadores e depois *mameluco*, como em geral se adotou". A etimologia dada por Teodoro Sampaio concorda com as opiniões de Batista Caetano, Almeida Nogueira, Montoia e Afonso Taunay. Informa Nélson de Sena que os *mamelucos*, mestiços mais claros, de cor menos abaçanada, e com aparência de raça européia, também foram chamados em Minas Gerais pela alcunha *brancaranos* ou *brancaranas* (hibridismo luso-tupi, significando — o falso branco). Ainda algumas palavras: José Veríssimo escreveu que, no Pará, o *mameluco* provém da mistura do sangue branco com o curiboca (vide este termo), sendo portanto o quarteirão de sangue branco. Marcgraff escreveu que, no Brasil de seu tempo, no Brasil seiscentista se chamavam *mamelucos* os filhos de europeu e africano: entretanto, esses mestiços euro-africanos sempre foram designados pelo nome de *mulatos*. No Ceará, ao descendente de índio e branco se chama *tapuia*. Tudo isso vem em abono à nosso assertiva anterior de que a nomenclatura dos cruzamentos operados no Brasil pelas três raças, que entraram na formação do povo brasileiro, é profundamente arbitrária e confusa.

Mancha: regionalismo paranaense, registrado no *Vocabulário do Ervateiro* de Romário Martins, que designa concentração mais ou menos abundante de erveiras num dado terreno. (*Ilex-Mate*. Pág. 137).

Manchão: mancha no terreno, onde o diamante de aluvião jaz enterrado. Assim define Sílvio Floreal

MAN — 199 — MAN

no seu *O Brasil Trágico* (S. Paulo — 1928). À pág. 195 deste livro encontramos o seguinte passo: "Era a visão sublime, radiante, intensivamente sedutora, da copiosa fortuna de ninguém que coruscava nas sinuosidades das *grupiaras* que margeiam os recostos dos rios e nos *manchões* das encostas e dos terraplenos, onde os diamantes, carreados no dorso das aluviões invasoras, originadas de remotas erupções telúricas acompanhadas de avalanchas e tremendíssimas enxurradas que revolveram o fundo das águas, aí encalharam..." Outros trechos do mesmo livro repetem este regionalismo, como sejam os das págs. 197, 223, 254, 263, 264, 265, 274, 280, etc.

Mandachuva: brasileirismo registrado por Cândido de Figueiredo e outros vocabularistas, que significa pessoa de alta importância, de alto relevo social; mais propriamente chefe político, no interior. Usado geralmente no Brasil.

Mandembe: dito por alguns *mandengo*, apelida local de difícil acesso, cheio de mato cerrado. Devemo-lo à informação de Urbino Viana, devotado cultor das coisas brasileiras. É de uso em Minas e Goiás.

Mandi: localismo do sul de S. Paulo, designativo de homem rústico, do campo, sinônimo de caipira. Vimo-lo registrado à pág. 122 do livro de Cornélio Pires — *As Estrambóticas Aventuras de Joaquim Bentinho* e à pág. 34 das *Patacoadas*.

Mandioca: registrado por Afrânio Peixoto, que informa ser o nome vulgar, no sertão da Bahia, de um dos antigos partidos políticos da Monarquia, os conservadores. Os adeptos eram os *mandiocas*.

Mandiocal: terreno plantado de mandioca, roça de mandioca — a conhecida e utilíssima euforbiácea (*Jatropha manihot* ou *Manihot utilissima*). "Esse homem chamava-se Luís Bode ou Luís Vinheis, era de bom parecer e de bom coração, e assegurava saber orações extraordinárias para curar doenças de gente, sarna de cachorro, bicheiras de animais, pestes de gado, pragas de *mandiocal...*" (Gustava Barroso — *Através dos Folk-Lores*. Pág. 91). No Pará, diz-se manival e, às vezes, os caboclos chamam — *paiol do chão*.

Mandiola: termo usado pelo povo da capital da Bahia, com o sentido de revolução, revolta, barulho (Informação de Artur Neiva). Em Pernambuco se diz *remandiola*.

Mandioqueiro: termo de uso em Pernambuco para designar o pequeno lavrador que trabalha em terras arrendadas, e se ocupa quase exclusivamente na plantação de mandioca (*Pequeno Dicionário Brasileiro da Língua Portuguesa*). Em Minas Gerais é usado como sinônimo de tabaréu, caipira, homem da roça. Gileno de Carli em seu estudo sobre a *Civilização do Açúcar no Brasil*, publicado na *Revista Brasileira de Geografia*, n.º 3, do ano II, escreve: "Nos pequenos sítios, na pequena lavoura, a mandioca foi, como ainda é, a cultura genuinamente do pobre. Há zonas em que se toma o têrmo *mandioqueiro* como sinônimo de estado social baixo, em contraste com o sentido nobiliárquico de *"senhor de engenho"*. Em S. Paulo mandioqueiro é o lavrador que planta mandioca e a transforma em raspa ou farinha de raspa como se diz (*Correio da Manhã* de 18-3-42).

Mandraqueiro: nome que, nos sertões do Sul do Brasil, principalmente, se dá aos bruxos e feiticeiros. Empregou-o Eurico Branco Ribeiro à pág. 107 do seu livro *À Sombra dos Pinheirais*: "Fez-se mandraqueiro para melhor tirar vingança e, a salvo de qualquer suspeita, agia sorrateiramente". Sousa Pinto registra-o no Norte de Minas com o mesmo sentido. (Almn. Garnier. 1912. Pág. 417). Em S. Paulo diz-se mais comumente *caborjeiro*. No Nordeste da Bahia se diz feitiço

MAN — 200 — MAN

— *mandraca* e o feiticeiro — *mandraqueiro*. Em Pernambuco se diz *mandragueiro* e *mandingueiro*.

Mané-chique-chique: alcunha literária com que Ildefonso Albano crismou o sertanejo nordestino ou melhor o brasileiro agreste, legítimo representante da resistência matuta, em contraposição ao *Jeca-tatu* (vide este termo) de Monteiro Lobato. A alcunha de *Mané-chique-chique*, disse Mário de Alencar que prefaciou o livro comovente e vingador de Ildefonso Albano, vale a outra de *Jeca-tatu*, se não é mais rica na expressão do símbolo. O "chique-chique, explica o autor, é um cardo da pátria de Mané. Nasce e prospera em qualquer terreno, bom, medíocre, ou ruim, mas sóbrio, resistente, tenaz e rude prefere a todos a pedra nua, a rocha dura. Ali, onde parece impossível a vida, onde qualquer planta estiolaria e outra semente encontraria a morte, ali ele se firma, ali encontra seus elementos de vida: a atmosfera clara e límpida, cheia de luz e batida pelos ventos gerais; a água, que cai dos céus e se empoça em cima da pedra, e a umidade, que se infiltra na rocha; para alimento, algum detrito vegetal, que o vento lhe traga, e os produtos minerais, que seu próprio esfôrço vai buscar nas fissuras da rocha. Se lhe falta o alimento, gasta as reservas; se a água evapora, as raízes penetrantes se enfiam por uma brecha na rocha dura e vão buscar a linfa vivificadora, onde ela estiver. O chique-chique nunca perde a sua roupagem verde, quer no inverno diluvial, quer na sêca a mais tremenda. Filha extraordinariamente; corte-lhe o caule em dezenas de pedaços: de cada um, qualquer que seja o tamanho e a posição em que caia, nasce uma nova planta. Depois de uma seca brotam com mais exuberância os rebentos, parecendo que a natureza se apressa em preencher os claros que abriu. Saiba tratá-lo ele lhe apresentará a face macia; não o leve com jeito, ele se defenderá com os espinhos. Dê-lhe trato, cultive-o com cuidado, desaparecerão os espinhos. Modesto e despretensioso, não passa de chique-chique, desprezado e vilipendiado; mas, nos momentos difíceis, nas sêcas devastadoras, todos correm a ele, alimento saboroso, tanto para os animais, como para os homens. Assim também o homônimo Mané Chique-Chique: nasce e prospera em qualquer terra. Mas sóbrio, resistente, tenaz, rude, prefere a todas a *região árida* e *pedregosa, em que nasceu...* Modesto e despretensioso não passa de sertanejo, desprezado e vilipendiado, mas, nos momentos difíceis, nas guerras sangrentas, recorrem a ele, valente soldado e bravo marujo..." (Ildefonso Albano — *Jeca-Tatu e Mané Chique-chique* — 2.ª ed. Págs. 7 e 8). A alcunha foi admirável de representação. Usam-na hoje escritores regionalistas com o sentido acima indicado. Assim o fez, por exemplo, Cassiano Ricardo, o cantor sinfônico e moderno das paisagens e dos homens brasileiros, em artigo publicado no *Correio Paulistano* de 3-7-928, sob o título: *A poesia dos cafezais.* "O seringueiro pegando a onça, o mané chique-chique saltando os rios *roncado,* o guasca riscando a coxilha com as patas do seu pingo fogoso, o paulista metendo o tacão da bota bandeirante no peito do mataréu, são essas figuras que hão de povoar a terra virgem da nossa poesia..."

Manga: regionalismo brasileiro, que se veste de várias acepções. Da Bahia ao Ceará, abrangendo terras de Minas e Goiás, tem o sentido de pastagem cercada, onde se guarda o gado: neste sentido emprega-o Xavier Marques à pág. 358 de *As Voltas da Estrada:* "Manhã de sol. O gado solto devorava o capim melado dos pastos nativos. As *mangas,* nos longes da planície, cobriam o massapé atoladiço e fecundo de uma pelúcia verde-mar, em que se embutiam os espelhos d'água dos bebedouros faiscantes". No Piauí tem o termo *manga* o sentido de pastio mais amplo, onde se põe o gado em certos períodos. Antônio Lopes informa que, no Maranhão, designa "duas linhas paralelas de cerca que se constroem à beira dos rios e igarapés em lugares próprios, para o embarque ou travessia do gado, impelindo-se entre elas o gado que assim se encaminha até o rio, evitando-se que *dispare* pelas cercanias à vista das águas". Cândido de Figueiredo registra que, na Amazônia, assim se chama a um ramal da *estrada* de seringueiras. Calage e Romaguera dão-lhe o significado, no Rio Grande do Sul, de "cerca de pedra ou pau, que, começando à entrada da *mangueira*, ou curral, estende-se até uma certa distância, servindo por dispensar a presença de pessoas neste lugar, para auxiliar a entrada do gado na mesma *mangueira* ou curral", dizendo ainda Romaguera que, nesta acepção, é de procedência platina. Ainda em certas regiões da Bahia e de Goiás, o nome de *manga* é aplicado às pastagens naturais próprias para a engorda dos gados.

Mangabal: terreno coberto de mangabeiras (*Hancornia speciosa*) que nêle crescem espontâneamente. O Nordeste do Brasil é a região dos *mangabais*. "Na sua *esteira*, entraram criadores, atraídos pela superioridade dos cambos despovoados, entraram seringueiros a cujos golpes se dessangravam extensos *mangabais* com borracha valiosa". (V. Corrêa Filho. *Na Região dos Diamantes. Jornal do Commercio* — 19-8-1928).

Mangal: V. Chermont registrou-o dando-lhe a significação de floresta de mangue (*Rhizophora mangle*). Mais verdadeiramente podemos definir com F. Raja Gabaglia — *As fronteiras do Brasil*, pág. 85, "um agrupamento formado por muitas das plantas denominadas mangue; por extensão é o nome coletivo de diversas espécies vegetais que crescem nos terrenos chamados *Mangues* ou *Manguezal*". É formação idênti-

ca à dos *paletuviers* dos franceses.

Mangrulho: registrado por Teschauer, designativo de baliza que indica um baixio. É termo de uso no Rio Grande do Sul.

Mangueira: No Rio Grande do Sul assim chamam aos currais grandes de pedras ou de madeiras, junto ao edifício das *estâncias*, onde são metidos os animais, a fim de marcá-los e para outros misteres; como tal é de origem platina. Em S. Paulo, diz Joaquim Gil Pinheiro (*Os Costumes da Roça ou as Memórias de Mboy*), é "curral onde recolhem os animais para tratar e dar-lhes de comer num cocho (calha aberta num pau roliço) que serve de manjedoura".

Mangueirão: curral muito grande, para o encêrro de tropas e animais. "Campeiro destemido, o moço tinha fama no sertão de corajoso até a temeridade. Muita vez nos rebuliços dos *mangueirões* apinhados, enfrentou arremessos de touros escarvantes, quando verificava o gado para a marcação". (Amando Caiubi. *Sapezais e Tigueras*. Pág. 178).

Mangueiro: curral pequeno. Termo geral do Brasil, empregado por Valdomiro Silveira, à pág. 14 d'*Os Caboclos*: "À Juruti, porém, não se lhe dava daqueles medos. Crescera a par de Belarmino, com êle brincara o *surupango* (divertimento das crianças em roda e com canto) e o *que-pau-é-este* (brinquedo de crianças), perseguira os ninhos de tico-tico, pelo piquete da grama-sêda, trepara aos arvoredos, montara nos poldros e nos garrotes, armara juquiás de taquarapoca, em cujos filhos muita rolinha e muita pomba-cascavel entrou para nunca mais sair, repontara o gadinho para o *mangueiro*, curara o gogo das chumbangas..." Segundo Nélson de Sena e Alcide Jubé, em Minas Gerais e em Goiás *mangueiro* e *mangueira* designam às vezes, nos sertões, os pequenos pastos onde se encurrala o gado, o que na Bahia se chama *malhada* — área gramada à frente da casa da fazenda de cria.

MAN — 202 — **MAN**

Mangues: este termo denomina, na costa do Brasil, lugares lamacentos, não só no litoral, mas também nas margens dos estuários dos rios, onde vegetam os bosques de essências chamadas genericamente *mangue*, "esquisitas representações do mundo vegetal", na frase de A. W. Sellin, pertencentes aos gêneros *rhizophora, avicenia, laguncularia*, etc. Entre as variedades de mangue sobreleva notar a conhecida pelo nome de *mangue vermelho, mangue de pendão, rei dos mangues, ratimbó* (*Rhizophora mangle*), que fornece resistente madeira, "que não apodrece, não dá de si, não verga".

Manguezal: o mesmo que *mangal*.

Maniçobal: terreno onde cresce e viceja abundantemente a maniçoba (*Manihot piauhyensis* ou *Manihot glaziovii*), já em estado selvagem, já resultante da cultura. De primeiro, só havia *maniçobais* nativos: depois de 1897 começaram a incrementar a cultura desta preciosa planta. É a maniçoba uma árvore da família das Euforbiáceas, elegante, menos agreste que a mangabeira, que vegeta nativamente nas *catingas* da Bahia, no Ceará e no sul do Piauí, onde a denominam, às vezes, mandioca brava. Fornece látex, variável segundo os terrenos e variedades, fabricando-se dele uma borracha excelente para a vulcanização. Infelizmente, os processos, até agora praticados, na extração do látex, são retrógrados e selvagens, enchendo os *maniçobeiros* a casca da árvore de incisões, de vários tamanhos e aspectos, sendo uma das mais comuns a que tem a forma de T, por eles denominada — *espinha de peixe*: não raro, sacrificam para sempre a árvore.

Maniçobeiro: assim se designam os extratores do látex da maniçoba, semelhantes aos *mangabeiros* e *seringueiros*. São todos eles sóbrios sertanejos do Nordeste, que levam uma vida miserável no âmago das *catingas*, arrancados às vezes nas grutas (como as que ficam na serra do Brejo e na Salgada do Piauí), de sol a sol, va-

rejando a terra à cata das *mandiocas bravas*. Há, nas regiões dos *maniçobais*, os *barracões* da maniçoba, como os há da seringa na Amazônia; ao *patrão do inferno verde* corresponde o *barraquista* do *maniçobal;* e até não falta a gente pobre escravizada ao solerte dono do *barracão*, a relembrar em plena *catinga* nordestina os curiosíssimos aspectos da vida dos servos dos *seringais*.

Manival: vide *mandiocal*.

Manjericão: termo usado pelos jangadeiros do Rio Grande do Norte e pelos *iacumabas* (pilotos) das canoas que navegam a costa paraense, de Viseu a Belém, para designar o mato rasteiro que desponta no horizonte. Devemos o conhecimento deste brasileirismo a Henrique Jorge Hurley, que nos escreveu a respeito: "Certa vez viajava eu de Bragança ao Gurupi, quando, ao sairmos da ilha Apeú, perguntei ao iacumaba onde ficava a ponta de Sumaca e o caboclo disse-me, apontando para o sul — é aquele *manjericãozinho* que mal se vê rés à água. Êsse vocábulo exprime o mesmo no Nordeste porque, em 1913, ouvi-o na praia Muriú, no Rio Grande do Norte, quando em jangada dali fui ao cabo de S. Roque, na sua ponta extrema".

Mano-juca: regionalismo gaúcho, que, segundo Calage e Romaguera, designa camponês, pessoa que vive fora da cidade, *tabaréu*. Já é um tanto desusado.

Manso[1]: alcunha de *seringueiro* veterano, já habituado ao trabalho da extração da borracha. "De nôvo, na barraca cuidaram das necessidades do estômago, e não saíram mais porque estavam avisados que chegaria à tarde um *manso*, enviado por Salvatierra para ensinar-lhes o processo da extração da borracha". (Rodolfo Teófilo. *O Paroara*. Pág. 315). "É o *seringueiro* que fez pelo menos um *fabrico*, já distingue o assobio dos pássaros, o bater dos peixes, a pegada dos quadrúpedes, se bem que não possua o sentido instintivo do caboclo amazônico" (R. M.)

Manso[2]: regionalismo empregado pelo Visconde de Taunay, que o colheu no linguajar do povo, designativo de trecho de rio em que as águas parecem paradas. É o mesmo que *remanso* e *manso do rio*, expressão usada em Goiás. No Amazonas, aos lugares dos rios cheios, em que as canoas que neles navegam encontram um *remanso*, de modo que, ainda mesmo que os seus tripulantes deixem de remar, não descem, ou não são levadas pela correnteza, chamam — *dia santo*: é um verdadeiro *manso do rio* (Mário Guedes. *Os Seringais*. Pág. 156). "Há no Tietê um grande *manso*, a montante do salto de Itapura" (A. Taunay).

Marabá: é vocábulo tupi que significa filho de pai incógnito, desconhecido. H. Jorge Hurley abona esta opinião com o seguinte trecho colhido no Livro III das *Crônicas da Companhia de Jesus do Estado do Brasil* n.º 27, pág. 19: "Tinha certa velha enterrado vivo um filho de sua nora a que chamam *Marabá* (quer dizer de mistura) aborrecível entre esta gente e era que o pariu a índia em poder do marido, tendo sido gerado por outro, com quem fora casada primeiro: e não era parto adulterino, como cuidou o Pad. Patermina acima citado. Foi Josef avisado do caso depois de passada mais de meia hora; e indo ao lugar, desenterrou-o, batizou-o vivo e são, e entregou-o a mulher segura para que o criasse". Roberto Southey, à pág. 412 do vol. I de sua *História do Brasil*, diz que *marabá* significa fruto misto e duvidoso. Hurley informa que, na Amazônia, *marabá* significa *filho das ervas*, ou mais gentilmente como dizem os caboclos de Curuçá — *filho da fortuna*, o que não procede de casal legitimamente constituído. Nas *Notas* à XV Carta de Anchieta (Publicação da Academia Brasileira de Letras) lemos uma citação de Simão de Vasconcelos que diz ser criança nascida "de duas sementes", isto é, de mistura. Em Teodoro Sampaio encontramos a opinião de que *marabá* é filho de francês com mulher índia, dizendo Nélson de Sena, por seu turno, ser o renegado, filho da índia com o prisioneiro inimigo, seja este de qualquer raça.

Marabuto: alcunha depreciativa dos portugueses. Pereira da Costa transcreve o seguinte período do jornal pernambucano *O Azorrague* n.º 5, de 1845: "A súcia baronista, que levou ao túmulo o estrangeirismo de Pernambuco, defensora de quanto *marabuto* aqui aporta".

Maracatiara: nome que, em certas regiões da Amazônia, dão aos comandantes de navio. Registrado no *Léxico de Lacunas* de A. Taunay.

Maragato: alcunha dada aos rebeldes que, em 1893, tomaram armas contra o partido dominante no Rio Grande do Sul, chefiado pelo glorioso republicano Júlio Prates de Castilhos. Depois, foi aplicada aos federalistas, isto é, aos partidários dos ideais políticos do Cons. Gaspar da Silveira Martins. São muito freqüentes no Rio Grande os derivados: *maragatada* — os rebeldes de 1893 a 1895; *maragatice, maragatagem, maragatismo; maragatear* — fazer política favorável aos *maragatos*. Romaguera Corrêa explica a origem do vocábulo: "dos maragatos de Maragateria, comarca espanhola da província de Leon, cujos habitantes são indivíduos de costumes condenáveis, que vivem a rapinar, a roubar sobretudo animais, espécie de ciganos; e como os rebeldes em suas correrias e incursões se apoderassem de todos os animais que encontravam, os republicanos ou legalistas lhes deram tal alcunha, retribuída com outras não menos pejorativas". Maragato, diz o Dr. Oswaldo Vergara, de Porto Alegre, é o nome que se dá aos federalistas e, especialmente, aos revolucionários que, em oposição ao governo republicano rio-grandense, tomaram parte na guerra civil que assolou o Estado de 1893 a 1895. Vide o que a respeito de Maragato escre-

MAR — 204 — MAR

veu o venerado mestre João Ribeiro, entre págs. 123 e 125 de sua preciosa *A Língua Nacional.*

Marajó: termo paraense muito usado em Belém, que designa o vento que, à tarde, agita as águas da baía de Guajará e ao mesmo tempo refresca a cidade. Em Belém, é corrente a expressão — "caiu o *marajó*", e assim é chamado por soprar dos lados da grande ilha.

Marajoara: além de apelidar os filhos da imensa ilha da foz do Amazonas (de Marajó e *uara*, sufixo indígena que significa habitante, morador, natural de, equivalente à terminação *ense* do português), esta voz designa o vento nordeste que sopra rijo nas florestas da antiga Joanes. Os marajoaras chamam ao *marajoara* — o *geral.*

Marambaia: nome dado ao marítimo que não tem grande amor à profissão e prefere viver em terra a estar embarcado. Registrado no *Léxico de Lacunas* de A. Taunay. O registro de Teschauer é tão-só no sentido de namorador marinheiro, abonando-o com um trecho de G. Penalva.

Maranduba: registrado por C. Teschauer com o sentido de história de guerra, ou **também** de viagem, abonando-o com o seguinte passo de José de Alencar, à pág. 126 do *Ubirajara*: "Ninguém interrompeu a maranduba de guerra". É palavra de origem tupi — corrutela de *mara* — batalha e *nheng* — falar muito — falar muito de guerra.

Maraunito: registrado por Everardo Backheuser (maraunito), "variedade de turfa terciária, de cor clara, muito rica em matérias voláteis, a qual ocorre em Maraú (Bahia). Nome proposto por Gonzaga de Campos". As jazidas deste combustível ocupam grande extensão e se acham próximas do oceano, o que constitui grande vantagem. Foi no ano de 1895 que ilustres técnicos estudaram tais jazidas, havendo então uma tentativa de exploração industrial.

Marcação: termo usado no Rio Grande do Sul para designar o ato de marcar os gados e também a época e o lugar em que se faz esse serviço. Registram-no todos os dicionaristas de termos gaúchos — Romaguera, Calage, Teschaeur e Luís Carlos de Morais, este o mais extenso no descrever o fato campestre. É o que no Norte, da Bahia ao Amazonas, se denomina *ferra.*

Maré: de Beaurepaire-Rohan transcrevemos a definição deste regionalismo paraense. "Nas viagens fluviais em que se faz sentir a ação do fluxo e refluxo do mar, designa-se por maré a distância itinerária de um ponto a outro. Tendo, por exemplo, de subir ou descer um rio, aproveita-se, no primeiro caso, da enchente, e, no segundo, da vazante, e viaja-se até que cesse o fluxo ou refluxo, parando então à espera de outra maré, e assim por diante, até atingir o ponto a que se destina. Assim, pois, quando se diz que entre o sítio tal e tal há uma, duas ou mais *marés*, dá-se uma idéia do tempo que se gasta em vencer essa distância".

Maresia: assim chamam, na região do Tocantins-Araguaia, às ondas encapeladas que se formam em certos trechos do belo e majestoso rio, entre os Estados de Mato Grosso e Goiás. O Dr. Florêncio do Lago, no "Relatório dos Estudos da Comissão Exploradora dos Rios Tocantins e Araguaia em 1871", escreveu: "Em outros pontos as águas apertadas entre as paredes dos bancos com declives mais ou menos consideráveis, tomam direções proximamente retilíneas e formam em seu alargamento, quando a seção do rio muda, e a jusante dos bancos, intumescências que produzem ondas encapeladas, conhecidas por *maresias*. Muitas vezes chegam a alagar os barcos, mal haja qualquer descuido em sua marcha ou direção". Segundo informa o Eng.º Américo Leonides Barbosa de Oliveira chama-se também *banzeiro* no vale do Tocantins-Araguaia. O Dr.

Júlio Paternostro em sua *Viagem ao Tocantins* diz: "quando as águas se apertam nas paredes dos bancos ou descem em declives mais ou menos consideráveis, encrespam-se e espumam em intumescências alvas que se percebem ao longe na cor parda do rio. São os *rápidos* ou *rebojos* ou *maresias*, que os pilotos evitam a distância, manobrando o leme". No Maranhão, segundo informe de Antônio Lopes, significa *banzeiro*, ondas, quer nos rios, quer na costa.

Mar estanhado: locução usada pelos barqueiros e pescadores da baía de Todos os Santos para designar o mar toldado e escuro, já pelas correntezas, já por estar o céu encoberto. Interessante também é a expressão — *mar relancioso* — no sentido de agitado, cheio de ondas (Informação de Artur Neiva). Também se usa em Pernambuco, segundo informa o Dr. Célio Meira.

Margem: os *seringais* da Amazônia dividem-se em duas partes perfeitamente distintas: a *margem* e o *centro*. A *margem* é o lugar, à beira do rio, onde se assenta o *barracão*, a casa matriz do *seringal*, a residência do *patrão*. Aí começam os *varadouros*, caminhos que vão ter ao interior do *seringal*, aos *centros* (vide esta palavra), como eles dizem, e, às vezes também, estradas de seringa. São os *comboios*, tropas de burros, que põem em comunicação *margem* e *centro*.

Maribondo: ou *marimbondo*, alcunha dos sediciosos pernambucanos que, em 1852, perturbaram a paz no interior da província de Pernambuco, em protesto à execução do Dec. imperial de 18 de junho de 1851, que estabeleceu nas paróquias o registro de nascimentos e óbitos. Para a ignorante população do interior, tal lei era para a escravização dos filhos do Norte. Surgiu a rebeldia em Pau d'Alho, irradiando-se por vários outros pontos da província e até na Paraíba, onde o levante foi denominado — *ronco da abelha*. O governo dominou fàcilmente a rebe-

lião, graças às tropas enviadas contra os revoltosos e, principalmente, à palavra do frade capuchinho Caetano de Messina, missionário querido de toda a população. Foi também alcunha que os brasileiros receberam dos lusos ao tempo da Independência.

Marimbu: regionalismo baiano, que significa terra embrejada à margem dos rios, muito de uso na bacia do S. Francisco. "Vencendo a vastidão dos tabuleiros, ou vales e as montanhas, a vista encontrava na majestade serena da distância, ora o espelho sereno de um lago perdido nos *marimbus* do Santo Antônio (rio), ora uma fita delgada de rio, muito ao longe, serpeando" (Alberto Rabelo. *Contos do Norte*. Pág. 28). César Zama, escritor baiano, estudando a vida marcial de Aníbal, general cartaginês, usou dêste termo no seguinte passo: "Logo que terminou a descida o general cartaginês, sem hesitar, mete-se pelos pântanos e marimbus do Arno, obrigando o seu exército a marchar durante quatro dias e quatro noites por dentro da lama e do lodo..." (*História dos Três Grandes Capitães da Antiguidade*". Pág. 40).

Marinha: denominação que os paranaenses dão ao litoral, em oposição à serra e aos campos do interior. Registrado no vocabulário de Rodolfo Garcia.

Marinheiro: alcunha depreciativa dos portugueses em alguns Estados, principalmente do Norte. Segundo Coriolano de Medeiros o termo *marinheiro* é o nome dado no interior da Paraíba aos negociantes em grosso das capitais (*O Barracão*. Pág. 107).

Marmeleiral: bosque de marmeleiros. "Chico Bento parou. Alongou os olhos pelo horizonte cinzento. O pasto, as várzeas, a caatinga, o *marmeleiral* esquelético, era tudo uma sincronia de borralho" (Rachel de Queiroz — *O Quinze*. Pág. 30).

Marola: registrou-o Rodolfo Garcia com o mesmo sentido de *banzeiro*. Encontramo-lo apenas referido nos

Canais e Lagoas de Otávio Brandão, como sinônimo de *banzeiro* e *cavaleiro*, isto é, onda impetuosa.

Maromba: registrado por Teschauer, com um duplo sentido. No Nordeste, *maromba* é sinônimo de manada de bois, magote; na Amazônia, é o estrado que os habitantes das margens de certos rios constroem para nele se refugiarem durante as inundações. Parece, porém, que estes abrigos são mais próprios para o gado com o mesmo objetivo. É o que deduzimos de leitura dos escritores regionais da Amazônia. Em Raimundo Morais, livro citado, lemos à pág. 93: "A fim de atenuar a desgraça (a da inundação) armam-se as *marombas* para o gado, largos jiraus de achas grossas e resistentes, sobre os quais a manada sobe e espera a estiada". "É o dilúvio. As *marombas* foram atingidas. Com as pernas mergulhadas semanas e semanas consecutivas, com os cascos descolados e o couro rachado, caem mortos os bezerros e as vitelas, as novilhas e os garrotes. Os fazendeiros e agregados que se acham nas imediações, com as bagagens embarcadas em canoas e batelões, esperançados de que o desastre não fosse tamanho, mudam-se temporariamente para os *firmes* longínquos e transportam, nas suas pequenas arcas de Noé, as reses que escapam". Segundo Lauro Palhano, *maromba* também significa jangada, geralmente de embaúbas, para transporte de gado (rio Purus). Na *Visita Pastoral* de D. Antônio de Almeida Lustosa, Arcebispo do Pará (1933-1935), encontramos novo significado, por dizê-lo, da palavra *maromba*: "Os megalcenses procuram resolver a dificuldade da distância em que fica o vapor da margem, construindo uma *maromba*, a uns dois quilômetros de distância, em frente à vila. A *maromba* serve de trapiche. Passageiros e mercadorias desembarcados aí são transportados para a vila em *montarias*. A palavra *maromba* tem aí o sentido de tablado sustentado por esteios".

Maroto: alcunha depreciativa dos portugueses no Brasil, sobretudo na Bahia, desde o tempo da Independência. Maroto, dizem Fr. João de Sousa e Fr. José de Santo Antônio, é palavra de origem árabe, significando insolente, imorigerado. (*Vestígios da língua arábica em Portugal.*) Entretanto, Fr. Francisco de S. Luís no seu *Glossário de Vocábulos Portugueses derivados das línguas orientais exceto a Árabe* diz o seguinte: "nome de desprêzo, que se dá aos rapazes malcriados, mal ensinados, descorteses, ociosos, vadios..." Bluteau no *Suplemento* diz que tanto este termo como os outros semelhantes nomes — *marrucha, marrufo, marau,* se podem derivar do hebraico *marod* e *marodim,* que também significam homem pobre, pedinte, vagabundo. É para registrar-se que ao tempo da Independência, quando acesa ia a guerra na Bahia, a alcunha de *maroto* era empregada até em documentos oficiais, como faz prova o seguinte trecho de um Ofício, datado de 22 de fevereiro de 1823, e dirigido pelo gen. Labatut, que comandava as tropas brasileiras em torno da cidade do Salvador, à junta do Governo de Pernambuco: "No combate de 15 de fevereiro sofreram os marotos a bravura dos pernambucanos de mistura com outros seus irmãos de armas".

Marreta: nome de um partido político do Estado do Ceará, no período republicano. A respeito desta alcunha enviou-nos Mário Melo, do Instituto Pernambucano, a seguinte retificação, que reproduzimos na íntegra: "O têrmo é pernambucano e surgiu em 1911. Quando estava no auge a propaganda da candidatura Dantas Barreto ao governo do Estado, foram ouvidas no interior do quartel de polícia vozes que soavam como vivas a Dantas Barreto. Houve fora grande aglomeração de partidários deste, que julgaram uma adesão da polícia à sua causa. No dia seguinte o comandante explicou que apenas os soldados feste-

MAR — 207 — MAS

javam o aniversário de um hipotético cabo Marreta e as vozes que foram ouvidas fora do quartel eram vivas à mãe de Marreta. Logo começaram a denominar marrêtas, depreciativamente, os partidários da situação dominante contra a qual se levantaram os dantistas. Como a queda da oligarquia cearense foi conseqüência do movimento de Pernambuco o termo estendeu-se até o Ceará, aplicando-se aos aciolistas". Ainda mais lemos num artigo de Pandiá Calógeras, publicado no *O Jornal* de 17 de março de 1928, o nome de marreta como sendo alcunha depreciativa dada pelos brasileiros aos portugueses nos tempos da Independência. Eis o trecho: "Daí os apelidos pitorescos com que denominam estes últimos: *galegos, marretas, pés-de-chumbo,* dirá o brasileiro, filho de portugueses, dos patrícios de seus pais".

Marroeiro: indivíduo prático em domar touros. Registrado por A. Taunay e empregado bastas vezes por Gustavo Barroso (*Terra de Sol*) e Catulo Cearense.

"Distante soam gritos de a-
[boiador.]
Canta o fogo-pagou
E, vestidos de couro, avultam
[marrueiros,]
bronzeos, firmes na sela, os
[heróis altaneiros],
— Ecô, marruá! Ecô..."

(Eurico de Góis. *A Tróia Negra*. Episódio do poema *Os Sertanistas* — Na *Feira Literária* de março, 1928).

Marrões: alcunha dos conservadores na vila de Chique-Chique e sertões do S. Francisco. No tempo da monarquia, de 1860 em diante, lutas políticas acirradas entre eles e os liberais, alcunhados *Pedras,* e ainda os famigerados *Bundões,* tornavam então famosos tais grupos sertanejos. Em 1822 o Dr. João dos Reis de Sousa Dantas, Presidente da Província da Bahia, em seu *Relatório* (Pág. 8) escrevia: "O que, porém, desde já não padece dúvida é que a segu-

rança de vida e de propriedade correu grave risco naquelas regiões, — o que parece repetição das antigas lutas entre *Marrões* e *Pedras,* que há mais de 20 anos flagelaram as margens do S. Francisco".

Marumbis: lagoas cheias de tabuas, segundo Horácio William em seus *Estudos Geológicos na Chapada Diamantina* — Bahia — 1930. Talvez alteração de *marimbu.* (Vide este termo).

Mascates: nome que figura na História do Brasil desde 1710 quando houve em Pernambuco a *Guerra dos Mascates* entre brasileiros e portugueses. Estes eram por menosprezo denominados *mascates* pelos brasileiros que em maioria moravam em Olinda, ao passo que os portugueses predominavam em Recife. Os lusos eram, em geral, negociantes, ambulantes ou não, de humilde nascimento e que tinham vindo do reino pobres, enriquecendo-se pelo trabalho. Daí o apelido pejorativo de *mascates,* que englobava todos os moradores de Recife.

Massapé: solo residuário formado pela decomposição dos calcários cretáceos, constituindo uma argila compacta, anegrada e de extrema fertilidade. Rodolfo Garcia muito bem ressalta a diferença de pronúncia entre os Estados do Norte e os do Sul: nestes se diz *massapé,* naqueles *massapê.* Amadeu Amaral, registrando-o em S. Paulo, escreve que é uma argila resultante da decomposição de rochas graníticas, muito boa para a cultura do café. Na Bahia, é admirável para a cultura de cana, encontrando-se principalmente nas terras do Município de Santo Amaro e convizinhos. Rica em húmus, a terra do massapé é demasiado gorda, pegajosa, muito aderente aos pés, amassando-se, donde o nome que lhe apuseram. Antonil já se referia em sua *Cultura e Opulência do Brasil* à fertilidade dos *massapés,* "terras negras, e fortes, são as mais excelentes para a planta da cana" (Cap. I do Livro 2.º). Finalmente vale registrar

MAT — 208 — MAT

que as dificuldades que tal terreno apresenta à locação das estradas de ferro fizeram surgir o cognome — "os desmoralizadores da engenharia brasileira".

Mata: é dição lusa empregada no Brasil no mesmo sentido que em Portugal. Entretanto, tem ainda a significação peculiar de uma das zonas geográficas, em que se dividem Pernambuco e os Estados vizinhos, entre a praia e o *agreste*, caracterizada pela fertilidade do solo, exuberância e grande porte da vegetação: é por excelência a zona açucareira. É o que diz Rodolfo Garcia, o qual acrescenta que, em Minas Gerais, é a região cafeeira, confinante com os Estados do Espírito Santo e Rio de Janeiro. No Brasil, é freqüente em livros e na linguagem falada ouvir-se a expressão — *mata virgem*, a respeito da qual escreveu Luetzelburg nas últimas páginas do 2.º vol. do seu valiosíssimo trabalho, tantas vezes citado, trechos de alta relevância. Dele são os seguintes: "A mata virgem é a vegetação que se formou sobre o solo aluvial, relativamente recente, trazìdos pelos rios ou pelas chuvas vindas das próximas montanhas". "Os componentes das matas virgens pertencem a diversas famílias e sempre se apresentam com forte mistura. Nunca se deparam grupos das mesmas espécies em conjunto. A mistura é de tal maneira embaralhada, que no mesmo trecho se encontram representantes de diversas famílias". A *mata virgem* abrange uma enorme área do nosso Brasil: ao longo do litoral, ela se prolonga por cerca de 3500 quilômetros, daí introduzindo-se para o oeste ao longo dos vales e das beiras dos rios. Constitui a *mata virgem* brasileira uma das mais exuberantes manifestações da vida vegetal do Planeta.

Mata-burro: registrado por A. Taunay com o sentido de ponte de traves espaçadas para impedir a passagem de animais. O ilustre P.e Camilo Torrend S. J., eminente professor, em comunicação que fez ao Instituto Geográfico e Histórico da Bahia, de uma *Excursão a Goiás*, publicada na sua *Revista* n.º 52 — 1926, pág. 272, disse a respeito: "Para impedir que os tropeiros se utilizem da mesma passagem, com enormes prejuízos da estrada, em certas distâncias colocam-se *mata-burros*, isto é, uma espécie de trilho de madeira que permita aos automóveis transpor um córrego ou uma simples escavação artificial feita no chão, de maneira porém que a passagem seja inacessível aos quadrúpedes. Na estrada que vai de Bonfim a Goiás, entre Anápolis e Pirenópolis, existe um *mata-burro*, que é talvez o recorde das pontes desse genero. Tem cerca de 60 metros, atravessando o Capivari e suas margens pantanosas". O prof. Alcide Jubé assim define mataburro: "ponte especial feita nas estradas que atravessam pastos cercados por valados. Sua construção pode ser de pequenas traves de madeira com intervalos; ou então de duas bicas de madeira em linhas paralelas e eqüidistantes, com bitola para um automóvel. O seu fim é deixar passar o veículo e vedar a passagem a qualquer animal que estiver no pasto. O seu aparecimento remonta à entrada do automóvel em Goiás (Carta de 26 de outubro de 1919). Rodolfo Garcia diz significar largo e profundo dreno seco, *escavado* na base dos *cortes*, para evitar a entrada de animais nos mesmos.

Mata-cachorro: alcunha que os sertanejos dão aos soldados das polícias estaduais (Vide *Macaco*). Na Bahia chama-se também mata-cachorro o servente dos circos, em outras zonas denominado arara e *casaca-de-ferro* (S. Paulo).

Matacão: termo geral, que Rodolfo Garcia assim conceitua: "Grande bloco de rocha maciça como seja o granito, gnaisse e outras. Há tempos se levantou a hipótese de que esses blocos haviam sido espalhados pelo Brasil pelos geleiros durante a época glacial — um período frio que se sabe ter existi-

MAT — 209 — MAT

do nas regiões mais próximas dos pólos. Entretanto estudos posteriores, devidos especialmente ao sábio Branner, mostraram que eles se originaram, próximo, ou no próprio sítio onde ora se encontram, pelos processos de esfoliação e decomposição". Explicam suficientemente o fenômeno os professores Rui de Lima e Waldemiro Potsch à pág. 219 da 2.ª edição de seus *Elementos de Mineralogia e Geologia*: "O aquecimento da rocha durante as horas de máxima insolação e o resfriamento brusco posterior pelo aguaceiro causa um fendilhamento da parte superficial, fendilhamento esse que se vai pouco a pouco aprofundando até desintegrar completamente a massa rochosa, transformando-a em blocos arredondados e esfoliados ou *matacões*". Os matacões são análogos aos *boulders* (enorme pedras soltas), blocos de decomposição. São exemplares notáveis de *matacões* os que ocorrem nas ilhas d'água e de Paquetá na baía do Rio de Janeiro, na entrada do Porto de Vitória, no Espírito Santo, e em muitas regiões do país".

Mataria: termo geral, empregado no sentido de grande extensão de mata, às vezes de conjunto de plantas agrestes.

Mata virgem: vide *Mata*.

Mateiro: termo geral que designa o explorador de matas, norteando-se por elas sem bússola, quase por instinto. Na Amazônia, porém, este vocábulo tem uma acepção toda peculiar. De feito, nos *seringais* amazonenses, o pessoal que os trabalha se compõe das seguintes criaturas — o *patrão*, que é o dono, e os seus subalternos e empregados. Estes são: o gerente, os caixeiros, os *homens do campo*, *os camboeiros*, os *mateiros*, os *seringueiros*, os *aviados*. Os *mateiros* são os indivíduos que, conhecendo a mata perfeitamente, em todos os seus segredos e acidentes, têm por ofício a abertura das *estradas de seringa* e a *fiscalização* das mesmas. Vem de molde transcrever aqui a página de Má-

rio Guedes, n'*Os Seringais*, referente a esse tipo da Amazônia no exercício de sua função de abridor de veredas: "A abertura de uma *estrada* efetua-se do seguinte modo: seguem para a mata o *mateiro* e o *seringueiro*, que então se chama *toqueiro*. O mateiro penetra na mata. Desde que descobre uma seringueira, bate a *sapopema* (raízes que se desenvolvem com o tronco da árvore formando divisões em derredor dele; batendo-se nelas produz-se um som que ecoa fortemente na mata, reboando, de maneira que o ruído alcança grandes distâncias), ou, por outra, avisa de viva voz ao *toqueiro*, que fica à espera do sinal, enquanto o outro descobre a seringueira, de braços cruzados, sentado ao tronco ou ao *toco* de alguma árvore. Daí o nome de *toqueiro*. Dado o sinal, o *mateiro*, do lado, onde se acha, e o *toqueiro* do seu, começam a abrir a *estrada*, até se encontrarem os dois. E, assim, continuam até perfazer o número determinado de *madeiras* (seringueiras) a uma *estrada*, o qual orça, mais ou menos, por cem a cento e cinqüenta". Quando entre uma seringueira e a outra, na *estrada*, a distância é tal que não deixa ouvir o eco da *sapopema*, usa o *mateiro* de um tiro de rifle para que o ouça o *toqueiro*. Aberta a *estrada*, ao *mateiro* ainda incumbe levar os novos *seringueiros* aos *centros* e depois fiscalizar o trabalho, isto é, verificar como o *seringueiro* golpeia as árvores, se estraga as *madeiras*, se usa certos processos proibidos para obter mais leite, como sejam: tirar *chaboque* (pedaço da casca da árvore), roubar um golpe (que é um talho a mais na arreação), fazer *tatu* (cortar a seringueira na raiz), praticar o *arrocho* (amarrar a seringueira, cintando-a, para que dela escorra mais látex), etc., etc. Tôdas estas noções colhemos no livro citado de Mário Guedes. No interior da Bahia, chama-se *mateiro* ao morador da zona da mata, oposto ao *catinguei-*

MAT — 210 — **MAT**

ro, que é o habitante das *catingas*. Vemo-lo ainda empregado no sentido de *caipira, tabaréu*.

Mato: na linguagem comum emprega-se esta palavra para designar o campo em contraposição à cidade, sinônimo de *roça* (Vide esta palavra).

Mato bromado ou brumado: o mesmo que *brumado*.

Mato-grosso: termo com que, não raras vezes, se designam as matas. Em Goiás, diz Rodolfo Garcia, assim se chama a uma imensa faixa florestal, que corre entre Pirenópolis e a cidade de Goiás, de cêrca de 100 quilômetros de largura por 400 de comprimento, constituindo uma grande parte da bacia do Araguaia. *Na Informação Goiana* de janeiro de 1927, encontramos o seguinte trecho de referência ao *mato-grosso de Goiás:* "Ao pé do Planalto Central, de Anápolis a Curralinho e de Jaraguá até Campinhos, existe com o nome de *Mato-grosso de Goiás* uma mancha de terra roxa, superior a 30000 quilômetros quadrados e melhor que a de Ribeirão Preto (S. Paulo). Nesta zona o café produz três ou quatro vezes com abundância". (De uma entrevista do Eng.º Luís Schnoor). Henrique Silva calculava a área desta região em 100 000 quilômetros quadrados e a ela se refere Saint-Hilaire em sua *Viagem pela Província de Goiás*.

Matombo: termo regional, usado no Norte, para designar sulco na terra ou elevação de terra entre sulcos. Registrado por Teschauer que o abona com uma cita de M. Benício, à pág. 71 do seu livro *O rei dos jagunços*: (Nos terrenos arenosos, viam-se milhares de *matombos*, gretando o talo tenro das mandiocas e outras com estacas de diversos tamanhos". E acrescenta o grande vocabularista que *matombo* também é *cova*, em que se planta de estaca a mandioca; também *matumbo*. Registrado pelo *Pequeno Dicionário Brasileiro da Língua Portuguesa*.

Matupá: é, na Amazônia, o nome vulgar do capim aquático que vinga à beira dos lagos e rios, e, por extensão, grandes touças de capim desenraizado das margens que, flutuando, deslizam na veia d'água, por ocasião das enchentes. V. Chermont que o registra acrescenta que o *matupá* é composto, em geral, de canaranas e orelha-de-veado. É o mesmo que *piriantã* ou *periantã*. Peregrino Júnior, no Vocabulário anexo às suas *Histórias da Amazônia*, escreveu sobre esta palavra o seguinte: "Barranco, *periantã*, capim em touças desenraizado das margens que flutua à mercê das correntezas dos rios. Ilha flutuante de canaranas, mururés, paus secos, cheia de flor e de lama, em cujos garranchos verdes viajam os pássaros de canto sonoro, as aves de plumagem colorida, as serpentes de veneno traiçoeiro, e que desce nas enchentes, nos rios e igarapés da Amazônia". Por seu turno Araújo Lima à pág. 117 de sua *Amazônia* diz: "espécie de terreno fictício tecido pelas camadas de capim superpostas, em cujas malhas fica retido e sedimento".

Maturrango: registrado pelos vocabularistas gaúchos com o sentido de mau cavaleiro. É palavra de origem platina, segundo informa Pablo Cabrera na *Revista de la Universidad Nacional de Cordoba* (mayo-junio de 1927 — Pág. 75). Teschauer, que a registra, cita em abono o seguinte trecho de A. Varela: "A partida de *maturrangos* ainda sobrevivente, composta quase toda de portugueses, desertores do corpo de dragões, teve parecida sorte". No Rio Grande do Sul, *maturrango* é sinônimo de *baiano*. Ocorre também *maturrengo*, registrado por Luís Carlos de Morais, que escreveu: "o que monta mal; o que não entende do serviço de campo em lida com o gado ou cavalos". Daí *maturrangada* ou *maturrengada*.

Matuto: *tabaréu, caipira*. De matuto derivam *matutice* — maneiras ou atos próprios de matutos, *matutada* — grupo de matutos.

Mazombo: termo um tanto desusado que, em certos pontos do nosso país, designava o indivíduo nascido no Brasil, de pais estrangeiros, especialmente de portugueses. Era sobretudo corrente em Pernambuco. Beaurepaire-Rohan acreditava na sua origem africana; Batista Caetano inclinava-se pela etimologia tupi. "Além desses traços que tão bem as caracterizam, as primitivas entradas de caça ao índio que irradiaram em tôdas as direções do país, tinham sem dúvida desde o seu início um cunho francamente guerreiro, sob a férrea disciplina dos capitães comandando os filhos de catorze anos arriba, *mamalucos* ou *mazombos*, ou soldados reinóis, armados de espingarda, espadas e espadolas, e escravos índios de arco e flecha" (Paulo Prado. *Paulística*. Págs. 54 e 55). Finalmente são de Varnhagen as seguintes palavras: "Os descendentes dos primeiros colonizadores começaram a designar com a expressão africana de *mazombo* aos filhos dos chegados da Europa, reservando o termo português *crioulo* para os filhos dos africanos no Brasil".

Mazorca: registrado como brasileirismo por C. Teschauer, A. Taunay e Cândido de Figueiredo (4.ª ed.), com o significado de desordem, tumulto, perturbação da ordem. O vocábulo veio do Prata com este sentido. Vide o que a respeito de sua origem escreveu P. A. Pinto na *Revista de Filosofia Portuguesa*, N.º 11, págs. 95 e 96. De mazorca se formou *mazorqueiro*, autor da *mazorca*, anarquista, sedicioso.

Medição: no sudoeste baiano a palavra medição designa o ato de mandar-se medir um trecho de terras devolutas, pertencentes ao Estado. Por extensão o vocábulo designa as próprias terras demarcadas. Freqüente o dizer: "Eu tenho uma *medição* no Gongogi" (afluente do Contas, na Bahia).

Meganha: alcunha de soldado de polícia, de uso no Rio de Janeiro. Num artigo do gen. Lobo Viana, publicado no *O Jornal* de 12 de fevereiro de 1928, lemos os seguintes períodos: "E se porventura agentes policiais procuravam intervir, pondo termo às brincadeiras, então o rolo estourava. E os *meganhas* em geral saíam de pior partido. Apanhavam".

Meia-cara: nome que se dava ao escravo africano importado por contrabando, não custando senão a despesa do transporte. Era o negro que vinha, por dizê-lo, de graça, de *meia-cara*. Registrou-o Pereira da Costa, em seu *Vocabulário Pernambucano*.

Meia-praça: registrado por Afrânio Peixoto que o define — mineiro que recebe mantimentos de outrem e trabalha para si e seu fornecedor. Empregou-o na *Bugrinha*. *Meia-praça*, escreveu-nos Alberto Rabelo, é o garimpeiro que trabalha com as provisões fornecidas por outrem, e que fica obrigado a dividir a importância do apurado na mineração. Empregou-o à pág. 27 dos *Contos do Norte*: "E se era para gastar em um dia, para cobrir de seda o corpo das mulheres que vinham do S. Francisco acompanhando os romeiros na fascinação de sua opulência, melhor seria ficar parado, *faiscando* aqui e acolá, ou enganando os patrões numa *meia-praça* sem fim". O termo é usado também nos garimpos de Mato Grosso, segundo registrou a *Revista Brasileira de Geografia* em seu n.º de abril-junho de 1943.

Meio do mundo: expressão do Norte do Brasil, corrente entre os sertanejos, para designar lugar deserto, ermo e longínquo. "Com jeito, soube depois que fugira de casa na véspera, para evitar os maltratos da madrasta, e estava perdida neste *meio de mundo*" (Gastão Cruls. *Ao Embalo da Rêde*. Pág. 19).

Meio-Norte: denominação proposta pelo ilustre cientista maranhense Raimundo Lopes e já usada pela gente do Extremo-Norte, para designar, em geral, as regiões setentrionais aquém da Amazônia. Rai-

MEL — 212 — MES

mundo Lopes faz sentir que anexos o Maranhão e o Piauí ao Nordeste, como se tem feito nos melhores compêndios (Said-Ali, Sávio, Delgado de Carvalho) e ainda em manuais como os de Réclus e Pierre Denis, além de antididático reunindo sete Estados num só grupo, é anticientífico. Os territórios desses dois Estados têm mais afinidades com os centrais (Goiás, Mato Grosso), sendo que o território maranhense tem, pela posição litorânea, maior e mais complexa faixa transicional (*Boletim do Museu Nacional* — Vol. VII — N.º 3, pág. 185).

Mela: encontramo-lo registrado no *Léxico de Lacunas* de A. Taunay, designando, no Maranhão, os oásis dos campos talados pelas secas.

Melado: em Mato Grosso, segundo o Visconde de Taunay (*Inocência*), designa o homem louro. Registrou-o A. Taunay.

Melador: termo usado nos gerais do Nordeste para designar o tirador de mel nas matas. "O *melador*, quando sai a *melar*, no dizer local, extrai o mel derrubando a árvore; por esse processo pode-se imaginar que grau de incapacidade possui o sertanejo. Não se pense que o mel faça parte da alimentação como coisa supérflua; ao contrário, nos *gerais*, e em grande zona de Goiás o mel, com um pouco de farinha e alguns cocos, constitui a refeição ordinária; fora disto é a exceção" (A. Neiva e B. Pena — *Viagem científica pelo Norte da Bahia*, etc., *Memórias do Instituto Oswaldo Cruz* — Ano 1916 — Tomo VIII — Fascículo III — Pág. 116). Refere-o também, na Amazônia, Gastão Cruls, que lhe dá a seguinte definição: indivíduo que sabe achar as abelheiras e extrair o seu mel (*Elucidário anexo à A Amazônia que eu vi*, pág. 333). No Vol. XIII da *Revista do Instituto Histórico e Geográfico Brasileiro*, à pág. 321, lemos em nota a seguinte observação: "Chamam os sertanejos melar o ir ao mato colher mel (O R)".

Melancia: alcunha que, no Rio Grande do Sul, era aplicada, durante a revolta de 1923, aos indivíduos que exteriormente se diziam governistas, sendo, entretanto, no íntimo, revoltosos. Alusão flagrante ao fruto da conhecidíssima cucurbitácea verde ou verde amarelo por fora e vermelho por dentro. Informação do Dr. Licério Schreiner.

Mele: sinônimo de *fundo* (vide este termo), *torra,* usado na zona diamantina de Goiás. Vimo-lo empregado por Cristiano Machado em seu artigo *As golcondas do Brasil*, publicado na *Informação Goiana* de dezembro de 1928.

Mendubis: termo das Lavras Diamantinas da Bahia, de que usam os *garimpeiros*, para nomear os conglomerados que se acumulam em grandes depósitos na zona diamantífera, resultante da erosão do itacolomito pelas águas dos mares antiquíssimos que banhavam a sobredita região. É esta a hipótese do P.e Camilo Torrend, que os viu em grande quantidade numa das margens do rio Piabas, entre Mucambo e Mucugê, e num outeiro a cerca de uma légua de Ventura, no caminho que vai para Mundo Novo (Bahia). (*Pela Terra Diamantina*. 1925-1926). O Eng.º Macambira Monte-Flôres explica a origem da palavra dizendo que, efetivamente, os seixos de quartzo, quartzito, arenito e jaspes, empastados no cimento quartzítico, assemelham-se aos frutos da leguminosa chamada amendoim, que o povo chama mendubi ou mendobim. Também se diz na região das Lavras — *pedra de mendubi.*

Merengue: registrado por Taunay e Nélson de Sena, alcunha dos franceses em Minas Gerais.

Mesa: segundo Gastão Cruls, o mesmo que *comedia. Mesa de lontra:* local em que esses animais se reúnem para fazer os repastos e onde quase sempre se encontram muitas escamas e espinhas de peixe (*Elucidário anexo à A Amazônia que eu vi*, pág. 333).

Miguelista: nome que também se dava ao partido conservador ou *guabiru* em Pernambuco, contrário ao liberal ou *praieiro* (1848). Era ainda chamado *baronista* por causa do Barão, depois Conde da Boa Vista, que exercera na província o cargo de Presidente.

Milico: regionalismo gaúcho, designativo de soldado policial, miliciano. Registrado por Calage e Romaguera. Vimo-lo empregado por Alcides Maia, à pág. 117 da *Alma Bárbara*, no seguinte passo: "Nós, amigo Luna, vamos dar uma boa lição ao Padilha e um exemplo nos *milicos*".

Mimoso: denominação dos famosos campos de criação de gado vacum no Piauí, caracterizados por uma gramínea denominada *mimoso*. A respeito deles escreveu Luetzelburg: "Entre os agrestes ao norte do Estado do Piauí e a catinga do sul se introduz à meia altura do Estado o estreito cinto quase exclusivamente de *mimoso*. Este cinto mimoso é o limite fitogeográfico natural e exato entre a *catinga* e os *agrestes*. Separa a região seca dos serrotes de arenito ao sul do Piauí da zona setentrional, rica de carnaubais, como também as zonas ricas de maniçobais, distritos mais pobres. A zona do mimoso é pobre em árvores altas, imperando ali, mais ou menos com 90% da vegetação, as leguminosas; os 10% restantes cabem às euforbiáceas, cactáceas e carnaúbas". Pereira da Costa define: "denominação das regiões sertanejas caracterizadas por sua situação em terrenos baixos e planos, de clima seco e quente, mas temperado e sobremaneira agradável no começo do verão e durante a estação hibérnica e abundantemente produzindo o algodão, de ótima qualidade, cana-de-açúcar aproveitada na fabricação da aguardente e rapadura, cereais e legumes". Segundo informa Virgílio Corrêa Filho o termo é de uso também no Mato Grosso, aplicando-se apropriadamente aos campos que se dilatam por trás da morraria ribeirinha ao rio Cuiabá, de Melgaço para jusante.

Mina: além dos sentidos comuns, é esta palavra empregada no Sul do Brasil (Paraná e Mato Grosso) para designar as "concentrações espontâneas da erva-mate no recesso das matas virgens", segundo refere o Inspetor Agrícola Federal Antônio de Arruda Câmara, em artigo publicado no Boletim do Ministério da Agricultura, Indústria e Comércio de maio de 1928. Do mesmo autor são as seguintes palavras referentes ao descobrimento dos *ervais* nativos e desconhecidos em meio da *sertania* virgem: "Distingue-se nessas expedições o caboclo que revive as façanhas dos seus antepassados índios. Embora inconstante e nômade, é um trabalhador de difícil substituição porque ninguém como êle resistiria à vida rude e penosa, às fadigas e privações inevitáveis na difícil e longa jornada através da floresta... até que a altaneira fronde da araucária prenuncie a próxima e almejada descoberta. Aos dois ou aos três, armados com o necessário para a caça e abertura de picadas, providos de mate e escassa reserva de alimentos, exploram a mata em todos os sentidos durante o dia e à noite, vencidos pelo cansaço, repousam tranqüilos... Assim, desprendidos e corajosos, embrenham-se cada vez mais até que os bons fados os levam ao término almejado. É o prêmio reservado pela virgem Caa-Jari — protetora dos ervais — aos seus sóbrios, fortes e destemidos *descobridores*". Entretanto o Dr. Aral Moreira, ervateiro no M. de Ponta-Porã, no Estado de Mato Grosso, informou-nos que este nome de mina com tal sentido é inteiramente desconhecido na região sul do Estado.

Minadouro: *olho-d'água*, fonte natural, quase sempre nascente de um ribeirão ou córrego ou fundo de uma grota. Diz-se também *minador*. "Com que dor vi o Poço Azul, tão cheio de *minadores* e *matagais*,

MIN

— 214 —

MIN

outrora, e hoje, descampado e estéril, com as barreiras rubras em forma de anfiteatro!" (O. Brandão — *Canais e Lagoas*. Pág. 176). Usado em Goiás.

Mineiro: além dos sentidos comuns que tem este vocábulo, assim se designa, no alto Paraná e em Mato Grosso, o descobridor dos ervais nativos inexplorados ou virgens, *em ser*, como dizem nessas sertanias. Referido por Arruda Câmara no seu artigo sobre a erva-mate, publicado no Boletim do Ministério da Agricultura, Indústria e Comércio, número de maio de 1928. Francisco Leite Alves Costa, em seu valioso trabalho sobre o mate (*Exploração, Indústria e Importação*), diz que *mineiro* se chama ao operário que extrai a erva-mate, o qual colhe, em média, 12 arrobas por dia (Pág. 10). É o trabalhador que faz a colheita do mate ou a poda da erva-mate, ou ainda que faz erva, ou seja o que corta os ramos que têm muitas folhas e os empilha em lugar limpo para a primeira fase do seu beneficiamento (Pág. 7). Romário Martins, no seu livro citado, diz: "o descobridor, o trabalhador em erval, considerada *mina* a concentração de erva-mate".

Minhocal: termo mato-grossense, assim definido pelo maj. Amílcar Botelho de Magalhães nas suas *Impressões da Comissão Rondon*, pág. 130: "Os minhocais são terrenos que, durante a seca, adquirem a dureza e a consistência das terras argilosas, mas que logo após molhados pelas primeiras chuvas, na época das águas, como que se desmancham, formando atoleiros perigosos. Neste estado é impossível transpô-los qualquer viatura, cavaleiro ou pedestre". "Observe-se, de passagem, que nem sempre é fácil o andar nos campos. Não raro o seu terreno se acidenta de *minhocais* e *brocotós*, que obrigam o viandante a verdadeira ginástica de pernas" (Gastão Cruls — Entrevista concedida à *Folha do Norte* em 21-1-1929). E à pág. 238 de sua *A Amazônia que eu vi*, o mesmo Gastão Cruls escreve: "Outro óbice à marcha nos campos são os chamados *minhocais*, zonas talvez alagadas no inverno, em que o terreno se encoscora eriçado de pequenos torrões de argila arroxeada e extremamente dura. Por eles, bastante freqüentes por aqui, é preciso andar aos saltos, escolhendo caminho sobre os cocurutos".

Minuano: nome de um vento frio e seco, vindo do sudoeste, e que sopra violentamente no inverno. É oriundo dos Andes, e, por passar na região primitivamente habitada pelos ameríndios Minuanos, tomou esta designação. Segundo alguns o nome provém da sua fereza, semelhante à dos Minuanos, destemidos silvícolas. Segundo Calage, "esse vento é quase sempre sinal de bom tempo, pois só costuma soprar depois de muitas chuvas e temporais nos meses de julho e agosto. Recebido de frente, nas coxilhas e escampados, o *minuano* é navalhante, cruelmente frio. O gaúcho recebe-o, porém, com satisfação, adivinhando nele duros dias de inverno, mas de tempo firme e seco. O *minuano* é hoje um símbolo do Rio Grande, um admirável preparador de resistência". Entretanto, temos uma informação do prof. Alberto Rodrigues, de Pelotas, de que o *minuano* já é hoje raro, tão mudado está o clima do Rio Grande do Sul. Procedente dos Andes, as suas primeiras rajadas, segundo o mesmo informante, sopram em maio, ao entrar do inverno. "Entre um e outro havia, entretanto, uma diferença dêsse tamanho, na resistência física, na maneira como era recebido o saudável minuano das quebradas, alma errante das velhas energias da raça que por aí anda assoprando destemor ao homem, encorajando-o e fortalecendo-o para a luta" (Roque Calage, *Quero-Quero*, pág. 113).

Minuano sujo: além do vento *minuano* propriamente dito, há o que designam por este nome, que é aquele que traz consigo uma impertinente chuva fina e miúda, contra a qual, diz o P.e Geraldo

MIR — 215 — **MOC**

Pauwells, nosso informante, meia dúzia de guarda-chuvas não protegem. Lemos também uma referência ao *minuano sujo* num artigo sob o título *O mato protetor dos animais*, publicado na edição do *Correio do Povo* de Porto Alegre de 26 de janeiro de 1928: "Este é o quadro que se apresenta na campanha nos dias em que o *minuano sujo* fustiga, com a sua chuva glacial, semelhante à saraivada fina, os animais que não podem fazer outra coisa senão agüentá-la, inermes e estóicos em sua paciência. Um pouco melhor torna-se a situação para o gado, quando o *minuano claro* varre os campos, apesar de o gado nesses dias, ainda assim, sofrer muito o frio seco". Vê-se nesta citação que o *gaúcho* distingue o *minuano sujo* e o *minuano claro*, sendo que este parece ser o próprio *minuano*, vento frio e seco, como o caracterizam todos os vocabularistas do Rio Grande.

Miracã-uera: também *miracangüera* (necrópole ou cemitério), palavra indígena que designa grandes acumulações de urnas funerárias, contendo ou não ossadas humanas e vasilhames ou outros utensílios da primitiva indústria dos caboclos e que se encontraram nas ilhas da foz do Amazonas e outros pontos do Pará, vezes soterradas, vezes constituindo eminências e colinas artificiais. Chamaram-lhes os primeiros estudiosos da nossa paleetnologia *aterros sepulcros* ou simplesmente *aterros*: o sábio arqueólogo brasileiro Ferreira Pena denominou-as *cerâmios*. *Miracã-uera* significa literalmente ossada de gente antiga.

Mirim: vocábulo tupi, que significa pequeno, breve, miúdo, vezes alterado em *mini, minim, miri*. Muito freqüentemente entra na composição de nomes próprios de lugares, lagoas, rios e cidades.

Mirinzal: mato composto especialmente da planta chamada mirim, segundo o registro de Beaurepaire-Rohan. Teschauer registra-o como matagal (terreno coberto de plantas bravas), composto especialmente da planta chamada *mirim*.

Miritizal: o mesmo que *buritizal*: terreno onde crescem as palmeiras miritis (*Mauritia flexuosa* Mart.). Citado por F. C. Hoehne do Instituto Biológico de S. Paulo.

Missioneiro: registrado por Moreira Pinto, Jaime de Séguier e Cândido de Figueiredo, designativo de indígena ou habitante das regiões onde se estabeleceram as Sete Reduções, à margem esquerda do Uruguai. É termo freqüente no Rio Grande do Sul. Usado também como adjetivo que qualifica tudo o que é relativo às Missões, como por exemplo — *região missioneira*, que é o território chamado das Sete Missões (S. Ângelo, S. João Batista, S. Nicolau, S. Luís de Gonzaga, S. Miguel, S. Lourenço, S. Francisco de Borja), todas fundadas pelos jesuítas esnhóis.

Misters: alcunha galhofeira dada aos ingleses em algumas partes do Brasil: o mesmo que *godemes*.

Mixanga: *matuto, tabaréu, caipira*. Têrmo usado no linguajar dos pescadores da costa norte do Rio Grande do Sul, registrado por Dante de Laitano em excelente memória apresentada ao Segundo Congresso de História e Geografia Sul-Rio-Grandense (Anais, Vol. III, Pág. 256). A palavra, diz o autor, é tupi-guarani: *michi*, o mesmo que *mirim, minimi* — pouco, pequeno. *Mixanga*, como matuto, traz a idéia de pouco, pequeno, ruim, insignificante, ordinário.

Mobica: africanismo que, no tempo da escravidão, era muito usado na Bahia, para nomear os indivíduos que obtinham a sua alforria, que se tornavam libertos. Do quimbundo *mubika*, escravo ou liberto, segundo Jaques Raimundo (Livro citado).

Mocamau: antigo termo do Norte, que designava os negros fugidos que viviam nas matas, refugiados em *mocambos* ou *quilombos*. Registrado por Beaurepaire-Rohan.

Mocambeiro: escravo fugido, sinônimo de *mocamau*: por extensão era também o malfeitor que se refugiava em *mocambos*. No primeiro sentido empregou-o Euclides da Cunha, à pág. 91 do *Os Sertões* (2.ª Ed.). "Palmares, com seus trinta mil mocambeiros, distava afinal poucas léguas da costa".

Mocambo: choça ou esconderijo em que, de primeiro, se abrigavam os negros que fugiam das fazendas e cidades, e, neste sentido, é o mesmo que *quilombo*. Bem ensinava o mestre João Ribeiro, à pág. 144 de *A Língua Nacional*, que *mocambos* eram "sociedades de mateiros e salteadores no Brasil, o mesmo que *quilombo*". Da Bahia ao Ceará, designa hoje uma touceira de mato em que se esconde o gado, donde *mocambeiro* para nomear o gado que costuma esconder-se:

"Eu vou-me às campinas por
                [entre mocambos]
Saltando os bananais não tor-
                [ço a correr,]
Assim campeando, meu gado
                [visito,]
Sorrindo aos perigos, sem
                [nunca temer,]"

(Juvenal Galeno, *Lendas e Canções Populares*. 2.ª Ed. Pág. 47). Em vários Estados do Norte ainda se denomina *mocambo* ou *mocambinho* a choça ou rancho, quer para habitação, quer para abrigo dos que cuidam das roças ou lavouras. "Ela ficara no seu *mocambo*, por trás da igrejinha, entre um roçado de milho e os mandacarus fortes, vendo, do alto, numa ampulheta de amarguras, os amanheceres e os entardeceres que lhe asseguravam um dia menos no mundo..." (Mário Sete — *Sombras de Baraúnas* — Pág. 80). A respeito dos *mocambos* do Nordeste são de utilíssima leitura as monografias de Gilberto Freyre, *Sobrados e Mocambos* e *Mocambos do Nordeste*, esta, publicação do Serviço do Patrimônio Histórico e Artístico Nacional. Dentro de Recife ou de Salvador os *mocambos* são como as *favelas* do Rio de Janeiro.

Moçoró: denominação que, na cidade e Município de Sousa, no Estado da Paraíba, dão a um vento periódico que sopra das bandas do Norte. A origem do nome é do fato de ficar nessa direção a cidade rio-grandense-do-norte chamada Moçoró. Vimo-la referida por José Américo de Almeida no seu livro — *A Paraíba e seus Problemas"*.

Mocororó: nome que, nas minas de Assuruá, na Bahia, dão a certas formações dos terrenos diamantinos, caracterizadas pelo limonito concrecionado. No Ceará, segundo informa Leonardo Mota, tem este nome uma bebida fermentada, feita de suco de caju. Pela definição de A. Eriksen é a crosta ferruginosa, conglomerática, que se encontra na capa dos emburrados e dos monchões. É também usado no sentido de lajeado, em Mato Grosso.

Mocozal: termo do Nordeste, especialmente do Ceará, que nomeia os lugares em que se apresentam altas paredes de rochas esburacadas, em cujas luras habitam os roedores chamados mocós, espécie de preá. Na *Terra de Sol*, de Gustavo Barroso, lemos à pág. 40: "A erva brota até das fendas dos diques toscos de pegmatite, nas *covoadas* e nos *mocozais* das serras".

Mofumbal: o mesmo que *mofumbo*, lugar escuso, esconderejo. "Os brasileiros ocultaram-se no próprio leito do rio que estava seco, em conseqüência da falta de chuvas. Nem todos, porém; muitos se esconderam nos *mofumbais* das ribanceiras". (*O Piauí no Centenário de sua Independência*. III vol. Pág. 173). (Vide adiante *Mofumbo*).

Mofumbo: para Rodolfo Garcia é lugar escuso, esconderijo. Daí o verbo — *mofumbar* — muito usado no Nordeste com a significação de ocultar, como refere Catulo Cearense nos *Poemas Bravios*, pág.

MOL — 217 — **MON**

238. O nome vem de uma planta trepadeira que, enrodilhando-se, forma verdadeiros esconderijos, onde se acoitam certos animais.

Moleque: ouvimos este designativo no curso de uma comunicação científica feita ao Instituto Geográfico e Histórico da Bahia pelo insigne naturalista P.e Camilo Torrend, S. J. O termo é goiano e popular. A pedido nosso assim escreveu o ilustrado mestre: "O nome de "moleque" é dado propriamente a um morro, o mais alto de todos, isolado, a cerca de uma légua dos Gerais, em S. Domingos, e por isso é chamado também "moleque de S. Domingos". "No caminho de S. Domingos para o Boqueirão de S. Vicente, por onde se faz a subida à serra dos Gerais, aparecem muitos morros análogos, porém, não já isolados, mas identificados com os Gerais pela base, ou pela segunda metade inferior. Por analogia o povo que percorre aqueles descampados lhes aplica o nome que propriamente pertence ao de S. Domingos".

Moloca: termo cearense, referido por Catulo e que designa um trecho de mato.

Monarca: segundo informa Calage é sinônimo de gaúcho na sua mais alta significação, pois *monarca* se refere exclusivamente ao que monta com garbo e elegância. E acrescenta Romaguera que, efetivamente, o *gaúcho monarca*, com seus trajes e armas caraterísticos, montado em seu garboso *bagual* (cavalo recentemente domado), no alto de uma *coxilha*, se julga o dominador da natureza, compenetra-se do seu valor, julga-se o mais forte, o mais poderoso de seus semelhantes. Beaurepaire-Rohan traduz: homem de campo, vestido como tal e carregado de armas. Alcides Maia no seu belíssimo vol. *Alma Bárbara* escreveu um conto sob o título — Monarcas —, entre págs. 23 e 39 (Ed. de 1922), onde traceja o "tipo altaneiro de um antigo monarca das coxilhas".

Monção: vide *Bandeira*. Assim se chamavam no tempo das *bandeiras* e *entradas* as expedições que desciam o Tietê, partindo de Araritaguaba, hoje Porto Feliz, rumo dos sertões. "Era ali que se transportavam por terra sobre grossos rolos e puxados por numerosas juntas de bois as grandes e pesadas canoas que serviam para navegação e formavam, quando reunidas, o que se chamava uma *monção*". (Visconde de Taunay. *Visões do Sertão*, pág. 44). "Estava prestes a partida. O guia era mestre, os pilotos práticos, os remadores e proeiros vigorosos. Na sua canoa, protegido por um toldo, e em cuja popa tremulava levemente a bandeira portuguesa, já Rodrigo César estava acomodado. Salvas de mosquetes, aclamações da multidão enchiam os ares. Desamarra! gritaram. E, num impulso vigoroso de remos, ajudada pela correnteza do rio, a *monção* deslizou pelas águas do Tietê". (Washington Luís — *Contribuição para a História da Capitania de S. Paulo. Governo de Rodrigo César Meneses*). "As *monções*, grandes agremiações setecentistas, que pelo Anhembi demandavam as minas cuiabanas, nunca passaram de viagens periódicas, de modo que não podem ser invocadas como tipo de organização comunitária, ou testemunha, ao menos, de um resto que dela poderia ter ficado. Eram comboios, que demandavam as regiões auríferas; os quais chegando ao seu destino se desmembravam, tomando cada qual escoteiramente o seu rumo para as aluviões, onde exerciam os seus lavores" (Alfredo Elis. *Raça de Gigantes*. 1926. Pág. 288). E Afonso Taunay, em sua *Coletânea de Falhas* (Rio de Janeiro — 1926), escreve: "esquadrilha de batelões que outrora navagavam nos rios de S. Paulo e Mato Grosso". Entretanto, Barbosa de Sá escreve que se designava no século XVIII pelo nome de *monções* as expedições empreendidas anualmente por todos os bandeirantes de uma mesma vila ou localidade

MON — 218 — MON

para as minas de ouro de Cuiabá e do Guaporé. João Vampré explica da seguinte forma a origem do nome em artigo publicado no *Jornal do Commercio* de 15-4-1934: "A arte náutica vulgarizou entre outras expressões a palavra *monção*, que era o tempo e correr do vento mais próprio e oportuno para as navegações de longo curso. O termo generalizou-se entre os navegantes e mesmo entre os que jornadeavam em terra. Sabemos pela História do Brasil que os nossos bandeirantes partiam na *monção*, que vinha a ser a época mais propícia às longas investidas pelo sertão. Parece mesmo que o vocábulo passou a designar a própria expedição já reunida e organizada no momento de partir; é o que se depreende das expressões usuais, *monções reiúnas, monções particulares*, etc.".

Monção de povoado: designação que, em Mato Grosso, nos tempos coloniais, davam às *monções* paulistas, que faziam as heróicas navegações para o oeste brasileiro. *De povoado* — significa — da terra povoada que era a terra piratiningana. Encontramo-la num trabalho intitulado *Subsídios para o Histórico da Mineração em Mato Grosso*, publicado na *Revista do Instituto Histórico* do mesmo Estado (Ano VII N.º XIV — 1925): "Ao longe, à beira do Cuiabá, as roças balizavam a região conquistada, a montante e a jusante do porto geral, onde as *monções de povoado* finalizavam a sua perigosa travessia, e ao qual traziam também os roceiros ribeirinhos os produtos de sua lavoura, que os intermediários transportavam em carros até o centro do arraial". Vemo-la ainda freqüentemente empregada na obra de José Barbosa de Sá — *Relação das Povoações de Cuiabá e Mato Grosso de seus princípios até os presentes tempos* (Anais da Biblioteca Nacional, Vol. XXIII). Neste trabalho deparam-se-nos as expressões *monção de povoado* e *monção para povoado*. Finalmente Severiano da Fonseca, à pág. 122 do 1.º Vol.

de sua *Viagem ao redor do Brasil*, escreve que *monção de povoado* era "o nome que se dava às frotas que faziam o comércio com S. Paulo. Tiravam a denominação da quadra melhor para a navegação, quer pela estação do ano, quer pelo ajuntamento de maior número de canoas para fazerem em mais segurança a viagem".

Monchão: assim se denomina, nas zonas diamantíferas, o veio da terra firme, onde se encontram depósitos de diamantes. N livro de Hermano da Silva, *Garimpos de Mato Grosso*, pág. 143, lemos o seguinte período: "Tanto sejam as explorações nos veios de terra firme ou *monchões;* nas encostas solapadas das barrancas dos rios, ou *grupiaras;* nos *travessões* e *rasos* dos cursos d'água — sempre é fácil discriminar os contornos da posse temporária". Não nos furtamos ao prazer de para aqui transcrever a sugestiva descrição que o mesmo escritor faz da exploração diamantina no rio das Garças, constante de seu artigo no *Diário Popular* de 21 de novembro de 1931: "O processo de extrair o cascalho diamantífero obriga-os à pesadíssima labuta braçal, que começa nas estafantes escavações, quer sejam no solo enxuto, nas barrancas, nos rasos ou nas profundidades dos rios, e termina na cansativa apuração por meio dos ralos e das bateias. Providos de enxadões, cavadeiras, alavancas e pás, lá estão eles nos "*monchões*", os veios em seco, removendo a primeira camada de terra e os *emburrados* como apelidam as grandes pedras que requerem enorme força a fim de ser alçadas das *catas* ou perfurações. Trata-se de elementos estéreis que são abandonados fora dos fossos e cuja espessura varia conforme o lugar, chegando a conter para mais de dois metros. Surge em seguida o verdadeiro cascalho, indicado pela cor amarela-avermelhada, pelas granulações e pela goma que contém. Retiram-no até aparecer a piçarra impermeável, que por semelhante particularidade não permite a passagem dos diamantes, naturalmente compelidos ao fundo por sua própria densidade. Transportado para as *lavadeiras* em *carumbés*, espécie de gamelas de pau, e em *surrões* — sacos de couro, vai passar agora pelos ralos sacudidos à flor da água, abandonando assim a goma e as areias grossas. E após a separação das pedras maiores está pronto o resíduo que irá para a *bateia*, bacia em figura de cone, feita de timburi, por ser madeira leve, e de 3 a 4 palmos de diâmetro. O encarregado da *bateia* imprime-lhe um movimento ritmado de rotação, de cuja prática depende não se perderem as pedras preciosas que desastradamente podem ganhar a tangente. Com esse movimento os diamantes, por causa do seu peso, depositam-se ao fundo, chamado *pião*, e assim também acontece às suas formas. Ainda com a ajuda da água, o garimpeiro com perícia aproveita os volteios da bateia a fim de resumir o cascalho em *esmeril*, areia fina, que finalmente passará pela derradeira apuração, designada por *escrita*, pois a procura dos diamantes é então feita com os dedos à maneira de quem está escrevendo. Há ainda o *repasse*, complemento e prova de última operação. Aí ficam em linhas gerais todas as fases por que transcorrem as explorações do cobiçado minério no tocante às pesquisas dos *monchões*".

Mondrongo: alcunha depreciativa dos portugueses em **Minas Gerais**, **Bahia** e outros Estados.

Monge: "assim se chamam no sertão sul-brasileiro aqueles indivíduos que, quer por fanatismo, quer por cálculo, se segregam da sociedade, levando, pelo menos na aparência, vida mais austera, correspondendo mais ou menos aos *beatos* do Nordeste"; é definição do notável sabedor de coisas brasileiras, P.e Geraldo J. Pauwells S. J. A respeito merece especial leitura o seu trabalho *Contribuição para o estudo do fanatismo no sertão su-brasileiro* publicado na *Revista de Filosofia e de História*. (Tomo II, 1933. Fasc. II, entre págs. 186 e 211.) Neste trabalho, o ilustrado mestre recorda principalmente o *monge* João Maria, que perambulou por muitos anos os sertões do Rio Grande do Sul, Santa Catarina e Paraná e deu causa à tristemente célebre Campanha dos Fanáticos de 1913 a 1915. "Não admira que o exemplo de João Maria fizesse proliferar naqueles sertões a curiosa casta dos *monges*" (Artigo cit., pág. 199). Apelidam-nos às vezes de *santos*.

Monjolo: termo peculiar ao Sul do Brasil, designativo de um primitivo aparelho movido por água, destinado a pilar o milho e o primeiro que se aplicou ao descascamento do café. Escrevem alguns *munjolo* e Amadeu Amaral ensina que *monjolo* é forma corrente entre a gente culta. Segundo o parecer de Visconde de Porto Seguro o "probo e paciente instrumento" é de origem chinesa, "emigrando para Portugal com os bronzes e os charões, as sedas de Xangai e de Nanquim. Mas foi no Brasil que se aclimou, a ponto de nem lhe encontrar guarida o nome nos grandes léxicos portugueses de antanho" (A. Taunay). Alberto Rangel escreveu a respeito do *monjolo* uma página admirável sob o título — "A almanjarra de Brás Cubas", primeiro capítulo do seu *Quando o Brasil amanhecia*. Para Alberto Rangel, o "*monjolo* representa o Sul do país, do mesmo modo que a *bolandeira* o Norte. Definindo por si só a habitabilidade da terra, ele é o emblema da banda da pátria onde existem a água permanente e o desnível forte". Decompondo-o em suas diferentes partes, escreve o notável polígrafo: "A haste *marroaz* oscila na *tranqueta* ou *cavilha* da *virgem* ou *pasmado*. Ajuda-a na descambada do balanço o contrapeso do *macaco*. A água preenche a cavidade do *cocho*, que a rejeita para o receptáculo nomeado *inferno*. A *mão*, fir-

MON — 220 — MOR

me no malhetado da *munheca*, tomba a estrondar, pulverizando o cereal no bojo do *pilão*. A fim de se deter o *monjolo* no movimento alternativo especam-no com a *estronca*. Aí está toda a nomenclatura e a manobra da alavanca do primeiro genero, que tem uma ducha por potência, e dança em batecum de bombo o seu passo de marcha cadenciada e soturna". Acrescentemos à nomenclatura acima o termo registrado por A. Taunay: "à manobra alternativa, *gangorral*, de sua haste dá-se em alguns municípios do Oeste de S. Paulo o nome pitoresco de *coximpim*, dizendo-se por exemplo: *está meio em falso o coximpim deste monjolo; é preciso acertá-lo*". Os escritores regionalistas freqüentemente se referem ao "martelão de pau rombo, certeiro, indesregrável e sonoro". Exemplifiquemos: "Fora as pancadas monótonas do monjolo soavam entristecedoramente; e figuram-se-me as de um pêndulo invertido, que marcasse um recuo misterioso do tempo, batendo todos os segundos atrasados de um século desaparecido" (Euclides da Cunha. *Numa Volta do Passado* — Apud "Kosmos"). "Do lado do rio vinha o ruído seco, compassado, monótono e triste do monjolo" (João Lúcio — *Bom Viver* — Pág. 62). "O baque de um monjolo, precedido do *chuá* da água do seu cocho no *inferno*, rompeu isócrono por trás de um bambual, rente ao açude, que parecia um pedaço de espelho perdido entre a verdura" (Amando Caiubi — *Sapèzais e Tigueras* — Pág. 246). Vide a respeito do *monjolo* o artigo de A. Taunay no *Jornal do Commercio* (Ed. de 6-10-933), sob o título: *Velhas Máquinas*.

Montueira: localismo das Lavras Diamantinas da Bahia, designativo de aglomeração de pedras soltas, que denunciam o trabalho de antigas *catas*, onde apenas se procurava o diamante. Encontramo-lo em vários passos dos *Contos do Norte*, de Alberto Rabelo, dos quais transcrevemos os dois se-

guintes: "A terra prolongava-se até a margem sinuosa do rio S. José, coberta de *montueiras*, antigas *lavagens* abandonadas pelos primeiros exploradores, que lograram a ventura daquele *serviço virgem* e fácil" (Pág. 16). "Um ano depois, êste menino enriqueceu, repassando umas *lavagens* nas *montueiras* velhas de Mucugê" (Pág. 52). Certamente alteração de montureira, palavra que, com o mesmo sentido, já tem sido ouvida por alguns observadores.

Morcego: alcunha de soldado de polícia nos Estados do Norte. Registrou-o Pereira da Costa.

Morgadista: nome dado em Pernambuco aos partidários do Morgado do Cabo, Francisco Pais Barreto, depois Marquês do Recife, no período revolucionário de 1824. Cita Pereira da Costa o seguinte de A. J. de Melo: "Eis dois partidos na província: o *Morgadista*, que adota por Constituição o projeto desta que o Imperador oferecia, e o *Carvalhista* que o rejeita, e quer a Assembléia soberana constituinte".

Morizal: formação vegetal peculiar à Amazônia, "constituída nos campos das várzeas pela aglomeração da *Paspalum fasciculatum*, chamada vulgarmente moré, associada a outras espécies. São em regra, porém, parcamente representadas as Gramíneas e Ciperáceas e predominam quase sempre, pelo menos em número de indivíduos, senão em variedade de espécies, as Eriocauláceas (*Paepalanthus*) e Xiridáceas (*Xiris*)". (Olímpio da Fonseca. No *Dicionário Histórico, Geográfico e Etnográfico do Brasil*. Pág. 217).

Morredor: Também *morredouro*, registrado por Teschauer com o significado de meta, ponto de chegada nas corridas de parelheiros, no Paraná; em São Paulo, segundo refere Valdomiro Silveira em seu livro *Nas Serras e nas Furnas*, significa lugar onde a caça dificilmente pode escapar com vida. Sud Mennucci informa que nas zonas de Apiaí e Ourinhos este vocábu-

MOR — 221 — MUA

lo significa "fim de estrada ou caminho", isto é, ponto em que se não pode ir mais adiante. (carta de 10 de julho de 1940).

Morro-de-chapéu: o mesmo que *cuscuzeiro*, usado no Sul do país. Na Bahia e em Minas Gerais, principalmente, o povo chama *morro-de-chapéu* a certos cimos que apresentam saliências em forma de abas de chapéu. Daí o nome da cidade de Morro do Chapéu, no Estado da Bahia, edificada a alguns quilômetros de distância de um desses morros, cuja aba desmoronou em 1894. A rocha que os constitui é, em geral, o itacolomito. Entretanto, lemos à pág. 319 da *História Média de Minas Gerais*, de Diogo L. A. P. de Vasconcelos, que "Morro do Chapéu é corrupção do indígena *chá* — ver e *pé* — caminho. Queria dizer morro de ver o caminho, isto é, de onde os bandeirantes, sertanista ou índios, se orientavam em rumo de qualquer parte do sertão".

Morro-pelado: denominação amazônica registrada por A. J. de Sampaio em seu trabalho *Nomes Vulgares de Plantas da Amazônia*. É deste botânico a seguinte definição: "morrote com canga e escassa vegetação arbórea ou sem ela". Segundo informe de Sud Mennucci, em S. Paulo houve uma cidade com este nome (chamada hoje Itirapina) e que o devia ao fato de existir, nas suas adjacências, um morro-pelado.

Morrote: pequeno morro. "A zona é de morrotes, com grande abundância de castanheiros" (A. J. de Sampaio em sua *A Flora do Rio Cuminá*, pág. 88) "Em todo o horizonte verificam-se numerosos os *morrotes* que são uma segurança de abrigo nas grandes cheias". (Liv. cit. Pág. 137).

Morubixaba: nome dos chefes das tribos indígenas do Brasil. Escreve-se também: *morobixaba*, encontrando-se as variantes *muruxaua*, *murumuxaua*. O mesmo que *tuxaua, curaça, cacique*. H. Jorge Hurley, em artigo publicado no *O País* de 4-8-929, sob o título *O Pajé*, discreteia perfeitamente sobre o chefe das tribos indígenas: "O *tuxaua*, o *pajé* e o *morubixaba* governavam os selvagens brasileiros. O *tuxaua* era o executivo e o judiciário às vezes. Administrava a caça, a pesca e a ligeira lavoura, mas sob as previsões do *pajé*. O *morubixaba* era o chefe militar, aclamado para a guerra. Esta função era transitória e quem a desempenhava deveria ter, além de valor pessoal comprovado, a força do tapir (anta), a ligeireza do jaguar (onça), a vista da ariranha, a astúcia do caiarara (macaco), a paciência do jabuti, o sangue-frio da aí (preguiça), a coragem do iapacamim (gavião) e o linguajar do papagaio, para animar seus homens na luta. Não decidia o combate ofensivo, porém, sem anuência do pajé. Dessa rudimentar organização social dos selvagens do Brasil destaca-se a figura principal do *pajé*, o mago das eras pré-históricas, o qual tinha um misterioso poder legislativo, absoluto, nas tabas dos primitivos americanos".

Mosquito: denominação das Lavras Diamantinas da Bahia e Minas Gerais, aplicada aos diamantes miúdos, do tamanho de mosquitos. Emprega-o Afrânio Peixoto, à pág. 185, da *Maria Bonita*. Em Minas Gerais, dizia-se, de primeiro, *olho-de-mosquito* o diamante de tamanho e peso insignificantes. Segundo informa o Dr. Felício dos Santos nas suas *Memórias*, à pág. 28, tal nome se encontra nas sentenças proferidas pelos juízes, contra os que violaram as ordens proibitivas da metrópole, relativas à extração dos diamantes, por quem não fosse autorizado.

Movongo: termo do Nordeste da Bahia, onde muitas vezes o ouvimos pronunciado, designativo de baixão fundo, entre elevações íngremes.

Muamba: termo registrado por Beaurepaire-Rohan, designativo, no Ceará e em outras províncias do Norte, de velhacaria, fraude, negócio ilícito que consiste em comprar e vender objetos furtados. Na Bahia, é restritamente empregado no sentido de contrabando, usando-o freqüentemente a imprensa diária. No *Vocabulário Indígena em uso na Província do Ceará*, de Paulino Nogueira, lemos o seguinte: "palavra que apareceu entre os retirantes no período da ultima seca, de 1877 a 1879, e generalizou-se extraordinariamente com a significação de velhacada, furto, esperteza. — Etim.: Em Ives e Capelo, *Viagens de Benguela à terra de Iaca*, T. 1.°, Pág. 11 e 69, encontra-se a estampa de uma espécie de cesta comprida, usada África pelos naturais para as suas viagens, como a nossa *maca*, chamada *Mu-hamba*. Mas não é neste sentido inocente que se deve tomar o vocábulo do uso cearense. Sua etimologia vem do verbo *moang*, que faz no particípio *moã-hab*, o que faz sombra, o que resguarda, o que apreende. O mesmo verbo encontra-se com a significação apropriada na Rel. da Miss. do Padre Veira, Cap. 13: Igreja de *moanga — Igreja falsa, morandubas dos Abarés*, patranhas dos Padres. *Morandubas* também vem do mesmo verbo *moang*, de que *moã-hab* é uma variação, corrompida facilmente em *moamba* como no texto. Em Martius, Pág. 65, *móanga* também significa fingimento". Segundo lemos no livro de Dias Ferreira — *A Marcha da Coluna Prestes*, em nota, à pág. 204, o nome *muamba*, durante a campanha da mesma coluna revolucionária, que percorreu quase cinco mil léguas dos sertões brasileiros, designava mochila e, genericamente, todos os objetos de uso de cada soldado.

Muambeiro: também registrado por Beaurepaire-Rohan, apelido de pessoa que faz negócios ilícitos, comprando e vendendo objetos furtados. E acrescenta o venerando vocabularista: "Este nome era especialmente aplicado àqueles que, durante a última seca do Ceará (1877-1880), tiravam proveito da sua posição para se locupletarem desviando do seu destino os generos alimentícios e outros recursos, que o governo mandava

às vítimas daquela calamidade". Ampliou-se depois o sentido do vocábulo. Encontramo-lo empregado à pág. 131 da *Casa de Maribondos* de Gustavo Barroso: "O Silvino Parede, criador na Ribeira do Canindé, era tido e havido por toda a gente como o maior muambeiro do mundo". Na Bahia, é sinônimo de contrabandista.

Mucama: velho termo dos tempos da escravaria negra do Brasil, designativo de escrava que se empregava em serviços domésticos, ou melhor, que ajudava a senhora nos misteres domésticos. João Ribeiro, à pág. 144 de *A Língua Nacional*, escreve: "Mucamas (mulheres africanas) eram as escravas de cama, denominação portuguesa que passou à língua de Angola com o sórdido costume dos haréns de escravas, introduzidos pelos senhores brancos". Beaurepaire-Rohan define: escrava predileta e moça, que servia ao lado de sua senhora e a acompanhava aos passeios. Era vulgar no Brasil a forma *mucamba* e, em Pernambuco, se dizia, consoante o informe de Beaurepaire-Rohan, *mumbanda*. É controvertida a origem deste vocábulo: segundo uns ele deriva do tupi — *mocambuara* — ama de leite; ligam-no outros, como Capelo e Ives, ao bundo — *mimbanda* — mulher; V. Chermont bate fé em que é americano, originando-se de *mu* fazer e *camb* — seios, donde etimologicamente mulher cujos seios despontam, núbil, e acrescenta que o termo africano equivalente é *mumbanda*. Aurélio Domingues no seu livro *O último Tindárida*, à pág. 120, escreve estes belos trechos: "O senhor-moço tinha o seu moleque, seu pajem; a senhora-moça tinha a sua negrinha, sua mucama. Escravos, serviam às necessidades e curvavam-se aos caprichos dos senhores. O moleque fazia, de quatro pés, o cavalo para o senhorzinho montar e fustigar à vontade; trazia-o às costas, de *macaquinho*, conduzia-o, pela mão, para toda parte, — bebia também um pouco de óleo de rícino, a *mezinha* ruim, que o senhor era obrigado a tomar nas doenças. Numa palavra, servia-o e divertia-o, e era-lhe útil e alegre. A mucama dava banho na senhora-moça, mudava-lhe as roupas, penteava-a, cortava-lhe as unhas, dava-lhe cafunés, fazia-lhe guarda, ao pé da cama, cochilando, até sinhá dormir... Não viesse alguma visagem, algum malassombrado, fazer medo, tirar o sono à sinhá... Acabavam sendo confidentes: — o moleque, do senhor-moço, a mucama, da senhora-moça".

Mucruará: termo paraense, empregado para designar terra alagadiça.

Mucufo: termo registrado por Valdomiro Silveira no sentido de *caipira, tapiocano, tabaréu*. À pág. 113 de seu livro *Mixuangos* lemos: "Quem sabe se, no fim da prosa, não teria cabida para lhe perguntar da sorte de um *mucufo* como ele, que quisesse ser namorado ou noivo." Teschauer já havia registrado o termo, citando A. Taunay, dando-lhe, porém, o significado de traste velho e imprestável. E Pereira da Costa registrou em Pernambuco *mucufa* — pessoa medrosa; soldado fraco que tem medo de enfrentar um desordeiro; casa ordinária, porca, imunda.

Muçulmis: nome pelo qual os males, muçulmanos brasileiros, cognominavam os correligionários. Registrado por Teschauer e A. Taunay.

Mucunãs: designação de numeroso grupo de bandoleiros e facínoras que infestaram o interior da Província da Bahia por volta de 1826 a 1829. Segundo informa o Dr. Brás do Amaral, em sua *História da Bahia do Império à República*, contra eles foram enviadas tropas sob o comando do sargento-mor José Antônio da Silva Castro, que os bateu nos arredores de Maracás, fugindo os que sobreviveram para os distritos setentrionais da Província de Minas Gerais.

Muçununga: ou mais propriamente *terras de muçununga*. Assim se chamam na Bahia aos "terrenos silicosos, às vezes de sílica pulveri-zada, geralmente úmidos, onde a decomposição do húmus se fez muito lentamente graças à grande acidez do solo. Nestes solos a vegetação é composta de criptógamos vasculares (fetos), ciperáceas, algumas palmeiras, às vezes aroídeas, como aninga, etc." (Gregório Bondar, *Diário Oficial da Bahia*, de 6-2-931). Registra-o Beaurepaire-Rohan, com o significado de terreno fofo, arenoso e úmido.

Mucuoca: dição paraense, registrada por Beaurepaire-Rohan, com o significado de cerca ligeiramente construída nos riachos por meio de paus fincados a prumo, ramos de aningas e tujuco, a fim de paralisar um tanto a corrente e dar lugar à pesca chamada — *de gapuia*. É palavra de origem túpica.

Mucureca: barraca, choça. É termo usado por certas tribos indígenas do oeste paraense, sinônimo de *toldo*. Encontramo-lo referido à pág. 44 do livro de Silveira Neto — *Do Guairá aos Saltos do Iguaçu*.

Mudador: registrado por Calage e Teschauer que define — lugar nas estâncias, protegido por pedras, arroios e matas, onde costumam reunir os cavalos por falta de curral, com o fim de soltar os montados, substituindo-os por descansados.

Muiúna: remoinho produzido no Amazonas e seus afluentes ocidentais, por ocasião das enchentes, pela ação da água sobre a extrema curvatura das margens. Enquanto dura o fenômeno, acrescenta Rodolfo Garcia, que registrou este vocábulo, o rio se torna infranqueável, pois a enorme voragem que se forma absorve tudo quanto está ao seu alcance. Jorge Hurley pondera que Rodolfo Garcia registrou imperfeitamente este termo que é tupi e não quíchua. E mais: "muito usados na Amazônia são os nomes *boiúna* e *muiúna*, traduzindo ambos o duende mitológico **amazônico** da *cobra preta*, que *derruba* os barrancos dos rios, que se tornam por isso de difícil

MUM — 224 — MUN

navegação. *Muiúna* nada tem de quíchua: é tupi".

Mumbanda: vide *Mucama.*

Mumbava: registrado na *Seleta Caipira* de Cornélio Pires, às págs. 1 e 17, com a significação de agregado, indivíduo ao serviço de um fazendeiro. "Inteligentes e preguiçosos, velhacos e manhosos, barganhadores como os ciganos, desleixados, sujos e esmulambados, dão tudo por um encosto de *mumbava* ou de *capanga*: são valentes, brigadores e ladrões de cavalo..." No sul de S. Paulo, segundo A. Taunay, se diz *arumbava* o parasita e cortesão.

Mundão: registrado por Valdomiro Silveira, com o significado de grande extensão de terra. No Nordeste é mais usado com o sentido de lugar muito longe, distante. José Américo põe na boca de um retirante que a outros contava a sua odisséia, as seguintes frases: "A gente sai por este mundão sem saber pra onde vai. Quanto mais anda, menos quer chegar. Porque, se fica, está de muda e tem pena de ficar. E enquanto anda, pensa que vai voltar". (*A Bagaceira* — Pág. 58).

Mundaréu: dição freqüente entre os sertanejos do Brasil central e meridional no sentido de mundo grande, *mundão*, larga extensão de terras. À pág. 132 do livro de Horácio Nogueira — *Na Trilha do Grilo*, lê-se: "Assim terás um juízo nítido sobre este *mundaréu* de sertão".

Mundéu: além de designar uma espécie de armadilha para apanhar caça, Beaurepaire-Rohan registra o sentido de casa velha, arruinada, que ameaça cair. Escreve-se também *mundé, mondé, mondéu.* Vem do tupi — *nõ-ndé* — o que envolve, o laço, segundo Teodoro Sampaio.

Mundo: além do sentido próprio, este vocábulo é empregado, no linguajar sertanejo, no sentido de espaço de terra em que se nasce ou onde se mora (o meu mundo), mais usualmente no plural (Vide *Mundos*). "E acordei também com vontade de ver de novo as catingas e as serras do meu mundo" (Peregrino Júnior. *Hostórias da Amazônia*. Pág. 95). Segundo informe de Mário Melo no seu valioso estudo sobre o *Arquipélago de Fernando de Noronha*, os presidiários de Fernando de Noronha denominam *mundo* a terra firme, o continente que lhes fica à distância de 350 quilômetros. Num artigo de Gastão Penalva, republicado no *O Imparcial* da Bahia, lemos de referência aos condenados: "Vão quase todos cantar. É uma toada nostálgica do mundo (continente)".

Mundongo: registrado por V. Chermont, como termo peculiar à ilha de Marajó, designativo de extenso balsedo entremeado de *aningais*, de solo afofado e atolento, de vegetação pujante e cerrada, difícil de romper-se, coberto durante o inverno de quatro a oito palmos d'água e que só seca e endurece nas últimas semanas do verão. Ou, como se .vê no Boletim da Sociedade Cooperativa da Indústria Pecuária do Pará (N.º 36-fev. 1942) "grandes baixas pantanosas (várzeas lamacentas) que às vezes secam no verão e outras se conservam alagadas, e onde se encontra grande quantidade de animais prejudiciais à criação, como sejam jacarés (açu e tinga) aos milhares, cobras, etc. Os *mundongos* servem de bebedouro ao gado, mas perigoso, pelos atoleiros que encerram onde se engolfa e morre o gado. Os mundongos existem também na ilha Mexiana. Os *mundongos*, diz Raja Gabaglia, livro citado, são campos baixos, atolentos, submersos durante o inverno. Rodolfo Garcia estende a sua área geográfica a todo o baixo Amazonas. "Quando as baixas ocupam grande extensão das campinas e são cheias de atoleiros, de ordinário ocultos sob a espessura de plantas palustres, o povo as denomina *mundongos;* dá-se, porém, este nome a um extensíssimo pantanal que, distando da costa norte 10 a 12 milhas, prolonga-se de oeste a este desde as cabeceiras do rio Cururu até muito perto da costa oriental. Contém em seu seio atoleiros formidáveis, alguns lagos pequenos, diversas ilhas e sobretudo infinitas plantas palustres, principalmente Aningas (*Caladium arborescens*), por entre as quais se arrastam milhões de répteis que tornam perigosa a aproximação àquelas solidões" (Ferreira Pena).

Mundos: regionalismo nordestino, já registrado por Teschauer, para designar o lugar onde a gente nasceu ou vive. Abona-o o notável filólogo com um trecho de Gastão Cruls (*Ao embalo da Rede* — pág. 206): "Lá para os meus mundos". À pág. 42 do *O último Tindárida*, de Aurélio Domingues, se lê: "Eu mesmo, se me casasse, só me casava com mulher lá dos meus *mundos*". E Lauro Palhano, à pág. 149 do *O Gororoba*: "Era a mais linda tentação daqueles mundos".

Mundrungueiro: regionalismo nordestino designativo de feiticeiro. Ao feitiço chamam *mundrunga*. Citados por Leonardo Mota à pág. 263 do seu *Sertão Alegre*. No Sul do Brasil se diz *mandraqueiro* (Vide esta palavra).

Munduru: no Ceará, refere Leonardo Mota, significa montículo. Alteração de murundu (Vide esta palavra).

Mupéua: também *mupeva* e *mupea*, registrado por V. Chermont, que diz significar canal raso nos baixos ou nas praias extensas, navegável por vigilengas ou igarités de pequeno calado, durante a preamar, e seco ou com poucos decímetros de profundidade, na baixamar.

Mupororoca: nome pelo qual os indígenas também chamam a *pororoca* — (Vide este termo).

Mureru: vide *Mururé*.

Muricizal: terreno coberto de muricis, plantas da família das Malpighiáceas, cujos frutos macerados em água fria com açúcar se convertem em um alimento a que, no Ceará, chamam *cambica*, segundo Beaurepaire-Rohan. Paulino No-

gueira observa que o *muricizeiro* medra de preferência nas terras arenosas, como praias e tabuleiros. Vimos empregado *muricizal* por Carlota Carvalho, no seu livro *O Sertão*, à pág. 251, no seguinte passo: "Pequeno intervalo separa a Tauiri grande da pavorosa Itaboca (Tocantins). Este intervalo é o *Muricizal* — vastas e multiformes praias, cuja alvura é salpicada de ilhas de verdura em que abunda o *Murici* de uma espécie que os frutos, machucados à mão e dissolvidos em água, constituem o que em brasileiro chamamos *sembereba*, *tiquara*, emulsão que, temperada com açúcar, é saborosa e à qual juntamos farinha de puba".

Muritizal: o mesmo que buritizal (Vide este termo).

Murumuruzal: registrado por Teschauer como grupo de certa espécie de palmeiras, abonando-o com um trecho de Alberto Rangel: "O Cazuza aconselhou, apontando o *murumuruzal* à vista (*Sombras N'água*).

Murundu: palavra de origem tupi, que, segundo Teodoro Sampaio, é corrutela de *mo-r-unda* — montículo, cone de terra, e neste sentido é empregado nos Estados do Sul. E Rodolfo Garcia, que a registra, cita a sua ocorrência mais de uma vez nos autos de uma ação de demarcação de terras, processada no juízo municipal de Araruama (Rio de Janeiro), a qual vem transcrita no *Tratado Jurídico-prático de Medição e Demarcação de Terras* de Macedo Soares, à pág. 339. Entretanto, a sua área geográfica é mais vasta. Na Bahia, no Ceará e Estados intermédios, é usado este vocábulo. Na Bahia ouviu-o Horácio E. William na chapada Diamantina, traduzindo-o por *cupins*. (*Estudos Geológicos*. Pág. 7). Lindolfo Gomes, citado por Leonardo Mota, à pág. 263 de seu *Sertão Alegre*, registra *murundu* com o significado de montículo, partilhando a opinião de Macedo Soares para quem *murundu* deriva de *mu-*

lundu, vocábulo angolense que significa monte. A respeito deste termo escreveu judiciosas considerações José Luís de Castro, na *Revista do Instituto do Ceará* (1929), nas quais alude à forma *morundu*, também usada desde longos anos.

Mururé: ninfeácea da Amazônia, que forma ilhotas flutuantes nos lagos e nos rios, ali deslizando, ao sopro dos ventos, aqui descendo ao sabor da corrente, no período das cheias. "O mururé deslizante nos lagos, ao sabor das brisas, no violáceo da flor e no molde campanulado, no esmaecido dos bordos, e no aranhol das raízes, mudo ao estranho, impenetrável hieróglifo silvestre ao ádvena, conta mil coisas ao caboclo, arguto Champollion da mata amazônica" (Raimundo Morais. *Na Planície Amazônica*. Pág. 38). Vicente Chermont registra *mururé* e *mureru*, com o mesmo significado, ensinando que a última forma é mais usada no baixo Amazonas e é mais correta do ponto de vista etimológico — *mu-reru*.

Mussiú: alcunha faceta dos franceses em Minas Gerais, registrada por Nélson de Sena. Interessante é referir que o vocábulo *mussiú* é usado na Venezuela como apelido de todo estrangeiro que fala mal o espanhol: é o que nos informa Lisandro Alvarado em seu livro *Glosarios del Bajo Español en Venezuela*.

Mutá: termo amazonense, que significa armação de madeira para o seringueiro poder golpear a árvore mais alto: também na Amazônia assim se chama a uma espécie de palanque sobre o qual se espera a caça no mato ou o peixe à beira d'água. Teschauer registra as formas *mutã* e *muitá* (Vide *Jirau*). Escreveu-nos a respeito Jorge Hurley: Na Amazônia chama-se *mitá* ou *mutá* ao *jirau* que se tece ao pé de uma árvore para nele esperar a cutia, a paca, o caititu e o veado. O P.e Tastevin em seu *Vocabulário* publicado na *Revista do Museu Paulista*, Tomo XIII, registra *mi-*

tá, cavalete, andaime onde se fica à espreita durante a caçada: *mita-mutá* — a escada".

Mutirão: vide *Muxirão*. "Toda a a redondeza falou no caso e, sobre ele, Joaquim Piaba fez uma versalhada que se repetia em cantigas, nos eitos e mutirões..." (José Sizenando. *Alma Rústica*. Pág. 10). Com este nome se conhece o mesmo fato em Santa Catarina: *mutirão* ou *muxirão*. Descrevendo-o no Município do Rio do Sul em Sta. Catarina, relata o Sr. Pedro Paulo Cunha em o n.º 46 do Serviço de Informação do Dep. de Estatística do Estado: "O mutirão representa o auxílio gratuito, prestado por várias pessoas ao proprietário de certa coisa. Assim, se um colono precisa construir uma casa ou fazer uma grande roçada, convida os amigos da redondeza, que em geral são 20 ou 30 homens e ali reunidos trabalham todo o dia, fazendo grandes serviços sem despesas financeiras para o proprietário, correndo este apenas com as refeições. À noite é organizada uma festa na casa do colono favorecido, e uma lauta ceia regada a vinho e outras bebidas. Segue-se um baile que se prolonga até altas horas da noite, ao som da gaita de mão e do pandeiro".

Muxirão: registrado por quase todos os vocabularistas brasileiros no sentido de concurso gratuito de muitos trabalhadores para algum serviço, ou como disse Amadeu Amaral — "reunião de roceiros para auxiliar um vizinho nalgum trabalho agrícola — roçada, plantio, colheita, terminando sempre em festa, com jantar ou ceia, danças e descantes". Numerosa sinonímia apresenta este termo: assim é que, no Rio Grande do Sul, se diz também *pixurum*, *puxirão*, *ajutório*; em partes de Minas — *mutirão* e *bandeira*; na Bahia e em Sergipe — *batalhão, ajutório*; no sueste da Bahia — *boi-de-cova*; em S. Paulo — *corte*; em Pernambuco — *adjunto*; na Paraíba — *bandeira*; no Pará — *potirom, puxirum, mutirum*; em Goiás —

muxirão, mutirão, muxirum. Há dúvidas quanto à etimologia do vocábulo muxirão, sendo provável derivar-se do guarani — *potyrom* que, segundo Montoia, significa pôr mãos à obra. Teodoro Sampaio deriva-o do tupi — *puchirô* — o socorro, o auxílio, a ajuda, o que bem concorda com essa junção de esforços dos sertanejos do Brasil. No Amazonas diz-se *ajuri* — a reunião e *ajuricaba* — o trabalho confraternizado e o tempo para esse fim. Era prática dos ameríndios, chamada pelos quíchuas — *minga* (P.e Gusman) e pelos caboclos do Oiapoque — *mahuré*.

Muxuango: sinônimo de *caipira, tabaréu, mucufo*, etc., usado sobretudo na zona de Campos dos Goitacases. Valdomiro Silveira grafa *mixuango*, e com este título publicou, em 1937, suculento livro de contos (Ed. Livraria José Olímpio — Rio de Janeiro). Neste livro, à pág. 8, lemos o seguinte período: "Três felizes na tulha, a Maria, o Josefino e o sol. Mas quem, mais que todos, devia estar bastante concho e muito cheio de si, era justamente o derradeiro dos três por sentir que em poucos instantes abalara o coração e fazia correr a galope o sangue dos dois *mixuangos* apaixonados". O muxuango foi objeto de períodos interessantes no trabalho *Restingas na Costa do Brasil*, de Alberto Ribeiro Lamego (1940), da pág. 62 a 63. Aí se lê: "O trabalho do muxuango é quase idêntico ao do índio: a pesca e a caça nas lagoas, a cultura da "mandiba" e das abóboras, a indústria da farinha, a criação em pequena escala".

N

Napéias: nome dado por von Martius à região fitogeográfica que compreende os terrenos dos bosques de araucária, do Sul do Brasil.

Narandiba: registrado por Teschauer, que não indica a área geográfica, designativo de laranjal, terreno coberto de laranjeiras. Teodoro Sampaio pensa que *narã* é corrutela do vocábulo português — laranja.

Natural: o povo nordestino substantivava algumas vezes este vocábulo e o emprega no sentido de terra natal, sítio do nascimento de alguém. Exemplo disso é a trova recolhida pelo ilustre folclorista Rodrigues de Carvalho e publicada à pág. 273 de seu *Cancioneiro do Norte*:

> *Coitadinho de quem anda*
> *Fora do seu natural:*
> *Se um dia passa bem,*
> *Três e quatro passa mal.*

Já Afrânio Peixoto havia registrado a mesma trova com a variante apenas do primeiro verso: "Triste vida de quem anda", etc. Leonardo Mota, à pág. 204 dos *Cantadores*, registrou o seguinte:

> *Deixei o meu natural*
> *A poeira do meu chão...*

No sertão do nordeste baiano ouvimos algumas vezes entre *tabaréus* a pergunta: *"Onde é o seu natural?" "Qual é o seu natural?"* Interessante é registrar-se que, em João de Barros (*Décadas*), encontramos vários passos em que o famoso historiógrafo emprega *natureza* por pátria: "Como gente estrangeira, que não fazia mais do que comprar e vender e tornar-se a sua *natureza*". (II-1-2). "Cavaleiro de sua pessoa, e mui usado nas coisas do mar, cuja *natureza* era numa comarca a que os Parsos chamam Cordistam: e por razão da *natureza* tinha por apelido Cor, apelido da pátria" (II-II-6).

Navio: nome de uma zona do Estado de Pernambuco, oriundo do Riacho do Navio, tributário do Pajeú, afluente do S. Francisco. É o *Navio* berço famigerado dos mais terríveis *cangaceiros* nordestinos. Situada entre os confins dos Municípios de Flores, Vila Bela, Jatobá e Floresta, estende-se por cerca de 50 léguas de leste a oeste, entre as margens do Moxotó e do Pajeú. A sua população é escassa, notando-se entre outros povoados a Vila do Riacho do Navio, Betânia, São Caetano, Nazaré, etc. Vide o livro de Érico de Almeida — *Lampião. Sua história* (Paraíba, 1926), no qual a zona do *Navio* é cognominada paraíso dos cangaceiros. Esta zona é também chamada — *Sertão do Pajeú*.

Neblina: também *nebrina* e, no Nordeste, é o termo português que designa nevoeiro, nuvem mais ou menos espessa que ocupa a parte mais baixa da atmosfera, enturvando em parte a sua transparência; o mesmo que névoa, cerração, bruma. Conhece-se o prolóquio: *A neblina, da água, é madrinha, e do sol vizinha.* Talvez pelo fato de, quando é muito espêssa e baixa, resolver-se em chuva de pouca duração, o sertanejo do Brasil, não raro, denomina qualquer chuvinha fina — *neblina*. Muitas vezes ouvimos da boca dos tabaréus do nordeste baiano as frases: "deu uma *neblina* ou *nebrina; neblinou* esta noite; está *neblinando*". No *Dicionário Prático Ilustrado* de Jayme de Séguier, 2.ª ed. 1927, está registrado o verbo *neblinar*, como brasileirismo, e no sentido de chuvisco, já foi empregado por Gustavo Barroso, à pág. 16 da *Terra de Sol*: "Nas lutas, quando bandido ou rebelde, esquiva-se e negaceia, é impalpável, é quase invisível; aparece, some-se, ataca bruscamente, desaparece ainda mais depressa: tem um que do seu clima, do seu céu, da sua atmosfera, onde as nuvens de chuva passam borrifando *neblinas* e apagam-se além do horizonte mais ligeiras do que surgiram, como por encanto". Artur Neiva em sua *Viagem científica pelo Norte da Bahia, etc.*, *Memórias do Instituto Oswaldo Cruz* (ano 1916. Tomo VIII. Fac. III), à pág. 75, refere que no sul do Piauí, município de S. Raimundo Nonato, chamam *neblina* a um rápido aguaceiro.

Negro: além da comum significação de indivíduo da raça preta ou africana, teve este termo, nos primórdios do Brasil, sentido mais amplo, abrangendo indivíduos de outras raças. Lúcio de Azevedo, em suas *Épocas de Portugal Econômico*, à pág. 159, refere que negros chamavam os portugueses não somente aos africanos, mas a qualquer de raça diferente, baço de tez — etíopes, índios, chinos e americanos — cujos braços passavam a fazer na metrópole o trabalho dos que a empresa bélica arrebatava. Com efeito, no Brasil, sobretudo nas cartas dos jesuítas, Nóbrega o primeiro, encontramos o apelativo de *negro* aplicado aos *brasis* ou *índios*. O sábio Taunay escreveu no *Jornal do Commercio* de 26-1-936: "Negros chamavam os antigos portugueses a todos os aborígines da África e da América. No Brasil estabelece-se logo a distinção corrente entre *negros do gentio da terra* e *negros do gentio de Guiné*". No Brasil, entre os negros propriamente ditos, africanos de origem ou seus descendentes sem cruza há que distinguir os chamados "negros retintos", os de cor de carvão, e os "negros fulos", de cor mais clara. (Artur Ramos — *A Aculturação Negra no Brasil* — Pág. 216).

Nhundu: vide *Jundu*. Usado no Ceará, segundo A. Taunay.

Ninho de geada: registrado por Valdomiro Silveira e Teschauer, com a significação de lugar em que a geada cai todos os anos fortemente. Empregado pelo primeiro n'*Os Caboclos*, pág. 37.

Noitão: os sertanejos brasileiros do Nordeste usam este aumentativo para exprimirem alta noite, horas mortas da noite. À pág. 240 da *A Bagaceira*, de José Américo, lemos os seguintes períodos: "Corria, de muito, no sítio a versão de um *mal-assombrado*. As lavadeiras sabiam de tudo: — É uma visagem que anda de noitão aceirando a sertaneja...".

Nordestino: designativo dos filhos do Nordeste brasileiro, da Bahia ao Piauí. Muito freqüentemente usado pelos escritores regionalistas como adjetivo, significando — relativo ao Nordeste. Registra-o como tal C. Teschauer, que o abona com duas citações.

Nortense: assim se chamam, no sul de Goiás, aos indivíduos oriundos do norte do mesmo Estado (Informação do prof. Alcide Jubé).

Nortista: além do seu significado comum relativo a tudo o que é do Norte do país, teve esta palavra, no tempo da monarquia, acepção especial, servindo para designar o adepto do partido conservador no Rio Grande do Norte. No estudo de Nestor Lima a respeito dos *Municípios do Rio Grande do Norte*, publicado na *Revista* de seu Instituto, vols. XXV-XXVI, 1928-1929, à pág. 145, lemos êste trecho referente às lutas partidárias do Município de Açu:

NOR — 230 — NOV

"Os *conservadores* ou *nortistas* haviam saído vitoriosos no primeiro pleito, e, diz o c.el Estêvão Moura, 1.º Vice-Presidente da Província, na *Fala* de 7 de setembro de 1841, puseram em ação os meios lícitos e ilícitos para vencê-la de novo". O partido liberal denominava-se *sulista.*

Noruega: termo usado nos Estados do Sul, que nomeia a encosta meridional das serras, por isso mesmo constituindo terrenos sombrios e úmidos. A estes se opõem os terrenos soalheiros, onde sempre bate o sol. Monteiro Lobato, à pág. 211 da 3.ª ed. dos *Urupês*, escreve: "Depois, como atravessávamos um sombrio pedaço de caminho, com barranco acima, avencas viçosas, samambaias e begônias agrestes, disse, apontando para aquilo: Sabes o que é uma face *noruega?* Cá tens uma. Não bate o sol, muita folha, muito viço, verdes carregagados, mas nada de flores ou frutos. Sempre esta frialdade úmida". O eminente mestre João Ribeiro, em seu delicioso livro *Curiosidades Verbais*, à pág. 62, assim escreve: "Os nossos lavradores chamam noruega ao terreno que não é *soalheiro* e apanha pouco sol. *Noruegas* são baixadas, grotas, úmidas, que servem a poucas plantas. A palavra veio de Portugal, mas lá é desconhecida agora. Nos tempos clássicos (século XVI) foi empregada discretamente, e um poeta burlesco, Antônio Prestes, chamava noruega a um sujeito *noturno* e que poucas vezes era visto de dia". A. Taunay informa que, em S. Paulo, o vocábulo *noruega* designa um vento frio e áspero, provavelmente uma alusão ao clima frio da Noruega e cita a seguinte frase: "Nestes campos sopra às vezes uma noruega glacial".

Noruegal: terrenos de *noruega* ou de encosta; terreno pouco batido pelo sol. Afonso Taunay escreveu: "Esta fazenda é um *noruegal*".

Novato: alcunha que, no período colonial, davam aos portugueses no extremo Sul do Brasil, segundo informa Nélson de Sena, idêntica a *cupês, marinheiros, galegos, mascates*, etc., etc.

Novena: castigo aplicado aos escravos, o qual consistia em açoites durante nove dias seguidos. Havia o *rosário* que durava quinze dias e o terço de três dias. À pág. 242 dos *Cangaceiros do Nordeste*, de Pedro Batista, lemos: "Outros foram novenados e bàrbaramente mutilados" (Informação do autor).

O

Obrageiros: termo que, no oeste do Paraná, máxime na zona da foz do Iguaçu, designa os extratores de madeira. Encontramo-lo à pág. 19 da Revista *A Bandeira*, órgão dos "Bandeirantes do Brasil" (Ano I — Números 3 e 4 — setembro e outubro de 1927), num artigo do Cap. Artur Joaquim Panfiro — *Os Saltos do Iguaçu* — onde se lê: "Nesta região, marginal ao rio Paraná, compreendida entre Posadas e Porto Mendez, chamada pelos argentinos — o Alto Paraná, — só duas indústrias existem: a extração da madeira de construção e a extração e o preparo de erva-mate. Nisto se ocupam várias empresas que povoam espaçadamente as margens desabitadas do Paraná. Essas empresas, porém, têm que desbravar a floresta virgem, já para estabelecer as suas habitações, já para abrir trilhos hoje, estradas amanhã, por onde transitarão em busca do rio, o escoadouro natural, não só as toras de madeira, como os sacos de erva-mate, toscamente preparada ou melhor — *cancheada*, como por lá chamam. Esta luta com a natureza bravia, em que triunfa o homem, exige, porém, organismos fortes, afeitos ao trabalho braçal e às privações de toda ordem, e espécimes humanos nestas condições vão os chefes das empresas, lá chamados — *obrageros* — procurar no Paraguai".

Obrages: termo que, no Paraná, designa os lugares do corte e preparo da madeira. Citado no livro de Silveira Neto — *Do Guaírá aos Saltos de Iguaçu*, pág. 63. Ao mesmo se refere Lima Figueiredo em seu precioso volume *Fronteiras do Brasil*, Rio, 1936, à pág. 121: "A mata está sendo devastada sem piedade e os ricos proprietários das obrages não executam sequer uma obra de caráter permanente. Parece que o lema é: ganhar *la plata* e dar o fora".

Obrigação: vide *Candomblé.*

Oca: moradia dos caboclos, choça dos bugres. É vocábulo tupi, muito conhecido, que, não raro, se usa nos sertões como sinônimo de cabana, *tajupar.*

Oco do mundo: expressão corrente entre os sertanejos do Nordeste para designar terras longínquas, regiões afastadas, longe, bem longe ou lugar incerto, não sabido. "Ao tempo do governo Barbosa Lima o político José Maria, perseguido, escrevia cartas do ôco do mundo" (Célio Meira). Ildefonso Albano no *Mané Chique-Chique*, pág. 9, tracejando os horizontes do sertanejo nordestino, escreveu: "A locomotiva não lhe causa *sobrosso;* a água do mar — o *açude badejo* — já ele provou; já tem navegado por toda a parte, correu o *oco do mundo*". Domingos Olímpio, à pág. 274, de *Luzia Homem*: "Ora, ora, ora! Eu conheço o oco do mundo". E Cornélio Pires, à pág. 69 de *Mixórdia*, demonstrativo de que a expressão é também usada pelos *caipiras* de S. Paulo: "Chico Gabrié, o suplicante que eu matei, é fio destas banda e foi lá naqueles *oco do mundo* só prá tirá meu socego".

OGO — 232 — OST

Ogó: termo das regiões auríferas da Bahia e Minas Gerais, designativo de um mineral formado em parte por grânulos de zirconita de mistura com maior quantidade de monazita, que lhe dá uma coloração amarela, semelhante à do ouro. Ocorre, sobretudo, no leito dos rios que regam as regiões auríferas. Segundo Rodolfo Garcia, é termo de origem africana, provavelmente *ioruba*, onde significa dinheiro, riqueza. Vide *Satélite*.

Olheiral: cones de pequena altura variável, onde se abrem dezenas de orifícios de um formigueiro subterrâneo. À pág. 48 do livro de Oliveira e Sousa — *Piraquaras*, lemos o seguinte trecho: "Chibita vivia, sossegadamente, lá na sua casinha de barro e palmito, no meio da macega, cercada de um vasto olheiral de formigas saúvas, retirada do convívio humano e..." Também se diz e emprega *olheiro*: "O declive é grande, de modo que a ação do inseticida pode ser diminuída, em parte mais ou menos considerável, por escapamentos de condutos e *olheiros* colocados na parte inferior" (Artigo no *O Jornal* de 3 de dezembro de 1927. *A Solução de um Grave Problema Nacional.*) Em S. Paulo chama-se a entrada principal de um formigueiro — *corneta*.

Olheiro: segundo ensina A. Taunay, assim se chama a galeria de entrada da toca da paca. Vide *Olheiral*.

olho-d'água: termo geral que significa manancial, minadouro, fonte natural, lugar nos campos ou nas matas, onde surge uma nascente de água perene. No Rio de Janeiro e em S. Paulo (aqui por informe do Dr. Guilherme Wendel) designam o olho-dágua pelo nome de *mina-d'água* — fonte. No mesmo sentido, segundo Aulete e Cândido de Figueiredo, se usa em Portugal. Na Argentina diz-se *ojo de agua* a fonte.

olho-de-boi: expressão que vimos referida por Gastão Penalva, no seu volume *Gente do Mar*, no seguinte trecho: "Por isso o marinheiro teme os terríveis vendavais que o acometem como castigos de Deus. Tem pavor às nuvens negras, *cúmulos* e *nimbos* que se acastelam no horizonte pejadas d'água; foge a léguas do ameaçador *olho-de-boi* — uma pequena esfera cinza, que surge além no azul do céu, e a pouco e pouco vai-se avolumando, aumentando de raio, enchendo o espaço inteiro, despencando afinal no oceano encapelado, num furacão destruidor e implacável". Segundo informe de Artur Neiva *olho-de-boi* é o nome que os marítimos da baía de Todos os Santos dão ao arco-íris incompleto. Em Santa Catarina dá-se o nome de *olho-de-boi* a uma espécie de mármore de grandes manchas. Finalmente, vale referido que *olho-de-boi* se designavam os selos mais antigos do Brasil, os da primeira emissão em 1843 (Taunay).

Olho-de-cabra: nome dado aos selos da segunda emissão brasileira feita em 1845. Registrado por A. Taunay, que cita a seguinte frase: "Os olhos-de-cabra de 180, 300 e 600 réis valem hoje quinhentos mil réis". Houve também os selos chamados olho-de-cabrito. (Célio Meira).

Olho-de-fogo: denominação popular dos indivíduos albinos, registrando-a Teschauer.

Olho-de-mosquito: vide *Mosquito*.

Olho-de-peixe: vide *Satélite*.

Opaba: registrado por Teschauer, como regionalismo do sul da Bahia. com o significado de terreno arenoso à beira-mar, alagado no inverno. Diz-se também *japara*.

Oréade: denominação dada por von Martius a uma das divisões do domínio floral brasileiro, que compreende a região campestre, incluindo os campos do interior do país sem distinção de categorias.

Osso-de-cavalo: vide *Satélite*.

Ostreira: o mesmo que *sambaqui* (Vide esta palavra).

Ouro-negro: nome pelo qual se designa às vezes a borracha extraída da seringueira. "Sua produção, sempre crescente, como crescente a valorização, fizeram deste Estado (Amazonas) um centro de grandes negócios, base dessa prosperidade que transformou Manaus, de obscura, em magnificente, enquanto durou a porfia da procura do *ouro-negro* pelos países em que se fundou e desenvolveu sua manufatura" (Agnelo Bittencourt. *Corografia do Estado do Amazonas* 1925. Pág. 122). "L'Hevea est originaire du bassin de l'Amazonie pays de l'"Or noir", auquel ses forêts vierges redoutables ont valu encore le nom d'"Enfer vert"..." (G. Capus et D. Bois. *Les Produits Coloniaux*. Paris. 1912, Pág. 420).

Ovo-de-pombo: vide *Satélite*.

P

Pacoca: trecho do leito de um rio, abaixo das cachoeiras, onde as águas são agitadas e remoinhosas. Empregado por A. Taunay no seguinte passo: "Abaixo da cachoeira há uma *pacoca* de correnteza tão forte que não há nadador que ali se aventure". No Município de Piracicaba, S. Paulo, segundo informa Sud Mennucci, dá-se a este fenômeno o nome de *vaivém*: "Há um salto dentro da cidade que é cortada pelo rio que lhe dá o nome. Por isso, é costume dizer-se que quem cai no *vaivém*, não volta mais".

Pacote: vocábulo muito usado pelos pescadores do litoral paraense, designativo de um grupo de cinqüenta peixes. "Os *geleiros* pagam aos pescadores de São Caetano de Odivelas, Curuçá e Marapanim, até onde chegam com sua navegação, 16$000, 18$000, 20$000 e 22$000 pelo *pacote* de tainha e 500 reis, 1$000 e 1$500 pelo *pacotinho* de *pratiqueira* (filhotes de tainha)" (H. Jorge Hurley — Carta de 25 de dezembro de 1929).

Pacotilha: termo usado no Rio Grande do Sul com o sentido de quadrilha de bandidos. Encontramolo registrado no *Léxico de Lacunas* de A. Taunay. Não o vimos, porém, nos vocabulários gaúchos de Romaguera Corrêa, Roque Calage e Luís Carlos de Morais.

Pacoval: termo usado no Norte, sinônimo de *bananal*, *bananeiral*, plantação de bananeiras. Este vocábulo vem de *pacova*, *pacoba*, nome tupi da banana, donde também se formou *pacoveira*, designação comum das musáceas. Entre os vários acidentes que, no Pará, têm o nome de pacoval, merece referida a ilha do lago Arari, na ilha de Marajó, o qual tirou o seu batismo da grande quantidade de musáceas que ali cresciam. "Ao lado do bananal ou *pacoval*, dos limoeiros, laranjeiras, e mais árvores de espinho, há quase sempre um pedaço de vinha ou uma latada de parreiras (Alcântara Machado. *Vida e morte do bandeirante*. Pág. 46.)

Pago: nenhum vocabularista disse melhor a respeito do sentido deste termo rio-grandense-do-sul, do que Roque Calage, de quem transcrevemos o seguinte: "lugar onde se nasceu; o rincão, a querência, o povoado, o município onde alguém mora ou de onde é natural. Este vocábulo é um dos mais usados na vida campesina do Rio Grande. Ele resume para o *gaúcho* um pedaço afeiçoado e querido da terra que o viu nascer. Não há *quadrinha*, não há poesia do cancioneiro crioulo que não tenha a palavra *pago*, ora refletindo saudades, ora exaltando heroísmo e grandezas, tudo o que dignifica e eleva o coração e o sentimento do homem nativo. Não há também palavra como essa que tão apropriadamente traduz a nostalgia do campônio rio-grandense. *Lá nos meus pagos...* e nesse expressar vai todo um retrospecto à vida passada no torrão natalício". Em geral, é empregada no plural e assim aparece em todos os Dicionários; usa-se, porém, no singular e há hoje

PAI — 235 — **PAL**

na literatura rio-grandense um livro intitulado *No Pago* (Clemenciano Barnasque. Porto Alegre 2.ª ed. 1926). Não concordamos a etimologia fantasiosa de Calage, que deriva de *plaga*, por corrutela; *pago* vem do latim *pagus* — aldeia, lugar nos campos.

Pai-luís: registrado no vocabulário apenso à *Lira Rústica* de Rodolfo Teófilo com os seguintes dizeres: ervas e arbustos que nascem nas capoeiras e roçados novos durante a estação invernosa. Como vamos de limpa? Não se pode aumentar, este ano *pai-luís* está como nunca". Também Leonardo Mota registra esta expressão à pág. 233 do seu *Sertão Alegre*, escrevendo: "Mato que invade a roça e deteriora as plantações do agricultor descuidado ou preguiçoso".

Paiol: nome que, nos Estados do Sul, os lavradores dão ao compartimento ou dependência da casa de morada onde colocam o milho e outros cereais, e no Norte, segundo o registro de Beaurepaire-Rohan, é a casa onde se arrecadam quaisquer produtos da lavoura. Usa-se ainda no Brasil com o mesmo sentido de Portugal. À pág. 5 do livro de Joaquim Gil Pinheiro, *Os Costumes da Roça ou as Memórias de Mboi*, lemos: "Os roceiros fazem nas roças, distantes de suas moradas, rústicos ranchos ou cabanas cobertas de sapé, a que chamam de *paióis*, para guardarem o milho e estacionarem durante a colheita e limpa da mesma". Nas Lavras Diamantinas da Bahia o termo *paiol* designa monte de cascalho acumulado para a operação da lavagem. "Quando o *metal* fugia do infeliz, podia mourejar em serviço rico de fama, porque, muitas vezes, lavando o cascalho do mesmo *paiol*, o companheiro *pegava*, e o outro, o *caipora*, nem um mosquito". (Alberto Rabelo. *Contos do Norte*. Pág. 26).

Pajé: também dito *caraíba*, grafado ainda *paié*, nome tupi, designativo daqueles que entre os indígenas viviam no recesso das florestas, nas cavernas das montanhas, solitários, misto de feiticeiros, curandeiros, sacerdotes, até profetas. Atualmente o nome de *pajé* é aplicado também a curandeiro no interior da Amazônia, deste se ocupando José Carvalho às págs. 30 e 31 do seu livro — *O Matuto Cearense e o Caboclo do Pará*. H. Jorge Hurley publicou interessante estudo sobre o *pajé*, no qual informa que, entre os índigenas, era o sacerdote de Tupã, feiticeiro, médico e médium cujo instrumento sagrado era o *maracá*. Raimundo Morais, em *O Meu Dicionário de Coisas da Amazônia*, diz: "feiticeiro indígena; também é o sacerdote da maloca; cura o corpo e a alma; receita a puçanga e a reza". Vide a palavra *Morubixaba*.

Pajonal: nome castelhano de uma variedade de campo no Rio Grande do Sul, registrado por Teschauer, a qual aparece na região trapeana e ocupa em geral os lugares baixos e de terrenos úmidos. Num trabalho do Dr. Francisco Simch, intitulado *Os campos do Estado* (*Revista do Inst. Hist. e Geog. do Rio Grande do Sul* — III e IV trimestres de 1925, pág. 151), encontramos este termo no seguinte período: "Estes últimos grupos pertencem propriamente ao grupo de transição e conhecem-se pelo nome de *curizal*, *pajonal*, etc." O gen. Borges Fortes informa que significa banhado extenso, pantanal.

Palha: o mesmo que *tiguera*. Usado em Minas Gerais.

Palhada: termo corrente em Minas Gerais, com o mesmo sentido de *tiguera* (Vide este termo). *Palhada*, diz Aldo Delfino, à pág. 17 de seu livro *Terras sem dono*, "é o lugar em que, depois da colheita, fica a palha das searas. Ali, logo que o capim cresce, soltam o gado, para aproveitar a restolhada".

Palha-de-arroz: vide *Satélite*.

Palhal: nome que os canoeiros da Amazônia setentrional dão aos grupos de palmeiras em meio das matas. Registrado por A. J. de Sampaio em sua *A Flora do Rio*

PAL   — 236 —   PAN

Cuminá, pág. 168. Em seu trabalho, *Nomes Vulgares de Plantas da Amazônia*, diz: formação de palmeiras.

Palmares: este termo é usado geralmente no Brasil no mesmo sentido de Portugal. Entretanto, com êste nome distingue-se hoje uma das divisões geobotânicas do Nordeste, segundo o naturalista Luetzelburg, que, em seu livro citado, diz: "Os palmares constituem originalidade da vegetação nordestina, altos e densos, geralmente puros e de uma só espécie de palmeira, de natureza xerófila ou higrófila. Outros existem com mistura de três ou quatro espécies diferentes, sempre em companhia de árvores de porte alto". Dentre as palmeiras que vegetam nessa região, sobrelevam a carnaúba (*Copernicia cerifera*), a buriti (*Mauritia vinifera*), a buritirama (*Mauritia aculeata*), a bacaba (*Denocarpus distichus*), a babaçu (*Orbignya martiana*), etc., etc. Tais zonas se desenvolvem na Bahia (S. Francisco), Piauí, Maranhão e menos no Ceará, Paraíba, Rio Grande do Norte, Alagoas e Sergipe.

Pampa: nome que, nas Repúblicas Platinas, se dá às planícies extensas cobertas de um tapete vegetal de nutritivas forragens, campos nativos que os fizeram, desde os tempos coloniais, a região criadora por excelência. O termo é de uso correntio no Rio Grande do Sul onde, segundo diz o botânico sueco Lindemann, está o limite setentrional dessas ubérrimas pastagens. Lafone Quevedo em seu *Tesoro de catamarqueñismos* dá o significado de "campo abierto sin estorbo"; Garcilaso de la Vega dálhe simplesmente o de campo. É palavra de origem *quíchua-pamba* ou *bamba* — terra plana (Gustavo Lemos — *Glotologia Ecuatoriana;* Granada — *Vocabulário Rioplatense*). Diz-se nos Estados Platinos *a pampa;* no Rio Grande do Sul — *o pampa.* "A mor beleza do pampa é o horizonte que foge e chama" (Alcides Maia. *Alma Bárbara* — Pág. 134).

Pampeiro: termo de uso no Rio Grande do Sul, designativo do vento que sopra de sudoeste na direção dos *pampas* argentinos, donde lhe vem o nome. É um vento frio, seco, violento quase sempre, cuja ação na atmosfera é purificadora, e que atinge até a costa Sul do Brasil. A sua maior intensidade é nos meses de inverno (Luís Carlos de Morais). É de Alberto Ramos, *Elegias e Epigramas*, citado por Piá do Sul (*Gauchismos e gauchadas*), a seguinte quadra:

Mas o som que prefiro, o som
    [que mais me agrada,]
é nos pagos do Sul o grito do
    [pampeiro,]
e o choro do violão nas noites
    [de invernada,]
ao lume do fogão, no rancho
    [do tropeiro".]

Na Argentina se diz *pampeiro* o vento que, no Rio da Prata, sopra de entre o este e sudoeste e *pamperada* — o vento *pampero* forte e continuado (Granada).

Panasco: termo que, no sudoeste piauiense, designa uma zona de vegetação semelhante à do *lacre* (vide esta palavra) e que aparece entre a região dos *agrestes* verdadeiros e a do *carrasco* ou *catinga*. É feição característica dos *agrestes*. Ao panasco se refere Luetzelburg, às págs. 31 e 93 do III volume de seu trabalho citado.

Pancada[1]: termo usado na Amazônia com o sentido de salto ou cachoeira a pique, nos rios. Segundo informa o Eng.º Leonides Barbosa de Oliveira, no vale Tocantins-Araguaia *pancadas* são os lances ou degraus em que se divide uma *corredeira* ou *cachoeira* (Relatório citado, pág. 206). No Pará é notável a *pancada do Sabão*, no rio Xingu. Na *Amazônia Misteriosa* de Gastão Cruls, lemos à pág. 28: "Tivemos de fazer uma varação para fugir de duas *pancadas* que eram intransponíveis". No sul da Bahia usa-se com o mesmo sentido.

Pancada[2]: segundo lemos em Valdomiro Silveira, assim se chama em

PAN — 237 — PAN

S. Paulo à chuva passageira. "Naquele dia, o primeiro destes meus trabalhos, tinha caído uma *pancada*, coisa de pouco mais ou menos, e tudo quanto era folha estava com uma cor linda e lustrosa, que dava alegria e entusiasmo".

Pancada do mar: expressão com que os cearenses designam a praia. Registrada por Leonardo Mota, à pág. 269 do seu *Sertão Alegre*, abonando-a com a seguinte proposição: "A guerra do Juazeiro co--meçou no sertão, mas foi acabar na *pancada do mar*".

Panela: na bacia do S. Francisco emprega-se este termo no sentido de poço de grande profundidade, onde as águas formam remoinhos perigosos à navegação. É acidente comum nas vizinhanças das cachoeiras e corredeiras. Halfeld, célebre explorador do rio S. Francisco, fala constantemente de suas *panelas*. Assim, por exemplo, descrevendo o grande rio no trecho de 314 léguas (a partir de Pirapora, em Minas), diz que a cachoeira da Vargem Redonda apresenta algumas *panelas* ou redemoinhos junto aos rochedos negros da margem direita, que põem em perigo as canoas que se aproximam. Durval de Aguiar em suas *Descrições Práticas da Província da Bahia*, pág. 63, escreve: "As tais *panelas*, especialmente, que são largos poços de enorme profundidade, tragam facilmente uma embarcação pelo menor descuido, desde que, presa da correnteza, formando redemoinhos, é levada a rodar na direção das águas, até ser mergulhada e absorvida no grande sorvedouro com a tripulação e carga, pois que é dificílimo poder transpor a força das águas". Romaguera registra o vocábulo com a mesma significação no Rio Grande do Sul. É o mesmo a que, na Amazônia, chamam *caldeirão* e os espanhóis — *pilancón* e *pila* (Vergara Martin). Sud Mennucci lembra que este termo em S. Paulo e todo o Sul também se refere aos buracos e depressões das estradas de rodagem, onde afundam os automóveis com perigo para as suas peças. E acrescenta: é termo que indica buraco menor que o *caldeirão* e maior que o *pilão* (Carta de 10 de julho de 1940).

Panema: vide *Saru*.

Pantanal: uma das zonas em que, geofisicamente, se divide o Estado de Mato Grosso, na baixada por onde flui o rio Paraguai. Segundo o Dr. Arrojado Lisboa, o *pantanal* compreende não só as terras baixas, mas também as elevações e os morros nelas espalhados, como que formando ilhas e penínsulas. E, a respeito, acrescenta: "o solo do *pantanal* é argiloso ou arenoso, mas, livre das inundações, — sólido e seco em sua maior extensão, e cobrindo-se de um tapete de gramíneas verdes e tenras, transforma-se em pastagens naturais, reputadas as melhores do Brasil tropical. Comquanto seja zona principalmente de campos, essa parte da baixada paraguaia comporta uma grande variedade botânica e encerra muitas formações vegetativas. Nenhuma outra região do país comporta tão grande número de termos locais para significar agrupamento de certas variedades vegetais, sendo notável a propensão para certas árvores constituírem *habitat isolado*. Assim *caranduzal, paratudal, piuval, buritizal, acurizal, pirizal, pajonal, espinhal*, etc., são termos locais que designam paisagens diferentes, caracterizadas pela predominância ou agrupamentos de certos vegetais".

Pantaneiro: com este nome se designa uma variedade de gado vacum próprio do *pantanal* de Mato Grosso, registrando-o Cândido de Figueiredo. Encontramo-lo, porém, empregado no sentido de criador da mesma região, fazendeiro, num artigo de A. de P. Leonardo Pereira, publicado no *O Jornal* de 23 de setembro de 1928, no seguinte passo: "O pantanal mato-grossense não tem rival. E quando o *pantaneiro* em lugar de deixar seu rebanho ao léu do tempo, com um inverno excessivamente frio, de três a oito graus

PAP — 238 — PAP

abaixo de zero, causado pelo degelo dos Andes, muito terá feito em prol de sua indústria...".

Papa-areia: alcunha dada aos habitantes da lagoa dos Patos, no Rio Grande do Sul, pelos filhos da cidade de Pelotas, por eles denominados — *papa-sebo.*

Papa-arroz: alcunha dada aos maranhenses pelos piauienses que, por seu turno, são apelidados *capa-garrote* e *espiga.* Citados por Leonardo Mota à pág. 199 do seu *Sertão Alegre.*

Papa-sebo: alcunha jocosa que os habitantes das margens da lagoa dos Patos dão aos pelotenses; certamente por motivo das charqueadas (Cornélio Pires — *Meu Samburá* — pág. 22).

Papa-chibé: apelido burlesco que dão aos paraenses e amazonenses. A propósito de *chibé,* escreveu-nos Jorge Hurley, em carta de 19 de julho de 1929, o seguinte: "Segundo Vicente Chermont de Miranda, no *Glossário Paraense,* pág. 26, traduz o vinho composto de farinha d'água e água fria. O Dr. Miranda dá duas etimologias ao vocábulo. Sou contrário a ambas. *Chibé* é uma corrutela tupi que pode vir de *caribé,* que é o mingau de carimã ou farinha branca fina. Também há esta outra versão: *chibé* — comida de fortuna, feita com farinha e água. *Fortuna,* aí, deve ser entendido como emergência eventual, improviso. Vide *Vocabulário da Língua Tupi* do P.e C. Tastevin, pág. 12. O que é certo é que é termo de origem autóctone (tupi), vulgar na Amazônia, porque nomina um refresco usadíssimo em toda a Amazônia, não só pelos roceiros e caçadores, como pelos que viajam e têm dificuldade em fazer fogo para preparar uma bebida quente".

Papa-mamão: epíteto dado pelos habitantes de Recife aos de Olinda, em Pernambuco, segundo refere Pereira da Costa. Na Bahia assim se alcunham os moradores do Distrito de Santo Antônio, da Cidade do Salvador.

Papa-mel: alcunha dada em Alagoas e Pernambuco a bandos de insurretos negros que lutavam juntamente com os cabanos das *Panelas.* Vimo-la registrada na Conferência que Basílio de Magalhães realizou no Instituto Histórico e Geográfico Brasileiro a respeito da guerra civil do Pará, conhecida pelo nome de Cabanagem. Assim se expressou o eminente Mestre: "Provavelmente o epíteto menosprezante de cabanos partiu dos soldados da legalidade, que os combatiam, e proveio, certamente, de serem os rebeldes daquela região simples roceiros, moradores em cabanas ou ranchos de sapé. E, como prova do influxo da analogia nessas designações fortuitas, basta dizér que a um contingente dos mesmos insurretos, formado de negros, escravos fugidos, deu-se a alcunha de *papa-méis,* porque dos favos das abelhas era que tiravam, nos matos, o melhor da sua alimentação". Em artigo publicado no *Jornal do Commercio* do Rio de Janeiro, edição de 28 de outubro de 1935, sob o título *Caudilhos e Bandidos do Nordeste,* Carlos Pontes refere-se ao chefe do grupo guerreiro *papa-mel,* nos seguintes trechos: "Nos seus domínios (refere-se o autor a Vicente Ferreira Tavares Coutinho, conhecido por Vicente de Paula que, durante muitos anos, dominou como rei as matas do Jacuípe em Alagoas) havia de tudo: negros fugidos que formavam as legiões sinistras, conhecidas popularmente por papa-mel..." "Implacável para com os inimigos contra os quais lançava os *papa-méis...*". Registrou o apelido Pereira da Costa em seu *Vocabulário Pernambucano.*

Papanduval: trato de terreno coberto de papanduva, nome que tem, em Santa Catarina, uma espécie de capim muito alto. Informação do P.e Geraldo Pauwells, do Ginásio de Santa Catarina.

Paparia: lugar onde há muitos papudos ou indivíduos atacados de papo ou bócio, moléstia comum em Goiás. À pág. 215 da *Viagem Científica pelo Norte da Bahia,*

PAP — 239 — PAR

Sudoeste de Pernambuco, Sul do Piauí e de Norte a Sul de Goiás, pelos Drs. Artur Neiva e Belisário Pena, lemos: "Todos esses habitantes papudos informaram-nos que a vila de Peixe é uma grande *paparia*".

Papiri: também *paperi*. Vide *tapiri*. É a barraquinha do *seringueiro*, erguida no *centro*, de caráter mais ou menos provisório (Lauro Palhano — *Marupiara* — Pág. 247).

Paqueteiro: embarcadiço dos paquetes do rio S. Francisco (curso baiano), pequenas embarcações ao jeito de saveiros que navegam no mesmo rio. A esses *paquetes* chamam também no S. Francisco — *leobas*. (Informação local).

Paradouro: no Rio Grande do Sul tem a acepção restrita de lugar certo, perto das casas ou das *mangueiras* das *estâncias*, onde o gado passa a noite. Alcides Maia empregou-o neste passo das suas *Ruínas Vivas*, à pág. 189: "O gado, impedido de sair, como dantes, transpondo as lindas para espalhar-se através dos prados pascigosos, definhava agora em chavascais grossos e sujos, cobertos de *cola* de *sorro*, atolado no inverno, espasmado de verão nos *paradouros* sem pasto". No Nordeste é lugar onde param para descanso tropas, carros de bois e viajantes.

Paraíba: trecho de um rio que não pode ser navegado. Vem este vocábulo do tupi *pará* — rio, caudal e *aiba* — ruim, imprestável, propriamente inavegável. É termo usado de preferência nos Estados do Sul.

Parajás: o mesmo que *pirajás*, definidos por Gastão Penalva como "chuvas fagueiras, nuvens do estio que passam, e tombam no mar como um pranto rápido do céu choramingas" (*Gente do mar*). Aos parajás se referiu o ilustrado Almirante Raul Tavares, em trabalho lido na Sociedade de Geografia do Rio de Janeiro (*Revista*. Tomo XLI — 2.º semestre), dizendo que são as chuvas rápidas, assim chamadas porque, com a mesma rapidez que caem, passam.

Paraná: ou *Paraná-mirim*, termo da Amazônia, que apelida uma das obras mais caprichosas da "engenharia ciclópica do Amazonas", como aprouve dizer da sua dinâmica potente o espírito brilhante de Raimundo Morais. Tais são os braços menores, mais ou menos caudalosos, em que se dividem os rios amazônicos, em virtude de ilhas que neles se formam. São uma espécie de canais laterais, em tão grande quantidade no Rio-Mar que, juntos aos lagos marginais, às ilhas numerosas, aos furos, permitiriam navegar desde o oceano até os confins do país, sem nunca penetrar na madre, como de uma feita escreveu o sábio Capistrano de Abreu. O *paraná-mirim*, ao contrário do furo, "volve sempre ao leito principal de onde se esgalhou".

Paranapanã: assim se designam na bacia do rio Cuminá, afluente do rio Trombetas ou Oriximina, grandes bandos de borboletas. Registrou-o o sábio botânico brasileiro A. J. de Sampaio em sua *A Flora do Rio Cuminá* publicada no vol. XXXV dos *Arquivos do Museu Nacional*.

Paranista: Valdomiro Silveira (*Os Caboclos*) emprega esta palavra para designar os filhos do Estado do Paraná, os paranaenses. Registra-o Cândido de Figueiredo (4.ª ed.) com o mesmo significado.

Pararaca: termo de uso principalmente em S. Paulo e Minas, registrado por Valdomiro Silveira, para designar o lugar nos rios, em que a água passa rápida sobre pedregulhos, estrondando. Nélson de Sena cita as *pararacas* dos rios Sapucaí Grande e Paranaíba, em Minas Gerais. As *pararacas* correspondem às *corredeiras*, *corridas*, *carreiras*, ou, segundo a expressão sugestiva dos mineiros, às *águas puladeiras*. Segundo Jorge Hurley o vocábulo *pararaca* traduz-se por *chifres - d'água*, águas que sobem e pulam, superpondo-se em "chifres", na concepção selvagem, ao nível do rio. Vem de *pará* — mar, rio, água; *ra* — desinência; e *aca* — chifre.

Paratudal: termo de uso em Mato Grosso e na Amazônia, ali peculiar à região do pantanal, aqui ao Norte da grande planície, para designar o terreno coberto pelas árvores chamadas *paratudo*, que touçam de ouro na florescência, formando extensas manchas de rara beleza. A. J. de Sampaio (*A Flora do Rio Cuminá*) diz que, ao norte da Amazônia, são campos cerrados com dominância do *paratudo* (*Tecoma caraiba* Mart.).

Parazeiro: nome que dão os habitantes da região tocantina, em geral maranhenses e goianos, de Alcobaça para cima, aos filhos do Pará, aos paraenses. Encontramos esta referência à pág. 164 do volume de Inácio Batista de Moura — *De Belém a S. João do Araguaia*.

Pardavasco: assim se chama na Bahia, Pernambuco, Goiás e em alguns Estados do Sul ao indivíduo resultante do cruzamento do negro com o mulato. Às vezes designa apenas um pardo-escuro ou carregado. Não tem razão Cândido de Figueiredo quando diz que é mestiço de negro e índio: este é o *cafuz, curiboca, caburé.*

Pardo: Jayme de Séguier registra a palavra *pardo* como substantivo com a significação de mulato e Cândido de Figueiredo, que só a registra como adjetivo, diz: "que tem cor intermédia a preto-branco". Entretanto, na Bahia, *pardo* é um tipo de mestiço, isto é, o filho do branco com o mulato ou vice-versa. O pardo já é produto de um subcruzamento. Refere esta significação o Dr. J. B. de Sá Oliveira, em seu interessante opúsculo *Evolução Psíquica dos Baianos*, à pág. 24, onde se lê: "Anatomicamente os brancos da Bahia estão entre os pardos e os descendentes diretos dos portugueses não mestiçados". Em nota desta página e da página 56 define pardo o "filho de branco com mulato, ou de indivíduo próximo àquela espécie".

Paredão: termo usado em Mato Grosso e S. Paulo para designar ribanceira elevada de um rio, muitas vezes talhada a pique. Seve-riano da Fonseca (*Viagem ao redor do Brasil*. 2.º vol. Pág. 163) escreve: "dão o nome de *paredões* às orlas do rio quando elevadas e abruptas qualquer que seja a rocha que a forme". Herbert Baldus na *Revista do Arquivo Municipal* de S. Paulo, n.º de janeiro de 1940, informa que na "chapada de Mato Grosso" chamam de paredão um alto e isolado morro abrupto de arenito, achatado no cimo e estendido em forma de parede. E cita um enorme paredão que se ergue na secular estrada de Cuiabá a Goiás quase no meio entre as duas missões salesianas de Sangradouro e Meruri. Segundo informa Coriolano de Medeiros o termo *paredão*, na Paraíba, é usado no sentido de cordão de recifes no fundo do mar (*O Barracão*, 1930 — Pág. 108).

Parelho: termo do Sul, campo que se distende plano, sem ondulações. A formação idêntica no Paraná se denomina *chato*, segundo Rodolfo Garcia.

Pari: termo geral, designativo de estacada feita nos rios, apoiada por dois grossos varões que atravessam a corrente de um barranco a outro e em geral para apanhar peixes. Registrado por Teschauer, que acrescenta que os lugares mais próprios para os *paris*, são as corredeiras.

Parnaibano: além de apelidar os filhos do Município piauiense de Parnaíba, êste nome se aplica ao vento geral que sopra rijo em certa época do ano, ao longo do curso inferior do rio Paraíba. "Só quando as águas debaixo da pressão do vento geral, denominado ali — *Parnaibano* — tomam outra vez um curso mais regular, restabelece-se o canal" (Relatório acerca da exploração do rio Parnaíba, por ordem da Presidência da Província do Piauí pelo Engenheiro em comissão do Ministério da Agricultura, Comércio e Obras Públicas, Dr. Gustavo Luís Guilherme Dodt).

Paroara: nome que designa o cearense ou nordestino que emigra para a Amazônia, voltando depois à terra natal. Paroara, escreveu Antônio Sales, da literatura cearense (1939), "é chamado o cearense que vai à Amazônia trabalhar na extração da borracha e depois regressa à terra natal, com ou sem dinheiro, mas invariavelmente com a saúde minada, às vezes gravemente, pelo impaludismo ou beribéri". Rodolfo Teófilo, um dos maiores espíritos do Ceará, escreveu um belo e comovedor romance sob este título, no qual narra, ao vivo, "cenas da vida cearense e amazônica". Flagelado pelas secas, que, de quando em quando, martirizam a terra dos "verdes mares bravios", o cearense emigra para a Amazônia, lá realizando a obra formidável de *brocar* as selvas impenetráveis da grandiosa baixada. Atraído pelas falsas promessas dos *agenciadores* dos *proprietários* de seringais, o sóbrio sertanejo parte para Manuaus e daí para os *centros* e vai colonizando a planície distensa, onde correm o Amazonas e os seus tributários. Realiza um estupendo trabalho de exploração de terras ignotas, formando uma "população tropical, audaciosa, enérgica e genuinamente brasileira — que, de uma feita, culminou na conquista do Acre". É este o fenômeno de emigração interna mais relevante do Brasil. Ildefonso Albano gravou numa das páginas do *Mané Chique-Chique* a imagem da moderna epopéia do cearense, "escrita com tinta de sangue, mas em letras de ouro". Deriva do tupi: a dição *oara* denota freqüência, estado, naturalidade; por isso se diz *Maraióoara*, o da ilha de Marajó, *Paróoara*, o do Pará: é o que informa o c.el de engenheiros Francisco Raimundo Corrêa de Faria, grande conhecedor do tupi. Em observação ao que registramos na *Onomástica*, escreveu-nos H. J. Hurley: "Na baixada amazônica, *paroara* significa o mesmo que paraense, isto é, filho do Pará, como *Cametá-oara* o que nasceu em Cametá; *marajoara*, o filho da ilha de Marajó, etc. No Nordeste é que há o costume de chamar ao nordestense que vem da Amazônia

paroara na acepção pejorativa e errada de falso paraense, quando deviam chamar — *parárãna".

Parrudo: alcunha depreciativa aplicada aos portugueses. Registrou-a Pereira da Costa que a abona com os seguintes passos: "Angola, o degredo dos *parrudos* criminosos" (*América Ilustrada* — 1872); "Chico era célebre *parrudo* da rua da Glória..." (*A Derrota* n.º 16 de 1888).

Partido: registrado por Beaurepaire-Rohan, com o sentido de certa extensão de terreno plantado de cana-de-açúcar. O têrmo é usado nos Estados produtores do açúcar. Neste sentido já era usado no tempo colonial, como registra Antonil (verdadeiramente João Antônio Andreoni S. J. conforme descobriu Capistrano de Abreu e reassegura A. Taunay) no seu preciosíssimo livro *Cultura e Opulência do Brasil...* São de Antonil os seguintes passos que colhemos entre muitos: "Dos senhores dependem os lavradores que têm *partidos* arrendados em terras do mesmo engenho, como os cidadãos dos fidalgos"; "Pois tais são na verdade quando se desentranham para trazerem os seus *partidos* bem plantados e limpos com grande emolumento do engenho"; "Sobre todos porém os que se devem haver com maior respeito para com o senhor de engenho, são os lavradores, que têm *partidos* obrigados à sua moenda"; "Por isso é necessário comprar cada ano almas peças (escravos) e reparti-las pelos *partidos*, roças, serrarias e barcas".

Passador de gado: assim chamavam no Nordeste aos homens que eram encarregados de levar as boiadas do sertão para as feiras onde eram vendidas, sobretudo para as de Pedras de Fogo, em Pernambuco, que se tornou famosa pela soma de negócios ali realizados. Pereira da Costa define: condutor de boiada das fazendas de criação para o seu destino por conta do fazendeiro, acompanhado pelos aboiadores e tangerinos. É um tipo mais ou menos desaparecido,

PAS — 242 — PAS

graças às vias de comunicação mais rápidas que se vão estabelecendo. João do Norte escreveu a respeito deste tipo uma das belas páginas de sua *Terra de Sol*. No S. Francisco baiano o termo *passador* designava o vaqueiro ou *camarada* que guiava a boiada na travessia a nado de um rio. Vale transcrito o seguinte trecho de Capistrano de Abreu em seu livro *Caminhos antigos e povoamento do Brasil*, às págs. 81 e 82: "No tempo do intrépido Fr. Martin já se realizara uma invenção que agiu de modo extraordinário sobre a nossa história e a modelou em parte. Um gênio anônimo, túmulo que nunca será conhecido nem visitado, inventou o meio de passar o gado nos rios caudalosos. Na passagem de alguns rios, informa Antonil Andreoni, no seu livro *Cultura e Opulência do Brasil*, um dos que guiam a boiada, pondo uma armação de boi na cabeça e nadando, mostra às rezes o vau por onde hão de passar".

Passageiro: regionalismo gaúcho que apelida o patrão de balsa ou canoa e companheiros que o ajudam, na travessia dos rios que não dão vau. Ouvimo-lo freqüentemente em nov. de 1939 quando viajamos pela zona colonial do Rio Grande do Sul. "Esse serviço é de grande utilidade; graças à extrema habilidade do passageiro, as diligências, e outros carros pesados, são transportados de uma para outra margem, sobre uma balsa ou duas canoas, a despeito da correnteza dos rios" (Lassance Cunha — *O Rio Grande do Sul*. Pág. 402). Romaguera Corrêa, registrando-o no seu *Vocabulário Sul-Rio-Grandense*, acrescenta ter ouvido empregar várias vezes — *passeiro*.

Passo: termo do Rio Grande do Sul, registrado por Calage e Romaguera, designativo de lugar de passagem habitual no rio ou arroio, onde atravessam os viajantes, quer embarcados, quer a cavalo ou a *bolapé*. No Norte do país se chama passagem, termo português,

como se pode ver nos Dicionários da língua. Darci Azambuja, à pág. 33 do seu *No Galpão*, usa da palavra *passo* com o sentido indicado: "A estrada pesada, com a lama vermelha, peguenta como grude; os passos cheios e o minuano enregelado assobiando na palha da carreta e semanas inteiras de céu de chumbo a escorrer em chuvaradas". Em Mato Grosso e na bacia do Paraná a palavra *passo* tem o sentido de remoinho, voragem que se forma em curvas fluviais. No livro de João de Talma — *Da Fornalha de Nabucodonosor...*, à pág. 110, há o seguinte trecho: "Apertados num canal de rochas vulcânicas, de quando em quando, rasgando com a quilha, num ímpeto, um remoinho voraginoso, que aqui chamam "*Paso*", íamos contemplando de um lado a costa paraguaia e do outro a do Brasil". Com este mesmo sentido encontramos em vários trechos do livro *Viagens e Caçadas em Mato Grosso* do com. Pereira da Cunha, págs. 88, 89 e 90.

Pastiçal: argentinismo que, no Rio Grande do Sul, é usado para designar lugar onde há muito pasto; pascigo de boa e abundante forragem. Encontramo-lo em vários escritores rio-grandenses, como sejam Alcides Maia, à pág. 26 da *Alma Bárbara*, Roque Calage, à pág. 79 do *Quero-Quero*, Simões Lopes Neto, à pág. 14, do seu *Populário-Lendas do Sul*. Vergara Martin também registra *pastizal* — terreno abundante em pastos (*Diccionario de Voces y Términos Geográficos*).

Pastorador: termo do Nordeste que designa os lugares em que se pastoreiam ou se *pastorejam* (brasileirismo) os animais; pastagem. Também se diz *pastoreiro* no sul da Bahia.

Pastorejo: o mesmo que *pastorador*, usado sobretudo no Rio Grande do Sul, conforme ensina Calage. Falando-nos deste termo, escreveu o gen. Borges Fortes: "Conservar o gado em *pastorejo*, isto é, vigiado pelos peões. Deixar a tropa em *pastorejo* — guardada à

PAT — 243 — PAU

vista por um grupo de homens para que se não disperse. Pastoreja-se a boiada das carretas durante a sesteada e à tarde".

Patoral: termo usado em Santa Catarina, no sentido de terreno pantanoso e coberto de mangues. Empregou-o Vieira da Rosa, segundo nos informa o eminente prof. Geraldo Pauwells.

Patrão: vocábulo que, além da comum significação, tem, na Amazônia, o sentido peculiar de chefe do *seringal*, o seu dono e responsável. O *patrão*, diz Mário Guedes, em seu livro citado, pág. 97, "é, pelo próprio ofício, um homem que conhece as mínimas particularidades do serviço, ele que, em não poucos casos, começa como simples seringueiro. Nada lhe é estranho; nada lhe escapa. É antes do mais, um tipo "selecionado". "De feito, tem mais capacidade de trabalho do que a população em geral do seringal, ou, pelo menos, tem melhor compreensão do que seja trabalho. Além disso, possui uma certa dose de coragem física, e mesmo moral, fora do comum. A coragem física, sobretudo, é exigida, como condição *sine qua non*, pela energia que ele se vê obrigado a empregar, em meio de uma população quase toda masculina, desprendida da família que esbate e atenua os caprichos e *azeites* (mau humor) do homem, num meio, em suma, de *cabras da rede rasgada* (desbragados), como lá dizem no Norte".

Pátrias: apelido que se deu aos índios charruas e a outros filhos das Missões que, em 1816, sob o comando do valoroso caudilho uruguaio Artigas invadiram o Rio Grande do Sul. Informa Romaguera Corrêa que, na guerra da Cisplatina (1825-1828), assim chamavam aos argentinos e orientais, e que ainda hoje é usado em tom depreciativo de referência aos platinos. Deste termo derivou-se *patriada*, que significa tropelia ou rebelião infrutífera, como a dos *pátrias* de 1816. Segundo informação do gen. Borges Fortes assim se denominavam as forças civis que defenderam a legalidade na revolução de 1893.

Patriotas: designação que era dada pelos portugueses, *corcundas*, nos tempos da Independência, aos brasileiros, que desejavam a emancipação do Brasil e a dissolução do Reino Unido. Após a revolução de 1817, em Pernambuco, o termo *patriota* tomou um sentido pejorativo.

Pau-de-fumo: registrado por Cornélio Pires em seu livro *As Estrambóticas Aventuras de Joaquim Bentinho*, pág. 144, designação pejorativa de negro.

Paulicéia: Beaurepaire-Rohan ensina que é nome poético do Estado de S. Paulo. Teschauer registra como apelido da cidade capital do Estado. Sud Mennucci informa que Paulicéia é designativa da Capital exclusivamente. (Carta de 1-5-42).

Paulista: nome dos filhos do Estado de S. Paulo, o qual não seria aqui registrado, se não fosse a distinção que fazem entre *paulista* e *paulistano*, este o filho da cidade de S. Paulo, capital do Estado. A homonímia determina, sem dúvida, a necessidade de um gentílico diferente para apelidar o natural do Estado e o da capital. Vide o que a respeito do gentílico *paulista* escreveu Afonso de Taunay em sua abundosa *História Geral das Bandeiras Paulistas*, tomo 1.º, págs. 131 e 132.

Paulistano: natural da cidade de S. Paulo, capital do Estado do mesmo nome. É o antigo *piratininga-no*, como lemos em Beaurepaire-Rohan, assim batizado pelo fato de ficar a cidade de S. Paulo nos famosos campos de Piratininga.

Pau-rodado: segundo lemos no *O Brasil Trágico*, de Sílvio Floreal, assim chamam, pitorescamente, em Cuiabá (Mato Grosso), aos que vêm de fora e procuram fixar residência na mesma cidade. O autor citado explica, entre págs. 125 e 126, a origem da alcunha: "Nas águas dêsse rio (o Cuiabá) caem perenemente troncos e galhos

PAV — 244 — PEA

de árvores. E os madeirames, ao sabor da correnteza, vão boiando, vão singrando, vão rolando. Nesse rolar perdem as arestas, as frondes e as cascas. E amarelecidos, lívidos, como cadáveres, vão ao sabor desnorteante da fuga das águas, parando aqui, redemoinhando acolá, desfilando ora lentos, ora apressados, encalhando na calma das curvas, ou esgueirando-se pelas corredeiras dos *corixos* e dos *igarapés*. Ao cabo de vários maltratos, depois de uma longa ciganagem por sobre o dorso das águas que perenemente se avolumam devido à quantidade de afluentes, confluentes e defluentes, passando por peripécias iguais àquelas por que passa um viajante que se propõe aportar na Capital do Estado, os míseros paus prosseguem ao acaso. Um dia, aquele galho ou aquele tronco completamente desnudado, desgalhado e *desnodado*, branco, escorregadio, liso pelo trabalho persistente dos limos que o começam habitar, encalha inesperadamente num porto. Esse porto é Cuiabá. O cuiabano agarra neste estadulho lixado pelas águas e exclama: — Eis aqui um "pau rodado", e passa a apelidar de "pau-rodado" a todas as caras novas e estranhas que, ao contrário daquele pau que se tornou rodado, porque descia o rio, tornou-se duplamente rodado, porque para chegar até lá, tiveram que lutar com os arremessos do rio abaixo..." Vimo-lo também empregado por Hermano R. da Silva em seus *Garimpos de Mato Grosso*, a pág. 116: "Os cuiabanos denominam os alienígenas de *pau-rodado*, depreciando-os como indivíduos de maus costumes e sem valor, como que as inutilidades que são carregadas pelas enxurradas...".

Pavuna: registrado por Teschauer, com o sentido de vale fundo e escarpado, e como tal empregado pelo Visconde de Taunay no seguinte passo: "Os bandidos atiraram o cadáver pelo barranco abaixo naquela *pavuna* tão funda da estrada real". Explicando a sua etimologia, Teodoro Sampaio diz que é corrutela de *pab-una*, contra-

ção de *paba-una*, a estância preta, o lugar escuro. Termo do Sul.

Peaçaba: vocábulo de origem túpica, que, segundo Teodoro Sampaio, se compõe de *pé* e *açaba*, e significa "o porto", o lugar onde vem ter o caminho, a travessia do caminho. E, à pág. 98 do seu *O tupi na Geografia Nacional* (3.ª ed.), escreve o venerando mestre: Quando os caminhos desciam até o mar ou grandes rios navegáveis, ao extremo desses caminhos, ordinariamente um porto, davam os tupis o nome *apeaçaba*, que quer dizer — saída ou travessia do caminho, e de que, por corrutela, se fêz peaçaba... Encontramo-lo na *Paulística* de Paulo Prado, à pág. 5, onde se lê: "Outra vereda, deixando a *peaçaba* do rio Cubatão, saía ao porto de Santa Cruz, subia a serra também chamada de Cubatão, procurava a passagem do Tutinga..." Eugênio de Castro, em excelente artigo publicado no *Jornal do Commercio* de 12 de setembro de 1937, fala dos *peaçásportos*, que se fossem grandes se chamariam *peaçabuçus* e se velhos ou antigos *piaçagüeras*.

Peador: brasileirismo do Norte, grafado por alguns *piador*, designativo de lugar, onde se peiam os animais, deixando-os a pastar (Cândido de Figueiredo); pastagem, malhada. "Fora levar o seu cavalo ao piador e lá caíra para não mais se levantar". (Prado Ribeiro — *Vida Sertaneja*. Bahia, 1927. Pág. 219).

Peão: em português é o indivíduo que anda a pé. No Brasil, máxime no Sul e em Goiás, vem a ser justamente o contrário, ou seja o campeiro ou *gaúcho*, amansador de cavalos, domador. É que outros Estados chamam o *amansador* ou domador. O adestramento do animal é confiado a um indivíduo chamado em algumas partes — *acertador*. Em Mato Grosso ao amansador de animais se chama *ginete*. No Rio Grande do Sul não se emprega somente neste sentido restrito. Consoante a lição de Romaguera e Calage, o têrmo peão aplica-se a todos os serviçais da *estância*, empregadas no serviço do campo e em outros misteres da fazenda. É o mesmo que *conchavado*. Calage diz mais: *Peão* é o termo empregado em todo o Estado, quer na cidade, quer na campanha, e diz respeito a todo e qualquer empregado de ínfima categoria. Amadeu Amaral registra *pião*. À pág. 37 de *O Vaqueano*, narrativa regional de Apolinário Porto Alegre, lemos: "Chamou-o, e não obtendo resposta, mandou seis dos peões ou capangas, que o seguiam, atirarem, fazendo-os incontinenti embarcar".

Peça: antiga denominação de escravo no Brasil. Lemos nos *Diálogos das Grandezas do Brasil*: "É necessário que cada engenho tenha 50 peças de escravos bons e 15 ou 20 juntas de bois com seus carros aparelhados".

Pé-de-chumbo: designação depreciativa dos portugueses nos últimos tempos coloniais e primeiros anos após a emancipação, equivalente a *galego, mondrongo, sapatão*, etc.

Pé-de-poeira: expressão muito comum no Nordeste para designar indivíduo de baixa condição. Registra-a Coriolano de Medeiros nas Notas apensas ao seu livro *O Barracão* (Recife. 1930).

Pedra-de-anil: e também *pedra-de-ferro* — vide *Satélite*.

Pedra-de-fígado: designação que, na margem direita do rio Paraíba do Meio (Alagoas), se dá a uma variedade de quartzo de cor avermelhada, tendo um aspecto da víscera que lhe deu o nome (Alfredo Brandão — *Viçosa de Alagoas*. Pág. 197).

Pedra-de-regulação: expressão garimpeira das Lavras Diamantinas da Bahia, empregada por Alberto Rabelo à pág. 46 dos *Contos do Norte*, o qual nos deu a seguinte definição: "Limite estabelecido para início da maior valorização das pedras. Assim, o carbonado que excede de oito grãos e o diamante que excede de um quilate (4 grãos) têm regulação e gozam de

melhor preço que as pedras de peso inferior, embora da mesma qualidade".

Pedra-grossa: nome que, no linguajar dos garimpos da Bahia, se dá ao diamante ou carbonado de peso ou valor acima do que habitualmente dá a mineração. "Há por ali umas *lavagens* que podiam ser repassadas. O coração me diz que ali há *pedra-grossa*. Tenciono lá ir, logo acabado o serviço da gruna" (Alberto Rabelo — *Contos do Norte* — Pág. 47).

Pedral: termo usado na Amazônia para designar um amontoado de rochas e pedras que embaraçam a navegação. No Maranhão, segundo Antônio Lopes, assim se diz da praia pedregosa nas cachoeiras. Versando o problema das comunicações no *Vale Tocantins-Araguaia*, o Eng.º Américo Leonides Barbosa de Oliveira diz que "o *pedral* é trecho perigoso, porque a pequena correnteza não deixa pressentir pedras submersas a poucos centímetros da linha d'água. São estas as *pedras-mortas* do sertanejo".

Pedra-lavrada: vide *letreiro*.

Pedra-morta: denominação que, entre os ribeirinhos do Araguaia, se dá às pedras cobertas de água quase ao nível do rio, sempre perigosas à navegação. Encontramos a expressão numa narrativa publicada no *Correio da Manhã* de 4-10-936, a respeito do acidente que registrou a expedição de D. Pedro nos sertões do Brasil (1936).

Pedra-pintada: vide *Letreiro*.

Pedraria: o mesmo que *pedral*.

Pedra-riscada: vide *Letreiro*.

Pedras: alcunha dos liberais em certa zona do S. Francisco baiano (Xique-Xique e Açuruá), nos tempos da monarquia. No *Relatório* apresentado pelo chefe de polícia da Bahia, a 16 de novembro de 1878, ao Presidente da Província que era, então, o Barão Homem de Melo, lemos o seguinte trecho: "Existem ali (Xique-Xique) dois grupos políticos, um conhecido por — Pedras — e outro

por — Marrões, os quais se hostilizam há muitos anos por ódios particulares, que, aumentando-se nas épocas eleitorais, ocasionam terríveis acontecimentos".

Pedras-coradas: segundo lemos no *Glossário de Termos Geológicos e Petrográficos* do ilustre prof. da Politécnica do Rio de Janeiro, Everardo Backheuser, assim denominam a região que abrange o distrito dos Municípios de Araçuaí, Teófilo Otoni e Minas Novas, onde são encontradas grandes jazidas de pedras sémipreciosas coloridas, como topázios, turmalinas, aquamarinas ou águas-marinhas, etc. Esta região se prolonga pelas terras convizinhas da Bahia.

Pedregal: o mesmo que *pedral* ou *pedraria*, na Amazônia ocidental. Usa-se também no sentido português de lugar em que há muitas pedras.

Pedreira: além da significação geral de lugar ou rocha donde se extrai pedra, tem este vocábulo, em Santa Catarina, o sentido de trecho muito pedregoso numa estrada. Informação do P.e Geraldo Pauwells.

Pedrista: nome que, nas Lavras Diamantinas da Bahia, dão ao grande comprador de diamantes. Vimo-lo referido à pág. 68 da *Memória Histórica e Descritiva do Município de S. João do Paraguaçu* por Gonçalo de Ataíde Pereira (Bahia — 1907).

Pé-duro: termo usado no sul da Bahia, especialmente no vale do Jequitinhonha (informação de Arnaldo Viana), que abrange todo e qualquer trabalhador rural. Às vezes é empregado no sentido translato de *tabaréu;* homem maleducado.

Peito-largo: o mesmo que *capanga, quatro-paus;* valentão a soldo de alguém para tropelias. É de uso freqüente no Nordeste. Rodolfo Teófilo registrou-o na *Lira rústica* com o sentido de comensal de confiança e coragem. "No sertão são os *peitos-largos* ordinariamente grandes facínoras. Dizia o rendeiro do senhorio: não há remé-

dio senão suportar os seus despotismos, ele tem *peito-largo* de entranhas de onça".

Peja: é o término dos trabalhos da safra, o ato da parada do engenho de açúcar. Usado na Bahia e no Nordeste. Vide *Botada*. Já escrevia o P.e Antônio Vieira em carta de 5 de agosto de 1684: "A frase com que no Brasil se declara que os engenhos não moem, é dizer que pejaram"... (Cartas do P.e Antônio Vieira — Tomo II — Pág. 133 — Ed. 1854).

Peludo: nome que, nos tempos coloniais, era aplicado aos mineiros ou *geralistas*, porque eram, como diz Nélson de Sena, rudes e desconfiados; equivalente a *biribas* e *baetas*. Hoje é alcunha dada aos soldados das forças policiais pelos cangaceiros chefiados pelo facinoroso Lampião: vimos esta referência no livro de Dias Ferreira — *A marcha da coluna Prestes*, à pág. 82.

Pendurado: termo usado em S. Paulo para designar terreno em declive muito forte, muito íngreme. Deu-nos esta informação A. Taunay, que assim exemplifica: "Plantar em *pendurado* é condenar as árvores a ter curta vida, pois que não havendo o que contenha as águas, dentro em breve põem-selhes as raízes à mostra". Provavelmente alteração da antiga palavra portuguesa — *pendorado*, registrada por Cândido de Figueiredo no seu *Dicionário* (4.ª edição), onde se lê: Pendorado. adj. Ant. Dizia-se do terreno inclinado ou declive (De pendor).

Penitenciários: nome dado a um dos grupos religiosos em que se dividia a população da cidade de Juazeiro (Ceará), onde dominava o P.e Cícero Romão Batista; são, conforme lemos em Luetzelburg, os fanáticos, (similares aos faquires hindus), que durante a Páscoa se disciplinam em sacrifício cruento.

Peonada: o conjunto de *peões* de uma estância. Termo rio-grandense-do-sul, registrado por Calage e Romaguera. "Tudo ia bem na estância; notícias certas das forças não se sabiam; peonada e gado, em paz; era o principal, era tudo ' (Roque Calage — *Quero-Quero* — Pág. 32).

Perambeira: vide *pirambeira*. "...pela voragem dos seus erros, como tronco ôco, podre e abandonado, perambeira abaixo, aos olhos insondáveis dos espectadores". (Rui Barbosa. *Queda do Império*. Introdução. Tomo I. Pág. 10). Escreve Monteiro Lobato (*Urupês*, pág. 127). "Píncaros arriba e *perambeiras* abaixo, a serra do Palmital escurece da mataria virgem, sombria e úmida..." É no dizer de Romeu Amaral Gurgel e Guilherme Wendel o "lugar onde existem muitos ou alguns serrotes alcantilados e pontiagudos. Por extensão: encosta alcantilada, pedregosa, difícil de galgar ou de descer".

Pé-rapado: alcunha depreciativa que os portugueses deram aos revoltosos de Olinda, na guerra civil de 1710, em Pernambuco, conhecida na História no Brasil pelo nome de Guerra dos Mascates. Vale reproduzir o que a respeito desta alcunha escreveu o glorioso P.e Joaquim do Amor Divino Caneca e que consta do volume de suas *Obras Políticas e Literárias* dadas a lume em 1876, à pág. 368. "*Pés-rapados* — Êste epíteto, que alguns lusitanos por ignorância dão aos Brasileiros, como para injuriá-los está tão longe de afrontar aos Pernambucanos, que antes deve excitar-lhes os mais nobres sentimentos. Quando nos anos de 1710 a 1711 se deram as sedições em Pernambuco entre os *mascates* europeus do Recife e a *nobreza* de Olinda os sectários dos *mascates* se apelidavam *Tundacumbe, cipós e camarões*, e os nobres e os seus sectarios *pés-rapados;* porque quando estes haviam de tomar armas, se punham logo descalços e à ligeira, para com menos embaraços as manejarem; e assim eram conhecidos por destros nelas e muito valorosos, pelo que na História de Pernambuco a alcunha *pés-rapados* é sinônimo de

nobreza". Da Bahia ao Ceará usase ainda hoje com o sentido de indivíduo pobre, de pouco valor, em geral o trabalhador da roça.

Perau: termo usado em todo o Brasil, mas com variantes de sentido. Mais geral é a significação de lugar profundo do mar, rio ou lagoa, próximo a praias ou margens, cujo fundo se não alcança e em que se não toma pé, ou simplesmente depressão do terreno próximo às praias ou margens. No Rio Grande do Sul, segundo Calage e Romaguera, designa precipício, espécie de *itaimbé*, dando para um rio, arroio, ou mesmo para *sangas* fundas; barranqueiras de grande altura que formam despenhadeiros perigosos, em certos casos. "Ai! havia dias em que tinha vontade de se atirar de cabeça para baixo, olhos cerrados, num dos *peraus* mais feios lá da sanga" (Alcides Maia. *Alma Bárbara*. Pág. 92). Afrânio Peixoto, registrando-o, restringe o sentido a poço profundo dos rios, onde a água parece parada e onde, às vezes, há um torvelinho ou sorvedouro. No Pará, usam este vocábulo para apelidar uma cova na areia, formada debaixo d'água pela arrebentação das ondas, bem como, no dizer de V. Chermont, para nomear o canal de um rio (vide *pirau*), lugar onde não se toma pé. Afirma Paulino Nogueira vir do guarani *iperau* — caminho falso d'água, fundo, sumidouro d'água. Todavia a etimologia é obscura.

Periantã: também grafado *piriantã, peritã* e até *pariatã* (Taunay), têrmo usado na Amazônia, que nomeia uma aglomeração de canarana, encostada à margem dos rios. ou por eles deslizando ao jeito de ilhas flutuantes levadas pela correnteza. Barbosa Rodrigues define: moitas de gramíneas e terra que se soltam das margens e são levadas pela corrente. José Veríssimo, tratando deste acidente, informa que às vezes a caravana fica tão basta e emaranhada, que as onças se põem em cima para descer os rios. Outras vezes atraves-

PER — 248 — **PIA**

sam-se nos pequenos rios, e, com a terra e paus que a corrente arrasta, formam os chamados *barrancos* tão densos que é preciso muito trabalho de foice e machados para desfazê-los. Assim o viu José Veríssimo no Curupatuba. "Quando o rio transborda, quando começa a descer ao som da corrente, na flor da água, toda a sorte de corpos, de ilhas flutuantes, compostas de gramíneas de ninféias, de galhadas, a gaivota dá o sinal, pois os *periantãs*, legítimo nome ao que o sulista chama *barrancos*, servem-lhe de pouso, são seu barco, o seu transporte" (Raimundo Morais — *Notas de um jornalista* — Pág. 125).

Peris: terrenos que no inverno ficam cobertos d'água, formando um lago florido, e no verão se transmudam em savana escura, seca, com *torroadas*, coberta de juncos secos, razão de seu nome, pois que *peri* ou *piri* é uma gramínea própria do Pará e Maranhão. Entretanto, já lemos que, em Mato Grosso, chamam *peris* às depressões do solo formadas e reprofundadas pelas águas que se escoam, segundo a declividade do solo. "É um ruim pedaço de viagem, através das picadas de mato, dos *perizes* estorroados; depois S. Bento..." (Trecho de Raimundo Lopes, em artigo publicado no *O Jornal* de 27-11-1937, a respeito das palmeiras do Maranhão). Vide *Piri*.

Perobal: sítio em que crescem reunidas as perobas (*Aspidosperma polyneuron* Mull. Arg.), da família das Apocináceas, grandes e preciosas árvores, cuja madeira se presta admiràvelmente à construção civil. "Sessenta dias consecutivos dentro da mata fechada, sob a copa ramalhuda dos perobais, compelido a viver na semi-obscuridade da sombra..." (Horácio Nogueira. — *Na Trilha do Grilo*. Pág. 31).

Perós: assim, afirmam alguns historiógrafos, chamavam os ameríndios brasileiros aos portugueses, nos tempos coloniais. O insigne mestre João Ribeiro escreveu, a respeito da origem e do uso desta voz e da sua variante *perotes*, excelente contribuição, recordando os trabalhos de Cândido Mendes, o testemunho de estrangeiros que por aqui andaram, as obras de Thevet, Lery, Claude d'Abbeville, Yves d'Evreux, Hans Staden (*Os Perós e os Maíres*).

Perus: alcunha dada aos legalistas pelos revoltosos da Bahia, na guerra civil da Sabinada em 1837. Os legais chamavam aos revoltosos *raposas* ou *sabinos*.

Pestana de rio: expressão com que os caboclos do Sul da República denominam as matas que sombrejam os rios. São as "matas ciliares" da geografia culta. Vimo-la empregada por Manuel Carrão, à pág. 71 do seu volume *Impressões de Viagem à Foz do Iguaçu e Rio Paraná* (Curitiba — 1928). À pág. 197 da *A Amazônia que eu vi* de Gastão Cruls, lemos o seguinte trecho: "É curioso acompanhar aqui de cima a marcha do Pará coleando para nordeste o seu álveo debruado às duas margens por uma faixa de mato ora mais pujante, ora mais mofina, mas que nunca desaparece. Só agora vejo como é exato esse nome de *pestana*, com que se fez uso designar o anteparo da vegetação nascido à beira dos rios". "Com o descrescimento das plantas lenhosas de vultoso porte, vingam para Oeste, cada vez mais, os campos paleáceos e os subarbustivos, sob forma de *pestanas, galerias* ou *matas ciliares dos rios* (João Vampré — *O Tietê na Lenda e na História*. 4.º artigo publicado no *Jornal do Commercio* do Rio de Janeiro, ed. de 20-5-1934).

Peuval: termo usado em Mato Grosso, segundo informação do Dr. Arrojado Lisboa, para designar um dos agrupamentos vegetais do pantanal, caracterizado pela peúva (*Tecoma speciosa*). (Vide *Pantanal*).

Pia: vocábulo empregado no nordeste baiano para designar as concavidades nas pedras onde se acumula a água das chuvas. Ouvimo-lo a vários moradores do sertão.

Piaçabal: terreno onde viceja em grande porção a piaçaba (também piaçava ou piaçá), palmeira muito abundante no médio e alto rio Negro do Amazonas e na Bahia, da qual se extrai uma fibra de cor avermelhada, própria para a fabricação de cabos, cordas, vassouras e capachos. Denominada *Leopoldinia piassaba* por Wallace e *Attalea funifera* por von Martius, a piaçaba é uma planta nativa do Brasil e da Venezuela. As piaçabeiras vivem juntas em associação, contando-se por centenas ou milhares delas. "Há piaçabais que pela sua densidade e extensão são capazes de produzir mais de cem toneladas; porém o comum é encontrar-se em pequenos ajuntamentos de piaçabeiras que produzem de cinco a vinte toneladas. A estes núcleos os extratores denominam *reboladas*, como a certo grupo de castanheiras numa mesma zona" (*Boletim Agrícola* da Sociedade Amazonense de Agricultura, de 31 de julho de 1928 — Pág. 18).

Piaçabal mamaipoca: à pág. 19 do *Boletim Agrícola* da Sociedade Amazonense de Agricultura, de 31 de julho de 1928, encontramos esta denominação regional no seguinte trecho, em que se vê o seu significado: "Depois de cortadas, as piaçabeiras tornam a dar fibra, e a esta nova fibra chamam *mamaipoca*. Assim, o piaçabal, onde ninguém ainda trabalhou, é chamado virgem; o piaçabal cortado é *mamaipoca*. São precisos dez anos para se efetuar novo corte num piaçabal já trabalhado, sendo a produção de menos de 40%" (Anísio Jobin).

Piaga: sacerdote entre os ameríndios do Brasil. O mesmo que *pajé*. *Piaga*, diz Teodoro Sampaio, é corrutela de *epiaga*, gerúndio supino de *epiac*, o vidente, o que vê no futuro; é o feiticeiro ou pajé do gentio. Entretanto, Cândido de Figueiredo escreveu que é "termo erradamente admitido por escritores brasileiros, como Gonçalves Dias, iludidos por erro tipográfico, com que se compôs a

palavra *pajé* (*Novo Dicionário da Língua Portuguesa*. 4.ª edição). Esta opinião do consagrado filólogo é contraditada por Antônio Lopes, polígrafo maranhense, que nos escreveu em 26 de março de 1928 o seguinte: "Posso afirmar que não houve engano dos escritores maranhenses, acusados de uma confusão da palavra *pajé* com *piaga*. Pajé é legítimo termo popular maranhense, corriqueiríssimo, para indicar curandeiro ou feiticeiro. *Pajelança* é o ofício de *pajé* e também se aplica aos seus passes, rezas e intrujices ou rezas feitas por qualquer pessoa que exerça o ofício. Na avifauna maranhense do litoral há o pajé. Na geografia da costa marítima do Maranhão há o Furo-Pajé, canal, a ilha do Pajé, denominações, como a ave, mais antigas do que o uso atribuído por Cândido de Figueiredo aos nossos escritores".

Picada: caminho estreito aberto nas matas e nos campos cerrados, trilho de penetração para o mais íntimo deles. *Abrir uma picada* é operação preliminar para a abertura de qualquer estrada. Quando o trilho é mais largo se denomina *picadão*: ao indivíduo que o faz se chama — *picador* ou *picadeiro*. É termo geral do Brasil. "Navegando o Amazonas e o Madeira, contornando as cachoeiras através de picadas, remontando o Guaporé, varando para o Jauru e descendo o Paraguai, a artilharia de Coimbra viera trazida por centenas de léguas e através de mil obstáculos, trancada como se achava a navegação direta do último rio, pelos espanhóis" (gen. Malan, *Coimbra, a lendária* na Revista Militar Brasileira, janeiro a março de 1927). Na monografia sobre o Município de Caí, da autoria de Alceu Masson e publicação da sua Prefeitura, feita em 1940, à pág. 22, encontramos outro significado para este termo. "Em nossas colonias", diz o autor, a expressão *picada*, raramente usada pelos colonos para designar caminho estreito aberto no mato, tem o sentido amplo de núcleo

PIC — 250 — PIC

colonial formado nas imediações dos lugares onde primitivamente as picadas foram abertas". E exemplifica com a Picada Café, à margem do Arroio Candeia, tributário do rio Caí, abaixo da sede do Município do mesmo nome.

Picadeiro: termo usado da Bahia a Pernambuco para designar o espaço, no interior dos engenhos de açúcar, onde se despejam as canas que vão ser moídas. Nas páginas em que Mário Sete, aplaudido autor da *Senhora de Engenho*, descreve o dia da *botada* (início anual da moagem), encontramos a seguinte referência a este brasileirismo: "Três longos apitos encheram os ares... Todos afluíram à casa da *moagem*. Nos *picadeiros*, carros enguirlandados despejavam feixes de canas cheirosas". O termo é antigo. Encontramo-lo no precioso livro de Fr. José Mariano da Conceição Veloso — *O Fazendeiro do Brasil* — Tomo I, Parte II, à pág. 295, onde escreve: o lugar cercado dos Engenhos onde se põem as canas que vêm dos canaviais se chama *picadeiro*. (Ano do livro: 1798).

Pica-pau: alcunha dada pelos federaralistas (maragatos), na revolução de 1893, aos que militavam nas hostes do governo (R. Calage). Informa Romaguera Corrêa que "feminino de pica-pau é a esquisita palavra — *pica-poa* ou *pica-paula*, quando se referiam a uma mulher adepta do governo republicano". Informa-nos o P.e Geraldo Pauwells que a origem da designação foi o fato de usarem as tropas do governo de um quepe azul e vermelho.

Piçarra: nas Lavras Diamantinas da Bahia, este vocábulo designa terra ou lajedo mole, no fundo das *catas;* há também piçarras amarelas e cinzentas. Noutros sítios o termo *piçarra* designa argila resultante da degradação do gnaisse, graças à ação química da água pluvial (Luciano de Morais — *Serras e Montanhas do Nordeste.* Págs. 13 e 52); argila mista porosa (Domingos Vandeli. *Anais da*

Biblioteca Nacional. Vol 20. — Págs. 266-276). Referindo-se à *piçarra* nos terrenos da mineração do ouro, Calógeras escreveu à pág. 113 do 1.º vol. do seu livro citado: "Sob a camada de seixos achavam-se argilas, ou xistos, rochas improdutivas de metal, na maioria dos casos, a que chamavam *piçarra;* daí nasceu o ditado indicador do esgotamento de uma jazida: "deu na piçarra". Vide o que diz a respeito deste termo Everardo Backheuser no seu *Glossário de termos Geológicos e Petrográficos.*

Pichelingueiro: nome que, nos tempos coloniais e nas lavras diamantinas de Minas Gerais, se dava a uma classe de contrabandistas que conseguiam passar os diamantes para fora da *demarcação* (linha de limites do distrito diamantino), apesar de quantas medidas fiscalizadoras postas em prática pelas autoridades, principalmente pela *Intendência dos Diamantes*, criada em 1734. O Dr. Joaquim Felício dos Santos assim os define em suas notáveis *Memórias do Distrito Dimantino da Comarca do Serro Frio*, à pág. 185: "Entre os contrabandistas havia uma classe chamada dos *capangueiros* ou *pichelingueiros*: era a dos que faziam o comércio de *capanga*, isto é, os que, com pequenos capitais, compravam aos *garimpeiros* pedras isoladas ou pequenas partidas para vendê-las aos exportadores".

Picá: registrado por Afrânio Peixoto, designativo, na zona diamantífera da Bahia, de cilindro oco, feito de um gomo de taquara, ou cano grosso de pena, fechado à rolha na extremidade aberta, que serve para guardar diamantes. Na Amazônia, significa balaio, cesto ou saco para guardar roupa ou outros objetos domésticos.

Picum: alteração de *apicum;* cume, pico. Neste sentido usado pelos sertanejos da Bahia. Jorge Hurley informa que, no Pará, designa o caminho que alaga com as marés da lua.

Pindaíba: no interessante volume de Hermano Ribeiro da Silva — *Garimpos de Mato Grosso* — encontramos duas vêzes este vocábulo com significação regional: às págs. 115 e 260, respectivamente: "Nas campinas, nos cerrados, ou nas esparsas nesgas de mato — *pindaíbas*, que compõem a flora do planalto..." "Instala-se o acampamento à vista de farfalhante buritizal que orla uma *pindaíba* (oásis de mato) existente nas cercanias do alto do despenhadeiro". Neste sentido equivale provàvelmente a *capão*.

Pindaibal: termo do Brasil Central, que designa terrenos de vastas e profundas alas de árvores altas, esguias, pertencentes à família das Xilópias, peculiares às matas paludosas, como a palmeira buriti (*Mauritia vinifera*). A grande abundância desta palmeira toma o nome de *buritizal* e também *pindaibal*. Encontram-se, em geral, esses grupos nas nascentes dos riachos, onde a declividade é pequena e o terreno favorável às formações turfosas, ou então à beira dos grandes rios, nos vargedos pantanosos. Tais informes colhemos no *Relatório da exploração do Sul de Mato Grosso* do Dr. Arrojado Lisboa, onde ainda se lê: "Um pindaibal espesso, com seu verde carregado, salpicado de palmeiras buritis, destacando-se em cinta aparada no tapete de gramíneas de cores desmaiadas, tudo formando ilha, pela depressão de um pequeno vale, no tabuleiro raso do cerrado seco, incolor, monótono, sem vida, é um dos quadros mais sedutores que pode apresentar a paisagem destes sertões".

Pindobal: também *palmital*, designativo, no Norte do Brasil, principalmente no Maranhão, de "floresta de palmeiras de coco-de-macaco (babaçu), quando ainda não desenvolvidas. Nessa fase tem a palmeira os nomes — pindobeira ou palmiteira, e a sua palha serve para a cobertura de casas. Quando se desenvolve, as suas imensas aglomerações tomam os nomes — *cocal, palmeiral*". Pa-

lavras de Antôno Lopes, do *Instituto de História e Geografia do Maranhão*, em carta de 26 de março de 1928. Pereira da Costa registra o termo com o sentido de floresta da palmeira pindoba (*Attalea compta*).

Pindorama: do tupi *pindo-rama* — a região ou o país das palmeiras, contração de *pindoretama* (Teodoro Sampaio, op. cit.), nome que, no dizer de Couto de Magalhães, a nação tupi-guarani que habitava tôda a costa do Amazonas ao Prata, dava ao nosso Brasil litorâneo. Ao interior, acrescenta o benemérito general, não ocupado por eles, chamavam *Tapuirama*, que significa — região de ranchos ou de aldeias (*O Selvagem* — Pág. 271). Teodoro Sampaio traduz *Tapuirama* por país dos tapuias ou dos bárbaros. De quando em quando, escritores e poetas recordam o nome de Pindorama. Assim, entre os primeiros, Henrique Silva, num artigo sobre o Folclore do Brasil Central.

Pingo-d'água: vide *Satélite*.

Pinguela: termo geral, designativo de pau ou tronco que, atravessado de um lado a outro de um rio pequeno, riacho ou córrego, permite a passagem, como ponte. Diz muito bem Afrânio Peixoto à pág. 152 da *Fruta do Mato*: "Um tronco atirado, de uma a outra margem, fazia de ponte ou pinguela". "Foram despachadas as duas mulheres e, com suas três praças, atravessou o intrépido rio-grandense o arroio sobre o grosso madeiro que fazia de pinguela" (Visconde de Taunay — *Diário do Exército*. 2.º vol. Pág. 130).

Pinguelo: nome que alcunhava os sequazes do partido liberal no sertão da Bahia, nos tempos do Império. Vimo-lo registrado e empregado por Afrânio Peixoto e Gonçalo de Ataíde Pereira. (*Memória Histórica e Descritiva do Município de Lençóis* — Bahia 1910).

Pinguruto: termo usado no Norte no sentido de pico, cimo, cume. Ouvimo-lo freqüentemente no interior da Bahia. Nos *Canais e Lagoas*, de Otávio Brandão, encon-

PIN — 252 — PIR

tramos, *pingurutas*, no seguinte trecho, à pág. 162: "Onde atualmente só existe um cajueiral tristonho e um aroeiral de flôres como gotas de sangue, ou então dunas altas e níveas cheias de *pingurutas* donde, afogadas no areal, emergem bombacáceas maculando com seus troncos secos e suas folhas baças a alvura divina, outrora era o leito de um brejo marginado de *quixabeiras* e *gajirus*".

Pinheiral: larga extensão de campo onde vegeta o pinheiro do Brasil (*Araucaria angustipholia*). Termo do Sul, sobretudo do Paraná. Os castelhanos dizem *pinar, pinedo, pineda*.

Pinta: registrado por Teschauer, com a significação de amostra de *jazida* aurífera. Na obra magna de Pandiá Calógeras — *As Minas do Brasil e sua Legislação*, encontramos, à pág. 118 do 1.º vol. a distinção entre *pinta nobre*, inferior a 5 réis ou 28 miligramas e *pinta rica* — superior a um vintém, ou 112 miligramas, tudo isto por bateada. Este termo já era usado no tempo de Antonil: vide o que ele a respeito escreveu à pág. 249 de sua *Cultura e Opulência do Brasil*.

Pinturas: vide *Letreiro*.

Pioca: o mesmo que *tabaréu, caipira*, homem da roça. Encontramolo empregado pelo Visconde de Taunay. Usa-se também no norte de Minas (P. Sousa Pinto). Daí *piocada*, reunião de *piocas, caipirada*.

Pique: Cândido de Figueiredo registra *pique* como brasileirismo, dizendo que é o ato de picar o mato, para designar a direção dos atalhos chamados *picadas*. A definição não é bem clara. Fazer o *pique* é quase sempre o trabalho preliminar da abertura de uma picada ou estrada. Chama-se também *pique* ao trilho estreito aberto nas matas, servindo não raro de atalho. É o que se verifica das duas citações que fazemos do livro de Dias Ferreira — *A Marcha da Coluna Prestes*, às págs. 92

e 108: "Este guia, segundo também se disse, teria sido, não um desertor da coluna, mas um índio ali morador e que conhecia todos os *piques* ou atalho no seio da grande floresta". "Picadas por aqui, da zona do rio Uruguai só existe aquela em que viemos. Do Peperi nem *piques* há. Em todo caso continuo girando por quanto trilho existe à procura de picadas".

Piqueiro: assim se chama na Amazônia um dos auxiliares do *mateiro* na abertura das *estradas*. Achada a primeira seringueira, que deve formar a *boca da estrada*, aí ficam o *piqueiro* e o *toqueiro*, até que o *mateiro* dê o sinal convencionado de haver encontrado outra. Feito isto, segue o *piqueiro* no direção do sinal, procurando o caminho mais curto e assinalando a passagem com golpes dados nos ramos das outras árvores. O *toqueiro* segue atrás abrindo a estreita trilha que deve ligar as seringueiras (Artur Orlando. *O Brasil. A Terra e o Homem*. Pág. 203.).

Piquete: termo peculiar ao Sul do Brasil, até Minas e Goiás, designativo de campo cerrado, com aguada e pastagem, onde se soltam os animais de serviço diário, de prontidão, como os piquetes militares. No Rio Grande do Sul, é o mesmo que *potreiro*. Informa-nos o gen. Borges Fortes: *piquete* é um pequeno potreiro onde os animais ficam à mão para o serviço diário. Assim sendo, corresponde à *malhada* do Norte. *Piquete* é também, na construção das estradas, a pequena estaca que marca os alinhamentos; a seu lado fica a *testemunha*, com o número e a indicação do *piquete*.

Piracema: também *piracé*; no 1.º vol. dos *Arquivos do Instituto Biológico de Defesa Agrícola e Animal* de S. Paulo se define a *piracema* como a migração anual dos peixes, rio acima, na época da reprodução. E Rodolfo von Ihering diz que *piracema*, na significação mais legítima do vocábulo, é o fenômeno da migração dos peixes, com seu aspecto de viagem feita em conjunto, em grandes cardumes (Da *Vida dos peixes* — 1929 — Pág. 109). É termo geral registrado por quase todos os vocabularistas nacionais. À pág. 137 dos *Seringais*, de Mário Guedes, lemos: ' Em certas épocas, aparecem as *piracemas*. A *piracema* é um cardume ambulante. Daí o povo forma essas expressões a respeito de alguns fatos: *Aqui tudo é de piracema* (em abundância); *onda de piracema* (em grande quantidade)". É termo de origem túpica, provindo de *pirá* — peixe e *acem* — sair. Ao mesmo fenômeno se chama no sul da Bahia — *curso* e em Mato Grosso — *lufada* (Vide estes termos).

Piracicaba: registrado no vocabulário de Rodolfo Garcia como regionalismo paulista, designativo de lugar que, por acidente natural no leito dos rios, como seja um salto ou queda-d'água, não permite a passagem de peixes, sendo por isso favorável à pesca. Vem do tupi *pirá* — peixe e *cycaba* — tomada, colheita.

Pirajá: termo usado pelos marítimos no litoral da Bahia e também dos Estados nordestinos para designar aguaceiros repentinos e curtos, acompanhados de ventania. A respeito, escreveu o Dr. Henrique Morize, em sua notável *Contribuição ao Estudo do Clima do Brasil*, 2.ª edição, 1927, pág. 39: "Existe no oceano, na altura dos Abrolhos, curioso fenômeno denominado *pirajá* que consiste no seguinte: estando a 4 décimos do céu encobertos por nuvens esparsas e pequenas, do tipo cúmulos, com aspecto que no Rio de Janeiro seria de bom tempo, subitamente cai um aguaceiro fugaz, que algumas vezes dura poucos minutos e se pode reproduzir com intervalos de sol brilhante. De bordo de um navio, vê-se, a curta distância, desprender-se de uma daquelas nuvens a chuva que cobre pequena área do mar, ao redor da qual o tempo é excelente". Tratando da floração do cajueiro, Paulino Nogueira, no seu *Vocabulário Indíge-*

na em uso na Província do Ceará, escreveu: "Floresce em agosto e setembro, frutifica em dezembro e janeiro. Por isso vêm logo no começo do verão leves aguaceiros chamados *pirajás*". José Feliciano de Castilho na *A Grinalda Ovidiana*, que se segue aos *Os Amores de Ovídio Nasão* (Paráfrase por Antônio Feliciano de Castilho), à pág. 433, fala dos *pirajás* da Bahia, como sendo ventos: "... sem contar uma caterva de ventinhos endêmicos, para uso de cada localidade, como os *pirajás* da Bahia e os *monomocaios* de Moçambique".

Pirambeira: termo regional de Minas Gerais e S. Paulo, designativo de ribanceira abrupta, especialmente à beira dos rios; *desbarrancado;* margem alcantilada. Gustavo Barroso empregou-o por extensão no seguinte passo dos *Heróis e Bandidos*, à pág. 239: "Durante algum tempo, foi o maior empecilho aos trabalhos de prolongamento da *Great-Western Railway*, no sertão de Pernambuco, pior que *pirambeiras* a pique, desfiladeiros pedregosos, rampas abruptas, socalcos seculares de granitos e gnaisses, alagados, várzeas apauladas". Horácio Nogueira, no seu livro *Na Trilha do Grilo*, à pág. 50, escreve: "Além, num lombo de serrote, talvez buscando o bebedouro, o gemido gutural e cavernoso de uma onça — alentado jaguar, o monarca do sertão — reboou na mata, correspondido por outro gaguejo (ronco mascado), além da *pirambeira*".

Pirangueiro: pescador contumaz, que vive sempre à beira do rio ou das lagoas de anzol à mão. Termo usado no Sul: diz-se também *piranheiro*. Rodolfo von Ihering escreve em seu livro citado: "Junto à cachoeira do rio Mogi-Guaçu, em Emas, Piraçununga, há um pequeno arraial de pescadores — os *pirangueiros*, como se diz nessa zona paulista". No Pará, segundo informa J. Hurley, *pirangueiro* é o que se inicia no comércio com

PIR — 254 — **PIR**

pequena casa, cujo sortimento anda sempre esgotado.

Pirapanema: lugar nos rios em que o peixe é escasso: do tupi — *pirá* — peixe e *panema* — ruim, imprestável. Registrado por Teodoro Sampaio.

Piraquara: alcunha com que se designam os moradores das margens do rio Paraíba do Sul, cuja ocupação predileta é a pesca. Depois da vulgarização retumbante dos *Urupês* de Monteiro Lobato, passou a ser aplicado aos habitantes do interior do Brasil, como equivalente a *capiau, tabaréu, caipira.* Amadeu Amaral define: "o habitante das margens do Paraíba". Segundo Teodoro Sampaio, *piraquara* — de *pirá* e *quara,* é o buraco do peixe, a loca, confundindo-se muitas vezes com *piraguara* — o comedor do peixe, o pescador. Beaurepaire-Rohan aventa a hipótese de vir do guarani *piraquá* — pele dura e, figuradamente, se aplica ao homem porfiado, tenaz, teimoso, qualidades estas que cabem perfeitamente aos que se entregam à pesca.

Piraqüera: têrmo amazonense, que traduz a pescaria feita à noite com o auxílio de fachos, usando o pescador sobretudo a fisga. Registrado por C. Teschaeur, que o abona com um trecho de Gastão Cruls na *Amazônia Misteriosa.*

Piratiningano: gentílico que antigamente designava os filhos da cidade de S. Paulo (Beaurepaire-Rohan), pelo fato de ficar a cidade de S. Paulo nos campos de Piratininga. Hoje em dia, porém, já se emprega o termo de referência aos filhos do Estado de S. Paulo. Menoti del Picchia no seu comovente testemunho — *A Revolução Paulista* (S. Paulo, 1932), à pág. 163, assim o emprega: "Essa campanha (a do ouro) foi a maior prova do desinteresse *bandeirante.* Foi o índice de uma mentalidade superior. Os *paulistas* têm uma alma de ouro. Provas de generosidade desse padrão só raramente se verificam na história. Talvez nela mesma, com a expressão colectiva que à campanha deram os *piratininganos,* não se registre exemplo igual". E, à pág. 178: "Foi com sua tenacidade que o *piratiningano* organizou sua colossal lavoura cafeeira, esperando, paciente, os quatro anos necessários à colheita dos primeiros frutos".

Piratinis: cognome pelo qual eram, às vezes designados os republicanos do Rio Grande do Sul (1835-1845), alcunhados *farrapos* ou *farroupilhas* pelos legalistas ou *galegos.* Originou-se o apelido do nome da cidade de Piratini, também grafado Piratinin, que foi a "muito leal e patriótica" sede do governo da República Rio-grandense. Encontramo-lo referido na *Memória* que, a respeito da guerra farroupilha, escreveu o legionário da mesma, Manuel Alves da Silva Caldeira, publicada pela primeira vez na *Revista do Instituto Histórico e Geográfico do Rio Grande do Sul* (Ano VII — III Trimestre — 1927 — Págs. 376 e 377). Eis um dos trechos: "Neto tinha derrotado a Jerônimo Jacinto com a primeira Brigada e vinha muito ufano pelo triunfo que tinha obtido e chegando ele a Piratini entregou o ofício de Bento Gonçalves ao Ministro Almeida para responder e Almeida respondeu o que o Neto quis cuja resposta foi a seguinte: Diga ao Bento que enquanto tivermos mil *piratinis* e dois mil cavalos, a resposta é esta — e bateu nos copos da espada com a mão direita". Nesta mesma *Memória,* vimos empregado com o mesmo sentido o termo *piratinenses* (Pág. 403).

Pirau: talvez alteração de *perau.* O que é fato é que, assim grafada, encontramos esta palavra, como termo da Amazônia, designativo do canal de um rio onde geralmente se apanha muito peixe.

Piri: terreno alagadiço, onde vegeta abundosamente a gramínea piri (*Cyperus giganteus* Vahl.). Beaurepaire-Rohan informa que, no Maranhão, usam este vocábulo no plural — *pirizes;* F. Raja Gabaglia diz que é *peris.* Parece que *piri* é o mesmo que *peri,* no plural *piris, pirizes,* tudo a indicar a re-

PIR — 255 — **PLA**

gião bre_osa onde se cria uma espécie de junco que dá paina delicada. É c mesmo que *pirizal*.

Piririca: vocábulo que, em S. Paulo, designa pequena cachoeira, corredeira ou rápido. Encontramo-lo várias vezes citado nos trabalhos da operosa Comissão Geográfica e Geológica do Estado de S. Paulo. Na Amazônia, segundo informa V. Chermont, nomeia as "pequenas ondulações à superfície que, nos rios ou lagos tranquilos, faz o pirarucu e alguns outros peixes e pelas quais o pescador se guia para arpoá-los". Esse ondular de águas feito pelo peixe se diz em Ilhéus — *carujar*, segundo informe do Dr. Luiz Penalva.

Pirizal: também *perizal*. Termo da Amazônia e de Mato Grosso, designativo de espaço de terreno, alagadiço ou não, onde predomina a vegetação de *piri* ou *peri*, juncal. Vide *piri* e *pantanal*. Raimundo Morais que o registrou em seu livro *O Meu Dicionário de Coisas da Amazônia*, define: "terreno baixo, úmido, recoberto de gramíneas. Brejo, charco. A tabua, conhecida por *Cyperus giganteus* no mundo científico, é o principal elemento vegetal desses trechos alagadiços". Os *pirizais* cobrem os pantanais do Paraguai, seus afluentes Aquidauana, Taquari, Itiquira Cuiabá, etc. (Lima Figueiredo — *As Fronteiras do Brasil*). Os mapas oficiais da Comissão Geográfica e Geológica de S. Paulo registram o termo nos terrenos próximos a Iguape.

Pirizes: vide *piri*, *pirizal*.

Piroaba: Vide *chuva-de-caju*.

Piroca: vegetação arbórea rala, xerófila, nos *pedrais* de rio. Registrado por A. J. de Sampaio em sua *A flora do Rio Cuminá*, em vários trechos: essa vegetação dá idéia de pequena *catinga*, à beira de mata exuberante (Pág. 62); a denominação, segundo o gen. Rondon, se estende até Mato Grosso (Pág. 89); semelhante ao *bamburral* de outras zonas da Amazônia e a *charravascal* (Pág. 91).

Piruruca: registrado por Beaurepaire Rohan e Rodolfo Garcia com a significação de saibro grosso e claro, de envolta com pedras miúdas, abundante no leito de alguns córregos. Termo mineiro. À *piruruca* chamam, às vezes, *canjica* e também *pururuca*.

Pitimbóia: Rodolfo Garcia registra-o como termo alagoano, designativo de terreno sito no litoral, ao alcance dos mares, convenientemente cercado para reter os peixes; curral de pesca. Beaurepaire-Rohan apenas dá o sentido de certo aparelho para auxiliar a pesca dos camarões, por meio do jereré. Otávio Brandão, em seus *Canais e Lagoas*, às págs. 170 e 186, emprega-o no sentido de curral de pesca.

Pixurum: termo usado no Rio Grande do Sul, com a mesma significação de *muxirão* (Vide este termo).

Planchada: à pág. 67 do livro de Silveira Neto — *Do Guairá aos Saltos de Iguaçu*, lemos: "Os grandes troncos uma vez abatidos são rolados pelas *planchadas*, grandes clareiras abertas à margem do rio, até ao nível d'água, onde se reúnem após formando balsas extensas, como longo estrado sobre a água, para descerem demandando o porto de Posadas, ao impulso de uma lancha a vapor".

Planiço: registrado por Macedo Soares no sentido de planície, vargem de extensão não medíocre, nas terras altas ou baixas. É uma grande extensão de terreno mais ou menos plano, sem atenção à altitude, senão à extensão mais ou menos considerável do terreno. E em abono cita os seguintes passos colhidos na *Revista do Instituto Histórico e Geográfico Brasileiro*. 1848 — no cap. *Notícia Geográfica da Capitania do Rio Negro*: "É um grande, excelente e belo *planiço*, com belos pastos e praias de

POA — 256 — POM

areia branca". "São regadas dos mencionados riachos as suas abas e *planiços*, pelo que se tornam fecundos para qualquer gênero de plantio".

Poaia: nome que, em Mato Grosso, dão à região das matas ricas em ipecacuanha, como por exemplo as que orlam o Sepotuba. A ela se refere o com. Pereira da Cunha em seu livro citado, pág. 80.

Poaieiro: designativo dos indivíduos que se entregam à colheita da poaia ou ipecacuanha, pipaconha ou papaconha, raíz de planta silvestre, em Mato Grosso chamada "raiz de ouro". Há, entretanto, grande quantidade da mesma rubiácea em Minas Gerais, São Paulo, Goiás, Amazônia, Bahia e Espírito Santo. Às págs. 231 e 232 do livro de Dias Ferreira, *A Marcha da Coluna Prestes*, lemos: "Durante essa penosa travessia pelo seio das florestas, foram encontrados vários acampamentos e ranchos abandonados que pertenceram aos *poaieiros*, homens que se empregam na colheita da poaia ou ipecacuanha para fins medicinais e se internam nas matas por extensões enormes, assinalando nos troncos das árvores a sua passagem para não se perderem no regresso. Inúmeros são os perigos a que se expõem estes destemidos aventureiros, passando longo tempo metidos para o interior das selvas imensas, em contato quase diário com as feras e serpentes, perseguidos pelas pragas dos mosquitos e sujeitos ainda a perderem o rumo e não mais encontrarem os seus ranchos".

Poção: segundo V. Chermont, é o lugar, no leito de um igarapé, rego ou lago, onde a profundidade é maior; dá-lhe também o significado de lagoa. Parece que o ilustre vocabularista restringiu demasiado o sentido da palavra na Amazônia. Os *poções* encontram-se nos rios e também nos furos. À pág. 54 do *Na Planície Amazônica*, de Raimundo Morais, onde ele descreve as 80 milhas dos furos de Breves, lemos: "Os tufos de verdura cintados de gramíneas, de

aningas, de mangues, de javaris, tão pequeninos, tão lindos, perdidos nos *poções*, acendem desejos de ceifá-los para os jarros decorativos das salas". E, à pág. 56, falando da antiga derrota da navegação pelo furo Paranaú, refere o *poção* dos Macacos, entre Breves e o Aturiá. No vale do Tocantins, segundo Carlota Carvalho, em seu livro *O Sertão* (Págs. 229 e 230), chama-se *poção* um vasto remanso, onde as águas do rio têm um momento de quietude, em que parece lago profundo, cujas águas se movem brandamente em giro circular.

Polme ruivo: vide *Satélite*.

Pombeiro: nome que, no tempo do tráfico dos negros e na África, se dava aos encarregados de ir aos sertões africanos buscar a "mercadoria de ébano", como por escárnio se nomeava a sua gente infeliz. O vocábulo passou ao Brasil no tempo em que aqui se praticava também o tráfico dos indígenas. Extinto o condenável e ilícito comércio, o nome de *pombeiro* passou a denominar, em certas regiões do Brasil, os homens que vão ao encalço de criminosos pelas matas e sertões, espécie de espiões que servem para orientar a força pública. Noutras regiões, designa negociante ambulante de certos produtos. Em Alagoas, segundo Hildebrando Lima, significa revendedor de peixe, empregando-o no seguinte trecho de seu livro *Marés de Amor*, à pág. 87: "Começou a se reunir na praia um mulherio bulhento, para a *mercancia* do tostão de sardinha, enquanto os *pombeiros*, descansando as gamelas, davam palpites sobre o *lance*." Explica-lhe o sentido no Elucidário anexo ao referido livro. O vocábulo é de origem africana, oriundo do radical — *pombe*, que significa mensageiro. Euclides da Cunha empregou-o à pág. 229 do *Os Sertões* (2.ª ed.) com o sentido de positivo, camarada — no seguinte trecho: "Piores que os gerais, onde ficam vários, às vezes, os mais atilados pombeiros sem rumo, desnorteados pela uni-

PON — 257 — PON

formidade dos planos dilatados, as paisagens sucedem-se, uniformes e mais melancólicas mostrando os mais selvagens modelos, engravecidos por uma flora aterradora".

Ponta[1]: termo geral, registrado por Moreira Pinto, com o sentido de lugar de um rio onde a passagem é difícil. Diz-se *ponta forte* quando a corrente do rio se torna muito precipitada e, às vezes, com queda notável, em razão das pedras, ramos de árvores, troncos caídos, que se estendem pelo meio do álveo. Falando de uma *ponta forte* do Araguaia, o explorador Rufino Segurado, de quem tiramos a noção supra, diz: "O rio neste lugar é muito estreito e corre por entre rochedos muito altos, o que dificulta o puxar-se os barcos à corda, único meio de conduzi-los em conseqüência da grande correnteza e muitos *rebojos* que se encontram com muito perigo dos barcos".

Ponta[2]: substantivo que muito correntemente se emprega no Brasil com o sentido de pequena porção de animais. Registram-no Beaurepaire-Rohan, que o atribui de uso peculiar ao Rio Grande do Sul, e os vocabularistas *gaúchos*. Todavia é também muito usado no Nordeste. Ouvimo-lo várias vezes nos sertões da Bahia. Afrânio Peixoto empregou-o na *Bugrinha*, à pág. 94 da 2.ª edição: "Papai quer saber se lá chegou uma ponta de gado, da Cravada, que há duas semanas comprou e não entregaram até agora". E Aurélio Domingues o emprega no seguinte passo de *O último Tindárida*, à pág. 43: "O que Zé Filipe queria era poder no inverno ir ao sertão, ver a sua *pontinha* de gado que vagava lá pelas terras de um parente afastado". Em um artigo publicado no *Jornal do Commercio* de 25 de outubro de 1936, sob o título *Vida de Tropeiros*, A. Taunay escreveu: "Havia tropeiros que efetuavam a viagem sem se deterem onde quer que fosse. Outros, porém, levavam as suas *pontas* de tropas ou de bestas xu-

cras às invernadas de Lajes e Curitibanos, onde permaneciam assaz longamente".

Ponta d'água: termo usado na bacia do S. Francisco, principalmente na Bahia, designativo das grandes correntezas que os rios têm nos lugares em que desenham *voltas apertadas e rápidas*. *Na Província e a Navegação do Rio S. Francisco* de Thomaz G. Paranhos Montenegro (Bahia-1871), lemos à pág. 138: "Em algumas voltas dos rios existem grandes correntezas, a que dão o nome de *ponta-d'água*: ao passar por aí, sucede às vezes a correnteza impelir a barca para o meio do rio, onde não podem as varas alcançar o leito..." No litoral do Pará, segundo Jorge Hurley, assim se chama à reponta da maré, na qual vão, de bubuia, os baiacus, os tralhotos, siris e bagralhões mariscando no tijuco.

Ponta de linha: termo geral do interior do Brasil designativo dos sítios até onde chegam os trilhos das vias férreas; última estação de uma estrada de ferro. À pág. 4 da *Seleta Caipira*, de Cornélio Pires, lemos: "Só o brasileiro é capaz de desbravar os nossos sertões — e para tanto é preciso ser um "forte" — e cultivar as fertilíssimas terras, carregando em lombo de burro os produtos de suas colheitas para o mercado, para as "pontas de linha", não se deixando vencer pela falta de estradas". Segundo nos informa Sud Mennucci, em S. Paulo, designa-se — *ponta dos trilhos*.

Pontal: extensa e delgada língua de terra que penetra mar adentro e é formada pelo material móvel da praia, distinguindo-se das demais saliências do litoral pela formação. *Pontais*, escreveu o grande geólogo J. Branner, são praias de construção ou extensas línguas de terra construídas, estendendo-se da costa por dentro da água. Quando o material movediço da praia — areia, seixos, etc, é varrido ao longo pelas vagas, até alcançar uma curva da costa na direção da terra, o material movediço da praia é depositado na água morta, na curva da costa. A acumulação destes materiais forma uma extensão delgada da praia que é conhecida pelo nome de *pontal* (*Geologia Elementar*, 1.ª Ed. Pág. 53). Em carta de 2 de fevereiro de 1930, escreveu-nos Sud Mennucci: "Em S. Paulo, onde não consta haja pontais marítimos (pelo menos do conhecimento do público), conhecem-se muito os *pontais* fluviais, línguas de terra nas confluências dos rios, denominação essa oficial nas cartas topográficas". Virgílio Corrêa Filho informa que em Mato Grosso se diz *pontal* ou ainda *forquilha* tanto o vértice do ângulo formado pelas linhas marginais dos rios, como o terreno anexo, que se vai alargando para montante, à medida que os confluentes se distanciam um do outro. Consigna este termo no seu *Glossário* o prof. Everardo Backheuser, que acrescenta à noção de Branner o seguinte: "Os pontais são às vezes recurvados para o continente e outras vezes lhe ficam completamente perpendiculares (sendo chamados *agulhas*) e outras vezes ainda se transformam em istmos, quando se formam entre uma lha e o continente". Segundo informação do Marechal Gabriel Botafogo, no Rio Grande do Sul assim chamam às línguas de terra que entram pelas lagoas ou que se encontram nas fozes dos rios.

Pontão: termo que tem, segundo nos escreveu o P.º Geraldo Pauwells, no planalto sul-brasileiro, sentido regional. "É o contrário de rincão: este é uma língua de campo que avança mato adentro; aquele é uma língua de mato que se adianta em meio do campo".

Pontas: termo de uso no Rio Grande do Sul, para indicar as nascentes de um rio ou arroio. Beaurepaire-Rohan e Romaguera informam que se lhe dá também o sentido de extremidades superiores de um curso de água. O termo é, neste sentido, de origem platina: *puntas* na Argentina é o mesmo que cabeceiras, nascentes ou extremi-

dades superiores de um rio ou arroio (Vergara Martin). "Os piores campos são os que marginam os rios Uruguai e Ibicuí e os das *pontas* do arroio Ibirapuitã" (*Terra Gaúcha* — n.º 26). Na região paraense dos *castanhais* a palavra *pontas* significa as bordas do castanhal para onde os apanhadores conduzem em *paneros* ou *joão-maxim* (cesto de talas de jupati ou de arumã armadas com cipó-imbé) a castanha já fora dos ouriços. Vimo-lo com este sentido explicado à pág. 84 da *Viagem ao Tocantins* de Júlio Paternostro.

Ponteiro: no Rio Grande do Sul, assim se chama ao peão tropeiro ou campeiro que marcha à frente da tropa ou do gado para guiá-los no caminho a seguir. Ponteiro é também o condutor da carreta puxada por animais, burros e cavalos, seis ou cinco à frente e três ou quatro atrás, cavalgando o condutor um dos animais do coice. Ouvimo-lo assim empregado na zona colonial do Rio Grande do Sul em novembro de 1939. Nos sertões de S. Paulo e Paraná designa o *picadeiro* da vanguarda, o caboclo que vai à frente da turma penetradora da *sertania* virgem abrindo a picada ou trilho. "Seis da tarde. E a foice do ponteiro ainda batia firme cortando, cerce, os cipoais e os arbustos, na abertura da picada" (Horácio Nogueira *Na Trilha do Grilo*. Pág. 58). Na Paraíba e em Pernambuco, segundo Coriolano de Medeiros, significa espião. (*O Barracão*. Págs. 30 e 108).

Ponte seca: é, segundo informe de Sud Mennucci, como se chamam em S. Paulo aos viadutos sobre precipícios em cujo fundo normalmente não corre água.

Popeiro: nome pelo qual se designa o piloto das canoas que navegam os rios do Brasil em geral. "Dois canoeiros (proeiros), um piloto (popeiro), toda a tripulação. Num célebre e uniforme vaivém, por meio de compridas varas que fincam no álveo do rio, imprimem os primeiros marcha veloz ao oscilante esquife. Atrás, maneja o piloto, à guisa de leme, largo remo,

POP — 259 — POR

com o qual, orientando o rumo, equilibra e auxilia o impulso" (Afonso Celso — *Vultos e fatos* — Impressões do Jequitinhonha — 1882).

Poperi: encontramos este vocábulo registrado no *Léxico de Lacunas* de A. Taunay, com o significado de barraca provisória em que os seringueiros da Amazônia defumam o látex após a extração. Talvez alteração de *tapiri* ou *papiri*, já registrados.

Pororoca: nome onomatopéico de curiosíssimo fenômeno, peculiar a alguns rios da Amazônia, caracterizado por ondas de volume majestoso que, dotadas de vertiginosa velocidade ao lado de ruído trovejante e assustador, se enovelam em direção à montante do rio, devastando tudo que encontram, deixando nas margens os sinais patentes de seu poder destrutivo. Barbosa Rodrigues definiu a *pororoca* nestas simples palavras: "encontro das altas marés com a corrente dos rios que, ao passar por baixios, produz arrebentação com estrondo". A *pororoca* manifesta-se nos rios — Amazonas, Araguari, Maiacaré, Guamá, Capim, Moju; também no Mearim do Maranhão. Fenômeno idêntico observa-se em muitos rios do mundo com designações peculiares: os franceses que o têm no Gironda, Charente, Sena, denominam *mascaret* e *barre;* os ingleses registram-no no Tâmisa, Severn e Trent com o nome de *bore* e também no Hughly, uma das fozes do Ganges, na Índia; os portuguêses o observaram no Hughly e no Megma, braço do Bramaputra, chamando-lhe *macaréu;* os chineses admiram-no no Iang-tse-Quiang, com o apelido retumbante de *trovão* e aí mesmo os ingleses chamam-lhe *eager*. Produz-se ainda em rios de Bórneu e Sumatra; na América do Norte, nos rios Colúmbia e Colorado. A respeito da *pororoca*, é útil a leitura de um artigo do sábio geólogo americano John Branner, publicado na revista *Science* de novembro de 1884, vol. IX, págs. 488-489, sob

o título *The pororoca or bore of the Amazon*. O inteligente missionário Abade Durand fez da *pororoca* uma das mais flagrantes descrições que ainda temos lido: "Então o mar, quebrando a linha que lhe opõem as águas do rio, se empina sùbitamente e as repele para suas fontes; em seguida invade em cinco minutos toda a embocadura, em vez de subi-la em seis horas. Enfim, uma crista de espuma aparece, ao longe, na direção do cabo Norte. Adianta-se com a rapidez de uma tromba e cresce, desenrolando-se, até as ribanceiras de Marajó. Barulho surdo parece sair do fundo do oceano; dir-se-ia o troar longínquo do trovão misturado ao ronco descontínuo do furacão. A *pororoca* está apenas a dezena de quilômetros. Chega, e este imenso vagalhão de 6 metros de altura cai, quebra-se sobre a Ponta Grossa, pinoteia na planície e ressalta nos ares em mil girândolas de espuma. O Araguari enche-se e transborda. A *pororoca* continua sua corrida desenfreada por entre as ilhas; apertada, comprimida pelos estreitos, parece redobrar de violência; salta sobre os baixios, sacode a longa e alva crina que a brisa leva qual nuvem de neve, abate-se e ergue-se com máximo furor sobre os rochedos que parece pulverizar, sobre as ilhas que parece fazer desaparecer. Nada lhe resiste: árvores seculares são cortadas, torcidas e roladas pelas ondas, entre os rochedos, com pedaços de terra arrancados dos flancos das ilhas e vestidos de forte vegetação. Três vagalhões, ou melhor, três muros ou diques gigantescos de água se sucedem deste modo em quinze minutos! São sucessivamente menos fortes e vão-se perder atrás das ilhas, além de Macapá... Compreende-se então a justeza da expressão indígena *pororoca*, magnífica *onomatopéia*, daquelas que só se encontram nas línguas primitivas. As três primeiras sílabas imitam, com efeito, o estrondo do caminhar do fenômeno, e a última exprime o embate violento das grandes vagas quebrando-se nas ribanceiras

POR — 260 — PRA

que devasta". (No livro cit. de R. Gabaglia, pág. 124). O nome *pororoca* é de origem túpica, gerúndio-supino de *pororoi*, o que arrebenta com estrondo, estrondante.

Portão: paredão a prumo na barranca do rio: termo da zona do S. Francisco, empregado por Teodoro Sampaio, à pág. 27 do seu livro — *O Rio S. Francisco e a Chapada Diamantina*: "O canal principal fica aí (perto da cachoeira de Itaparica) do lado baiano e tem uma queda de cerca de 8 a 10 metros, entre paredões talhados a prumo que aqui se denominam *portões*".

Porto-seco: termo da baixada fluminense (Maricá), registrado por Taunay, designativo de armazém de grande sortimento de mercadorias, venda de secos, molhados e fazendas, uma espécie de bazar.

Posteiro: registrado por Calage e Romaguera como termo do Rio Grande do Sul, que designa o empregado ou agregado de *estância* que, morando nos limites ou divisas do campo, zela por toda a extensão que lhe fica próxima, cuidando ao mesmo tempo não só do gado, como do *alambrado* (aramado, certa extensão do campo cercado por vários fios de arame). À casa em que mora o posteiro chama *posto*.

Posto: nome pelo qual se designam, nos Estados do Sul, as moradias primitivas nos campos afastados de uma *estância* ou fazenda, quase sempre só habitada no tempo de tirar o leite e fazer o queijo, segundo informe do P.e Geraldo Pauwells, que nos mandou a seguinte frase: "O morro da Igreja (2.200 metros), ponto mais alto do Sul do país, fica no *posto* dos Canhamboras". Roque Calage registra-o no seu *Vocabulário Gaúcho* como sendo a residência, a morada do *posteiro*. (Vide este termo). Também o registra como brasileirismo Cândido de Figueiredo (4.ª edição). Informa-nos Sud Mennucci que, em S. Paulo, se usa o termo posto (telegráfico) para designar certas estações ferroviárias, de pequena importância comercial. Regra geral, escreve o eminente homem de letras, as estações dos bairros que começam a se desenvolver, começam pela classificação de *Posto*, só mais tarde ascendendo à categoria de estação propriamente dita.

Potirom: voz paraense: vide *Muxirão*.

Potreiro: vocábulo usado no Rio Grande do Sul, para designar uma certa extensão de campo adjacente às casas, cercado de arame ou com cercas vivas, com pastio e aguada, e que é destinada aos animais dos serviços anidianos ou dos hóspedes dos *estancieiros*. É o mesmo que *piquete* em Minas Gerais e *manga* na Bahia. Há *potreiros* que se alugam aos viajantes na *campanha*.

Pousada: registrado por Calage e Romaguera: aquele diz que embora palavra portuguêsa, todavia, no Rio Grande do Sul não tem a ampla significação que tem em Portugal, designando apenas lugar que serve de descanso ou de pouso por uma noite em determinado sítio, no campo ou em casa de moradia. Alcides Maia, à pág. 72 da *Alma Bárbara*, escreve: "O pessoal da estância e gente estranha, viajantes de pousada, reunidos debaixo do umbu velho, onde costumam brincar e onde, antigamente, se encilhava..."

Pouso: o mesmo que *pousada*. Em Goiás, informa Alcide Jubé, *pouso* "é o lugar onde o viajante descansa depois de certa jornada feita durante o dia; em certos lugares os governos municipais mandam construir casas para os caminheiros e quando não existem tais alojamentos os indivíduos procuram as fazendas". É nome generalizado no Brasil com este sentido.

Povoação: termo de significação bastantemente conhecida nas províncias da paleografia, mas que, na Amazônia, nomeia às vezes uma porção de seringueiras reunidas na floresta.

Praça: nome com que os sertanejos de muitos Estados do Brasil crismam as cidades ou vilas. "Desenrola as novidades, Porunga, que hai de novo na praça?"

(João Lúcio. — *Bom Viver* — Pág. 65). São também muito usados os derivados *praciano* — próprio da cidade ou povoado, que vive na praça, e *pracista* — que mora na cidade, vila ou povoação, e, por extensão, o que é educado, mais civilizado que os moradores do campo. "Invejoso não era; mas quando aparecia ali algum forasteiro, gringo ou *pracista*, ele esmerava-se em gauchismo, excedia-se de *a cavalo*, chegava a exagerar um pouco, atrevido, provocante, as linhas de sua atitude" (Alcides Maia. *Alma Bárbara.* Pág. 31). Nos sítios diamantinos e auríferos de Minas Gerais, chamava-se de primeiro *praça* ao trabalhador livre ou escravo empregado numa mineração em comum com outros (J. Felício dos Santos. *Memórias do Distrito Diamantino de Serro Frio* Pág. 293).

Pracuubal: bosque de *pracuubas* (*Mora paraensis D.*). "Essa mata que pertence à várzea do Rio Amazonas assume proporções gigantescas em certos trechos de aluvião mais antiga, somente ao alcance das marés mais altas (lançantes da lua): abundam indivíduos de pracuuba vermelha ou branca, conforme a cor variável da casca, cuja altura excede certamente os 50 metros; a vegetação nesse *pracuubal* como em toda a *várzea* do grande rio está porém longe da inesgotável multiplicidade das espécies que observamos na já mencionada mata da *terra firme*". (Relatórios de Adolfo Ducke, na *Rodriguesia*, Ano I — n.º 1 — Pág. 18).

Praia[1]: no vale do Amazonas, assim se designa qualquer extensão do leito dos rios que formam coroas ou ilhas rasas, as quais ficam a descoberto, quando as águas baixam consideravelmente. Em Mato Grosso, têm este nome as ribeiras dos rios quando apresentam talude considerável. O vocábulo *praia*, no Rio Grande do Sul, tem a significação peculiar de *cancha* na charqueada, onde é esquartejada a rês. Em Santa Catarina, segundo informe do P.e Geraldo Pauwells, chama-se *praia* ao leito de um riacho coberto de cascalho e calhaus.

Praia[2]: designação de um partido político constituído em Pernambuco em 1840, sob o programa das idéias liberais, assim denominado pelo fato de ficar situado na Rua da Praia, hoje Rua Pedro Afonso, a tipografia do *Diário Novo*, seu órgão de publicidade, que apareceu em 1842 (Pereira da Costa). Daí o nome de *praieiros* dado aos seus sequazes. Segundo refere Pereira da Costa, dando-se em 1848 uma cisão no partido, ficou o grupo dissidente com o nome de *Praia Nova* e com o de *Praia Velha* os antigos liberais radicais. O partido, após o malogro da revolta *praieira*, foi reorganizado com o título de Partido Liberal.

Praia barreira: vide *Restinga*.

Praia de cambão: também chamada *praia de duas cabeças*, sistema formado por duas praias comuns, situadas na mesma margem, e separadas por um pequeno trecho de barranco. É a definição que se encontra no vocabulário apenso à *A Amazônia Misteriosa* de Gastão Cruls, que emprega este termo, à pág. 17 do mesmo livro: "Ao escurecer, depois de quatro horas de viagem, abicamos numa *praia de cambão*.

Praia de duas cabeças: vide *Praia de cambão*.

Praia de tempestade: praia constituída por materiais que as tempestades lançam além do alcance das marés. As *praias de tempestade*, diz F. Raja Gabaglia, à pág. 158 do seu livro citado, "são formadas por materiais arremessados, além do batente das mais altas marés, pelas ondas das tempestades. Estas praias formam, muitas vezes, atrás de si, lagos de água doce ou de água salobra e compelem os rios perto da embocadura a darem longas voltas, para alcançar o mar. Não raras vezes no litoral, a embocadura do rio

PRA — 262 — **PRE**

acha-se completamente fechada por semelhantes praias: é o *rio tapado*".

Praia de viração: expressão amazonense e goiana, que designa as praias fluviais onde desovam as tartarugas, assim chamadas porque é nelas que se faz a *viração* das mesmas tartarugas. *Viração* é a captura da tartaruga, termo muito expressivo, porque consiste "em imobilizar previamente os quelônios, voltando-os de costas, para passar-lhes depois um fio pelas quatro patas". Couto de Magalhães fala constantemente em seus livros dessas praias no Araguia. Segundo lemos na *A Informação Goiana* de dezembro de 1927, as *praias de viração* chamam-se às vezes simplesmente *virações*. (Vide esta palavra).

Praiano: nome que designa os habitantes do litoral, da beira-mar, em oposição aos sertanejos, moradores do sertão. É termo geral. Diz-se também *praieiro*.

Praia ordinária: é, como definiu Rodolfo Garcia, a praia formada pelas areias e outros materiais, que orlam as terras, entre o nível das baixas marés e o ponto extremo onde chegam as vagas comuns. Termo geral.

Praias bravas e moles: também denominadas *grossas*, são as que contêm areias frouxas, tendo forte inclinação para o mar, em geral desertas, sem segurança para as embarcações, onde se anda com dificuldade, a não ser na linha molhada pelas ondas. Dição de S. Paulo.

Praias mansas e duras: em S. Paulo, assim se designam as praias de areias duras, firmes, sem grande inclinação, ótimas para banhos, oferecendo abrigos para as embarcações, constituindo boa estrada natural entre as povoações de beira-mar: excelente pista para automóveis, diz o prof. R. Pais de Barros, de Casa Branca (S. Paulo).

Praieiro: o mesmo que *praiano*. Neste sentido, empregou-o Ronald de Carvalho, em artigo publicado no primeiro número da Revista *A Bandeira*: "Com a estrada de rodagem, comunicando facilmente o sertão e o litoral, acabará ou ficará sensivelmente diminuído esse desconhecimento entre sertanejos e praieiros, esse alheamento perigoso dos dois grandes elementos da nacionalidade brasileira, origem de tantos e tão repetidos males." O termo *praiano* é mais conhecido, entretanto, como alcunha dos sequazes do partido liberal em Pernambuco, no regime que, em 1849, promoveu uma revolta contra as autoridades constituídas que pertenciam ao partido conservador, alcunhado de *guabiru* ou *miguelista*. A alcunha de *praieiro* vem do fato de ser na Rua da Praia, hoje Pedro Afonso, que se achava a redação e tipografia do jornal que defendia os ideais do referido partido.

Prancheiro: nome que, em Mato Grosso, dão aos remadores das *pranchas* (canoas com cobertura de madeira), que se empregam na navegação de alguns rios da bacia do Paraguai. Encontramo-lo empregado num artigo intitulado *Nos Confins do Brasil*, publicado no *Jornal do Commercio*, da autoria do Dr. Joaquim Tanajura, membro da Comissão Rondon: "Nas épocas da estiagem, somente as *pranchas* lhe sulcam as águas (as do Sepotuba), tão escassa é a sua profundidade e tão arriscadas as suas corredeiras, estas, o terror dos *prancheiros* e dos práticos, que já se familiarizaram com o seu conhecimento". As pranchas vingam as corredeiras a custo de *zingas*, que são varas apropriadas que "os prancheiros manejam colocando uma extremidade no fundo do rio e apoiando a outra sobre os músculos peitorais".

Prato: medida de capacidade para cereais no interior da Bahia. Dicionarizou este vocábulo A. Taunay que o encontrou na *Chapada Diamantina* de Teodoro Sampaio.

Prego: vide *Satélite*.

Prenseiro: indivíduo que, na fabricação da farinha de mandioca, maneja a prensa. "O braço da prensa, abaixando vagarosamente por meio de um alto parafuso (fuso

PRE — 263 — **PUC**

na linguagem sertaneja), feito de grosso cerne, movido pelo *prenseiro*, pesa no brinquete que vai empurrando o chaprão (corrutela de pranchão) sobre a massa" (Gustavo Barroso). O *Glossário do trabalho rural do Brasil*, publicado no número de agosto-setembro de 1941 da *A Lavoura*, acrescenta: pessoa que prensa e enfarda o algodão; o que trabalha nas prensas da lavoura fumageira.

Pretinha: registrado por Afonso Taunay, na sua *Coletânea de Falhas*, publicada no N.º 45 da *Revista de Língua Portuguesa*, com o sentido de *informação* de diamantes. É tèrmo da zona diamantífera do rio das Garças, no Estado de Mato Grosso. Vide *Informação* e *Satélite*.

Preto-aça: assim se chama aos albinos no Brasil. Registrado por Teschauer, que cita a seguinte frase tirada do *Marquês de Barbacena*: "Os albinos são os que nós, no Brasil, chamamos — *preto-aça*..." Em Goiás, informa Alcide Jubé, chama-se *negro-aço*.

Primeiras-águas: expressão com que, no Nordeste, se designam as primeiras chuvas que caem após o verão, em geral nas proximidades do dia de S. José (19 de março), e daí por diante, época em que se fazem as plantações de milho, cuja colheita se realiza, por seu turno, antes de S. João (24 de junho). À pág. 242 do 4.º vol. da obra *O Piauí no Centenário da sua Independência*, encontramos o seguinte trecho: "Em geral as *primeiras* águas, segundo a linguagem local, começam em novembro: chuvas torrenciais, destacadas, com fortes descargas elétricas: segue-se freqüentemente o verão de mês ou mais; depois o inverno, propriamente dito, de fevereiro a abril". Numa poesia intitulada *Primeiras-Águas*, de Cândido Abreu (Bahia, 1822) encontramos a informação de que os sertanejos assim denominam as primeiras chuvas de trovoada, em novembro e dezembro (*Almanaque do Diário de Notícias* — 1882 — Bahia). Registrando esta ex-

pressão regional, escreve Pereira da Costa: "As primeiras chuvas que caem no começo do ano, e também chamadas águas de janeiro".

Promombó: registrado por C. Teschauer em seu *Novo Dicionário Nacional*, significando maneira de pescar em noite escura, surpreendendo o pescador com o clarão de facho aceso os peixes que saltando espavoridos caem dentro da canoa. Abonando-o o sábio mestre cita os seguintes períodos da Revista *Chácaras e Quintais*, n.º de outubro de 1919: "O promombó é uma maneira de pescar nas noites escuras e consiste no rodar de uma canoa rio abaixo sempre encostada às ribanceiras; no meio da tosca embarcação um dos pescadores sustenta um facho de luz, enquanto os outros vão batendo as capituvas e galhos das árvores e arbustos que se debruçam n'água. Os peixes surpreendidos pelo clarão do facho saltam, espavoridos, caindo então dentro da canoa, atraídos pela intensidade da luz que os cega". Vem do tupi-guarani — *trombombó* .

Puça: termo registrado por Pereira da Costa, como designação depreciativa dada aos portugueses no período das lutas da Independência Nacional. Abona-o com um trecho de Fr. Caneca no Itinerário de sua marcha para o Ceará, acompanhando as forças republicanas vencidas da malograda Confederação do Equador — "na manhã de 13 de dezembro seguiram para ir tomar quartéis na fazenda da Cachoeira, propriedade de um puça".

Puçanga: termo de uso corrente na Amazônia, designativo de feitiçaria, pajelança, remédio, mezinha, beberagem enfeitiçada ou de mau gôsto. Com este nome publicou Peregrino Júnior um volume de episódios e paisagens da Amazônia (2.ª ed. 1930. Rio.). Ermano Stradelli registra *puçanga* como sendo remédio, medicina, feitiço que serve para livrar do efeito de outro feitiço. Segundo Câmara Cascudo, para os antigos candom-

PUE — 264 — PUX

blezeiros baianos e cariocas, os velhos pais-de-santo, a puçanga é o ebó, o efó, ou melhor, o despacho (*Novos Estudos Afro-Brasileiros*. Pág. 86).

Puera: termo usado no Pará, o mesmo que *ipueira*. V. Chermont, registrando-o, informa: "depressão argilosa seca e dura no fim do verão, lagoa seca". Beaurepaire-Rohan ensina que, no Pará, significa lagoa lamosa, mas enxuta, que a cheia dos rios deixa no meio dos campos, quando chega a vazante. Pequeno palude seco pelo sol nos campos (J. Veríssimo).

Pulguedo: termo usado no Rio Grande do Sul, designativo de agrupamento de ranchos, de casas rústicas, habitações de gente pobre. Vimo-lo empregado nos seguintes passos do *Quero-Quero* de Roque Calage: "Ali do outro lado do Saicã, quase na costa do rio, era o *pulguedo* do Anastácio: — meia dúzia de ranchos perdidos no fundo sossegado do campo" (Pág. 37). "Era êle quem mandava naquele trecho de Santa Maria, pelo *pulguedo* além, até mesmo entre os lenheiros do outro lado" (Pág. 38). "Ao outro dia cedo, ela lá ficou proseando, ainda, à porta do rancho mestre do *pulguedo* (Pág. 42). "A última dele foi levantar com a Eufrásia na garupa, e depois de dois meses de posse pacífica atirar com a infeliz em São Miguel, num *pulguedo* de chinas e soldados!..." (Pág. 87).

Pulperia: vocábulo hispano-americano, usado no Rio Grande do Sul, designativo de venda, pequena casa de negócio no campo, lugar de reunião dos gaúchos. "Não tinha feitio para andar gaudério, como muitos, vivendo encostado nas pulperias, ou de estância em estância, de galpão em galpão, hoje, pousando aqui, amanhã ali, mateando e churrasqueando de arriba" (Roque Calage — *Quero-Quero* — Pág. 119). Segundo escreve H. D. em seu precioso *Ensaio de História Pátria* (do Uruguai), à pág. 258, "pulperia é esquina ou boliche rural; é ao mesmo tempo armazém, tenda, taverna e casa de jogo".

Purtuga: alcunha jocosa dos portugueses em várias partes do Brasil. Também *portuga* (Pereira da Costa).

Pururuca: o mesmo que *piruruca*.

Putirão: usado em S. Paulo; o mesmo que *muxirão*.

Putirom: usado no Pará; o mesmo que *muxirão*.

Putirum: idem, idem. É o *puxirão* ou *pixurum* (Calage) do Rio Grande do Sul, o *puxirum* do Paraná e S. Paulo, o *batalhão* da Bahia, etc.

Puxação: registrado por Peregrino Júnior no *Puçanga*, com a significação de tração ou condução de madeira pela floresta. À pág. 129 deste livro de episódios e paisagens da Amazônia, lemos: "Depois, lavraram toscamante a madeira, colocaram-na sobre rolos e empurraram-na lenta e pacientemente por cima da lama resvaladia da picada, até à beira do igarapé. Era a *puxação*".

Q

Quadra: termo registrado pelos vocabularistas gaúchos; designa medida linear e de superfície. A medida linear tem 132 metros. A medida da área equivale a 17 424 metros quadrados, segundo informa A. C. Albuquerque Gusmão (*Tabelas de conversões das principais medidas agrárias usadas no Brasil, em unidades do sistema métrico decimal*). Ainda no Rio Grande do Sul é usada a palavra *quadra* para designar a extensão tomada por base para as carreiras dos parelheiros (132 metros), tão costumeiras entre os *guascas*. À pág. 143 do *No Galpão*, de Darci Azambuja, lemos: "Era no fundo da estância. Campo sujo. Pela beira de um banhado estreito, cheio de caraguatás, encordoavam-se coxilhas pontilhadas de vassouras e santa-fé. Do outro lado, a várzea de quadras e quadras, carrasquenta, onde o cupim era praga e os caponetes ralos se sucediam". Nos Estados do Norte usa-se a *quadra* como medida equivalente a um alqueire mineiro. Há, ainda no Rio Grande do Sul, a *quadra de sesmaria* (Vide esta expressão). Em S. Paulo, segundo nos informa Sud Mennucci, *quadra* é o nome oficial do quarteirão urbano.

Quadra de sesmaria: segundo informe do gen. Borges Fortes é a medida de superfície comum no Rio Grande do Sul, equivalente a uma área de 871 200 metros quadrados, ou seja uma quadra (132 metros), por uma légua (6 600 metros). A *braça de sesmaria* é a sexagésima parte da *quadra de sesmaria*.

Quadrado: assim se chamam, nas antigas fazendas, ao conjunto das habitações da escravaria. Registrado por Teschauer que o abona com um trecho de A. Taunay: "Este *quadrado* consta de miseráveis senzalas".

Quadrilha: localismo do Rio Grande do Sul que, segundo Romaguera, significa "certo número de cavalos de diversos pelos acompanhados ou acostumados a uma *éguamadrinha*" (égua que com um cincerro no pescoço guia a um determinado número de cavalos, obrigando estes a acompanhá-la — Calage).

Quadro: registrado pelo venerando Rodolfo Teófilo, com a significação de espaço de terreno compreendido num quadrado cujas faces tem 75 metros. Usado no Ceará.

Quartel paulista: Vide *Alqueire de S. Paulo*.

Quebrachal: termo muito usado em Mato Grosso, que nomeia um bosque onde vegeta e predomina o quebracho (*Loxopterigium Lorentzii*, Griseb), árvore que fornece uma admirável madeira, incorruptível e duríssima, ótima para obras hidráulicas, e ainda excelente material tânico para o preparo dos couros. O nome desta anacardiácea vem da sua dureza: quebracho quer dizer — quebra machado.

Quebrada: termo que tem, no Rio Grande do Sul, um sentido peculiar, designativo de "volta de estrada ou do caminho, ao longe; os acidentes das baixadas do campo; volta dos *capões* ou mato ralo; o

QUE

— 266 —

QUE

mesmo que *volteada*", segundo informa Calage. "Empenha-se o combate. O Pampa, verde e triste, vibra. O eco repete, à beira das *quebradas*, o contínuo estrugir das armas disparadas pela força imperial contra os três bravos (Aurélio Porto. *A Epopéia dos Farrapos* na *Terra Gaúcha* — setembro 1925).

Quebrador: assim se chama, no Pará, aos colheiteiros da castanha, pelo fato de serem encarregados de quebrar os ouriços e extrair as castanhas, conhecidas na Europa pelo nome de noz-do-brasil.

Quebradouro: termo geral, designativo da parte da praia onde se dá a arrebentação das ondas. Registrado por A. Taunay.

Quebra-quilos: nome dado aos sediciosos que, em 1875, fizeram um movimento contra as autoridades da Paraíba, por motivo da decretação de novos impostos estabelecidos pela Assembléia Provincial e da execução da lei do Império de 1 de janeiro de 1874, que estabeleceu o sistema métrico decimal no Brasil. A revolta — *quebra-quilos* — irrompeu na Paraíba, Município de Campina Grande, na serra de Bodopitá, 4 léguas ao sul da cidade e daí se irradiou até pelas províncias vizinhas. Os rebeldes atacavam os povoados, as vilas e cidades e, onde quer que encontrassem os novos pesos, que eram para eles símbolos dos novos impostos, os arrebentavam, incendiando também cartórios e arquivos. Daí a procedência do apelido.

Quebrança: termo muito usado no linguajar dos marítimos da baía de Todos os Santos para significar a fase das marés quando estas começam a ser pequenas, no curso das quadraturas. É freqüente ouvir-se de marujos: "Amanhã a maré entra em quebrança" (Informação de Artur Neiva).

Quebrar da barra: expressão muito freqüente na linguagem dos sertanejos do Nordeste, sinônimo de primeiras claridades da manhã, alta madrugada. Vimo-la empregada na *A Fome — cenas da Sêca*

do Ceará, de Rodolfo Teófilo e à pág. 32 da *A Bagaceira*, de José Américo de Almeida (Vide *Barra*).

Queijeiro: termo goiano, sinônimo de *caipira*, *tabaréu*, pessoa do interior, que não mora nas cidades. Registrado por Cornélio Pires n'*As Estrambóticas Aventuras de Joaquim Bentinho*, à pág. 122, e Vítor Coelho de Almeida, em Goiás.

Queimada: no sentido de *roça* ou terreno que se queimou para a semeadura das lavouras é usado equivalentemente no Brasil e em Portugal; é regionalismo, porém, quando indica a parte de uma floresta ou de um campo que se incendeia casual ou criminosamente. As *queimadas*, que, às vezes, formam clareiras nas matas, têm estragado grandemente a riqueza florestal do Brasil; fato sabido é que nelas aparecem espécies vegetais ainda não conhecidas no lugar. "O gado vacum fareja de longe as *queimadas*, cuja erva nova êle prefere ao capim maduro".

Quejemes: no sul da Bahia, entre os Pataxós, mais ou menos mansos e que habitam o território entre Cachoeirinha, Município de Belmonte e o Salto Grande de Jequitinhonha e daí para o Norte até Ilhéus, assim chamam aos ranchos, *malocas* ou aldeias dos caboclos. Informe colhido no livro de Afonso Marques Monteiro — *Belmonte e a sua História* (Bahia — 1918 — Entre as págs. 205 e 208). Em Nélson de Sena (*Revista do Arquivo Público Mineiro*) encontramos a mesma palavra grafada *quijemes*.

Querência: termo gaúcho, de origem castelhana, que a princípio designava o lugar em que um animal nascia, se criava, ou se habituava, empregando-se hoje, por extensão, à terra de uma pessoa, aos seus lares, penates, sinônimo então de *pagos*. Manuel do Carmo, nos *Cantares de minha Terra*, foi quem melhor disse da *querência*: "lugar onde se cria e vive um animal e ao qual sempre aspira onde quer que esteja e pelo qual relincha de saudade; mais expressivo ainda do que *pagos* (lares); tão expressivo para designar o rincão a que se aspira e pelo qual se chora, como a saudade o é para exprimir a lembrança triste que faz bem". C Dr. Fócion Serpa, em comunicação feita à Federação das Academias de Letras do Brasil (28-10-39), mostrou como a palavra *querença* é portuguêsa. Vide a sua comunicação. Entre as frases gaúchas abonadoras de *querência* podemos citar a seguinte: "Morrer de cabeça voltada para a *querência*" (Informação de Waldemar Vasconcelos). Darci Azambuja tem *No Galpão* um belíssimo conto em torno da *querência*, que para o *guasca* é a sua terra, a várzea, a coxilha, a restinga, o rodeio, o arroio, a casa alegre, a paisagem amiga, o pago saudoso, nunca jamais esquecido. C termo *querência* já se vai usando também no Norte: V. Chermont, em 1905, registrava-o em seu *Glossário* como neologismo. Bom será que se estenda por tôda a longura do Brasil: sentimos nessa palavra um não sei que de sutilmente evocador do berço natal, do canto da terra que nos viu nascer e onde nos embalaram as primeiras trovas de amor, onde se nos abriram as primeiras claridades do sol da Pátria e de onde fica para todo o sempre, cada vez maior no tempo e no espaço, a doce saudade dos dias que primeiro vivemos ao léu das visões encantadas da infância.

Quiça: De uso também no Paraná, isto é, no vale do Paraná, segundo registrou Teófilo de Andrade em seu livro *O Rio Paraná*, pág. 44: "Há os terrenos de quiçaça bastante áridos". Termo usado em S. Paulo e no Nordeste, para nomear uma terra árida, chão ruim, cuja característica dominante é uma vegetação xerófila, mato baixo e espinhento, espécie de "capoeira de paus tortuosos e ásperos". Registrado por A. Taunay.

Quilombo: palavra quimbunda que significa literalmente acampamento. No Brasil o nome *quilombo* foi aplicado às habitações clandestinas de escravos que fugiam para o interior das matas em alguns lugares ermos e distantes das povoações. Não raro tais habitações formavam aglomerações numerosas, sobressaindo na História do Brasil os famigerados Quilombos dos Palmares, em terras do atual Estado de Alagoas. De *quilombo* deriva o vocábulo *quilombola* — habitante do *quilombo*: Vide esta palavra.

Quilombola: habitante de *quilombo*, negros fugidos que se refugiavam no ermo das matas ou dos campos. Amadeu Amaral ensina que é termo literário, de que o povo nunca usou, empregando em seu lugar *canhembora* (Vide este termo e *Calhambola*). À pág. 212 do vol. 10 da *Geografia do Brasil*, comemorativo do 1.º Centenário da Independência, lemos a seguinte opinião de Nélson de Sena a respeito da formação deste termo: "Aos indígenas do Brasil foi tomada a expressão *canhimbora* para designar o "negro fujão", (literalmente, *canhi-m-bora* = "o que tem por hábito fugir"). O nome foi completamente estropiado, na linguagem dos colonos, dando *canhambora* e a forma extravagante — *calhambola;* e, como os escravos pretos fugiam para o *quilombo* (nome africano desse arraial ou valhacouto de cativos negros), veio a se formar o hibridismo áfrico-tupi *quilombola*, fusão do termo africano *quilombo* e do sufixo tupi — *pora* ou *bora* (alterado em *bola*), que significa "morador". Aliás, assim horrìvelmente deformado em *caiambola, caiambora, calhambola* ou *carambola*, como se achava o termo indígena *canhambora*, foi melhor que ficasse prevalecendo o hibridismo *quilombola*, aproveitado até na literatura mineira pelo romancista Bernardo Guimarães, na conhecida novela — *Uma lenda de quilombolas.*

Quimbembe: registrado por Beaurepaire-Rohan, como termo peculiar a Pernambuco e Estados do Nordeste, empregado no sentido de habitação rústica de família pobre; choça, cabana. É um africanismo que, no plural tem também a significação de trastes de pouco valor, badulaques, cacaréus.

Quinguingu: termo na Paraíba, designativo de pequena cultura agrícola. Empregou-o José Américo de Almeida na sua *A Bagaceira*, à pág. 183, no seguinte passo: "Lúcio exortava João Troçulho ao trabalho: — Por que não planta um *quinguingu?* — Não se tem fuga, patrãozinho: é no eito todo o dia que Deus dá". Também se emprega *quinguingu* no sentido de intriga, mexerico, segundo nos informou o mesmo autor (Carta de 28-4-928). Cândido de Figueiredo (4.ª ed.) registra o brasileirismo *quinguingu* com o significado de serviço extraordinário a que os fazendeiros obrigavam os escravos durante uma parte da noite. Neste sentido o registrou Pereira da Costa, abonando-o com o seguinte passo de Vicente Ferrer: "O miserável escravo, quase nu, mal alimentado, trabalhava no eito de sol a sol, e ainda fazia à noite o *quinguigu*": é assim que grafa a palavra Pereira da Costa. É vocábulo de origem africana, introduzido no linguajar dos engenhos de açúcar pelos negros africanos.

Quiriba: assim se designam no sertão maranhense os naturais da parte baixa do rio Pindaré. Colhemos este termo no *O Sertão* de Carlota Carvalho, à pág. 269. Num estudo de Raimundo Lopes, publicado no *Boletim do Museu Nacional*, Vol. VII, N.º 3, à pág. 184, lemos *queribas* como alcunha dada pelos "baianos" aos caboclos moradores da Baixada Maranhense (zona de campos, aluviões recentes), descendentes dos colonos e dos catecúmenos.

Quiriri: vocábulo tupi, muito correntio no dizer dos *caipiras* do Amazonas e Mato Grosso, designativo de silêncio noturno, calada da noite. Beaurepaire-Rohan, invocando a lição de José Veríssimo, que escreve *kiriri*, diz ser substantivo que nomeia silêncio, calada, sossego noturno. Manuel Vítor, em seu recente livro *Os dramas da Floresta Virgem* (2.ª ed.), à pág. 105, dá uma idéia mais perfeita do a que os caboclos chamam *quiriri*: "Em Mato Grosso, o silêncio de chumbo que acompanha a noite nas proximidades da água negra tem o nome de *quiriri*, como o chamam os nativos. O *quiriri* aparece logo à primeira hora com a sua coorte de espantalhos, de sustos, de surpresas, e não há cérebro, por mais tranqüilo, que o suporte". Teodoro Sampaio, em seu *O Tupi na Geografia Nacional*, registra a palavra *quinini*, o mesmo que *quiririm*, empregado não só como substantivo — o silêncio, o sossego, o repouso, mas também como adjetivo: silencioso, calado, taciturno. Assim também o faz Vicente Chermont que lhe dá o significado de solitário, deserto, silencioso, e apresenta o seguinte exemplo: "O lago esta manhã estava *quiriri*: não se enxergava nem peixe boiando, nem pássaro pela beira." Ângelo Guido, em artigo publicado na *Revista do Instituto Histórico e Geográfico do Rio Grande do Sul* — II Trimestre do Ano XVII, escreve: "*quiriri* — vocábulo intraduzível que significa o mistério, a tristeza, a magia indefinida do anoitecer".

Quitanda: africanismo do quimbundo *kitanda* — feira, mercado, designativo no Norte do Brasil, e em geral nas cidades, de pequenas casas de comércio de frutas e verduras e objetos caseiros; noutros pontos designa coletivamente os doces, broas, biscoitos, frutas e legumes expostos à venda em tabuleiros, pelas ruas. Cândido de Figueiredo (4.ª edição) ainda registra duas acepções: no Norte do Brasil — estabelecimento onde se vende prata; em Minas — pastelaria caseira.

Quitandeiro: indivíduo que vende ou faz *quitanda*, diz Amadeu Amaral; dono de quitanda, revendedor de frutas, hortaliças, aves, peixe, diz Cândido de Figueiredo.

R

Rabo-de-galo: nome pelo qual os *caipiras* de S. Paulo designam os cirros, que são nuvens brancas, características das altas regiões da atmosfera, numa altura de sete a onze mil metros, constituídas de pequenos cristais de gelo, formando um como véu de filamentos isolados ou de faixas compactas. As suas formas fizeram que os marinheiros ingleses as denominassem *mare s'tail* (rabo de jumento) ou *sea-tress* (cabeleiras do mar). A aparição dos cirros precede de ordinário toda baixa barométrica sensível, e, quando aparecem durante um bom tempo, este bom tempo está sempre comprometido. O fenômeno não é desconhecido pelo *caipira* de S. Paulo. — À pág. 59 do livro de Cornélio Pires — *Patacoadas*, lemos: "A sêca prolongada entristecia a natureza e desanimava os roceiros, que lançavam olhares investigadores e tristes pelo céu muito azul, procurando *rabos-de-galo* (cirros) prenunciadores de chuva". Este nome é usado pelos espanhóis: assim o vimos no *Dicionário de Voces y Términos Geográficos* de Vergara Martin, que ainda registra os regionalismos *colas de gato* e *parrasco*, este em Pontevedra e na costa de Bayona.

Rabo-de-maré: registrado por V. Chermont como termo usado pelos pescadores vigienses (de Vigia, cidade do Pará), para designação de um fenômeno idêntico à *pororoca*, o qual se observa na costa do Atlântico, desde o cabo Norte até Caena, na Guiana Francesa, dizendo ainda o mesmo vocabularista que é a tradução dada pelos referidos pescadores ao francês — *raz de marée*. "Somente nos quartos de lua é possível a navegação destas ilhas para o Araguari e Cabo do Norte. Ninguém sai nem entra no Araguari ou no Piratuba senão nos quartos lunares. Nesta fase lunar não se produzem os terríveis fenômenos: a pororoca que assola as costas, mas só aparece onde há pequena profundidade e o *rabo-de-maré* que levanta e sacode a vaga nos lugares profundos" (Carlota Carvalho, *O Sertão*. Pág. 297).

Rachão: termo que, em S. Paulo, consoante o registro de A. Taunay, se dá ao trecho de curso de um rio entre paredes abruptas; desfiladeiro. Cita a seguinte frase: "O tietê, entre Cabriúva e Itu, corre no fundo de um *rachão* de vários quilômetros de margens muito alcantiladas".

Rama: termo que, no Nordeste, designa não só as primeiras folhas que aparecem nas árvores e arbustos após as primeiras chuvas, mas também a folhagem das árvores que se dá ao gado, quando os pastos secam completamente. No primeiro sentido, temos o emprego no seguinte passo da *Terra de Sol*, de Gustavo Barroso, à pág. 39: "Dias depois das chuvas, de todos os galhos negros e ressequidos, num súbito desabrochamento — como um milagre dos céus — brotam folhinhas verdes, medrosas, transparentes ao sol. É a *rama*. O gado atira-se a ela gulosa, faminta e àvidamente. O capim só nasce depois. Daí dizer o matuto quando o inverno vai bem: *o gado já come no chão*, o que quer dizer que o gado deixou de comer a rama das árvores e então devora o capim que surge do solo". Na segunda acepção temos exemplo na mesma definição que lhe deu Arrojado Lisboa, em sua Conferência na Biblioteca Nacional, a 23 de julho de 1913: "Rama, no Nordeste, é a folhagem das árvores, dada em alimento ao gado, depois que secam os pastos. O mato transformou-se (com a seca) em feixes cinzentos de paus ressequidos. Nem há folhas tostadas pelo chão. O vento persistente levara-as em nuvens de pó, descarnando o solo empedrado. Nem há mais pastagem seca para o gado. Em janeiro do ano entrante aviam-se as *cacimbas* nos leitos dos rios e corta-se a última *rama* para o gado não morrer de fome". E nas *Lendas e Canções Populares* de Juvenal Galeno esta estrofe-retrato:

"Se é tempo de seca, que lon-
[gas fadigas,]
Abrindo as cacimbas pra o
[gado beber!]
As ramas cortando, que a rês
[me suplica,]
Num berro mais triste que o
[triste gemer!"]

Ramada: tem esta palavra, no Rio Grande do Sul, um sentido próprio: caramanchão coberto de ramos à frente dos *ranchos* e dos *boliches*, onde descansam os campeiros nas horas de sol ardente, recolhendo aí os seus cavalos, encilhados ou não, para preservá-los também da soalheira. Registram-no Calage e Romaguera. "Depois da ceia, repousava das lides do campo animando as cordas (da viola), enquanto cantarolava à soleira ou debaixo da ramada" (Alcides Maia. *Alma Bárbara.* Pág. 29). "No campo a residência fica em meio de várias cercas com vários portões e porteiras, tendo ao lado a *ramada*, que é onde se desencilham os animais e se dá abrigo à gente menos fina. Há a mangueira de taipa alta e o po-

mar. Num grande galpão ordenham-se as vacas" (Crispim Mira. *Guia do Estado de Santa Catarina.* Pág. 49).

Ranchão: segundo informe do prof. Alcide Jubé do Liceu de Goiás, assim chamam, em seu Estado, "a pequenos comodos que a municipalidade de diversos termos manda construir nas imediações da cidade, a fim de dar abrigo aos *roceiros*, quando em trabalhos das mesmas".

Rancharia: grande número de ranchos; também *arranchamento*. Segundo Macedo Soares é multidão de ranchos, isolados ou em grupos, abertos quase sempre onde os viajantes pousam. Equivale mais ou menos ao *aduar* dos beduínos africanos (Vergara Martin). "Acorda os ares a saudosa cantiga dos tropeiros, no pouso, quando a luz da fogueira vacila, e a tropa, perdida nos campos, quebra o silêncio com o tilintar dos cincerros. A rancharia é à beira da estrada. Sobre duros couros, nas redes, em torno ao lume, os homens pitam longos cigarros, cantando" (Alberto Rabelo — *Contos do Norte.* Pág. 122).

Rancho: termo geral do Brasil, no sentido de cabana, casa rústica, feita de paus e barro, sem compartimentos; casinha de palha à beira da estrada para abrigo de viandantes; choça, coberta de palha, que se faz nas *roças*, para descanso de trabalhadores; morada do campônio pobre; por extensão — casa pobre. É denominação corrente no Brasil sertanejo e encontramo-la em quase todos os escritores regionais. "Amoitado é um modo de dizer, porque ele dormia, lá de vez em quando, num *rancho* de palmito no meio do mato..." (Afonso Arinos. *Pelo Sertão.* Pág. 161). No Mato Grosso, na região em que a Companhia Mate-Laranjeira explora a erva-mate (sul do Estado), denomina-se *rancho* a sede de cada uma das zonas em que a mesma Companhia dividiu a região ervateira. No *rancho* encontram-se, além do *sapecador*, *barbaquá* e *canchea-*

dor, casas de estilo rústico, porém elegantes, nas quais residem o administrador e os operários que trabalham sob as suas ordens (Francisco Leite Costa. *O Mate.* Pág. 5). Informa ainda o mesmo autor: "Subordinados aos ranchos existentes tantos *ranchitos* quantos forem necessários, tendo-se em vista a superfície da zona. Cada *ranchito* recebe a erva que é colhida em redor do mesmo, num raio de ação de 1600 metros aproximadamente". Virgílio Corrêa Filho lembra o nome de *rancho de beira-chão*, usado em Mato Grosso para designar um rancho que se improvisa, de cumeeira baixa e folhas de palmeira, cujas extremidades alcançam o solo.

Rapadouro: termo mais ou menos de uso em todo o país e que significa um campo sem pastagem para o gado, que está como que rapado. É o mesmo que *campo rapado* do Rio Grande do Sul. "No lugar da casa, encontrou um cinzeiro; as roças ficaram em *rapadouro;* os animais tinham sumido" (José Sizenando. *Alma Rústica.* Pág. 431). "O zaino, mal amilhado, um tanto aplastado da viagem, marchava a trote curto, ladeando despassito no mais, farejando o terreno desconhecido, ainda tão longe do rapadouro da sua querência" (Roque Calage. *Quero-Quero* — Pág. 7). Na Bahia e no Nordeste se diz *rapador* o campo com pastagem já meio consumida pelo gado ou com pouca forragem. No sertão da Paraíba, informa-nos José Américo de Almeida, ouve-se freqüentemente: "Não solte o cavalo no cercado: amarre no rapador".

Raposas: alcunha depreciativa dada pelo partido da legalidade aos sequazes da Sabinada, revolta que rebentou na Bahia em 1837, chefiada pelo Dr. Francisco Sabino Álvares da Rocha Vieira. Os rebeldes eram ainda chamados *sabinos* e denominavam os legais — *perus.*

Rasgado: registrado por Pereira da Costa, como designação depreciativa dada aos liberais ou praieiros pelo grupo dissidente da *Praia*

Nova, que, em represália, deu à sua gente a de *mulambos* (Vide *Praia*).

Rasgão: termo do Brasil Central, designativo do mesmo acidente denominado *funil, fecho,* constante da abertura que as águas dos rios fazem nas serras e montanhas, correndo através delas entre barrancas apertadas de vivas arestas (Vide *Funil e Fecho*).

Raso: termo muito usado nos sertões da Bahia e Sergipe, com a significação de *capueira* baixa, onde as árvores e arbustos se entrelaçam de tal modo, que formam uma trama de urdidura inextricável. Ao longe, os *rasos* semelham-se a infindos plainos, onde a vegetação é igual e do mesmo porte.

Rasoura: os *caipiras* de S. Paulo assim designam o lugar raso de um rio ou de uma lagoa. Vimo-lo empregado por Valdomiro Silveira, à pág. 30 do seu *Nas Serras e nas Furnas*: "C'a vazante do rio, um canal pedrento tinha secado quase por cheio, a boca tinha tapado, a capituva apontou outra vez de banda, e na *rasoura,* entre duas pedras, pretejava o lombo de um jaú de sete palmos".

Rebentão: emprega-se este termo no Brasil em dois sentidos: no de ladeira íngreme, *tombador* alcantilado e no de grande e prolongada seca. Neste é peculiar ao Nordeste, empregado por José Américo de Almeida na *A Bagaceira* e registrado por Leonardo Mota em *Cantadores.* No livro de F. Chagas Batista, *Cantadores e Poetas Populares* (Paraíba — 1929), às págs. 41 e 42, cita o autor dois passos em que é empregada a palavra *rebentão* no sentido de seca prolongada:

"Em qualquer um rebentão
De seca que possa haver;

. . . .

No ano de seca enfim
No ano de seca enfim
Sempre há perturbação
Mas, passado o rebentão
Da seca, vem o inverno.   *"*

. . . .

À seca de conseqüências não calamitosas chamam no Nordeste *repiquete*. (Vide esta palavra).

Rebentãozal: registra-o Valdomiro Silveira, que o define como grande extensão coberta de rebentão, arbusto dos lugares descultivados.

Rebentona: termo primeiramente usado no Sul do Brasil, hoje porém mais ou menos empregado em toda a República, para designar revolta contra as autoridades constituídas, sedição, motim de natureza política. À pág. 104 da narrativa de Apolinário Porto Alegre — *O Vaqueano* —, encontramos o seguinte trecho: "A cavalo, patrícios! Temos *rebentona*". Beaurepaire-Rohan registra este termo como peculiar ao Rio Grande do Sul e escreve: "negócio grave e duvidoso, que está prestes a se decidir". Diz-se que é uma *rebentona*, ou está para *rebentona* (Coruja). Deriva do castelhano *reventon*, significando arrebentamento, ato de rebentar; e, que, além de outras acepções, tem a de aperto grave, circunstância difícil em que alguém se vê".

Rebocador: além do sentido comum da língua, assim se chama no Ceará e mais Estados do Nordeste ao agente dos seringais amazônicos que percorre os sertões e as cidades nordestinas, atraindo as populações batidas pelas secas com a miragem do vale prodigioso, encaminhando-as afinal para o *Inferno Verde*. Vimos referido este termo à pág. 16 do *O Gororoba* de Lauro Palhano.

Rebojo: assim se chama no Pará e em Goiás ao movimento circular das águas dos rios que formam sorvedouros ou remoinhos tendo o povo a superstição de que o *rebojo* é um ser vivo que desperta à passagem das ligeiras *igaras* ou canoas. "No centro está o rebojo da Cruz. É a panela a ferver. Atirando a água em várias direções, este *rebojo* força as canoas a seguirem caminhos não desejados" (Carlota Carvalho — *O Sertão* — Pág. 263). E a respeito escreveu-nos Antônio Lopes: "Por extensão *rebojo* é, nas cachoeiras, não só o remoinho ocasional, mas também o remoinho permanente, formando ou não *funis* e elevando às vezes colunas d'água. No *rebojo* do Canal do Inferno, da Cachoeira de Itaboca, no fechar do remoinho a impulsão da água levanta-se a metros de altura. Diz-se, localizando os acidentes desta natureza — o *rebojo* do Urubu, o *rebojo* do Poço, para indicar o ponto em que a cachoeira forma o remoinho". Augusto Leverger informa que, em Mato Grosso, *rebojo* significa redemoinho ou contracorrente, produzido pela sinuosidade do rio ou pelos acidentes de seu leito ou das suas margens. *Rebojo* é nas costas do Sul do país o nome que os marujos dão ao vento sudoeste: nestes mares, diz o Visconde de Taunay, nas *Recordações de Guerra e de Viagem*, "são freqüentes o *pampeiro*, vento dos *pampas*, ou terras na direção de sul-sudoeste, o *carpinteiro*, vento do alto mar, assim chamado pelos naufrágios que produz fornecendo tábuas dos navios aos carpinteiros, vento sueste e o *rebojo*, vento de sudoeste". No sul da Bahia, *rebojo* é prenúncio de mau tempo. Beaurepaire-Rohan ainda ensina: repercussão, desvio, ou mesmo redemoinho de vento, por efeito de um corpo que encontra e lhe altera a primitiva direção.

Rebolada: grupo de árvores ou de vegetação arbustiva que se destaca em campo ou mata, segundo a definição de Rodolfo Garcia, que ainda informa corresponder muitas vezes ao *capão*. É termo de Pernambuco. Vicente Chermont registra-o, dizendo significar árvores de uma mesma espécie agrupadas em floresta, e dá o seguinte exemplo: "na boca do Jutubá existe uma boa *rebolada* de andirobeiras..."; ou ainda: "grupos de árvores, arbustos ou plantas arbustivas isolados uns dos outros: exemplo — "Neste campo custa o piri a queimar, porque está em *rebolada*". José Américo de Almeida, no Glossário anexo à *Bagaceira*, diz significar na Paraíba pequena cultura agrícola: *rebolada* de cana. Citado também por A. J. de Sampaio em sua *A Flora do Rio Cuminá*, pág. 185, dizendo que os canoeiros da Amazônia chamam de *rebolada* aos capões de mato. Falando da zona do Rio Branco, Glycon de Paiva, no Boletim n.º 99 do Serviço Geológico e Mineralógico, escreve: "Nos igarapés mais volumosos como o Tiperém, o Cauailã, etc., produz-se uma condensação da mata ciliar que existe sempre e que recebe do caboclo o nome de *rebolada*".

Reboleira: Aulete consigna este vocábulo com a significação de parte mais basta, onde há menos claros, de uma seara, prado ou arvoredo. Na região nordeste da Bahia, usam esta palavra para designar as moitas densas e extensas, de forma arredondada, que crescem nos tabuleiros e campos. E mais: chamam assim a uma parte da *catinga*, onde a vegetação é mais densa. Ainda se emprega no sentido de porção separada de vegetais de qualquer espécie, como por exemplo *reboleira* de capim, *reboleira* de abóbora, *reboleira* de quebra-faca, etc. No Sul do Brasil tem o sentido de *capão* de mato, o mesmo que *rebolada*. Assim é que *No Galpão* de Darci Azambuja, à pág. 89, lemos: "O trem corria agora entre reboleiras de árvores, em terreno acidentado e fazia uma curva".

Reboleiro: o mesmo que *reboleira*, voz mais usada no Maranhão. "As palmeiras se destacam, às vezes, em extensos *reboleiros*, como chamam os naturais às moles de carnaubeiras reunidas em trechos de terrenos, separados entre si por veredas ou tratos de terra, limpos de vegetação robusta. Avançam como grandes regimentos em fileiras cerradas, não consentindo lhes tome o espaço qualquer outro vegetal não rasteiro" (*O Parnaíba no Maranhão*, pelo Dr. Benedito de Barros e Vasconcelos, pág. 92).

Rechego: termo usado para designar lugar retirado, escondido. Empregado por Coelho Neto (*Inverno*, pág. 170).

Recôncavo: vocábulo português com a significação de cavidade funda, concavidade (Cândido de Figueiredo); o espaço grande de terra que forma uma espécie de figura côncava ou semicircular, a comarca ou terra circunvizinha de uma cidade, ou porto (Fr. Domingos Vieira). No sentido em que o registra Cândido de Figueiredo, empregou-o o Visconde de Taunay no seguinte passo: "O rio, aí descendo em rápida *corredeira*, morre de repente numa bacia, que se abre regularmente no recôncavo de barrancos, cortados a pique (*Campanha de Mato Grosso. Cenas de Viagem*. Pág. 100). No Brasil, desde os tempos coloniais, este termo se emprega para denominar a zona circundante da baía de Todos os Santos, onde hoje se mostram, entre outras, as aglomerações urbanas de Santo Amaro, Cachoeira, São Félix, Maragogipe, etc. Já o primeiro corógrafo que escreveu sôbre o Brasil, o célebre Aires de Casal, dizia em sua *Corografia Brasílica*, Tomo II, pág. 110: "O melhor terreno da comarca (da Bahia) é o chamado *Recôncavo* com seis até dez léguas de largura em torno da grande enseada de Todos os Santos, onde há grandes extensões apropriadas para a cultura principalmente das canas-de-açúcar, e tabaco; mercancias que em nenhuma outra província do Estado se recolhem em tanta quantidade. O terreno chamado *massapé*, que é negro, e forte, é o melhor para a cultura das canas". E o glorificado batalhador que foi von Martius, nas suas memoráveis viagens através do Brasil (1817 — 1820), refere-se ao *Recôncavo* da Bahia nas seguintes linhas: "O maior número delas (embarcações) pertence às povoações e engenhos da enseada, cujas margens em toda a sua extensão, conjuntamente às regiões navegáveis dos rios que nela desembocam, são conhecidas sob a denominação de *Recôncavo*" (Dr. Pira-

REC — 274 — REG

já da Silva e Dr. Paulo Wolf. *Através da Bahia*. Excertos da obra *Reise in Brasilien* — 1916 — Pág. 67). Os sertanejos e homens do povo dizem *reconco*. "O *Reconcavo*, diz o Dr. Borges de Barros (*Esboço Corográfico da Bahia*, pág. 12) "estende-se da baía de Todos os Santos até os seguintes pontos: Araçás, Domingão e João dos Santos no Município de Alagoinhas; Ouriçanguinhas e Catete no Município de Irará; S. José de Itapororocas no Município de Feira de Sant'Ana; S. Bernardo no Município de Jaguaripe, até no Jequiriçá. A zona do *Reconcavo* abrange 17 municípios. É uma região fertilíssima, onde se acham as fábricas centrais de açúcar, de aguardente, fazendas de café, campos e pastagens de gado".

Recosta: usado no Rio Grande do Sul, no sentido de encosta, ladeira ou de terrenos junto às fraldas de qualquer elevação, como informa Darci Azambuja que *No Galpão*, à pág. 86, escreve: "A rebentação da primavera vestia de verde as grandes várzeas e pelas *recostas* frescas estendiam-se tapêtes de florinhas pálidas".

Recosto: registrado por Teschauer com o mesmo sentido de *recosta*, mais usado no Norte. Coelho Neto empregou-o no *Sertão* à pág. 369, 2.ª ed.: "Tomou um pau e o seu largo chapéu de palha e pôs-se à frente do grupo que foi engrossando pelo caminho. Homens, mulheres, crianças subiram a trilha que levava à casinha branca, no *recosto* da colina".

Reduto: registrado por Beaurepaire-Rohan, como termo de Mato Grosso, que indica um espaço de terreno que fica acima do nível das águas, no tempo das cheias dos rios. Serve de *pouso* aos viajantes.

Refrega: no Pará, segundo informe de V. Chermont, denomina "vento tempestuoso e de pouca duração, ou que sopra por lufadas".

Regatão: em português *regatão* é o que regata, isto é, o que compra e vende por miúdos. No Brasil, o regatão é isso mesmo, mas caracteriza um tipo da Amazônia fabulosa. Não há quem fale do *Inferno Verde* que não refira o *tequeteque* das cidades, o mascate bufarinheiro, ali chamado *regatão*. Êle faz, na Amazônia, o comércio ambulante que tem de identificar-se com o meio: em vez de fazer-se pelas estradas, faz-se na veia dos rios e na curva dos lagos. O que vende, transporta no bojo de uma embarcação (batelão) de duas a quatro toneladas. Foi a princípio português; depois judeu; hoje é árabe ou turco o mascate dos rios. Caracterizam-no admiravelmente Raimundo Morais em seu livro citado, entre as páginas 57 e 65, e José Veríssimo no seu belo estudo a respeito das populações indígenas da Amazônia, publicado no Tomo 50 da *Revista do Instituto Histórico e Geográfico Brasileiro*.

Régio najas: nome proposto por von Martius para designar a região do vale do Amazonas, correspondente "à *Hylea* de Humboldt, à *Gebiet des aequatorialen Brasiliens* de Grisebach e à *Provinz des Amazonenstronees* de Adolph Engler e que Oscar Drude mais explìcitamente denomina *Região vegetativa dos rios Orenoco e Amazonas*" (Olímpio da Fonseca, Apud *Dicionário Histórico, Geográfico e Etnográfico do Brasil*, Comemorativo do Primeiro Centenário da Independência. — Pág. 212).

Registro: Calage e Romaguera registram-no como regionalismo gaúcho, designativo, na fronteira, de casas de negócios que vendem por atacado ou em grosso, com sortimento completo de mercadorias. É termo de origem hispano-americana, nesta acepção.

Rego: termo marajoara, que designa os arroios alimentados por águas pluviais, que correm em campo descoberto e secam durante o verão. Registrado por V. Chermont. Entretanto, A. J. de Sampaio, no seu trabalho *Nomes Vulgares de Plantas da Amazônia*, dá a significação peculiar de nascente de igarapé em campo e cita Huber.

Rego-d'água: expressão que corresponde exatamente ao que se chama em Portugal — rego. O sertanejo nordestino, porém, só diz *rego-d'água* para designar as canalizações que faz das águas de um rio ou riacho para molhar as suas plantações. Luetzelburg, às págs. 61 e 63 do 2.º vol. do seu trabalho, a ele se refere.

Regressista: registrado por Pereira da Costa, como designação dada a uma facção política em sua maior parte composta de portugueses, constituída com o fim de promover a volta do ex-imperador Pedro I, para formar um novo Império no Norte do Brasil, deixando no trono português a princesa D. Maria da Glória, sua filha. Acrescenta o ilustre vocabularista: "Divergiam as opiniões sobre o nome que devia ter o novo Império, porquanto queriam uns que fosse *Império do Amazonas*, outros *Império do Equador*, e ainda outros *Império do Rio S. Francisco*".

Relheiros: águas que se entrechocam ao longo das costas do Norte do Brasil, do Maranhão ao Pará. Vimo-lo empregado por F. Raja Gabaglia, à pág. 139 do seu livro — *As Fronteiras do Brasil*: "Nos fluxos e refluxos das marés, observam-se desde o Pará até a ilha de Sant'Ana, *relheiros* ou *revessas* d'água, que, vistas a distância, assemelham-se à rebentação do mar sobre as praias ou rochedos. Sobrenadam muito cisco e pedaços de madeira que com as oscilações das vagas podem ser tomadas como pontas de pedra e, nas noites escuras, forma-se uma ardência tão forte que parece ao viajante estar navegando sobre chamas". *Revessa* é palavra genuinamente portuguesa no sentido acima. *Relheiro* é regionalismo brasileiro. Cândido de Figueiredo registra êste vocábulo como regionalismo transmontano, com significação completamente diferente.

Remanso: trecho de um rio, logo após as corredeiras, onde as águas se espalham num espaço mais ou menos dilatado, tornando-se a corrente quase nula. É termo dos Estados do Sul. Em Goiás se denomina o mesmo acidente — *manso do rio*. V. Chermont diz que, no Pará, é a correnteza na margem contrária à do canal do rio. Além destas acepções emprega-se no Maranhão para designar todo trecho de rio em que ele se alarga e a sua correnteza normal diminui (Antônio Lopes. Carta de 18 de março de 1928). Raimundo Morais em seu *O Meu Dicionário de Coisas da Amazônia* diz: "água dos rios que corre, na beirada, em sentido contrário do caudal, em virtude de pontas de terra, fins de praias, enseadas, onde o ângulo morto provoca uma espécie de reflexo fluvial". E à pág. 261 do 2.º vol. da *Viagem ao Redor do Brasil*, de João Severiano da Fonseca, lê-se: "É notável nessas paragens de cachoeiras o movimento das águas: vê-se o rio dividido em três zonas: no meio, a *corredeira*, onde a velocidade é enorme, e lateralmente os *remansos* imóveis como água estagnada; entre estes e aquela uma outra corrente, em sentido inverso da do rio, sendo digna de observação tal diferença de movimentos em superfície tão unida, e cuja separação é por assim dizer linear". O Eng.º Américo Leonides Barbosa de Oliveira, em seu precioso Relatório sobre O Vale Tocantins-Araguaia (Rio de Janeiro — 1941), lembra a sugestiva denominação que o sertanejo do Tocantins dá ao *remanso* — isto é, *sombra de pedra*. De feito, diz ele, nas corredeiras as grandes pedras que tornam o canal sinuoso e incerto contribuem para quebrar a velocidade da torrente e desempenham uma função vital para o navegante que remonta a correnteza, mercê dos remansos que proporciona" (pág. 25).

Repartimento: segundo informação de Jorge Hurley, significa, no Pará, "lago, transbordante, de vastos *igapós* marginais, ou melhor, a fusão de dois ou mais rios num só, no mesmo sítio". "Às 2 horas passamos pelo *repartimento* do Jupuuba. Tive ocasião de admi-

REP — 276 — RES

rar o grande *igapó* que separa os dois ramos do rio, rematado por uma esplêndida várzea aproveitável para a lavoura". (*Nos Sertões do Gurupi*, pág. 21).

Repecho: terreno desigual, cheio de altos e baixos; também ladeira, subida íngreme de um terreno; costa íngreme de um cerro ou coxilha, como diz Romaguera. É termo castelhano, usado do Paraná ao Rio Grande do Sul, onde também usam o verbo *repechar* — vencer ou subir um cerro ou ladeira, um coxilhão. À pág. 43 do *No Galpão* lemos: "Longe, pela estrada batida de sol, iam sumindo duas carretas, vencendo o último repecho de quem vai à Boa Vista".

Repiquete: palavra que tem, no Brasil, dois sentidos: na Amazônia é o nome que se dá às enchentes passageiras e rápidas que se observam no início e ainda mais no fim das cheias. É o fenômeno da oscilação do nível fluvial, motivado por camadas de água que tufam e inflam os rios transitoriamente. Quando se pronunciam no início da estação das enchentes, são anúncios delas. Os hispanoamericanos da bacia amazônica chamam *conejeras* ao mesmo fenômeno: Refere-o Daniel Ortega Ricaurte, à pág. 299 de seu esplêndido livro *La Hoja del Amazonas* (Bogotá — 1940). Mário Guedes diz que *repiquete* é o crescimento das águas do rio, que a espaços se opera intermitentemente no inverno. V. Chermont assim explica o fenômeno: "Nos rios afluentes do Amazonas cuja diferença entre o ápice da cheia e a estiagem é considerável devido a começarem as chuvas hibernais mais cedo nos planaltos das suas nascentes, as águas dessas chuvas descem rápidas pelo seu curso médio e inferior, alteando-lhe o nível e conseqüentemente dando-lhes maior profundidade muitas vezes sem que nessas paragens advale tenha ainda chovido". Sílvio Fróis, em seu estudo a respeito da *Região do Rio Branco*, publicado na *Revista do*

Departamento Nacional de Produção Animal (Ano I, N.os 2, 3 e 4, pág. 297), informa que, em pleno verão, costuma dar-se anualmente um grande *repiquete* denominado *boiuçu*. No Nordeste, da Bahia ao Ceará, usa-se o termo repiquete para designar uma seca não generalizada, "pequenas manifestações de secas" na frase de José Américo (*A Bagaceira*, pág. 136) ou como disse Leonardo Mota nos *Cantadores* — seca que não tem calamitosas conseqüências.

Reponta: termo de uso geral, registrado por Cândido de Figueiredo como brasileirismo designativo de começo de enchente da maré. Entretanto, no Dicionário de Fr. Domingos Vieira, encontramos êste vocábulo como de uso em Portugal, na expressão *a reponta da maré* que é quando torna a começar a encher. Os espanhóis também possuem o termo *repuntar* com o sentido de começar a maré a encher ou a minguar (Vergara Martin). Em Valdomiro Silveira, lemos à pág. 195 do seu *Mixuangos*, o seguinte passo: "Aos furados realmente, não chegaria a água das *repontas*, senão quando fosse outubro, e ainda eram primeiros dias de setembro". Neste sentido *reponta* é o *repiquete* da Amazônia. Vale relembrar o ditado pernambucano registrado por Célio Meira — *lua empinada* — *maré repontada*.

Reserva: lugar cercado para o gado, com boa pastagem e aguada abundante. É termo do Norte do Brasil, muito empregado na Bahia.

Reservo: o mesmo que *reserva*, de uso freqüente em Alagoas. Otávio Brandão, em seu livro *Canais e Lagoas* escreve: "O rio de Giz fica nos Paturais, um reservo cercado para o gado, lá na Lagoa do Sul". E Alfredo Brandão, à pág. 264 da *Viçosa de Alagoas*, diz: "Nestes últimos anos tem sido muito explorada a solta de garrotes nos *reservos*. O mesmo vocábulo e com o mesmo sentido ouvimos na zona rural de Campos,

RES — 277 — RES

no Rio de Janeiro, equivalente ao que se chama noutros Estados *manga, capineira, solta, reserva*.

Resfriado: Rodolfo Garcia, que o registra, citando Taunay, define: "camada de terra existente sobre lajeados". Termo do norte de Minas Gerais e Bahia. O termo é usado no vale do Paraná segundo registrou Teófilo de Andrade em seu livro *O Rio Paraná* (Rio — 1941), onde se lê à pág. 44: "É verdade que há os *resfriados* onde só medra vegetação rasteira".

Resorjo: dição usada no Sul da República, principalmente em Santa Catarina, designativo de *rebojo* ou torvelinho das águas de um rio abaixo dos lugares pedregosos. Registrado por Cornélio Pires (*Quem conta um conto...*) e Afonso de Taunay (*Coletânea de Falhas* em o n.º 45 da *Revista de Língua Portuguesa*).

Ressaca: termo geral, registrado no vocabulário de Rodolfo Garcia que transcreve as palavras de John Branner em sua *Geologia Elementar*, a saber: "A *ressaca* é a volta na direção do mar das águas que são arremessadas sobre a costa na forma de vagas. A vaga, entretanto, arremessa-se sobre a praia acima do nível médio d'água, enquanto a *ressaca* corre na direção do mar debaixo do nível médio. Estes dois movimentos dão lugar a uma circulação-movimento igualmente constante para a terra da água da superfície e um movimento igualmente constante para o mar da mesma água abaixo da superfície. A tendência deste movimento é arrastar com violência os materiais miudamente moídos da praia". É um dos fatores de transporte nos mares e oceanos. J. Batista Coelho (João Foca), n'*Os Caiçaras*, emprega o aumentativo *ressacão* no seguinte trecho: "A maré enchia, com força, fervilhando em borbulhas amareladas, invadindo o lodaçal em *ressacões* que faziam fugir os caranguejos".

Ressaco: segundo informação de Pandiá Calógeras é "como uma funda baía de campo na orla de um *capão* ou de um mato; também pode ser uma ilha de campo ou uma clareira no meio do campo. Diz-se um *ressaco do campo*. Usa-se no Triângulo Mineiro e em Goiás".

Ressolana: dição peculiar ao Rio Grande do Sul, com o significado de soalheira forte. Calage, registrando-o, recorda o sentir de Romaguera, transcrito por Cândido de Figueiredo, dando como tradução de *ressolana* — sol agradável e fraco do inverno, o que lhe não parece exato. Segundo informa o ilustre vocabularista gaúcho, todas as vezes que ouviu o termo na campanha foi sempre em relação ao forte calor em dias de muito sol no verão. Isto concorda com a noção que imprime ao vocábulo o prefixo intensivo *re*. O vocábulo é de origem castelhana, e, em castelhano, quer dizer soalheira (*Novo Dicionário Espanhol-Português* do Visc. de Wildick).

Restinga: termo usado em todo o Brasil, mas que tem várias acepções. No Rio Grande do Sul, segundo Calage e Romaguera, significa orla de bosque ou mato nas baixadas à beira de arroios ou sangas. "Pelas baixadas e restingas enxutas, reses e cavalos magros, claudicando, com os olhos cheios de uma grande mágoa resignada, erravam em busca de pasto e água", escreve Darci Azambuja, à pág. 135 do *No Galpão*. No Paraná, segundo Moreira Pinto, é uma estreita e comprida mata que separa dois campos de pastagem, dizendo-se, segundo refere Rodolfo Garcia, "*restinga* de areia para designar uma zona ou cordão de areia no campo, sem vegetação; *restinga de mato*, uma faixa de árvores e arbustos que se prolonga à beira da estrada, ou à margem dos ribeirões; *restinga de campo*, uma cinta dele pelo mato ou banhado adentro". Ainda no Sul do Brasil assim se denomina a porção de terra arenosa compreendida entre uma lagoa e o mar (por ex. — a flecha de areia que separa a lagoa Mangueira do oceano, no Rio Grande do Sul), ou qualquer planície arenosa do litoral. No Pará, V. Chermont diz significar "orla de mato abeirando qualquer igarapé ou rio" (o mesmo sentido gaúcho), e também "faixa de mato à beira do rio que, com as grandes marés ou com as cheias do inverno, emerge quando o resto do terreno se acha sob a água". John Branner, em sua *Geologia Elementar*, escreve, à pág. 53 da 1.ª Ed.: "*Restinga* ou *praia barreira* é o nome dado a uma ilha ou península comprida e delgada semelhante a um pontal formado por sedimentos ao longo e paralelo às linhas da costa. As *restingas* são produzidas pelas vagas provenientes do mar fundo arrojando para trás, sobre o fundo do mar mais raso, os sedimentos transportados da terra pela ressaca... Freqüentemente acontece que lagoas são formadas atrás das restingas e estas no correr do tempo são aterradas com o lodo trazido pelos cursos de água e eventualmente formam terra firme. A Lagoa dos Patos, Lagoa Mirim e Lagoa Mangueira, e muitos pequenos lagos ao longo da costa do Rio Grande do Sul e também os lagos da planície da costa de Santa Catarina, S. Paulo (Ilha Comprida entre Iguape e Cananéia), Rio de Janeiro e Alagoas têm sido circundados pela formação de barras e restingas". Segundo informa o Dr. Joaquim Felício dos Santos, nas suas citadas *Memórias*, nos distritos auríferos de Minas Gerais, chamavam *restingas* ao rebotalho das terras já lavradas onde a gente pobre ia minerar "em busca de algumas piscas de ouro que ficavam dos grandes serviços abandonados" (Livro citado, pág. 94). Finalmente, segundo lemos num artigo do engenheiro civil de minas Alberto Lamego Filho, publicado no *O Jornal* do Rio de Janeiro, de 12 de maio de 1929, sob o título *Gênese da planície campista*, a palavra *restinga* designa aí depressões rasas, alagadas umas, secas outras, inflexivelmente retas, quilômetros a fio, rigorosamente paralelas à linha da costa. E acrescenta o mesmo escritor: "A misteriosa origem das *restingas*, desvendou-a um fenômeno maremático, ocorrido em Gargaú em 1926, que salteando a pequena vila, de improviso, privou-a de sua praia". Alberto Lamego posteriormente publicou no Boletim n.º 96 da Divisão de Geologia e Mineralogia um notável trabalho — *Restingas na Costa do Brasil*. Aí se encontra a definição do aspecto costeiro: "é uma língua de areia marginal à costa primitiva, de pequena elevação e estirando-se com uma largura regularmente constante por grandes distâncias". É formação marítima por excelência. Adolfo Ducke, relatando uma viagem científica que fez ao Território do Acre, diz que *restingas* são, nas margens do rio Acre, trechos planos enxutos com solo sílico-argiloso nos quais a mata é limpa e belíssima. (Boletim do Ministério da Agricultura — abril-junho de 1934. Pág. 43).

Restingal: usado no Rio Grande do Sul para designar a região de muitas ou longas restingas, segundo Calage.

Restingão: em Santa Catarina, assim se chama ao caminho extenso ladeado de matas. Registrado por Teschauer, que cita o seguinte trecho da *Campanha do Contestado*: "O percurso de 5 léguas dos Campos dos Pires a Curitibanos era quase um só restingão com pequeninas intermitências".

Retirada: assim se designa no Nordeste brasileiro o fenômeno antrópico da emigração dos sertanejos que, batidos pelo sol inclemente no tempo das secas prolongadas, procuram lugares propícios, em geral a praia, à beira-mar, de onde, não raro, partem para outras regiões nacionais, principalmente para a Amazônia. Os que fazem a retirada chamam-se *retirantes* (Vide esta palavra). Assim também se diz da mudança provisória do gado de regiões secas onde, tudo crestado pelo sol, já não existe água e pasto, para lugares mais frescos e férteis. "Em meses de rigorosa seca, nos sertões do Norte, falta água e pastagem ao gado; para salvá-lo o vaqueiro abre cacimbas, corta ramos, e faz *retiradas*, isto é, muda-o para lugar melhor (Juvenal Galeno, *Lendas e Canções Populares*, 2.ª ed. Pág. 599). Entre sertanejos não é raro ouvir-se a palavra *revolução* empregada com o sentido de *retirada*. Chagas Batista em seu livro *Cantadores e Poetas Populares*, à pág. 38, cita uma estrofe do *cantador* Bernardo Nogueira na qual ele usa *revolução* no sentido de *retirada*.

Retirante: nome dado no Ceará e mais Estados flagelados pelas secas periódicas aos sertanejos que, aos grupos ou isolados, emigram do interior adusto para o litoral. Desde que se torna impossível a vida nas regiões queimadas pelo sol implacável, fazem a *retirada*, no expressivo dizer local. Logo ao alvorecer estes esfomeados, andrajosos, sujos, deixavam os pousos e se derramavam pelas ruas de Fortaleza. Mulheres seminuas, escaveiradas, tipos de verdadeiro *retirante*, com um filho quase múmia, escanchado ao quadril, esmolavam de casa em casa, apresentando, a quem imploravam, o mirrado fruto de seu ventre para mais tocar a piedade e mover a compaixão" (Rodolfo Teófilo. *O Paroara*. Pág. 478). "O sertanejo, assoberbado de reveses, dobra-se afinal. Passa certo dia, à sua porta, a primeira turma de *retirantes*. Vê-a, assombrado, atravessar o terreiro, miseranda, desaparecendo adiante, numa nuvem de poeira, na curva do caminho... No outro dia, outra. E outras. É o sertão que se esvazia. Não resiste mais. Amatula-se num daqueles bandos, que lá se vão chapadas em fora, debruando de ossadas as veredas e lá se vai ele no êxodo penosíssimo para a costa, para as serras distantes, para quaisquer lugares onde o não mate o elemento primordial da vida". (Euclides da Cunha. *Os Sertões*. Págs. 138 e 139). "Ninguém pergunta ao *retirante* donde vem nem para

onde vai. É um homem que foge do seu destino. Corre do fogo para a lama" (José Américo de Almeida — *A Bagaceira*. Pág. 45).

Retireiro: registrado por A. Taunay, como designativo dos indivíduos que, num *retiro*, têm sob sua guarda certo número de cabeças de gado. Registra-o também Valdomiro Silveira no vocabulário apenso ao livro *Nas Serras e nas Furnas*.

Retiro: na ilha de Marajó, segundo V. Chermont, é a fazenda onde existe gado durante certa parte do ano e também barraca na *roça* ou em lugar retirado da moradia habitual onde existem plantações. Consoante a informação que nos deu o Marechal Gabriel Botafogo, *retiro*, no Rio Grande do Sul, é fundo de um campo em que se não transita. Em Minas Gerais e Mato Grosso, escrevia Beaurepaire-Rohan, assim se chama a uma casa situada nos fundos de uma fazenda, onde moram homens para vigiá-la; é o a que noutros Estados do Sul se chama *posto*. Dias Ferreira diz que, em Mato Grosso, é "a designação dada às moradas dos agregados das fazendas, cujo encargo é zelar pelo gado e pelo campo: é o mesmo sentido em que a empregou no seu livro *À Guisa de Depoimento sobre a Revolução Brasileira de 1924* o c.el Juarez Távora (atualmente Marechal) (Pág. 25). Em Minas Gerais é ainda o *rancho do borracheiro* ou *mangabeiro*. No Maranhão, informa Raimundo Lopes, em seu livro citado, à pág. 169, é o *rancho* para guarda do gado hibernado.

Retorcida: empregado no Rio Grande do Sul, para designar as voltas que uma estrada tem, as curvas sucessivas que apresenta. No Rio Grande do Sul, diz Calage ser mais comum empregar-se no sentido de *bailado campestre*, variedade de *fandango*.

Revedor: nome que, em certas partes do Brasil, se dá aos lugares de onde mana água aos poucos. Re-

REV — 280 — RIG

gistrado por Cândido de Figueiredo.

Revência: também revença, vale inferior à *barragem dos açudes*, refrescado pela infiltração da água dos mesmos. Estes vales, diz Rodolfo Garcia, primeiro a registrar o termo, são aproveitados durante os períodos das secas para a lavoura. Termo muito de uso nos Estados nordestinos. Encontramo-lo à pág. 286 do trabalho de Tomás Pompeu de Sousa Brasil — *O Ceará no começo do Século XX*: "As lavras, que nessas longínquas paragens são subsidiárias e apenas suficientes para o consumo local, se excetuarmos o algodão, aliás em reduzida escala pelas dificuldades e carestia do transporte, vegetam ou medram em um e outro sítio abrigado dos ventos secos, quase sempre protegido por acidentes do solo, em vales relativamente úmidos, apenas refrescados pela *revência* ou desaguadouro açudal, ou nas vazantes ribeirinhas, em coroas de rios, isto é, nas ilhas baixas formadas pela aluvião". Não é pois, como nos informou José Luís de Castro, ao vale que as pessoas cultas chamam *revência*, e sim à própria infiltração. Os rústicos é que indiferentemente dão esse nome a uma e outras coisas. Aliás contra este termo se insurgiu o Eng.º Eugênio de Sousa Brandão, substituindo-o pelo de *revimento*.

Revezo: sinônimo de *manga*, pasto cercado, onde de tempo em tempo se põem a pastar os animais. À pág. 163 dos *Brejos e Carrascais do Nordeste* de Tejo Limeira encontramos este vocábulo: "Quando deixa de chover, o gado vai devorando o pasto nos *revezos*, passando de um a outro até ter percorrido todos os campos da propriedade (fazenda). Os *revezos* são pois campos de uma só fazenda, separados por cercas, para revezamento dos gados. Em Pernambuco, segundo Célio Meira, é pequeno curral, ao lado da casa, onde se prendem os animais. Em Campos, no Estado do Rio de Janeiro, ouvimos para tais pastagens

o nome de *reservo* — campo para engorda ou descanso do gado vacum.

Ribeira: registrado por Beaurepaire-Rohan, como termo corrente nos Estados do Nordeste, com a significação de zona rural própria para criação do gado vacum e que compreende um certo número de fazendas. Ora a ribeira toma o nome do mais importante povoado assente nos seus limites (Rodolfo Garcia), ora se distingue das outras pelo nome do rio que a banha (Beaurepaire-Rohan). Daí os nomes citados por José Américo de Almeida, na sua obra *A Paraíba e seus Problemas*: ribeira do Cariri, do Espinharas, do Piancó, do Rio do Peixe, etc. "Ainda hoje, diz este mesmo escritor, as reses são marcadas no lado esquerdo com o ferro da *Ribeira*. A marca do lado direito indica a propriedade". Rodrigues de Carvalho na 2.ª Ed. do seu *Cancioneiro do Norte*, à pág. 190, escreve a respeito de *ribeira*: "compreende não só uma comarca, como uma zona servida por um rio: a *ribeira* do Trairi, ribeira do Piranhas, ribeira do Jaguaribe, etc. Além do ferro dos gados há um carimbo impresso a fogo sobre o animal, indicando a *ribeira*". O vocábulo *ribeira* é genuinamente português e como tal vem registrado em todos os dicionaristas da língua. Apenas é brasileiro o sentido que lhe dão os nordestinos.

Ribeirão: além de ser empregado no sentido de riacho de maior curso e volume, tem, no Brasil Central, o sentido de terreno apropriado para nele se lavrarem diamantes.

Rieira: sulco produzido nas estradas pelas rodas dos carros. Rodolfo Garcia, que o registra, faz sentir que se encontra no Dicionário de Cândido de Figueiredo com a mesma acepção *relheira*, e que, em Baião (Portugal), se diz *rilheira*.

Rigor: nome que, na costa do Município de Ilhéus é, de há muito tempo correntemente usado, para designar rochedos que se encostam à terra firme e interrompem a linha arenosa das praias. Entre a cidade de Ilhéus e a foz do Itaípe, ao Norte existem três destes recifes em franja, os quais estão sendo cortados para o estabelecimento da comunicação entre os diferentes trechos da praia. Assim é que o Dr. Mário Pessoa, Intendente Municipal de Ilhéus, em seu Relatório de 1927, dá informe completo das obras de engenharia realizadas no *Primeiro Rigor* das que se estavam efetuando no *Segundo Rigor* e das que se projetavam no *Terceiro Rigor,* todas com o objetivo da "ligação das praias", nas quais podem transitar facilmente automóveis, graças à sua composição.

Rincão: termo gaúcho, muito freqüente no linguajar da *campanha,* oriundo do castelhano *rincón* e correspondente ao português *recanto.* Designa uma parte do campo cercada de acidentes naturais, matos ou rios, onde se deitam a pastar os animais. Macedo Soares (*Estudos Lexicográficos*) diz apenas que é porção de campo que se mete pelo mato. Informa Calage que, "na linguagem comum, *rincão* significa todo e qualquer trecho da campanha gaúcha onde haja arroio, capões ou mesmo qualquer mancha de mato". Daí os derivados *rinconista* — o que mora em *rincão; rinconar* ou *arrinconar* — pôr os animais num rincão, fazer pouso num recanto de estrada.

Rio-tapado: termo do litoral de Alagoas, Pernambuco e Rio Grande do Norte, empregado por J. Branner em sua *Geologia Elementar,* como designativo de cursos d'água que têm a boca ou foz completamente fechada por *praias de tempestade,* isto é, por aquelas cujos materiais são arremessados pelas ondas das tempestades além do alcance das vagas ordinárias (Rodolfo Garcia).

Risco: informou-nos Artur Neiva que, não raras vezes, ouviu de marujos do Recôncavo da Bahia este vocábulo para significar a linha do horizonte visual ou geográfico.

Roça: é brasileirismo no sentido de campo em contraposição à cidade e de terreno preparado para lavoura, onde se plantou milho, feijão, mandioca. Câmara Filho, intelectual goiano, informou-nos que em Goiás roça se diz das terras afastadas da cidade. O seu uso é mais ou menos geral no Brasil. Na Bahia, em sua capital, a Cidade do Salvador, *roça* designa uma chácara junto à cidade, nos arrabaldes, onde se cultivam hortaliças e frutas. As melhores *roças* da capital da Bahia ficam no arrabalde de Brotas.

Roçada: assim também se designa em alguns Estados do Norte do Brasil a operação agrícola, que se denomina *broca* ou *cabrucado,* isto é, a que consiste em cortar à foice as pequenas plantas, que podem embaraçar o manejo do machado empregado na derribada da mata. *Roçada* também chamam ao terreno já desbastado das árvores nativas, em vésperas de receber a sementeira. Neste sentido, empregou João Lúcio no seu volume *Bom Viver,* romance de Costumes Mineiros, à pág. 3: "Traiçoeira e forte, a moléstia viera três dias antes, quando ele correra com seus homens a umas roçadas, para apagar o fogo que pulara o aceiro, ameaçando devastar cafezais e matas virgens".

Roçado: além da significação comum, tem este vocábulo, em Pernambuco e noutros Estados do Norte, o sentido restrito de terreno plantado de mandioca. Assim não é no Ceará segundo nos informou José Luís de Castro: "Chama-se *roçado* ao terreno plantado de milho, feijão, arroz, algodão, mandioca e outras culturas próprias do inverno. Pode acontecer mesmo que o terreno não tenha nem um pé de mandioca e nem por isto deixa de ser *roçado.* Diferença existe, sim, na denominação das culturas, pois somente a mandioca é que é chamada *roça.* Pergunte-se a um sertanejo o que êle tem no seu *roçado* e ele responderá, por ex.: feijão, milho e *roça* ou então — êste ano, o milho e o fei-

ROC — 282 — RON

jão não deram nada, mas a *roça* está segura". À pág. 112 do trabalho de Roderic Crandall — *Geografia, Geologia, Suprimento d'Água; Transportes e Açudagem nos Estados Orientais do Norte do Brasil*, lemos o seguinte trecho: "As vazantes atuais, contudo, segundo foi antes notado, raramente excedem 150 metros de largura, de cada lado dos leitos dos rios, mas atrás das vazantes fica aquilo a que o povo do Seridó chama *roçados*, que são terrenos mais pobres que as vazantes, têm área muito maior e só podem ser plantados em anos de chuvas suficientes".

Roceiro: assim se chamam os homens que trabalham nas *roças*, que vivem cultivando os terrenos de lavoura, e, por extensão, sinônimo de *tabaréu, caipira, matuto*. Não raro se emprega no sentido de pequenos lavradores, como no seguinte passo do vol. 4.º do livro *O Piauí no Centenário de sua Independência*: "O cultivo do algodão é tambem feito por pequenos lavradores — *roceiros* ou *vazanteiros*".

Rocinha: refere V. Chermont que, no Pará, se dá este nome à casa de campo nos arrabaldes da cidade. Equivale às *roças* da cidade do Salvador (Bahia). Raimundo Magalhães no seu *Vocabulário Popular* diz: chácara, pequena quinta (Pará e Amazonas).

Rodeador: termo do Nordeste, que designa um certo lugar nos campos onde os vaqueiros reúnem magotes ou *pontas* de gado para a revista das reses. São de Euclides da Cunha as seguintes palavras: "Escolhido um lugar mais ou menos central, as mais das vezes, uma várzea complanada e limpa, o *rodeador*, congrega-se a vaqueirama das vizinhanças". E J. Pessoa Guerra, à pág. 155 do seu belo livro — *O Vaqueiro do Nordeste*, escreve: "Pouco tempo decorrido se ouviam em todas as direções, na faixa da terra circundante, os gritos alegres dos vaqueiros que trabalhavam e o estalido dos ramos que se partiam nas

corridas pela catinga; e logo depois, afluíam ao *rodeador* grupos de reses conduzidas por eles que as cercavam e as distribuíam, após, em círculo cujo raio aumentava com as levas de gado vindo".

Rodeio: o mesmo que *rodeador*, mais usado no Sul, ponto em determinada parte do campo, onde se reúne o gado para "apartar", contar, separar, examinar e curar as reses que porventura estejam doentes. As grandes *estâncias*, diz Galage, têm tantos rodeios quantas invernadas fechadas possuem. Amadeu Amaral registra o termo e lhe dá a seguinte definição: reunião de gado vacum criado em campo, para se marcar, para se fazerem curativos, etc.

Rodovia: neologismo que significa estrada de rodagem, hoje corrente em quase todo o Brasil. A. Taunay, registrando-o na sua *Coletânea de Falhas*, publicada em o n.º 45 da *Revista de Língua Portuguesa*, informa que foi o mesmo composto pelo Presidente Washington Luís. Na revista *Boas Estradas*, n.º 66 de janeiro de 1927, encontramos também com o mesmo significado a palavra *autovia*, menos comum. E em entrevista do Dr. Pedro Nolasco ao *Jornal*, de 4-9-928, vimos empregada a expressão *auto-estrada*. De *rodovia* derivam *rodoviação, rodoviarismo*, substantivos freqüentes no linguajar hodierno, o adjetivo *rodoviario* e até o verbo *rodoviar*, lembrado pela revista *Boas Estradas* — n.º 8 de 1928. Neste mesmo número, lemos: "Como quer que seja rodovia já tem todos os privilégios de brasilianidade. Resta só decidir entre *rodoviação*, usado em S. Paulo e nos demais Estados do Sul, e *rodoviarismo*, preferido principalmente no Rio de Janeiro e em alguns Estados do Norte. (Vide *litovia*.)

Roncador: sinônimo de cachoeira no Maranhão e noutros Estados. A. Taunay abona-o com a seguinte frase: "No tempo das cheias este *roncador* do Rio Grande passa a ser uma corredeira".

Roseteiro: numa dupla acepção se emprega este vocábulo no Rio Grande do Sul, já para designar o campo de ruim qualidade e no qual há muita roseta, que é uma grama rasteira bastante espinhosa, já para nomear o proprietário de chácaras porque tendo pouco pasto no seu campo, este fica em pouco tempo reduzido à *roseta*, nome que se dá também às pontas do capim seco, depois de muito catado pelos animais. Registra o primeiro sentido Calage e o segundo Beaurepaire-Rohan; este ainda refere a opinião de Cezimbra, de que o nome de *roseteiro* é dado também ao habitante da parte setentrional do Rio Grande do Sul.

Ruço: designação dada em Petrópolis, cidade do Estado do Rio de Janeiro, a um hidrometeoro, assim descrito pelo Dr. Henrique Morize, à pág. 50 da sua esplêndida *Contribuição ao Estudo do Clima do Brasil* (2.ª ed. 1927): "É também freqüente a produção de denso nevoeiro, que se vê galgar a serra e caminhar como uma massa rígida, de tal maneira que, um minuto depois de chegar a um ponto, os objetos, mesmo abrigados por um telheiro, ficam completamento molhados. Esse fenômeno parece ser o mesmo, embora mais intenso, observado em Petrópolis sob o nome de *ruço*".

Ruiva: termo usado em S. Paulo para designar o arrebol da manhã ou o fechar da tarde, talvez em alusão à cor avermelhada que tomam as nuvens ao nascer ou ao pôr do sol. Empregou-o Valdomiro Silveira no seguinte passo d'*Os Caboclos*, à pág. 121: "Afinal, depois de padecimentos muito doídos, que não serenavam mais, que se exasperavam à hora da ruiva, aos pios da avezinha malfazeja, resolveu um dia acabar com aquilo".

S

Sabão: rocha semidecomposta que forma o subsolo de determinadas paragens nordestinas, principalmente no Piauí. Everardo Backheuser registra o termo *pedra-sabão*, como variedade de talco chamada *esteatita*, empregada como substância isolante das máquinas elétricas, no fabrico dos bicos de gás e também utilizada como giz dos alfaiates, etc. No oeste de S. Paulo, o termo *sabão* é usado para designar a terra escorregadia, como informa Taunay, que dá o seguinte exemplo: "Com as chuvas últimas aquele morro está sabão que é um perigo para os cavaleiros".

Sabinos: vide *Raposas*.

Sacaca: registrado por Gastão Cruls na sua *A Amazônia que eu vi*, significando feitiçaria. Segundo refere o autor, é um bruxedo de prática obscura, a respeito do qual não conseguiu uma elucidação precisa.

Sacado: assim se qualificam na Amazônia os lagos marginais, formados pelos rios no seu divagar constante e perene, onde eles represam o excedente de suas cheias colossais e que funcionam como verdadeiras válvulas de segurança, patenteando um dos aspectos caprichosos da hidráulica do *rio-mar*. F. Raja Gabaglia, em seu livro citado, diz que o *sacado* é "a volta meândrica dos rios, separada na sua extremidade superior, em geral por um dique amontoado naturalmente pelos sedimentos e vegetação do rio. Quando fica também fechada a outra extremidade, o *sacado* aparece absolutamente separado do rio, recebendo deste apenas água por infiltração: é o que na teoria dos rios se chama *braço morto* ou *lago em ferradura*". Muito instrutivo é o passo seguinte do *Relatório da Comissão Mista Brasileiro-Peruana do Reconhecimento do Alto Purus*, escrito pela pena fulgurante de Euclides da Cunha, à pág. 38: "De fato, comparando-se a carta de William Chandless, de 1856, com a nossa, anexa a este relatório, vê-se que, conservada a orientação geral do rio, sofreram os seus trechos, parceladamente examinados, modificações profundas, ora definidas pelos circos de erosão conhecidos sob os nomes locais, peruano e brasileiro, de *tipiscas* e *sacados* (*abunini*, na língua dos pamaris), ora pela intensa degradação das partes côncavas onde se aprumam os barrancos coincidindo com os aterros das partes convexas onde se dilatam as praias".

Saco: vários sentidos tem este termo em diferentes regiões do país. Na Bahia e em Pernambuco é grande corte, em forma de meia lua ou grande circo, que se apresenta nos paredões abruptos dos ebordos escarpados das serras e maciços dos terrenos montanhosos. Em Pernambuco tal formação se mostra amiúde no maciço constituído pelas serras do Coqueiro, S. José, Catimbau, Quiri d'Alho, a noroeste da vila de Buique. O mais notável é o *saco* do Brejo, com 6 quilômetros de diâmetro interno, compreendendo três *sacos* interiores: Pingadeira, Caiano e Cocos.

SAF — 285 — **SAL**

Nos Estados do Rio de Janeiro e S. Paulo, *saco* é o nome dado a uma pequena enseada. Empregou-o neste sentido João Foca, à pág. 145 do seu livro *Os Caiçaras*: "Em saindo do *saco* vocês apanham o *terralão* que é uma ajuda". Os espanhóis designam por *saco* — baía, enseada, entrada do mar na terra especialmente quando a sua boca é muito estreita em relação ao fundo (Vergara Martin). Segundo informação do Dr. Mário Campos, prefeito de Araxá (1928), no interior de Minas Gerais este nome é aplicado na designação de certa extensão de campo circulada de matas. É uma ilha de campo no meio da floresta e por conseguinte o inverso de *capão*. Em Goiás, segundo informe do prof. Alcide Jubé, assim se denomina um arco de círculo descrito por um rio, citando como exemplo o *Saco do Uruu*, um dos formadores do Tocantins.

Safra: além da sua comum acepção de colheita este vocábulo tem, no Rio Grande do Sul, o sentido peculiar de época do ano em que o gado e os demais produtos pastoris são vendidos. Registrado por Calage e Romaguera.

Saidor: em Santa Catarina, refere Teschauer, significa lugar da praia onde sai o gado do rio, que transpôs. Empregado pelo autor da *Campanha do Contestado*, I, Pág. 193. No Rio Grande do Sul, diz Calage, chama-se assim ao lugar de onde saem os cavalos na *cancha* das carreiras.

Saidouro: assim se diz, em S. Paulo e noutros Estados, o a que se chama *saidor* em Santa Catarina: é o lugar, à margem de um rio, que oferece boa saída ao gado que atravessa a corrente a nado. Empregado pelo Visconde de Taunay no seguinte trecho: "Não toques a boiada para a água aqui, porque na outra margem há só um *saidouro* sofrível meia légua abaixo".

Saladeirista: também *saladerista*, de origem castelhana, *charqueador*, proprietário de *saladeiro*. Termo usado no Rio Grande do Sul.

Saladeiro: vide *Charqueada*: estabelecimento onde se prepara o *charque* ou carne seca. Escrevem também *saladero*. É termo gaúcho. "Doze anos a fio exercitara na cancha dos saladeiros a profissão dizimante de carneador" (Calage. *Quero-Quero*. Pág. 55).

Salamanca: nome que, desde a cordilheira dos Andes até os vales do Uruguai, Paraná e Paraguai, se dá às cavernas encantadas que, segundo a crendice popular, encerram em suas entranhas consideráveis riquezas de ouro e prata. Segundo o provecto sábio P.e Carlos Teschauer, num de cujos trabalhos encontramos a descrição das *salamancas* (Conferência feita em agosto de 1926, no Museu e Arquivo Histórico do Rio Grande do Sul), a origem deste nome é da cidade de Salamanca, da Espanha, onde existiu uma escola de magia atribuída à influência dos mouros na Península Ibérica.

Salão: também designado *torrão*, usado no Território do Acre e no Estado do Amazonas, para nomear um baixio de argila vermelha endurecida, a qual se deposita no leito dos rios, embaraçando a navegação. Tratando do rio Purus, Raja Gabaglia escreve: "os obstáculos que apresenta à navegação são os lanços da floresta marginal e as massas de terras desmoronadas, que formam baixios fáceis de serem removidos e denominados *salões*. E Euclides da Cunha à pág. 41 do Relatório citado, diz: "... enquanto as massas de terras desmoronadas, acumulando-se por sua vez nos trechos em que a corrente diminui, formam os denominados *salões* sobre que passam as águas extremamente rasas". Na Bahia assim se chama a uma qualidade de terreno próprio para a cultura do fumo, por exemplo: é um terreno mais duro, que conserva por mais tempo a umidade, a *molha*, como dizem os sertanejos, que mais freqüentemente pronunciam *selão*. Assim ouvimos no Município de Irará (Bahia). Na *Cultura e Opulência do Brasil*, de Antonil,

SAL — 286 — SAM

encontramos o termo *salões* designando "terra vermelha, capaz de poucos cortes (da cana), porque logo enfraquece" (Cap. I do Livro II). Pereira da Costa registra o termo como de uso em Pernambuco, no sentido de terra misturada de argila corada e de ótima produção, dizendo mais que é termo vulgar na zona da mata, estendendo-se, porém, à sertaneja, referindo-se à vetustez do vocábulo já de uso ao tempo de Antonil. Rodolfo Garcia registra-o, dando-lhe como significado "fundo do mar ou do rio, duro, de areia fina; terreno impermeável por qualquer camada pedregosa", dizendo mais que nesta acepção é termo geral.

Saleiro: registrado por Teschauer, que o define: "nome que no Rio Grande do Sul, na região missioneira, dão aos campos em cujo solo há abundância de princípios salinos. Equivale mais ou menos ao que no Norte se denomina *barreiro* e em Mato Grosso — *salinas*.

Salmourão: Rodolfo Garcia, que o registra, transcreve a opinião de John Branner em seu livro citado: "solo residuário formado de pedregulho, no qual uma parte de feldspato resiste à decomposição e permanece como areia grossa, ou no meio da terra derivada das partes mais decomponíveis de feldspato e de mica". Termo geral, definido simplesmente por Amadeu Amaral, "qualidade de terra pedregulhosa". O mesmo diz do *salmourão*: solo argilo-arenoso, de cor arroxeada, variando do muito claro ao muito escuro, que pode ser utilizado com resultados medíocres para o cultivo da cana, do fumo e dos cereais. "Percebiam-se vozes de longe em longe confundidas com o fragor das enxadas nalgum *salmourão* dos morros, enquanto das baixadas uma cantiga nostálgica subia, a espaços, para o céu sereno" (Amando Caiubi. *Sapezais e Tigueras*. Pág. 265).

Salta-atrás: nome que, no sertão de Pernambuco, no século XVIII, se dava aos filhos de mamelucos com negras. Alfredo de Carvalho, que registrou o termo em suas *Frases e Palavras*, à pág. 41, informa que, sendo os mamelucos filhos de índia com branco, ressalta com toda a evidência que semelhante denominação ou alcunha exprimia exatamente a consciência duma retrogradação no aperfeiçoamento racial. E mais: "Do mesmo parecer era, sem dúvida, o ilustre marquês do Lavradio, 8.º vice-rei do Brasil, ao expedir a portaria de 6 de agosto de 1771, pela qual rebaixou a um índio do posto de capitão-mor por ter-se casado com uma negra e assim haver manchado o seu sangue e se mostrado indigno do cargo". "Na América Espanhola, e, sobretudo, na República do Equador, o termo — *saltatrás* — é ainda hoje comum para designar certa casta de mestiços de índios e negros". No *Dicionário Etnográfico Americano* de Gabriel Vergara Martin encontramos registrado — *salto-atrás* — hijo de chino e índia. E num artigo do Dr. Modesto Chávez Franco, publicado na *Revista de las Españas*, Ano 1930 — encontramos o têrmo *torna-atrás*, designativo no Equador do filho de espanhol e albina, sendo a *albina* por sua vez a filha do espanhol e *mourisca*. Mourisco é o filho do espanhol e *mulata*. Vale por ilustração recordar os outros mestiços a que se refere o ilustre polígrafo equatoriano: "*cambujo* — filho de *albarazado* com negra; *albarazado* — filho de *cambujo* e mulata; *cambujo* — produto do *sambayo* e índia; *sambayo* — filho de *lobo* e índia; *lobo* — filho de índio e *torna-atrás*".

Samambaial: lugar onde crescem samambaias, plantas herbáceas ou arborescentes que vicejam no Brasil, repartidas por mais de 800 espécies. Encontramos este termo no *Prefácio* escrito por Artur Neiva para o livro de Navarro de Andrade *O Eucalipto e suas aplicações*, no seguinte trecho: "Do Rio de Janeiro às proximidades do Jundiaí, no lugar denominado Castanho, o viajante poderá dar-se conta facilmente, do trem que o conduz do Rio a São Paulo, e daí pela rodovia, no automóvel que o leva, que quatro séculos bastaram para fazer substituir, numa extensão aproximada de 600 quilômetros por não sabemos quantos de largura, a floresta primitiva por um sapezal ou samambaial quase ininterruptos". Em Valença e municípios vizinhos (Bahia), é expressão usual.

Sambaqui: palavra de origem túpica, de *tambá* — concha e *qui* — colina, segundo o venerado Mestre Dr. Teodoro Sampaio. Assim se denominam, no Brasil, os montículos de ostras ou colinas conchilíferas que se encontram ao longo da costa, à margem de rios, e até em pontos afastados de águas (*sambaquis marinhos* ou *costeiros, sambaquis fluviais, sambaquis centrais*), resultantes da acumulação dos restos de cozinha dos primeiros habitantes do Brasil, que se alimentavam de ostras e mariscos. São verdadeiras, montureiras dos indígenas pré-colombianos que habitaram o nosso país, em meio das quais se encontram restos desse homem primitivo, como sejam fragmentos de louça, instrumentos de pedra, ossos de animais, ossadas humanas, não raro esqueletos inteiros. Os *sambaquis* constituem abundosa fonte para o estudo paleoetnológico do Brasil, pois que todos sabem que, quando o homem cessa de falar e de escrever, recorremos às pedras e aos ossos para que digam alguma coisa a respeito dos nossos avoengos. Os *sambaquis* têm sido muito estudados no Brasil, sobrelevando notar os trabalhos de Carlos Rath, Carlos Wiener, Frederico Hartt, J. B. de Lacerda, Ferreira Pena, Trajano de Moura, Fróis Abreu e tantos outros. Em S. Paulo e Santa Catarina dão a estas colinas o nome de *casqueiras, concheiros* ou *ostreiras;* noutros pontos do Brasil, chamam-lhes *caieiras, caleiras e berbigueiras;* no Pará denominam *cernambi* ou *minas,* como nos informou Jorge Hurley, ou ainda *minas do cerna-*

bi, como lemos em Raimundo Morais. Teodoro Sampaio lembra o nome *casqueiros.* À pág. 19 da preciosa monografia do Dr. S. Fróis Abreu *Sambaquis de Imbituba e Laguna,* lemos o seguinte: "É um belo exemplo de *sambaqui* cônico, de estilo peito de mulher, donde a designação tupi *tambáky,* etimologia de *sambaqui,* segundo Batista Caetano de Almeida Nogueira. Essa etimologia foi aceita durante muito tempo, porém, o Dr. José Geraldo Bezerra de Meneses, respondendo a uma consulta do prof. Everardo Backheuser, insurge-se contra ela e após uma longa justificação apresenta as hipóteses etimológicas: *sambaqui* deriva de *samanguaiá* (berbigão) e *ibicuí* — areia ou *sambanuuaiá-ibicuí,* isto é, areia de *samanguaiá* ou *sambanguiá-acuí,* isto é, *samanguaiás* como pó, muito *samanguaiá.* Como quer que seja, *sambaquis* são estações humanas pré-históricas no Brasil, análogas ao que, na Patagônia, tem o nome de *paraderos,* na costa ianque do Pacífico — *conchal,* nos Estados Unidos em geral — *shell-mounds,* e na Escandinávia recebe o apelido rebarbativo de *kjoken-mödding* (literalmente restos de cozinha), que os ingleses verteram para *kitchenmidden* (resto de cozinha).

Sanfenal: designa este termo terreno coberto de sanfeno, planta leguminosa vulgarmente conhecida pelo nome de crista-de-galo e que constitui excelente forragem. "No primeiro ano os sanfenais devem ser cuidadosamente cultivados de modo a impedir que as plantas nocivas prejudiquem a cultura" (Artigo sob o título *Uma boa forrageira,* publicado na *A Federação* de Porto Alegre; edição de 1 de fevereiro de 1928).

Sanga: Calage e Romaguera definem semelhantemente — pequeno arroio ou regato despraiado no mato ou nas canhadas, que seca facilmente. Beaurepaire - Rohan, porém, traduz como sendo "escavação funda produzida no terreno pelas chuvas ou por correntes

SAN — 288 — SAP

subterrâneas de água, que, depois de terem minado as terras, fazem-nas esbarrondar". O leito das *sangas* muitas vezes encerra perigosos lamaçais chamados *caldeirões*. É termo usado no Rio Grande do Sul e Santa Catarina, onde fica a *sanga* do Madeira, escoadouro das águas da lagoa do Morro Sombrio, a qual vai desembocar no rio Mampituba, linha raiana entre os dois Estados mais meridionais do Brasil. Quanto à origem desta palavra há duas opiniões: dizem alguns proceder do tupi *canga* — o que se estende, se dilata, o espraiado, o alagado; Beaurepaire-Rohan e Romaguera consideram-na de origem castelhana, alteração de *zanga*, que exprime o mesmo acidente e que tem o seu equivalente em português — *sanga*. O termo é correntio no falar e no escrever dos *gaúchos*.

Sangão: assim chamam os *guascas* à sanga funda e barrancosa. Na Argentina *zangón* é a sanga abrupta. "E vibra pelo ar, pelas *coxilhas*, pelas *canhadas* e *sangões*, o grito heróico e forte do farroupilha audaz desafiando a morte (Aurélio Porto. *A Epopéia dos Farrapos*).

Sangrador: o mesmo que *sangradouro*, termo de uso em quase todo o Brasil, registrado por Amadeu Amaral, que diz: rego que se abre nos caminhos para desvio de águas pluviais.

Sangradouro: nos Estados do Sul, designa um canal natural pelo qual se comunicam dois rios, duas lagoas, ou um rio e uma lagoa; nos do Norte, nomeia o canal ou levada que dá vazão às águas de um açude para que não transbordem (Rodolfo Garcia). No sertão piauiense, segundo notaram Spix e Martius, referidos por Alfredo de Carvalho, o nome *sangradouro* equivale a *boqueirão*, garganta entre serras, como se depreende do seguinte trecho do artigo *Através do Piauí*, publicado no 2.º tomo da *Revista do Instituto Geográfico e Histórico do Piauí*, pág. 178: "À proporção que, no dia se-

guinte, mais se afastavam do rio S. Francisco crescia a desigualdade do terreno, sulcado por extensos *boqueirões* que, na época das enchentes, eram inundados e constituíam os chamados *sangradouros*, ostentando a mesma vegetação marginal dos *alagadiços*, composta de árvores de espinho e de trepadeiras enredadas".

Sangue-de-tatu: locução adjetiva que se emprega em S. Paulo de referência a uma qualidade de terra, de coloração roxa viva, consoante Amadeu Amaral e A. Taunay que a registram. O Dr. Salomão Serebrenick, meteorologista do Ministério da Agricultura diz em artigo 17-XI-41: "solo de cor vermelha, mais ou menos intensa, formando camadas geralmente profundas que se prestam à cultura da laranja".

Santafezal: registrado por Calage, designativo de terreno onde há abundância de *santa-fé*, planta rio-grandense-do-sul, muito útil, pois que dá excelente palha para cobrir ranchos e carrêtas, a qual é chamada nas Repúblicas platinas — *Paja brava*. "O brejo é coberto de *santafezais*, gramíneas altas e cortantes que cobrem um homem a cavalo". (*Terra Gaúcha*, N.º 10. set. 1925. Pág. 66).

São-pauleiro: assim chamam, no interior da Bahia, aos sertanejos que vão a S. Paulo derrubar matas e trabalhar nas fazendas de café. Registrou-o Afonso Taunay na *Coletânea de Falhas*, publicada em o n.º 45 da *Revista de Língua Portuguêsa*.

Sapata: termo amazônico designativo de massa de caucho, que se coagula sobre o solo depois de ser sangrada a árvore (Gastão Cruls — *A Amazônia que eu vi*, pág. 338).

Sapatão: alcunha depreciativa dos portugueses em S. Paulo, nos tempos da Independência. Registrado por A. Taunay.

Sapé: nome que, no Paraná, segundo informe de Eurico Branco Ribeiro em seu livro — *A Sombra dos Pinheirais*, se dá ao ramo seco de pinheiro. À pág. 24 deste li-

SAP — 289 — **SAQ**

vro, lemos: "Os pés franzinos evitavam os sapés esparsos pelo chão e o andar esbelto tinha qualquer coisa de divino." No Norte do Brasil, *sapé* é o nome de uma gramínea (*Imperata exaltata*), de que se fazem fachos e que serve sobretudo para cobertura das cabanas ou choupanas dos matutos. A palavra é de origem túpica, segundo Amadeu Amaral e Teodoro Sampaio, que escreve: "corrutela de *eça-pé*, ver caminho alumiar".

Sapecadouro: designativo do lugar em que faz a *sapecação* do mate. Registrado por Teschauer que cita o seguinte trecho de Hemetério Veloso nas *Missões Orientais*: "Depois são conduzidos todos os feixes para um lugar também roçado e limpo, na distância de meio a um quilômetro do *carijo*, que se chama *sapecadouro*, da erva ainda verde".

Sapequeiro: termo usado nos Estados do Norte para designar o terreno em que lavrou fogo, sinônimo de *queimada* num de seus sentidos.

Sapezal: também *sapezeiro*, campo de *sapé*, gramínea do gênero *Saccharum*, cuja palha é muito usada na Bahia sertaneja para cobrir as choças dos *matutos*. É freqüente ouvir-se no sertão baiano: "Tal fazenda tem tantas casas de sapé". Manuel Vítor em seu livro *Os Dramas da Floresta Virgem*, pág. 225, escreve: "E lá ao longe, muito além, muito ao depois de se ter cansado e se esgotado sob os *sapezais*, ora no campo raso, ora nas furnas, desaguava aos ribombos no velho S. Francisco". *Sapezais* foi empregado por Amando Caiubi, à pág. 45 dos seus contos sertanejos *Sapezais e Tigueras*: "Na venda do José Português, na encruzilhada do Serrano, quando o caminho da vila perde os barrancos marginais e entra no *sapezeiro* da chapada alta, alguns caboclos jogavam truque, naquele fim de tarde domingueira".

Sapieira: registrado por Cornélio Pires, juntamente com *sarapilheira*: sapé e vegetais secos nas capueiras de terra ruim (Vide *Sarapieira*).

Sapopema: também grafado *sapopemba* e *sacupema* termo que, no Norte, sobretudo na Amazônia, denomina raízes que se desenvolvem com o tronco de muitas árvores, com a forma tabular, originando divisões em redor dele. Afrânio Peixoto, que escreve *sapopemba*, diz que são raízes que se desenvolvem como contrafortes para suster as árvores. A. J. de Sampaio escreve: expansão da base do coleto de algumas grandes árvores. As *sapopemas* podem levantar-se até a altura de dois metros sobre o solo. Ensina Teodoro Sampaio que "o termo é oriundo do tupi — *capo-pema* — a raíz esquinada, a que se dispõe em forma de parede, tal como as das figueiras bravas ou gameleiras, que não raro se levantam um a dois metros acima do solo como paredes de 20 a 30 centímetros de espessura". Jorge Hurley diz derivar de *apó-pema* — raiz chata, excrescente, que os *seringueiros*, à maneira dos *curupiras* lendários, batem para dar sinal aos outros do rumo em que estão no centro da *caá*. Na *Pororoca* de Adauto Fernandes, à pág. 209, lemos *sacupema*": "Nesse mister enfadonho, cheio de torturas deprimentes, êle aproveita-se dos próprios acidentes que o cercam: ora, encobre-se na *sacupemas*, por detrás dos troncos, através dos balseiros enormes; ora, cose-se com os espinhos dos murumurus e tabocas; ora, põe-se de rastros entre as sororocas, deslizando por entre as hastes eretas, ou pulando por cima das grandes árvores caídas já mortas, cobertas de folhas e paul, germinando apuís, ou parasitas trepadeiras".

Sapuá: registrado por Cornélio Pires, designativo de pequena área de terra cultivada (S. Paulo?).

Saquarema: alcunha do partido conservador no tempo da monarquia, oriundo do nome de uma vila da então província do Rio de Janeiro, que se tornou célebre na política do país. Houve também *saquaremas* no Maranhão em 1839 e 1840 e em S. Paulo.

SAR — 290 — SAR

Saraizal: à pág. 134 do livro de Inácio Batista de Moura — *De Belém a S. João do Araguaia* lemos o seguinte período: "Em quase todas as corredeiras, encontram-se *saraizais*, como chamam certas árvores nascidas e crescidas nas praias e que as águas de inverno submergem até junto às ramas, sucedendo estas aparecerem, não sei porque motivo, até nos lugares de maior correnteza". E à pág. 206: "Parecia-me incrível que esses *saraizais*, cujos ramos, nos ajudavam a puxar a canoa, fosse de elevadas árvores, na estação seca, só atingidos pelas aves de rapina, que faziam ninhos onde agora nós com tanta facilidade tocávamos".

Sarandi: registrado por Teschauer e A. Taunay que o colheram nos trabalhos do Visconde de Taunay, com o sentido de terra maninha, estéril. A. Taunay cita a seguinte frase: "Este campo todo é um *sarandi* que nada pode produzir". Em Luetzelburg lemos que *sarandi* é uma espécie de mato baixo, xerófilo, da zona das catingas, arbóreo, ou agrestes ricos de arbustos. O termo é usado em Minas Gerais com o mesmo sentido: ouvimo-lo no falar de mineiros na zona atravessada pela Estrada de Ferro Oeste de Minas, entre Belo Horizonte e Itaúna. No Rio Grande do Sul, informa o gen. Borges Fortes, "*sarandi* é arbusto da margem e leito seco dos rios. Há o sarandi vermelho que viceja nos rios e o branco, freqüente nos banhados. Este é muito procurado para fabricação de palitos feitos à mão". Finalmente à pág. 79 de *Oeste Paranaense*, de Lima Figueiredo, lemos o seguinte trecho: "Passamos pela barra do rio Índio, por um cordão de seis *sarandis* — ilhotas pedregosas — para chegar ao porto de Apipu".

Sarandizal: termo usado no Rio Grande do Sul, designativo, segundo Teschauer, de terreno coberto de *sarandis*. Empregou-o à pág. 69 dos *Contos Gauchescos e Lendas do Sul*, Simões Lopes Neto: "Fazia uma ponta, tinha um *sarandizal* e logo era uma volta forte,

como uma meia lua..." E Darci Azambuja, à pág. 22 do *No Galpão*: "Passava o fio da correnteza, embrenharam-se pela picada que serpejava entre os caponetes ilhados, através dos *sarandizais* fechados..." O mesmo que *saranzal*.

Saranzal: lugar coberto de *sarãs*, planta arbustiva (*Phyllanthus sellowianus* Muell. Arg.), que cresce em geral à beira dos rios do Sul e do Centro do Brasil, nas praias e pedreiras que, nas cheias, se cobrem de águas. Quando os rios enchem formam canais por entre os *sarãs*, como diz Rufino Teotônio Segurado, em cujo *Roteiro de Viagem de Goiás ao Pará* (publicado no Vol. 10 da *Revista do Inst. Histor. e Geog. Brasileiro*, pág. 178), encontramos este vocábulo. O *sarã*, diz o mesmo explorador, medra abundantemente nas praias e pedrarias do Araguaia O *sarã*, nota Teschauer, é o mesmo *sarandi*. Palavras todas de origem tupi.

Sarapieira: diz-se assim, em S. Paulo, do acúmulo de detritos vegetais que atapetam o chão, o solo das florestas. Na *Onomástica* havíamos escrito que era termo de uso corrente no Ceará, abonando-o com um trecho de Catulo Cearense, colhido nos *Poemas Bravios*, à pág. 111. Comentando, José Luís de Castro diz nunca ter ouvido semelhante vocábulo no Ceará.

Sarapueira: o mesmo que *sarapieira*, segundo Rodolfo Garcia e A. Taunay que o registraram.

Sarará: apelido que, em alguns Estados do Brasil, Bahia por exemplo, dá o povo aos mestiços de cor clara e cabelos ruivos, mais ou menos encarapinhados; mulato arruivado. Vem o apelido do nome de uma formiga de asas, avermelhada, que enxameia à luz, nos dias de sol depois das chuvas. Teodoro Sampaio diz ser corrutela de *yça-rará* — a formiga solta em quantidade. Dizem-se também *aça, saraça*, (Arthur Ramos). Na Bahia se chamam também *aça, araçuaba*.

Sarassará: designativo, em Goiás, do indivíduo da cor morena com olhos azuis e cabelos castanho-claros e

SAR — 291 — SAT

crespos. Informação do prof. Alcide Jubé (Vide *Sarará*).

Saru: expressão usada pelos pescadores do Amazonas para indicar a calada de um lago, a sua perfeita tranqüilidade, quando esse estado significa falta de pescado. Gastão Cruls, de quem tiramos a definição supra, à pág. 266 da sua *A Amazônia Misteriosa*, escreve: Às vezes, o lago estava *saru* e as suas águas se encrespavam, batidas por uma brisa ligeira". Quando o lago está *saru* o pescador volta *panema* — que nada colheu. Por extensão, emprega-se o termo *saru* a tudo, ser ou coisa, que perde as suas qualidades, aptidões, utilidade, como informa V. Chermont. Teschauer explica do modo seguinte a sua origem etimológica: "tupi-guar. corr. *rui* — manso, calado, silencioso e o relativo *h* (que no tupi do Amazonas é expresso por ç) com a eufonia *a*: *h-a-rui — çarui — çaru*, o que é calado, quêdo".

Satélite: denominação dada pelo sábio prof. Gorceix aos minerais que, geralmente, acompanham o diamante (carbônio puro cristalizado), com maior ou menor freqüência, e que se originam da mesma rocha matriz. No Brasil, diz o ilustre E. Roquete Pinto, professor do Museu Nacional, "o diamante encontra-se engastado no itacolomito, grés xistoso contendo quartzo regular em leitos separados por lâminas de mica misturada com clorito; ou, então acha-se no cascalho e nas areias dos rios. Neste último caso é acompanhado por um grande grupo de minerais, que são seus satélites, na expressão do prof. Gorceix. Os mineiros dão a tais satélites nomes diferentes, segundo a variedade a que pertencem. O encontro desses minerais pressagia a presença da preciosa pedra". De feito, sempre que iam à procura dos diamantes, ora nos cascalhos dos lugares altos, denominados *gupiaras*, ora nos cascalhos das encostas que se chamavam *gorgulhos*, os *garimpeiros* procuravam primeiramente os satélites, por estes deduzindo o sítio diamantífero. Daí o sugestivo nome proposto por Gorceix e aceito pelos mineralogistas nacionais. Os mais conhecidos *satélites* do diamante, dos quais nos deu completa notícia o insigne petrógrafo E. Hussak (*Satélites do Diamante*), são apelidados, na linguagem típica dos garimpeiros do seguinte modo:

Agulhas: óxido de rutílio.

Bagageira: fava pardacenta, seixo rolado fosfatado de cor parda.

Fava: vários minerais rolados, em geral de terras raras; ("alumina hidratada com ácido fosfórico e terras raras, cério" — Roquete Pinto).

Feijão-preto: jaspe, negro; lidita ou lidiana.

Ferragem: o mesmo que *agulha*.

Ferragem azul: octacedrita azul.

Fundinho: rutílio.

Goiazita: *fava* amarela clara; fosfato básico de alumínio e cálcio.

Grãozinho: ilmenita, ferro titanato da fórmula Ti Fe.

Lacre: jaspe vermelho.

Ogó: monazita.

Olho-de-peixe: calcedônia branca.

Osso-de-cavalo: grandes pedaços de quartzo anguloso.

Ovo-de-pombo: quartzo rolado.

Pingo-d'água: pequeninos pedaços de quartzo hialino, rolados.

Pretinha: turmalina negra.

Sericóia ou Sericória: óxido de titânio; anatásio ou octaedrita (zona de Diamantina).

Sericóia do saltão: xenotímio.

Vidraça: o mesmo que o anterior. Afrânio Peixoto, na *Bugrinha*, arrola mais: *caboclo-lustroso, pedra-de-anil* e *palha-de-arroz*. Luciano Jaques de Morais, boletim n.º 3 do Departamento Nacional da Produção Mineral (1934) arrola ainda: *prego*, concreção argilosa, alongada e fina e *polme ruivo* que é constituído de zirconita e monazita. Para Luciano Jaques de Morais *olho-de-peixe* é hematita ou, melhor, nódulo hematítico. E Herman Lima em seu romance *Garimpos*, editado em 1932, Rio,

SAU — 292 — SEB

acrescenta (pág. 281): *pingos-d'água, pedra-de-ferro, bosta-de-barata, ferragem-preta, de-cobre, de-prata, ferrajão, cacos-de-telha, cristais, ovo-de-pombo, bolachinha, caboclos, tauá, ganga, malacacheta, feijão, cativos.* Vide *Canudos.*

Há ainda um *satélite* do diamante, em lavras brasileiras, chamado *gorceixita* — fosfato de alumínio, bário e terras raras do grupo do cério, denominação esta em honra do venerando mestre: assim também a *harttita* — sulfo-fosfato de alumínio, estrôncio e terras raras do cério, em homenagem ao glorioso F. Hartt, que tanto fez pela Geografia e Geologia do Brasil. Outro satélite do diamante é a *tantalita*, estudado por Hussak, tantalato de ferro; mineral raro.

Saubal: nome que tem o buraco ou toca em que vivem as saúvas ou saúbas, espécie de formiga terrível que faz as maiores devastações nas lavouras e nos campos. Empregou-o Alberto Rangel no seu *Quando o Brasil amanhecia,* à pág. 193: "De que valeria atacar o saubal para deixar viva a tanajura?"

Sauveiro: o mesmo que formigueiro, também dito *saubal*, registrado este por Teschauer em seu *Novo Dicionário Nacional.* Origina-se do nome de saúva, nome vulgar de uma formiga conhecida por sua voracidade e força de destruição, também dita *saúba e formiga-de-mandioca* (Bahia e Sergipe). "Todos conhecem a má fama de que gozam os sauveiros ditos *amuados,* isto é, os que, tendo sido mal atacados, voltam à atividade após algum tempo..." (*Demonstrações de Processos de Combate à Saúva.* Publicação do Ministério de Agricultura — 1936 — Pág. 17). No volume 17 — 1945, N.os 3 e 4 do *Boletim Fitossanitário* publicado pelo mesmo Ministério, Cincinato R. Gonçalves escreve que os *sauveiros* se caracterizam por "um monte de terra fofa com diversas aberturas ou

olheiros, situados normalmente em cima do agrupamento de câmara ou *panelas* subterrâneas, onde vivem as formigas cultivando o seu cogumelo". (Vide *Olheiral* e *Olheiro*).

Sebaça: termo oriundo das margens do São Francisco, que hoje se estende por todo o sertão das Lavras Diamantinas da Bahia, designando a aquisição de objetos alheios à mão armada, conseqüência inevitável das lutas do sertão. É usado desde os tempos da monarquia, quando houve em Açuruá as famosas lutas entre *Marrões* e *Bundões.* É termo freqüente na imprensa do Estado. Na *A Tarde* n.º 5735 (1928) lemos o seguinte trecho: "Depois da proeza, os assaltantes se retiraram levando os frutos da *sebaça* e deixando estendidos, mortos alguns e feridos muitos, habitantes dali que lhes eram desafetos ou lhes opuseram resistência". Origina-se de sebo, gordura. Certamente, informa-nos o c.el Gonçalo Ataíde, querem exprimir a situação dos indivíduos atacantes que entram nas lutas magros e pobres e delas saem ricos, fartos e gordos, isto é, com *sebo.* Segundo lemos num artigo de Henrique Silva sobre a *População bovina de Goiás,* publicado na *A Informação Goiana* de janeiro de 1929, no norte de Goiás, há alguma coisa de parecido com a *sebaça* e que lá chamam *serata:* será uma corrutela? Eis o trecho: "Além do contrabando intensivo que se faz do gado dos municípios do norte de Goiás dá-se mais esta: bandoleiros jagunços, ladrões de cavalos, vindo da Bahia, do Piauí e Maranhão os invadem, assaltam-lhes as fazendas de criar e arrebanham todas as reses que encontram. A esses roubos a mão armada dão o nome de *seratas".*

Sebastianista: adepto do sebastianismo, nome que por escárnio foi aplicado aos que se conservaram fiéis à idéia monárquica, após a proclamação da república no Brasil. Registra-o A. Taunay, que

SEC — 293 — SEN

o abona com a seguinte frase: "A revolta de 1893 teria sido sebastianista?'.

Seca-d'água: sugestiva e flagrante metonímia usada pelos sertanejos do Nordeste para designar a invernia rigorosa, violenta e prolongada. Encontramo-la referida no seguinte passo da *Alma Sertaneja* de Gustavo Barroso, à pág. 88: "Terra infeliz em que a graça natural do rude sertanejo é a zombaria contra a inclemência da natureza com que luta. Naquele agreste sertão, muitas vezes, quando não há seca, desabam sobre gados e gentes flagelos *mais piores*: pestes, epizootias, invernos tão abundantes e prejudiciais que se chamam *secas-d'água*".

Seco: regionalismo do vale do Tocantins, chamado tão à justa pelo Marquês de Pombal — *corredor do Brasil*. Designa o trecho do leito de um rio onde baixios de areia dificultam a navegação no tempo de verão. Inácio Batista de Moura, na descrição de sua viagem *De Belém a S. João do Araguaia*, refere-se, à pág. 265, a vários secos do Alto Tocantins, de Praia da Rainha para montante. Tais são os secos do Lago Vermelho, o Grande, o do Bacabal, o da Coroa, etc. Já registrado por Macedo Soares como lugar que fica seco nas margens do rio, passada a enchente. "Daqui para baixo, já não há secos, sendo todo o rio um canal". (*Rev. Inst. Hist. Brasil.*, 1848). Viajando no Vale do Tocantins o Eng.º Américo Leonides Barbosa de Oliveira informa que no Tocantins o seco é lugar em que o leito está cheio de pedras soltas (Relatório cit., pág. 106).

Seivo: registrado por Teschauer, que lhe dá a significação de campo aberto sem tapume e cita a seguinte frase de um escritor gaúcho: "Repechamos a custo o íngreme arrampadouro... Pleno luar, plena paz. Infindos seivos; baixas sangas..." É antigo vocábulo português, como o registram Cândido de Figueiredo e outros.

Selado: O Dr. Guilherme Wendel informa que em S. Paulo selado é o nome dado a lugar baixo de um espigão, onde se encontram, não raro, duas cabeceiras contravertentes. Termo de Minas Gerais, que designa estirão de planura, à guisa de sela de animal, entre montes alcantilados, por onde se torna fácil o trânsito. Soubemo-lo por informação do Barão Homem de Melo, que nos referiu o aspecto encantador da magnífica paisagem que se descortina no *selado* distendido na região montuosa entre Ouro Preto e as encostas do Itacolomi.

Senhor de engenho: designação brasileira de proprietário de engenho de açúcar. Já a referia Antonil quando escreve em sua *Cultura e Opulência do Brasil...* "O ser senhor de engenho é título a que muitos aspiram, porque traz consigo o ser servido, obedecido e respeitado de muitos". Observa Pereira da Costa que a expressão *senhor de engenho* substituiu a palavra *lavrador*, que originariamente teve. O têrmo lavrador, na zona do açúcar, designa o concessionário de um limitado trato de terra para o cultivo da cana, correndo a moagem por conta do proprietário da fábrica, mediante certa percentagem no açúcar. Vide este termo no *Vocabulário Pernambucano* de Pereira da Costa.

Senzala: também *sanzala*, como se encontra nos antigos escritores (Antonil), vocábulo que denominava, nos ominosos tempos da escravidão, o conjunto dos alojamentos destinados à escravatura. O termo é de origem africana, da língua *quimbundo*, com a significação de povoação, segundo Serpa Pinto, citado por Beaurepaire-Rohan, ou morada, como disse Fr. Francisco de S. Luís em seu *Glossário*. "Restava ainda a *senzala* dos tempos do cativeiro. Uns vinte quartos com o mesmo alpendre na frente. As negras de meu avô, mesmo depois da abolição, ficaram todas no engenho, não deixaram a *rua*, como elas chama-

SEQ — 294 — **SER**

vam a *senzala* (José Lins do Rego, *Menino do Engenho* — Pág. 85).

Sequeiro: termo do sul da Bahia, que designa trecho de rio abundante em pedras e pouco profundo. Informação do Dr. Rui Penalva, grande observador e conhecedor do linguajar do sul do Estado. Confirma-o Deolindo Amorim em seu artigo sobre Canavieiras (Município do sul baiano), publicado no *Jornal do Commercio* de 15-11-936: "São imensas as cachoeiras, contadas as maiores e os *sequeiros* (pequenas cachoeiras que não oferecem perigo)". Pequena alteração do sentido em que o empregam os lusos, isto é, lugar que não é regadio. "Não desprezando o árido *sequeiro* por onde cresce a mandrágora (Almeida Garrett. *Da Educação*. Pág. 171). Nas regiões diamantíferas assim chamam ao garimpeiro que trabalha em lugares de menos água.

Serapilheira: registrado e empregado por Valdomiro Silveira n'*Os Caboclos*, com a significação de vegetação rala e rasteira da mata virgem; também são as pequenas raízes das árvores, que surgem à flor da terra. Diz o autor citado que se pronuncia *serapieira*. Notamos uma grande semelhança entre *serapilheira*, *serapieira* (Valdomiro Silveira), *sapieira* e *sarapilheira* (Cornélio Pires), *sarapieira* e *sarapueira* (Taunay). Fausto Teixeira, em seu *Vocabulário do Caipira Paulista* (1946), diz significar, no interior de S. Paulo, terreno sáfaro, de má qualidade.

Serata: vide *Sebaça*.

Serenada: o mesmo que *sereno* no sentido de chuva miúda, fina, pouco duradoura. Simões Lopes Neto, em seu volume *Lendas do Sul-Populário* (1913), escreve à pág. 67: "Caiu a serenada silenciosa e molhou os pastos, as asas dos pássaros e a casca das frutas". Cândido de Figueiredo registra o termo como sinônimo de serenata — tocata à noite e ao ar livre.

Sereno: além da significação comum de orvalho da tardinha, ao pôr do sol, os sertanejos assim qualificam as chuvas finas e pouco prolongadas. Estamos informados de que é termo de uso geral no Brasil.

Serenos: nome com que se designou, por volta de 1849 a 1850, certa horda de malfeitores e fanáticos, transformados às vezes em companhias de penitentes, que apareceu no Crato e outros pontos do Cariri, cometendo desatinos, malefícios e depredações. A eles se refere Euclides da Cunha n'*Os Sertões*, pág. 148, aliás exagerando os atos desses desequilibrados, segundo nos informou o venerado mestre cearense Barão de Studart, em resposta à consulta que lhe fizemos a respeito. Todavia, o Dr. P. Téberge, em seu *Esboço Histórico da Província do Ceará* (Parte Terceira, 1895. Pág. 239), escreve: "Durante o princípio do ano de 1850, os negócios correram sem acontecimento notável na província, a não ser a continuação dos roubos e assassínios pelos bandos de facínoras, que já indicamos. No Cariri, e especialmente no Crato, a companhia intitulada dos *Serenos* tornava aquele termo inabitável; tinha ela a sua testa um famigerado Domingos *Coxo*, membro degenerado de uma família noutro tempo importante, e que alcançou triste celebridade. É curiosa a origem e denominação desta companhia. Tendo aparecido por estes tempos missionários que andavam pregando, seguiram a rotina usual... Amedrontaram muito os seus ouvintes; fizeram-nos chorar lágrimas de sangue, e os induziram a mortificar a carne por meio da disciplina. Grupos de penitentes, depois de invadirem a matriz do Crato, onde executaram cenas burlescas e sinistras, entraram a percorrer os sítios da freguesia, pedindo e exigindo esmolas. Reuniam-se à noite nos ermos, onde se exerciam as prédicas. Levantavam cruzes no meio das estradas... Como

SER — 295 — **SER**

a caridade pública não lhes fornecesse meios de subsistência, à medida de seus desejos, entraram a extorqui-los; e como lhes sucedesse bem foram tomando gosto a esta vida de rezas e de latrocínio. Os proletários mal-intencionados se reuniram a eles... Chamaram-se primeiramente companhias de *penintentes;* mas, como suas reuniões se efetuassem sempre durante a noite, o vulgo deu-lhes o nome de *Serenos.* Idêntica horda de malfeitores foi a dos *Xios,* aparecida pelo mesmo tempo, segundo o Barão de Studart.

Seribeiro: também grafado *siribeiro,* pescador, denominação usada em Alagoas. "Sempre que as vejo, o meu ser — descendente desses *seribeiros* varonis que lutavam contra os *cavalleiros* nas lagoas e contra as maretas no oceano, quando iam à Barra de Santo Antônio, num baratear de vida estupendo, em gloriosas epopeias anônimas — enche-se para elas de uma gratidão submissa" (Otávio Brandão — *Canais e Lagoas.* Pág. 85).

Sericóia: ou *sericora* — vide *Satélite.*

Seridó: nome de uma região florística do Nordeste brasileiro, abrangendo terras nos Estados do Rio Grande do Norte e da Paraíba. Define-a Luetzelburg em seu livro citado, vol. III, págs. 90 e 94, como uma zona de solo pedregoso, áspero, coberto de gramináceos duros, com elementos de catinga em grandes espaços. A sua flora é xerófilo. Há o *seridó* da Paraíba, que se alarga entre as serras da Borborema, Viração e Ata e no vale do rio Piranhas, onde ficam os centros — Patos de Espinharas, Santa Luzia de Satugi, Pedra Lavrada e Picuí; o *seridó* do Rio Grande do Norte, que se estende pelo sul do Estado, abrangendo uma área muito maior, onde ficam as localidades de Parelhas, Jardim, Acari, Gargalheiras, Currais Novos, Caicó, Santa Cruz e outras. O *seridó* é uma zona admirável pa-

ra a cultura do algodão, havendo uma variedade com este nome, de renome mundial, em virtude da longa e resistente fibra. Bem é de ver que o nome de *Seridó* se aplica não só a uma vegetação própria do Nordeste, mas também a zonas dos dois Estados vizinhos, e a uma variedade famosa de algodão, o *ouro branco* do Nordeste brasileiro.

Série de Minas: expressão proposta pelo grande geólogo Orville Derby, para designar as rochas brasileiras da era proterozóica, intermédia das eras azóica e paleozóica. "A sua região típica, diz Everardo Backheuser, é na serra do Espinhaço (bacia do rio Doce). Forma no Brasil o sistema algonquiano. É formada por xistos predominantemente argilosos, quartzitos ferruginosos (itabiritos) e calcários, todos fortemente laminados. É também encontrada esta *série* na Bahia, Sergipe, Nordeste e Serra dos Pireneus. É nela que são encontradas as mais importantes jazidas de ferro, ouro e manganês no Brasil".

Seringa: nome que nas *charqueadas* de Mato Grosso se dá a um curral de forma afunilada, o qual tem a parte larga voltada para a porteira do curral grande e a estreita para o corredor que recebe um estrado rolante sobre trilhos, onde o desnucador mata com mais firmeza a rês. Encontramo-lo num artigo de A. de P. Leonardo Pereira, publicado no *O Jornal* de 12 de agosto de 1928, sob o título — *O Pantanal.* Segundo nos informa Sud Mennucci, em S. Paulo, com o nome de *xeringa* ou *cheringa* se designa o curral embarcadouro de gado, nas estações de estrada de ferro e nos pontos de atracação dos navios. No Pará chamam *caiçaras* aos embarcadouros de gado: em Mato Grosso se diz *seringa,* que no Pará é *borracha.*

Seringal: registram-no os vocabularistas nacionais como sendo o terreno ou a mata em que predomina a seringueira (*Hevea brasi-*

liensis Muell. Arg.). Este termo, porém, tem outra significação na Amazônia: designa a propriedade, a fazenda, a principal divisão da propriedade territorial da imensa planície. É uma certa extensão de terrenos pertencentes a um indivíduo onde há a moradia do proprietário — o *barracão*, as habitações dos empregados e seringueiros — as *barracas*, o *campo* onde pastam os animais de serviço e criações miúdas, e, finalmente, os *centros*, onde se alinham as *madeiras*, designativo peculiar das seringueiras. O dono de um *seringal* não é o *seringueiro* como o é da *estância* o *estancieiro* e da *fazenda* o *fazendeiro*: chama-se *patrão* e *seringalista*. Em geral os *seringais* se localizam à ourela dos rios e se dividem em *margem* e *centro* (Vide estes termos).

Seringalista: termo usado na Amazônia para designar o dono do seringal, mais comumente o *patrão* (vide esta palavra). Seringalista — "Falo aqui do extrator da *hévea*, daquele tipo que se chama *toqueiro* ou também do *aviado*, figura esta intermediária entre o seringalista, dono do *barracão* e o seringueiro que colhe nas *estradas* o leite destinado ao fabrico da borracha". (Raimundo Morais — *Um eleito das Graças* — Belém, Pará — 1941 — Pág. 243). Encontramo-lo num rádio enviado ao então Governador do Acre pelo Capm. Hipólito de Albuquerque e Silva, do teor seguinte: "Acabo receber rádio seringalistas região embirense comunicando fuga pessoal abandona propriedades seguindo Purus fim trabalhar extração madeiras acarretando enormes prejuízos ex-patrões que por meu intermédio solicitam urgentes providências sentido não continue despovoamento seringais" (Pucado na *A Reforma*, periódico da Cidade Seabra, Município de Tarauacá, Território do Acre. Ed. 5 de outubro de 1930).

Seringal-jacaré: assim se chama na Amazônia ao seringal cujas madeiras (seringueiras) se acham estragadas, troncos todos cortados, rugosos, com diminuta produção de látex, por motivo de muitos anos de *arreação*, de trabalho. Refere-o Mário Guedes à pág. 111 do seu volume citado. "Após alguns anos de trabalho, o tronco (da seringueira), ao alcance do seringueiro, apresenta-se nodoso, traçado de nervuras e excrescências tais que dificultam o *corte* e o *embutir*. Chama-se a este estado *jacaré*, talvez pela semelhança com o dorso daquele anfíbio" (*Marupiara*, de Lauro Palhano — Pág. 249).

Seringueiro: assim se chama, na Amazônia, ao indivíduo que extrai o *látex* da seringa, preparando-o para que se torne a borracha. Constitui a *"celula mater"* da exploração do cautchu nome que à borracha davam os ameríndios Cambebas ou Omáguas, e com o qual apareceu em França a sua primeira amostra, por volta de 1736, enviada por La Condamine, que havia sido encarregado pela Academia de Paris de uma exploração científica no Novo Mundo. A quem desejar ter do seringueiro e do seu ofício idéia completa recomendamos a instrutiva leitura do livro de Mário Guedes — *Os Seringais*. Resumamo-lo aqui para registro de mais alguns regionalismos da indústria extrativa do *ouro-negro*. Colocados os *seringueiros* nos diferentes centros pelo *mateiro*, quando já não são *fregueses velhos do seringal*, tomam conta das *estradas*. Em maio ou junho de cada ano, no início do verão, começam a cortar as *madeiras*, a *sangrar* as árvores, isto é, a golpeá-las. Os seus instrumentos de trabalho são: o *machadinho*, de cabo comprido, o *balde*, as *tigelinhas*, a *bacia* e o *boião*. Em primeiro lugar ele *entigela* a *estrada*, isto é, dispõe ao pé das seringueiras as *tigelinhas* a serem embutidas, e começa no dia seguinte a *cortar a estrada*.. Feita a *arreação*, um dia depois começa a recolher no *balde* o leite das *tigelas*, a fazer a *colha*, a colheita, e depois a fabricação da borracha, que se realiza no *defumador* ou *fumaceiro*, pequeno papiri, isto é, pequena *barraca*. Despeja o leite na *bacia* acende o *boião*, defuma o leite, fabrica a *pele*, *bola-a*, dando-lhe uma forma arredondada, imprime-lhe sua *marca*, *picada* ou impressa, mandando-a afinal pelos *comboios* para a *margem*, onde é entregue ao patrão, que lhe paga o serviço em relação à quantidade do *fabrico*. Os *seringueiros* são às vezes denominados *machadinhos* em alusão ao instrumento com que sangram as seringueiras. Não raro se ouve a distinção dos *seringais* pelo número de *machadinhos* que nêles trabalham: há *seringais* de 50, 100, 200, 300 *machadinhos*. Ainda mais: em certas partes da Amazônia chama-se *apanhador* ao seringueiro.

Serra: afora o sentido comum de montanha, cadeia de montes, tem este termo, no Rio Grande do Sul, o sentido de mato estreito que acompanha as duas margens dos rios ou arroios, segundo referem Teschauer e Rodolfo Garcia. Além disso, consoante informação do P.e Geraldo Fauwells S. J., o nome *serra* tem no Sul, na boca do povo, outra acepção diferente da que se encontra nos livros. O povo chama *serra* a qualquer declive ou pendor bastante forte e extenso. Daí, conclui o ilustrado Mestre, centenas de *serras* que, na realidade, não passavam de escarpas de uma chapada ou de talude de um vale fluvial. Verifica-se fato idêntico no Norte.

Serra-abaixo: nome da parte meridional do Estado do Rio de Janeiro, diz Rodolfo Garcia. A expressão é aliás usada nos Estados meridionais do Brasil para designar a região litorânea, apertada entre o oceano e a serra do Mar. "Na região litorânea paulista, conhecida vulgarmente pelo nome de *serra-abaixo*, em contraste com a de *serra-acima* dos planaltos, a estreita fita de terras baixas que separa a fralda da serra do oceano é totalmente formada de depósitos marinhos, cobertos aqui e acolá de águas pantanosas e cortadas de riachos" (João Vampré — *Aspectos paulistas* — *Jornal do Commercio* de 23-9-934).

Serra-acima: nome da parte setentrional do mesmo Estado do Rio de Janeiro (Rodolfo Garcia). A expressão, porém, se amplia aos Estados do Sul do Brasil, para designar a zona dos planaltos.

Serrano: em português, *serrano* é o habitante das serras, o montanhês. No Rio Grande do Sul, porém, designa, conforme referem Calage e Romaguera, o natural da região serrana, do Município de Santa Maria para o Norte, propriamente da região de Cima da Serra, bem como o morador da serra dos Tapes.

Serraria: segundo lemos em Valdomiro Silveira (*Os Caboclos*), emprega-se este termo com o sentido regional de grande quantidade de serras, umas em continuação das outras.

Serrote: Cândido de Figueiredo registra-o como brasileirismo no sentido de serra pequena. Realmente é moente e corrente no linguajar do povo e nos escritos dos geógrafos e literatos o termo *serrote* para designar uma montanha pouco extensa e baixa. Também *serrota*.

Sertania: registrado por Cândido de Figueiredo (4.ª Ed.) como brasileirismo designativo dos sertões, da terra "cabo do mundo", que o famoso P.e Antônio Vieira dissera, em uma de suas cartas, era "largada de Deus e dos homens". De fato, temos encontrado este vocábulo em escritores brasileiros, como sejam Monteiro Lobato e Horácio Nogueira. "E tem razão de parar, admirar e perguntar, porque é duvidoso existir na-

SER — 298 — SER

quela *sertania* exemplar mais truculento de gameleiro" (Monteiro Lobato — *Urupês*, 3.ª Ed. Pág. 129). "Uma vez ainda se desdobra ante nossos olhos, extasiados, a monstruosa *sertania*, drenada e regada pelo gigantesco rio (Paraná) e seus inúmeros tributários. Eis o sertão dos sertões à nossa vista... Sertão imenso. Sertão sem fim..." "Temos, portanto, daqui ao salto das Sete Quedas, cêrca de oitenta léguas de pura, puríssima *sertania*". "Açoitado pelas asas do Pampeiro, que vem zunindo algures através da *sertania*, o rio se arrepia e se enfurece, qual um tigre provocado" (Horácio Nogueira — *Na Trilha do Grilo*. Págs. 119 e 129). Usam em S. Paulo a expressão *sertania braba*, no sentido de inculta, desconhecida, bravia. (Cornélio Pires — *As Estrambóticas Aventuras de Joaquim Bentinho*. Pág. 119).

Sertanista: brasileirismo derivado de sertão, designativo dos homens que entravam nos sertões brasileiros, em busca de riquezas, das quais corriam fabulosas notícias, e que inconscientemente concorreram para o devassamento do nosso interior e ampliação da nossa Pátria. Sinônimo de *bandeirante*. Por extensão assim se chama ao indivíduo que conhece ou ainda hoje percorre o sertão. Os antigos paulistas usavam muito deste vocábulo e bem assim do verbo *sertanizar* — percorrer os sertões (A. Taunay). É este mesmo mestre que diz que *sertanista* data de 1678, abonando o seu parecer com um trecho tirado da Ata da Câmara de S. Paulo de 31 de dezembro do mesmo ano de 1678: "moço do gentio da terra, bom sertanista" (*História Geral das Bandeiras Paulistas*. Tomo IV. Pág. 376). *Certanista*, diziam os espanhóis no fim do século XVII: às vezes chamam simplesmente *certanes*.

Sertão bruto: designação brasileira do sertão sem moradores, inteiramente desabitado. O Visconde de Taunay empregou-o à pág. 23 da *Inocencia* e à pág. 54 das *Visões do Sertão* onde lemos: No dia 30 de junho estávamos no vasto rancho do Sr. José Pereira, bom mineiro que nos acolheu òtimamente e era o primeiro morador que encontrávamos à saída do *sertão bruto* de Camapuã e à entrada do de Sant'Ana do Parnaíba, um pouco mais habitado". A expressão é hoje comum entre os escritores brasileiros: "Era a luta incerta e longa, que sem descontinuar mantinham contra o *sertão bruto*..." (Edmundo Amaral — *Justiça Bandeirante*. Conto publicado na *Feira Literária* de abril de 1928). Horácio Nogueira, em um conto *O Preto Benedito* (*Feira Literária*), usa da expressão "sertão bravio de mata virgem" para designar o *sertão bruto*. E finalmente, à pág. 43 do *Martim-cererê* de Cassiano Ricardo, lemos:

"E o rasto de cada gigante
Era uma estrada que se abria
Como um listão de sangue
[matinal no verde absoluto]
[do sertão bruto".]

Os nativos de Goiás e Mato Grosso chamam ao sertão bruto *gerais* (vide este vocábulo).

Sertão de gravatá: nome que os matutos da Bahia dão a uma extensão de terra coberta da bromeliácea chamada gravatá (*Bilbergia porteana* Brogn). Vimo-lo registrado no livro de Anfilófio de Castro — *Felizardo* (Bahia, 1927), como expressão corrente no linguajar dos catingueiros do médio Paratigi, no Município de Camisão (Bahia).

Sertão de pedra: denominação que os rio-grandenses-do-norte dão à zona do vale do Ceará-mirim, por ser muito pedregoso o solo daí em diante. Vimo-la referida por Dias Martins, à pág. 54 de seu trabalho *Questionários do Rio Grande do Norte*, onde ainda se lê o seguinte trecho: "Perto de Lajes encontram-se as primeiras terras do *sertão de pedra*, próprias para a criação, nas quais vegeta o capim panasco, admirável forragem dessa região, caracterizada pela macambira, que cresce nas aberturas das pedras".

Serviço: nome que, nas zonas de mineração, sobretudo de diamantes, se dá aos lugares onde, pela maior ou menor quantidade de *formações* ou indícios, haja possibilidade de ser encontrada a preciosa pedra. "Demarcado por qualquer processo um *serviço*, ninguém tem o direito de nêle tocar, ainda mesmo ausente o dono por tempo indeterminado" (*A Informação Goiana* de agosto de 1928 — Pág. 4). Aug. Saint-Hilaire refere-se ao sentido regional desta palavra à pág. 255 do Tomo I de sua *Viagem às nascentes do Rio S. Francisco e pela Província de Goiás* (Ed. Brasiliana), escrevendo: "chamam *serviços* aos lugares onde, para a extração dos diamantes, se estabelece uma *tropa*, nome dado a uma reunião de escravos, dirigidos por homens livres".

Sesmaria: os vocabularistas portugueses e brasileiros registram este vocábulo no sentido de "porção de terras, ou matos maninhos e bravos pertencentes ao Rei, que nunca foram lavrados, nem aproveitados e que se concediam a sesmeiros, que os rompam, lavrem e semeiem, para que haja abundância de mantimentos". Esta definição é dada por João Teixeira Coelho, Dor. da Relação do Porto em sua *Instrução para o Governo da Capitania de Minas Gerais* (1780). No Rio Grande do Sul a palavra sesmaria é empregada no sentido de medida agrária, também chamada *sesmaria de campo*, correspondente a uma extensão de três léguas quadradas

ou a 13.068 hectares. Assim o registraram Calage e Romaguera. Teschauer, Beaurepaire-Rohan e Rodolfo Garcia registram a légua de sesmaria, medida itinerária equivalente a 3.000 braças ou a 6.600 metros.

Sesteada: definido por Calage como "pontos ao ar livre na campanha, quase sempre na encosta de um capão ou à beira de arroios, onde carreteiros, tropeiros ou viandantes a cavalo descansam ao meio dia por ocasião de longas viajadas". À pág. 11 dos *Contos Gauchescos e Lendas do Sul*, de Simões Lopes Neto, lemos: "Olhe, ali na restinga, à sombra daquela mesma reboleira de mato, que está nos vendo, na beira do passo, desencilhei; e estendido nos pelegos, a cabeça no lombilho, com o chapéu sobre os olhos, fiz uma *sesteada* morruda".

Setembrizada: registrado por Pereira da Costa que escreve: "os motins na cidade do Recife nos dias 14, 15 e 16 de setembro de 1831". "Temos visto crises ameaçadoras em Pernambuco, como a Abrilada, a Setembrizada, a Cabanada" (*O Cometa* — n.º 4 de 1843).

Simão: nome que os pescadores de Alagoas dão ao vento sul, que sopra violento e frio nas costas do Estado. Encontramo-lo no livro de Otávio Brandão — *Canais e Lagoas*, à pág. 241. Será corrutela de *simum?* — note-se, porém, que o *simum* é um vento quente, abafadiço.

Sirga: encontramos este vocábulo com a significação peculiar de lugar em que se puxam as canoas por meio de cabos. Tal a definição que vimos à pág. 934 do Tomo XVI da *Revista do Museu Paulista*, em trabalho escrito por Hércules Florence, desenhista da Comissão que, sob a chefia do cônsul da Rússia, Barão Jorge Henrique de Langsdorff, andou pelo interior do Brasil, entre os anos de 1825 a 1829, de Porto Feliz em S. Paulo a Cuiabá em Mato Grosso. Nesse trabalho ve-

SIR — 300 — **SOB**

mos várias cachoeiras denominadas *sirgas*: tais a Sirga da Capoeira, do Mato, Jupiá, do Campo, etc., todas no rio Pardo, afluente do Paraná, pelo lado mato-grossense.

Siriubal: um dos grupos da vegetação de mangues da Guiana Brasileira, no qual predomina a *siriúba* ou mangue amarelo, acompanhado do mangue racemoso, tabocas, aningas e inajá e, às vezes, o açaí. O outro aspecto da vegetação dos mangues guianos é o *mangal* que já definimos. *Siriubal* vem do tupi *siri-iba* — árvore dos siris ou *seriúba* — lugar dos *siris*.

Sitiano: termo do Pará. É assim que se chama, em Bélem e nas sedes dos municípios, ao indivíduo do interior, "vestido a *mambembe* (ordinário, desarmonioso) e andando à *membeca* (mole, fraco, molongó). Em vez de *caipira* ou babaquara, diz-se apenas que é um sitiano; é do sitio" (Informação de H. J. Hurley).

Sitiante: também *sitieiro*, o morador ou proprietário de chácara (Teschauer); o proprietário da pequena lavoura (Cornélio Pires); ou *sitieiro*, proprietário de sítio (Amadeu Amaral). Valentim Magalhães escreveu *siteiro* (*Bric-a-brac* — 1896. Pág. 177). Nas *Populações meridionais do Brasil*, de Oliveira Viana, entre págs. 134 e 136, encontramos vários períodos em que se acham caraterizados os *sitiantes*, "pequenos proprietários", "possuidores de sítios", os quais constituem "os elementos superiores da plebe". Também se diz *situante* (*Vida Capixaba* — n.º 244. Setembro 1930).

Sítio: termo usado no Brasil para designar um estabelecimento agrícola destinado à pequena lavoura, nas vizinhanças das cidades e vilas (do Rio de Janeiro a Pernambuco) e, de um modo geral, casa rústica, com granja, roça, pequena lavoura. Amadeu Amaral, registrando-o, escreve: "propriedade rural menor que a fazenda; o campo, a roça por opo-

sição à cidade: "Gosto mais do *sítio* do que da *praça*". Em alguns Estados do Brasil se diz *situação*.

Sitioca: termo muito usado no Brasil, designativo de pequeno sítio, fazendola, granja de pouco valor. Encontramo-lo empregado às págs. 45, 102, 106, 111, 186 e 283 dos *Sapezais e Tigueras* de Amando Caiubi. Registrado na 4.ª Edição do *Dicionário* de Cândido de Figueiredo.

Situação: o mesmo que *sítio*. No Ceará, segundo informa Leonardo Mota, é uma pequena fazenda de criação. A expressão — *o casco da situação* quer dizer o terreno da fazenda.

Situacionismo: termo de uso freqüente na linguagem política da República, pelo qual se designa a situação política dominante. Registrado por A. Taunay e Teschauer e encontradiço nos discursos políticos do glorioso Rui Barbosa.

Situacionista: neologismo brasileiro, designativo de sequaz do partido político que está dominando, adepto da situação política que governa.

Soalheiro: assim se diz, nos Estados do Sul, do terreno exposto ao sol nascente, oposto ao de *noruega*, ou, como diz Rodolfo Garcia: "terreno que ocupa as vertentes setentrionais das montanhas no hemisfério austral, e que se contrapõe aos terrenos de noruega, sombrios, frescos, e até frios, e pouco idôneos para certas culturas. Teschauer ensina que, em Portugal, é qualquer lugar acessível ao sol e cita o seguinte período que encontrou numa monografia a respeito do café (Theod. Peckolt, pág. 15, Rio, 1884): "O cafeeiro prospera de preferência nas colinas e mesmo sobre as montanhas, do lado exposto ao sol nascente, que é chamado *soalheiro*".

Sobrado: designação da casa do senhor de engenho, principalmente no Reconcavo da Bahia, sinônimo de *Casa Grande* em Pernambuco e S. Paulo e de "Casa de Telha" no

SOC — 301 — **SOL**

sertão do Piauí. Registrou-a em primeira mão José Wanderley Pinho em seu livro *Cotegipe e seu tempo* — Primeira Parte. Pág. 121. Vide *Casa-grande*.

Socavão: em certas zonas de Goiás assim se nomeia um lugar retirado, esconderijo; também se diz de um terreno cheio de lapas, buracos. Cândido de Figueiredo registra-o como brasileirismo, significando grande socava, lapa, esconderijo, abrigo. O Visconde de Taunay dá-lhe a significação de buracos ou lugares retirados, empregando-o à pág. 19 da *Inocência*, no seguinte passo: "Há doze anos que moro nestes *socavões*, e, palavra de honra, até ao presente não me tenho arrependido. Na minha *situação* há fartura e louvado seja! nunca passei necessidade...". Na acepção de buracos ou lapas, emprega-o Afonso Arinos no trecho seguinte do *O Mestre de Campo* (Apud *Kosmos*, n.º 2. Fevereiro. 1904): "Por esse tempo, o Senado da Câmara de Vila Real tinha de combinar com a vereança de Vila Nova da Rainha os consertos da estrada, que se esboroara com as chuvas, cavando panelas, ou rasgando socavões tremendos".

Sofralda: termo de S. Paulo, designativo de aba de serra ou monte, na parte inferior. À pág. 138 d'*Os Caboclos*, de Valdomiro Silveira, lemos: "A geada grande, que apenas espontou um talhão de maragogipe do morro, coisa de dois mil pés, estendeu-se ao longo das lombadas e *sofraldas*, queimou até a raíz a força dos cafezais do capitão Romualdo".

Solais: a parte da pedra ou rocha que, no alto do morro ou serra, começa a encurvar-se para o declive (Valdomiro Silveira — *Os Caboclos*).

Solama: brasileirismo muito corrente nos sertões, que significa sol forte e ardente; grande claridade, grande calor do sol, dizem Teschauer e Cândido de Figueiredo. Também se diz *solina* e *solão*, equivalente ao castelhano *solazo*. Encontramo-lo à pág. 10 d'*Os Ca-*

boclos de Valdomiro Silveira: "Ôta! solana bruta — ia dizendo o Chico Picapau, sozinho, pela estrada vermelha, ao pino do dia".

Solão: usado no interior do Brasil com o sentido de sol muito ardente, reverberante, que esquenta demasiado, sol de rachar. O mesmo que *solama* e *solina*. "Adonde é que você vai, criatura, co este solão que tá fervendo!" (Valdomiro Silveira. *Os Caboclos*. Pág. 15). Registrou-o A. Taunay em seu *Léxico de Lacunas*.

Solapão: registrado por A. Taunay, no seu *Léxico de Lacunas*, designativo de cavidade feita por erosão nas ribanceiras dos rios. Aumentativo de solapa ou *solapo*, como se diz no Brasil amazônico.

Solapo: registrado por V. Chermont que o define: "cavidade na margem abarrancada de um rio ou de um igarapé por baixo das raízes das árvores, onde o peixe se conserva durante as horas cálidas". Vergara Martin registra este termo como usado na Espanha, na província de Segóvia, no sentido de abrigo. Com este mesmo significado foi registrado por A. Taunay o vocábulo *solapão*.

Sol-das-almas: expressão goiana, o mesmo que *ruiva* (vide esta palavra). Informação do prof. Alcide Jubé em carta de 26-10-929.

Solina: o mesmo que *solama* e *solão*; grande calor do sol; soalheira. Registram-no Cândido de Figueiredo (4.ª edição) e Roque Calage (*Vocabulário Gaúcho*). "Aqui sestearam os encalmados andantes em dias de *solina*" (Vieira Pires — *Querência* — Pág. 11). "Ângelo, se não tinha ainda o traço dos anos, trazia o sinal mais duro da fazenda, a máscara rude do campo, do sol, da chuva, como se sobre ele passassem as enxurradas, ou se crestassem sulcos que se abrissem à *solina* e ao bochorno tropical" (Nestor Duarte — *Gado Humano*. 1936 — Pág. 188).

Solta: também *solta*, termo usado nos Estados do Norte, para designar um terreno de pastagem ubertosa onde se deita o gado para engordar ou refazer-se. Observamos nos sertões da Bahia uma certa distinção entre *solta* e *solta*: *solta* se diz quando o pastio é cercado; *solta* quando a pastagem é aberta, sem cerca, às vezes muito afastada da moradia dos donos ou vaqueiros. A *solta* próxima da casa do encarregado da fazenda ou do proprietário recebe o nome peculiar de *lograder*.

Soroca: termo de S. Paulo, que designa rasgão ou desmoronamento de terras arrastadas por força da infiltração d'água no subsolo, desagregando as camadas inferiores e determinando a queda das superiores. Quando os desmoronamentos assumem grandes proporções, tomam o nome de *sorocabuçu*. Tais rasgões são encontradiços, principalmente, nos municípios de Sorocaba e Franca. Também em Mariana, no grande morro fronteiro à cidade, na margem direita do córrego do Seminário, ao sul da Igreja de Sant'Ana, há uma enorme *soroca*. O termo é, provavelmente uma alteração de *voçoroca* ou *boçoroca*. Devemo-lo à informação oral do venerando e saudoso Barão Homem de Melo.

Suburgo: registrado por A. Taunay, com o sentido de aldeola sem movimento. É termo usado em Cachoeira de Mariana, provavelmente corrutela de subúrbio. Ou influência do italiano soborgo? Lembrete de Sud Mennucci.

Sujeito: dição com que os sertanejos designavam os escravos no tempo em que havia a escravidão no Brasil. Informação do Sr. Felício Lira, de Pernambuco, citada no *Brasil Virgem*, de Nestor Diógenes.

Sujo: designação regional mineira, dada a certa formação florística: é a vegetação que sobrevém, de pronto, à derrubada de uma floresta primária ou secundária. (*Contribuição ao Estudo da Flora Brasileira* por Honório Monteiro Filho; *Boletim do Ministério da Agricultura*, julho-setembro — 1934).

Suleiro: Cândido de Figueiredo (4.ª Ed.) registra este termo como brasileirismo, designativo do habitante dos Estados do Sul por oposição a nortista, filho ou habitante do Norte do país. "Mas do Sul voltavam todos. O cacau e o café só acolhiam os famintos nas épocas da safra. Depois fora com êles, como aos restos de um animal servido. O salário era maior. O dinheiro corria farto, mas não viajava de volta com o *suleiro*" (Nestor Duarte. *Gado Humano*. Pág. 227).

Sulino: designação às vezes dada aos brasileiros dos Estados meridionais. O mesmo que *sulista*, registrado como brasileirismo por Cândido de Figueiredo: indivíduo, natural do Sul do Brasil. C. Teschauer registra-o como adjetivo e diz: (neol.) meridional. "Em tal conceito era tido o importante órgão *sulino* fora de suas fronteiras..." (*An. indic.* do *Rio Grande do Sul.* 1920, pág. 196).

Sulista: vide *Sulino* e *Suleiro*. Nome que, no Rio Grande do Norte, no tempo da monarquia, se dava em alguns municípios ao Partido Liberal, em contraposição a *Nortista*, apelido dos Conservadores. (Vide *Nortista*).

Sumidouro: o mesmo que *itararé, escondido, grunado*, curso subterrâneo das águas de um rio através de rochas calcárias. Termo de Minas Gerais, Goiás e outros Estados. Dos *sumidouros* disse John Branner em sua *Geologia Elementar*, à pág. 116, da edição de 1915: "os sumidouros formam-se especialmente em regiões de rochas calcárias, pela solução subterrânea e remoção da matéria pelas águas. Às vezes são formados pelos desmoronamentos dos tetos das cavernas, mas pela maior parte são as partes exteriores dos buracos ou tocas compridas pelas quais as águas escapam. Quando alargadas, as partes exteriores desses cursos apresentam uma forma mais ou menos semelhante à de um funil, pelo qual a água pode entrar. Muitas vezes os *sumidouros* tornam-se lagos pe-

SUR — 303 — SUT

quenos. Dos *sumidouros* de Minas Gerais trata Álvaro da Silveira no vol. II das suas *Memórias Corográficas*, à pág. 445, especialmente daquele em cujas vizinhanças Fernão Dias Pais fundou o primeiro centro civilizado nas terras mineiras. E escreve: "Na base desse rochedo calcário é que desaparece o volumoso ribeirão, que corta a vargem mais ou menos ao meio, seguindo uma direção aproximadamente normal à face do penhasco. A uns cinco metros aquém da base da parede vertical o ribeirão, introduzindo-se por entre pedras que não nos mostram grande afastamento entre si, começa o seu curso subterrâneo, que pode ser calculado em 4 ou 5 quilômetros... Segundo está averiguado, o ribeirão do Sumidouro vai surgir na margem direita do rio das Velhas, no lugar denominado "Olhos d'Água", passando por debaixo do leito desse rio, visto estar o sumidouro a cerca de 5 quilômetros da margem esquerda". Segundo nota A. J. de Sampaio, há várias localidades no Brasil denominadas *sumidouro*, em virtude de em algumas partes desaparecer de repente um curso d'água, que ressurge adiante, depois de um canal subterrâneo.

Suruje: assim chamam em Minas Gerais, segundo lemos à pág. 160 do vol. X da *Geografia do Brasil* (já citada), aos montículos de barro construídos pelos térmitas ou cupins. "Dos insetos daninhos aos campos e lavouras de Minas é preciso salientar os terríveis *térmitas* ou *cupins*, que estragam enormes extensões de terrenos, nos pastos e roças, com seus *surujes*, ou cocurutos de barro, em forma cônica, dentro dos quais se aloja o *Termes cumulans* ou formiga branca", vulgarmente conhecida por *cupim*" (Nélson de Sena).

Suta: termo goiano que soubemos por informe do ilustre Professor do Liceu de Goiás, Alcide Jubé, do qual transcrevemos as palavras: "é um ajuntamento de certo número de indivíduos que, alta noite, vão à casa de um fazendeiro que necessita de qualquer serviço rápido; e cantando desde esse momento até o amanhecer dirigem-se todos ao serviço, trabalhando todo o dia. Voltam para casa ao pôr do sol, cantando sempre, dirigindo-se então para um telheiro onde jantam. Findo o jantar faz-se uma tirada pelo mais prático, seguindo-se cantigas e danças, que se prolongam até alta madrugada. Geralmente a *suta* tem início em uma sexta-feira e termina no domingo. O tratamento do pessoal é por conta do fazendeiro que recebeu os serviços. O que caracteriza a *suta* é a surpresa" (Carta de 26 de outubro de 1929) (Vide *Traição*).

T

Taba: ou *taua*, conhecida e decantada voz túpica que designava os aldeamentos ou arraiais dos ameríndios do Brasil. Entra este vocábulo na formação de muitos nomes deste Dicionário, e ainda hoje, de vez em vez, se emprega *taba* no sentido de povoado.

Tabaiacu: denominação que, segundo Rodolfo Garcia, se dá em Pernambuco, a diversos recifes das suas costas, de forma alongada, regularmente orientados, porém, com fracas sinuosidades. Vem do tupi — *ita* — pedra e *baiacu* — nome de um peixe venenoso, que se infla ao calor do sol, logo — *pedra dos baiacus*. Pereira da Costa escreve: "recifes submersos, fundo de pedras, lajes soltas ou esparceladas no mar, que ficam a certa distância do litoral, como, nomeadamente entre nós, os que correm de Norte a Sul, desde Ponta de Pedra até Tamandaré, e também conhecidos com o nome de *tacis*".

Tabaréu: termo usado na Bahia e noutros Estados para designar o homem do mato, que não mora na cidade, sinônimo de *caipira, capiau, matuto*, e quantas outras vozes que apelidam os filhos do interior. Entre os cronistas coloniais encontramos o termo *tabaréu* empregado por Antonil, no seguinte passo da sua *Cultura e Opulência do Brasil*, Cap. X, pág. 98 da Ed. de A. Taunay: "Ter os filhos sempre consigo no engenho, é criá-los *tabaréus*, que nas conversações não saberão falar de outra coisa mais do que do cão, do cavalo, e do boi". Beaurepaire-Rohan, tratando da etimologia da palavra *tabaréu*, diz que é vocábulo português que significa soldado bisonho, acanhado, mal exercitado. Teodoro Sampaio, porém, deriva-o do tupi — *taba-ré*, a aldeia diferente, e à pág. 138 do seu livro citado, escreve: "Aos moradores da aldeia denominavam-se *Tabayara*, aos da cidade *Mairyara*, cidadão; aos de aldeia diferente *Tabaré*, donde, sem dúvida, procede, o nome *tabaréu*, usado entre os baianos para designar um homem rústico ou matuto". O feminino de *tabaréu* é *tabaroa*.

Tabatinga: corrutela do tupi *tauátinga* — barro branco, o barreiro de argila branca; também *tobatinga*, segundo Teodoro Sampaio. Amadeu Amaral, registrando-o, define: "terra branca azulada, que se emprega no fabrico de louça rústica e de pelotas de bodoque". À argila amarela chamavam os tupis *tauá* ou *taguá* e à vermelha ou corada *tapitanga*. Em Goiás, diz o prof. Alcide Jubé, é terra argilosa de cores variegadas — rosa, amarela, azul, cinzenta, conhecida pelos pedreiros pelo nome genérico de *oca*. É solo precário para as culturas.

Tablada: termo gaúcho, que designa o lugar onde se reúnem tropeiros e *saladeiristas* para tratar da compra e venda de gado; é

TAB — 305 — TAB

uma espécie de feira, onde se fazem negócios exclusivamente pastoris. Segundo informa Calage e Romaguera, no Rio Grande do Sul só existe a *tablada de Pelotas*. O primeiro assegura ter ouvido em alguns pontos do Estado dizer-se *tablada* no sentido de charqueada. Romaguera, estudando a origem do vocábulo, diz que é uma alteração de *tablado* — estrado ou palanque, pois que existe no *galpão* ou alpendre um grande estrado onde se reúnem os charqueadores, tropeiros, comissários, para tratar de suas compras e vendas. "O dinheiro ganho entregava-o a armeiros de Pelotas, quando acompanhava às *tabladas* as tropas da estância, e era de vê-lo à volta, carregado de pólvora e de chumbo" (Alcides Maia — *Alma Barbára* — Pág. 59).

Taboca: segundo informação de Rui Penalva, é termo empregado no sul da Bahia para designar casa ou venda de pequeno negócio, o mesmo a que chamam em algumas zonas da Bahia — *biboca*. Pelo fato de em sítio interior das matas do Município de Ilhéus, à margem do rio Cachoeira, se terem criado várias vendolas (*tabocas*) que supriam os penetradores do território no afã de estabelecerem roças de cacau, surgiu um verdadeiro povoado, que recebeu do povo o nome de Tabocas (reunião de vendas). Este povoado cresceu, prosperou e a lei n.º 629, de 13 de setembro de 1906, o elevou à categoria de vila e municípic com o nome de Itabuna, pouco tempo depois promovido à de cidade, hoje dentre as mais prósperas da Bahia. "Toda *taboca* é estreita", dizem os matutos querendo significar o pequeno volume dos negócios de cada *taboqueiro* (Vide este termo). Também se emprega no sertão da Bahia (Condeúba). Registrou-o A. Taunay em sua *Coletânea de Falhas*.

Tabocal: terreno coberto por tabocas, espécie de bambu espinhoso. Beaurepaire-Rohan e Rodolfo Garcia dizem que é o mesmo que *taquaral*. "Val de Palmas, lindo nome nascido talvez desses mirrados craguatás, que são palmeiras abortadas ou desses tabocais, que se curvam, espalmadas as ramas — é uma grande fazenda" (Breno Ferraz — *Cidades Vivas* — Pág. 68).

Taboqueiro: é assim chamado no interior da Bahia, sobretudo na Zona da Mata, o negociante em pequena escala, o que compra ao negociante maior para revender aos lavradores da redondeza; o dono de uma *taboca* (Vide este termo). "O comerciante dito forte, o grossista do interior, faz grandes compras na capital; vende ao pequeno negociante, ao que tem uma vendola, uma *taboca*, o *taboqueiro*; revende este ao trabalhador, ao *mateiro*, ao pequeno lavrador" (Informação de Carlos Sales).

Tabuleiro: palavra que tem, no Brasil, várias acepções nos domínios da geografia e sobre cujo emprego há um tanto de arbítrio entre os próprios geógrafos. No Nordeste, da Bahia ao Ceará, assim se denominam as planícies extensas ou planaltos ondulados em regiões de serras de altura mediana, de solo duro, arenoso ou pedregoso, coberto de relva dura, ordinàriamente formando touças e raramente ilhotas arenosas de vegetação raquítica (Luetzelburg). O sertanejo nordestino distingue o *tabuleiro coberto* do *cerrado*. O primeiro é uma região ondulada, coberta de capim, com vegetação arbórea e arbustiva baixa, em grupos distanciados. O *tabuleiro cerrado* apresenta vegetação mais densa, com árvores baixas, troncos curtos e irregulares, solo coberto de relva. Barbosa Rodrigues chama *tabuleiro* ao campo sobre o planalto ou rechano. Segundo o Dr. Ernesto Uhle, botânico da Comissão que, sob a chefia do eminente Dr. L. Cruls, fez em 1892 a exploração da zona da futura capital da Republica (atual Brasília), no planalto central (Goiás) os *tabuleiros* são

TAB — 306 — TAI

cobertos e *descobertos;* nos primeiros predominam os arbustos definhados e o solo se cobre de relva; nos segundos predomina a vegetação das gramíneas. Aos *tabuleiros cobertos* e *descobertos* se refere Aug. de Saint-Hilaire dizendo que os *tabuleiros descobertos* não apresentam mais do que ervas e arbustículos e os *cobertos* oferecem, no meio dos pastos, árvores tortuosas e enfezadas. No sertão do S. Francisco, os sertanejos chamam *tabuleiro* a um trecho de terra de poucas árvores e quase nenhum arbusto. Na Amazônia *tabuleiro* indica um banco de areia que se forma em meio da corrente e que na vazante aparece ao jeito de ínsua. Destes *tabuleiros* de areia da Amazônia fala Raimundo de Morais em seu volume *Cartas da Floresta* (1927), entre págs. 95 e 101. Aqui transcrevemos um de seus passos mais característicos: "É quando começa a vida intensa dos *tabuleiros*, que isolados no largo, constituídos de areia fina e alva, principiam a surgir como colinas encantadas, no meio dos rios. Nus de arvoredo, sem um fio de capim, sem uma palma, sem uma folha, que lhes quebre a serena quietude, lembram enormes tumbas de gigantes inumados na caudal". E linhas adiante o encantador paisagista do Amazonas descreve o trabalho da feitura dos ninhos pelas gaivotas, pelos quelônios, pitus, tracajás, tartarugas, para a desova anual. É interessante a opinião do geólogo Ralph Sopper, da Inspetoria de Obras contra as Secas, que, a respeito da origem da palavra *tabuleiro*, escreve: "A palavra *tabuleiro* é de origem persa e vem de *tablia*, de que os latinos fizeram *tábula* e os portugueses *tábola* e depois *tabuleiro*, que significa uma tábua cujas bordas são levantadas; sua acepção hoje, porém, é mais lata e significa, em geografia e topografia, qualquer lugar plano separado de outro ou de outros por degraus ou por elevações sucessivas. São planícies de ordinário áridas, quase

sempre quentes, e mais ou menos elevadas, que se sucedem como vastos degraus de uma escada, ricas de vegetação gramínea, sendo além disto abundantes em sinantéreas e em mangabeiras e outras apocináceas, bem como em cajueiros, acácias espinescentes, algumas palmeiras, etc.". Rodolfo Garcia refere que, em Minas Gerais, chamam *tabuleiro* ao planalto de montículos pouco elevados e separados entre si por meio de vales estreitos.

Tacis: o mesmo que *tabaiacus.* Termo peculiar a Pernambuco, o qual, segundo Rodolfo Garcia, que o registra, nomeia os recifes submersos existentes ao sul da costa do mesmo Estado. É de procedência tupi: de *ita* — pedra e *aci* — cortada, separada. O vocábulo, diz Pereira da Costa, é corrutela de *ita-acir* — pedra pontuda. "Chegando nos tacis, tirei a chumbada da pinambada, isquei-a, botei n'água e puxei um pirá".

Tacuris: registrado por Teschauer, como termo do Rio Grande do Sul, designando montículos de terra feitos por uma espécie de formiga.

Tacuru: denominação dos Estados do Sul e de Mato Grosso que designa montículos de terra fofa, vezes até de dois metros de altura, encontradiços de preferência nos campos ruins, alagadiços e banhados. Registrado por Teschauer. Os *tacurus*, não raro, abrangem largas extensões de quilômetros quadrados e neste caso se dizem *tacuruzal.*

Tacuruzal: larga extensão de terreno coberta de *tacurus.* À pág. 213 dos *Contos Gauchescos e Lendas do Sul*, de Simões Lopes Neto, encontramos o seguinte trecho: "Os campos foram inundados; as lagoas subiram e se largaram em fitas coleando pelos tacuruzais e banhados, que se juntaram, todos, num..."

Taguá: vide *Tauá.*

Taimbé: vide *Itaimbé.* Em reforço à opinião de Calage, escrita nas últimas linhas do termo *itaimbé*, devo aqui registrar que, das no-

TAI — 307 — **TAM**

tas particulares que me foram fornecidas pelo Marechal Dr. Gabriel Botafogo, consta que *taimbé*, o mesmo que *itaimbé, itambé*, ou ainda *tabimbé*, é, no Rio Grande do Sul, um terreno de difícil trânsito a cavalo, cheio de buracos, fossos, etc. Nas baixadas das canhadas são comuns os *taimbés*.

Taiobal: terreno coberto de taiobas ou jarros, da família das Aráceas.

Taioca: também assim se chama, no Norte, ac cafuz (vide este termo), mestiço afro-americano. O nome origina-se de uma formiga de cor pardo-avermelhada, muito nociva às plantações do Nordeste. À pág. 18 da *A Amazônia Misteriosa* de Gastão Cruls, encontramos o seguinte trecho: "É verdade que ele também não gosta dos cafuzos, aos quais chama *taiocas*..."

Tajupar: registrado por Calage que lhe dá a significação de palhoça, choupana, rancho, e acrescenta que é vocábulo de origem guarani e não é termo popular, empregando-o apenas os escritores regionalistas do Rio Grande do Sul (Vide *Tepujar*).

Talaveira: registra-o Romaguera Corrêa, de quem transcrevemos abaixo a procedência do termo. Alcunha dada aos portugueses no Rio Grande do Sul, hoje um tanto desusada. "No tempo em que o nosso país era colônia portuguesa havia uma legião portuguesa (no começo deste século) comandada pelo gen. Lecor, cujos soldados eram denominados — *talaveiras*, e daí veio o chamar-se — *talaveira*, ao que é natural de Portugal, ou ao que, como os deste país, não são muito peritos nas lides camponesas". *Talaveira* é uma cidade espanhola e até hoje não se sabe bem a razão da alcunha.

Talhadão: grande *talhado*, trecho do curso de um rio entre paredes verticais. Vimo-lo empregado na *A Amazônia Misteriosa* de Gastão Cruls, à pág. 29: "Depois de um largo trecho de barrancos e talhadões, conseguimos abicar nu-

ma praia espaçosa, onde aguardaremos a passagem do ano".

Talhado: assim se designa, em certas partes do Brasil Norte e Centro, o mesmo acidente que a nomenclatura universal denomina *cañon*, isto é, garganta em meio da qual corre um rio, trecho de seu curso em que corre entre ribanceiras íngremes, alcantiladas, vezes a pique. O mais notável *talhado* ou *cañon* do Brasil é o do rio S. Francisco e depois o *talhado* do Portão, por onde correm as águas do Maranhão, um dos esgalhamentos superiores do Tocantins, em Goiás. No Nordeste, porém, o termo *talhado* é empregado no sentido de aba pedregosa das serras, como informa Leonardo Mota, à pág. 388 dos *Cantadores* e se lê em vários volumes de Gustavo Barroso, como por exemplo às págs. 77 e 106 do *Tição do Inferno* e 1 e 11 da *Mula sem Cabeça*. Neste último lemos: "Depois desse, os tiros se sucederam de dez em dez minutos, de quarto em quarto de hora, regularmente, todos ao pé do grande talhado da Maçaroca, ribanceira de granito esbranquiçado, que era como um rasgão no manto verde da montanha".

Tambo: termo hispano-americano, muito de uso no Rio Grande do Sul, para designar estábulo ou estabelecimento nas cidades, onde são ordenhadas as vacas leiteiras, para a venda imediata do leite aos consumidores presentes, ou para as freguesias. Registram-no Calage e Romaguera. Usado também no alto Purus e Amazônia Ocidental. *Tambo* é palavra quíchua — *tampu* — pouso, albergue (Gustavo Lemos — *Glotologia Equatoriana*).

Tamboeiras: termo alagoano que apelida os aguaceiros acompanhados de trovão e relâmpago, que costumam cair em outubro de cada ano. Vimo-lo referido por Otávio Brandão nos *Canais e Lagoas*, à pág. 234. No Nordeste emprega-se a palavra *tamboeira* para designar fruto mal nascido, peco. "...

TAN — 308 — TAP

Sei que a terra não é ruim,
Que eu não planto em capo-
[eira]
Tudo virou tamboeira
Planto arroz, nasce capim.

(Rodrigues de Carvalho. *Cancioneiro do Norte* — 2.ª Ed. Pág. 112).

Tangedor saltamoita: nome que, nos sertões do oeste baiano, se dá ao condutor das boiadas que viaja a pé, ladeando-as; auxiliares dos vaqueiros propriamente ditos. Usa uma pequena aguilhada e anda, invariavelmente, de alpercatas, para evitar os espinhos do mato. "A música de uma viola, vibrada junto a si por um *tangedor saltamoita* que voltava da entrega do gado, fez-lhe recordar os dias de festa na aldeia". (Alberto Rabelo. *Contos do Norte* — Pág. 176).

Tangerino: assim se designam no Nordeste os indivíduos, vaqueiros ou não, a pé ou a cavalo, que tangem o gado das boiadas enviadas para as feiras ou para novas fazendas. Do tangerino fala Ildefonso Albano, à pág. 28 de seu *Jeca-Tatu e Mané Chique-Chique*: "Com satisfação acompanha Mané Chique-Chique um *pedaço de gado*, léguas e léguas, para as feiras. Na frente, montado a cavalo, vai o *guia*, *aboiando* para acalmar os bois, gritando ê... ê... guardando os flancos, vão dois outros cavaleiros, os *esteiras* e atrás segue outro, o *tangerino*, animando os bois com gritos curtos e estridentes. Assim percorrem sertões, serras e tabuleiros" "Lento, um comboio move-se na estrada, cantam os *tangerinos* a toada guerreira do Tigre do Sertão..." (Do *Catimbó* de Ascenso Ferreira).

Tanque: além de ser empregado no sentido comum português, este vocábulo designa no Nordeste, da Bahia ao Maranhão, açude, grande reservatório de águas nas fazendas ou nos campos, feitos pela mão do homem, para a quadra das secas (Luciano J. de Mo-

rais. — *Serras e Montanhas do Nordeste*. Pág. 51).

Tapagem: palavra que, em geral, se emprega em todo o Brasil no sentido de *barragem* de terra com que se represam rios, riachos e *igarapés* para conservar o peixe, armazenar água para o gado, irrigar terras de em torno, etc. No litoral maranhense, segundo nos informa Antônio Lopes, é curral de pescar, feito de varas. É também sinônimo de camalote no Município de Cáceres (Mato Grosso). Vide *Camalote*.

Tapanhaúna: também *tapanhuno* (Alfredo Elis), *tapanhuna*, *tapaiúna*, designativo dos negros filhos da África que moravam no Brasil; são os pretos civilizados. Registra-o Teschauer, que o abona com um trecho de Alberto Rangel, e lhe dá origem túpica: de *tapuy-una*, o bárbaro preto, o contrário de *tapuitinga* ou gente branca, nome às vezes aplicado à gente européia (Alcântara Machado — *Vida e Morte do Bandeirante*. Pág. 187). Deste mesmo escritor é o seguinte passo: "De maior resistência física e maior passividade que os brasis são os africanos. Daí o fato de estarem sujeitos a direitos de entrada muito onerosos, o preço enorme que atingem. *Tapanhunos* — assim lhes chamam os documentos coloniais (Pág. 186)".

Tapanhoacanga: vide *Canga*. Diz-se também, em Minas Gerais, segundo Álvaro da Silveira, *tapiocanga*, alteração de *tapanhoacanga* que, em tupi, significa — cabeça de negro, alusão à forma arredondada dos blocos que lembram, ao mesmo tempo, a carapinha do negro. Vide *Tapunhunacanga*.

Tapejara: também ocorre *tapijara*, vocábulo de uso geral no Brasil, que designa o indivíduo que é prático e conhecedor dos caminhos, ou de uma região, motivo porque serve de guia a outrem. É mais ou menos equivalente ao *vaqueano* do Sul. Segundo informa Dante de Laitano, ocorre no Rio Grande do Sul, entre os pescadores da cos-

TAP — 309 — TAP

ta norte, o termo *tapijara*, com o sentido de bom condutor, fiel ao leme. "Meu pai era filho do índio mais cru das costas de Ibicuí e, como *tapejara*, no seu tempo não tinha parceiro, nem aqui, nem em Cima da Serra" (Alcides Maia — *Alma Bárbara*. Pág. 81). Já o vimos empregado como adjetivo num artigo de Henrique Silva, publicado no *Jornal do Commercio*, intitulado *As Mil e Uma Noites do Sertão*: "Também, nas ínvias trilhas *tapejaras* daqueles sertões se vão apagando os rastos deixados pelos bandeirantes másculos de outrora".

Tapera: conhecido termo de uso geral no Brasil e até nas repúblicas platinas, de procedência túpica: *tab* — aldeia e *era* — que foi, extinta, donde a tradução literal — aldeia extinta, povoação de outrora (Teodoro Sampaio). Assim costumavam denominar os ameríndios do Brasil e terras convizinhas do Sul as aldeias que a tribo abandonava, já quando vencida nas lutas com as confinantes, já em busca de melhor pescado, caça mais abundante, vida mais segura ou mais fácil. Desde o século XVI, entrou no linguajar dos conquistadores, dos negros e dos mestiços, a corrutela *tapera* para designar não só a aldeia, a *maloca* abandonada, mas também uma casa, choça, rancho, qualquer habitação do campo arruinada, abandonada, de regra em lugar ermo e soturno. Por extensão, ao depois, começou-se a chamar *tapera* ao estabelecimento rural completamente abandonado e em ruínas, no dizer de Beaurepaire-Rohan. Em nossas viagens pelos sertões da Bahia já ouvimos chamar *tapera* a uma vila ou arraial em grande e visível decadência. Precisamente, pois, o exato sentido de *tapera* é o de casa, no campo, arruinada e abandonada. Bela imagem do como se forma uma *tapera* dá-nos Darci Azambuja, à pág. 166 do seu *No Galpão*: "A propriedade tocou a um parente longe, que arrendou o campo e não se importa com a casa. Hoje, quem passa na estrada, vê que ela

se vai arruinando aos poucos, fechada, sem abrigar mais ninguém. O banco de pau desapareceu, a latada de medressilva caiu, caíram as cercas de sarrafo, no telhado há um grande rombo. As chuvas e os ventos derrubaram o teto, primeiro, depois uma parede, e as portas, as janelas... E lentamente a casa ir-se-á tornando *tapera*, — que é uma saudade perdida no campo". Não é menos eloqüente a seguinte estrofe de D. Aquino Correa, eminente prelado de Cuiabá, tirado do seu poemeto *A Tapera*, que lemos na *Revista do Instituto Histórico de Mato Grosso*.

— *Aqui do homem quase*
[*nada resta!*]
Qual inúmero exército, a flo-
[*resta*]
Invadiu-lhe a mansão!
Desta hoje, no verdor da ca-
[*poeira,*]
Só negreja o esqueleto de
[*aroeira,*]
O bronze do sertão.

Tapicuém: segundo nos informa Antônio Lopes, assim chamam, no Maranhão, ao ninho de formigas, de forma cônica e com um metro ou pouco mais de altura.

Tapiocanga: vide *Tapanhoacanga* e *Canga*. Álvaro da Silveira, falando a respeito das águas minerais da Serra Negra, à pág. 722 do seu livro *Narrativas e Memórias*, 2.º volume, escreve: "Esta tapiocanga, umas vezes, é escura, outras vezes é vermelha, e outras, enfim, amarela de ocre, pois neste caso é formada, em grande parte, de limonito. Mesmo no largo da Matriz do Carmo do Paranaíba, o solo apresenta a tapiocanga, assim como nas encostas dos córregos do Paraíso, Curtume, Olho d'Água, S. Bartolomeu e outros".

Tapiocano: o mesmo que *tabaréu*, *caipira*, *capiau*. Segundo Beaurepaire-Rohan era de uso no Rio de Janeiro e representa uma alusão ao fabrico da tapioca, de que se ocupam os filhos do interior.

Entretanto, a etimologia mais aceitável é *tape-yoca* e o sufixo *ano;* primeiramente foi *tape-yoca*, por corrutela — *tapioca*, o procedente da aldeia, da *taba*. Segundo informa Sousa Pinto o vocábulo *tapiocano* é usado também no norte de Minas e Valdomiro Silveira estende a sua área até S. Paulo.

Tapiocas: designação de uma numerosa quadrilha de ladrões e assassinos que infestaram a província do Ceará em 1846 e 1847, sem temor das autoridades; grupo de *cangaceiros* terríveis. Referida por P. Téberge (livro citado).

Tapiri: termo de uso na Amazônia, designativo de pequena choça coberta de palmas colocadas sobre paus, para resguardar as pessoas das intempéries; Gastão Cruls define-o como uma pequena cobertura de palha sobre travessas escoradas por quatro paus. É destarte uma espécie de barraca. Alberto Rangel, no seu admirável *Inferno Verde*, escreve *taperi* e, à pág. 316, lemos: "O *taperi* é o digno traço de união dessas duas operações, que resumem a devastação caucheira. Ele é o único elemento fixo, posto que com a frágil consistência da teia de uma aranha, ou da casa dum tatucaba". No Acre, chamam *paperi de barro* ou *taperi de barro* à sepultura. Aparece este vocábulo com formas diferentes: *taperi*, escrevem Francisco Pereira, Anísio Jobim, Alberto Rangel; *papiri* grafaram Mário Guedes, Euclides da Cunha e Lauro Palhano; *itapiri* registrou Francisco Pereira de Lima em vários passos do seu *Folclore Acreano*. Em sua monografia sobre os *copiares* José Mariano Filho fala do *tapiri* — definindo-o como cortina de uma água, oblíqua, aplicada sobre duas forquilhas, porém, isolada das habitações, construída com caráter de abrigo passageiro. O material de cobertura é improvisado, de acordo com os elementos geobotânicos locais.

Tapuiada: à pág. 31 da 2.ª Ed. do livro *Através da Bahia*, de Pirajá da Silva, conjunto de excertos da obra de von Spix e von Martius — *Reise in Brasilien*, encontramos o seguinte período: "Entre eles raramente se encontra um branco de pura origem européia, muitos são mulatos; outros demonstram pela cor mais clara do rosto e pelos cabelos lisos a origem mista de indígenas e brancos e, como tivessem herdado, muitas vezes, a indolência e morosidade de seus pais indígenas, são freqüentemente apelidados, por desdém, de *tapuiada* (de Tapuya, índios), objeto de desprezo dos vizinhos".

Tapuio: vocábulo de origem tupi, corrutela de *tapuy-ú* — o gentio bárbaro come, onde vive o gentio, segundo Teodoro Sampaio. É um dos termos de significação mais vária no Brasil. No Brasil précabralino assim chamavam os tupis aos gentios inimigos, que, em geral, viviam no interior, na *Tapuirama* ou *Tapuiretama* — a região dos bárbaros ou dos *tapuias*. Iniciada a colonização pelos portugueses, começaram estes a designar *tapuias*, indiferentemente, a todos os ameríndios. Depois, com os primeiros estudos sérios da nossa etnografia indígena, o nome passou a designar um certo grupo de hordas ou tribos de indígenas. O glorificado von Martius, tomando por base da classificação etnográfica a língua — seguro caminho prosseguido pelos sábios estrangeiros que têm estudado os nossos aborígines — considerou os *tapuias* num dos grupos da sua chave ordenadora, no grupo *jê* ou *crã*. Paul Ehrenreich, que, em 1904, reviu a classificação de den Steinen, reduzindo-a a três grupos em tôda a América do Sul, já não fala no grupo *jê*, os *tapuias* dos antigos escritores. Mas Rodolfo Garcia, no vigoroso ensaio sobre a etnografia brasileira publicado no *Dicionário Histórico, Geográfico e Etnográfico do Brasil*, comemorativo do Primeiro

TAP — 311 — **TAQ**

Centenário da Independência, insiste em mostrar a necessidade de se admitir a existência da família dos jês, pela sua importância histórica e vasta disseminação dentro do território brasileiro: e a esta família pertence o grosso dos *tapuias*. Isto, nos domínios da etnografia, na linguagem dos estudiosos e dos sábios. Na linguagem comum, freqüentemente vemos empregar a palavra *tapuio* como apelido genérico dos selvagens bravios do Brasil, sinônimo, portanto, de *bugre*. É o que se lê no Vocabulário anexo ao *Através do Brasil* de O. Bilac e M. Bonfim. Já no Amazonas dão este nome aos *caboclos* mansos e, não raro, estendem à generalidade dos mestiços. Artur Orlando no seu *Brasil. A Terra e o Homem*, à pág. 95, trata especialmente do *tapuio* amazonense e diz que é o "descendente puro do índio que foi forçado a assimilar línguas, costumes, instituições, tudo diferente do meio social de sua raça", e, à pág. 96, lhe traça os caracteres somáticos do seguinte jeito: "pele acobreada, nariz chato e largo nas extremidades, testa curta, maçãs do rosto salientes, porém menores que as do mogol, cabelos pretos, lisos e duros, barba quase nula, lábios grossos, dentes alvos, orelhas miúdas, olhar fixo, mãos e pés pequenos, dedos curtos e grossos". Em terras do Pará, diz Vicente Chermont, assim se apelida o "índio manso já meio civilizado, que vive entre a população sertaneja" e, por extensão, o "caboclo rude e ignorante". No sertão da Bahia ouvimos muitas vezes o nome de *tapuio* ou *tapuia* ser aplicado aos mestiços em geral, de cor trigueira e cabelos lisos e pretos.

Tapuísa: nome que, nos sertões do Gurupi, entre o Pará e o Maranhão, se dá ao rancho ligeiro, choça improvisada por caçadores ou exploradores. Vimo-lo empregado por Jorge Hurley no seu interessante opúsculo *Nos Sertões do Gurupi*, às págs. 16 e 24: "A uma ordem minha, transmitida aos índios pelos *tuxauas* Germano e Travado, os terçados se movimentaram: uns, na limpeza da área onde devia ser levantada a *tapuísa* e outros tirando frechais, varas e palhas". "Edificamos uma choça debaixo da chuva. Pernoitamos acocorados, em roda das fogueiras que, nessa noite de farto inverno, foram armadas dentro da própria *tapuísa* (rancho ligeiro) onde nos abrigamos".

Tapunhunacanga: também *tapanhoacanga* (Branner), *tapanhisacanga* (Antonil), *tapiocanga* (Álvaro da Silveira). Segundo Rodolfo Garcia, que o registra, é uma formação constituída por uma crosta negra de hidrato de ferro, cheia de concreções ocas do mesmo hidrato, tendo as paredes interiores cobertas de cristalizações de idêntica substância. Do tupi *tupuiuna* — o negro e *canga* — cabeça: cabeça de negro. Na *Cultura e Opulência do Brasil* de Antonil (Ed. Taunay), lemos ao fim do capítulo XIV o seguinte: "Também se acha muitas vezes uma disposição de desmonte que se chama *tapanhisacanga*, que vale o mesmo que cabeça de negro, pelo teçume das pedras, tão duro, que só a poder de ferro se desmancha: e não é mau sinal; porque muitas vezes o cascalho que fica embaixo dá ouro".

Tapuru: Pandiá Calógeras diz ter ouvido chamar-se assim, em Mato Grosso, aos cupins, não muito elevados, situados nos *facões* dos trilhos, pseudo-estradas, percorridas pelos Fords.

Tapururuca: registrado por Cornélio Pires, que lhe dá o significado de piçarra, terra em estado quase de pedras quebradiças.

Taquaral: bosque, reboleira de taquaras, nome vulgar de várias espécies indígenas de bambusáceas. É têrmo do Sul do país, equivalente mais ou menos a *tabocal* no Norte. "A trilha, entaliscada entre fileiras de rochedos altos, seguia ora por baixo de taquarais, ora por entre densos matagais

TAR — 312 — TEM

(Visconde de Taunay — *Campanha de Mato Grosso. Cenas de Viagem.* Pág. 85).

Tarefa: medida agrária, ainda hoje usada no interior da Bahia, equivalente a 900 braças quadradas ou 4356 metros quadrados. Beaurepaire-Rohan enganou-se dizendo que se aplica somente à medição de terras com destino à cultura da cana-de-açúcar. Na Bahia aplica-se tal medida a todas as culturas e até às pastagens. Em Sergipe e Alagoas dão à *tarefa* o valor de 3052 metros quadrados e no Ceará o de 3630. No Pará a *tarefa* é constituíla por 25x25 braças de um partido de cana-de-açúcar ou de roça de mandioca (J. Hurley).

Taturana: os vocabulários brasileiros (Beaurepaire-Rohan, Amadeu Amaral e outros) registram este vocábulo com a significação de "lagarta cujo contato produz irritação na pele, com forte ardor". Entretanto, no *Léxico de Lacunas*, de A. Taunay, encontramos o vocábulo *taturana* como designativo de indivíduo ruivo e albino, abonando-o o notável escritor com a seguinte frase: "A família V... é quase toda taturana. Que cabelos vermelhos, que pele de aço!"

Tauá: alteração do tupi *taguá* — amarelo, nome de uma argila amarelada, empregada na indústria da louça de barro fabricada no interior do país. Não sabemos em que se firmou Gastão Cruls para dizer que *tauá* é argila vermelha carregada de óxido de ferro: a argila vermelha ou corada os caboclos chamavam *tapitanga* (T. Sampaio. Op. cit. Pág. 121). É também um dos minerais que acompanham o diamante. Vide *Satélite*.

Tauari: termo amazonense, registrado por Peregrino Júnior em suas *Histórias da Amazônia*, com o sentido de pequena palhoça das *roças, seringais* e *feitorias*.

Tauiri: vocábulo indígena, pelo qual os caboclos "designam certas extensões do Tocantins em que este rio se divide em muitos canais formando um labirinto entre ilhas e pedrais. Significa múltipla divisão, pluralidade de canais e associa uma idéia de perigo ou dificuldade" (Carlota Carvalho — *O Sertão* — Pág. 244). Esta mesma escritora fala de três *tauiris* no Tocantins, da maior das quais escreve: "Esta *Tau Iri* tem 76 quilômetros de comprimento e nesta extensão o rio desce de nível mais de 80 metros por muitos e sucessivos desnivelamentos, mas em parte nenhuma há queda, verdadeiramente cachoeira ou catarata. O que há são inclinações do leito causando correntezas velozes, que terminam em remoinho, a que chamam *rebojo*, coisa pavorosa e de grande perigo, porque pode engolir o barco".

Taura: registado no *Vocabulário* de Calage, com o significado de "homem valente, arrojado, destemido; pessoa que está sempre disposta a tudo". "Bati estradas de sol a sol; toquei tropas peras charqueadas de todo este Rio Grande de Deus; fui *taura* de respeito nos serviços de capação e marcação;..." (Roque Calage — *Quero-Quero* — Pág. 104).

Tavoca: restinga de mata *carrascal*. "O novo varadouro terá oito a nove léguas; atravessei neste pequeno trajeto umas pequenas restingas de mata carrascal a que chamam *tavoca*, que se encontra muitas vezes nos campos cobertos da serra de Maracaju para o lado do rio Paraguai (Itinerário de Joaquim Francisco Lopes in *Revista do Instituto Histórico Geográfico Brasileiro*, Vol. XIII, pág. 328).

Taxizal: bosque de taxizeiros, plantas mirmecófilas da Amazônia. "E de olhos fitos na poente fímbria: seu 2.º, esse Amazonas já foi seringal, hoje é *taxizal*, pau que não serve a ninguém, só tem formigas!" (*O Gororoba*, de Lauro Palhano, pág. 193).

Tejuco: vide *Tijuco*.

Tembé: registrado por Teschauer, que lhe dá o significado de despenhadeiro e o abona com o seguinte passo de Alfredo d'Escragnolle Taunay: "Cavalo e cavaleiro rolaram neste *tembé*, indo parar no abismo". É vocábulo de origem tupi, que significa, segundo Teodoro Sampaio, borda, margem, beira. A respeito de *tembé*, ou *tembé* como grafam alguns, H. J. Hurley escreveu-nos: "Os atuais selvagens *tembés* do alto Guamá e alto Gurupi eram, segundo informe do *tuxaua* Quintino Filipe dos Santos, da aldeia S. José da Cachoeira Grande, do Guamá, os antigos *tembequaras*: beiços furados, que lembram os *nambiquaras*: orelhas furadas da Rondônia. Depois que desprezaram o costume de furar o beiço passaram a se chamar *tembés*. Assim *tembé* é sinônimo de borda, margem elevada, beira de abismo e também de beiço de gente". Usa-se ainda *timbé*, *taimbé*.

Tembezeira ou **tembezeiras**: o mesmo que *tembé* ou *tembê*. À pág. 213 do livro de Horácio Nogueira — *Na Trilha do Grilo* (S. Paulo 1927), lemos os seguinte períodos: "Os termos *tembê*, *tembezeira*, tão conhecidos e usados pelos sertanejos de S. Paulo, para significar precipício de pedreira, é corrupção do vocábulo indígena *itá* — pedra, e *imbê* — despenhadeiro, abismo. *Ita-imbê* ou *taimbê* quer dizer, portanto, em bom caingangue: — paredão de pedra dependurado em precipício vertiginoso, dando origem a um despenhadeiro ou abismo. Essa é, ao menos, a melhor etimologia da palavra que pudemos colher entre os nossos patrícios lá das selvas". E, à pág. 63 do mesmo livro, escreve o autor: "O tronco milenário, qual gigante ferido mortalmente, estalou, tremeu e oscilou; então, tombando, lá se foi, gemendo fragorosamente, tembezeira abaixo, no fundo do grotão!

Tenda: nome que, nos engenhos de açúcar, designa a parte onde ficam os tachos, registrando-o neste sentido Cornélio Pires. No Norte do Brasil, da Bahia a Pernambuco, se emprega de preferência para designar oficina de ferreiro, sapateiro, etc.

Teque-teque: termo usado na Amazônia, designativo de mascate, vendedor-ambulante, regatão. Registrado por Teschauer.

Tereterê: termo do Pará, que nomeia os terrenos atolentos, fofos, de mondongos e praias lodosas, segundo V. Charmont. É palavra de origem tupi, do freqüentativo *terê* — virado, revirado, em alusão à natureza do terreno (Rodolfo Garcia). É solo de areia gulosa, diz Peregrino Júnior. No Pará os caboclos chamam *teremerê* aos lugares da *lama gulosa*, onde tudo que cai (corpos pesados) se atola até desaparecer.

Terra apurada: vide *Apurada*.

Terra caída: termo amazonense que, segundo **John Branner**, designa os "desmoronamentos causados durante a enchente pelos rios que solapam as suas ribanceiras argilosas, as quais, estando molhadas, moles, e sem arrimo, escorregam para dentro dos rios arrastando as florestas que os margeiam". Segundo W. Bates, sábio naturalista que peregrinou, estudando, na imensa planície, "*terra caída* é o desmoronamento que respetidamente se dá nos altos barrancos de terra da margem do Amazonas, quase sempre na enchente. Embarcações de vulto são às vezes esmagadas por esta avalancha de terra e árvores. Acompanham este fenômeno os estrondos e roncar surdo de trovão. Três milhas de margem foram uma vez arrancadas, grandes blocos de floresta tendo árvores colossais de 200 pés de altura como dançando caem finalmente n'água num baque tremendo". "Numa só noite (29 de junho de 1866) as *terras caídas* da margem esquerda do Amazonas desmoronaram numa linha contínua de cinqüenta léguas", escreveu Euclides da Cunha, à pág.

TER — 314 — TER

17 da *A Margem da História* (Edição de 1909). Aí também, à pág. 45, lemos os seguintes passos admiráveis: "Às vezes é um lanço unido, de quilômetros, de *barreira,* que lhe cai de uma vez e de súbito em cima, atirando-lhe, desarraigada, sobre o leito, uma floresta inteira. O fato é vulgaríssimo. Conhecem-no todos os que por ali andam. Não raro o viajante, à noite, desperta sacudido por uma vibração de terremoto, e aturde-se apavorado ouvindo logo após o fragor indescrítível de miríades de frondes, de troncos, de galhos, entrebatendose, rangendo, estalando e caindo todos a um tempo, num baque surdo e prolongado, lembrando o assalto fulminante de um cataclismo e um desabamento da terra". Raja Gabaglia, à pág. 104 de seu livro citado, escreve: "A corrente fluvial desgasta e desloca os terrenos moles e incoerentes do baixo Amazonas, solapa as ribanceiras argilosas e desmorona os barrancos que escorregam para o álveo do rio, arrastando consigo as florestas que os cobriam: são as *terras caídas".*

Terra de planta: expressão de uso geral no Brasil, que serve para designar os terrenos próprios e destinados à agricultura, distinguindo-os dos que se reservam para a criação do gado. À pág. 126 do *Guia do Estado de Santa Catarina* (1927) lemos o seguinte período: "As suas florestas, densas e homogêneas, em grande parte ainda por explorar, os ervais riquíssimos, muitos ainda em ser, as campinas serranas, onde se aclimataria o gado mais fino e exigente, as suas *terras de planta,* abertas à experimentação de todas as culturas da zona temperada, apresentam possibilidades magníficas e que estão a seduzir a energia indormida da sua gente e a reclamar o impulso encorajador dos poderes públicos..."

Terra favada: designativo que, no Piauí, têm as terras fofas, frouxas. Informação do Dr. Astrolábio Passos, falecido Diretor da extinta Universidade de Manaus. Cândido de Figueiredo (4.ª edição) registra o verbo *favar* como brasileirismo e com o significado de gorar, ter resultado negativo. *Terra firme:* ou simplesmente *firmes,* termos da Amazônia, que nomeiam os terrenos altos, onde não chegam as águas das enchentes. Registrado por Gastão Cruls e Teschauer.

Terra fresca: denominação peculiar ao Nordeste para os terrenos molhados, úmidos, sítios quase sempre à beira dos rios e dos açudes. À pág. 292 do livro *O Piauí no Centenário da sua Independência,* 3.º vol., encontramos: "Nos afamados ribeirões Solidão, Brejo, Urucu, Tinguis, Angico, Cardoso e no imenso Prata (Município de Jeromenha), predomina o solo argiloso que os naturais chamam — *terra fresca".*

Terralão: termo paulista designativo do *terral,* brisa que sopra da terra para o mar. Empregado por Vicente de Carvalho no vol. I das *Páginas Sôltas,* à pág. 20. "É bom levar a vela, João — aconselhou mestre Inácio. Em saindo do *saco,* vocês apanham o *terralão,* que é uma ajuda". (João Foca. *Os Caiçaras.* Pág. 45).

Terra preta: na Amazônia, assim se designa "o terreno em que se encontram fragmentos de cerâmica indígena e onde deve ter sido antigo aldeamento silvícola" (Elucidário anexo à *A Amazônia que eu vi* de Gastão Cruls). À pág. 44 do mesmo livro, lemos: "Toda a região do Trombetas parece ser riquíssima desses vestígios de civilizações extintas e com o nome de *terra preta* são apontados os locais, alguns trabalhados pelo Dr. Barbosa, em que se podem fazer escavações na quase certeza de encontrar *caretas".* (Vide este vocábulo).

Terra roxa: designação que têm, em S. Paulo e noutros Estados das bacias do Paraguai e Uruguai, as

TER — 315 — TES

terras formadas pela decomposição *in situ* das rochas eruptivas (diábase e porfirite) que se encontram embaixo (John Branner — *Geol. Elem.* Pág. 17). É o terreno preferido para a cultura do cafeeiro. "No maciço da *terra roxa* — produto originário da decomposição da rocha de ferro — o maciço do paulistanismo, cerne do velho tronco de Araritaguaba e Itu, em sua perfeita constituição étnica (Breno Ferraz — *Cidades Vivas* — Pág. 125). "O cafeeiro achou na terra roxa o solo mais próprio (Delgado de Carvalho — *Geografia do Brasil*. 1.º vol. Pág. 147. Vide E. Backheuser no seu *Glossário*.

Terra safada: termo do Sul, designativo de terreno improdutivo, cansado, esgotado. Registram-no Cornélio Pires e Amadeu Amaral.

Terras grandes: encontramos esta expressão n'*Os Sertões* de Euclides da Cunha, à pág. 230, com a seguinte nota: "*Terras grandes* — frase vaga com que os matutos designam o litoral que não conhecem. Com ela abrangem o Rio de Janeiro, a Bahia, Roma e Jerusalém — que idealizam próximas umas de outras, e muito afastadas do sertão. É o resto do mundo, a civilização inteira, que temem e evitam".

Terreiro: *vide Candomblé, Xangô.* Palavra portuguesa que, na Bahia e Pernambuco, tem sentido peculiar, ainda não registrado nos vocabulários. Em seu livro *Religiões Negras*, Édson Carneiro escreve à pág. 63: "Na Bahia, as práticas religiosas dos negros se realizam em grandes barracões de arquitetura primitiva, chamadas *terreiros* ou, mais comumente, *candomblés*. Estes terreiros situam-se nos pontos mais afastados da cidade, de preferência nos bairros proletários — Caminho do Rio Vermelho, Estrada da Liberdade, Fazenda Garcia, Brotas, Federação, Amaralina, Bate-Folha, São Caetano, Cabeceiras da Ponte, etc. Nos subúrbios, principal-

mente em Parafuso". Pedro Cavalcanti, em seu estudo *As seitas africanas do Recife*, publicado no precioso volume *Estudos Afro-Brasileiros*, à pág. 243, escreve: "A maioria das seitas africanas do Recife está localizada na zona marginal às linhas de Beberibe e Campo Grande, arrabaldes pobres da cidade. Encruzilhada, Água Fria, Arruda, Chapéu de Sol, Fundão, por todos estes lugares se encontram *terreiros*. *Terreiros* do culto nagô, do culto jejê, do culto xambá, com predominância do culto nagô". Daí as expressões *pai-de-terreiro* (chefe), *mãe-de-terreiro, filho-de-terreiro*. O chefe de *terreiro* é chamado *balalorixá*.

Terreno concertado: registrado por Nélson de Sena *Revista de Língua Portuguesa*. N.º 37. Pág. 85), como termo peculiar ao oeste de Minas Gerais, região da Mata da Corda, designativo de terreno levemente ondulado ou pouco acidentado.

Terreno undante: termo do Sul, registrado por Teschauer com o sentido de terra acidentada, ondulada, cheia de altos e baixos. Abona-o o insigne vocabularista com o seguinte passo que encontrou na *Campanha do Contestado*, II, pág. 84: "... encontramo-nos num *terreno undante* como o de quase todo o Contestado: ligeiras e áridas chapadas, logo em seguida matas sucedendo matas, depois os profundos cortes formando vales..."

Terroada: vide *Torroada*.

Teso: registrado por V. Chermont como termo marajoara, que designa a parte elevada do campo que alaga durante as enchentes dos rios. Assim sendo é equivalente a *firme*, e não é restrito à grande ilha da foz amazônica. Encontramo-lo referido por vários escritores da Amazônia. V. Chermont escreve que são sinônimos de *teso* — *ilha, alto, escalvado*. "*Teso* é o termo oposto à baixa; todo o terreno que durante as inundações emerge é *teso*. *Ilha* é o

TET — 316 — TIJ

teso de menores dimensões. Um *teso* pode ser formado por diversas *ilhas*, separadas umas das outras por pequenos regos ou baixas. *Alto* é o terreno, nas fazendas de campos baixos, menos elevados do que a *ilha*, ou o *teso*, o qual entre fevereiro e maio é coberto por meio a um palmo d'água. *Escalvado* é o alto rodeado de plantas fruticosas como o piri, a aninga, a partasana". Esta nomenclatura é peculiar à ilha de Marajó. O termo é também empregado no Maranhão, no sentido de partes do campo sobrestantes à inundação. (Raimundo Lopes — *O Torrão Maranhense*. Pág. 148). Gastão Cruls define: "elevação do terreno onde não chega a água das enchentes" (*A Amazônia que eu vi*, pág. 339). No Rio Grande do Sul, diz o gen. Borges Fortes, designa "o terreno mais alto que fica bem junto à barranca dos rios. É o último a ser inundado". Macedo Soares dá a significação de morro íngreme, levantado quase a pique.

Teteqüera: registrado por Beaurepaire-Rohan, que lhe dá como significado, em S. Paulo, o de certas depressões de terreno, que serviram de leito ao rio Paraíba do Sul e estão hoje cobertas de vegetação.

Tiguera: *também tigoeira* (Valdomiro Silveira e Teschauer), termo do Sul, de S. Paulo até a região de Cima da Serra no Rio Grande do Sul, designativo de terras de roças, nas quais, após a colheita das plantações, vingam plantas esporádicas e se põem a pastar os animais. Macedo Soares define: roça que foi, roça velha. Amadeu Amaral diz simplesmente — lugar onde houve roça, depois da colheita. Valdomiro Silveira escreve: canavial, arrozal, milhal ou planta de produção periódica, depois do corte ou colheita. Parece que, de primeiro, só designava a roça de milho, e isto pela sua origem etimológica, contração do tupi *abatiguera* milharal extinto, estendendo-se depois a denominar toda a terra

em que houve qualquer plantação. Interessante é a opinião de Cornélio Pires, o querido poeta caipira: "Tiguera é roça de milho depois de colhida. Talvez venha do tupi-guarani: *abati* — milho e *coera* — ossos; pois as canas do milho dão impressão de ossos. Ossos de milharal". Amando Caiubi escreve à pág. 75 dos seus *Sapezais e Tigueras*: "Uma tiguera de milho marginava a estrada, fechada outrora como um túnel pela mata exuberante". "A tiguera lá está, meu branco, mais ressequida que nunca, cheia de assombros, vermelha como sangueira, e triste como uma saudade..." (Tito Carvalho — *"Bulha d'Arroio* — pág. 84).

Tijucada: derivado de *tijuco*, grande quantidade de lama, lameiro. Termo geral.

Tijucal: também *tujucal, lameiro, lodaçal.* Registrado por Teschauer.

Tijuco: termo geral do Brasil, empregado no sentido de brejo cheio de lama, sobretudo se esta é de cor escura; pântano, lodo, atoleiro, lameiro. É de origem tupi e, segundo Teodoro Sampaio, é "corrutela de *ty-yuc* — líquido corrupto ou podre, lama, brejo; no tupi-guarani *tupiú*". Ocorre também *tujuco.* É de todo interesse a leitura do capítulo intitulado *Tijuco* da obra de Friedrich Katzer — *Geologia do Estado do Pará*, — publicada no *Boletim do Museu Paraense Emílio Goeldi de História Natural e Etnografia.* Vol. IX, 1933, entre págs. 57 e 63.

Tijupaba: o mesmo que *tijupar.* Empregado por Otávio Brandão nos *Canais e Lagoas* à pág. 172: "... levantou uma o *tijupaba:* quatro esteias e quatro palmas a cobri-los. Nem teve a coragem de envarar e, depois, tapar o *envarado".* Ocorre também a grafia *teijupaba* (Teschauer).

Tijucupava: também *tijucupaua,* registrado por Teschauer — o lamaçal, o tremedal. Empregado por Alberto Rangel no seguinte *passo*: "Multiplicam-se as barracas desengonçadas na estacaria

TIJ — 317 — **TIR**

que as desenvasa, nas *tijucupavas*".

Tijupar: o mesmo que *tijupá, tejupá* e *tejupar*. Registrado por Teschauer. Os jesuítas escreviam *tejupar* (Vide págs. 209 e 222 das *Novas Cartas Jesuíticas* do P.e Serafim Leite, S. J., vol. 194 da *Brasiliana*). Nas *Cartas Jesuíticas* também encontramos *tixipar* e *tizupar*. Ocorrem também as grafias *tajupar* (Calage), *tejupá* (José Veríssimo, Rodolfo Eurico de Góis), *tijipá* (Capistrano de Abreu), *tijupá* (Beaurepaire-Rohan), *tujupar* (Baena, Miguel Calmon), Alberto Rangel e Alcides Maia preferem a forma *tijupar*. É têrmo geral que apelida a cabana ou palhoca de duas águas ou vertentes, que tocam o chão, em geral tapadas de palha. Segundo Teodoro Sampaio, é corrutela de *teyiu-paba* — a rancharia, a estância onde vive o povo. Antônio Lopes ensira que a forma que mais se aproxima da origem e mais corrente no interior do Maranhão é *tiupá*.

Tijuqueira: grande quantidade de tijuco, tremedal extenso. O mesmo que *tijucada*. "O zumbido geral corria sobre as ramas, atenuava-se nelas, tremia devagar pelos cálices agitados, lançava-se até as várzeas, espraiando-se no raso das *tijuqueiras*" (Valdomiro Silveira. *Nas Serras e nas Furnas*. Pág. 205).

Tingui: nome que, segundo idéia recentíssima, designa os filhos do Paraná, os paranaenses. Na *Gazeta do Povo*, órgão da imprensa curitibana, edição de 8 de novembro de 1932, Romário Martins, sabido estudioso da terra e da gente paranaenses, lançou aos quatro ventos a idéia de que fora lembrado pelo maj. França Gomes, adotar-se a alcunha de *tinguis* para designar os filhos do Estado do Paraná, como *bandeirantes* designa os de S. Paulo, *gaúchos*, os do Rio Grande do Sul, *barrigas-verdes*, os de Santa Catarina, etc., etc. O nome *tingui* provém do primeiro povo que habitou as terras do primeiro planalto — diz Ro-

mário Martins. De fato, esta tribo indígena, ao tempo do desbravamento, habitava os prolongados campos de Curitiba. A denominação provinha, diz ainda Romário Martins, de um característico físico — o nariz leptorrínico — nariz afilado. "Era gente de paz e de guerra, laboriosa e sedentária, amante da beleza natural da terra. Suas habitações eram subterrâneas como as dos Guaianases, tendo à entrada um toldo de abrigo contra as intempéries". Romário Martins, no artigo citado, aplaude sem reservas a designação. E a imprensa paranaense adotou-a e vai vulgarizando, entre aplausos, a alcunha nacionalista. Ainda em novembro apareceu a *Confederação dos Tinguis* — centro de ação cívica do Paraná, a *Marcha dos Tinguis*, o *Tango Tingui*, o *Jazz-Band Tingui*, etc.

Tipacoema: termo paraense que designa parada da maré no fim da vazante, quando esta coincide com o amanhecer. Baixa-mar matutina, diz V. Chermont. De origem tupi: de *tipá* — o fim ou extremo d'água, a baixa-mar e *coema* — manhã.

Tipisca: registrado na coletânea de Rodolfo Garcia com os seguintes dizeres: "lagoa formada em época da enchente, no Amazonas e seus afluentes ocidentais, de um lado pela sinuosidade do leito fluvial e de outro pelo impulso da água que tende a correr retamente, transformando em lençóis d'água as curvas forçadas que as margens oferecem". O nome é mais peruano que brasileiro (Vide *Sacado*).

Tiradeira: no vale do Jequitinhonha e zona cacaueira da Bahia assim se designam as mulheres que, com os dedos revestidos de *panos* — *dedeiras*, são encarregadas da retirada das amêndoas dos frutos do cacaueiro. Informação de Arnaldo Viana que diz ainda, sendo homem o encarregado deste serviço, se nomeia *tirador*.

TIR — 318 — TOC

Tirador-de-cipó: nome que, nos sertões de S. Paulo, significava negro fujão. Refere-o Valdomiro Silveira em seu livro *Nas Serras e nas Furnas*, à pág. 19: "Antão você tá com muito dó desse resto de *bacalhau*, desse *tirador-de-cipó* que me acaba de dar um prejuízo tão grande?"

Tiririca: registrando este vocábulo no seu *Glossário Paraense*, Vicente Chermont de Miranda escreve: "Curioso fenômeno no rio Pará, até agora inexplicado. Desde a foz de um pequeno igarapé perto do igarapé Caracará, na costa sul da ilha de Marajó, até o meio do largo rio na direção aproximadamente da ponta de Colares existe uma agitação constante das águas com ondas desencontradas e mais alterosas do que no resto do rio. A zona da *tiririca* é estreita, cerca de 200 a 300 metros com uma extensão de 7 quilômetros mais ou menos. Mesmo quando o rio está calmo em toda a sua superfície, o trecho da *tiririca* mostra-se agitado. É provável que esse fenômeno provenha de algum comprido recife assaz profundamente situado, onde a velocidade da maré produza correntes ascendentes".

Tiririca1: lugar cheio de *tiriricas*; planta ciperácea do Brasil, grandemente prejudicial à lavoura.

Toa (De): locução adverbial correntia no rio S. Francisco para designar a navegação que se faz quando as embarcações são levadas pela correnteza, rio abaixo (*cabeça abaixo* no expressivo dizer dos matutos), quase dispensando o trabalho dos marujos que se limitam a dar, de longe em longe, algumas remadas. "A viagem de regresso é rápida e sem o menor esforço, pois quase sempre as embarcações andam *de toa*, levadas pela correnteza, sendo apenas auxiliadas por algumas espaçadas remadas, para despertar as tripulações, as quais, com a ociosidade da descida, bem compensam o risco e cruéis fadigas da subida" (Durval de Aguiar — *Descrições Práticas da Província*

da Bahia. Pág. 18 — Idênticas referências às págs. 25 e 47). Em todos os Dicionários da língua, que consultamos, não vimos registrada esta locução que parece exclusiva dos ribeirinhos e barqueiros do grande brasileiro. O *Pequeno Dicionário Brasileiro da Língua Portuguesa*, em sua 10.ª edição, registra a locução de *toa* como brasileirismo da região do S. Francisco, com a mesma significação. Em português *toa* é termo marinho que significa corda, cabo ou sirga com que uma embarcação reboca outra, sendo freqüente a locução *à toa* — a esmo, sem governo, ao acaso, impensadamente. Nada disto, porém, há viagem *de toa* no rio S. Francisco e seus afluentes. As embarcações não andam à sirga, nem dispensam o leme para regular a direção da singradura. O Almirante Antônio Câmara em seu precioso *Ensaio sobre as Construções Navais Indígenas do Brasil*, volume 92 da *Brasiliana*, registra no Vocabulário, apenso ao livro, o termo *toa* (*tomar uma —*, ir à garra pela correnteza do rio (rio S. Francisco).

Tobatinga: o mesmo que *tabatinga*.

Tobós: termo que designa, na região diamantífera do Araguaia e seus tributários, os diamantes grandes. Vimo-lo empregado por Hermano R. da Silva à pág. 171 de seu volume *Garimpos de Mato Grosso*.

Tocador: assim chamam, em Minas e Goiás, aos indivíduos que tangem ou guiam um lote de animais de carga, companheiros dos tropeiros. Aug. Saint-Hilaire, em sua *Viagem às nascentes do S. Francisco...*, escreve que o *tocador* é o encarregado de conduzir os muares sob a inspeção do almocreve principal ou *arrieiro*: é êle que os faz avançar e os dirige quando em marcha. Equivalente a *tangerino* do Nordeste; no Rio Grande do Sul é o *campeiro* que toca os animais ou gado em marcha (Calage). "Por aí passaram tropas mineiras d'além Paranaíba — rijos *tocadores* palmilhando as

TOL   — 319 —   TOP

alpercatas de couro cru pela extensão ardente e arenosa das estradas poentas, ladeadas às vezes de barrancos escarpados e esfarinhentos de pedra-canga, por cujas erosões vincadas medrava tenaz o *catingueiro* dcs morrotes". (H. Carvalho Ramos — *Tropas e Boiadas*. Pág. 21)

Toldo: palavra hispano-americana, usada no Paraná e extremo Sul do Brasil, para designar aldeia, maloca, taba de coboclos, já meio civilizados. Beaurepaire-Rohan registra o termo escrevendo: "é termo da América Meridional espanhola, significando barraca, choça ambulante, que serve de habitação aos índios. Tanto basta para reconhecer-se que o vocábulo *toldo*, com a significação de *aldeia*, nos veio das repúblicas platinas". "Vivia, então, a pouca distância do toldo, o *pajé* Mboi, que, por seus avançados conhecimentos dos mistérios do futuro e por sua grande sabedoria nos conselhos que dava a quantos o procuravam, havia conquistado a admiração e o respeito de todos os índios..." (Eurico Branco Ribeiro — *À Sombra dos Pinheirais*. Pág. 66).

Tombada: termo usado nos Estados do Sul para designar quebrada de montanhas; vertente. Registrado por A. Taunay.

Tombador: também *tombadouro*, segundo o registro de Macedo Soares; encosta íngreme de uma serra ou colina, até de uma chapada. Termo de uso na Bahia e Estados do Norte. O engenheiro Alexandre Góis, em Relatório apresentado ao Governo da Bahia em 20 de julho de 1908, escreveu, à pág. 26, que a verdadeira diferença entre serra e *tombador* é a seguinte: "a serra eleva a sua aresta acima de um plano, tendo deságuas à direita e à esquerda; o *tombador* liga um plano superior a outro inferior, tendo deságua de um lado só e como que serve de muralha de sustentação às terras de uma chapada". Amadeu Amaral, que o registrou em S. Paulo, dá-lhe como significado: "lugar onde há queda-d'água; essa mesma queda". Leonardo Mota, que o mesmo fez no Ceará, informa que são terrenos altos e ordinariamente pedregosos e Juvenal Galeno diz que é terreno desigual, escarvado, cheio de barrocas (livro citado, pág. 604).

Tombadores: Beaurepaire-Rohan que registra *tombador* com o sentido acima dito, também dicionarizou *tombadores*, na acepção de ondulações do terreno, mais ou menos escarpados, cheios de barrocas. Penso que a palavra *tombadores* é apenas o plural de *tombador* (alteração de tombadouro), com o mesmo significado: pelo menos sempre assim ouvimos empregado no norte da Bahia e, em nenhum escritor do Nordeste, encontramos semelhante sentido especial.

Tomba-las-águas: o mesmo que *tramba-las-águas* (vide este termo), de uso no Maranhão e em Pernambuco. Neste Estado, no distrito de Itapiçuma do Município de Igaraçu, em frente a Itamaracá, assim chamam ao encontro de duas marés que entram no canal de Itamaracá, o mesmo a que no tempo da colonização chamavam Rio de Santa Cruz. "Navegando-se no canal apanha-se a maré num sentido até certo ponto e em sentido contrário noutro... Onde elas se encontram tem o nome *tomba-las-águas* (Informação de Mário Melo).

Tombão: mar agitado: voz corrente entre os pescadores da ilha de Bom Jesus, do arquipélago da baía de Todos os Santos. Informação de Artur Neiva.

Tombo: nome que, em Minas Gerais e outros Estados, se dá às cachoeiras altas, volumosas, em queda vertical; sinônimo de *pancada, salto*. Registrado por Nélson de Sena.

Topatinga: denominação dada pelos indígenas aos holandeses ao tempo da invasão batava, corrutela de *toba-ting*, cara branca ou rosto pálido. Encontramo-lo num trabalho de Alfredo Carvalho, *Os*

TOQ — 320 — TOR

Holandeses no Rio Grande do Norte — 1625-1654 — publicado na *Revista do Inst. Hist. e Geog. do Rio Grande do Norte*, vol. IV — n.º 1, pág. 123. Alfredo de Carvalho colheu este nome na obra de Joannes de Laet — *Anais da Companhia das Índias Ocidentais*.

Toqueiro: vide *Mateiro*. No belo volume de Lauro Palhano — *Marupiara* — encontramos à pág. 280 o seguinte conceito sobre *toqueiro*: "seringueiro que vende a borracha ao patrão. O artigo (produto) é então embarcado por conta daquele. O *toqueiro* é considerado como um meio empregado. É quem, geralmente, toma parte nas diligências e serviços pagos a dia". Em carta de 19 de abril de 1946 o prof. Mário Monteiro, de Manaus, informa o seguinte significado: "indivíduo que percorre as estradas da seringa, limpando-as para o seringueiro, antes deste encetar o serviço de extração do látex".

Torcedor: nome que, de primeiro, se aplicava a um engenho destinado a extrair o suco da cana. À pág. 524 d'*A Paraíba e seus Problemas*, de J. Américo de Almeida, lemos: "As *feiras* constituíram-se em centro de convergência do comércio dos sertões mais remotos, à procura de cereais e da rapadura fabricada com toscos *torcedores* que extraíam uma insignicante porcentagem do suco da cana".

Toró: designação dada pelos habitantes dos Municípios situados na serra do Mar, no Estado do Rio de Janeiro, à chuva miúda, à *garoa*. Registrado por A. Taunay em seu *Léxico de Lacunas*.

Tororoma: termo do Norte do Brasil, que designa uma corrente fluvial ruidosa e forte. Registra-o Cândido de Figueredo (4.ª Ed.).

Torra: termo usado nas Lavras Diamantinas da Bahia, para designar carbonado de inferior qualidade. Informação do Eng.º Macambira Monte-Flôres. Usa-se também em Goiás. Vide *Fundo* e *Melê*.

Torrão: vide *Salão*.

Torreame: encontramo-lo nos *Cantadores* de Leonardo Mota, com o sentido de grossas nuvens acasteladas. Assim diz o autor citado, à pág. 333: "Quem vê a carregação dos *nivoeiro*, quem vê os *torreame*, diz que a chuva vem anexa". Têrmo cearense.

Torroada: no Pará, designa as terras altas, cheias de bons seringais: "a ilha Bacuri no Tocantins é rica em *torroadas*". No Maranhão, segundo Beaurepaire-Rohan, assim chamam "às fendas que aparecem nos terrenos argilosos e alagadiços depois de secos, e que tornam difíceis e perigosos os caminhos". Confirma esta versão Antônio Lopes, profundo conhecedor do Estado do Maranhão, acrescentando, porém, que nas *torroadas* do Maranhão não há vegetação, mesmo herbácea. "Depois o igapó imenso, fatigante, de onde fugiu o pântano, para ficar a aridez da *torroada*, terra que a enchente visita e despreza, floresta labiríntica das araribas emaranhadas (Raimundo Lopes — *A riqueza dos Palmares do Maranhão*, etc. — Artigo no *O Jornal* de 27-11-1927). À pág. 131 do profundo estudo de F. Raja Gabaglia, *As Fronteiras do Brasil*, lemos: "Nos campos argilosos e alagadiços há uma formação especial que dificulta o andar e o correr aos cavalos empregados nos serviços pastoris; são as *torroadas*, que se apresentam sob três aspectos. No primeiro, ao qual pertence verdadeiramente a denominação supra, os campos ficam cheios de montículos de 20 centímetros de altura, cobertos por pequenas touças de capim. Esta forma, conforme os estudos do Dr. Vicente Chermont, é devida ao trabalho das minhocas (*Lombricus communis*); aparace também na Mexiana. No segundo aspecto, o terreno argiloso oferece-se todo cheio de fendas profundas e em virtude da dessecação do terreno pela fortíssima ação do sol; e no terceiro, cheio de depressões devidas ao passo do gado nos terrenos argilosos amo-

TRA — 321 — **TRA**

lecidos no inverno e secos e endurecidos no verão".

Traição: vimos referido este termo com significação regional numa carta escrita pelo P.e José Noronha, missionário salesiano em Santa Rita do Araguaia, no Estado de Mato Grosso. E como tal não o registra nenhum vocabulário brasileiro. Aqui transcrevemos alguns trechos da referida missiva, publicada no conhecido *Boletim Salesiano* de maio-junho de 1933. "No intuito de auxiliar um vizinho em sua roça, um fazendeiro congrega sua gente, convida os amigos, e, para tornar a coisa mais poética, assalta-o alta noite, obrigando-o a recebê-lo com toda a comitiva, que no dia seguinte o livrará do aperto em que se achava por falta de braços". É o a que se chama noutros lugares do Brasil *mutirão*, *muxirão*, *puxirão*, *bandeira*, *batalhão*, *ajutório*, etc., etc., todos já registrados. É a reunião de roceiros para ajuda de um vizinho nalgum trabalho agrícola, apenas com a surpresa do ataque vesperal à casa do amigo que se quer auxiliar. Este de nada é prevenido: assaltam-lhe a casa os trabalhadores a horas mortas da noite antecedente ao trabalho. Eis como o P.e José Noronha descreve a cena que presenciou: "Já tinha dormido um bom sono, quando se ouve lá fora o tilintar da viola e uma voz aguda de um preto velho, conhecido cantador da redondeza, o Juvenal. Cantava uma intimação solene que pôs em rebuliço e confusão tôda aquela casa. Uns a saltarem das rêdes, outros a tropeçarem nos companheiros, procurando abrir a porta, outros a se estremunharem atordoados, as crianças a berrarem, os cães a ganirem, as mulheres esforçando-se por acender e alimentar as candeias de sebo com torcida de algodão, a correrem para a cozinha; enfim, o fim do mundo em miniatura. Daí a pouco a casa encheu-se de gente, estrondavam as gargalhadas de satisfação e o *catira* a estalar no assoalho com seu canto monótono,

seguido de sapateado reboante e repique de palmas. O Sr. Amadeu triunfara. A *traição* surtira ôtimamente e alcançara o efeito desejado — o *susto;* enquanto o *atraiçoado* antegozava o resultado — a *roça feita".* Após o trabalho realizado, voltam todos à casa do *atraiçoado,* jantam e divertem-se durante toda a noite e nisso está, escreve o P.e José Noronha, o ponto culminante da *traição.* Na região serrano-catarinense, segundo informa Tito Carvalho em seu vol. *Bulha d'Arroio,* à pág. 195, chama-se *emboscada* à visita festiva, de surpresa, ao fazendeiro, seguido de churrasco e baile.

Tramba-las-águas: registrado por Beaurepaire-Rohan. Termo empregado no litoral de S. Paulo para designar o lugar de encontro de duas marés, em um canal que tenha duas saídas para o mar. Ao mesmo acidente chamam no Maranhão e em Pernambuco *tomba-las-águas.* Talvez corrutela de *entrambas-águas,* expressão castelhana que designa lugar onde se misturam as águas de dois rios, confluência, ainda chamada *ambasmestas* (Vergara Martin. Livro citado). Em carta de 10 de julho de 1940, Sud Mennucci informa que em S. Paulo se diz *tombo das águas,* como vem referido nos vols. da Comissão Geográfica e Geológica de S. Paulo referente à 2.ª seção da exploração do litoral. Assim também se registra nos mapas cartográficos da zona referida.

Tranqueira: Sud Mennucci informa que o sentido certo é o indicado por Calógeras e, por isso, a expressão emprega-se muito para os rios atravancados de galhos, ramos, troncos, que impedem o trânsito das canoas. O vocábulo é encontradiço nas publicações da Comissão Geográfica e Geológica do Estado de S. Paulo. Registrado por Cornélio Pires, com o sentido de *coivaras* velhas em meio da *capoeira,* impedindo o trânsito. Nos velhos roteiros seiscentistas, diz-nos Pandiá Calógeras, o termo equivalia a porteira, tapume, havendo entre estes termos diferenças construtivas, mas o fim é comum: vedar uma passagem.

Transcurral: registrado por Calage, "pequeno curral ao lado do *curralão* ou da *mangueira* onde se deixam os animais orelhanos, (que ainda não foram assinalados), a serem marcados".

Travessão: palavra que tem várias acepções no Brasil. No Pará e em Goiás, designa uma espécie de recife que vai de uma a outra margem do rio, dividido, porém, em várias seções, em que se formam canais mais ou menos profundos, por onde passam as canoas. No Maranhão, é banco de areia que atravessa um rio em toda a sua largura, tornando-o vadeável, equivalente ao que os russos chamam em seus rios — *perekaty.* Na Bahia, e Estados vizinhos, chama-se *travessão* a uma cerca que separa os terrenos de criação dos de lavoura, a fim de impedir a invasão do gado nas plantações. "Os *travessões,* cercas construídas pelas municipalidades sertanejas separando as zonas de plantação das de criação em comum — Samuel Hardman — *Cem anos de agricultura e pecuária no Nordeste,* in "*Diário de Pernambuco* — Vol. do 1.º Centenário, 1925. Em S. Paulo, diz Afonso Taunay (*Rev. de Língua Port.* N.º 30, pág. 227), é o tapume que na catinga e sertão separa a zona de criação da de plantio. São extensas cercas, de léguas de extensão, entremeadas de valados, feitas de pau roliço, plantas de espinhos, estabelecidas mediante lei votada pelas municipalidades e aprovadas pelo Congresso Estadual". No Vocabulário apenso à *A Amazônia Misteriosa* de Gastão Cruls, encontramos: "*travessão* — queda-d'água; pedras que encachoeiram as águas de um rio". Em carta de 10 de julho de 1940 Sud Mennucci nos fêz preciosas ponderações a respeito dêste termo e nos informa que em S. Paulo se usa também neste sentido de queda-d'água, pedras que encachoeiram os rios. E nos enviou as citações seguintes, tiradas do vol. *Exploração do Ribeira do Iguape*": "A 2, prosseguimos o trabalho encontrando logo o Travessão Grande, bonita barreira de granito, oposta às águas do rio, que ali despejam o seu volume total, pôsto que pequeno, por um canal de dois metros" (pág. 19). E à pág. 20: "A 28, às 7 horas, partimos do pouso e prosseguimos o levantamento até jusante da cachoeira Escondida, que constitui a primeira seção do Salto Grande do Bananal, no km 7, tendo antes passado o Saltinho e o Salto Piúva, a cachoeira do Espelho, e uma outra cachoeira ou *travessão* sem nome".

Trem: nas Lavras Diamantinas da Bahia, assim designam os *garimpeiros* o carbonado ou diamante, segundo nos informou o Engenheiro de Minas Macambira Monte-Flôres, conhecedor da região. "Achei um *trem* equivale a — achei um carbonado ou diamante". Nélson de Sena registra *trem* com o sentido peculiar em Minas Gerais, e dizemos nós, na Bahia também, de *trem de ferro,* que em todo o Brasil designa o que em Portugal se diz *comboio* (*Viajar de trem* é o mesmo que dizer — viajar de trem de ferro).

Tremedal: termo maranhense que, designa a vegetação flutuante que cobre grandes extensões dos rios, e como tal, sinônimo de balcedo (Beaurepaire-Rohan). Em todo o Brasil é usada esta palavra com o mesmo sentido de Portugal — pântano, lameiro, lodaçal.

Tremembé: termo usado no Sul, para designar lugar apaulado, alagadiço, bacia lamosa, não raro coberta de vegetação aquática. É o mesmo que terra *brejosa,* tremedal. É palavra de procedência túpica, corrutela, diz Teodoro Sampaio, de *tiri-membé,* contração de *ty-riri-membé* — a água que se escoa molemente.

Trepada: termo usado no Rio Grande do Sul, que nomeia lugar íngreme, subida, elevação do terreno. Romaguera Corrêa cita a seguinte frase: "Naquele lugar te-

TRE — 323 — TRO

mos forte trepada a galgar". É o que noutros pontos do Brasil se designa — *ladeira esperta*.

Treze-de-maio: denominação pejorativa às vezes aplicada aos negros, em alusão à data em que, no Brasil, se aboliu a escravidão. Empregado por Cornélio Pires, à pág. 262 das *Conversas ao pé do fogo* e por José Lúcio à pág. 280 do *Bom Viver*.

Trezidela: é o nome de um arrabalde da cidade de Caxias do Maranhão, situado na margem esquerda do rio Itapicuru, fronteiro ao Porto Grande da mesma cidade, à qual se liga por uma ponte. O Dr. Justo Jansen Ferreira, ilustre geógrafo maranhense, pensa que o nome é de procedência indígena, significando — *do outro lado;* Gonçalves Dias, o maior dos filhos do Maranhão, sustentava que o nome era corrutela de Três Aldeias, o que parece ter alguma razão de ser, ante o primitivo nome de Caxias — S. José das Aldeias Altas. César Augusto Marques, em seu *Dicionário Histórico-Geográfico da Província do Maranhão* (1870), informa que havia na margem esquerda do Itapicuru, defronte de Caxias, a aldeia de Aldeias Altas, habitada por índios mansos da nação Guanaré, contendo 600 arcos e que, em 1757, de ordem do rei de Portugal, tomou conta da administração temporal o Capitão mandante Manuel Pereira Taborda que, ao investir-se no cargo, mudou o nome do lugar para *Trizidela*. Ainda no Maranhão se encontram outros povoados com esse nome, como o que fica fronteiro a S. Luís de Gonzaga, à beira do Mearim (Justo Jansen — *Fragmentos para a Corografia do Maranhão*. 1901. Págs. 17 e 54). Entretanto no belo livro de Raimundo Lopes, tantas vezes citado no correr deste trabalho, à pág. 197, encontramos o nome *Trezidela* empregado como substantivo apelativo, com a significação de povoações da outra banda do rio. Eis o seu trecho: "Algumas cidades e vilas do Itapicuru têm outro aspecto característico: as *trezidelas* ou povoações doutra banda, também observáveis em alguns outros rios brasileiros". Confirmou-nos isto o seu ilustre irmão Antônio Lopes, em carta de 18 de março de 1928, onde escreveu: "não fez mais do que seguir o uso do povo, que a todo lugar defronte de uma povoação ribeirinha dá o nome de *trezidela*".

Trilheira: termo usado em Goiás, empregado por Henrique Silva e registrado por A. Taunay, significando trilho muito acentuado na mata virgem.

Tripa-de-pinto: denominação dada a certo trecho, de algumas léguas de extensão, do rio Grande, o maior dos afluentes do S. Francisco na Bahia (cêrca de 500 quilômetros), no qual os meandros ou *voltas* se sucedem próximos uns dos outros ou "em que as curvas de raio curto se verificam a pequenas distâncias umas das outras, em grande número, oferecendo assim problema dificílimo à perícia dos práticos no timão dos navios" — (Informação do Dr. Otto Filocreon no *Diário de Notícias* de 15 de outubro de 1927).

Tromba: termo de Mato Grosso, que apelida as saliências do *araxá* ou planalto na baixada do Paraguai, as quais tomam a reveses o aspecto de grandes pontas ou cabos que se projetam pela planície. Há grande número desses acidentes nas cabeceiras do Aquidauana; equivale mais ou menos a *itaimbé*. Rodolfo Garcia, citando Taunay, diz que, em S. Paulo, significa "desfiladeiro aberto pelas águas, resultando de uma grande erosão". "Divisei, porém, no prolongar dos montes as *trombas* numerosas, isto é, as aberturas ou passagens, como se foram brechas feitas a talho, e para melhor guardar a disposição delas tomei o meu lápis e desenhei o perfil da terra fronteira a nós com as suas interrupções, os seus alcantis e as suas linhas de estratificação bem expostas" (Teodoro Sampaio — *O Rio de S. Francisco e a Chapada Diamantina* — S. Paulo —

1906 — Pág. 155). Pandiá Calógeras, a respeito deste regionalismo, escreveu-nos: "Em Minas Gerais denomina também morros
isolados (Tromba d'Anta, por
exemplo). Não é um *itaimbé*,
que é unilateral como declive.
Também se diz, em Minas, de um
forte aguaceiro equivalente a uma
bomba: *caiu uma tromba-d'água"*.

Tronco: termo de mineração (vide
cerco).

Tronqueira: termo paraense designativo de margem de rio em que
se vêem vários troncos de árvores caídas, cobertas de cipós e pa-
rasitos floridos. De um roçado
mal queimado dizem: — aquilo é
uma verdadeira *tronqueira;* uma
tronqueirada (Informação de H.
J. Hurley). Na Amazônia, segundo informa José Potiguara no
vocabulário anexo ao seu livro *Sa-
pupema*, é grande tronco de madeira de lei caído do barranco no
leito do rio ou do igarapé, constituindo às vezes sério perigo para
a navegação.

Tropa: em vários Estados do Brasil este vocábulo designa uma caravana de animais de carga que
levam mercadorias de uns para
outros pontos. As *tropas* são os
mais expeditos meios de comunicação nas terras do sertão brasi-
sileiro, onde não há rios navegáveis ou estradas de ferro. Na
Amazônia chamam *comboio*. "O
caipira é um obscuro e é um forte! Ei-lo tangendo suas tropas
cargueiras, empoeiradas ou cobertas de lama, pelos caminhos
tortuosos e esburacados furando
matas virgens, galgando montanhas ásperas, vadeando rios re-
voltos e pestíferos, afrontando
pântanos e *atoledos*, atravessando
campos e campos, vencendo dezenas de léguas a pé ou arcado e
molengão sobre o burro *manteú-
do*, ao monótono *belém-belém* do
sino pendurado ao pescoço da *madrinha* ruana!" (Cornélio Pires
— *Seleta Caipira*. — Pág. 4).
No Rio Grande do Sul, segundo
Calage e Romaguera Correa, é
um grande número de gado vacum em marcha de um ponto pa-

ra outro, quase sempre, porém,
para as charqueadas. Lá também usam o aumentativo *tropão*
e os diminutivos *tropinha, tropa-
zinha, tropita*. Podem ser as *tropas* também de éguas, de mulas,
de gado de cria. Na descrição
da viagem que fez às nascentes do
rio S. Francisco, Aug. Saint-Hilaire informa que o nome de *tropa* se empregava no distrito diamantino no sentido de reunião de
escravos dirigidos por empregados livres e prepostos à extração
de diamantes em lugares a que
chamavam *serviços* (Livro citado — Tomo I. Ed. Brasiliana —
Pág. 255).

Tropa de barro: o mesmo que
tropa de cachimbo.

Tropa de cachimbo: expressão do
Nordeste, designativa de tropas
irregulares, compostas de civis,
também chamadas *tropas de barro*. Encontramos estas duas denominações no livro de Érico de
Almeida — *Lampião. Sua História*, à pág. 15.

Tropa de linha: nome que ainda hoje designa, no Nordeste, o exército, em contraposição às polícias
ou milícias estaduais. À pág. 26
dos *Beatos e Cangaceiros* de Xavier de Oliveira, lemos: "No Nordeste, principalmente, onde o exército, a *tropa de linha*, como lá é
chamado, é, com razão, tido e havido como inimigo do povo, inimigo e perseguidor, seria de um
grande alcance essa medida".

Tropeirada: os tropeiros em geral,
grande número deles.

Tropeiro: indivíduo que se ocupa
em conduzir tropas, vezes como
empresário de transportes, outras
tantas como simples campeiro,
chefe de outros *tocadores*. No Rio
Grande do Sul, assim se apelidam
também as pessoas que se ocupam
em comprar e vender tropas
de gado, de mulas ou de éguas.
"Cruzavam tropeiros da terra,
gente sã e escorreita, incitando
aos estalos ásperos dos relhos e
piraís compridos de trança fina,
o trote leve da burrada, que se de-
tinha por momentos a retouçar a

babugem das margens — guizalhentas as cabeçadas, — com carregamento de cristal de rocha, surrões preciosos de bom fumo goiano, os malotes ajoujados de sola sertaneja, para as divisas estaduanas do grande rio" (Hugo de Carvalho Ramos — *Tropas e Boiadas*. Pág. 22). "O tropeiro foi um dos mais fortes elementos da vida e do progresso de todos quantos trabalharam para a grandeza e a unidade do Brasil. Eram eles que recebiam mercadorias em pontos diversos e que as traziam para o comércio entretidos com o seu lote, com a sua lida, com os seus cantares saudosos e nostálgicos e que iam dessa maneira, inconscientemente, tecendo o elo da solidariedade nacional. Partiam de todos os pontos de produção, choutando a sua tropa, que cadenciava o passo pelo retinir dos guizos da besta dianteira, e, atravessando os desolados chapadões do planalto, em demanda do porto de Santos, encordoavam os lotes por esta estrada descendo e subindo asperezas desta serra, como formigas em carregação parecendo desaparecer ao volume e ao peso das cargas, que, em movimento, davam a impressão de ir arrastando as alimárias". (Júlio Prestes. Discurso na inauguração do rancho de Paranapiacaba).

Tropilha: regionalismo gaúcho, já registrado por Calage e Romaguera. O primeiro informa: "certo número de cavalos do mesmo pelo que acompanham uma *égua madrinha*". "Depois duma batida de dez horas campeando a tropilha dos malacaras pra apartar um potro" (João Fontoura — *Nas Coxilhas* — pág. 117). Romaguera diz que é uma "porção de cavalos (de dez a vinte e tantos) do mesmo pelo ou cor e que acompanham uma *égua madrinha. Tropilha de vermelhos, tropilha de gateados*, etc. É o contrário de *quadrilha*. Nos *Gauchismos e Gauchadas*, de Piá do Sul, encontramos o seguinte quarteto:

"*E o domador gaúcho, o* **rei**
     [*de todo o pago,*]
Que tem por cetro o relho e
     [*por trono a coxilha,*]
Cujo nome se diz ante cada
     [*tropilha*]
Que arrocinou, domou, à for-
     [*ça ou com afago*".]

Troz-troz: designação dada pelos sertanejos da Bahia a uma chuva rápida e grossa. Informação local.

Tuaiá: termo amazonense registrado por Peregrino Júnior no *Vocabulário* anexo às suas *Histórias da Amazônia*: a região mais longínqua dos seringais do alto Xingu, para lá de Altamira; rio acima; longe, distante. "Enchi com as *peles* do meu saldo uma canoa que ia descer o rio, e tratei de deixar quanto antes aquele *tuaiá*" (Liv. citado. Pág. 96).

Tubarão: nome que os habitantes do Recôncavo da Bahia dão aos serrotes altos (Informação de Artur Neiva).

Tubixaba: o mesmo que *tuxaua*. Figuradamente é empregado com a significação de chefete, tiranete. Teodoro Sampaio escreve à pág. 161 do seu livro citado: "O chefe ou principal, no regime patriarcal em que viviam, era o *Tubixaba*, no guarani *Tu-bichá*, que quer dizer *pai vigilante, atento*, ou o *primeiro alerta*. Em algumas tribos, por influência dialetal se dizia *Tuchaba*, ou *Tuxaua*, em outras, *Tubirecha, Tubireçá, Tibireçá, Tybyreçá*".

Tucuri: o mesmo que *tacuru*, empregado às vezes no Rio Grande do Sul.

Tucuruva: termo usado em S. Paulo pelos *caipiras* para designar os *cupins* (vide esta palavra), quando são abandonados pelas formigas que os constroem. Vimo-lo empregado neste sentido no trabalho de Marciano dos Santos — *A Dança de São Gonçalo*, publicado na *Revista do Arquivo Municipal* de S. Paulo, vol. XXXIII (março de 1937). Eis o passo referido: "Aguardam a manhã do dia da função para cozerem a carne nos

TUJ — 326 — **TUX**

originais fogões que improvisam com as moradas das térmitas, formigas brancas que há em abundância pelos campos sem cultivo. Enquanto as formigas habitam essas casas que medem até metro e meio de altura, os caipiras as nomeiam de *cupins*, e quando elas os abandonam, de *tucuruvas*. Essa habitação com o tempo torna-se duríssima e o cultivador que queria destruí-la só o consegue depois de penoso trabalho. E é com esses sólidos *tucuruvas* que o *caipira* prepara o fogão destinado a cozinhar os alimentos para a ceia da *função* (cerimônia religiosa) de São Gonçalo". Carlos Teschaeur em seu *Novo Dicionário Nacional* registra *tacuruva* — pedras que sustentam a panela, trempe, *tacurus* — usado em S. Paulo — pedras que servem de trempe ou suporte de panelas em cozinha improvisada — e *tacuruba* — S. Paulo — trempe formada de três pedras soltas — aférese de *itacuruba* — pedaço de pedra — tupi-guarani.

Tujuco: vide *Tijuco. Tujuco* escreviam os jesuítas de preferência.

Tujupar: o mesmo que *tijupar*. Assim escreviam Varnhagen e **Fr.** Vicente do Salvador que define: "tujupares, que são umas tendas ou choupanas de palha".

Tupiana: designação proposta por Hermann von Ihering para apelidar a região zoogeográfica que abrange o litoral e suas matas, por seu turno subdividida em *Tupinambarana* e *Guaraniana* (Delgado de Carvalho) (Vide estes termos).

Tupinambá: no livro de Valdomiro Silveira — *Nas Serras e nas Furnas*, à pág. 62, encontramos este vocábulo com a significação de chefe, *mandachuva*, *ganga-muquixe*. "Mas ser *tupinambá* sempre tem seus encantos, embora o que manda não veja, em roda de

si, para cumprir ordens, mais que um punhado de *tapiocanos* de olhar assarapantado e andar indeciso de embarcadiço".

Tupinambarana: nome dado por Hermann von Ihering a uma das subprovíncias da região zoogeográfica por ele mesmo chamada *Tupiana*, a qual abrange as terras da Bahia ao Rio de Janeiro e, para o Sul, tôda a serra abaixo. Encontramos o nome *Tupinambarana* em Delgado de Carvalho (Livro citado).

Turco: nome que, em Minas Gerais, dão aos árabes e sírios, segundo o registro de Nélson de Sena. Assim também em outros Estados e até no Rio de Janeiro. A procedência da alcunha tem provavelmente por origem o fato de que sírios e árabes que chegaram ao Brasil antes de 1914 vieram como súditos da Turquia, o que se evidencia nos seus passaportes.

Tutunqué: registrado por Leonardo Mota, à pág. 282 do *Sertão Alegre*, com o sentido de senhor poderoso e arrogante, *mandachuva*, *dunga*.

Tuxaua: também *tubixaba*, chefe de tribo indígena, na Amazônia, maioral de *maloca*. Equivalente aos conhecidos termos — *morubixaba, muruxaua, murumuxaua, cacique, curaca*. Em Alfredo Brandão encontramos a forma *mburubichás*. Figuradamente dão o nome de *tuxaua* ao indivíduo influente no lugar que habita (Beaurepaire-Rohan). O P.e Carlos Teschaeur escreve *tuxava* e também *morubixaba* (*Vida e Obras do Venerável Roque Gonzalez de Santa Cruz.* 2.ª Ed. Pág. 16). Nas *Reminiscência da Fronteira*, do gen. Dionísio Cerqueira, freqüentemente lemos *tuixaua* (Rio — 1928).

U

Uaiúa: também *uaiô* — registrado por José Veríssimo, que escreveu: "chamam assim o estado em que, em virtude de um repiquete (prenúncio da enchente ou parada da vazante), de uma suspensão momentânea do curso natural da água, o peixe começa a morrer em certos igarapés de pesca como o Paru (pequeno afluente da margem direita do Trombetas)". Parece, continua o ilustre mestre, que o indígena o atribui, e quiçá com razão, a qualquer alteração das águas, pois o nome que lhe dá quer dizer água maligna, má ou ruim, de *y* — água e *aiua* — má, ruim, maligna (*Rev. do Inst. Hist. e Geog. Bras.* — Tomo 50 — 1887 — Pág. 346). A respeito escreveu Gastão Cruls em sua *Amazônia que eu vi*, à pág. 121: "Em certo ponto remansoso do rio, uma porção de peixes que surdiam à tona d'água e aí ficavam largo tempo de focinho de fora. Os canoeiros assinalam o fato dizendo que os peixes (são quase sempre curimatãs) estão de *maiúva* ou *uaiô*, isto é, estão de beiço inchado e vêm respirar fora d'água. Será que as águas, por muito estagnadas e demais ricas em detritos orgânicos, não lhes forneçam oxigênio indispensável?"

Uapê: também grafado *uapé*, reunião de plantas aquáticas nos rios da Amazônia, de várias espécies de ninfeáceas. À pág. 290 da *A Amazônia Misteriosa* de Gastão Cruls, encontramos o seguinte passo: "A natureza parecia magnetizada aos eflúvios do plenilú-nio e aquela *água redonda*, dormindo no quiriri (silêncio, mudez da natureza à noite), entre a fragrância dos uapês em flor, era bem o lago Yacyuaruá ou Espelho da Lua".

Uarumãzal: bosque de uarumãs, planta comum nas terras do Gurupi. Encontramos este vocábulo no seguinte passo do opúsculo de Jorge Hurley — *Nos Sertões do Gurupi*: "Pelas 6½ da manhã pusemo-nos em marcha abrindo a picada num denso *uarumãzal*".

Uauaçuzal: regiões da Amazônia onde se verifica a associação da palmeira uauaçu (*Orbignya speciosa* Barb. Rod.). Escreve Adolfo Ducke: "No uauaçuzal do Rio Branco encontrei freqüentemente e em estado indubitavelmente selvagem o cacaueiro verdadeiro que parece aí atingir o limite oriental de sua distribuição espontânea ao norte do Amazonas" (*Rodriguesia*. Ano I. n.º 1. Pág. 26).

Umbaubal: também *imbaubal* (Adolfo Ducke) — bosque de umbaúbas ou imbaúbas (cecropias). "A folhagem pouco densa do umbaubal que, na frase justa de Huber, é a formação por excelência dos terrenos de aluvião recentes, pouca sombra produz e permite uma franca iluminação das camadas vegetativas inferiores, nas quais pela primeira vez vão aparecer as essências florestais propriamente ditas" (Olímpio da Fonseca — *Dic. Hist. Geog. Etnog. do Brasil*, pág. 219).

Umbuzal: também *imbuzal*, bosque de umbuzeiros ou imbuzeiros

UMB — 328 — URU

(*Spondias tuberosa* Arruda), ana-cardiácea admirável do Nordeste, ou, como dizia Euclides da Cunha, a árvore sagrada do sertão. "Sócia fiel das rápidas horas felizes e longos dias amargos dos vaqueiros. Representa o mais frisante exemplo de adaptação da flora sertaneja. Foi, talvez, de talhe mais alentado e alto — e veio descaindo, pouco a pouco, numa intercadência de estios flamívonos e invernos torrenciais, modificando-se à feição do meio, desenvolvendo, até se preparar para a resistência e reagindo, por fim, desafiando as secas duradouras, sustentando-se nas quadras miseráveis, mercê da energia vital que economiza nas estações benéficas, das reservas guardadas em grande cópia nas raízes. E reparte-as com o homem. Se não existisse o umbuzeiro aquele trato do sertão, tão estéril que nele escasseiam os carnaubais tão providencialmente espalhados nos que o convizinham até ao Ceará, estaria despovoado. O umbu é para o desventurado matuto que ali vive o mesmo que a *mauritia* para os garaúnos dos *llanos*. Alimenta-o e mitiga-lhe a sêde. Abre-lhe o seio acariciador e amigo, onde os ramos recurvos e entrelaçados parecem de propósito feitos para a armação das redes bamboantes. E ao chegarem os tempos felizes dá-lhe os frutos de sabor esquisito para o preparo da *umbuzada* tradicional". (Euclides da Cunha — *Os Sertões* — Págs. 46 e 47). As flôres, as folhas e os frutos são forragens superiores para o gado bovino. Convém não confundir o umbu nordestino com outra árvore do mesmo nome que viceja no Sul do país, do Paraná ao Rio Grande, da família das Fitolacáceas (*Phytolaca dioica* L.), chamada às vezes, no Paraná — maria-mole. É árvore tradicional do Rio Grande do Sul, cantada pelos poetas e prosadores regionalistas. *O velho umbu do pago*, eis uma frase toda cheia de evocações para o *gaúcho*. (Vide o

capítulo — *O Umbu* — entre págs. 177 e 180 do precioso livro do P. C. Teschauer. — *Avifauna e Flora*, etc. Ed. da Livraria do Globo, Porto Alegre, 1925).

Umirizal: bosque de *umiris*, planta meliácea do Brasil (Amazônia). "Pernoitamos no sopé dum cerro à margem direita do rio Jacaré, afluente do Castanho. Armamos as redes num umirizal" (Gen. Dionísio Cerqueira — *Reminiscências da Fronteira* — Pág. 55).

Urubu: assim se designa, nas regiões diamantíferas de Goiás, "uma pequena mancha negra resultante da cristalização imperfeita do diamante, o que lhe tira quase o valor. O *urubu* é a fealdade da pedra" (Informação do prof. Alcide Jubé).

Urumbeva: vocábulo não registrado em nenhum dos *Dicionários* de regionalismos que conhecemos. Por intermédio do eminente Dr. Afonso de E. Taunay, tivemos notícia de que a sua significação no oeste de S. Paulo é de indivíduo papalvo, crédulo, fácil de ser engazupado, fàcilmente *engrilável*, isto é, de ser vítima do *grileiro*. Parece que o empregou neste sentido Monteiro Lobato, à pág. 18 da *A Onda Verde*, onde se lê: "O *grileiro* é um alquimista. Envelhece papéis, ressuscita selos do Império, inventa guias de impostos, cria genealogias, ensina a escrever a velhos *urumbevas* que morreram analfabetos, embaraça juízes, suborna escrivães e, novo Jeová, tira a terra do nada". Parece que, por extensão, se emprega com o sentido de *tabaréu, caipira*. Tal é o que se deduz dos seguintes trechos do livro de Oliveira e Sousa — *Piraquaras*: "Os urumbevas acharam justíssima a *falação*, entusiasmaram-se até com a *sabença* do coronel". "Na curva do algodoal havia um grupo de homens. Rumou para lá. Foi Deus que quis — disse o caipira, lúgubre. Helmutz estava morto. Eh, sá Marva! Corage! Essas geringonça de famia... Foi os irmão de sá Marva que mataram o

USI — 329 — USI

coitado... Ela nem dava pelo *urumbeva*. Seu espírito vagava muito longe..." (Págs 24 e 126). O *Pequeno Dicionário Brasileiro da Língua Portuguesa*, em sua 10.ª edição, registra o termo *urumbeva* com as significações dadas (Nota dos Editores).

Usina: palavra francesa, definitivamente incorporada ao léxico brasileiro, que nomeia as grandes e aperfeiçoadas fábricas de açúcar, antes chamadas *engenhos centrais*, e também os estabelecimentos de indústria metalúrgica (usina de cana, usina de açúcar, usina de ferro). Refere Nélson de Sena que também se aplica a fábricas de aguardente e álcool e a qualquer estabelecimento de beneficiar o café. Quanto às primeiras o nome comumente usado é *destilaria*. E a respeito da segunda escreveu-nos Sud Mennucci que as máquinas para benefício do café nunca se chamaram *usinas* em S. Paulo, nomeando-se simplesmente máquinas de café: *usina* somente se emprega de referência a fábricas de açúcar, metalúrgicas e geradoras de eletricidade. Assim também o é na Bahia e Estados vizinhos (Vide *Engenho*).

Usineiro: proprietário de *usina* ou *engenho central*, de uso em todos os Estados que fabricam açúcar.

V

Vaivém: vide *Pacoca*.

Vala: termo usado em Minas Gerais e no Espírito Santo, designativo do "leito de certos rios, cujas águas secam normalmente em determinada estação do ano, de ordinário de maio a setembro". Registra-o Rodolfo Garcia.

Vão: termo principalmente usado no planalto goiano para designar depressão ou vale profundo por onde correm os rios, como sejam o *vão do Paranã*, o *vão* dos Angicos e outros. O Dr. Arrojado Lisboa, na sua já citada *Conferência* na Biblioteca Nacional (1913), fala dos *vãos* do Piauí e diz: "Os rios em geral cortam profundamente os estratos e correm intermináveis em *apertados* ou *vãos*". Entretanto, parece que o sentido próprio da palavra *vão*, no sul do Piauí, é despenhadeiro em meio dos *tabuleiros* tão característicos da morfologia piauiense. Por lá andou em excursão demorada o ilustrado botânico Philipp von Luetzelburg que, à pág. 20 do 1.º vol. de seu notável trabalho, tantas vêzes citado, escreve: "Os tabuleiros, geralmente de arenitos sedimentários, caem abruptamente para o interior do Estado, e demonstram com exatidão erosões e formando despenhadeiros que cortam, em grande profundidade, os tabuleiros, apenas alguns metros de largo e algumas dezenas de metros de profundidade. Nesses despenhadeiros abruptos, se notam diversas cavernas ou furnas, contendo arenitos salitrosos, sal propriamente dito, e camadas sedimentares notáveis... Existência de sulcos gigantescos em condições idênticas constatei também na minha tentativa de travessia da serra, ou melhor, Chapada do Bom Jesus do rio Gurguéia, nos Vãos dos Pimenteiros, do Calhau e do Faria. É no sul do Piauí que os tais despenhadeiros são conhecidos sob a denominação de *Vãos*, os quais, em virtude das inúmeras cavernas ou furnas que neles existem, têm grande influência na superstição da população, tornando-se portanto quase que impossível conseguir um guia para percorrer aquelas cavernas". E, à pág. 22, acrescenta: "Extensos maniçobais existiam nos desfiladeiros íngremes do Vão do Correia, Vão de S. Lourenço, Vão do Deserto...". O Dr. Antônio Martins de Azevedo Pimentel, médico higienista das duas Comissões do Planalto Central, escreveu: "Há uma forma interessante de transição dos chapadões para os vales dos grandes rios, a que o povo, em geral, dá o nome de *vãos*..." "Do alto do Chapadão do Sarandi, de cêrca de 1200 metros de altitude, entre o Sobradinho e Planaltina, olhando para nor-noroeste ou para o norte, a vista acompanha o *Vão dos Angicos*, em seu aspecto grandioso, em muitas dezenas de quilômetros, completamente revestido de *Covoás*, na vertente fronteira ao observador, produzindo à grande distância em que se olha, impressão idêntica à de uma superfície rugosa, com simetria na justaposição das saliências de admirável uniformidade de altura,

VAP — 331 — **VAQ**

inclinações e contornos" (Apud *A Informação Goiana* de junho de 1927).

Vapor: nome que os *tabaréus* nordestinos dão ao trem de ferro, ao comboio da ferrovia. Registrado no Ceará por Leonardo Mota (*Cantadores*. Pág. 389). A vila regurgitava em festa. Campônios com os seus trajes domingueiros, aí haviam acorrido não somente pela missa lendária do Natal, como também pela novidade da chegada do *vapor* (Alfredo Brandão — *Viçosa de Alagoas*. Pág. 117). É mais freqüente a expressão *vapor de terra*.

Vapor de terra: expressão do sertanejo para denominar o trem de ferro. Ele nunca saíra da ribeira, senão para ir às festas da cidade mais próxima ou às feiras concorridas das duas ou três pequenas vilas e povoações dos arredores. Numa delas vira o trem de ferro, o *vapor de terra*. E de quando a quando se surpreendia a si mesmo imaginando como deveria ser o vapor do mar, que seus pais já lhe tinham descrito, mas que não podia compreender perfeitamente". (Gustavo Barroso — *Mula sem Cabeça*. Pág. 15). "Não custou vender uns garrotes e uns alqueires de farinha, *tocar* para Maranguape e tomar o *vapor de terra* até a Capital". (Alberto Rangel — *Inferno Verde*. Pág. 61). "A repressão é nesse extenso território um problema de fácil transporte. É tão manifesta a função social do trem de ferro que o sertanejo confessa: *"Onde chega o vapor-de-terra desaparece o cangaço"* (J. Américo de Almeida — *A Paraíba e seus Problemas*. Pág. 500).

Vaqueano: o mesmo que *tapejara*; pessoa prática em guiar os viajantes pelos caminhos, estradas e atalhos de regiões pouco conhecidas, sabendo orientar-se em noites escuras. É termo mais usado nos Estados do Sul, embora já se empregue no Norte, onde não raro se houve *baqueano*. No Rio Grande do Sul, usa-se também o termo *vaqueanaço*, superlativo de *vaqueano*, indivíduo que conhece muito bem todos os caminhos e lugares (Calage). Figuradamente se emprega no sentido de homem perito, habilitado em qualquer coisa, em qualquer indústria ou ocupação. Amadeu Amaral, registrando-o, definiu: "indivíduo que conhece minuciosamente determinada porção de território". É vocábulo usado nas repúblicas hispano-americanas e, segundo Beaurepaire-Rohan, vem do radical *baquia*, termo com que os espanhóis designaram, depois da conquista do México, os velhos soldados que nela haviam tomado parte. "Nada que revele ali se acharem, sob alguns pedregulhos amontoados, os restos de quem personifica o nosso vaqueano, o cortador de palmitos, o pioneiro da penetração do nosso oeste" (Artigo do gen. Malan na *Revista Militar Brasileira* de julho a dezembro de 1926. Pág. 377). "O vaqueano é uma entidade singular à parte; o próprio gaúcho, o monarca da coxilha, admira-o; o gaúcho que conhece seus campos natais como a choça em que nasceu. O vaqueano tem como que uma bússola em si que o norteia mais que uma bússola; o nauta sulca a superfície lisa dos mares, os escolhos que os emparcelam estão balizados já nas cartas do roteiro; o vaqueano trilha, salta, nada, abaixa-se, anda a pé, avança reto, obliqua pelas estradas, barrancas, esteiros, faxinais, fragosidades, estepes, e matas virgens que acidentam sua terra natal; não tem roteiro a que consulte senão a sua memória" (Luís Alves Leite de Oliveira Belo. *Os Farrapos* — Pág. 30).

Vaqueirama: também *vaqueirada*, reunião de vaqueiros.

Vaquejada: termo nordestino, também usado no extremo Norte e Centro-Oeste do Brasil, designativo do ato pelo qual os vaqueiros campeiam (procuram) o gado que se acha espalhado pelos matos em fora, nas catingas e nos campos, reunindo-o nos *rodeadores*, para daí o levarem para os currais

VAQ — 332 — **VAQ**

(grandes cercados de pau-a-pique) das fazendas, onde praticam as várias operações da indústria pastoril — apartação, ferra, capação, etc. Gustavo Barroso, Pessoa Guerra e Euclides da Cunha descreveram picturalmente essa grande festa da rude sociedade dos vaqueiros. O último, à pág. 125 d'*Os Sertões*, traçou os seguintes trechos cintilantes: "Esta solidariedade de esforços evidencia-se melhor na *vaquejada,* trabalho que consiste essencialmente no reunir e discriminar depois os gados de diferentes fazendas convizinhas, que por ali vivem em comum, misturados, em um compáscuo único e enorme, sem cercas e sem valos. Realizamna de junho a julho. Escolhido um lugar mais ou menos central, às mais das vezes uma várzea complanada e limpa, o *rodeador,* congrega-se a *vaqueirama* das vizinhanças. Concertam nos dispositivos da empresa. Distribuem-se as funções que a cada um caberão na lide. E para logo, irradiantes pela superfície dilatada da arena, arremetem com as caatingas que a envolvem os encourados atléticos. O quadro tem a movimentação selvagem e assombrosa de uma corrida de tártaros. Desaparecem em minutos os sertanejos, perdendo-se no matagal cerrado. O *rodeio* permanece por algum tempo deserto... De repente estruge ao lado um estrídulo tropel de cascos sobre pedras, um estrépito de galhos estalando, um estalar de chifres embatendo; tufa nos ares, em novelos, uma nuvem de pó; rompe, a subitas, na clareira, embolada, uma ponta de gado; e, logo após, sobre o cavalo que estaca esbarrado, o vaqueiro, teso nos estribos... Traz apenas exígua parte do rebanho. Entrega-a aos copanheiros que ali ficam, de *esteira;* e volve em galope desabalado, renovando a pesquisa. Enquanto outros repontam além, mais outros, sucessiva-

mente, por toda a banda, por todo o âmbito do rodeio, que se anima, e tumultua em disparadas: bois às marradas ou escavando o chão, cavalos curveteando, confundidos e embaralhados sobre os plainos vibrantes num prolongado rumor de terremoto. Aos lados, na caatinga, os menos felizes se agitam às voltas com os marruás recalcitrantes. O touro largado ou o garrote vadio em geral refoge à revista. Afunda nas galhadas. Segue-o o vaqueiro. Cose-se-lhe no rastro. Vai com ele às últimas bibocas. Não o larga; até que surja o ensejo para um ato decisivo; alcançar repentinamente o fugitivo, de arranco; cair logo para o lado da sela, suspenso num estribo e uma das mãos presa às crinas do cavalo; agarrar com a outra a cauda do boi em disparada e com um repelão fortíssimo, de banda, derribá-lo pesadamente em terra... Põe-lhe depois a *peia* ou a máscara de couro, levando-o jugulado ou vendado para o rodeador... Depois, ao findar do dia, a última tarefa: contam as cabeças reunidas. Apartam-nas. Separam-se, seguindo cada um para a sua fazenda tangendo por diante as reses respectivas. E pelos ermos ecoam melancolicamente as notas do aboiado..." E agora Gustavo Barroso, que mais precisamente conta a nota final da vaquejada: "Dividido todo o gado, a um sinal do *cabeça-de-campo* (vaqueiro chefe), os vaqueiros de cada fazenda tocam os gados de suas *entregas* (porção de gado sob a fiscalização de um vaqueiro). Um vai à frente, aboiando. É o *guia.* Cercando o gado, quase na frente seguem os *cabeceiras* ou *dianteiras;* ao meio, os *esteiras;* mais atrás os *costaneiras,* e por fim, na retaguarda, os do *couce.* E, assim, ao lento e tristonho aboiar do *guia,* ecoando ao longe nas penedias das devesas, rompe a cabisbaixa boiada pelo caminho tortuoso e poento, rumando à fazenda próxima... A toada plangente do *aboiar,* dizem os

VAQ — 333 — **VAR**

vaqueiros, tem a propriedade de *humanizar* (amansar) o gado, tornando-o triste e cismarento. Às vezes até lhe escorrem dos grandes olhos baixos e grossos lágrimas vagarosas..."

Vaquejador: estrada, caminho, trilho aberto nos matos e catingas do Nordeste, por onde os vaqueiros conduzem o gado dos pastos nativos para os *currais, rodeadores,* ou de umas para outras fazendas. À pág. 49 do *O Vaqueiro do Nordeste,* de Pessoa Guerra, encontramos: "Descemos devagar pelo *vaquejador* da serra do Macaco e se tinha tomado caminho da Vertente, pela vereda que leva o gado à bebida...". V. Chermont registra este vocábulo como termo marajoara, com o seguinte sentido: "estrada, caminho, passagem, varadouro aberto a braço através qualquer mato que separa duas campinas, ou que medeia entre o campo e a margem de um rio". No interior da Bahia, assim nomeiam a larga picada, aberta para os campos, nas fazendas de criação (Anfilófio de Castro). Com o mesmo sentido no Maranhão.

Varação: transporte de embarcações por terra, nos trechos encachoeirados dos rios. "A varação das canoas, do rio Feio para o rio Verde, é feita por esta estrada (A. Taunay — *Léxico de Lacunas).*

Varador: assim se diz no Maranhão o a que chamam na Amazônia *varadouro.* Foi o que nos informou Antônio Lopes, que escreveu: "lugar por onde as canoas *varam* de um igarapé ou lago para outro igarapé muito próximo, empurradas pelo seco, a braços. Nos campos da baixada maranhense é também empregado para designar caminho curto ou bocaina aberta no mato e comunicando dois campos" (Carta de 26-3-928).

Varadouro: encontramos para este vocábulo um tríplice sentido no Brasil. Primeiro, segundo Angra, citado na coletânea de Rodolfo Garcia, é o lugar baixo e de pouca água, fundo de lodo ou de areia, à borda do mar, onde se abrigam e encalham embarcações, até de grande porte. Na Amazônia, é caminho pelo qual se arrasta a canoa para fugir aos acidentes da corrente (Gastão Cruls), ou "veredas ou trechos rapidamente abertos e que têm por objeto passar de um rio para outro em curtíssimo tempo". É o que escreveu Euclides da Cunha no seu *Relatório de Reconhecimento do Alto Purus,* onde acrescentou: "Às vezes encurtam grandes distâncias, comunicando seções de um mesmo rio. O *varadouro* deve oferecer a vantagem, pelo menos na região que temos andado, de ter o seu declive suave e plano, de modo que permite ao caucheiro trasladar-se com embarcações e carga. Tal sucede com o do Cujar. O viajante que o atravessa, passa das águas do Ucaiale para as do Purus, e vice-versa, e continua navegando na mesma embarcação que passou por este istmo". V. Chermont ainda consigna a significação, no Pará, de canal que comunica um lago com um rio ou atalho de um rio que, atravessando a várzea submersa, encurta o caminho. Mário Guedes, grande conhecedor da Amazônia, informa que o "varadouro é um caminho aberto no seio da mata ligando com o centro e vice-versa. Os *varadouros* comunicam a *margem* dos *seringais* com o centro e vice-versa. São em geral pouco largos, às vezes muito extensos, cortados por igarapés, sobre os quais se constroem pontes de paxiúba. Neles transitam os comboios". Também é esse o sentido em que o empregam em Mato Grosso. No *"Esboço da Viagem feita pelo Sr. de Langsdorff, no interior do Brasil, de setembro de 1825 até março de 1829",* escrito por Hércules Florence *(Revista do Museu Paulista* — Tomo XVI), lemos à pág. 920: "Era a primeira grande cascata que eu ia ver. Apressei-me pois, com outros, a ir desfrutar esse espetáculo, cuja beleza nos fora encarecida. Metemo-nos por um caminho aberto na mata, no qual havia, de dois em

VAR — 334 — **VAR**

dois passos, troncos roliços atravessados e deixados por nossos predecessores de viagem, a fim que as canoas pudessem ser arrastadas por terra, visto como a transposição por água é impossível. Chamam-se esses caminhos — *varadouros"*.

Vareda: no *O Sertão* de Carlota Carvalho, encontramos este vocábulo com um sentido todo peculiar, no seguinte trecho em que descreve o rio Mearim do Maranhão: "Começa como todos os outros num brejo de buritizeiros, que se inicia cerca de 4 a 5 quilômetros ao N. da nascente do rio Farinha, outro brejo de buritizeiros, ladeados de úmidas varedas (areia que mina água)".

Vareiro: registrado por A. Taunay que diz significar o indivíduo que impele uma canoa à vara. É o *zingador* dos mato-grossenses. "Seminus, tendo apenas, entre a cintura e a coxa, um calção de zuarte ou de estopa, molambo que os mendigos recusariam, resto de uma calça ou de um saco, a musculatura à mostra, o *vareiro* é o pária soturno e heróico daquelas paragens" (Humberto de Campos — *Memórias Inacabadas*). "Com o extenso varão firme no peito, enterra a outra ponta no leito do rio e, correndo compassado pela *vigia* da barca (borda exterior em volta de toda ela sobre a qual caminham os vareiros), impele-a lentamente sobre as águas. A compressão da vara sobre o peito termina por lhe formar enorme bolsa calosa, de aspecto impressionante" (Castelo Branco — *A civilização do couro*, pág. 51).

Varejão: vide *Gancheiro*.

Varejista: negociante retalhista, que vende a retalho ou por miúdo. Comércio varejista é o comércio a retalho. Registram-no A. Taunay e Cândido de Figueiredo. Há no Brasil, nas capitais dos seus Estados, várias associações dos negociantes varejistas.

Varejo: nome que, no Brasil, designa o comércio a retalho. Registram-no como brasileirismo A.

Taunay em seu *Léxico de Lacunas* e Cândido de Figueiredo na 4.ª Ed. do seu abundoso *Dicionário;* aquele dizendo — venda a retalho e êste — transação de mercadorias a varas ou a retalho. Em Portugal, o significado da palavra *varejo* ou *varejadura* é completamente diferente. Todavia, usa-se em Portugal o verbo *varejar* com o sentido de medir às varas (a fazenda) (Caldas Aulete).

Vargedo: em S. Paulo, tem esta palavra o sentido peculiar de vargem ou várgea extensa, grande, ampla. Registrado por A. Taunay.

Vargins: termo maranhense, empregado por Carlota Carvalho no seu *O Sertão*, designativo de "extensões de argila em que vicejam, nos *baixões*, ervas tenras e capins". Confirma-o Antônio Lopes, do Instituto de História e Geografia do Maranhão.

Varjão: o mesmo que *vargedo*, usado no Nordeste. Registrado no *Dicionário de Brasileirismos da Academia Brasileira de Letras*. "Margeando o rio, os varjões — predileta vivenda dos cervos que aí vivem em manadas — são recortados de capões de mato, restingas e carrascais, macegas e quiçaças, nesgas de capim mimoso e extensos banhados que na mor parte são marchetados de lagoas onde pululam sucuris e jacarés, de mistura com aves pernaltas e palmípedes de diversas espécies" (Horácio Nogueira — *Na Trilha do Grilo* — Pág. 137).

Varjota: várzea ou vargem pequena. Muito usado na Bahia e Estados vizinhos. "Descemos o outro lado do cerro, que dava sobre estreito e alongado vale, despido de arvoredo, verdadeira *varjota* alcatifada de junco, orlada de sabiás pequeninas" (Gustavo Barroso — *Alma Sertaneja*. Pág. 15).

Varote: nome que, nos sertões do Paraná e Mato Grosso, dão aos ervais novos que se resevam para futuras colheitas. Refere-o o agrônomo Arruda Câmara no seu

VAR — 335 — **VAZ**

estudo a respeito da erva-mate, publicado no *Boletim do Ministério da Agricultura, Indústria e Comércio* de maio de 1928, pág. 633, registrado também no Vocabulário do Ervateiro, de Romário Martins, à pág. 142 de seu precioso *Ilex Mate.*

Várzea: e as variantes *vargem, varge* (mais comuns), *várgea, varja*, palavras todas portuguesas, que designam terra chã, planície, campina cultivada, sentido em que também as empregamos no Brasil. Todavia, têm uma acepção peculiar ao nosso país, aplicando-se principal e peculiarmente aos terrenos baixos e planos que marginam os rios e ribeirões, em geral de solo aluvial fertilíssimo. É precisamente a planície de inundação de um curso d'água, isto é, a parte do vale que a água das cheias ou *crescidas* recobre. O *tabaréu* do Nordeste, informa Leonardo Mota, só diz *vage*. Luetzelburg fala, em seu livro citado, à pág. 21 do 1.º vol., da região das várzeas da bacia do Gurguéia no Piauí. "Penetramos assim nas regiões das várzeas: baixadas mais ou menos extensas, com bons lençóis d'água, compostas de belos grupos com abundante formação dos agrestes, muito apropriada para a cultura dos cereais, especialmente, porém, adequada para o reflorestamento".

Vassoural: terreno em que crescem plantas chamadas *vassouras*. Registrado por Teschauer, que, em abono, cita a seguinte frase colhida na *Campanha do Contestado*: "No dia seguinte as duas colunas avançaram para o reduto, por entre o espesso *vassoural* que em grande distância cerca Perdizes". "Ao meio do vargedo, lá estava ainda o vestígio: a terra quase sem vegetação, coberta de *vassoural* ralo, amarelado, pasto de porcos" (Aldo Delfino — *Terras sem dono* — Pág. 20).

Vaticano: vide *Gaiola*. Vocábulo que, na Amazônia, tem o sentido peculiar de paquete fluvial de grande porte. A respeito escreveu Raimundo Morais no seu *Dicionário de Coisas da Amazônia*: "*Gaiolas* de 900 a 1.000 toneladas, construídos na Holanda, que ao presente trafegam na Amazônia. São os maiores navios fluviais do momento. Confortáveis, camarotes e camarinhas telados, máquinas sôbre o convés, três toldas, boa mesa, êles representam a projeção sempre ascendente da grande empresa de navegação chamada Companhia do Amazonas. Movidos por duas hélices, embora de pouca marcha — oito a nove milhas — poucas embarcações oferecem comodidades iguais, tão amplos, arejados, limpos se mostram em todos os departamentos. De noite, iluminados à luz elétrica, parecem palácios flutuantes, advindo-lhes certamente dessa impressão, que deixam, o nome de *Vaticanos*".

Vau: é palavra portuguesa, que designa o lugar do rio onde a água é pouco funda, de sorte que se pode passar a pé ou a cavalo. Aparecem, porém, no sertão do Brasil, certas expressões regionais como sejam, em Goiás, as seguintes, que nos foram explicadas pelo prof. Jubé: *vau de orelha, vau de cauda, vau a pés enxutos*. "O *vau de orelha* é a passagem que, através de um rio, só é possível com o animal a nado, dizendo-se de orelha por serem as orelhas as partes mais visíveis do animal quando a nadar; o *vau de cauda* é menos profundo e se diz assim quando o animal atravessando o rio as águas só atingem a cauda ou até a barriga; o *vou a pés enxutos* é uma variedades dos *vaus* para indicar aquele que, facilmente, pode ser atravessado, sem pisar-se na água, isto é, pulando-se de pedra em pedra, quando elas existem fora do nível das águas, o que é muito comum nos arroios e córregos de pequena largura" (Carta de 5-1-930).

Vazanteiro: agricultor de *vazantes*, roceiro que planta nas margens ou leitos secos dos rios, das lagoas, dos açudes. Deles fala

Dias Martins no seu livro *A Produção das nossas Terras*, à pág. 65: "Depois da primeira colheita, as sêcas do arrozal produzem ainda uma e duas colheitas, o que torna o seu rendimento grande, em relação à área cultivada, como sucede nas culturas à margem da lagoa Iguatu, um dos maiores produtores de arroz do Estado (Ceará), com um perímetro de duas e meia léguas, cultivado intensamente por cerca de 200 *vazanteiros*".

Vazantes: termo que, no Nordeste, da Bahia ao Piauí e Maranhão, designa os terrenos baixos e úmidos, os largos vales ao longo dos rios do interior, as baixas próximas às aguadas e lagoas em geral, todas as terras baixas e planas, alagadas, temporariamente, quando recebem as águas das enchentes dos rios. O solo das *vazantes* é constituído por forte camada de areia ou lama endurecida, depositadas pelas enchentes. Na *Memória sobre a Capitania do Ceará no ano de 1816* escrita pelo Dr. João Antônio Rodrigues de Carvalho e dada a lume no vol. XXIV das *Publicações do Arquivo Nacional* (1929), lemos o seguinte: "Esta falta (a de plantações) é geral, e só pelas margens do Jaguaribe até ao Icó há algumas plantações de melancias, melões, abóboras nos lugares que o rio alaga, e deixa nateiros chamados *vazantes*". Nelas o sertanejo espalha, à medida que as águas recuam, as sementeiras de suas lavouras, geralmente fumo, cana, arroz, milho, abóbora, etc. A respeito desta cultura, diz Arrojado Lisboa na sua Conferência citada: "Cultura de *vazante* é coisa que ninguém entende no Sul. A lavoura de *vazante* emprega um processo de rega inteiramente peculiar ao Nordeste e desconhecido em todas as outras partes do mundo. É a cultura que o sertanejo faz no leito dos rios e nas margens dos açudes, à medida que o nível d'água vai baixando, onde se aproveita não só a úmidade profunda do terreno, mas ain-

da o limo fertilizante que fica depositado com o recuo das águas. Os rios correm de três a cinco meses no ano. Feito isto, secam na superfície, mas conservam por bastante tempo um lençol d'água subterrâneo que caminha, que se escoa, renovando até a água dos poços e dos talhados. Também no açude, quando a água se retira da superfície, ainda continua em profundidade mantendo o nível do reservatório. Pois é no próprio leito do rio e no fundo do açude que o sertanejo faz a sua cultura de legumes, a sua plantação anual, que deve estar terminada no inverno, antes da descida da corrente ou da subida d'água na represa... A maioria da população é de vaqueiros e de lavradores rudimentares. Estes, mesmo assim, são os únicos que, no Brasil, inventaram um processo racional e científico de lavoura, o de *vazante*". Luetzelburg, estudando a botânica nordestina, fala da vegetação das *vazantes*, que define: "vegetação arbórea nas baixadas dos vales dos rios ou nos cursos secundários, ou nas regiões alagadas da zona semi-árida. As árvores são componentes dos agrestes, com viço mais forte, devido à grande umidade subterrânea do solo. Neste solo se desenvolve uma rica flora de relva, misturada de ciperáceas, palmeiras rasteiras e plantas efêmeras, provenientes das enchentes, as quais desaparecem por completo quando as águas terminam". E cita as *vazantes* do Paraguaçu Prêto e Fêmeas, na Bahia, do Gurguéia e Parnaíba, das lagoas Parnagoá e Nazaré no Piauí, a grande *vazante* do rio Piranhas, perto de Sousa, na Paraíba do Norte, e a do baixo rio Paraíba. Fala ainda o notável naturalista dos *baixios*, como subespécie das *vazantes*, isto é, *vazantes* cercadas de serras e no tempo das chuvas reservatórios de águas naturais. Rodolfo Garcia informa que, em Mato Grosso, chamam *vazantes* ao campo alagado pelas águas das chuvas.

VEI — 337 — **VER**

Veio do rio: assim se designa, em Goiás, segundo nos informou o prof. Alcide Jubé, o meio do rio, a linha mediana de seu leito, o talvegue. Em Portugal e no Brasil, é de uso freqüente a expressão *veia d'água* (registrada por Caldas Aulete), designativa do trecho do álveo fluvial em que a água corre com mais força. Em Goiás, segundo acrescenta o mesmo informante, há a palavra *veeiro* para designar o indivíduo que tem a servidão das águas fluviais que banham as suas propriedades até o meio do rio". No rio Moji-Guaçu em S. Paulo, segundo nos informa Sud Mennucci, *veio do rio* indica a linha do rio em que há maior correnteza, sendo lá freqüente a expressão: "se tem pressa vá pelo *veio do rio*".

Vento de baixo: termo que, no oeste da Amazônia, designa o vento leste, que sopra da foz do grande rio. À pág. 267 da *A Amazônia Misteriosa* de Gastão Cruls, lemos: "E ele apontava-me a margem fronteira, onde o *vento de baixo* começava a ziziar entre as franças do matupá". No sertão da Bahia, não raro, assim designam o vento que sopra do sul (informação local). A. J. de Sampaio em sua *A Flora do Cuminá* refere-se freqüentes vezes ao *vento de baixo*, brisa agradável assim chamada pelos canoeiros da região.

Veranico de janeiro: assim se designa, em Goiás, o período de estiagem de cerca de vinte dias, entre as chuvas de dezembro e de fevereiro. Refere-a Artur Neiva em sua *Viagem Científica pelo norte da Bahia* etc. (Memórias citadas), no seguinte passo: "Em Goiás, chove geralmente de setembro ou outubro a dezembro; deste mês em diante, isto é, em espaço de cerca de vinte dias, na interrupção que dizem nunca faltar e que é conhecida por *veranico de janeiro;* passado este prazo, chove então copiosamente até março". Comentando este verbete Sud Mennucci, em carta de 29-8-41, diz que o termo veranico é usado em São Paulo, sobretudo no vale do Paraíba, indicando período de tempo em que não chove e, ainda mais, fase de calor intensíssimo. Neste caso abrange dias que não são de janeiro.

Verde: nome pelo qual os sertanejos nordestinos e também os de Goiás (Artur Neiva) e Pará (Júlio Paternostro) designam a estação das chuvas, tempo dos águas. À pág. 47 d'*Os Sertões*, de Euclides da Cunha, há o seguinte passo: "... refrondam os marizeiros raros — misteriosas árvores que pressagiam a volta das chuvas e das épocas aneladas do *verde* e o termo da *magrém* — quando, em pleno flagelar da seca, lhes porejam na casca ressequida dos troncos algumas gotas d'água..." No recente volume de Prado Ribeiro — *Vida Sertaneja* — *Usos e Costumes do Sertão Baiano* (Bahia, 1927), há um capítulo intitulado *O Verde*, entre as págs. 23 e 26, do qual transcrevemos os seguintes períodos: "A chuva para o sertanejo tem um poder de fascinação extraordinário. Quando chove todos estão contentes. Parece que há qualquer coisa de sobrenatural que lhes vem do céu, mandada por Deus. É o *verde*, o verde que faz as árvores secas cobrirem-se de folhagem, a terra abrasada cobrir-se de relva, os animais sedentos saciarem-se nos caldeirões; as aves cantarem cheias de alegria e uma brisa fresca e agradável soprar sobre os campos. Toda gente agora trabalha com ardor e com vontade. É o início da produção animal... É o verde, o verde que abre, como nas árvores, rebentos novos, nas almas angustiadas. É o sertão que se enche de flores e de vida, de alegrias e esperanças, reverdecendo os campos e os corações de seus filhos flagelados". Informou-nos Pandiá Calógeras que, em Minas, assim se diz das pastagens que nascem após a queima da manga dos campos e as primeiras águas: "A boiada espera os *verdes* para viajar", dir-nos-á um boiadeiro de Sant'Ana do Paranaíba e de Goiás ou do Triângulo.

Vereda: segundo o Dr. Arrojado Lisboa, este termo é empregado nas regiões Centrais do Brasil para designar agrupamento de matas cercadas de campo, com pindaíbas e buritis, em tiras pelos cerrados. No Nordeste, o sentido é diferente: assinala-o Luetzelburg em seu livro citado, às págs. 32 e 94 do 3.º vol., onde lemos: "regiões providas de maior abundância d'água na zona caatingal, entre as montanhas e os vales dos rios, nos quais a vegetação é uma mistura dos agrestes e da caatinga. As *veredas* estão localizadas num solo arenoso, aluvial, com relva dura, e gramináceas em touços: gozam de geral estima entre os sertanejos como pasto precioso para o gado. São característicos das regiões limítrofes dos Estados da Bahia e do Piauí, especialmente ao sul das lagoas lendárias, entre S. Raimundo Nonato, Bom Jesus do rio Gurguéia e rio S. Francisco". No oeste do Estado da Bahia, entre os rios Preto, Grande e S. Francisco se estendem grandes *veredas*. O Eng.º Gilvandro Simas Pereira, que realizou em 1943 uma excursão científica na fronteira Bahia-Goiás, de cujos resultados deu notícia em substancioso relato publicado na *Revista Brasileira de Geografia* (N. 4 do Ano V. out.-dez. — 1943), dá notícia de uma nova designação para o termo *vereda*, escrevendo: "Destruindo o arenito das chapadas, as grandes quantidades de águas pluviais que aí caem durante cinco a seis meses, todo ano — de novembro a março ou abril — formam profundos vales, que, com suas ramificações e subsidiários, constituem uma perfeita rede hidrográfica, dirigindo-se sempre, depois de reunidos, invariàvelmente, para o rio Preto, Paraim ou rio Grande. Os talvegues destes vales, muitas vezes longos e ricos em desgalhamentos, são denominados *veredas* nestas regiões secas da Bahia e Piauí. É no fundo destas *veredas*, onde os terrenos são menos arenosos, em faixas muitas vezes estreitíssimas, que se fazem as plantações, de to-do o gênero, assim mesmo longe das vazantes do rio Preto. Aí somente correm as águas das chuvas, que são avidamente guardadas em tanques feitos por pequenas barragens da terra". No Município de Conquista, Estado da Bahia, o povo dá o nome de *veredas* às planícies que se desenrolam nas bandas do sul (Durval Vieira de Aguiar — *Descrições Práticas da Província da Bahia* — Bahia, 1888. Pág. 198). Benedito Profeta que, em 1923, fez longa excursão pelos sertões da Bahia, Piauí e Goiás, à pág. 223 do seu livro *O Indígena Brasileiro*, informa que em Goiás se denomina *vereda* "uma várzea ao longo da margem de um rio, ou uma clareira em qualquer parte onde haja vegetação rasteira". Em outras partes do sertão do Nordeste não se aplica a denominação de *veredas*, apenas os naturais dos Estados da Bahia e do Piauí adotam este termo, onde muitos lugares e povoações conservam o nome, por exemplo Vereda Grande, Vereda Pequena. No *Oeste Paranaense* de Figueiredo Lima, à pág. 45, encontramos o uso da expressão *de vereda* ligada à potâmica. Assim no seguinte trecho: "Os habitantes costumam dizer que esses rios de regime torrencial sobem e descem *de vereda* (de repente, logo após uma chuvarada, rapidamente). Além do significado usual e vernáculo de caminho estreito, senda, que nós empregamos também, em alguns Estados, assim se chama ao caminho de atalho que encurta o tempo de percurso. Talvez daí venha a locução — *de vereda* — que significa logo, imediatamente, depressa. É freqüente, no Rio Grande do Sul, a frase: "Vá e volte *de vereda* — isto é, sem demora". Registremos ainda que, em geral, o sertanejo só diz *vareda*. (Vide esta palavra).

Veredeiro: Aloísio de Carvalho, velho jornalista baiano, na sua apreciação da *Onomástica*, publicada na *A Tarde* de 28-12-927, notou a falta deste termo que, provavelmente, colheu no *O Indígena Brasileiro* de Benedito Profeta (1926). De feito, à pág. 149, lemos: "Certo, o piauiense do Sudoeste com o baiano do Nordeste, adstritos à *zona das veredas*, atraídos pela generosidade de um trato de terra singular no resistir às intempéries climáticas e na exuberância prodigiosa do solo, ali se estabeleceram e se afeiçoaram, conjugando esforços, congraçando elementos, associando-se em famílias, irmanando-se na sorte, vivendo realmente como irmãos, resultando caí um tipo uniforme nos caracteres morais e físicos que o distinguem e denunciam em toda a parte: — *o veredeiro*, gentílico honroso, sinônimo de trabalhador, fiel e abastado de fartos celeiros. Enquanto o ribeirinho se nutre da esperança encarada através da volta do anzol, gastando a maior parte da existência entre o rio (onde aliás o peixe não falha) e o roçado minúsculo que também lhe não nega a raiz da *macaxeira* para o repasto frugal e diário, o *veredeiro* vive de amanhar a terra, cavando-a, recavando-a, sulcando-a em leiras, irrigando-a em regatos coleantes, semeando, replantando, recolhendo as messes, convertendo as economias na respectiva criação que lhe mantém a relativa independência, passando assim feliz e contentado".

Vidraça: vide *Satélite*.

Vigilengo: pescadores do Pará que pescam na *vigilenga*, embarcação característica da costa paraense. O nome *vigilenga* vem de Vigia de onde saíram os primeiros modelos, segundo Raimundo Morais. "Os *vigilengos* são arrojados e destemidos. Josino Cardoso, ousado tripulante da já hoje histórica "Juruna", salvando da morte os aviadores argentinos Duggau e Olivero, fez obra de heroísmo e ao mesmo passo de solidariedade continental mais relevante do que os protocolos das duas chancelarias sul-americanas". (Araújo Lima — *Amazônia — A Terra e o Homem*. Rio — 1933 — Pág. 114). "Os *vigilengos* gozam de justo renome pe-

la perícia e intrepidez com que enfrentam os perigosos mares do Cabo Norte até Caiena onde pescam sobretudo a *gurijuba* para extração do *grude*" (Adolfo Ducke — Relatórios na *Rodriguesia*. Ano I. N.º 1 — Pág. 61).

Vinagrista: nome dos sequazes de Francisco Vinagre, um dos caudilhos das revoltas que perturbaram a paz no Pará no período regencial, de 1835 e 1837. Interessante é registrar que o nome *vinagre* é designativo, em Pernambuco, de pessoa que empresta dinheiro a juros altos e exorbitantes, segundo informação de Célio Meira.

Vindouro: registrado por Valdomiro Silveira com o sentido de "pessoa que veio de outra localidade; a que não é natural da povoação e nela se acha de novo" (*Os Caboclos*. Págs. 230). "O paiol, o monjolo, as próprias senzalas estavam à disposição dos vindouros" — (Valdomiro Silveira — *Nas Serras e nas Furnas*. Pág. 16).

Viração[1]: além do sentido comum de brisa que sopra, durante o dia, do mar para a terra, tem este vocábulo no Sul do país e na parte oriental do planalto sul-brasileiro, segundo informe que recebemos do P.e Geraldo Pauwells, professor do Ginásio de Florianópolis, o sentido de cerração que ali ocorre freqüentemente, durante o verão, de meio dia em diante. A respeito escreveu o ilustre geógrafo: "É a chamada *viração*, isto é, uma cerração que ocorre, durante o verão principalmente, de tarde pelas 2 às 4 horas. Tão densa é que às vezes desaparece nela o vaqueano que vai adiante do viajor. A sua causa são as correntes aéreas verticais que se originam com a forte insolação dos campos da serra e atraem as nuvens do litoral. Quem a tais horas viaja ao longo da borda do planalto, sente primeiro soprar um vento frio das bandas do litoral, o qual cresce sempre mais de violência e afinal obriga a segurar bem o chapéu; em breve assomam na borda do planalto, através dos seus recortes, farrapos de nuvens que avançam ràpidamente e mais e mais se avolumam até envolverem tudo num espesso manto que, às vezes, só uns dez a quinze quilômetros para o interior se dissolve pela evaporação. Não precisa ser provado que esta *viração* é um fenômeno sobre incomodo, também perigoso; pois esconde ao viajante não só a estrada, já em si às vezes difícil de discriminar, senão igualmente os precipícios e pântanos, e é capaz de desorientá-lo completamente; por isso quem é surpreendido pela *viração* e não é bom vaqueano, não tem outro remédio senão munirse de paciência e, parado no lugar em que se acha, esperar pela vitória do sol, mesmo que desta forma não possa alcançar em tempo uma pousada. Conforme informações de moradores, rolaria, às vezes, até o gado pelos *taimbés* abaixo, durante a viração". O mesmo fenômeno meteorológico, embora menos forte, encontramos nos campos em redor das cabeceiras do rio Negro (*Revista do Instituto Histórico e Geográfico do Rio Grande do Sul —* Ano IX — I e II Trimestres — 1929 — Pág. 283).

Viração[2]: além do sentido comum, tanto em Portugal como no Brasil, de vento brando e fresco, mais especialmente — brisa que sopra durante o dia do mar para a terra — tem esta palavra, na Amazônia e em Goiás, o significado regional de ato de colocar as tartarugas de pernas para o ar, a fim de prendê-las, e, por extensão, o sítio onde costumam desovar esses grandes quelônios. É o que se diz também — *praia de viração* (vide este termo). Assim é que o vimos empregado num artigo de Escragnolle Dória, publicado na *A Informação Goiana,* de dezembro de 1927, nos seguintes trechos: "Os sítios onde as tartarugas abundam são conhecidos por *virações*. As posturas de setembro a outubro de cada ano atraem às *virações* numerosas canoas pejadas de gente". Também em Alagoas: "Íamos à *viração* das tartarugas, que de tempos em tempos, em dias de lua cheia e épocas previstas pelos pescadores, sobem a praia para a postura" (Hildebrando de Lima — *Marés de Amor,* pág. 108).

Virada de rio: assim se designavam, em Minas Gerais, nos rios auríferos os canais laterais abertos pelos mineradores para desvio do curso normal das águas, a fim de que se pudesse tirar todo o cascalho do leito. Das *viradas de rio,* fala o eminente Pandiá Calógeras, à pág. 114 do 1.º vol. do seu notável trabalho *As Minas do Brasil e sua Legislação,* de onde transcrevemos os trechos seguintes: "Para aumentar a quantidade de depósitos ricos, lembraram-se os mineiros de provocar a sua formação por meio de barragens transversais no leito, diminuindo a velocidade dos córregos e, por conseguinte, sua capacidade de transporte. Por mais que se procurasse melhorá-lo, este processo dentro em breve se mostrou incapaz na lavagem de cascalhos mais profundos, recobertos por uma camada d'água maior, ou apinhados sob detritos estéreis que os mascaravam. Desenvolveu-se então o sistema dos canais laterais, as *viradas de rio,* pelo qual um açude tosco de troncos de árvores, ramos, pedras e terra represava as águas, desviando-as para um canal aberto na margem. Enquanto o leito ficava a seco podiam os escravos e mais tralhadores carregar o cascalho, em *carumbés,* e amontoá-los fora do alcance das águas normais".

Virador[1]: registrado e empregado por Cornélio Pires, como sendo o ponto do curso de um rio de onde voltam os canoeiros.

Virador[2]: também *girador,* termo que serve para designar os triângulos de reversão das estradas de ferro, próprios para fazer as locomotivas mudarem de direção em sentido oposto. O nome estendeu-se, com mais razão, aos estrados móveis, que executam a

VIR — 341 — VOL.

mesma manobra e que estão sendo generalizados em todas as companhias" (Informação de Sud Mennucci, em carta de 2-2-930).

Vira-saias: nome de certo grupo dos bandoleiros que, com o apelido geral de *grimpeiros*, infestaram o sertão do rio S. Francisco, praticando toda a sorte de crimes, ao tempo da administração de D. Fernando José de Portugal (1788-1800), que os mandou perseguir por tropas reunidas de Minas, S. Paulo e Goiás. Vimo-lo referido nas *Memórias Históricas e Políticas da Província da Bahia*, de Inácio Acioli, vol. III, pág. 30: "Entre aqueles celerados havia uma seção, distinta pela denominação de *vira-saias*, e a sua principal oposição foi nas imediações da vila de S. José da Carunhanha..." (Ed. Braz. do Amaral). Aos *vira-saias* se refere o P.e Rafael Galanti, à pág. 376 do Tomo III do seu abundoso *Compêndio de História do Brasil*.

Vizindário: termo gaúcho, designativo de "pessoas da vizinhança, moradores das proximidades de um determinado lugar". Romaguera Corrêa abona-o com a seguinte frase: "É composto de excelente gente o vizindário do nosso distrito". "Ao relatar ao vizindário do pago a origem de todos aqueles estrupícios, não faltava quem logo lhe aclareasse a razão do sucedido". (Roque Calage — *Quero-Quero*. Pág. 72).

Voçoroca: também *boçoroca*, menos freqüente, porém mais de acordo com a etimologia, que, segundo Teodoro Sampaio, é túpica de *ibi* — terra e *soroca* — rasgão, a terra rasgada, fendida. Assim chamam, em S. Paulo, aos desmoronamentos produzidos pela escavação das águas subterrâneas ou das águas pluviais sobre a camada terrosa bastante espessa e permeável de que é dotada a região campestre do Estado. De tais fossos e abismos ou desbarrancados, que às vezes atingem a quase cem metros de profundidade, fala o saudoso botânico Alberto Löfgren, no Boletim N.º 5 da Comissão Geográfica e Geológica do mesmo Estado. Valdomiro Silveira registra *boçoroca*, que define: "escavação profunda e continuada nos terrenos arenosos".

Volta: termo usado principalmente na Amazônia, mas também ouvido em outros Estados da República, para indicar as curvas, sinuosidades ou meandros dos rios. Conhecem os naturais da Amazônia as *voltas rápidas* e as *voltas fechadas*. *Rápida* é a *volta* delineada de abrupto, inopinadamente; *fechada* é a *volta* que se forma com maior desafogo, envolvendo um istmo não raro muito alongado. Ao mesmo acidente se chama no vizinho Peru — *vuelta*. Os portugueses chamam — *meandros* ou *ambages* e os espanhóis *meandros* ou *tornos*. Segundo informa Virgílio Corrêa Filho, em Mato Grosso, além deste significado, usam os embarcadiços deste termo para designar curiosa medida na estimativa de distâncias, conforme o número de *voltas* contadas entre dois portos.

Volta do M.: segundo Rodolfo Garcia que o registra, dá-se este nome às "linhas diagonais que descreve o rio Doce, no Estado de Minas Gerais, ao despenhar-se na cachoeira do Inferno". Conhecemos em Minas as sinuosas corredeiras do M (eme), que formam verdadeira *cachoeira*, cujo nome vem, segundo Nélson de Sena, da letra M, regularmente esculpida pela natureza sobre uma grande pedra — o lajão do M, que fica na margem direita do rio Doce. Esta cachoeira está situada entre a cachoeira das Mortes e o cachoeirão de Sant'Ana.

Volteada: termo do Rio Grande do Sul, que tem alguma equivalência com a *vaquejada* do Norte, pois designa o ato de apanhar o gado bravio ou mesmo *alçado* (o que não vai ao *rodeio* e curral; *amontado* do Norte). É o conceito de Romaguera Corrêa, confirmado por Beaurepaire-Rohan. Segundo ensina Calage, é empregado no sentido de emboscada, cilada armada numa volta de capão ou mato, e neste sentido vemo-lo grafado à pág. 182 dos *Contos Gauchescos*... de Simões Lopes Neto: "Entre a roça e um braço de banhado, que havia, formava-se uma rinconada mui boa para volteada: e foi nisso que o guri pensou".

Volteador: assim se designa em Goiás o indivíduo que tange o gado das boiadas, não o deixando nunca abrir em forma de leque, o que muito prejudica a marcha (Informação do prof. Alcide Jubé).

X

Xangô: o mesmo que *terreiro, candomblé,* termo africano que, segundo ensina Artur Ramos, dos maiores sabedores de coisas de negros no Brasil, por extensão, designa o local das cerimônias feiticistas em Alagoas e Pernambuco. Primitivamente xangô é um orixá ou santo feiticista que os iorubanos transportaram para o Brasil, entre outros *orixás* de sua religião. Xangô é, propriamente, um *orixá* dotado de grande poder; é o deus do raio e das tempestades. Seu culto, ensina o prof. Artur Ramos, é popularíssimo em todo o Brasil, e daí a extensão do seu nome *xangô,* que passou a designar o próprio culto religioso dos negros do Nordeste. (*A Aculturação Negra no Brasil* — pág. 146).

Xereré: termo maranhense, designativo, segundo informa Antônio Lopes, de chuva miúda, fina e contínua. É voz onomatópica. (Carta de 18 de março de 1928).

Xibaro: termo usado no Paraná, segundo lemos num trabalho de Romário Martins, publicado no *Boletim do Instituto Histórico e Geográfico do Paraná,* Vol. 3.º, Fasc. 1.º, designativo de mestiço resultante de *caburé* ou *cafuzo* e do negro.

Xibius: registrado por Teschauer, têrmo de Mato Grosso, que nomeia diamantes pequenos que servem para instrumentos de cortar vidro. Abona-o o notável vocabularista com o seguinte trecho extraído da *Revista Nacional* de S. Paulo: "E sempre nessa posição começa a lhe pedir *xibius* e com tal graça e insistência que ele emocionado cede..." Silvio Floreal escreve *chibio* — diamante pequeno, registrando-o à pág. 264 do seu *O Brasil Trágico*: "E prosseguem, porque se não encontram grandes pedras, parecem *os olhos-de-mosquito,* os *chibios* e a saburra reverberante composta de detritos de diamantes que eles denominam de *fundos".* Aos diamantes pequenos, informa Hermano da Silva (*Garimpos de Mato Grosso*) chamam *chibio, olho-de-mosquito* e *farinha* (Pág. 151).

Xios: vide *Serenos.*

Xiririca: termo usado em S. Paulo, que significa *corredeira,* água muito rápida, veloz e sussurrante, de um rio. Equivalente à *corredeira, corrida, carreira* e ao que os hispano-americanos chamam *correntada* e os russos *porogui.* É termo de origem túpica, significando literalmente *espuma.*

Xixi: também *xixixi,* termo nordestino, designativo de chuva miúda, fina. Ouvimo-lo muitas vezes no linguajar dos sertanejos do nordeste da Bahia. Registra-o José Américo de Almeida, à pág. 201 de sua apreciada *A Bagaceira.* "Chuviscava. Uma chuvinha miúda, *conta-gota,* antipática, como tôda impertinência pequenina. O *xixi* intolerável". Pereira da Costa registrou em Pernambuco *xixi-xi.* É o que no Piauí se chama *arenga-de-mulher* e também no interior do Estado do Rio de Janeiro.

Z

Zagaieiro: assim se chama em Mato Grosso e noutros Estados ao homem que, armado de *zagaia*, acompanha nas caçadas de onças o atirador e o defende. Chama-se *zagaia*, informa o com. Pereira da Cunha, em seu livro *Viagens e Caçadas em Mato Grosso*, pág. 31, "a uma lança cujo ferro, forte e afiado, regula ter perto de trinta centímetros de comprido sobre oito na maior largura, e cujo cabo, de madeira de lei, bastante grosso, regula dar à lança um comprimento total de cerca de dois metros".

Zamboada: termo muito usado em Mato Grosso, que designa o lugar, no mato, em que se acumulam e enredam galhadas de árvores, paus podres, cipós e lianas, formando moitas cerradas, geralmente procuradas pelos animais silvestres para descanso ou esconderijo. Semelhante ao que, na Bahia, se chama *burara*. Encontramo-lo num *conto* de Francisco Mendes — *No Pouso* —, publicado na *Revista do Centro Matogrossense de Letras*, Ano III, janeiro a junho de 1924, n.º 5, à pág. 55: "Eu andava beiradeando o rio na esperança de encontrar algum veado deitado por debaixo das *zamboadas*".

Zelação: nome que os sertanejos nordestinos dão às estrelas cadentes. Afrânio Peixoto registrou-o nas *Trovas Populares Brasileiras* (1919) à pág. 71 — Trova 149.

Correu no céu uma estrela;
Deus te salve! zelação!
Corresse eu para os teus
[braços]
Junto do teu coração.

"Antes de entrar, o Joca relanceou a vista pelo espaço onde se penduravam as gotas de luz dos astros. Uma estrela correu. Todos a avistaram. Deus te guie, zelação! exclamou a sertaneja e, virando-se para os três homens: — Fizeram algum voto?" (Gustavo Barroso — *Mula sem Cabeça*. Pág. 18). Este mesmo escritor, em nota ao mesmo passo, diz que *zelação* é corrutela sertaneja de *exalação*. De feito, *exalação* é vocábulo português que, às vezes, é empregado no sentido de luz rápida, luz meteórica, conforme registra Fr. Domingos Vieira em seu *Grande Dicionário Português* ou *Tesouro da Língua Portuguesa*. Os sertanejos dizem, às vezes, *exalação*: confirma-o o próprio Gustavo Barroso, à pág. 380 do *Ao som da Viola*, magnífico estudo de folclore nacional, onde vemos citados os seguintes versos:

A onça era tão ligeira
Como a luz da exalação!

Trata-se de uma crendice vulgarizada em todo o Brasil. Osvaldo Orico, em seu precioso *Vocabulário de Crendices Amazônicas*, informa a sua existência na imensa baixada.

Zelis: designação depreciativa dos portugueses: "Seu Zelis, um robusto filho da ilha da Madeira, não se dando bem lá pela sua terra, veio para o Brasil" (*A Pimenta* n.º 10 de 1901). Registrado por Pereira da Costa.

Zé-povinho: termo, hoje generalizado no Brasil, com o qual se designam as classes inferiores da sociedade. Diz-se também *arraiamiúda*, o *poviléu*. Registra-o Teschauer que o acredita com um passo colhido no livro de Ernesto Matoso — *Coisas de meu Tempo*. Na imprensa diária é freqüente o seu emprego. São de Medeiros e Albuquerque os seguintes períodos: "*A Bagaceira* (romance de José Américo de Almeida) parece ser a onda de retirantes das secas. É a plebe, a ralé, o *zé-povinho* miúdo que o flagelo tange dos seus lares e atira pelas estradas, rolando, mendigando agasalho e alimento" (*Jornal do Commercio* de 25-3-1928). Sinonímia regional — *caxicoló* — Januária, — Minas, reg. à pág. 228 do *Brasil Interior* de Manuel Ambrósio.

Zorra: à margem brasileira do Paraná, no trecho barrancoso entre a Foz do Iguaçu e Porto Guairá que fica acima dos famosos Saltos do Guairá (impropriamente denominados das Sete Quedas), assim se chama a um pequeno carro sobre trilhos, que serve para conduzir pessoas e cargas da beira do rio ao alto da barranca. A ele se refere Artur J. Panfiro em seu artigo *Os Saltos do Guairá*, publicado na *A Bandeira* (órgão dos Bandeirantes do Brasil), número de janeiro-fevereiro de 1928: "A barranca em Porto Mendes tem de alto 88 metros. Apresenta-se negra, desnuda, hostil, quase vertical. Nesse porto, como em todos os outros semelhantes, para se ir da margem do rio ao alto da barranca foi construído um caminho de ferro, em plano inclinado. Nele corre um pequeno carro puxado por um cabo movido por um guincho. Por esse veículo — *zorra* — sobem e descem não só passageiros como também os sacos de erva. O plano inclinado de Mendes, para 88 metros de alto, tem 165 metros de desenvolvimento". "Nos portos de menor movimento há "zorras" puxadas por volantes, à mão; existem também bicas que se prestam apenas para o embarque de lenha ou de sacos de mate". (César Martinez — *Sertões do Iguaçu*. — Pág. 118). Informa Virgílio Corrêa Filho que há em Mato Grosso outra acepção para a palavra *zorra*. E explica: "Em certas regiões florestais em que se explora a indústria madeireira, quando o terreno inclinado facilita o transporte das toras enormes, usa-se apoiar-lhes uma das extremidades em uma forquilha de madeira que, puxada por destros animais, escorrega pelo solo, com a carga que se lhe juntou. O formato em cunha, do aparelho transportador, permite afastar os obstáculos mais flexíveis e evitar os mais resistentes, que se encontram freqüentemente pelos caminhos apenas indicados pelos picadeiros, sem trabalho algum de regularização do leito".

Zumbi: segundo informa Beaurepaire-Rohan, que se arrima em Meira, assim chamam em alguns Estados do Norte a um lugar ermo, tristonho, sem meios de comunicação. Cândido de Figueiredo registra o nome *zumbi* com a significação de "ente fantástico que, segundo a crença popular, vagueia dentro das casas a horas mortas", repetindo a lição de Beaurepaire-Rohan. Na História do Brasil, é bem conhecido o nome *Zumbi*, título do chefe supremo do famoso *quilombo* dos Palmares, em terras do atual Estado de Alagoas. Alfredo Brandão, versando largamente a história desse ajuntamento de negros fugidos, à pág. 27 do seu livro *Viçosa de Alagoas*, informa que, nas *Consultas do Conselho Ultramarino* e nas *Ordens Reais*, o nome *Zumbi* é alterado em *Zuambi*, *Dambi* e *Zombé*. Parece que o nome pessoal desse famigerado chefe de mocambos era *Ganga-Zumba*, que significa Senhor Grande, o qual

ZUN — 346 — ZUN

também aparece alterado em *Gangaçuma, Garizumba*.

Zungu: termo do Sul do Brasil, que designa uma casa dividida em pequenos compartimentos que se alugam, mediante diminuta paga, à gente baixa e ordinária; é uma espécie de cortiço. É o a que, em Pernambuco e no Pará, chamam *caloji* (Beaurepaire-Rohan). À pág. 218 da *Treva* de Coelho Neto, encontramos empregado este vocábulo, no seguinte trecho: "Melchior carregou o sobrecenho, fitando o grupo estarrecido das negras e irrompeu, de repente, ameaçador, numa voz trovejante: "que mandava passar toda a canalha a rêlho. Não queria *zungus* em casa..." "A macumba se rezava lá no Mangue no *zungu* da tia Ciata, feiticeira como não tinha outra, mãe-de-santo famanada e cantadeira ao violão" (Mário de Andrade — *Macunaíma* — Pág. 88). Também se usa muito no sentido de desordem, conflito mais barulhento do que grave (Pandiá Calógeras).

A presente edição de DICIONÁRIO DA TERRA E
DA GENTE DO BRASIL, de Bernardino José de
Souza, é o volume nº 234 da Coleção Reconquista
do Brasil (2ª série). Capa Cláudio Martins. Impresso na Líthera Maciel Editora e Gráfica Ltda., à rua
Simão Antônio 1.070 - Contagem, para a Editora
Itatiaia, à Rua São Geraldo, 67 - Belo Horizonte -
MG. No catálogo geral leva o número 00995/5B.
ISBN. 85-319-0574-5.